Cowboys do asfalto

Gustavo Alonso

Cowboys do asfalto
Música sertaneja e modernização brasileira

1ª edição

CIVILIZAÇÃO BRASILEIRA

Rio de Janeiro
2015

Copyright © Gustavo Alonso, 2015

Todos os esforços foram feitos para localizar os fotógrafos das imagens e os autores das letras de música reproduzidas neste livro. A editora compromete-se a dar os devidos créditos numa próxima edição, caso os autores as reconheçam e possam provar sua autoria. Nossa intenção é divulgar o material iconográfico e musical de maneira a ilustrar as ideias aqui publicadas, sem qualquer intuito de violar direitos de terceiros.

CIP-BRASIL. CATALOGAÇÃO NA PUBLICAÇÃO
SINDICATO NACIONAL DOS EDITORES DE LIVROS, RJ

Alonso, Gustavo, 1980-
A46c   Cowboys do asfalto: música sertaneja e modernização brasileira / Gustavo Alonso. – 1ª ed. – Rio de Janeiro: Civilização Brasileira, 2015.
560 p.: il.; 23 cm.

Inclui bibliografia e índice
ISBN 978-85-200-1095-2

1. Música sertaneja. I. Título.

14-14239   CDD: 784.500981
                                                                CDU: 78.067.26(81)

Todos os direitos reservados. É proibido reproduzir, armazenar ou transmitir partes deste livro, através de quaisquer meios, sem prévia autorização por escrito.

Este livro foi revisado segundo o novo Acordo Ortográfico da Língua Portuguesa.

Direitos desta edição adquiridos pela
EDITORA CIVILIZAÇÃO BRASILEIRA
Um selo da
EDITORA JOSÉ OLYMPIO LTDA.
Rua Argentina, 171 – Rio de Janeiro, RJ – 20921-380 – Tel.: (21) 2585-2000

Seja um leitor preferencial Record.
Cadastre-se e receba informações sobre nossos lançamentos e nossas promoções.

Atendimento e venda direta ao leitor:
mdireto@record.com.br ou (21) 2585-2002

Impresso no Brasil
2015

Aos amigos do interior e de Paris,
que estão muito além da "saudade do feijão".

Sumário

Agradecimentos   11
Introdução   13

Parte 1
Distinções

1. A disputa pelo Brasil: Onde sertanejos, sambistas e caipiras se esbarram   23
Um sertão diferente   26
A diva da tradição   32
A invasão estrangeira   35
Resistências   38
Nome aos bois   44

2. Estrada da vida: O sucesso popular de Leo Canhoto & Robertinho e Milionário & José Rico na década de 1970   45
A modernidade   48
Velho Oeste e *spaghetti*   49
"Seu Geraldo, nós precisamos mudar!"   53
Heranças da Jovem Guarda   56
As mediações do rock   58
A música jovem   61
Paraguai milionário, México rico   62
México rico, Paraguai milionário   69
Cinema novíssimo   71
Sucesso chinês   80

3. Bob Dylans do sertão: Tropicália, MPB e música sertaneja   87
O maestro incomodado   88
De *Nhô Look* ao *nhém-nhém-nhém*   89

A sombra do tropicalismo	94
Rock rural	95
Caipira bossa-novista	99
O boiadeiro da Jovem Guarda	101

4. Canhotos à direita: Música popular e apoio à ditadura — 107
Um Brasil participativo — 113
A MPB e a ditadura — 124
Ame-o ou ame-o — 134

5. Jeca Total: A invenção do sertanejo urbanizado — 139
Catalogando o Brasil rural — 140
Caipiras e sertanejos: Uma distinção problemática — 144
Populismo e os sertanejos — 148
Direitos no campo — 150
Deus é sertanejo — 161
Revoltas pontuais — 162
Além do protesto — 167
Os Vandrés do sertão — 172
Jeca Total e Jeca Tatu — 177

6. Cio da terra: A consolidação dos caipiras — 179
Debulhar o trigo... — 179
Recolher cada bago do trigo... — 180
Forjar no trigo o milagre do pão... — 181
E se fartar de pão... — 186
Se lambuzar de mel... — 189
O violeiro chique — 191
Paraíso da roça — 193
Decepar a cana... — 194

Parte 2
A vitória dos simulacros

7. Fio de cabelo: A consolidação da música sertaneja — 199
Sertão *big business* — 202
Majestade, o sabiá: Jair Rodrigues e a música sertaneja — 208
O sertão democrata de Fafá — 210

Romântico do subúrbio	216
Amante Amado	223
Prelúdio da indústria cultural	229
Melodrama pop brega	230
Led Zeppelin, Guns N' Roses, Bee Gees, Julio Iglesias, Elton John	237
Rei sertanejo	243
A consolidação do campo musical	246

8. "Não me deixem só!": Artistas e era Collor 251
   Significados sertanejos do rock e da MPB 252
   Collor e sertanejos 258
   Populismo x sertanejos 268
   Canções de protesto 274
   Brasil "profundo" e emergente 275

9. Entre tapas e beijos: Sertanejos e indústria cultural . . . 277
   Sertanejo multinacional 284
   Chantecler & Continental... 287
   Copacabana... 299
   Para além da indústria cultural 301
   Agrobusiness e a moda country no sertão 303
   Canecão, Palace, Olympia, MTV... 307
   Sertão na televisão 311
   No rancho fundo: a Globo e os sertanejos 314
   Sabadão do sertão: Gugu Liberato e a música sertaneja . . 320
   "Você que fica aí parado vendo televisão..." 324
   Triturados pela indústria 327
   Original e cópia: os limites da indústria 330
   Maldito avião 331
   Recaipirização 334
   "É o amor", mas não à primeira vista 341
   Da política formal à política do caipira 345

10. Os netos de Francisco: O sertanejo universitário e o
    Brasil dos anos 2000 351
    "Ai se eu te pego": O sucesso do sertanejo universitário . . 358
    "Nós vamos invadir sua praia": A batalha pelo Rio de Janeiro . . 361
    Vestibular para sertanejos 368

Onde tudo começou... 377
O deslocamento da indústria cultural 384
A rave do Jeca Tatu 391
"Eu sofri muito por amor/ Agora eu vou curtir a vida" 395
Estética, instrumentos e mistura de ritmos 403
Um "novo" Brasil, junto e misturado 406
Porteira aberta: O reconhecimento do sertanejo universitário 412
Misturando café com gasolina... 423
Sertanejo raiz 427
Enterrando a tradição para virar raiz 431

Notas 437
Referências 525
   Artistas entrevistados 544
   Instituições pesquisadas 544
   Jornais pesquisados 544
   Revistas pesquisadas 545

Índice 547

Agradecimentos

Serei eternamente grato aos responsáveis indiretos por este livro, meus amigos da França e do interior: Renata Kaminski (Irati-PR), Marco Dias (Araraquara-SP), Eduardo "Polegar" e Bruno Caetano (Franca-SP), Ricardo Garcez (Caçador-SC), Sara (Passo da Felicidade-SC), André de Paiva Toledo (Belo Horizonte-MG), Taysa Schiocchetti (Joinville-SC), Cristiano Salles (Florianópolis-SC), Esther Schneider (Wurzburg-Alemanha). A eles devo a certeza de poder viver o mundo para além da "saudade do feijão".

Agradeço profundamente aos professores Marco Napolitano, Santuza Naves (*in memoriam*) e Marcelo Ridenti, e em especial à professora Simone Sá e aos amigos do Labcult (Laboratório de Pesquisa em Cultura e Tecnologias da Comunicação) da Universidade Federal Fluminense (UFF).

Agradeço ao professor orientador Daniel Aarão Reis, figura única, libertário e "inconsequente" de primeira. Sem a sua postura ao mesmo tempo desleixada e sábia, seria impossível eu ter a liberdade concreta para fazer minhas metamorfoses temáticas e metodológicas.

Agradeço aos entrevistados, dispostos a me contar suas histórias e com quem dividi momentos dos quais me lembrarei para o resto da vida.

Agradeço a Priscila Maria Costa, com quem compartilhei a quase totalidade dos pensamentos aqui expostos, e que sempre foi supercarinhosa com as ideias gestadas, tomando-as como um fruto comum.

À Coordenação de Aperfeiçoamento de Pessoal de Nível Superior (Capes), à Fundação de Amparo à Pesquisa e Desenvolvimento Científico do Maranhão (Fapema) e ao Consejo Nacional de Investigaciones Científicas y Técnicas (Conicet), pelas bolsas que indiretamente tornaram possível a revisão do livro.

Agradeço especialmente a Sandra Peripato, por compartilhar seu imenso acervo de música caipira, com direito a ida ao programa *Viola, minha viola*.

Agradeço a meus pais, financiadores parciais desta pesquisa e compreensivos com minha disposição de conhecer mundos diferentes.

Introdução

Um sertão dividido

> A *música caipira é a música do caboclo, purinha, sem influência nenhuma. Essa música sertaneja de alto consumo eu não considero música brasileira porque é produto de importação.*
>
> Rolando Boldrin[1]

> *Quando nasci Deus me deu uma sublime missão*
> *Falar o que o povo sente, das coisas do coração [...]*
> *Tem gente que não gosta, fala mal do que nem viu*
> *Mas quem critica o que eu canto, não conhece o Brasil.*
>
> Zezé Di Camargo[2]

Em 30 de dezembro de 1998, na cidade de Guararema, a oitenta quilômetros de São Paulo, morria o compositor João Pacífico, com quase 90 anos de idade. Morador de um sítio do interior paulista, Pacífico faleceu numa modesta casa que amigos construíram para ele. Sem repercussão nos grandes jornais e revistas, sua morte não teve paralelo com a fama de suas canções. Músicas como "Chico mulato" (1937), "Cabocla Tereza" (1940), "Pingo d'água" (1944) e "Mourão da porteira" (1952) são reconhecidas pelo público do interior como clássicos do repertório caipira. Do público moderno, pouca gente associou sucessos de Sérgio Reis e Chitãozinho & Xororó às canções de Pacífico. Estiveram no velório apenas alguns parentes e amigos, duplas caipiras pouco conhecidas, o último parceiro, Adauto Santos. Entre esses, o apresentador e músico Rolando Boldrin saiu de Carapicuíba para chorar a perda daquele que julgava ser "o Noel Rosa da música caipira".[3] O compositor Renato Teixeira também o comparou a um sambista ao dizer: "[As canções de Pacífico] mexem muito com a emoção, parecem até compostas pelo Nelson Cavaquinho".[4] A prefeitura de Cordeirópolis enviou a bandeira do município para cobrir o caixão.

Menos de seis meses antes da morte de João Pacífico, morrera Luís José Costa, o Leandro, em 23 de junho de 1998, aos 37 anos, depois de uma rápida luta contra um câncer no pulmão. A morte do sertanejo emocionou o país. Ao lado do irmão Emival, o Leonardo, eles eram uma das duplas mais famosas do Brasil desde 1989, quando lançaram o sucesso "Entre tapas e beijos". Na época especulou-se que o câncer tivesse se desenvolvido devido à exposição a pesticidas na infância e adolescência, quando os irmãos trabalhavam em plantações de tomate. Segundo Leonardo, ambos tiveram muito contato com tais substâncias tóxicas: "Eu nunca vou esquecer quando nós éramos pequenininhos e, um dia, depois do trabalho, nossa mãe botou os dois numa bacia para dar banho. Saímos, fomos nos secar e, quando olhamos para a água, vimos que ela estava branquinha, só do veneno que aplicavam na lavoura."[5]

O velório de Leandro foi grandioso, o público comoveu-se com a cerimônia realizada na Assembleia Legislativa de São Paulo. Cerca de dezesseis mil pessoas passaram em frente ao caixão. Estiveram presentes o prefeito de São Paulo Celso Pitta, o senador Eduardo Suplicy, os apresentadores Hebe Camargo, Serginho Groisman, Ratinho, Angélica, Gilberto Barros, o padre Antonio Maria, a cantora Beth Guzzo, entre várias outras celebridades.

Depois o corpo foi transladado para Goiânia. A família tentou ter um breve momento a sós com o corpo, mas o povo ameaçava quebrar os portões do ginásio Rio Vermelho. Cerca de sessenta mil pessoas visitaram o caixão nas treze horas de velório em Goiânia que vararam a madrugada. Estiveram presentes Chitãozinho & Xororó, Zezé Di Camargo & Luciano, Milionário & José Rico, Daniel, Gian & Giovani, Odair José, Vanusa e Conrado. Os presentes ouviram declarações públicas de Fernando Henrique Cardoso, presidente da República. O técnico da seleção brasileira de futebol, Mario Jorge Lobo Zagallo, também manifestou condolências e revelou o abalo que a morte do cantor causara no espírito dos jogadores que então disputavam a Copa do Mundo na França. A Rede Globo transmitiu o velório e o enterro para todo o país ao vivo no dia 24.[6]

O traslado do corpo até o cemitério Jardim das Palmeiras foi feito em carro dos bombeiros, acompanhado por cerca de 150 mil pessoas, que fizeram o percurso de seis quilômetros a pé. Precavida com o ocorrido no velório, a família pediu que a polícia barrasse a entrada do imenso público ao cemitério, no que foi atendida. No sepultamento, o governador do estado de Goiás, Iris Rezende, entregou a bandeira do Brasil que estivera depositada sobre o caixão ao pai de Leandro, seu Avelino, que a beijou, emocionado. Somente depois de terminada a cerimônia, a entrada dos populares foi permitida.[7]

INTRODUÇÃO

Caipiras, sertanejos e a modernização

Apesar da enorme comoção com a morte de Leandro, o tom de parte da sociedade brasileira para com os músicos sertanejos foi, por muito tempo, de repúdio. Um segmento da crítica se especializou em atacar o que considerava "mau gosto" do público e artistas da música sertaneja. Muitos foram aqueles que preferiram chamar esse tipo de música de "breganeja", ou até de "sertanojo". Parte da crítica realizada na região Sudeste, especialmente, aquela que corroborou a construção do padrão estético nacional que se constituiu através do Rio de Janeiro, do samba e da MPB como símbolos do Brasil, torceu o nariz para os sertanejos.

A gradual ascensão dos artistas do sertão incomodou grupos já consolidados no cenário cultural. Se num primeiro momento a ascensão sertaneja ameaçou apenas os *caipiras*, num segundo momento a própria MPB e o rock nacional foram colocados em xeque na virada dos anos 1980 para os 1990. Foi quando os sertanejos conseguiram fazer shows nas capitais do Sudeste, conquistaram parte do público de classe média alta e tocaram em boates e palcos famosos como o Canecão, no Rio de Janeiro, o Olympia, em São Paulo, e o Teatro Guaíra, em Curitiba.

Nessa época estouraram sucessos como "Entre tapas e beijos", "Pense em mim", "Sonho por sonho", "Evidências", "Nuvem de lágrimas", "É o amor" e tantas outras que versavam sobre amores perdidos. No meio de inúmeras canções de amor havia "Cowboy do asfalto", de autoria de Joel Marques, cantada por Chitãozinho & Xororó. Tratava-se de uma canção sobre caminhões e caminhoneiros, um tema recorrente na música sertaneja, embora menos evidente. Nesse tipo de canção os sertanejos cantavam as estradas que interligavam o país e traziam a modernidade e a integração nacional. O arranjo de "Cowboy do asfalto" trazia baixo, bateria, gaita, guitarras, banjo e uma levada pop que remetia ao country americano. O futuro vinha através do asfalto. A dupla paranaense Chitãozinho & Xororó deu o título de "Cowboy do asfalto" ao seu disco de 1990, desejosos de dar continuidade ao projeto de modernizar a canção sertaneja.

O auge da música sertaneja na primeira metade dos anos 1990 transformou os artistas desse gênero em produto de consumo amplo e massificado. Eles se tornaram moda e impuseram um padrão de *showbiz* que foi criticado pela MPB e por ela visto como símbolo da era Collor. Durante o curto mandato de Fernando Collor, a música sertaneja era cantada pelo presidente e sua mulher, Rosane, a plenos pulmões em festas na Casa da Dinda, a residência presidencial à beira do lago Paranoá, em Brasília, e vários sertanejos visitavam o presidente. Uma visita em especial, num sábado, 8 de agosto de 1992, um mês antes da votação do *impeachment*, ajudou a criar a pecha de serem comparsas do neoliberalismo *collorido*. A crítica ajudou a difundir o epíteto, e a música sertaneja ficou nacionalmente conhecida na época como a "trilha sonora da era Collor".

Essa acusação pesou sobre os ombros dos artistas sertanejos por algum tempo, especialmente até meados dos anos 1990, mas depois foi superada diante do sucesso duradouro do gênero. Hoje quase ninguém se lembra dessa acusação, nem mesmo seus piores críticos. Embora o auge da música sertaneja tenha se dado concomitantemente ao período Collor, o fato de ter se nacionalizado e popularizado nesse período relaciona-se a uma série de lutas e disputas anteriores à década de 1990, como se verá ao longo deste livro.

Muito antes da ascensão do neoliberalismo *collorido*, artistas como João Mineiro & Marciano, Matogrosso & Mathias, Leandro & Leonardo e especialmente Chitãozinho & Xororó vinham construindo modernizações na música sertaneja, incorporando o pop, o rock e a country music americanos, e incluindo instrumentos associados ao pop mundial, como guitarra, bateria e teclados. Os shows tornaram-se grandiosos, enormes palcos eram montados em estádios, com qualidades técnicas e sonoras nunca antes vistas na seara da música rural.

Antes deles, na década de 1970, Milionário & José Rico, Leo Canhoto & Robertinho e Trio Parada Dura também já importavam ritmos estrangeiros, especialmente a guarânia paraguaia, o chamamé argentino, o bolero e a rancheira mexicanos, além do rock dos Beatles, fundindo padrões estéticos importados a ritmos locais. Nesse sentido, a associação direta das duplas sertanejas ao neoliberalismo da era Collor não faz sentido de forma absoluta.

Ao longo dos anos separou-se o "joio do trigo", criando-se uma distinção entre caipiras e sertanejos. Os primeiros seriam aqueles que de fato representariam a população do campo, suas tradições e valores, enquanto os sertanejos seriam fruto da moda passageira, da *indústria cultural* e da importação de gêneros musicais estrangeiros sem ligação com as raízes do povo. Os críticos reprovavam o afastamento das canções folclóricas e a ausência de raízes nas canções sertanejas. Não obstante, grande parte do

INTRODUÇÃO

"povo" brasileiro parecia fugir das raízes que uma determinada intelectualidade cultural valorizava. Esse povo tão almejado preferia a música massiva sertaneja intermediada pelas gravadoras à valorização de suas supostas "autênticas" raízes populares. O objetivo deste livro é compreender o surgimento da música sertaneja no contexto do Brasil moderno. O foco é o período que vai de 1952 a 2012. A partir de 1953 houve o surgimento do conceito do que hoje entendemos por música sertaneja, advindo em parte do enorme sucesso popular de canções como "Índia" e "Meu primeiro amor", cantados por Cascatinha & Inhana. Em 2012 viveu-se o estrondoso sucesso mundial de "Ai se eu te pego", com Michel Teló. Durante esse largo intervalo, intensas batalhas foram travadas no terreno da cultura nacional. A duras penas, de gênero regional a música sertaneja tornou-se nacional nos anos 1990 e alcançou o mundo através de Teló, globalizando a cultura do interior.

Será dado destaque especialmente às décadas de 1970 a 1990, justamente porque nesse período há avanços modernizantes que mudaram os rumos do país. O período que vai das décadas de 1970 a 1990 é caracterizado por intensos debates entre *caipiras* e *sertanejos*, que disputavam o significado simbólico do campo brasileiro e lutavam para serem vistos como os autênticos representantes da população rural. Nesta obra, busca-se analisar como artistas sertanejos e caipiras se comportaram diante de dois processos modernizadores vividos pela sociedade brasileira, a ditadura militar e o neoliberalismo. A questão de pano de fundo é a seguinte: se o "povo" se mostrou politicamente conservador em vários momentos da história, esteticamente ele quase sempre foi progressista. Esse paradoxo vem sendo constantemente subestimado na maioria dos livros já escritos sobre música popular. Por um lado porque é de difícil (talvez impossível) resolução; por outro porque uma boa parcela das esquerdas e direitas caminhou exatamente no sentido oposto a essa proposta, ou seja, supunha ter um discurso politicamente "progressista", mas esteticamente conservador em diversos pontos.

O tema deste livro não é *apenas* a música sertaneja, é a música brasileira como um todo. É importante analisar a relação da música sertaneja com outros gêneros musicais, do rock nacional dos anos 1980 ao axé, da MPB ao pagode, da música brega à bossa nova e ao tropicalismo, para compreender seu significado no Brasil atual. Nenhum gênero existe isolado no mundo, alheio a outros estilos musicais. Neste livro a música sertaneja é a janela através da qual se analisa toda a música brasileira.

Da França a Franca... passando pelo Rio de Janeiro

Este livro é uma versão da primeira tese de doutorado escrita sobre a música sertaneja no Brasil, defendida em 27 de maio de 2011 no Departamento de História da Universidade Federal Fluminense, em Niterói (RJ). Nunca antes de 2011 os doutores das universidades brasileiras levaram a sério a música sertaneja a ponto de escrever uma tese sobre o assunto.[8] Por sua originalidade, vale a pena contar as condições de gestação desta obra, quase tão curiosas quanto a história da música sertaneja em si.

O livro começou a ser gestado durante o ano de estudos doutorais que fiz na École des Hautes Études en Sciences Sociales de Paris, França, entre 2007 e 2008. Esse aparente paradoxo, ou seja, aproximar-se da música sertaneja fora do Brasil, é surpreendente para mim ainda hoje.

Na residência universitária parisiense mantida pelo governo brasileiro, a Maison du Brésil, morei com doutorandos de diversos estados do Brasil e também alguns de outros países. Lá constatei algo aparentemente óbvio, mas difícil de admitir, especialmente para um carioca como eu: a música sertaneja já tomara havia muito tempo o Brasil, e a nova onda do chamado "sertanejo universitário" consolidava essa hegemonia.

Na França, conheci alguns poucos doutorandos que gostavam muito do gênero e tinham pouca ou nenhuma timidez em afirmá-lo, embora quase sempre o fizessem de forma irônica. Essa falta de pudor em afirmar a música sertaneja num território "sério" como uma residência universitária de doutores brasileiros em território francês gerou embaraços e diferenças entre dois grupos que habitavam a Maison du Brésil de Paris.

Uns preferiam adubar a tradição do Brasil mestiço, o país do samba, da MPB, dos valores estéticos cariocas e regionais legítimos. Quando pegavam o violão nunca cantavam uma canção com menos de trinta anos. O presente não prestava. O passado era idolatrado. De forma geral, culpavam sempre a "famigerada" indústria cultural pela "destruição artística" nacional. Quase sempre se julgavam detentores de uma estética superior e destinados a iluminar as massas com seu gosto musical, embora nem sempre afirmassem isso com todas as letras. Na época, cunhei a expressão "saudade do feijão" para denominar esses sujeitos saudosistas, que tinham uma nostalgia doentia em relação a um passado glorioso do país que cada vez faz menos sentido nos dias de hoje.

INTRODUÇÃO

Do outro lado havíamos nós, que preferíamos certa "irresponsabilidade" do prazer estético e nos deixávamos levar pelo divertimento frívolo e pueril. Foram estas pessoas, oriundas de várias regiões do Brasil, que, mesmo sem ter dimensão do que em mim produziam, me chamaram atenção para a música sertaneja. Elas pareciam ter uma relação mais saudável com o Brasil atual e com a própria nostalgia da terra natal. Preferiam viver o país do presente a adorar um Brasil "louvável" que praticamente não existe mais. Em suma, meus amigos sertanejos pareciam dispostos a curtir a França e a nostalgia para além da "saudade do feijão".

Naquela época eu desenvolvia outro projeto de doutorado que justificava minha ida à França. Entretanto, em plena Paris, vi-me arrastado pelo tema da música sertaneja. E foi através das canções sertanejas, de Zezé Di Camargo & Luciano a Trio Parada Dura e de Victor & Leo a Luan Santana, tocadas meio que de brincadeira ao violão em animadas e ingênuas rodas de amigos, que fui remetido da França a Franca, de Paris a Araraquara, e cedo me vi cantando músicas que já ouvira mas cuja história não sabia. Atento a essas questões, percebi que era possível desenvolver o tema da música sertaneja como um projeto paralelo, pensando numa possível pesquisa futura. E assim o fiz, em silêncio, sem pressa, de forma pouco linear.

Quando voltei ao Brasil, em outubro de 2008, a onda do chamado "sertanejo universitário" dava claros sinais de vitalidade ascendente. Surgido por volta de 2005, o novo sertanejo parecia claramente ter tomado o país em pouco tempo. Artistas "universitários" estavam entre as listas das canções mais pedidas nas rádios, e programas de televisão e novelas tocavam constantemente músicas de Victor & Leo, João Bosco & Vinícius, Maria Cecília & Rodolfo, Luan Santana, Jorge & Mateus, Fernando & Sorocaba, César Menotti & Fabiano.

Resolvi então assumir o novo tema. Ele dizia algo de original tanto para mim como para a sociedade. Ao me aprofundar, constatei as diversas lacunas que atravessavam a música sertaneja, dificultando a própria compreensão da sociedade brasileira como um todo. E percebi que deveria ser eu, com todas as minhas limitações inerentes (e ser carioca é uma delas), quem deveria refletir sobre essas questões.

Ser carioca e um *não ouvinte* de música sertaneja "desde o berço" pode ser visto como um problema por um caipira ou sertanejo "nato". Seja como for, penso que é exatamente nas fronteiras do conhecimento que se fazem os avanços mais interessantes. Penso que é na periferia das verdades estabelecidas, em que o ato de conhecer é um espanto cotidiano, que se pode ter a possibilidade de verdadeiramente aprender.

Colocar-se como periférico no próprio ato da pesquisa, e aceitar essa condição como positiva, para além do *folclorismo*, do "resgate cultural" e da louvação ou achincalhe da indústria cultural, foram os maiores desafios deste livro. Devo isso a essa experiência "parisiense", em que me vi estrangeiro em meu próprio país e com a qual aprendi ainda mais a louvar as desestabilizações e as descentralizações, por mais doloroso que isso possa ser. Seja como for, são sempre dores do parto.

PARTE 1 Distinções

> Foi Aureliano quem concebeu a fórmula que havia de defendê-los, durante vários meses, das evasões da memória. [...] O letreiro que pendurou no cachaço da vaca era uma amostra exemplar da forma pela qual os habitantes de Macondo estavam dispostos a lutar contra o esquecimento: Esta é a vaca, tem-se que ordenhá-la todas as manhãs para que produza o leite e o leite é preciso ferver para misturá-lo com o café e fazer café com leite. Assim, continuaram vivendo numa realidade escorregadia, momentaneamente capturada pelas palavras, mas que haveria de fugir sem remédio quando esquecessem os valores da letra escrita.
>
> Cem anos de solidão, Gabriel García Márquez

> — Que o júri chegue a seu veredicto — disse o rei, mais ou menos pela vigésima vez naquele dia.
> — Não! Não! — disse a rainha. — Primeiro a sentença, depois o veredicto.
>
> As aventuras de Alice no País das Maravilhas, Lewis Carroll

1. A disputa pelo Brasil
Onde sertanejos, sambistas e caipiras se esbarram

Durante muito tempo a música sertaneja foi vista como algo "menor" na cultura brasileira. Nos livros de História do Brasil a música sertaneja moderna quase nunca é citada. A verdade é que poucos sabem sobre a história desse gênero e sua relação com a sociedade brasileira. Cooperou para essa lacuna o fato de que poucas duplas escreveram sua história em livro.[1]

Sem grandes ambições literárias por parte dos fãs e artistas, a escrita da música sertaneja ficou relegada a alguns poucos intelectuais, que abordaram o tema quase sempre de forma passageira e com um olhar muito crítico e reprovador.

Uma parcela dos escritores que já escreveram sobre a música sertaneja lamentou sua própria existência, pois a viu como uma versão "piorada" da música caipira, esta sim verdadeira representante do povo do interior. Pode-se citar como exemplo o livro da pesquisadora Rosa Nepomuceno, intitulado *Música caipira: da roça ao rodeio*, lançado em 1999. Embora abra espaço para os sertanejos dos anos 1990 em seu livro, insiste num tom de "deterioração" da cultura do sertão. O saudosismo infla as palavras da pesquisadora: "Desde que chegaram nas cidades as modas [de viola] de João Pacífico foram ganhando enfeites, maquiagem, roupa nova, acessórios, num processo de modificação que culminou com sua quase total descaracterização, a partir dos anos 1980. [...] Leandro [da dupla com Leonardo] foi o típico representante de uma geração sertanejo-pop, ou, melhor dizendo, pop-sertanejo, abençoado pelas grandes gravadoras. [...] A música deixara de ser simplesmente arte, expressão da alma do povo, para se transformar numa indústria gigante, sustentada por vendagens astronômicas e capaz de recompensar os vencedores com muito dinheiro e fama."[2]

O professor Romildo Sant'Anna, autor do livro *A moda é a viola*, fruto de tese de livre-docência pela Universidade Estadual Paulista Júlio de Mesquita Filho (Unesp) de São José do Rio Preto, pensa parecido com Rosa Nepomuceno: "[Na música sertaneja] inverte-se o eixo de um modo tradicional de civilização, e instaura-se outro modelo, marcado pela lógica do autoritarismo neoliberal e ligado à usura mercantilista do que, certo ou errado, se convencionou chamar de modernidade."[3]

José Hamilton Ribeiro, autor do livro *Música caipira: as 270 maiores modas de todos os tempos*, vai na mesma linha de "perda da pureza" do camponês caipira diante da grande mídia. Para o pesquisador e jornalista, os sertanejos fazem "som contaminado" de influências estrangeiras que deturpam as raízes caipiras.[4] Para os autores dessa linha *saudosista*, a música sertaneja "traiu" a música caipira ao se submeter à indústria cultural e aos valores urbanos, perdendo a essência pura do campo.

Os escritores da linha *saudosista* aceitam como legítimos apenas artistas que se identificam com a tradição caipira e a respaldam, como Inezita Barroso, Sérgio Reis, Almir Sater, Rolando Boldrin, Pena Branca & Xavantinho e Renato Teixeira. Esses artistas não teriam esquecido as raízes rurais e seus legítimos representantes, músicos como João Pacífico, Angelino de Oliveira, Raul Torres, Cornélio Pires e Tonico & Tinoco. Por outro lado esses escritores da linha saudosista condenam os artistas que teriam deturpado os valores "autênticos" do caipira, como os sertanejos Leo Canhoto & Robertinho, Milionário & José Rico, Matogrosso & Mathias, Trio Parada Dura, Chitãozinho & Xororó, Leandro & Leonardo, Zezé Di Camargo & Luciano, César Menotti & Fabiano e Michel Teló.

O pioneiro dessa corrente *saudosista* de pensadores foi Antonio Candido, professor de Literatura da Universidade de São Paulo (USP). Ele é autor de *Os parceiros do Rio Bonito*, publicado em 1964, um clássico estudo sobre o homem caipira.[5] Embora marxista (e nesse sentido talvez seja o único imbuído de um "corpo teórico" entre os pensadores dessa linha), ele escreveu com ternura saudosista sobre um passado um tanto quanto idealizado do camponês brasileiro.[6]

Candido foi o primeiro escritor a utilizar o termo "caipira" significando um modo de ser que estava se esvaindo diante da modernização capitalista que o Brasil vivia no século XX. O caipira seria um sujeito que se via confrontado à modernidade capitalista e, para manter seu estilo de vida tradicional, via-se obrigado a resistir bravamente. O professor da USP foi pioneiro em dar sentido teórico à palavra "caipira", ao utilizá-la de forma sistemática e sem "misturar" com o termo "sertanejo".[7]

O pensamento criou raízes dentro e fora das universidades. Nas universidades houve herdeiros de Candido, pensadores marxistas dos anos 1970 que abordaram o tema com alguma profundidade. Os principais nomes dessa linha foram os sociólogos da USP João Carlos Martins e Waldenyr Caldas, pensadores influenciados pelo conceito marxista de *ideologia,* muito usado naquela década. A utilização do conceito serviu, na obra desses pensadores, para condenar a música sertaneja, identificando o gênero como "alienante" das camadas populares. O título de um artigo do sociólogo José de Souza Martins sobre o tema já dizia tudo: "Música sertaneja: a dissimulação na linguagem dos humilhados", escrito em 1975. O sociólogo Waldenyr Caldas seguiu linha parecida: "Os laivos deixados pelo *barbitúrico da canção sertaneja* nublam [...] o viver sombrio do proletariado paulista", escreveu Caldas em seu livro *Acorde na aurora: música sertaneja e indústria cultural,* publicado em 1977.[8] Para ele não havia meio-termo: "O compositor sertanejo é, na grande maioria, desprovido de maior aptidão intelectual [...] [e sua música cai,] quase sempre, com raríssimas exceções, no anedotário, no ridículo."[9]

Os professores da USP acusavam as duplas sertanejas de sucesso dos anos 1970, como Milionário & José Rico e Leo Canhoto & Robertinho, de serem simples peças nas mãos da indústria cultural a esconder do povo sua condição de explorado. Diferentemente dos caipiras, os sertanejos seriam aqueles que aceitavam a modernidade capitalista sem maiores críticas. Para os marxistas, a música era a parte do "circo" que as elites capitalistas proporcionariam ao povo, de forma a mantê-lo ocupado e pacífico. A elite brasileira manteria os camponeses "alienados" através de singelas canções sertanejas sobre amores perdidos e lamentos lacrimosos.

Diante dessa oposição tão evidente para alguns escritores, cabe perguntar: como começou essa diferenciação tão radical entre caipiras e sertanejos? Por que houve a necessidade de distinguir sertanejos e caipiras?

Mais recentemente, as origens da música sertaneja e caipira vêm sendo mais bem estudadas pela própria academia brasileira.[10] É uma pena que muitos dos estudos atuais nunca tenham sido publicados. Parte deles mostra como as distinções entre música sertaneja e música caipira foram forjadas ao longo do século XX.[11]

Um sertão diferente

No Brasil do início do século XX até o fim dos anos 1930 as músicas do interior do país eram classificadas indistintamente como música "sertaneja". Não havia distinção clara entre o que seria mais tarde música caipira e música sertaneja. Falar de música rural, música do interior, sertaneja ou caipira era tudo a mesma coisa. E as músicas do interior tocavam com frequência na capital. No carnaval carioca, por exemplo, tocava-se de maxixes a sambas, bem como gêneros das diversas regiões interioranas do Brasil.

Antes de 1930 o carnaval carioca não era a festa do samba e das marchinhas que passaram a existir depois, mas a celebração da diversidade nacional.[12] Por isso não era incomum ver o samba sendo tocado com triângulos, instrumento típico do que hoje se chama música nordestina, ou mesmo as modas de viola sendo tocadas com violões, cavaquinhos e flautas. No repertório de um dos grupos mais famosos dos anos 1910, o Grupo de Caxangá, por exemplo, havia emboladas, cocos e toadas sertanejas.[13] Pixinguinha, mestre do choro, tocava nesse grupo.

Sob outro aspecto, ainda não havia se hegemonizado a divisão do Brasil em regiões geográficas como hoje as conhecemos.[14] Nordeste e Sudeste não eram pensados como polos distintos de desenvolvimento. O que movia os afetos do começo do século era a oposição interior-litoral. Era isso que mobilizava a cultura brasileira, e não as divisões regionais. Por isso não era incomum ouvir gêneros nordestinos com modas de viola. As canções do campo estavam interligadas sob o rótulo "música sertaneja", e não era um problema para os músicos da época a distinção entre os diversos gêneros do interior.[15]

De forma análoga, o samba ainda não tinha sido delineado nas suas fronteiras estéticas e não era visto como marco da nacionalidade. A formação instrumental centrada na percussão ainda não tinha se hegemonizado. O samba era tocado com outros gêneros "sertanejos", sem causar atritos graves. Por exemplo: em 1913 foi lançada a canção "A viola está magoada", de Catulo da Paixão Cearense, interpretada por Bahiano. O disco do cantor vinha com um selo em que estava expresso o gênero musical gravado: "samba sertanejo".[16] Os gêneros se mesclavam sem aparente oposição. Os sucessos que imperavam nos carnavais cariocas ainda não eram apenas sambas. Nos primeiros carnavais republicanos, entre 1889 e 1930, havia marchas, tangos, cançonetas, sambas, cateretês, toadas e outros.[17]

Seguindo essa linha de mistura de gêneros, era comum os instrumentistas tocarem diversos ritmos. Os artistas não se limitavam a apenas um estilo musical. Os instrumentos ainda não estavam delineados para gêneros específicos. Misturava-se pandeiro e viola, cavaquinho e acordeão.[18]

Também era normal que os compositores criassem em variados gêneros musicais. O autor da marchinha "Mamãe eu quero", sucesso do carnaval de 1937, era Jararaca, que nos anos 1930 e 1940 integrou famosa dupla "sertaneja", ao lado de Ratinho.[19] Embora identificados como "dupla sertaneja", Jararaca era alagoano e Ratinho, paraibano, ou seja, eram oriundos de regiões do Brasil que hoje não são chamadas de sertanejas. Outro exemplo dessa mistura musical entre samba e música "sertaneja" pode ser demonstrado na famosíssima composição "No rancho fundo". Considerada um clássico do repertório caipira-sertanejo, a canção foi composta por dois nomes hoje identificados com o samba, Ary Barroso e Lamartine Babo. Lançada em 1931 por Elisa Coelho, passou despercebida. Em 1939, foi regravada por Sílvio Caldas e tornou-se grande sucesso: "No rancho fundo/ bem pra lá do fim do mundo/ onde a dor e a saudade/ contam coisas da cidade."[20]

E, se não era incomum ao litoral cantar o sertão, tampouco era anormal um interiorano cantar gêneros da cidade grande. Luiz Gonzaga, antes de se tornar o Rei do Baião, foi um virtuose do acordeão que gravou vários choros, valsas, polcas e tangos de sua própria autoria na primeira metade dos anos 1940.[21]

O baiano Dorival Caymmi, por exemplo, compôs sua primeira canção em 1930, aos dezesseis anos. Tratava-se de uma toada chamada "No sertão". Foi apenas em 1936 que Caymmi compôs "A Bahia também dá" e, em 1939, "O que é que a baiana tem", canções a partir das quais ficaria definitivamente associado ao rótulo de compositor baiano e, mais tarde, praieiro.[22]

Até compositores considerados "bambas" do samba se aproximaram da estética rural. O mítico Noel Rosa, por exemplo. Seu grupo, o Bando dos Tangarás, tinha no repertório muitos sambas, mas também cateretês, maxixes, desafios, emboladas, foxtrotes.

O compositor tijucano, chamado de "filósofo do samba", demorou a interessar-se exclusivamente pelos motivos e ritmos cariocas. Ainda no fim dos anos 1920 e início dos 1930, Noel compôs três canções que tematizavam a ruralidade: "Festa no céu" (1929), "Mardade da cabocla" e

"Sinhá Ritinha" (ambas de 1931).[23] Foi somente em 1931 que Noel optou pela exclusividade do samba, passando a compor apenas nesse gênero.[24] Paulatinamente, diante do progresso urbano da Belle Époque do início do século, havia no Rio de Janeiro uma vontade de ver o outro, esse "outro" entendido como o *sertanejo, o rural.* Foi a partir da invenção do Rio de Janeiro como matriz cultural moderna e urbanizada do século XX, antenada aos modelos europeus, que as outras regiões foram se configurando como distintas.

Exemplo de cidade a ser seguido, a capital carioca forjava no samba uma matriz de identidade cultural que pouco a pouco se colocaria como "nacional". Diante da entronização do gênero, houve respostas estéticas de outras regiões, cujas matrizes culturais não foram vistas como legitimamente nacionais.[25] Foi nesse processo que a música sertaneja começou a se separar do samba.

Essa distinção se catalisou nos anos 1930, quando se acelerou o processo de "divisão do interior". É importante lembrar que esse é um processo que dura toda a primeira metade do século XX. O Rio de Janeiro se construiu como símbolo da urbanidade civilizatória, e o sertanejo passou a ser visto como aquele sujeito que não era capaz de acompanhar a modernidade.[26] O sertão passou a ser frequentemente tematizado em peças, exibições e concertos: era mostrado como uma terra desconhecida que não era a capital/litoral, ou seja, todo o interior do Brasil.

Gradualmente, os gêneros musicais foram se enquadrando. Segundo o antropólogo Allan Oliveira, "o que ocorreu nos anos 30 e 40, foi a 'independência' dos diferentes gêneros musicais com relação à sonoridade do maxixe".[27] Dia a dia, pouco a pouco, deixou de fazer sentido tocar viola no carnaval. O acordeão foi sendo afastado das rodas de choro. A viola foi colocada para fora dos grupos de samba e ficou reclusa à música do interior de São Paulo e adjacências. O cavaquinho e a flauta foram removidos das canções interioranas. O triângulo deixou de ser usado nas rodas de sambistas. O samba centralizou-se em torno de elementos percussivos que o diferenciavam do samba amaxixado dos anos 1910 e 1920. O baião, surgido em 1946 com Luiz Gonzaga, centrou-se no trio acordeão-triângulo-zabumba e virou marca de uma região específica, o Nordeste. Os gêneros foram se consolidando e se construindo mediante esse processo de diferenciação regional.

Durante esse debate entre gêneros musicais da cidade e do campo surgiu uma imagem que gradativamente iria se opor à figura do camponês como puro e ingênuo, até então hegemônica. Uma parte da sociedade que se urbanizava nas cidades, especialmente na capital carioca, passou a ver o camponês como "atrasado", símbolo de um país do passado. Foi a partir desse momento que o caipira/sertanejo passou a ser uma figura risível.[28]

Em 1918 o escritor Monteiro Lobato inventou o famoso Jeca Tatu, personagem do livro *Urupês*.[29] Considerado símbolo do Brasil do atraso, Jeca era preguiçoso. Pouco apto ao trabalho, moroso mentalmente, passivo demais para promover melhorias no seu modo de vida. Mais do que o símbolo de um país, nesse momento inicial da obra de Monteiro Lobato, o Jeca Tatu já era símbolo de determinada região interiorana de São Paulo.[30]

Monteiro Lobato, fazendeiro de Taubaté, no interior paulista, denunciava que a estrutura da República Velha só se sustentava graças àquela figura "medíocre", passível de ser controlada pelo voto de cabresto. Para Monteiro Lobato, a intelectualidade de sua época errava ao idealizar o camponês como um ser puro, representante da essência do povo. Essa idealização (que Lobato chamava de "caboclismo") era tão perversa como aquela que havia idealizado os índios no século XIX, como escreveu em seu livro: "O indianismo está de novo a deitar copa, de nome mudado. Crismou-se de 'caboclismo'. [...] O fato mais importante da vida [do caboclo] é sem dúvida votar no governo. [...] Vota. Não sabe em quem, mas vota."[31]

Na década seguinte Lobato viria a reformular seu ponto de vista, propondo que o Jeca deveria ser pedagogizado, pois era vítima, e não causa dos problemas do país.[32] Vítima ou causa, começavam gradualmente, e primeiramente na literatura, a espacialização, delimitação e regionalização do Brasil do "caipira/sertanejo". O caipira/sertanejo, chamado de "caboclo" por Monteiro Lobato, ia deixando de ser um símbolo de todo o interior do Brasil para ser um personagem do interior de São Paulo e estados adjacentes.

Essa imagem depreciativa de Monteiro Lobato não se tornou completamente vitoriosa, pois concorria com outras visões acerca do "caboclo". Disputando com o escritor, o folclorista Cornélio Pires defendia o interiorano paulista das críticas. Nascido em 1884 na cidade de Tietê, São Paulo, Pires, que também era jornalista, foi o responsável pelas primeiras gravações da música sertaneja. Em fins da década de 1920, ele tentou gravar algumas duplas e grupos através das gravadoras da época. Não era algo insólito. O samba já vinha sendo registrado desde 1917, quando a Casa Edison gravou "Pelo telefone", de Donga e Mauro de Almeida. Mas nenhum estúdio aceitou a proposta de Cornélio Pires. Ele então produziu, gravou, lançou e distribuiu de forma independente os primeiros discos de música sertaneja da história, em 1929. Com sucesso entre o público do interior, até 1931 o jornalista produziu 47 discos que traziam "causos", anedotas e muitas músicas.[33] Embora preferisse o termo música "caipira", não havia, na época, nenhum grau pejorativo em se chamar de "sertaneja" a música que faziam as duplas divulgadas por Cornélio Pires. "Sertanejo" e "caipira" ainda não tinham significados distintos.

A gravação da música sertaneja/caipira em disco foi essencial para a invenção do gênero e, especialmente, para a associação à região já conhecida como "caipira". Nesse sentido, o nascimento da indústria fonográfica foi desde o começo indispensável para a construção dessa identidade musical do interior.[34]

Antes de entrar no ramo fonográfico, Cornélio já era um tradicional defensor dos interioranos paulistas. No livro *Conversas ao pé do fogo*, de 1921, polemizou com Monteiro Lobato: "Coitado do meu patrício!, apesar dos governos [...] o caboclo ficou mumbava, sujo e ruim! Ele não tem culpa... Ele nada sabe. Foi um desses indivíduos que Monteiro Lobato estudou, criando o Jeca Tatu, erradamente dado como representante do caipira em geral!"[35]

Cornélio Pires usava os termos "caipira" e "caboclo". O termo "sertanejo" começava lentamente a ser colocado de lado. Seus vinte livros são em grande parte fruto de viagens pelo interior de São Paulo e adjacências. Nele relatava "causos" do caipira, sua alimentação, sua vida, seus valores. A música foi uma continuidade de seu projeto de resgatar a cultura caipira do limbo.

Enquanto a música vivia uma situação de "indefinição" estética nos anos 1910 e 1920, a literatura já acenava com diferenciações regionais havia algum tempo. Os dois autores, ao disputar a imagem do caipira/caboclo/sertanejo/Jeca, estavam compondo um campo novo de atuação possível no pensamento social brasileiro. A região "caipira/sertaneja" constituía-se gradativamente através dessas lutas discursivas, sedimentando a sua distinção em relação a outros quinhões do Brasil. Risível, deplorável ou louvável, o caipira, sertanejo ou caboclo tornava-se, ao menos na literatura, uma figura identificada a uma determinada região: o interior paulista.[36] Como comentado anteriormente, a definição musical caipira só aconteceria a partir dos anos 1930. Por isso a atuação de Cornélio Pires foi fundamental para o gênero.

A espacialização, delimitação e associação dos termos caipira/sertanejo a uma região definida do Brasil tornaram-se mais claras ainda quando, a partir de 1946, Luiz Gonzaga inventou o "nordestino" na música popular, distanciando o "sertanejo nordestino" do imaginário sertanejo-caipira do Centro-Sul. A cultura rural nordestina, por intermédio da disseminação das canções de Gonzaga, tornou-se conhecida no Brasil inteiro, e sua especificidade ficou marcada.

No mesmo período, começou a fazer muito sucesso Tonico & Tinoco, cuja primeira gravação é de 1945. Ninguém mais confundiria o interior de São Paulo com o interior do Nordeste.

A invenção da música caipira/sertaneja e a gradual formação dessa identidade interiorana específica no Centro-Sul forjaram o sucesso de vários artistas ao longo das décadas. Um quadro cronológico pode ajudar a visualizar as gerações do disco na música caipira/sertaneja:

Quadro 1 — Genealogia do disco na música caipira/ sertaneja

Década de 1920	Período de viagens e pesquisas de Cornélio Pires pelo interior do estado de São Paulo. Gravação do primeiro disco de música caipira, em 1929.
Década de 1930	Sucesso regional de artistas como Alvarenga & Ranchinho, José Rielli, Raul Torres & Florêncio, João Pacífico, Athos Campos, Serrinha, Brinquinho & Brioso, Angelino de Oliveira e do próprio Cornélio Pires.
Década de 1940	Auge de artistas como Tonico & Tinoco, Cascatinha & Inhana, Mario Zan, Nhô Pai, Capitão Furtado, Luizinho & Limeira, José Fortuna, Carreirinho, Palmeira & Piraci, Anacleto Rosas Junior, Zé Carreiro, Lourival dos Santos.
Década de 1950	Os artistas mais famosos eram Teddy Vieira, Tião Carreiro, Sulino & Marrueiro, Pardinho, Vieira & Vieirinha, Irmãs Galvão, Ado Benatti, Palmeira & Biá, Pedro Bento & Zé da Estrada, Goiá, Silveira & Silveirinha, Hekel Tavares, Lourival dos Santos, Zé do Rancho, Moacyr dos Santos, Dino Franco e Inezita Barroso.

Até os anos 1950, os termos *caipira* e *sertanejo* ainda eram intercambiáveis, sem prejuízo para qualquer dos lados. De meados dos anos 1950 em diante, com o aumento das influências externas na cultura brasileira e o fortalecimento do discurso nacional-popular, surgiu paulatinamente a distinção entre música caipira e música sertaneja. A valorização dos elementos caipiras encontrou em Inezita Barroso uma porta-voz da tradição nos anos 1950.

A diva da tradição

Inezita Barroso lançou-se como cantora em 1953. Em sua longa e exitosa carreira, gravou maracatus, cocos, modas de viola, canções praieiras, lundus, valsinhas, toadas, pagodes caipiras e xotes. Tornou-se íntima do repertório de compositores rurais da década de 1930 como João Pacífico, Angelino de Oliveira, Raul Torres e Cornélio Pires. Gravou canções de Teddy Vieira e Mario Zan, também reconhecidos como parte da tradição que se constituía como música "caipira". As canções dos então jovens Tião Carreiro e Hekel Tavares, nomes importantes nas décadas de 1950 e 1960, seriam gravadas, pois os compositores eram vistos como modernizadores que faziam um "som novo", na opinião de Inezita, "sem desvirtuar as cantigas da terra".[37]

Seu repertório ia além das fronteiras da música caipira, e ela gravou também Villa-Lobos, Noel Rosa, Guerra-Peixe, Capiba, Dorival Caymmi e Lupicínio Rodrigues, entre outros. Por tudo isso, Inezita foi chamada pela escritora Rosa Nepomuceno, autora do livro *Música caipira: da roça ao rodeio*, de "diva da tradição".

Ao mesmo tempo que mudava a tradição, incorporando compositores urbanos de outras regiões do país, Inezita articulava a defesa da "raiz caipira", numa ambiguidade bastante interessante. O interior era valorizado por uma artista de formação urbana. Universitária, formada em biblioteconomia na década de 1940, Inezita tornou-se uma das primeiras pontes da música do campo com os grupos que se articulavam nas cidades em torno da defesa do nacional-popular, que buscava as fontes do Brasil no povo escondido nos grotões do interior.

Respaldada pela crítica musical, Inezita recebeu vários prêmios por parte do público intelectual, especialmente o Prêmio Roquette-Pinto, muito valorizado na época, que ganhou duas vezes.[38]

Os discos de Inezita vinham a contento da elite nacional-folclórica que permeava a crítica de então. A essa elite interessavam a defesa do nacional e a louvação de valores populares "puros". Esse tipo de pensamento folclorista ganhava força cada vez maior nos anos 1950. De certa forma, a cultura ecoava debates comuns da política, cujo nacionalismo tinha muita força desde o primeiro governo Vargas.

Entre clássicos do repertório rural tradicional e cantos folclóricos coletados por pesquisadores, Inezita era uma defensora da tradição em tempo integral. Os nomes de seus LPs denotam essa postura. Por exemplo, em 1955 foram lançados dois álbuns com títulos nacionalistas: *Lá vem o Brasil* e *Coisas do Brasil*. Em 1958 foi a vez de apelar à tradição no disco *Eu me agarro na viola*; em 1960, *Vamos falar de Brasil*; em 1962 veio o LP *Clássicos da música caipira*.

A carreira de Inezita Barroso deve-se muito ao respaldo de intelectuais como os que compunham a redação da *Revista da Música Popular*, fundamental não apenas para Inezita, mas para uma série de artistas do samba também.

O periódico foi criado em setembro de 1954, um ano depois do início profissional de Inezita Barroso, por iniciativa do jornalista Lucio Rangel. A grande preocupação dos intelectuais da revista era se posicionar contra a entrada do som estrangeiro na música brasileira. Com um editorial afinado ao nacionalismo de esquerda, a publicação foi essencial para a valorização da "gloriosa" tradição nacional. O corpo jornalístico afinado tinha nomes famosos a cada edição, além de colaboradores influentes. Uma série de intelectuais escreveu nela, como Rubem Braga, Manuel Bandeira, Vinicius de Moraes, Ary Barroso, Mário de Andrade, Hermínio Bello de Carvalho, Haroldo Barbosa, Lucio Rangel, Paulo Mendes Campos, o maestro Guerra-Peixe e o pesquisador de samba Almirante. Era essa revista que louvava Inezita como legítima defensora da tradição do campo e foi fundamental para a formação de uma corrente de pensamento acerca da música brasileira, não apenas da música caipira/sertaneja.[39] Além de tecer largos elogios aos discos de Inezita, seus colaboradores escreveram textos sobre nomes importantes da música popular, como Noel Rosa, Caymmi, Sinhô, Aracy de Almeida, Carmen Miranda, Pixinguinha, Ernesto Nazareth.

A *Revista da Música Popular* era o efeito de décadas de pensamento nacional-folclorista no Brasil, que desde o início do século buscava encontrar as "raízes" do país em seu próprio povo.

Em relação ao samba, por exemplo, o periódico teve papel central na valorização dos artistas do passado, especialmente aqueles da década de 1930. Foi nas páginas da *Revista da Música Popular* que Noel Rosa foi analisado pela primeira vez como "filósofo do samba", e os anos 1930 e 1940 foram retratados como uma "época de ouro" da música nacional. Foi também nessas páginas que surgiu o epíteto "velha guarda", para louvar gerações "exemplares" do passado.[40] Por iniciativa do jornalista, pesquisador e sambista Almirante, colaborador do periódico, foi criado em 1954 o "Dia da Velha Guarda", 23 de abril, data do aniversário de Pixinguinha.[41]

Tratava-se de restaurar e preservar um passado musical que, segundo os editores, tinha nos anos 1930 sua forma mais pura.[42] Era preciso buscar as "raízes" da brasilidade, e Inezita Barroso, na seara rural, tanto quanto Noel Rosa para o som urbano, representou a afinação dos intelectuais com a música do povo.[43]

A *Revista da Música Popular* e Inezita tinham amigos influentes. Entre os críticos da importação musical estavam o pesquisador Almirante e o compositor Ary Barroso, este um ferrenho defensor da música nacional. Ambos militaram pela "boa" tradição musical brasileira em programas de rádio ao longo dos anos 1950. Chocados com a invasão estrangeira, Almirante e Ary Barroso tentavam dar sobrevida a um legado que entendiam como "folclore urbano".[44] Ambos chegaram inclusive a defender em programas de rádio a ideia de Ary Barroso, então vereador carioca pela UDN, de criar um imposto para a entrada de música estrangeira no Brasil.

A ideia de preservar um samba e uma determinada música rural "autênticos" foi criada na mesma época. Foi fruto da empreitada de jornalistas, escritores, artistas, cantores, compositores. Adequada à perspectiva nacional-popular, uma parte considerável da sociedade se encantou com a busca pelas "raízes" puras da música brasileira. Mas contra quem lutavam Inezita Barroso e a intelectualidade da *Revista da Música Popular*? Que grande ameaça rondava a música popular, sobretudo a música do campo, para os intelectuais da cidade buscarem refúgio na preservação do passado? Contra quem se posicionava Inezita quando cantava as "raízes" nacionais?

A invasão estrangeira

A valorização do *caipira* tradicional por meio de Inezita Barroso acontecia concomitantemente à mistura da música rural com gêneros estrangeiros, especialmente mexicanos e paraguaios. Embora fosse um fenômeno que já ocorria antes, a partir da década de 1950 esse processo se acelerou muito, com a popularização do compacto simples (Cps), do compacto duplo (Cpd) e, mais tarde, dos LPs, bem como do rádio. Como lembra o historiador Marcos Napolitano, "nos anos 1930 o rádio era voltado para os segmentos médios da população urbana, sobretudo dos grandes centros, e tinha propostas ambiciosas de 'levar cultura' e informação às massas [...]. Nos anos 1950, o rádio buscava uma comunicação mais fácil com o ouvinte, tornando-se mais sensacionalista. [...] Este 'triunfo' tinha sua melhor expressão nos programas de auditório, frequentemente gravados ao vivo, com plateia numerosa, que chegava a comportar seiscentas pessoas".[45]

Com a popularização do rádio, houve também o aumento da "importação" de gêneros musicais como o jazz americano e gêneros caribenhos como o mambo, a conga e o bolero. Também a guarânia paraguaia, o rasqueado mexicano e o chamamé argentino atravessaram as fronteiras.

Um marco da entrada dos gêneros estrangeiros na música rural foi o estrondoso sucesso popular da guarânia "Índia", um clássico dos paraguaios José Asunción Flores e Manuel Ortiz Guerrero, cuja versão para o português foi feita por José Fortuna. "Índia" foi gravada por Cascatinha & Inhana em 1952: "Índia, seus cabelos nos ombros caídos,/ Negros como a noite que não tem luar/ Seus lábios de rosa para mim sorrindo/ E a doce meiguice desse seu olhar." Foi a partir da gravação dessa guarânia que a música rural começou a ser um problema para os pensadores do nacional-popular.[46] Inezita Barroso, a "diva da tradição", iniciou sua carreira um ano depois desse grande sucesso, contrapondo-se a essa importação musical.[47]

Apesar das críticas, o compacto de "Índia" vendeu cerca de quinhentas mil cópias.[48] Num tempo em que o rádio ainda era o principal veículo da música (e não o LP, que seria lançado mais tarde naquele ano), a venda de quinhentas mil cópias de compactos é espantosa, especialmente se levarmos em conta que o Brasil contava na época cerca de cinquenta milhões de habitantes. Ou seja, 1% da população brasileira tinha o disco de Cascatinha & Inhana com "Índia". Esse número só seria superado no auge da onda sertaneja, entre 1989 e 1994, quando a média anual de vendas das principais duplas foi de

1,5 milhão de cada disco. Então o Brasil tinha 164 milhões de habitantes. E "Índia" não foi esquecida: foi regravada por Leandro & Leonardo em 1994. O compacto pioneiro de "Índia" por Cascatinha & Inhana trouxe no lado B outro sucesso instantâneo, "Meu primeiro amor": "Meu primeiro amor/ Foi como uma flor/ Que desabrochou e logo morreu..." A canção era uma versão de José Fortuna (com Pinheirinho Jr.) da canção original do paraguaio Herminio Giménez.

Logo depois vieram outras guarânias que se tornaram clássicos do repertório sertanejo: "Asunción", "La paloma", "Recuerdos de Ypacaraí", entre outras, todas em versões para o português. As guarânias tornaram-se muito populares, e sua principal característica eram os compassos ternários e a utilização da harpa paraguaia, instrumento que marcaria muito as duplas sertanejas dos anos seguintes. Parecida com a harpa clássica, mas um pouco menor, a harpa paraguaia era tocada em solos e acompanhamentos, quase sempre ligeiros e melodiosos.

Além das guarânias e polcas paraguaias, entraram no Brasil o rasqueado e o bolero mexicanos, bem como o chamamé argentino. Esses ritmos importados foram fundamentais para o início das divergências entre *caipiras* e *sertanejos*.

É importante lembrar que não só o Brasil foi tomado pelos gêneros latinos. Houve nessa época uma grande onda de consumo mundial dos gêneros latino-americanos, sobretudo mexicanos. O bolero, o corrido e a ranchera mexicanos tornaram-se muito populares, influenciando gerações de artistas no mundo todo e no Brasil. Desses, era o primeiro o mais popular: o bolero tornou-se um gênero exportado por toda a América Latina. Apesar das controvérsias de origem (Cuba ou México), o fato é que foi pelas portas mexicanas que o gênero se espalhou pela América Latina.

Em parte, a influência do bolero deve-se à divulgação de Hollywood, que em meados da Segunda Guerra Mundial aderiu à política de aproximação com a América Latina, como mostrou o antropólogo Allan Oliveira: "A influência do bolero estava relacionada a um fenômeno maior, à política da 'boa vizinhança' levada a cabo pelos EUA, a partir de 1942, na sua política externa para a América Latina. [...] A construção da figura do Zé Carioca, por Walt Disney, [foi] feita neste contexto. Ela envolveu também, por parte dos americanos, uma inserção de elementos latinos no cinema, com a produção de diversos filmes de alguma forma referentes à América Latina: seja na ambientação, seja nos personagens, seja na música."[49]

O bolero ganhou destaque nos anos 1940 e 1950 no repertório de famosos cantores americanos populares. Artistas como Frank Sinatra, Nat King Cole, Bing Crosby, Dean Martin e Dick Haymes gravaram boleros em seus discos. Diante do sucesso das versões em inglês que chegaram ao Brasil, também aportaram aqui nomes importantes do gênero, como o mexicano Trio Los Panchos e o chileno Lucho Gatica.

Não apenas a música sertaneja/caipira foi influenciada pelo bolero. O gênero mexicano adentrou o samba, criando o samba-canção, tipo de samba mais lento e melodioso. Embora praticado desde os anos 1930, a catalisação da entrada do bolero foi fundamental para a carreira de artistas que ficariam muito associados ao samba-canção, como Lupicínio Rodrigues e Nelson Gonçalves, Jamelão, Elizeth Cardoso, Ângela Maria, Dolores Duran e Antônio Maria, artistas cujo auge popular aconteceu nos anos 1950.[50] Até Ary Barroso teve canções gravadas na levada do samba-canção abolerado, como a famosa "Risque": "Risque meu nome do seu caderno/ Pois não suporto o inferno/ Do nosso amor fracassado...", gravada pela primeira vez em 1952 e regravada por Sílvio Caldas, Garoto, Ângela Maria, Orlando Silva, Nora Ney, Dorival Caymmi e muitos outros. A relação da música sertaneja com o bolero era mais uma das influências do gênero mexicano na música brasileira.[51]

Um dos primeiros sucessos dessa onda de bolero na música sertaneja no Brasil foi a canção "Boneca cobiçada", em 1956, pela dupla Palmeira & Biá: "Boneca cobiçada/ Das noites de sereno/ Seu corpo não tem dono/ Seus lábios têm veneno..." A partir daí desenvolveu-se toda uma geração de boleristas sertanejos.

A incorporação do bolero mexicano abriu portas para outro gênero daquele país, a rancheira. Em 1959, o Duo Glacial gravou um compacto com a rancheira "Orgulho" e a valsa "O amor e a rosa". Nos programas de rádio, a vinheta que os anunciava dizia: "Apesar do nome frio, a voz é quente..." Vieram depois mais dois discos 78 RPM: em 1960, o rasqueado "Si queres" e a rancheira "Desde que o dia amanhece". Em 1961, o tango "Reconciliação" e a rancheira "Traição".

Empolgada com o sucesso do bolerista mexicano Miguel Aceves Mejía, a dupla Pedro Bento & Zé da Estrada lançou o LP *Amantes da rancheira*, em 1961, no qual abraçou a incorporação do som estrangeiro. Na capa do álbum os dois apareciam em trajes mexicanos, marca da dupla desde 1960, quando se vestiram de mariachis pela primeira vez. Para melhor se adequar ao novo gênero, entre 1963 e 1971 foram acompanhados pelo trompete de Ramón Pérez, instrumento sempre presente na versão original. Pedro Bento justificou a incorporação da rancheira: "Fazia sucesso tremendo o Miguel Aceves Mejía, que era o intérprete mais fabuloso daquela época. Todo mundo imitava para tentar fazer sucesso. [...] Partimos copiando o estilo, disputando vendagem de discos com as músicas rancheiras. Foi quando nós colocamos pistão, harpa, baixo de pau, importamos o guitarrão, e sempre malhamos no estilo mexicano."[52]

Também influenciados pelas raízes mexicanas, Nenete & Dorinho lançaram, em 1958, a música "Mexicanita": "Nós vamos cantando/ Vamos galopando/ Em Guadalajara iremos pousar..." A ponte aérea sertaneja colocava o México no mapa da música brasileira.

No entanto, nem todos gostaram disso. A entrada dos gêneros estrangeiros causou desgosto nos guardiões da tradição. Contrários ao processo de incorporação do som estrangeiro nos anos 1950, o movimento folclorista começou a se estruturar, de forma a combater a música "importada" que tomava tanto o campo como a cidade através da massificação dos rádios caseiros.

Nem todos optaram pela reação pura e simples. Alguns tentaram combater a importação sonora com uma espécie de "antropofagização".

Resistências

A primeira tentativa "antropofágica" de lidar com o som estrangeiro aconteceu quando Nono Basílio e Mario Zan criaram um gênero que chamaram de *tupiana*, em 1958, inspirados nas guarânias paraguaias. O nome do pretendido gênero denotava a intenção da dupla: tratava-se de abrasileirar a guarânia. O objetivo era defender a música nacional das influências externas mantendo maior participação da música dos índios tupi-guaranis, em compassos ternários, marcados por tambor.[53] Segundo o próprio criador Mario Zan, o gênero que pretendia abrasileirar o som estrangeiro não conseguiu sucesso: "Não pegou, não teve divulgação. Naquele tempo não existia mídia, hoje qualquer bobagem que você fala tem repercussão", disse o sanfoneiro.[54] Sem sucesso na nacionalização do gênero, os boleros e as guarânias continuaram a tomar conta dos rádios.[55]

O processo de *mexicanização* e *paraguaização* da música caipira/sertaneja atingiu o auge na década de 1970. Nessa década houve outra grande inovação. O rock também penetrou na música rural. Desde 1969 a dupla Leo Canhoto & Robertinho começou a fazer muito sucesso. Eles foram os pioneiros na incorporação de guitarras, baixos, teclados e bateria, influenciados pelo rock dos Beatles e da Jovem Guarda.

Diante do sucesso cada vez maior do que consideravam "moda estrangeira", os defensores do purismo na música rural advogavam que haveria diferenças inconciliáveis na música rural. A música *sertaneja* seria um som "falso e corrompido" pelas "modas estrangeiras". A música *caipira*, "pura" e "autêntica", seria a verdadeira representante do camponês brasileiro.

Até pelo menos a década de 1970 essa distinção estava apenas parcialmente clara. Às vezes, mesmo pesquisadores, historiadores, artistas e jornalistas intercambiavam os dois termos.[56] Contudo, com o enorme sucesso popular de Milionário & José Rico e Leo Canhoto & Robertinho nos anos 1970, cada vez foi ficando mais óbvia a diferença aos olhos dos puristas.

É importante notar que a intensa circulação da guarânia, da rancheira e do bolero aconteceu nos anos 1950, um pouco antes do surgimento da bossa nova, matriz forjadora e aglomeradora dos artistas associados à MPB. A bossa nova nasceu como movimento cultural da juventude universitária em 1959 e se estendeu de forma mais ou menos homogênea pelo menos até o advento da MPB, em 1965. Os bossa-novistas criticavam a *moda* do bolero na música brasileira com muita veemência e consideravam o período dessa influência um dos piores da canção nacional.[57]

Diferentemente dos folcloristas, os artistas da bossa nova não eram contra a importação musical. Afinal, o jazz entrou na música brasileira muito devido à atuação dos bossa-novistas. Mas não houve intelectual que topasse defender o bolero como matriz de uma síntese possível na música nacional. Se o jazz foi, no fim das contas, incorporado como influência estrangeira legítima por público, artistas e intelectuais, o bolero e a guarânia não tiveram a mesma sorte.[58] Eram considerados "cafonas".

A MPB dos anos 1960 é fruto desse pensamento nacional-popular pré-bossa nova e da influência jazzística trazida pelo gênero inventado por João Gilberto e Tom Jobim. A MPB, assim como a bossa nova, inicialmente repudiou o bolero e a guarânia. Mas, além de reproduzir os preconceitos da bossa nova, a MPB radicalizou a ideia de sair "em busca do povo brasileiro".[59] Começou a se forjar o elo com os caipiras. O termo MPB surgiu nos idos de 1965 a partir da luta da juventude nacionalista de esquerda que, diante do início da ditadura militar, em 1964, se mobilizou para se opor ao que chamavam de "imperialismo cultural".[60]

Em 1965 havia um "modismo" que era visto pelos artistas da MPB como "pior" do que o bolero. Nesse ano, o rock iê-iê-iê de Roberto Carlos e seus amigos da Jovem Guarda se tornou muito popular, especialmente após o sucesso de "Quero que vá tudo pro inferno", o primeiro de uma longa série de sucessos do Rei que durou pelo menos duas décadas. Em resposta a esse sucesso, catalisou-se a formação do campo musical da MPB.[61]

Foi na década de 1960, por intermédio da juventude militante da MPB, que sambistas esquecidos, como Zé Kéti, Cartola, Nelson Cavaquinho, Ismael Silva, entre outros, foram "redescobertos" pelos jovens de esquerda.[62] O "resgate" da tradição rural acontecia concomitantemente à "redescoberta" de sambistas do passado. Junto com o sambista do morro, a juventude de esquerda dos anos 1960 começou a redescobrir os artistas interioranos "autênticos". O caipira "resistente", e não mais o sertanejo, começou a ser visto como símbolo do povo esquecido e "autêntico" representante do campo brasileiro.

Em dezembro de 1964, Nara Leão protagonizou o espetáculo *Opinião*, ao lado de Zé Kéti e João do Vale, escrito por Oduvaldo Vianna Filho, Paulo Pontes e Armando Costa. Nesse famoso musical, marco do nascimento da MPB, sempre citado em livros, cada personagem do elenco tinha uma função. Ao lado de Nara Leão, representante da juventude urbana descendente da bossa nova, estavam um sambista do morro, Zé Kéti, e um camponês migrante do Nordeste, João do Vale, nascido no interior do Maranhão.

Do repertório, cinco músicas do "camponês" João do Vale. Uma delas era "Sina de caboclo": "Eu sou um pobre caboclo/ Ganho a vida na enxada/ O que eu ganho é dividido/ Com quem não plantou nada/ Se assim continuar vou deixar o meu sertão/ Deus até tá ajudando,/ tá chovendo no sertão/ Mas plantar pra dividir/ não faço mais isso não." O sertão era descrito como lugar da exploração do camponês. A partir do musical *Opinião* tornou-se comum na MPB cantar o camponês explorado e revoltado. A tônica de buscar o povo explorado do campo também estava na obra dos irmãos Marcos e Paulo Sérgio Valle, que em 1965 compuseram "Terra de ninguém". Cantada por Elis Regina e Jair Rodrigues, a canção tornou-se símbolo da luta pela reforma agrária: "Onde a terra é boa/ O senhor é dono, não deixa passar/ Para no final da tarde/ Tomba já cansado/ Cai o nordestino/ Reza uma oração/ Pra voltar um dia/ E criar coragem/ Pra poder lutar pelo que é seu."

Em 1968 os irmãos Valle compuseram "Viola enluarada", radicalizando a imagem do camponês revolucionário: "A mão que toca um violão/ Se for preciso faz a guerra/ Mata o mundo, fere a terra/ A voz que canta uma canção/ Se for preciso canta um hino." "Viola enluarada" foi regravada por diversos artistas, entre eles Jair Rodrigues, Os Cariocas, Beth Carvalho, Eliana Pittman, Marcos Valle, Milton Nascimento, Sergio Mendes. A linguagem direta defendia a revolta dos explorados do campo e não deixava dúvidas de que lado os artistas da MPB estavam.

O principal artista dessa linha da MPB associada ao campo foi Geraldo Vandré. Seu primeiro LP, *É hora de lutar* (1965), apesar de ainda trazer arranjos e timbres da bossa nova, buscava contatos com temas do sertão, especialmente os nordestinos.[63]

Em 1966 um grande clássico de temática rural foi composto por Vandré (com Theo de Barros): "Disparada", cantada por Jair Rodrigues[64] no II Festival de Música Popular Brasileira da TV Record nesse mesmo ano. Vandré migrava do samba-jazz do primeiro LP para a moda de viola. A história do boiadeiro-cantador que se rebela contra as injustiças ficou famosa: "Eu venho lá do sertão/ E posso não lhe agradar.../ Aprendi a dizer não/ Ver a morte sem chorar/ E a morte, o destino, tudo/ A morte e o destino, tudo/ Estava fora do lugar/ Eu vivo pra consertar..."

Nos arranjos da apresentação de Jair Rodrigues no festival de 1966 foi usada uma queixada de burro nos momentos mais fortes, fazendo contraponto com a viola caipira, que ponteava desde o começo, tocada pelo guitarrista Heraldo do Monte. Foi durante viagens com o seu grupo, o Trio Novo (composto por Airto Moreira, Heraldo do Monte e Theo de Barros — depois transformado em Quarteto Novo, com a entrada de Hermeto Paschoal), que Vandré fez a letra de "Disparada" sobre a música de Theo de Barros. Vandré e seus músicos retornavam de Catanduva, no interior de São Paulo, quando se inspiraram nos motivos locais para contar a história do boiadeiro indignado.[65]

A partir do sucesso de "Disparada", catalisou-se entre os artistas da MPB a prática de incorporar os símbolos do sertão, dando-lhes um sentido combativo. Vandré estava na vanguarda desse processo. Na contracapa do LP *5 anos de canção*, disco de 1966 que tem os sucessos "Fica mal com Deus" e "Porta-estandarte", há um texto do jornalista Franco Paulino que defende a aproximação de Vandré da música de viola tocada por Heraldo do Monte: "A importância [maior] deste trabalho é que ele revela uma experiência nova e também pioneira de Geraldo Vandré. Trata-se da utilização — pela primeira vez em termos urbanos — de instrumental autêntico da moda de viola do Centro-Sul do país. Os temas são desenvolvidos de maneira original, com bastante criatividade. E é na medida deste desenvolvimento que a moda de viola ganha condições de conquistar o público das cidades. (Nada a ver com as exibições caricatas de Tonicos, Tinocos etc. e tal.)"

A "busca do povo" dos morros e favelas era prática já estabelecida entre a intelectualidade brasileira desde os anos 1930. A inovação de Vandré foi incorporar a música rural, buscar o povo do sertão. Curiosamente, o jornalista Franco Paulino depreciava a dupla Tonico & Tinoco ao chamá-la de "caricata" na contracapa do disco de Vandré. Essa imagem se choca com o imaginário da dupla "coração do Brasil", que se tornou nos anos seguintes referência de tradição no gênero. Isso denota que as categorias da música caipira não estavam totalmente formatadas, e o panteão ainda não estava claramente delimitado.

A relativização do legado de Tonico & Tinoco aconteceu, pois a MPB de Vandré tentava abrir as portas da cidade para o campo sem se conciliar com o conservadorismo desses camponeses. Vandré idealizava um camponês revolucionário que, no entanto, só poderia ser encontrado se fosse buscado através dos olhos dos inconformados da cidade. O compositor era um dos que não se conformavam com a ditadura estabelecida desde 1964 e demandava dos sertanejos uma disposição parecida. Para ele, Tonico & Tinoco não eram os camponeses "ideais", pois em nenhum momento se colocaram contra o governo ditatorial. Pelo contrário, Tonico & Tinoco mostraram-se ufanistas da ditadura, como se verá no capítulo "Canhotos à direita". Além disso, suas vozes ainda tocavam nas rádios, o que os colocava, aos olhos da MPB, como artistas por demais "comerciais".

Em 1968 Vandré lançou o LP *Canto geral,* no qual radicalizou a busca pelas raízes camponesas. Em várias canções o tema é a luta de classes no campo. Por exemplo, em "Terra plana": "Mil cegos pedindo esmola/ E a terra inteira a rezar/ Se um dia eu lhe enfrentar/ Não se assuste, capitão/ Só atiro pra matar/ e nunca maltrato não." Em "O plantador", Vandré expõe os malefícios da miséria causada pelos donos de terra: "O dono quer ver/ A terra plantada/ Diz de mim que vou pela grande estrada:/ 'Deixem-no morrer,/ Não lhe deem água,/ que ele é preguiçoso/ e não planta nada." Em "Ventania", Vandré canta a esperança de mudar de vida: "Boiadeiro, jangadeiro iguais/ no mesmo esperar/ que um dia se mude a vida/ em tudo e em todo lugar/ [...] / Pra alegrar eu tenho a viola/ Pra cantar, minha intenção/ Pra esperar tenho a certeza/ Que guardo no coração."

Para além do discurso revolucionário, a incorporação de elementos rurais tornou-se legitimada na MPB em grande parte devido a Vandré. A viola foi a mais beneficiada com a incorporação das temáticas rurais. Violas e violeiros ganharam status, citações e incorporações. A apologia da viola caipira tornou-se senso comum na MPB. E passou a ser até mais citada do que de fato usada na segunda metade da década de 1960. A viola apareceu mencionada em canções como "Viola enluarada", de Marcos e Paulo Sérgio Valle, e "Morro Velho", de Milton Nascimento, ambas de 1967. Nesse ano Milton Nascimento incluiu o instrumento nos arranjos de seu LP.[66] Na obra de Vandré aparecem citações a violas em "Disparada", "Ventania", "Guerrilheira", "Canção primeira", "Maria Rita" e "Bandeira branca". No clássico "Ponteio", Edu Lobo clama: "Quem me dera agora tivesse uma viola pra cantar!" O compositor e cantor Sidney Miller, hoje esquecido, cita-a em pelo menos três canções: "A estrada e o violeiro", "Sem assunto" e "Botequim nº 1". Aparece uma viola em "Menininha do portão", de Nonato Buzar, cantada por Wilson Simonal em 1969: "E eu pego a viola/Faço um verso feito um trovador/ Quem sabe então você me dê/ Me dê o seu amor." Até Chico Buarque, um tradicional reverenciador do violão, cita o instrumento rural em "Roda-viva": "Mas eis que chega a roda-viva/ e carrega a viola pra lá." Ela aparece inclusive na obra pré-tropicalista de Caetano Veloso na canção "Remelexo", de 1966: "Eu quero falar com ela/ Ninguém sabe onde ela mora/ Por ela bate o pandeiro/ Por ela canta a viola."[67]

A ideia que os artistas da MPB faziam do interior do Brasil era de que o campo estaria prestes a explodir numa onda revolucionária contra os ditadores. Assim, cantar o interior era associar pureza estética e espírito revolucionário.

Diante da falência dos sonhos revolucionários, sobrou apenas a estética da pureza. Ou seja, houve então uma conjunção de interesses estéticos entre *caipiras* e artistas e público da MPB. Esse encontro é muito importante para se compreender a vitalidade do discurso nacional-popular desse gênero e as dificuldades de incorporação dos sertanejos. Foi também a partir da entrada da MPB no debate da música rural que se consolidou a distinção entre as músicas caipira e sertaneja. A MPB viu nos caipiras a "autêntica" representação do campo e desprezou os sertanejos por estes aceitarem a incorporação do som estrangeiro.

Nome aos bois

Como se deu esse elo da MPB com a música *caipira* nas décadas seguintes? Em que medida? Com quais finalidades? A quem serviu? Não houve brechas, infiltrações e atritos nessa relação? O que significou para a MPB rejeitar a música *sertaneja* e incorporar a música *caipira*?

A partir dos anos 1970 uma série de compositores oriundos da MPB, como Rolando Boldrin, Renato Teixeira, Almir Sater e o trio Sá, Rodrix & Guarabira, seguiu os passos de Inezita Barroso e trocou os sons da cidade pela glamorização do caipira e das "raízes" do Brasil. Todos eles cursaram faculdades ou gravitaram em torno dos universitários da MPB e da bossa nova antes de se interessarem pela música *caipira*.

Os embates entre as músicas *caipira* e *sertaneja*, e especialmente desta com a MPB, são importantes para se compreender a dimensão do corte levado a cabo nos anos seguintes, sobretudo para se compreender o *auge* sertanejo na chamada era Collor e a intensa polarização dos artistas no cenário cultural brasileiro dos anos 1990. Essas disputas, ocorridas dos anos 1960 aos 1980, foram essenciais para a construção do imaginário *sertanejo* no Brasil e, somadas ao peso da MPB nesse debate, fizeram com que a música sertaneja fosse chamada, no início dos anos 1990, de "trilha sonora da era Collor".

Cabe então perguntar: quem são esses artistas sertanejos que levaram adiante a importação do som estrangeiro? Que processo de "antropofagização" da cultura internacional é esse que não passou sob a égide dos baianos tropicalistas? Quem são esses artistas sertanejos que, mesmo modificando a tradição, são tão bem aceitos por grande parte das camadas populares? Finalmente: por que eles se tornaram tão populares? Qual a relação desses artistas com sua época, a ditadura e a modernização do Brasil? Esses são os temas dos capítulos seguintes.

2. Estrada da vida
O sucesso popular de Leo Canhoto & Robertinho e Milionário & José Rico na década de 1970

Numa cena típica de Velho Oeste americano, um bandido entra num bar. De repente alguém balbucia: *"Pessoal, vamos embora! O Jack vem vindo aí!"* Os presentes demonstram medo e tentam fugir. Depois de uma risada irônica, o bandido ameaça: *"Nada disso! Ninguém vai sair daqui! Aquele que sair vai engolir chumbo! Garçom, traz cachaça pra todo mundo aí!"* Vira-se para as vítimas e fala: *"Aí! É pra encher a cara, hein!"* Diante do tilintar dos copos, alguém recusa a bebida: *"Uai, moço, você não bebeu por quê?" "Porque ninguém manda em mim!"* Ouve-se um tiro. *"Não bebeu mas morreu! Ha, ha, ha!"*

É dessa forma ameaçadora que começa "Jack, o matador", primeira faixa do primeiro LP de Leo Canhoto & Robertinho. A canção alterna falas e partes cantadas sobre a história do bandido que, depois de causar arruaça num povoado, é morto por um inimigo, que também morre ao final da canção. Era 1969, e começava a história de uma das duplas de maior sucesso do mundo sertanejo. "Jack, o matador" era a primeira de uma série de canções nas quais um bandido destemido e autoritário era morto por seus inimigos, ou, mais normalmente, pelas forças da lei. Somente em algumas poucas faixas da obra de Leo Canhoto & Robertinho as forças policiais prendiam o bandido arruaceiro; o mais comum era matá-lo.

Na canção "Rock Bravo chegou para matar", de 1970, o bandido é morto por reagir às forças legais. O policial, ao matar o meliante, diz: *"Eu lhe avisei, Rock Bravo! Você ia para a cadeia, agora vai para o cemitério! Com a justiça não se brinca!"* Depois da fala do destemido policial, os cantores cantam: "Acabou-se o valentão/ A paz voltou nesta cidade/ Todos vivem trabalhando/ cheios de felicidade..."

Nas capas dos discos, Leo Canhoto e Robertinho vestiam-se de cowboys, com armas em punho, coldres e munição. Em algumas havia a simulação de um tiroteio. A temática da violência no espaço público reprimida pelas forças policiais é retratada nas canções "O homem mau" (1969), "Meu carango" (1970), "Buck Sarampo" (1971), "O delegado Lobo negro" (1972), "A polícia" (1972), "Amazonas kid" (1973), "O valentão" (1974), "O valentão da rua Aurora" (1975), "Delegado Jaracuçu" (1977) e "Chumbo quente" (1978).

Exatamente um ano depois de Geraldo Vandré, Caetano Veloso e Gilberto Gil partirem para o exílio, Leo Canhoto & Robertinho alcançaram sucesso massivo com canções de bangue-bangue ingênuas, em que os camponeses estavam longe da representação revolucionária desejada por alguns dos primeiros nomes da MPB. Desejosos de uma resposta frequentemente autoritária pelas forças da lei, os camponeses das canções de Leo Canhoto eram entusiastas das forças legais do regime.

O Brasil mudava. Diante das transformações econômicas e políticas, um novo campo surgiu. Leo Canhoto & Robertinho sintetizaram o espírito de uma época. A carreira da dupla, que angariou fãs populares ao mesmo tempo que era repudiada por determinada intelectualidade nacional-revolucionária de esquerda, é bem representativa das questões brasileiras nos anos 1970.

Leo Canhoto & Robertinho supriram um vácuo surgido no meio musical popular. Diante da saída de Roberto Carlos do programa *Jovem Guarda*, da TV Record, em fins de 1968, os jovens do interior amantes do rock ficaram órfãos. O programa da TV paulistana ainda continuou por algumas semanas, mas, sem a presença do Rei, foi logo extinto. Apesar do término do programa, as influências do ídolo do rock em várias gerações de artistas demonstrariam que o gênero não fora apenas moda passageira. A trupe de Roberto Carlos influenciou uma série de artistas urbanos da geração seguinte, de Odair José a Paulo Sérgio, de Evaldo Braga a Fernando Mendes e Reginaldo Rossi, artistas que, de certa forma, deram continuidade ao legado popular e romântico das músicas da Jovem Guarda.[1]

Aproveitando o vácuo aberto por Roberto Carlos, Leo Canhoto & Robertinho lançaram o primeiro disco em 1969. De forma inédita, guitarras, baixo e bateria eram incorporados à música rural. Inovador no gênero, Leo Canhoto & Robertinho foi a primeira dupla a fundir, explícita e conscientemente, o rock da Jovem Guarda e a música sertaneja.

Leonildo Sachi, o Leo Canhoto, nasceu em 1936 em Anhumas, interior de São Paulo. Viveu até os dezoito anos em Sertanópolis, pequena cidade a cinquenta quilômetros de Londrina. Trabalhou na roça, capinou, passou necessidade. Endividado e sem dinheiro para tratar o pai doente, Leonildo, que realmente era canhoto, foi tentar a sorte na cidade grande. Cantando em circos do interior de São Paulo, aprendeu a tocar violão de forma autodidata. Apesar das necessidades, conseguiu gradualmente algum respeito no meio musical no interior e formou a dupla Leo Canhoto & Maurício, sem alcançar o sucesso. Desfeita a dupla, integrou o trio Campanha, Leo Canhoto & Perigoso, que também não teve longa duração.

Se a vida como artista de palco parecia fora dos trilhos, ele se destacava como compositor. Em 1961, conseguiu que gravassem pela primeira vez uma música de sua autoria. Feliz com a nova carreira que começava, Leo Canhoto tomou um grande porre, como relatou anos mais tarde: "Fiquei quase louco e enchi a cara de cachaça!"[2]

Em 1963 a então conhecida dupla Zico & Zeca gravou "Engano do carteiro", de autoria de Leo Canhoto, num compacto. No ano seguinte, colocou-a como faixa de abertura do LP. Em 1967 Canhoto teve "Florzinha do campo" gravada por Tião Carreiro & Pardinho, outra dupla bastante conhecida na época. Em 1968, teve sucesso com a canção "Milagre do ladrão", cantada por Zilo & Zalo.[3] No mesmo ano Abel & Caim gravou "A bandinha". Poucos gravaram mais músicas de Leo Canhoto do que a então moderna dupla Pedro Bento & Zé da Estrada, que incorporava a rancheira mexicana em sua obra: o compositor teve cerca de treze canções gravadas entre 1961 e 1972.

Com essas canções, Leo Canhoto definiu seu estilo de compositor-narrador. Em geral, suas músicas tinham uma história concreta, que se desenvolvia até o final da melodia. A linearidade poética era uma marca da música sertaneja, e Canhoto soube se adaptar bem a esse estilo.

Por volta de 1967 ele já era bastante reconhecido no meio e começou a empresariar a dupla Vieira & Vieirinha, que já tinha pelo menos 15 anos de estrada. De 1967 a 1970 a dupla gravou quatorze músicas do então empresário.

No ano seguinte Canhoto conheceria Robertinho em Goiânia, onde fora empresariar um show de sua dupla. Leo Canhoto encontrara a voz aguda que julgava adequada para cantar suas composições e dar equilíbrio a sua grave entonação.

José Simão Alves, o Robertinho, era natural de Água Limpa, Goiás, e criou-se em Buriti, no mesmo estado. Nessa cidade, fez parte do trio Jota, Jotinha & Marquinho. Depois de cantar na rádio clube da cidade, foram para São Paulo, onde conseguiram gravar um disco, que não obteve sucesso algum. José Simão voltou para Goiás, mas continuou a manter contato com o meio sertanejo da capital paulista. Conheceu Leo Canhoto e, influenciado por Roberto Carlos, adotou o nome artístico Robertinho.[4]

A modernidade

Os discos da dupla foram lançados pela RCA, gravadora de parte dos órfãos da Jovem Guarda, como Rosemary, Demetrius, Sérgio Reis e Os Incríveis.

A continuação do legado do rock não se limitava ao uso de guitarras e à incorporação da música pop. Leo Canhoto e Robertinho incorporavam o visual à Roberto Carlos, com óculos escuros, coletes, medalhões, calças hippie e roupas coloridas, também parecidos com os tropicalistas. Visualmente, negavam a imagem do caipira tradicional, de chapéu de palha e fala truncada. Usavam botas e chapéus de cowboys americanos, falavam expressões em inglês e buscavam fazer um som moderno. A revista *Veja* demarcou o sucesso do primeiro disco: "Misto de caipira, caubóis americanos e cantores de iê-iê-iê, de cabelos grandes, calças justas, coletes de couro coloridos, pistola na cinta, Leo Canhoto & Robertinho vendeu quarenta mil cópias de seu primeiro LP de letras tiradas à Roberto Carlos."[5]

Nada disso aconteceu sem críticas. Leo Canhoto também se lembra do repúdio inicial: "No começo nós éramos inclusive chamados de loucos. Alguns amigos chegaram a pedir que deixássemos de cantar e compor e voltássemos às nossas origens simples. A luta foi mesmo muito dura. O preconceito que cercava a música sertaneja era muito grande, uma casca dura de romper."[6]

José Rico, da dupla com Milionário, também se recorda das críticas de quando colocaram guitarra na música sertaneja: "A primeira música em que pusemos guitarra no estúdio foi uma gozação! Os críticos diziam:

'Poxa! Você vê essa dupla aí? Pondo guitarra! Guitarra é negócio de rock!' Mas não tem nada a ver! A música é música! Guitarra é um instrumento musical! [A primeira música com guitarra] foi 'Solidão'. Então é coisa que ninguém via, mas nós tivemos essa ideia de dar um passo à frente! Aí pusemos bateria; nenhum caipira tocava música com bateria! Era um xingo [risos]! Fomos pondo! Fomos pondo! Foram aceitando! Aceitando! Fomos incrementando aquela coisa, pusemos sopros..."[7]

Nos anos 1970 era comum que artistas sertanejos fizessem shows em circos. Antes do próprio show em si era normal que os próprios artistas encenassem um pequeno esquete teatral cuja temática se passava invariavelmente no "Velho Oeste". Um ator ou um integrante da dupla interpretava um bandido valentão que invadia bares, casas e fazendas. Causava pavor em povoados e brigava com um adversário num cenário de saloon americano, causando arruaça e sendo repreendido pelo xerife da cidade, que garantia o final feliz. Entre 1969 e 1978 todos os discos de Leo Canhoto & Robertinho, os inventores da moda, tinham pelo menos uma encenação gravada.

Entre as várias peças encenadas por eles, destaque para duas delas: "O homem que matou o homem mau", no início da carreira, e "O sangue do dragão vermelho", em meados da década de 1970, que, apesar do nome, não era um filme de kung fu, mas uma comédia de bangue-bangue.

Velho Oeste e *spaghetti*

Leo Canhoto & Robertinho catalisaram tradições já existentes na música rural. A dupla amplificou para o público rural (e que havia se encantado com a Jovem Guarda) uma estética que já era comum no meio sertanejo/caipira. Dentre os responsáveis pela prática de encenar peças violentas está a tradicional dupla Tonico & Tinoco.

Em 1945 eles encenaram pela primeira vez a peça intitulada *A vingança de Chico Mineiro*. Tratava-se de um drama sobre a última viagem de um amigo boiadeiro, morto numa festa por um desconhecido. A peça era inspirada na canção "Chico Mineiro", um dos primeiros grandes sucessos da dupla. A peça encenada virou filme em 1965 com o título de *Obrigado a matar*. Além do título, que fazia da violência uma necessidade, e do roteiro sanguinário, o cartaz do filme também incorporava a estética agressiva.

Uma mão armada apontava um revólver a quem olhava o cartaz, enquanto os atores apareciam como se fossem balas de revólver.

Em 1971 foi lançado outro filme violento de Tonico & Tinoco. *A marca da ferradura* contava a história de uma dupla de justiceiros que volta à cidade natal e se depara com um bandido cruel que domina o lugarejo.

Em 1972 mais um filme muito parecido com as temáticas de Leo Canhoto & Robertinho. Em *Os três justiceiros*, a dupla "coração do Brasil", epíteto pelo qual era conhecida,[8] une-se ao amigo Chiquinho para fazer justiça com as próprias mãos e trazer novamente a ordem ao povoado onde moram. Eles aparecem no cartaz mascarados, numa cena típica de filmes do Velho Oeste americano, parecida com as imagens de tiroteios dos LPs de Leo Canhoto & Robertinho.

Tonico & Tinoco se apresentaram durante quarenta anos em circos e teatros. Criaram uma companhia circense, com a qual percorreram todo o país. Normalmente, realizavam três sessões por noite em cada circo. Durante todos esses anos, encenaram mais de vinte peças. No total, fizeram sete filmes.[9]

A grande inovação de Leo Canhoto & Robertinho foi adequar a estética da violência já presente em algumas montagens e filmes caipiras à modernidade do rock e das influências externas, especialmente aquela tradição cinematográfica mundial que ficou conhecida como *western spaghetti*, muito comum entre as décadas de 1960 e 1970.

Os *western spaghetti* eram filmes do Velho Oeste americano, mas feitos por europeus, sobretudo italianos (mas não apenas), daí o termo. Filmados normalmente no sul da Espanha, esses filmes correram o mundo desde o primeiro grande sucesso, *Por um punhado de dólares*, de 1964. A partir de então, uma série de filmes se popularizou, entre eles *Três homens em conflito* (1966), *Django* (1966), *Era uma vez no Oeste* (1968), *A morte anda a cavalo* (1967) e *O estranho sem nome* (1973). Clint Eastwood fez carreira em vários filmes de Velho Oeste, tendo se tornado um mito do gênero; o famoso maestro italiano Ennio Morricone tornou-se reconhecido por várias trilhas sonoras desse gênero.[10] O Velho Oeste do *western spaghetti* não foi uma moda apenas entre os brasileiros, mas no mundo inteiro.

Diante do sucesso popular de suas peças e do declínio do gênero *western spaghetti* a partir da segunda metade dos anos 1970, Leo Canhoto e Robertinho resolveram produzir seu próprio filme. Em 1977, filmaram *Chumbo quente*, para o qual Leo Canhoto buscou a influência estrangeira:

"A minha fonte de inspiração são os filmes de bangue-bangue. [...] Vou até contratar um diretor italiano, isso porque o cinema brasileiro é muito fraco."[11] O diretor acabou sendo um brasileiro mesmo, Clery Cunha, que já havia atuado em filmes violentos como *Lampião, rei do cangaço* (1965) e *Um pistoleiro chamado Caviúna* (1971).

O comediante Mazzaropi também foi muito influenciado pela estética do bangue-bangue. Pelo menos três de seus filmes têm como tema a luta de justiceiros no interior: *Uma pistola para Djeca* (1969), *Betão Ronca Ferro* (1970) e *O grande xerife* (1972). Em Mazzaropi, o Jeca do interior encontrava o Django do *western spaghetti*.

A televisão também se encantou com a estética violenta do interior à moda do Velho Oeste americano. Um dos maiores clássicos da teledramaturgia nacional foi a novela *Irmãos Coragem*, em 1970. O drama, que contava a história de garimpeiros no interior do Brasil, era recheado pela estética de bangue-bangue. Em parte isso se deveu à direção de Daniel Filho, que tentou fazer uma obra que se assemelhasse mais à moda da época do que à realidade cruel dos garimpos. Em entrevista anos mais tarde, Daniel Filho demarcou influências parecidas com as de Leo Canhoto & Robertinho: "Com [a novela] *Irmãos Coragem* eu queria fazer um bangue-bangue, e nunca me preocupei em fazer a realidade dos garimpeiros do Brasil. Eu queria uma coisa para trazer homem para ver novela. Homem não via novela, eu mesmo não via novela. [...] Já estavam aparecendo os Velho Oeste italianos, o *western spaghetti* já estava vindo ali. Eu pensei: eu vou correr nessa raia aqui, vamos ver no que é que dá. Então, o engraçado é que eu sempre achei que estava copiando alguma coisa... porque é sempre meio cópia... eu não achava que tinha algo de original... E de repente de cópia em cópia eu comecei a ter, sem sentir ou perceber, uma originalidade."[12]

E, com o passar do tempo, *Irmãos Coragem* se tornou o clássico da teledramaturgia nacional.

Toda essa moda do Velho Oeste no Brasil deveu-se muito ao sucesso de Leo Canhoto & Robertinho. O sucesso da dupla fez com que até a todo-poderosa Rede Globo os acolhesse em sua programação. A canção "Motorista de caminhão" entrou na trilha sonora do seriado *Carga pesada*, que estreou em 1979.

Adequados à moda importada, nas gravações da dupla há várias falas em inglês. Em músicas como "Goodbye my Love", "Eu te amo, Jesus Cristo", "Moringa gelada", entre outras, há falas, gritos e cantos na língua de

Shakespeare. Numa reportagem intitulada "Caipiras a jato", a revista *Veja* demarcou a expressiva popularidade e o sucesso financeiro da dupla em 1972: "São campeões do gênero. À sua gravadora, RCA, em São Paulo, já chegou um disco de ouro, prensado na sede americana, prêmio por cem mil discos vendidos em três anos de atividades. [...] Pensam até em trocar seu meio de transporte. [A dupla] usa uma perua nas excursões e pretende comprar um jato particular. Tem dois programas semanais e incontáveis apresentações no interior de São Paulo, Mato Grosso, Goiás, Paraná e Minas."[13]

Apesar do grande sucesso, o mercado da dupla restringia-se ao interior do Brasil, tradicional consumidor de música sertaneja, e às periferias das grandes cidades. Dificilmente os sucessos de Leo Canhoto & Robertinho atingiam as capitais; as rádios FMs, então uma novidade (surgidas a partir de 1977), simplesmente não tocavam música sertaneja, e o público de classe média e alta não era atingido diretamente por esse fenômeno.[14]

Em 1972 Leo Canhoto reclamava: "Sou rico e famoso, mas a imprensa faz questão de me ignorar."[15] Apesar da recusa do público elitizado, associado por Canhoto à "imprensa", o sucesso popular continuava. Muitas duplas tornaram-se adeptas do gênero Velho Oeste, entre elas Rock & Ringo, o trio Tibagi, Miltinho & Meirinho, Gilberto & Gilmar, Tony & Jerry, Scott & Smith, Ringo Black & Kid Holiday e a famosa dupla Jacó & Jacozinho.[16]

Até Zezé Di Camargo, então uma criança que percorria o Brasil com o irmão na dupla Camargo & Camarguinho, vestia-se no estilo bangue-bangue. Os também iniciantes Chitãozinho & Xororó seguiram igualmente o estilo e encenavam peças sobre o Velho Oeste em seus shows.

Apesar da dificuldade de chegar ao público de classes média e alta, o sucesso regional dos sertanejos chocava alguns críticos.[17] O sociólogo Gilberto Freyre, em meados da década de 1970, também se mostrou incomodado com a moda cowboy dos cantores do interior. Para o pensador pernambucano, a importação da moda americana era tão "perigosa" quanto a instrumentalização do marxismo para explicação da realidade brasileira. Ambos serviriam para apagar a especificidade da formação brasileira: "O cowboyísmo ou o chicagoísmo no cinema, o 'modelo' marxista, a extrema idealização da cozinha francesa [...] são todos exemplos de estrangeirices imperiais que têm encontrado, entre nós, 'inocentes úteis', como adeptos dessas modernices [...] capazes de afetar a cultura nacional em seus valores básicos e em suas constantes essenciais."[18]

Não obstante o duro repúdio de alguns críticos, a influência de Leo Canhoto & Robertinho se propagava. Uma das duplas mais influenciadas pela entrada do rock na música rural e pela temática de bangue-bangue foram os jovens Chitãozinho & Xororó.

"Seu Geraldo, nós precisamos mudar!"

Os irmãos José e Durval Lima nasceram respectivamente em 1953 e 1956 em Astorga, no Paraná, e foram para São Paulo no fim dos anos 1960 participar de programas de calouros.[19] Cantaram no *Moacyr Franco show*, da TV Record, onde causaram boa impressão. No programa *Silvio Santos*, na TV Globo,[20] ficaram em segundo lugar. Em 1970, foram então levados pelo pai para fazer um teste com Geraldo Meirelles, produtor de cantores rurais e radialista muito famoso na época, conhecido como o "marechal da música sertaneja". Meirelles tinha então três programas na Rádio 9 de Julho paulistana: *Prelúdio sertanejo*, *Manhã sertaneja* e *Rancho da amizade*. Como os nomes sugerem, a música sertaneja não ocupava o horário nobre das rádios. A programação restringia-se à madrugada e ao alvorecer. Além de radialista, Meirelles supervisionava uma série de artistas sertanejos que faziam caravanas de shows pelo Brasil.[21]

Os meninos de quatorze e dezessete anos chegaram ao escritório de Meirelles, no centro de São Paulo, levados pelo pai. O produtor gostou do que ouviu, mas sugeriu mudanças. Como os meninos da roça tinham muito sotaque e falavam as palavras incorretamente, ele sugeriu um exercício à dupla. Pediu que praticassem as canções com um lápis na boca, para melhor pronunciar as palavras. E demandou que os meninos cantores falassem português corretamente, já que não pegava bem uma dupla "jovem" falar "nóis qué, nóis vai".

Os jovens José e Durval, que até então se apresentavam como os Irmãos Lima, já se sentiam atraídos pela modernidade. Por isso, a indignação brotou em Durval quando Meirelles resolveu mudar o nome artístico dos rapazes. Para batizar a dupla, Meirelles se inspirou na canção "Chitãozinho e chororó", de Athos Campos e Serrinha, um sucesso de 1947 que citava os pássaros do interior: "Eu não troco o meu ranchinho amarradinho de cipó/ Por uma casa na cidade, nem que seja bangalô/ Eu moro lá no deserto, sem vizinho, eu vivo só/ Só me alegra quando pia lá pra aqueles cafundó/

É o inhambu-chitã e o chororó..." A canção fazia referência aos pássaros cantores, o que remeteu Meirelles aos meninos. A dupla apenas colocou "X" no pássaro inhambu-chororó, para se diferenciar. Mas Durval não gostou da comparação: "A gente voltou revoltado com o nome! 'Onde já se viu a gente cantar com um nome desses! Nome de caipira! A gente não quer cantar música caipira, a gente quer cantar música sertaneja! É diferente!' Aí eu me imaginei um molequinho pintadinho, com cabelinho para o lado... O Chitãozinho percebeu que eu não gostei e me chamava de Xororó. Eu xingava ele! 'Que Xororó o cacete! Eu não sou Xororó, meu nome é Durval!'"[22]

Parte da ira do jovem Xororó devia-se à rejeição à imagem do caipira que havia no próprio meio rural, em parte originária no mito de Jeca Tatu. Na época eles já moravam na cidade de São Paulo e sofriam com as zombarias por serem interioranos. "O pessoal dos bailinhos que a gente ia tirava sarro", lembrou-se Chitãozinho. Xororó também se recordou da barra que era ser confundido com um "Jeca": "A música sertaneja era muito marginalizada nas capitais. Muitas vezes tive de brigar, porque eles chamavam a gente de caipira e coisa e tal. Humilhavam a gente. A gente via que eram pessoas que tinham menos do que nós, mas queriam nos humilhar, porque nós cantávamos música sertaneja."[23]

Ser confundido com os caipiras era tudo que os modernos sertanejos dos anos 1970 não queriam. Milionário & José Rico também ficavam incomodados quando eram chamados de "caipiras". Em 1979 a dupla fez o filme *Estrada da vida*, no qual interpretavam a si mesmos. Em determinado trecho do filme alguém os chama de "caipiras", e eles, ofendidos, revidam as acusações, iniciando uma breve confusão. Para os modernizadores, ser chamado de "roceiro", "capiau" ou "caipira" era uma ofensa. "Na época a gente tinha até vergonha de carregar a viola na rua! Eles falavam: 'Olha os caipiras aí, ó! Ó os caipira aí, ó!' Então ficava aquela coisa...", recorda-se Milionário.[24] De forma que se afirmar "moderno", ou seja, sertanejo, era se distinguir do estereótipo do atraso.

Apesar dos atritos iniciais, Chitãozinho & Xororó começaram a viajar com a caravana do radialista Geraldo Meirelles, a Ciabra-Consorte. E novamente se sentiriam atraídos pela modernidade.

Dessa vez seriam ouvidos. Quando começaram a viajar com os outros grupos da caravana, perceberam diferenças no som. Para não se sentirem menosprezados, demandaram mudanças estéticas: "Quando nós chegamos ao primeiro show, tinha uma banda de abertura... era um trio ou um quarteto... eles tocavam aquele som pesado. E quando chamavam a gente, nós chegávamos com dois violões desplugados, com microfone na boca, acústico... Aí nosso som ia pra baixo! Nós chegamos pro Geraldo Meirelles e falamos: "Seu Geraldo, nós precisamos mudar! Não dá pra cantar com dois violões depois de um som desse aqui! A gente precisa pelo menos que o som de nossos violões seja eletrificado!", recordou-se Xororó. "Foi ali que a gente sentiu o prazer de trazer o público para cantar música sertaneja com um som pesado!", completou Chitãozinho.[25]

Geraldo Meirelles conseguiu dois violões Del Vecchio eletrificados, com os quais os meninos passaram a fazer os shows com banda. Esse foi um passo definitivo para a dupla: "Aí o som mudou, e começamos a mostrar a música sertaneja com um som atual, moderna. Ou seja: para os jovens. Acabamos com a mentalidade de que o gênero era coisa de velho", disse Chitãozinho.[26]

A dupla começou a incorporar a modernidade, como lembra Chitãozinho: "No segundo disco a gente começou a botar a bateria mais pesada, o baixo mais na cara, a mixagem diferente, com cordas e tudo... misturado e bem mixado. Esse disco foi bem moderno para o gênero. Aí fomos muito criticados." Xororó lembra-se de que o que eles queriam era se adequar ao seu tempo: "A gente queria fazer música sertaneja para as pessoas da nossa geração. A gente ouvia Beatles... No segundo disco eu já estava com cabelo no ombro..."[27]

Chitãozinho & Xororó tinham como influências os mitos daquela geração sertaneja jovem e moderna: Leo Canhoto & Robertinho. "Quando nós começamos, em 1970, a gente conheceu uma dupla, Belmonte & Amaraí, que atingia um público jovem. Eles cantavam um tipo de música romântica. Outra dupla, Leo Canhoto & Robertinho, já usava guitarra, tinha um visual hippie. Foi uma dupla que deu muito comentário. Depois vieram Milionário & José Rico cantando música mexicana, guarânia, bolero. A gente cresceu ouvindo isso", recordou-se Chitãozinho.[28]

Influenciados por Leo Canhoto & Robertinho, Chitãozinho & Xororó adoravam a estética do Velho Oeste americano. Encenaram durante três anos a peça O *pistoleiro da Ave-Maria*, um legítimo bangue-bangue, com direito a cenas num saloon americano. De 1974 a 1977 eles se vestiam de Johnny e Jesse e atuavam na peça, que durava cerca de noventa minutos. Chitãozinho se recorda: "Passamos a fazer show em circos por nossa conta.

[...] A gente saía, [...] ficava fora sexta, sábado e domingo pelo interior de São Paulo, mas também Paraná, Santa Catarina, Minas, Rio Grande do Sul, Mato Grosso. Tinha show em praça pública, e o mínimo que dava era cinco mil pessoas."
    A dupla só parou de encenar a trama de Velho Oeste quando a moda diminuiu no meio sertanejo. Coincidiu com o fato de os irmãos começarem a fazer relativo sucesso e tocar nos horários matutinos das rádios do interior. E tiveram o primeiro grande sucesso, a canção "Sessenta dias apaixonado", em 1979.

Heranças da Jovem Guarda

Diante do êxito da mistura do rock com a música rural, a gravadora de Leo Canhoto & Robertinho, a RCA, achou por bem contratar um produtor experiente para a dupla. Até então os discos deles eram produzidos por Zé do Rancho ou por Nenete (da dupla com Dorinho), cantores conhecidos da seara sertaneja.[29] Para o posto foi chamado o produtor Tony Campello.
    Irmão de Celly Campello, musa da primeira onda de rock no Brasil, no fim dos anos 1950, Tony Campello fez carreira no gênero. De cantor pioneiro do rock, passou a produtor de vários artistas entre 1965 e 1969 na gravadora Odeon, cuja sede ficava na Cinelândia, Centro do Rio de Janeiro. Produziu artistas e continuou gravando seus discos. Diante da crise da Jovem Guarda no fim dos anos 1960, Tony Campello perdeu o emprego.
    Embora nascido em São Paulo, em 1936, Tony passou a infância e a adolescência em Taubaté. Na juventude ele havia sido tocado pelo rock: "Eu morava do lado de uma praça em Taubaté que tinha circo com frequência. O que tem em parques e praças de interior? Música sertaneja! Eu ouvia sem ligar o rádio, mesmo se não quisesse, simplesmente entrava na minha casa. Mas eu não dava bola para repertório sertanejo! Eu ouvia a Rádio Nacional do Rio de Janeiro. E ouvia música americana."
    Até o final da carreira de produtor da Jovem Guarda, tinha pouca ou nenhuma intimidade com o gênero sertanejo. As coisas começaram a mudar quando ele conseguiu um emprego na gravadora Continental-Chantecler por sete meses, em fins da década de 1960. Ali conheceu parte do repertório

sertanejo. A gravadora Continental-Chantecler e a Copacabana eram as principais do gênero.[30]

Em 1972 veio o convite da RCA para produzir artistas sertanejos modernos. Um dos primeiros trabalhos de Tony Campello foi exatamente o sexto LP de Leo Canhoto & Robertinho, *Amazonas Kid*, cuja música que dava nome ao disco contava a história de um justiceiro, o popular delegado local do título. Na capa do LP, uma foto sintomática dos dilemas do Brasil rural de 1973: Leo Canhoto montado num jegue e Robertinho sobre uma motocicleta. Entre músicas de amor perdido e batalhas de xerifes e bandidos, o "rocker" Tony Campello produziu dois LPs de Leo Canhoto & Robertinho, que posteriormente voltaram a ser conduzidos por Zé do Rancho.

Amazonas Kid foi um dos mais bem-sucedidos discos da carreira da dupla. Noticiando a comoção popular num show coletivo no estádio do Pacaembu em 1974, na cidade de São Paulo, o *Jornal do Brasil* deu dimensão da fama de Leo Canhoto & Robertinho nas camadas populares: "O I Festival Brasileiro de Música Pop Sertaneja [...] foi um espetáculo fora do comum e interessou às plateias mais heterogêneas, a tal ponto que obrigou os organizadores do encontro a colocar três mil cadeiras extras na quadra de basquete do estádio, ainda assim deixando de fora do ginásio pouco mais de dois mil assistentes que forçaram a realização de um show especial nos portões do Pacaembu, a fim de atender às exigências dos que não puderam ter acesso ao local e se comprimiam em barracas improvisadas nas imediações. O Delírio Popular: A atenção maior foi a dupla Leo Canhoto e Robertinho, cujo recente — e sexto — LP, *Amazonas Kid*, já vendeu oitenta mil cópias, tendo esgotado toda a primeira edição (37 mil discos) em apenas uma semana. [...] Oitenta delegações de artistas, utilizando quarenta ônibus, vieram da maioria dos estados do Brasil, com destaque para Minas Gerais, Bahia, Mato Grosso, Goiás e Paraná. Os fluminenses mandaram duas comitivas — uma de Niterói, outra de Petrópolis."[31]

O sucesso, porém, não trazia legitimidade entre os críticos. Grande parte da mídia de origem urbana prosseguia associando a dupla à sociedade de massa e à indústria cultural, como fez o jornal *O Estado do Paraná*: "Das centenas de duplas rurais, poucas são as que mantêm as características [...], preferindo a maioria integrar-se à sociedade de consumo, não só na adaptação de seus temas, como no próprio comportamento — roupas, trajes etc. A dupla Leo Canhoto & Robertinho é uma prova destes novos tempos da música rural. [...] A nova roupagem instrumental com que a dupla vestiu a música sertaneja tem somente o objetivo de torná-la mais agradável ao ouvido."[32]

As mediações do rock

Para além das influências bangue-bangue de Leo Canhoto & Robertinho, que foi algo momentâneo, é importante frisar que o rock de fato ganhou o sertão e abriu portas para o contato entre cantores urbanos e rurais. Leo Canhoto & Robertinho não foram os únicos a mediar essa relação.

Depois do fim do programa *Jovem Guarda*, em 1968, uma segunda geração de músicos levou a influência do rock adiante. Artistas como Odair José, Fernando Mendes e José Augusto também entraram nessa linha. Mas nenhum deles tentou misturar o rock com o sertanejo, a não ser Leo Canhoto e outro famoso cantor da época: Paulo Sérgio.

Um dos artistas mais famosos entre as décadas de 1960 e 1970, Paulo Sérgio foi tão popular que em 1968 chegou a fazer o Rei Roberto Carlos se sentir ameaçado. Nesse ano Roberto lançou o LP *O inimitável*. Era uma resposta a Paulo Sérgio, que muitos viam como seu imitador.[33] Com sucessos como "Última canção" e "Não creio em mais nada", entre vários outros, Paulo Sérgio foi um dos artistas mais populares dos anos 1970.

Também compositor, o capixaba travou contatos com a dupla Zico & Zeca, para quem compôs as canções "Triste primavera" e "Caminhos da vida". A dupla, que nunca tinha gravado com guitarra elétrica, ficou empolgada com as gravações. Zico disse: "Dependendo do resultado de tais gravações, talvez passaremos a usar."[34] Paulo Sérgio também compôs para a dupla Liu & Léu a canção "A boiada".

Jacó e Jacozinho não esperaram contato com um nome associado à Jovem Guarda e fizeram eles mesmos a canção "A história de um rapaz jovem que tomou um terno emprestado pra ir ver seu amor", forte concorrente a canção brasileira de maior título da história. Desde a capa do LP, de 1971, tudo remetia ao rock da Jovem Guarda: roupas justas, cores berrantes, visual moderno. Sonoramente, era uma balada típica; liricamente, versava sobre carros e amores: "Tomei emprestado um terno alinhado/ Para ver meu bem/ Fui andando a pé/ Não tomei nem café/ Pois não tinha um vintém/ Parei na calçada todo apaixonado/ E ela passou/ Com seu carro do ano/ Numa poça d'água meu terno molhou."

Por apostar na modernidade, Jacó & Jacozinho conseguiram jovens fãs. Dois desses admiradores eram os irmãos Chitãozinho e Xororó: "Todas as sextas a gente ia ao escritório da serraria (onde trabalhava o pai), porque não tinha rádio em casa, para ouvir a nossa dupla preferida: Jacó & Jacozinho", lembra-se Xororó.[35]

Jacó e Jacozinho posteriormente travaram contato com Odair José. Diante do sucesso da canção "Uma vida só (Pare de tomar a pílula)", do ídolo cafona também influenciado por Roberto Carlos, Jacó & Jacozinho lançaram a canção "Pare de tomar pinga", ironizando o sucesso repentino de Odair José de 1973.

A ideia de Paulo Sérgio, Jacó & Jacozinho e Leo Canhoto de fundir rock e música sertaneja não foi aceita por todos. Alguns reagiram. Na verdade, desde a popularização do rock nos anos 1960 via Jovem Guarda, esse gênero ocasionara fissuras entre os músicos rurais.

O sucesso de Roberto Carlos havia causado cizânia não apenas na MPB, mas também entre os artistas do campo. A onda de sucesso de "Quero que vá tudo pro inferno", em 1965, despertou repulsa por parte de alguns. Zé Fortuna compôs em 1970 "Quero que vá tudo para o céu", uma resposta ingênua ao megassucesso do rei da Jovem Guarda.

Os críticos da Jovem Guarda também estavam nas rádios e na TV. Na segunda metade da década de 1960, o radialista Augusto Toscano apresentava o programa *Lari-larai contra o yê-yê-yê*, que explorava a rivalidade entre a música rural e a trupe de Roberto Carlos.[36]

Algumas duplas chegaram a lançar canções contra a Jovem Guarda. Jacó & Jacozinho, que depois aderiria ao gênero, foi uma das primeiras a negá-lo na canção "Eu sou do lari larai", de 1967: "Eu defendo o que é nosso/ Não quero ofender ninguém/ Copiar o que é dos outros/ Eu acho que não convém..." No ano seguinte a dupla lançou o LP *Viva o lari larai*, cuja canção homônima era um hino antirrock: "Lari larai no sertão e na cidade/ Lari larai quer dizer brasilidade/ [...] /Lari larai é viola sem defeito/ Melodias brasileiras/ Que tá firme e não cai/ [...] /Lari larai é a nossa tradição/ Lari larai filho da nossa nação." Na capa do LP Jacó e Jacozinho posavam em frente a um circo com viola e violão à mão. Em menos de quatro anos renegariam a defesa da pureza nacional.

A dupla Priminho & Maninho também gravou seu protesto no compacto *Lari larai contra o yê-yê-yê*, de 1967. Além de compor canção homônima, Zé Fortuna cantou com o parceiro Pitangueira outra na mesma linha, "Futebol do iê-iê-iê contra o lari larai", de 1968, na qual simulava uma partida de futebol entre os dois "times" da música brasileira.[37] Como se vê, Roberto Carlos e sua trupe não foram atacados apenas pela MPB. No meio sertanejo também houve resistências ao rock, assim como entre a intelectualidade universitária.

Em 1967 estourou o movimento tropicalista. Uma das bandeiras de Caetano, Gil, Mutantes, Tom Zé, Gal e outros era a aceitação do rock, da guitarra e das baladas pop como parte constitutiva da música brasileira moderna. Foram por isso vaiados em festivais, criticados pela imprensa nacionalista, achincalhados em praça pública. Só seriam mais bem compreendidos depois do exílio de Caetano e Gil em fins de 1968, quando da promulgação do famigerado AI-5. Se entre os universitários da MPB os tropicalistas tiveram de se desgastar muito para incorporar Roberto Carlos à MPB, essa dificuldade também foi encontrada por Leo Canhoto & Robertinho, Jacó & Jacozinho, Chitãozinho & Xororó e Paulo Sérgio, para unir rock e música sertaneja.

O exílio de Caetano Veloso e Gilberto Gil ajudou a MPB a se convencer de que o rock não era "alienante", como diziam os críticos. Diferentemente dos baianos tropicalistas, os sertanejos que queriam fundir rock e música sertaneja não foram exilados. Continuaram a ser vistos simplesmente como deturpadores da "boa" música, cantores "cafonas", destruidores dos valores do caipira e sem o "bom gosto" desejado pelas elites culturais.

Embora desgastado entre os críticos, é possível nomear a modernização de Leo Canhoto & Robertinho, Jacó & Jacozinho e Paulo Sérgio de "antropofagização" do som estrangeiro. Incorporaram-se valores estrangeiros e gradativamente se produziu uma especificidade local. Trata-se de uma *antropofagia* que *não passou* pelas searas do saber intelectualizado e universitário da MPB e da tropicália. Por meio da análise da obra sertaneja, fica claro que o tropicalismo não foi a única tentativa da música brasileira de "antropofagizar" o rock internacional, como gosta de celebrar grande parte da bibliografia.[38] Leo Canhoto e Robertinho e os apoiadores de seu projeto estético foram sintetizadores de um novo cenário musical no Brasil da virada dos anos 1960 para a década de 1970, deglutidores do rock internacional e nacional e forjadores de uma nova matriz estética.

A música jovem

A partir da entrada dos gêneros importados começou-se a demarcar um corte geracional. Os mais jovens se encantaram com a modernidade importada. A guitarra, sobretudo, passou a ser muito associada à juventude. Experimentar novas possibilidades foi algo que encantou a mocidade do interior. A distinção entre sertanejos e caipiras se acirrava, e a prática de importar instrumentos e gêneros musicais radicalizou o repúdio daqueles que defendiam o purismo da música do campo. Apesar das forças em contrário, a luta pela modernização rendeu resultados. Segundo a reportagem do jornal *O Globo* de abril de 1976, dos quinze mil LPs e compactos editados anualmente pelas dezessete gravadoras brasileiras da época, 4.500 eram de músicas sertanejas. O avanço fora significativo. Até 1970 apenas 10% do mercado de discos eram de músicas sertaneja e caipira. Em 1976, as músicas sertanejas e caipiras passaram a representar 30% de tudo que se gravava no Brasil. Havia larga aceitação nos estados de São Paulo, Espírito Santo, Minas Gerais, Goiás, Mato Grosso e Paraná.[39]

O mais significativo dessa onda sertaneja foi a associação com a modernidade. A partir de fins dos anos 1970 já estava consolidado um mercado jovem de música sertaneja. Não havia ainda sucesso nacional, é verdade. A música sertaneja ainda tinha muita dificuldade de chegar ao Norte e Nordeste e às classes mais abastadas das capitais. Isso só seria alcançado nos anos 1990. De qualquer forma, a associação com a juventude e a modernidade interiorana que se consolidou nas décadas seguintes teve suas origens na catalisação do espírito jovem na década de 1970.

Era relativamente comum que artistas aparecessem na capa dos discos vestidos de forma moderna. Alguns apresentavam literalmente expressões como "Sertão jovem" ou "Jovem Guarda sertaneja" nas capas dos LPs. Em 1977 Chitãozinho e Xororó lançaram o disco *A força da jovem música sertaneja*, em cuja capa apareciam vestidos à Elvis Presley, de ternos de paetês e gola alta. No repertório, a modernidade.[40]

A progressiva consolidação da modernidade no gênero sertanejo levou à busca por institucionalização pública. Geraldo Meirelles, empresário de Chitãozinho & Xororó e um dos principais articuladores da modernidade sertaneja através de seus programas de rádio e caravanas pelo Brasil, propôs a criação do Dia Sertanejo. Em 1975, o deputado federal Jorge Paulo Nogueira, do MDB de São Paulo, encampou a proposta e apresentou um projeto de lei que previa instituir nacionalmente o Dia do Sertanejo em 3 de maio. "O sertanejo é um soldado do sertão, precisava ser homenageado e eu tinha os instrumentos em mãos e vivia essa história", disse Jorge Paulo em entrevista exclusiva para este livro. Mas não logrou êxito. O projeto foi arquivado na Câmara dos Deputados.[41] Ainda não havia força em Brasília capaz de mobilizar os senadores e deputados a institucionalizar aquilo que parte da sociedade brasileira vivia intensamente. Segundo Jorge Paulo, o momento histórico não foi conveniente, o que explica o arquivamento de seu projeto: "Não me lembro de resistências. Naquela época o Congresso só tratava de assuntos acerca da redemocratização, fora isso poucas leis tinham destaque."[42]

Apesar desse revés, a onda sertaneja era tão forte e crescentemente avassaladora que em 1990, exatos quinze anos depois de o projeto do Dia Sertanejo ser arquivado, haveria um presidente e uma primeira-dama que afirmavam publicamente serem fãs da música sertaneja.

Paraguai milionário, México rico

Não só da incorporação do rock viveu a música sertaneja dos anos 1970. Outra dupla de enorme sucesso surgiu em meados da década, incorporando a guarânia paraguaia e a rancheira mexicana na cena sertaneja. Milionário & José Rico era a continuação da tradição iniciada por Pedro Bento & Zé da Estrada e Belmonte & Amaraí nos anos 1950 e 1960.

Adotando instrumentos "estrangeiros", como a harpa paraguaia, pistons, trompetes e violões mexicanos (e eventualmente guitarras), a dupla dava continuidade à prática de mediar importações estéticas para embalar canções de amor. A diferença em relação a outras duplas que *mexicanizavam* o som brasileiro estava no visual: Milionário & José Rico se vestiam com roupas de estética entre o hippie dos anos 1970 e o fazendeiro abastado, com correntes exageradas, óculos escuros, anéis e joias espalhafatosos.

José Alves dos Santos nasceu em São José do Belmonte, Pernambuco, em 1946. Criado na cidade de Terra Rica, no Paraná, adotou o nome artístico de José Rico ainda jovem. Chegou desempregado a São Paulo em 1970 e morou com a mulher e a filha pequena numa favela às margens do poluído rio Tietê.

Romeu Januário de Mattos nasceu em 1940 em Monte Santo de Minas, uma cidadezinha na fronteira de Minas Gerais com São Paulo. Migrante, foi para a capital paulista, onde trabalhou como garçom, pedreiro e pintor de paredes. Conheceu José Rico na lanchonete Ponto Chic, perto do hotel Ideal da Luz, no largo Paissandu, região do baixo meretrício da capital paulista. O lugar era um ponto de músicos e atores na época. Romeu esperava o parceiro com quem fazia bicos na dupla Branco & Negrito, mas o companheiro não chegava. Foi quando Romeu viu José Rico com o violão na mão e começaram a conversar.

A sintonia com o novo amigo se deu pelo gosto comum. Ambos eram fãs de Caçula & Marinheiro, e a primeira música por eles ensaiada foi "Cantinho do céu": "Sei que na vida perdi a minha felicidade/ Ficou somente amargura/ Paixão, tristeza e saudade." A escolha de Caçula & Marinheiro como referência não foi aleatória. Desde 1962 essa era uma das duplas que gravavam inspiradas na tradição mexicana e paraguaia. No disco que continha "Cantinho do céu", Caçula & Marinheiro também cantou versões em português de boleros como "Portero suba y diga" e "El reloj", clássicos do repertório do mexicano Miguel Aceves Mejía e do chileno Lucho Gatica.[43]

Diante da afinidade, Romeu abandonou o antigo parceiro e criou a dupla Tubarão & José Rico. O nome, no entanto, não pegou. Inspirados no programa de Silvio Santos na TV Globo, no qual o apresentador sorteava um carnê milionário, encontraram o nome definitivo da dupla. Gravaram então alguns compactos pela Chantecler e Fermata, flertando com a MPB, a Jovem Guarda, a Pilantragem entre 1968 e 1969, sem sucesso. Atirando para todos os lados, a dupla chegou até a gravar a canção "Tem mais samba", de Chico Buarque! Milionário & José Rico demoraram alguns anos para assumir o lado sertanejo.

Sem sucesso na carreira de MPB e Jovem Guarda, José Rico passou a pintar paredes com o parceiro. Mas não deixaram de lado o sonho de serem cantores profissionais. Com o dinheiro emprestado por um barbeiro amigo da dupla, lançaram o primeiro LP por uma pequena gravadora — a Califórnia. O disco intitulado *Os arapongas do Brasil* também foi um fracasso. Em 1973 uma nova chance na Chantecler, com o LP *De longe também se ama*. Tratava-se de um disco romântico, com levada de rancheira, guarânias, harpas paraguaias, pistons e os *uiuiuis* da tradicional música mexicana. No Brasil de Milionário & José Rico, o México encontrava o Paraguai.

Diferentemente de Leo Canhoto & Robertinho, Milionário & José Rico não fazia o gênero cowboy, e suas canções versavam quase exclusivamente sobre amor, sempre tendo como base os ritmos "importados". Apesar de cantarem gêneros latinos, o Rei Roberto Carlos também deixou marcas na trajetória da dupla: "Roberto Carlos é um ídolo. Nada que aconteça vai mudar esse fato. Nem mesmo que estejamos vendendo mais discos que ele. Como nós, ele veio de baixo. Conquistou, como nós, o sucesso através de muito trabalho e talento", disse José Rico no auge do sucesso.[44] Além do Rei Roberto Carlos, José Rico manifestou as outras influências de suas composições: "Tenho como inspiradores da minha obra Nelson Ned, Miguel Aceves Mejía, Miltinho e Nelson Gonçalves. Fazemos uma dosagem de influências, mas a maior parte delas é do mariachi mexicano."[45]

O LP *De longe também se ama* teve repercussão limitada. O sucesso viria mesmo em 1975, quando o LP *Ilusão perdida* vendeu aproximadamente duzentas mil cópias.[46] A partir daí emplacariam uma série de sucessos entre as décadas de 1970 e 1980: "De longe também se ama", "Ilusão perdida", "Dê amor para quem te ama", "Sonho de um caminhoneiro", "Velho candeeiro", "Estrada da vida", "Vá pro inferno com o seu amor", "Tribunal do amor", "Vontade dividida", entre vários outros.

Apoio decisivo para a divulgação da dupla foi dada pelo radialista Zé Bettio, que nos anos 1970 trabalhava na Rádio Record paulista, uma das emissoras mais importantes do gênero. Nome fundamental dos bastidores da música sertaneja, Zé Bettio era o intermediário ideal para aqueles que apostavam na modernização da música sertaneja.[47] Com apoio de seu filho, José Homero Bettio, Zé Bettio pai tornou-se um dos homens mais importantes do rádio brasileiro no ramo da música sertaneja ao incorporar a modernidade que surgia nesse cenário cultural. Seu filho, que trabalhava na gravadora Copacabana, tornou-se empresário da dupla Chitãozinho & Xororó em meados da década de 1970, consolidando a modernização da dupla, que, a partir do sucesso do LP *Sessenta dias apaixonado* (1979), passou a ser conhecida e requisitada no meio.

A gravadora Continental-Chantecler, que desde sua fundação, em 1957, vinha se especializando no mercado da música rural, contratou Milionário & José Rico, alavancando a importação de sons "estrangeiros" à música sertaneja. A dupla tornou-se a mais famosa representante da fusão de gêneros paraguaios e mexicanos na música brasileira dos anos 1970. Crescentemente profissionalizada, a música sertaneja impulsionava um grande negócio a sua volta. Discos, bebidas, modas, shows, circos, instrumentos: um vasto mercado movia-se ao redor dos cantores rurais modernos. Até empresas de cigarros viam com bons olhos o crescimento mercantil da música sertaneja.

Desde 1973 os cigarros Arizona promoveram o Festival Arizona da Música Sertaneja, uma grande sequência de shows realizados por todo o Brasil. A cada ano o evento ampliava seu número de apresentações, dando espaço exclusivo para a música do campo. Em 1981, coroando o reconhecido sucesso da festa, a marca de cigarros e a gravadora paulista uniram-se novamente. Dessa vez, para encerrar o Festival Arizona de Música Sertaneja (que então já havia realizado eventos em seis estados e 38 cidades), promoveu-se uma grande festa que foi chamada de "A Grande Noite da Viola". O lugar escolhido para coroar a música sertaneja foi inusitado: o Maracanãzinho, em pleno Rio de Janeiro, foi o palco escolhido para o dia 20 de junho de 1981. A música sertaneja começava a chegar às capitais do Sudeste.

Para "A Grande Noite da Viola" foram convidados os maiores artistas caipiras, sertanejos e regionais pertencentes ao elenco da Continental--Chantecler. Tonico & Tinoco participaram do evento e se espantaram com o sucesso da música rural no Rio de Janeiro: "Todos diziam: os cariocas não gostam de viola, eles são mais do samba... Fizemos a 'Noite da Viola' no Maracanãzinho já esperando o fracasso. Fomos surpreendidos: uma plateia de mais de vinte mil pessoas, aplaudindo e cantando de pé todas as nossas músicas. Parabéns, cariocas: mostraram toda a sua brasilidade!", recordou-se Tinoco.[48]

Uma reportagem do jornal carioca *O Globo* revela o surpreendente sucesso do festival. Ao apontar que duplas como Cacique & Pajé vendiam em média duzentos mil discos por ano no início dos anos 1980, o jornal se perguntou por que eram poucas as notícias sobre esses artistas. A própria reportagem, intitulada "A música sertaneja quer vencer no Rio", compa rava que, se a mesma média de vendagem fosse alcançada por astros como Gonzaguinha, Rita Lee, Milton Nascimento ou Caetano Veloso, com certeza eles seriam capas das principais revistas semanais do país e constantes matérias nos jornais.[49] Seja como for, ficou claro que a música sertaneja ainda não alcançava as camadas médias urbanas, principal consumidora de jornais como *O Globo*.

Através das malhas da mercantilização musical, Milionário & José Rico chegava ao público interiorano e das periferias das grandes capitais de todo o país. De maneira geral, o público da dupla era da mesma classe social da qual os artistas eram oriundos, ou seja, de classes inferiores. De origem agrária, eram camponeses pobres. Nas cidades, eram proletários das periferias das capitais que todo dia acordavam cedo para trabalhar no centro de cidades como São Paulo. A memória afetiva de grande quantidade de cidadãos interioranos e das periferias brasileiras está intimamente ligada às canções de amor de Milionário & José Rico. Quando o jornal *O Globo* pediu que José Rico descrevesse seu público, ele falou: "Gente simples, como nós dois. Essa gente também compra disco, não é o mendigo que muito estudioso pensa. Nem sempre ele vive como sertanejo. A maioria desse povo está na cidade grande, para onde fugiu em busca de trabalho. Mas, por mais que fiquem na cidade grande, que envelheçam ali, criem filhos e netos, serão sempre sertanejos — jamais esquecerão o cheiro da terra, o passo do cavalo, o tempo da colheita. [...] Se trata de saudade gostosa, de pessoas que tiveram que cumprir a sua sina e venceram, mesmo com o preço de não terem voltado às origens."[50]

A diferença entre o sucesso de Milionário & José Rico nos anos 1970 e, por exemplo, o de Leandro & Leonardo nos anos 1990 foi que o sucesso dos irmãos goianos ultrapassou as barreiras regionais e de classe. Parte das classes superiores passou a gostar de música sertaneja na virada da década de 1980 para a de 1990, fazendo o gênero sair do gueto regional, o que praticamente não aconteceu nos anos 1970.

Mesmo sendo um fenômeno menor que o sertanejo da geração seguinte, não se pode desprezar o sucesso de Milionário & José Rico. Eles moldaram a afetividade de milhões de brasileiros. E nenhuma canção da dupla tocou tanto o público sertanejo quanto "Estrada da vida", composta por José Rico, que lhes rendeu a alcunha de "As gargantas de ouro do Brasil": "Nesta longa estrada da vida,/ Vou correndo não posso parar/ Na esperança de ser campeão,/ Alcançando o primeiro lugar."

"Estrada da vida" tem compasso ternário e solos de violas, violinos e trompetes. Inspirada na estética rancheira mexicana, a canção, que já havia sido gravada em 1970, não tinha feito nenhum sucesso. Em 1977 ela foi regravada, deu nome ao LP daquele ano e tornou-se o maior sucesso da dupla.

O auge dos cantores gerou aumento da crítica também. Junto com Leo Canhoto & Robertinho, Milionário & José Rico se tornaram o símbolo do Brasil da periferia, que, embora majoritário numericamente, não tinha o respaldo das elites intelectualizadas. Ao lado do Trio Parada Dura, que então começava a carreira e também era afeito às importações estéticas mexicanas e paraguaias, Milionário e José Rico foram acusados de ser repetitivos e de "destruírem" o gênero caipira. Em 1985, o jornal *O Estado do Paraná* demarcou que o som da dupla não trazia inovações: "Há duplas consagradas, entre as de maior popularidade, como Milionário & José Rico, que, a exemplo do que acontece na música urbana, com um Roberto Carlos, eles também não mudam o estilo, [...] [nem] o repertório. A dupla repete o esquema de romance-separação-paixão, eventualmente com alguma pitada de ação."[51]

Alvo da crítica intelectualizada, Milionário & José Rico foram acusados por Tárik de Souza, crítico musical do *Jornal do Brasil*, de serem meros produtos da indústria cultural: "Esses atrevidos e resistentes sertanejos, em alguns casos [foram] forjados nos laboratórios das gravadoras através de uma mistura de mariachis mexicanos e harpistas paraguaios. [...] É o caso da dupla Milionário & José Rico."[52] Em livro, o jornalista José Hamilton Ribeiro reproduziu a crítica à *mexicanização*: "A contaminação que mais incomoda [...] é a que vem da América do Norte. E não se está aqui falando dos Estados Unidos, mas sim do México. [...] A mexicanização pegou [...] fundo, comeu por dentro [a música caipira]."[53]

A cantora Inezita Barroso, tradicional crítica da modernização sertaneja, dizia que a dupla era composta por dois "falsos" camponeses. Anos mais tarde, reafirmou a opinião: "Eles fazem uma música brega, que não tem nada a ver com os valores do homem do interior."[54]

José Rico não ficava calado e respondia às críticas: "Acompanhamos a evolução. Quem grava música folclórica hoje não vende. Tonico & Tinoco empacaram na toada e não são capazes de tocar um bolero. Nós tocamos de tudo e nos tornamos campeões."[55]

Apesar da crítica de José Rico a Tonico & Tinoco, não se pode dizer que estes tenham passado imunes à influência do som estrangeiro. No meio da década de 1970, Tonico & Tinoco gravaram canções tendo harpas paraguaias nos arranjos. Foram então patrulhados pelos críticos que discordavam da "importação" estética. O historiador musical e crítico José Ramos Tinhorão, então colunista do *Jornal do Brasil,* demonstrou desgosto com a incorporação do instrumento no LP *Tonico & Tinoco 31 anos*: "É de lamentar que a [gravadora] Continental [...] não tenha emprestado maior cuidado à produção desse disco [...]. Apesar da boa ideia de fazer a capa e contracapa à base da montagem de velhas fotos da dupla, o repertório foi mal escolhido e — o que é um desastre — o bom trabalho do violão e da viola de Tonico & Tinoco é inteiramente destruído pela presença de (pasmem!) uma harpa paraguaia. [...] Quanto mais não seja, o disco ajudará a maioria [do público] a não ficar na condição humilhante de só conhecer *country music* dos falsos caipiras norte-americanos."[56]

Conscientes da incorporação do som hispânico, Milionário & José Rico militavam por essa prática. Em seus discos eles pronunciavam algumas palavras em espanhol, imitando os ídolos mexicanos do bolero e, sobretudo, da música rancheira, como José Alfredo Jimenez e Miguel Aceves Mejía.

A influência de Milionário & José Rico atingiu o famoso Trio Parada Dura. Um dos mais famosos da seara sertaneja entre as décadas de 1970 e 1980, o trio era formado por Creone, Barrerito e Mangabinha. O sanfoneiro Mangabinha, nascido em 1942 na cidade de Corinto (MG), conheceu Creone e Barrerito em São Paulo em 1975. Creone era nascido no município de Comendador Gomes Ferreira (MG) e Barrerito, em São Fidélis, interior do estado do Rio de Janeiro.

A tal ponto o trio foi influenciado pelos sons latinos que Barrerito mudou seu nome para se adequar à estética importada. Inicialmente o nome artístico de Élcio Neves Borges era Barreirinho. Antes de cantar com o Trio Parada Dura, fazia dupla com o irmão. Influenciado pelas rancheiras e pelos boleros mexicanos, achou por bem dar uma "espanholada" no nome, como ele mesmo disse, e passou a se apresentar como Barrerito.[57] Os sucessos na linha da guarânia e da rancheira vieram rapidamente. Em 1975 "Castelo de amor" foi o primeiro sucesso do trio: "Num lugar longe, bem longe, lá no alto da colina,/ Onde vejo a imensidão e as belezas que fascina,/ Ali eu quero morar juntinho com minha flor/ Ali quero construir nosso castelo de amor." A partir daí foi um sucesso atrás do outro: "Mineiro não perde trem" (1976), "Casa da avenida" (1977), "Homem de pedra" (1978), "Último adeus" (1981) e sobretudo "Fuscão preto" (1981). A última, uma canção de amor perdido com base na fusão dos ritmos importados: "Me disseram que ela foi vista com outro/ Num fuscão preto pela cidade a rodar/ [...]/ Fuscão preto, com o seu ronco maldito/ Meu castelo tão bonito/ Você fez desmoronar."

México rico, Paraguai milionário

Não deixa de ser curioso que as críticas à incorporação do som estrangeiro sejam direcionadas, na música sertaneja, a países como México e Paraguai, que raramente são vistos como contribuidores da música brasileira. As canções de Pedro Bento & Zé da Estrada, Belmonte & Amaraí e, finalmente, Milionário & José Rico e Trio Parada Dura parecem apontar uma influência que não passa pela Europa ou pelos Estados Unidos, mas por países latino-americanos normalmente associados à pobreza. México e Paraguai eram países em condição econômica semelhante à do Brasil de então, senão pior. Se os problemas econômicos os colocavam num degrau de desenvolvimento crítico, pouco capaz de influenciar a economia mundial, culturalmente, México e Paraguai tinham um peso importante, frequentemente subestimado. A exportação de ritmos e gêneros musicais colocava-os num patamar de formadores de padrão cultural continentais. Esse mesmo papel exportador de cultura é cumprido também pelo próprio Brasil. O samba e especialmente a bossa nova foram exportados mundo afora, servindo de matrizes para outros estilos e fusões, sendo conhecidos e reconhecidos nos mais diversos lugares do planeta. A existência de público e artistas adeptos do bolero, guarânias e rancheiras no Brasil indica o grande sucesso na exportação dos gêneros musicais desses países, capazes de influenciar o "país do samba".

O fato de esses países latinos não serem vistos como influentes na cultura brasileira parece apontar o pouco apego que parte da sociedade sente em relação a países economicamente pouco desenvolvidos. A depreciação de ritmos latinos na influência da música nacional parece apontar para a associação que frequentemente se faz entre "deficiência econômica" e "deficiência cultural". Há, de maneira geral, entre as camadas médias e altas do Brasil, certa *vergonha* de determinados ritmos e gêneros latinos. O bolero, a guarânia e a rancheira são frequentemente vistos como "bregas", "cafonas" ou esteticamente "inferiores". Esses gêneros são quase sempre excluídos da noção hegemônica de "bom gosto" cultivada pelas elites culturais do Brasil.

Estas quase sempre aceitaram o jazz americano integrado ao samba na bossa nova e o rock ao tropicalismo. Ambos os gêneros, rock e jazz, são de origem americana. Ambos são vistos como contribuição da música negra daquele país. México e Paraguai são países majoritariamente indígenas, e, no caso da guarânia, o gênero aponta exatamente para essa questão. Por isso mesmo a música sertaneja assinala outra antropofagização cultural, outra hierarquia de valores que não a hegemonicamente aceita como legítima pelas elites culturais, sobretudo aquelas dos anos 1970 e 1980.

Quando do auge da música sertaneja nos anos 1990, o som mexicano e paraguaio finalmente chegou aos ouvidos mais "refinados" do Sudeste. O jornalista Nelson Motta foi um dos que se incomodaram com a influência estrangeira no sertão. Ele escreveu uma longa coluna, na qual foi duro: "[A música sertaneja é o] ambiente musical jeca-romântico [...] vigente, depressivo, dedicado a histórias de dor de corno e a romances mal resolvidos em meladas guarânias e baladas sorumbáticas, destilando melancolia e sentimentalismo para baixo, para dentro, para trás. Como se a essas alturas de sua história de glórias a música brasileira precisasse sofrer influências da música paraguaia e mexicana. É como se aprendêssemos a jogar futebol com os norte-americanos."[58]

Como se vê, para os críticos urbanos adeptos da MPB e da bossa nova não haveria nada a aprender com os latinos. No entanto, a trajetória de modernização da música sertaneja conta outra história sobre a incorporação estética que não a celebrada pelas elites culturais. A trajetória da música sertaneja transparece outros rumos, outras matrizes, outras influências, outras fusões e outros resultados. Os sertanejos modernos da década de 1970 apropriaram-se de importações tanto dos Estados Unidos (rock) quanto do México (rancheira e bolero) e do Paraguai (guarânia). Sem distinção de origem, misturaram tudo num caldeirão, colocando em pé de igualdade gêneros importados de países ricos e pobres.

Curiosamente, a guarânia, que no Brasil foi vista pela crítica como "alienação da classe trabalhadora", no seu país de origem teve outra leitura. O gênero musical foi criado em 1925 por José Asunción Flores. Envolvido politicamente no Partido Comunista Paraguaio, José Asunción Flores inventou a guarânia fundindo ritmos tradicionais do país no intuito de melhor expressar a "alma paraguaia". No mesmo período em que o samba começava a ser gradualmente assimilado à identidade brasileira, o projeto de Asunción Flores de criar uma música nacional para o Paraguai começou a ser forjado. Sua ambição foi bem-sucedida. Em 24 de julho de 1944 a canção "Índia", composta em 1928 (inicialmente com letra de Rigoberto Fontao Meza e logo em seguida com a famosa de Manuel Ortiz Guerrero), foi decretada "canção nacional" pelo governo paraguaio.

Apesar do sucesso do gênero, complicações políticas não permitiram que as homenagens seguissem adiante. Em 1949 o comunista Asunción Flores rejeitou a condecoração "Ordem Nacional ao Mérito", em protesto ao assassinato de um jovem pelas forças do governo. Foi considerado traidor da pátria e, com a instauração da ditadura de Alfredo Stroessner, em 1954, tornou-se um exilado até sua morte, em 1972, em Buenos Aires. Somente em 1991, depois do fim da ditadura paraguaia, seus restos foram transladados ao Paraguai.

Incorporando o legado paraguaio e mexicano, Milionário & José Rico ganhavam muito dinheiro e honravam o nome. Faziam cerca de 150 shows por ano e logo dominaram as rádios AM. O empresário de Milionário & José Rico, José Raimundo, começou a trabalhar na Rádio Globo carioca em 1980, onde passou a veicular com frequência o trabalho da dupla, aumentando o sucesso de seus pupilos. Mesmo estando dentro da indústria cultural, José Raimundo relativiza a prática do jabá, o dinheiro dado por gravadoras e artistas para tocar uma canção: "Não dá para controlar o que faz sucesso! É que nem água quando desce morro abaixo: ninguém segura!"[59]

Famoso e ganhando muito dinheiro, Milionário comprou um sítio em Guaxupé, Minas Gerais, outro em São Roque, interior de São Paulo, e ainda uma fazenda em Goiás, nos quais criava gado. José Rico, o mais esbanjador da dupla, possuía fazendas em Mato Grosso, onde criava gado e cavalos, um sítio em Apiaí, no interior paulista, e um prédio em São Paulo. O compositor da dupla adorava colecionar carros do ano (tinha nove modelos) e joias de ouro (carregava um quilo de braceletes e colares do metal pelo corpo), além de sustentar um time de futebol de segunda divisão.[60]

Cinema novíssimo

O sucesso de Milionário & José Rico era tão impressionante que, momentaneamente, extravasou sua classe social e a região de origem. Se no começo da década eles chegavam aos ouvidos *apenas* de camponeses, migrantes, empregados e proletários em geral, no fim dos anos 1970 começaram a despertar o interesse de outros públicos. Um desses curiosos foi o cineasta Nelson Pereira dos Santos, o pai do Cinema Novo no Brasil, que aceitou a ideia de dois desconhecidos produtores paulistas e dirigiu um filme sobre a trajetória da dupla. Trata-se de *Estrada da vida*, de 1981.[61]

A ideia original do filme tinha sido dos produtores Dora Sverner e seu marido, Luiz Carlos Villas Boas. Na época Luiz Carlos produzia o programa de rádio *Porteira aberta*, que atingia cerca de duzentas cidades pelo interior. O programa começou a receber muitas cartas pedindo "Estrada da vida", de Milionário & José Rico, como se lembra Dora Sverner: "Nós éramos totalmente urbanos, estudamos na USP, estudei cinema e meu marido também. E a gente achava muito engraçado o nome Milionário & José Rico... Eu venho de uma família de pianistas, minha irmã é a [pianista clássica] Clara Sverner... E música sertaneja naquela época era realmente uma coisa que a gente nem ouvia... havia mesmo uma grande divisão! Na verdade a ideia partiu do meu marido, Luiz Carlos. Ele descobriu que Milionário & José Rico era um fenômeno e pensou em fazer um filme! Havíamos estudado cinema, mas não tínhamos produzido nada. Tínhamos tido uma filha muito cedo e não nos formamos. Faltava um ano para nós dois. A gente adorava cinema, desde Chaplin, do cinema europeu, Bergman, Fellini, Cinema Novo, Glauber Rocha também, e tínhamos uma verdadeira veneração pelo Nelson Pereira dos Santos. [O filme] *Vidas secas* para mim tinha sido um marco! Aí pintou a ideia de fazer um filme, só que nunca tínhamos feito filme algum."[62]

Mediante contatos profissionais, Dora e Luiz Carlos conheceram Nelson Pereira dos Santos e fizeram a proposta ao famoso diretor. Nelson nunca ouvira falar de Milionário & José Rico. O diretor foi então ver um show da dupla no Estádio do Parque São Jorge, na capital paulista, e ficou impressionado. Nelson Pereira dos Santos terminava então o roteiro de *Memórias do cárcere*. Foi quando soube da censura ao filme *Pra frente, Brasil*, de Roberto Farias, que ficara anos preso na burocracia do regime. Temeroso de enfrentar problemas semelhantes, Nelson resolveu apostar no filme sertanejo e colocar *Memórias do cárcere* na gaveta por um tempo.[63] Foi uma decisão acertada. Atraído pelo sucesso popular de Milionário & José Rico, o diretor aceitou contar a trajetória dos "gargantas de ouro" em película.

A dupla tampouco conhecia o diretor. Nem mesmo o empresário deles o conhecia: "Me falaram sobre os filmes do Nelson, *Rio, 40 graus* e outros... Eu não conhecia nada...", disse José Raimundo em entrevista para este livro.[64] Não obstante, desde o primeiro dia que conheceram Nelson Pereira dos Santos, Milionário & José Rico o adoraram, sempre chamando-o de "mestre". "Era um tal de mestre pra cá, mestre pra lá! Eles respeitavam muito o Nelson", recorda-se a produtora Dora Sverner.

ESTRADA DA VIDA

Estrada da vida conta a história da dupla desde o primeiro encontro casual, no Centro de São Paulo, até o auge do sucesso. Entre a pobreza e o triunfo, Nelson Pereira dos Santos fez um filme repleto de "causos" da trajetória da dupla, shows em circo, cantorias entre o povo, trapaças e artimanhas de empresários espertalhões e no final a volta por cima redentora e o reencontro com o sucesso. O filme era leve e otimista. Um roteiro simples, linear, sem grandes inovações. Nelson Pereira dos Santos fazia um filme para os fãs da dupla e para si próprio.

As filmagens duraram cerca de três meses, em 1979. As atrizes Nádia Lippi e Silvia Leblon faziam papéis de fãs/namoradas dos cantores. A dupla interpretava a si mesma, o que causou alguns problemas. Milionário e José Rico tinham muitas dificuldades de decorar o texto. Nelson Pereira dos Santos resolveu o problema incorporando "causos" e histórias da dupla ao roteiro originalmente escrito por Chico de Assis e por ele próprio.

Estrada da vida teve sua maior parte filmada em Santa Fé do Sul, interior paulista, mas algumas cenas foram registradas em outras localidades: Aparecida do Norte, Sorocaba, Ribeirão Preto, Franca, Barretos, Ituiutaba, cidades do interior paulista. O filme foi produzido com verba privada e conseguiu ajuda da Embrafilme apenas para distribuição. Os produtores, que ficaram endividados por causa do filme, só conseguiram fazer um lançamento de características "hollywoodianas", segundo palavras da produtora Dora Sverner, por causa da verba de distribuição adiantada pela estatal.

O lançamento foi em 2 de fevereiro de 1981, no Cine Ipiranga, em São Paulo. "Cinema lotado, mandamos convite para todo mundo...", recorda-se José Raimundo, empresário da dupla. O jornal *O Globo* cobriu a noite do lançamento e testemunhou o frenesi popular: "Desde as 18h o público já se concentrava à porta do cinema, onde, às 21h, começaria a sessão. Por volta das 19h30 chegavam os astros do filme, num carro acompanhado por batedores e escolta policial. O público, que tomava toda a calçada, avançou para a dupla, e foi preciso pedir um reforço policial [...]. No saguão do cinema a Orquestra Réveillon recepcionava Antonio Fagundes, Braguinha, Carmen Costa, Ney Santanna, Fausto Rocha e Ricardo Braga. No palco, antes do filme, Doris Monteiro e José Rosa apresentavam ao público o elenco. Depois, a sessão. O cinema lotado, pessoas sentadas no chão e pelos corredores: impossível entrar mais alguém. E durante a sessão, as três mil pessoas que ali estavam — na sala, no corredor, no hall, lá fora — cantaram as músicas de Milionário & José Rico. Ao final, de pé, a multidão aplaudiu."[65]

Estrada da Vida não se parece com a obra do diretor Nelson Pereira dos Santos. Considerado o "pai" do Cinema Novo, Nelson filmou películas célebres entre as décadas de 1950 e 1970. *Rio, 40 graus* (1955), *Rio, Zona Norte* (1957), *Vidas secas* (1963), *Como era gostoso o meu francês* (1971) e *O amuleto de Ogum* (1974), entre outros, são considerados clássicos do cinema nacional, debatidos em faculdades de cinema e temas de teses acadêmicas. Louvado por cineastas como Glauber Rocha, Cacá Diegues, Paulo Cesar Saraceni, Joaquim Pedro de Andrade, Arnaldo Jabor e Leon Hirszman, ele é frequentemente considerado precursor do Cinema Novo. Nelson Pereira dos Santos fez filmes de cunho social, dentro da estética "uma câmera na mão e uma ideia na cabeça" antes de todos os outros.

Inspiradas no neorrealismo italiano, suas obras tinham pretensões pedagógicas e libertadoras das massas exploradas. Seus filmes eram de baixo custo, mas contundentes em mostrar os problemas do subdesenvolvimento do país. Nelson Pereira dos Santos foi um dos forjadores da estética da "busca do povo brasileiro" no cinema nacional da década de 1950. Filmou as favelas em *Rio, 40 graus* e o sertão miserável do Nordeste em *Vidas secas*. A cultura negra baiana em *Tenda dos milagres* (1977) e o mundo da contravenção do jogo do bicho em *Boca de ouro* (1963). Conheceu o Brasil profundo. Trouxe para o primeiro plano do cinema nacional os setores populares brasileiros.

Ao esbarrar na trajetória de Milionário & José Rico, Nelson Pereira dos Santos repensou sua obra. Em *Estrada da vida,* a história da dupla é contada sem o tom de denúncia da exploração de classes contida em seus filmes anteriores. De certa forma, trata-se de uma obra apologética à carreira da dupla. Em 1999, vinte anos depois de filmá-la, Nelson relembrou no programa *Roda viva*, da TV Cultura, o que o fez se aproximar da trajetória da dupla:

> PAULO MARKUN: Você tem um filme que é música pura, que é o *Estrada da vida*, né? É um filme que também, de alguma forma, foi recebido com uma estranheza. Como é que o Nelson vai fazer um filme sobre uma dupla caipira? As duplas, por sinal, não tinham a projeção que têm hoje, nem todo esse mercado.
>
> NELSON PEREIRA DOS SANTOS: É verdade. [...] O que acontecia na época é que havia um processo de discriminação, um preconceito evidente contra esse gênero musical que é bastante popular. Já que estamos na época do "Deus mercado", é preciso reconhecer esse fenômeno cultural importantíssimo.

ESTRADA DA VIDA

Paulo Markun: E funcionou do ponto de vista de público?

Nelson Pereira dos Santos: Muito, foi um grande sucesso.

Paulo Markun: É o seu filme que teve mais espectadores, ou não?

Nelson Pereira dos Santos: Não sei se foi esse, porque naquele tempo não tinha muita estatística, mas foi um bom filme. *Memórias do cárcere* [filme de 1984] também teve boa repercussão.[66]

O choque do entrevistador Paulo Markun deve-se ao fato de Nelson Pereira dos Santos, um dos principais nomes do Cinema Novo, ter filmado a trajetória de uma dupla precursora dos artistas sertanejos da década de 1990, como Leandro & Leonardo e Zezé Di Camargo & Luciano. Quando em 2005 foi lançado o filme *2 filhos de Francisco*, sobre a trajetória de Zezé Di Camargo & Luciano, Nelson Pereira foi novamente intimado a se defender diante da academia do "bom gosto" cinematográfico na revista *Estudos Avançados*:

Pergunta: *Estrada da vida* e *2 filhos de Francisco* são filmes que retratam um aspecto muito importante de nossa realidade cultural. No primeiro, a fama veio por causa do prazer de cantar, e, no segundo, é desejo pela fama que leva ao canto. Creio que isso é reflexo da evolução do nosso capitalismo no campo cultural...

Nelson Pereira dos Santos: Boa observação. Está sendo então um capitalismo positivo [risos]. *Estrada da vida* tem relação com minha história: meu pai era caboclo do noroeste do estado de São Paulo [município de Vargem Grande], gostava de música caipira, mas era impedido pelos filhos, éramos quatro, de ouvir seus programas no rádio. Queríamos ouvir música americana, a moda da época. Quando recebi a proposta para fazer um filme sobre Milionário & José Rico, percebi que poderia superar a culpa que sentia por ter coibido o singelo prazer musical de meu pai. Além disso, constatei no [estádio] Parque São Jorge quão importante era a música dita sertaneja em São Paulo e estados vizinhos. Aceitei fazer o filme e Chico de Assis escreveu o roteiro. Decidimos que para fazer *Estrada da vida* deveríamos primeiro gostar da música. Isso foi obrigatório para toda a equipe.[67]

Isso de fato aconteceu. Nelson Pereira dos Santos obrigou todos a ouvir continuamente a obra de Milionário & José Rico. O diretor achava que para se fazer um filme sobre qualquer objeto é necessário primeiro conhecê-lo. Nelson sabia exatamente como não queria que seu filme saísse. Ele havia visto o filme *Nashville*, de Robert Altman, originalmente lançado em 1975, sobre a moda country americana, cujas raízes estão no estado do Tennessee. Na capital desse estado, Nashville, eram gravados muitos artistas do interior americano. O filme do diretor Robert Altman criticava duramente o country americano, vendo-o como simples produto da indústria fonográfica capitalista. Nelson não tinha gostado da postura do diretor, fruto de um distanciamento e também desconhecimento daquela cultura.[68]

O diretor brasileiro então resolveu caminhar no sentido oposto ao de Robert Altman, buscando ver alguma legitimidade nos músicos sertanejos veiculados na cultura de massa. Por isso, tentou fazer o máximo para criar alguma intimidade entre a equipe e a música da dupla. "Eu notei uma resistência. Eram todos egressos da faculdade de Cinema da USP... [risos] Então fomos ouvir música sertaneja, escutar Milionário & José Rico. Não precisava ficar fã da música, mas entendê-la. Ao menos ter uma relação não antagônica! É fundamental para trabalhar e fazer uma coisa harmoniosa! Tínhamos que tentar entrar nesse universo, que é respeitável! São milhões de pessoas!", contou Nelson em entrevista para este livro. A produtora Dora Sverner foi uma dessas pessoas que se sintonizaram com o Brasil das periferias por intermédio de Milionário & José Rico: "Como a gente tinha estudado na USP, a gente tinha chamado uspianos para as filmagens. [...] Todo o pessoal da USP odiava música sertaneja, eu inclusive... Achava uma coisa horrorosa. O Nelson falou: nós não podemos fazer um filme musical sem gostar das músicas. Então ele botou a gente para ouvir noite e dia. E ele falava como era bonito, cantava e tal. Te digo sinceramente, a gente começou a curtir a música, até hoje eu sei cantar. Eu botava o disco em casa... Minha filha cantava... houve uma grande comunhão com a empregada lá em casa. Ela devia estar de saco cheio de ouvir Bach, Brahms [risos]. 'Agora sim tem música boa!', ela dizia... Era todo mundo cantando *Estrada da vida*! [risos] E hoje eu vejo que ele tinha toda razão. A gente não pode fazer um filme com nariz empinado. Você tinha que se entregar! Até hoje eu canto *Estrada da vida*! A ideia dele era participar, de um jeito muito dele..."

Embora seja um filme sem inovação estética, *Estrada da vida* simboliza uma ruptura na obra de Nelson Pereira dos Santos e na forma como as elites intelectuais olhavam para a cultura de massa e o sucesso sertanejo. Mesmo sem ter feito escola, o filme mostrou a possibilidade de se observarem os fenômenos populares de forma menos antagônica.

Vale uma comparação interessante com o segundo longa de Nelson, o filme *Rio, Zona Norte*, de 1957, no qual ele também contou a história de um músico: um sambista do morro. O filme teve inspiração na trajetória de Zé Kéti, com quem o cineasta havia trabalhado no seu primeiro longa-metragem, *Rio, 40 graus*, de 1955.[69] O tema de abertura de *Rio, 40 graus* foi "A voz do morro", até hoje a mais conhecida canção do compositor: "Eu sou o samba/ A voz do morro sou eu mesmo sim senhor..."[70] Inspirado no sucesso de Zé Kéti e então engajado no projeto de busca das "raízes" do povo brasileiro, Nelson Pereira dos Santos filmou em *Rio, Zona Norte* a história de um fictício compositor negro que é forçado a vender seus sambas por pouco dinheiro e, em diversas oportunidades, a vê-los gravados sem permissão. Na película, não há final feliz para o compositor. Não há saída para o sambista símbolo da classe operária num mundo de injustiça e desigualdade. Esse caráter de denúncia fazia parte do ideal que foi se construindo com a estética do Cinema Novo: a *vitimização* do povo e a glamorização das "raízes" populares, do folclore urbano e rural. Todos os cineastas do Cinema Novo, de Glauber Rocha a Cacá Diegues, de Arnaldo Jabor a Joaquim Pedro de Andrade, apesar das diferenças pontuais, tinham uma profunda identidade com essa proposta de Nelson Pereira dos Santos de ir "em busca do povo", mostrar a exploração das massas e louvar o folclore popular.

Pois com *Estrada da vida* Nelson Pereira foi contra alguns dos pilares centrais do Cinema Novo por ele seminalmente forjado. Embora fale de imigração e êxodo rural, como em *Vidas secas* (1963), a estética da película não mostra apenas as desgraças cotidianas dos pobres. Ainda que revele a vida difícil dos músicos, como *Rio, 40 graus*, o filme com Milionário & José Rico não retrata apenas a miséria opressora produzida pela indústria cultural.

Além de não fazer simplesmente um filme de denúncia da pobreza, Nelson Pereira dos Santos tratou a trajetória de Milionário & José Rico com certo entusiasmo. O diretor retratou a sintonia entre artistas e gravadora, algo que não havia se permitido em *Rio, 40 graus*. No filme dos sertanejos a gravadora não é vista como perversa, e os artistas têm seus sonhos alcançados através dela. Segundo a biógrafa de Nelson Pereira dos Santos, Darlene Sadlier, *Estrada da vida* oferece um final feliz ao público, fazendo-o "acreditar na utopia da música". Trata-se de um filme de entretenimento que não busca satanizar o mercado.[71]

Perguntado se *Estrada da vida* tinha a ver com a sua obra, e especialmente com *Rio, 40 graus*, Nelson disse em entrevista: "Ele está adequado à minha obra. O que é obra? Tudo que eu fiz tem alguma relação com o que eu vivi, experimentei, de onde eu vim... E outra coisa importante: quando eu registrei o samba em *Rio, Zona Norte* e *Rio, 40 graus*, eu não tinha nada a ver com o samba! Eu era de São Paulo. [...] E eu fiz o primeiro filme sobre o samba! O samba era discriminado do ponto de vista cultural! E eu fiz uma coisa a favor do samba!"

Se Nelson fora simpático ao samba, também foi com a música sertaneja. Ao lado de *O amuleto de Ogum* (1974) e *Tenda dos milagres* (1977), *Estrada da vida* denota a metamorfose de Nelson em direção a uma maior abrangência em relação ao significado do termo *popular*. Em entrevista publicada no *Jornal do Brasil* pouco após a estreia do filme, ele disse: "Eu evitei o discurso autoritário do diretor que tem o poder de impor ao espectador uma visão sociológica reducionista e 'sabe-tudo'... A linguagem do cinema é a emoção. Basta de sociologia em cinema. A sociologia pode ser útil para desenhar a preparação de um filme e depois para quem quiser utilizá-la para falar deste. Mas sociologia na boca dos personagens — jamais."[72]

O amuleto de Ogum e *Tenda dos milagres*, sobre a força das religiões afrodescendentes na cultura popular, fizeram parte da busca de Nelson Pereira dos Santos pelo reconhecimento das manifestações populares e de sua importância na formação da identidade trabalhadora.[73] Longe de ser uma negação do projeto original do Cinema Novo, assemelha-se mais a uma revisão. Milionário & José Rico ajudaram Nelson a perceber a nova classe proletária que se formava em torno das grandes capitais. Reconhecendo-os como produtores de cultura, percebendo seus valores, suas potencialidades e limitações, Nelson não os reduziu simplesmente a produtos degenerados da indústria cultural.

Nelson era consciente disso e advogava a pertinência das descobertas que fez quando da filmagem de *Estrada da vida*: "Se quisermos, por exemplo, comparar *O amuleto de Ogum* com *Estrada da vida*, há uma diferença fundamental. *O amuleto* era ainda uma construção cerebral sobre o popular. Já quando peguei o projeto de *Estrada da vida*, assumi o compromisso de devolver ao público que transa música sertaneja um produto de que ele gostasse tanto quanto gosta de música. A minha preocupação era essa, e acho que cumpri a minha parte. Eu vi o filme em várias cidades de São Paulo e senti a reação do público. O filme era realmente amado. Em *Estrada da vida* há um total respeito ao conteúdo e à forma de expressão popular. É claro que eu pretendo um cinema de síntese entre o divertimento e o empenho cultural, entre o espetáculo de boa aceitação popular e um sentido crítico da realidade [...]. Eles [a dupla] cumprem o destino deles. Não são manipulados. Eles estão permanentemente em luta [...] Eles são os heróis populares. Têm um pouco de Macunaíma e, por serem os dois que são, têm algo de Dom Quixote e Sancho Pança. Representam, na verdade, a ambiguidade do homem brasileiro, especialmente do artista e do intelectual. Um deles é ligado à matéria, aceita qualquer coisa porque precisa sobreviver. Já outro tem um componente de maior independência e até de revolta. No fundo eles são as duas metades que eu confesso que estão dentro de mim também. Quero, porém, enfatizar que tudo isso eu localizei neles e apenas registrei."[74]

Em outra entrevista Nelson Pereira dos Santos conta: "Um ano junto a eles, filmando e convivendo, e posso afirmar que se trata de um fenômeno não apenas musical, e sim de um fenômeno social. São dois 'Macunaímas', com equipamento ideológico e fisiológico próprios e pertinentes à sua vida e missão. E não são nada alienados: se lhes chamam caipiras, respondem que caipira é o papel de quem chama; o que eles são 'é uma dupla sertaneja'. Aprendemos com eles, eu e minha equipe, a nos despirmos daquele preconceito do homem da cidade grande ao se deparar com as coisas ditas 'do interior'. Tivemos, isto sim, que nos reeducar, ouvir (e gostar de) música sertaneja, ao vivo, filmando os shows da dupla. Ser o mais possível como eles, na mineirice extrovertida de Milionário, no autocinismo inteligente de José Rico. Aprender com eles, no dia a dia, sobre o como subir sem paternalismo, acreditando sempre no mistério do sucesso. A mim, como diretor de cinema, uma coisa ficou comprovada: o discurso do homem que tem a câmera será sempre inferior àquilo que ele filma. Assim, depois de despida a nossa crítica urbana, relaxados para com o lance, pudemos fazer um filme muito próximo da realidade de Milionário & José Rico. Aprendi com a dupla que cinema pode ser como o modão. O que é modão? José Rico responde: é a música que o povo gosta. Disto estou certo: Milionário e José Rico são dois heróis da maneira certa. Através do povo, que os consagrou e confirma."[75]

Apesar de Nelson dar a devida importância a seu filme, *Estrada da vida* não teve a mesma sorte de suas outras películas. Embora tenha atingido a marca de um milhão de espectadores,[76] o filme continuou em parte repudiado pela crítica. Alguns dos biógrafos de Nelson Pereira dos Santos e analistas do Cinema Novo preferiram ignorá-lo.

No livro *Nelson Pereira dos Santos: um olhar neorrealista*, de Mariarosaria Fabris, o filme sequer é citado.[77] Talvez porque, para a autora, um filme sobre Milionário & José Rico não seja digno de entrar no rol das influências do neorrealismo italiano. Em *A geração do Cinema Novo*, de Pedro Simonard, *Estrada da vida* também não aparece.[78] Na Funarte do Rio de Janeiro, órgão do governo que cuida da preservação artística nacional, tampouco há qualquer menção aprofundada ao filme.[79] Na época a revista *Veja* considerou o longa "alegre, com uma história simples e real", mas "sem a força estética de *Vidas secas*". A revista paulistana frisou o caráter mercadológico da fita: "Ao contrário de *O amuleto de Ogum*, que falhou como filme popular enquanto agradou à intelectualidade, Nelson Pereira dos Santos quer este filme testando o grande mercado que Milionário & José Rico já dominam na música."[80] O crítico de cinema Rubens Ewald Filho disse que "Nelson Pereira, em vez de fazer um filme *com* eles [...], fez um filme *para* eles, mero veículo para vender mais discos de Milionário & José Rico".[81]

Até nas premiações o filme de Milionário & José Rico refletiu o seu público. Diferentemente de *O amuleto de Ogum*, que ganhou prêmio de melhor filme no Festival de Gramado em 1975, *Estrada da vida* não ganhou nenhum prêmio da crítica especializada no Brasil.[82] Simbolicamente, a única láurea obtida foi o de "melhor filme", eleito pelo júri *popular*, no Festival de Cinema de Brasília em 1981.

Segundo Nelson Pereira dos Santos, o que houve foi preconceito: "A crítica brasileira naquela época era influenciada por preconceitos culturais que incluíam aversão àquele tipo de música. No Brasil há uma divisão entre a recepção da crítica e do público de filmes sobre qualquer matéria", disse o diretor.[83]

Sucesso chinês

Por incrível que pareça, o mais impressionante acerca da trajetória de *Estrada da vida* não é a inflexão que representou na obra de Nelson Pereira dos Santos, nem os paradoxos que criou entre público e crítica. O filme contava uma realidade aparentemente muito particular de uma dupla vinda dos grotões do Brasil. Parecia ser um roteiro que interessaria apenas ao público sertanejo, como "previu" a revista *Veja*. Poucas vezes um prognóstico esteve tão errado.

A película foi exportada para quinze países. Na URSS, participou do 35º Festival Internacional de Filmes de Moscou, sem nenhuma repercussão ou premiação. Aparentemente os comunistas soviéticos não se comoveram com a trajetória da dupla e o olhar do diretor.[84] Mas nem todos os comunistas eram iguais.

Em fins de 1981 o filme participou de uma grande mostra de cinema nacional em Brasília patrocinada pela Embrafilme. Em algumas dessas exibições estava parte dos corpos diplomáticos de vários países.

A produtora Dora Sverner se recorda: "O público não estava assim vibrando... Mas tinha uma fileira que estava assim rindo, que era de chineses, que se divertiam muito! Assim que terminou o filme, estavam apaixonados pela obra, queriam comprar, queriam uma cassete com as músicas, estavam alucinados. Na realidade eram funcionários da recém-inaugurada embaixada chinesa, não eram diplomatas."

Naquela época, o Brasil estava reatando as relações com os países do bloco comunista, entre eles a China. Amigáveis, os chineses compraram o filme *Estrada da vida*. Em 1983 a película chegou finalmente ao povo chinês, onde foi exibida com enorme sucesso em diversos cinemas populares. O filme e as músicas da dupla, que no Brasil eram interpretados pela crítica especializada como "mercadológicos", fizeram sucesso no país comunista. Apesar de não conhecerem o português ou a música sertaneja, os chineses se empolgaram tanto quanto aqueles funcionários da embaixada haviam se emocionado na mostra da Embrafilme em Brasília.

É de se especular o porquê desse sucesso: o que teria levado um povo tão distinto a adorar a dupla interiorana brasileira? De fato, nenhuma indústria cultural, nem mesmo o todo-poderoso Partido Comunista Chinês, poderia prever essa sintonia. É possível que o drama dos sertanejos migrantes fizesse sentido para os chineses, cuja modernização autoritária e mudanças no campo na segunda metade do século XX talvez tivessem similaridade com o contexto brasileiro no qual Milionário, José Rico e Nelson Pereira dos Santos se formaram.[85]

Seja como for, por volta de 1985, o Partido Comunista Chinês percebeu o interesse popular por aquelas estrelas da música do outro lado do planeta.

O Brasil se redemocratizava e voltava a ter relações comerciais e diplomáticas firmes com a China. Para celebrar a união dos povos, o governo chinês, por intermédio do primeiro-ministro Zhao Ziyang, propôs acordos culturais com o governo brasileiro. A atriz Lucélia Santos, famosa pelo papel que interpretou na novela *Escrava Isaura*, transmitida na China com sucesso, foi convidada e aceitou visitar o país oriental. No campo musical, o Partido Comunista resolveu propor um intercâmbio ao Itamaraty: a Orquestra Sinfônica de Pequim se exibiria no Brasil em 1986, enquanto os músicos brasileiros mais conhecidos dos chineses percorreriam o país numa turnê.

Para o espanto dos diplomatas do Itamaraty, os artistas brasileiros mais populares na China eram Milionário & José Rico. Segundo o acordo proposto pelo primeiro-ministro chinês, caberia ao governo brasileiro oferecer à dupla somente as passagens de avião, já que a China concederia estada completa. Em março de 1986 o empresário da dupla, José Raimundo dos Santos, foi acertar os detalhes com o ministro da Cultura em Brasília.

Vivia-se o governo do presidente civil José Sarney, e seu ministro da Cultura era Celso Furtado. Economista da Comissão Econômica para a América Latina (Cepal), órgão da Organização das Nações Unidas (ONU) que reunia a pesquisa de ponta acerca dos aspectos teóricos e históricos do desenvolvimento latino-americano, Furtado fora um dos fundadores do pensamento desenvolvimentista de esquerda no Brasil. Fora ministro do Planejamento do presidente João Goulart antes do golpe. Cassado em 1964, viveu exilado até 1979, quando retornou ao Brasil e filiou-se ao Partido do Movimento Democrático Brasileiro (PMDB), engajando-se no processo de redemocratização. Esse era o homem que estava à frente do empresário José Raimundo. Curiosamente, ambos dividiam a simpatia pelo PMDB, do qual Raimundo era militante.

Mas a simpatia política não foi suficiente para que os dois se entendessem. Segundo o empresário, o então ministro da Cultura, Celso Furtado, não soube dimensionar quem era a dupla que chegava para sua deliberação: "O Celso Furtado nem sabia quem eram Milionário e José Rico. Ele falou que o Ministério da Cultura já enviava um ônibus que viaja o Brasil inteiro com um projeto que leva os repentistas... os sertanejos nordestinos... Eu falei: 'O senhor tá confundindo!'. O sertanejo do Nordeste é um; o sertanejo aqui é o segmento da nossa música caipira, que virou sertanejo... Dei uma aula para ele! Ele anotou tudo, se interessou! [...] Ele falou, 'Vou estudar, vou ver.' Depois enrolou."

O desconhecimento de Furtado, apesar de absurdo para o cargo que ocupava, não era algo incomum entre as elites intelectuais. Mesmo no auge da fama, o gênero sertanejo ainda não havia rompido totalmente a barreira de classe das grandes capitais, a despeito do enorme sucesso que proporcionava aos seus protagonistas. Só era ouvido nos rádios das empregadas domésticas e dos porteiros dos prédios das classes média e alta do Sudeste. Sem intimidade com aquele repertório, até porque viveu exilado durante parte do auge do sucesso de Milionário & José Rico, Celso Furtado não concedeu verba pública na divulgação da cultura sertaneja no exterior.

Se o ministro da Cultura desconhecia os sertanejos, aquele era o primeiro sinal de que a nova democracia brasileira dava pouca importância aos músicos modernizadores do som rural. Esse descaso nunca havia sido demonstrado pelos ditadores, que sempre procuraram contatos com artistas que representavam o homem do campo e os migrantes. No auge do sucesso do filme, em 1981, João Figueiredo, o último presidente militar, cumprimentou Milionário & José Rico com intimidade e afagos, braços dados e conversas ao pé da orelha. Figueiredo dava prosseguimento à íntima proximidade que Médici havia criado com o meio musical, sobre o qual falaremos nos próximos capítulos.

Celso Furtado não estava sozinho ao ignorar Milionário & José Rico. Sem citá-los explicitamente, o diplomata Sérgio Paulo Rouanet, autor de importante bibliografia sobre filosofia e cultura no Brasil, achava que o governo não deveria apoiar artistas já entronizados pela cultura de massa. Em 1986 Rouanet era chefe do Departamento de Ásia e Oceania do Ministério das Relações Exteriores. Crítico do que chamava de "irracionalismo" da esquerda, ele atacava as posições do Ministério da Cultura: "Acho muito cedo para julgar se o ministério se revelou produtivo. Mas o Ministério da Cultura poderia também incentivar a cultura erudita. [...] Estamos todos de acordo que a cultura popular deve ser defendida. É claro que as mulheres rendeiras do Nordeste têm de continuar a fazer seu trabalho. Fazer rendas é uma expressão do povo. Mas muitos intelectuais não percebem a diferença entre as rendeiras e a cultura que é veiculada pelos meios de comunicação de massa e confundem as duas coisas. Com isso muitas vezes eles estão valorizando atividades industriais e comerciais que visam ao lucro empresarial."

A dupla Milionário & José Rico não era vista como uma cultura popular legítima (como as rendeiras do Nordeste), porque era associada à importação de gêneros estrangeiros veiculados pela indústria cultural. Ao mesmo tempo, tampouco eram artistas definidos como "cultura erudita", aqueles que deveriam ser olhados com mais atenção pelo ministério, segundo Rouanet.[86] O desconhecimento de Celso Furtado acerca da realidade das multidões brasileiras encontra eco nas categorias de legitimidade estabelecidas pelo embaixador Sérgio Paulo Rouanet. Como diplomatas brasileiros e dirigentes da cultura nacional, cabia a eles demarcar a cultura válida, legítima, digna do apreço governamental. Milionário & José Rico foram então ignorados pelas instituições culturais federais.

Devido à recusa de Celso Furtado, a gravadora da dupla, a Continental, investiu o montante necessário para que a comitiva de dezessete pessoas seguisse para a China. Fizeram oito shows em território chinês para um público de 2.500 chineses a cada espetáculo. O empresário José Raimundo se lembra: "Os chineses dublaram os filmes. Todo mundo levava a letra do filme... uma coisa de arrepiar! Eu nunca senti tanta emoção quanto aquela de quando Milionário e José Rico estavam na China e subiram ao palco para cantar! Se você visse a vibração do povo chinês para cantar! Eu estava sentado com os governantes, mas não estava lá na frente, estava lá no meio... Lá é tudo igual! Cada música que eles cantavam o povo cantava junto! Em chinês, com tradução! Tinha uma versão em chinês! No filme eles cantavam em português, mas o povo cantava junto em chinês!"

José Rico recorda-se de que houve uma sintonia com o povo do Oriente: "Foi maravilhoso! Todo mundo cantava nossas músicas em chinês, seguindo a letra em panfletos que foram distribuídos antes dos shows. O Brasil deveria ser como a China, cheio de campos férteis e sem bandidos." O desenvolvimento rural chinês também chamou a atenção do empresário José Raimundo: "Gostei da China! Estava em franco desenvolvimento! De manhã todo mundo indo trabalhar de bicicleta! Pegamos um trem e viajamos durante doze horas! Tudo na beira da linha do trem estava plantado! Era arroz, feijão, soja! Fantástico! Não se desperdiça nada lá! Rodamos dez cidades em vinte dias!"

Segundo o jornalista Ricardo Kotscho, que na época trabalhava no *Jornal do Brasil* e foi um dos poucos a fazer uma matéria sobre a viagem de Milionário & José Rico, o sucesso da dupla na China teve pouquíssima repercussão no Brasil: "Emplaquei [uma] página no caderno [de cultura do *Jornal do Brasil*], falando do fantástico sucesso [...] [que a dupla] Milionário & José Rico acabara de fazer na China [...]. A imprensa brasileira ignorou essa turnê da dupla, mas, quando Milionário & José Rico voltaram, passaram horas me contando histórias saborosas numa salinha do aeroporto de Cumbica."[87]

Os artistas ousaram uma explicação para o sucesso da turnê na China. Em seu modo de ver, José Rico achou a China parecida com o Brasil do passado: "O povo chinês é meio sertanejo, assim como o do Brasil de muitos anos atrás. São humildes, vivem do trabalho na roça, só têm um boi, um arado, trabalham de dia e de noite. Acho que por isso se identificaram com a gente."[88] O empresário José Raimundo interpretou o sucesso como fruto do êxodo rural, que era uma realidade em ambos os países: "Quinze países compraram o filme. Sabe por que o filme fez sucesso lá? Porque o sonho do camponês na China é ir para a cidade. Milionário e José Rico saíram da roça e fizeram sucesso na cidade." Nelson Pereira dos Santos tinha uma explicação semelhante: "Os chineses têm uma naturalidade do homem do campo. Eles são basicamente homens do campo, sobretudo naquela época. Houve uma identificação entre o público chinês e aqueles dois sertanejos."

Milionário & José Rico ficaram de fato tocados com a experiência do outro lado do mundo. Inspirado, José Rico compôs uma canção em homenagem ao povo chinês e seus governantes, lançada no disco do ano seguinte, o LP *Levando a vida*, de 1987. Em forma de homenagem, a rancheira "Mensagem de amor" foi gravada com instrumentos emulando uma típica música chinesa. O resultado é uma salada antropofágica de música sertaneja/rancheira/chinesa: "Na expansão imensa do grande universo/ Conheci de perto a cultura chinesa/ Onde percebi que tem algo em comum/ Com o cotidiano de nós brasileiros/ Na vida sofrida que tem sua gente/ Mas são insistentes em construir/ Com ajuda sincera de seus governantes/ Todos vão avante sem desistir." O curioso sucesso internacional de *Estrada da vida* estimulou a dupla a fazer outro filme. Em 1988 a dupla gravou a película *Sonhei com você*, dirigido por Ney Santanna, filho de Nelson Pereira dos Santos. Mesmo sem a direção do "mestre", a dupla fez um filme novamente para as massas. Nessa película "os gargantas de ouro" perdem todo o dinheiro nas mãos de um empresário inescrupuloso, que os difama. São então obrigados a resgatar a glória de bar em bar, de cidade em cidade, cantando para quem quisesse ouvir. O final redentor garantiu a alegria dos fãs.

Milionário & José Rico seguiram cantando na carreira de sucesso, apesar da temporária separação entre 1991 e 1994. Cantaram juntos até a morte de José Rico em 2015.

Nelson Pereira dos Santos tornou-se imortal da Academia Brasileira de Letras em 2006, o primeiro cineasta a ser condecorado com a homenagem. Sérgio Paulo Rouanet e Celso Furtado também entraram para a Academia Brasileira de Letras, Rouanet em 1992 e Furtado em 1997.

3. Bob Dylans do sertão
Tropicália, MPB e música sertaneja

Em 1977 Leo Canhoto manifestou seu descontentamento diante do que considerava "preconceito" da mídia em relação à fusão do rock com a música sertaneja: "Se nos Estados Unidos o consumo de música country é tão geral e despreconceituoso, por que isso não pode acontecer no Brasil? Por que Joan Baez, Bob Dylan e outros que utilizam em sua base musical os ritmos do interior e do campo são aceitos normalmente?"[1]

A comparação de Leo Canhoto foi precisa: Dylan, sobretudo, é um ícone da música americana que fundiu gêneros musicais antes vistos como distintos. A fala de Canhoto ignora, no entanto, que não foi "normalmente" que eles foram aceitos. Quando Bob Dylan trocou o violão e a gaita do folk pela guitarra elétrica em meados da década de 1960, foi muito criticado pelos puristas, que achavam que ele estava "se vendendo" ao country e ao rock, sendo influenciado por Johnny Cash, Hank Williams e Willie Nelson, entre outros artistas.

No campo da MPB e da Jovem Guarda também houve quem tentasse aproximações entre o sertão e o rock. Nomes como Rogério Duprat, Tom Zé, Os Mutantes, o cantor Sérgio Reis, o trio Sá, Rodrix & Guarabyra e o cantor e compositor Ruy Maurity disputam o pioneirismo da mistura, apesar de nenhum deles ter chegado perto da popularidade da dupla de bangue-bangue.

O maestro incomodado

A primeira tentativa efetiva de síntese do rock com a música rural na MPB veio com o maestro Rogério Duprat. Entre 1967 e 1968 ele se destacara como arranjador dos discos dos baianos da tropicália, Caetano Veloso e Gilberto Gil. Na capa cheia de referências do LP *Tropicália ou Panis et circensis*, de 1968, Duprat segura debochadamente um penico como se fosse uma xícara gigante.

Em 1970 Duprat gravou o LP *Nhô Look — As mais belas canções sertanejas*, no qual misturou Os Mutantes com Tonico & Tinoco, guitarras com violas, rock e música do sertão. Ousado, o maestro regeu uma orquestra erudita tocando versões de clássicos da música rural aliados aos então modernos arranjos do rock. Entre as canções escolhidas por Duprat estavam "Tristeza do Jeca", "Moda da mula preta", "Beijinho doce", "Vide-vida marvada", "Piracicaba", "Boneca cobiçada" e "Luar do sertão".

O que fez o famoso maestro se aproximar da música sertaneja? Se o projeto tropicalista tinha sido tão bem-sucedido, por que Duprat mudou de filão estético?

Na verdade, aquela não era a primeira metamorfose de Duprat: a carreira do maestro é repleta de rupturas. Na juventude ele estudou violoncelo, e em 1953 passou a integrar a Orquestra Sinfônica Estadual de São Paulo. No fim da década 1950, desligou-se daqueles que cultuavam a música erudita e tocavam sempre as mesmas obras clássicas para um público diminuto. Depois de estudar na França e Alemanha, apaixonado pela bossa nova, em 1959 ele gravou um disco dos grandes mestres da música clássica (Chopin, Verdi e Carlos Gomes) em formato de bossa, no LP intitulado *Os imortais — Os mestres de sempre na bossa de hoje*.

A inquietude e a revolta contra os bons costumes musicais, sobretudo o "folclorismo musical", aproximaram Duprat dos baianos tropicalistas. A escuta atenta dos Beatles fez Duprat tornar-se um partidário da incorporação do rock na música brasileira, fato que o aproximou ainda mais de Caetano e Gil.

O tropicalismo de Gil, Veloso e Duprat foi rompedor de certas barreiras culturais. A guitarra, que era repudiada pela MPB por ser um instrumento "imperialista", passou a ser incorporada pelos baianos e pelo maestro.[2] Incomodados com essa ousada postura, artistas como Jair Rodrigues, Elis Regina, Edu Lobo, Juca Chaves, Geraldo Vandré chegaram a fazer uma passeata pelas ruas de São Paulo contra a guitarra elétrica na música brasileira, em 1967, o que dá mostras do tom do debate da época. Apesar das vaias iniciais, o tropicalismo venceu no cenário cultural brasileiro, e pouco a pouco o movimento dos baianos foi incorporado por setores crescentes da sociedade. Essa questão é importante, pois tem a ver com a vontade do maestro de se aproximar da música rural.

Depois do exílio de Caetano e Gil, a incorporação e a institucionalização da tropicália se aceleraram ainda mais, e a mistura de rock e performances não era mais lida como uma afronta, mas até desejada e esperada por parte considerável do público.

Foi então que Duprat resolveu mais uma vez romper com o senso comum. A música sertaneja foi a bola da vez, como contou o maestro na época: "[Em 1968] esse movimento [de misturar rock e MPB] era novo demais. Agora houve uma reviravolta e surgiu a oportunidade da música caipira. As coisas só atingem o consumo quando manipulam características já veiculadas. Jamais será sucesso o signo totalmente novo. É preciso ter um mínimo de amadurecimento das coisas."

De *Nhô look* ao *nhém-nhém-nhém*

Assim como a síntese tropicalista de rock, arranjos eruditos e MPB teve um LP-manifesto, o disco *Panis et circenses*, a nova proposta de Duprat de fundir o rock, a música clássica e a sertaneja também o teve: era o LP *Nhô Look*. O LP produzido pelo maestro tropicalista em 1970 visava a dar continuidade às fusões antropofágicas do famoso movimento. O nome do disco era uma brincadeira com a expressão *new look*, comum na época para expressar as novidades do momento.

Como praticamente não conhecia o repertório do campo, Duprat então saiu a campo com um gravadorzinho em punho, para pesquisar a música rural brasileira. Depois de semanas viajando sobretudo pelo interior de São Paulo, voltou à cidade grande com opinião formada sobre as possibilidades de incorporação da música sertaneja/caipira.

Inspirado na fusão de folk, rock e country americanos (que gerou artistas como Bob Dylan, Simon & Garfunkel e Creedence Clearwater Revival), Duprat resolveu fazer avançar o tropicalismo. Sentia que a música rural era uma das estéticas não valorizadas pelo padrão de "bom gosto" urbano, razão pela qual via que era aí que deveria atuar. Antes de lançar *Nhô Look*, Duprat já vinha se aproximando dos sertanejos. Sintonizando-se com os músicos rurais, em outubro de 1970 Duprat fez os arranjos da canção "Rio Paraná" (Chico de Assis/Ary Toledo), defendida por Tonico & Tinoco no V Festival Internacional da TV Globo. Era a primeira vez que uma música caipira/sertaneja concorria num festival, programa de TV tipicamente urbano e voltado para o público universitário. Nesse festival, a dupla Tonico & Tinoco se apresentou na segunda eliminatória do dia 17 de outubro, depois das apresentações de canções de Martinho da Vila, Clara Nunes e o trio Os Três Morais, todos artistas identificados com o samba. O choque do público foi grande. A dupla do interior sofreu uma vaia-monstro da plateia, testemunhada pelo pesquisador Zuza Homem de Mello, na época operador de som do festival: "Se alguém ainda tinha dúvidas acerca da relação verdadeiramente umbilical entre o carioca e o samba, deixou de ter na apresentação da quarta canção. Ignorando totalmente a música caipira de outros estados, a grande maioria da plateia castigou pesado com uma vaia de lascar dirigida à histórica dupla Tonico & Tinoco defendendo [a canção] 'Rio Paraná'. Alguns jurados riam, outros disfarçavam o desdém, provavelmente achando que festival não era programa das cinco da manhã na rádio de Botucatu. Os dois irmãos cantadores foram até o fim com a maior dignidade e nem deram pelota."[3]

Duprat também não deu bola para as críticas. Na verdade, até as apreciava, pois demonstrava que estava no caminho certo para afrontar e, possivelmente, alargar o padrão de "bom gosto" da MPB.

Embora reconhecesse que houve antecessores a essa postura, sobretudo Geraldo Vandré e a canção "Disparada" (1966), Duprat pensava que não tinha havido prosseguimento da ideia: "Acho que morreu por causa do melodramaticismo do Vandré. Ele estava mais ligado à ópera que à música sertaneja." Perguntado se havia possibilidades de a música rural se tornar consumível nas cidades, Duprat comentou: "Eu acho que são grandes. A música sertaneja tem certas características de melodia simples de assimilação [...] Os textos dizem respeito a coisas da vida cotidiana... esse negócio todo que o iê-iê-iê teve. E o som da viola caipira já está no iê-iê-iê, também com esse negócio do violão de doze cordas que os Beatles usaram muito."[4] Contestando os puristas da música popular, Duprat era favorável à "contaminação" e fusão das vertentes musicais, fazendo jus ao espírito da tropicália: "A ideia da contaminação estava contida no próprio repertório sertanejo. Pelo menos esse da cidade, comercializado. Nossa ideia foi atiçar, acirrar essa contaminação. Nos nossos contatos e no disco. No disco, a base única é feita com guitarra e baixo elétrico. Por que evitar isso? Os metais às vezes parecem Bacharach, as flautinhas podem parecer as trilhas de novela, uma coisa assim."[5]

A Philips, gravadora de Rogério Duprat e responsável pelo lançamento de *Nhô look,* resolveu investir pesado naquela possível renovação musical que a revista *Veja* chamou de "explosiva". Um show foi produzido na Feira de Utilidades Domésticas, em São Paulo, no início de setembro de 1970, para lançar o disco. Tonico & Tinoco e Os Mutantes participaram do lançamento do LP, com o guitarrista Lanny Gordin, conhecido personagem dos bastidores da tropicália que já havia gravado com Caetano e Gil. Rock e música rural unidos. Rita Lee cantou ao lado da dupla "Coração do Brasil" e as guitarras dos Mutantes soaram ao lado das violas.

O alto investimento da gravadora chocou Duprat um pouco, que começou a sentir a "temida" institucionalização novamente: "A Philips está muito interessada em vender. Eu não me preocupei com isso. Se eles quiserem, que façam. Mas justamente as coisas começam a aborrecer quando são envolvidas por todo esse sistema aí..."[6]

Ele não estava sozinho. Outro maestro da tropicália, Julio Medaglia, também deu passos em direção à música rural. Em 1970, Medaglia participou do Festival da Viola da TV Tupi. Tratava-se de um festival apenas com músicos rurais. Medaglia aceitou fazer alguns arranjos.[7]

A empreitada de Duprat e Medaglia era acompanhada de perto pelos tropicalistas Os Mutantes e Tom Zé, que também se aventuraram na música rural. Em 1968 Tom Zé gravou a canção "Sabor de burrice", com arranjos de dupla sertaneja, guitarras emulando violas e vozes em terças: "Veja que beleza/ Em diversas cores/ Veja que beleza/ Em vários sabores/ A burrice está na mesa/ Ensinada nas escolas/ Universidade e principalmente/ Nas academias de louros e letras/ [...] / Não tem preconceito ou ideologia/ Anda na esquerda, anda na direita/ Não tem hora, não escolhe causa/ E nada rejeita...". Para Tom Zé a música não era uma ironia aos sertanejos, mas uma defesa deles, como contou anos depois: "Na época, [o apresentador] Flávio Cavalcanti quebrava discos de música caipira. Aliás, foi por esse motivo que fiz 'Sabor de burrice' como música caipira. Não que eu tivesse esperança de que ele ouvisse o disco, mas era naquilo que residia a coisa mais sedentária, a ditadura musical. Para mim, era um desagravo à música caipira."[8]

Tom Zé ofereceu "Sabor de burrice" a Tonico & Tinoco, mas estes, achando que Tom Zé os ironizava, não gravaram: "Tinha a ilusão de que eles fossem gostar. Me receberam desconfiados, ouviram e não quiseram, acharam que era pilhéria. De fato, podia até ser", disse Tom Zé.[9]

Estimulado pelas fusões, naquele mesmo ano Tom Zé e Rita Lee compuseram a canção "2001", uma mistura bem tropicalista entre a modernidade espacial e a música caipira: "Astronauta libertado/ Minha vida me ultrapassa/ Em qualquer rota que eu faça/ Dei um grito no escuro/ Sou parceiro do futuro/ Na reluzente galáxia..."

Além da viola, a apresentação de "2001" no Festival de Música Popular da TV Record de 1968 contou com Gilberto Gil tocando acordeom, o primeiro instrumento que o baiano aprendeu, ainda jovem, influenciado por Luiz Gonzaga. Ao lado do acordeom de Gil estava o theremin, um esquisito instrumento inventado por um irmão de Sergio e Arnaldo Baptista. Tratava-se do primeiro da história totalmente eletrônico e que dispensava contatos físicos. O theremin era executado movimentando-se as mãos no ar, sem contato direto, fazendo o aparelho emitir ruídos agudos. Rita Lee encarregou-se de "tocar" o apetrecho, que representava a modernidade, enquanto a música caipira e o acordeom eram a tradição. O título da canção, "2001", era uma referência ao famoso filme de Stanley Kubrick lançado naquele ano (1968). A junção de passado e presente animava uma alegoria tipicamente tropicalista.

Os Mutantes foram ao mesmo tempo vaiados e aplaudidos em sua apresentação de "2001" no IV Festival da MPB da Record de 1968.[10] Parte do público entusiasmado com a modernidade da música chegou a abrir um cartaz em que estava escrito "Abaixo o poder velho". Caricaturas de Caetano Veloso eram vistas na plateia. Os críticos usavam apitos para fazer um som ensurdecedor e colocavam os polegares para baixo, em sinal de reprovação. A canção "2001" fora arranjada por Duprat e lançada no LP dos Mutantes de 1969.[11] A empreitada de Duprat na música sertaneja daria ainda mais ambíguos frutos.

Em 1973 o maestro fez os arranjos da versão de "Índia", gravada por Gal Costa no LP homônimo. Era a primeira faixa do LP da cantora, e Duprat parecia concretizar seus planos de antropofagizar a música rural. Contradizendo sua ousada empreitada de três anos antes, Duprat negava que estivesse fazendo um "movimento": "Não estou pensando em nenhum som novo. Uma coisa fica bem clara: não estou fazendo nenhum movimento intencional."[12]

A empreitada de Duprat não teve a repercussão esperada. O maestro não conseguiu alargar o padrão de "bom gosto", fazer um "movimento" nem comercializar o disco que considerava "feito para vender". Apesar da repercussão na mídia e do incômodo no público em geral, o LP *Nhô Look* foi um fracasso de vendas.

Mesmo nos dias de hoje, alguns tropicalistas sequer se lembram de ter ouvido falar da obra. Caetano Veloso disse em entrevista para este livro que não se recorda do LP. Embora Caetano estivesse exilado na Inglaterra quando do lançamento da obra, isso é sintomático da pouca repercussão que o prosseguimento do tropicalismo via Duprat teve. O jornalista e produtor Nelson Motta, que na época trabalhava na Philips, gravadora de Duprat, conheceu o LP, mas nunca o considerou eficaz em sua proposta ambiciosa, como contou em entrevista exclusiva para este livro: "O disco do Duprat é maravilhoso, é do tempo em que eu trabalhava na Philips, um disco que ouvi muito e com muito prazer durante muito tempo. Tenho o vinil até hoje. Mas não é um disco 'revolucionário', os arranjos são bonitos, mas nada muito audacioso. Foi uma roupagem mais rica e harmoniosa para músicas sertanejas que eram consideradas pobres e ingênuas. Na verdade, ficou bonito, mas bem careta, em relação ao que o Duprat tinha escrito para os tropicalistas nos discos de Gil e de Caetano."[13]

Sem apoio entre os próprios tropicalistas, a fase de experimentação de Duprat com a música caipira e sertaneja não se estendeu. Frustrado, o maestro desenvolveu certa repulsa pela música rural.

Anos mais tarde, em 1978, ele renegou a experiência. Diante do sucesso de duplas como Milionário & José Rico e Leo Canhoto & Robertinho, ele foi chamado a refletir sobre a experiência de oito anos antes. Foi incisivo: "Todo o trabalho de campo foi uma coisa do maior constrangimento. A gente só encontrava velhos, de mais de cinquenta anos, curtindo aquelas modas de viola, e tome *nhém-nhém-nhém-nhém*... O diabo é que o pessoal entrou numa que só pode encordar os instrumentos na época da Folia de Reis, senão dá azar. Então o resultado é que, como não treinam, cada ano tocam pior. A música sertaneja é um repertório desse tamaninho, sempre a mesma choradeira, com letras machistas e reacionárias, naquela de defender o patrão mesmo."[14]

A sombra do tropicalismo

Depois do arrependimento de Duprat, praticamente não mais se falou sobre *Nhô look*. O primeiro e único autor a analisar sumariamente o LP foi Waldenyr Caldas, em seu livro *Acorde na aurora*, de 1977. Para o sociólogo paulista, o disco de Duprat resumia-se a mais um passo da "indústria cultural" em seu projeto de deturpação dos "autênticos" valores camponeses, diluídos no mercado.[15] A partir de então nenhum livro, nenhum programa de TV, nenhuma matéria sobre o tropicalismo em jornais e revistas comentou o trabalho do maestro, num silêncio sintomático da incorporação tropicalista na sociedade.

As instituições de pesquisa cultural consultadas para este livro não dispõem de um material sequer sobre o disco. A Funarte carioca não tem nada acerca de *Nhô look* no dossiê de Rogério Duprat. A obra *Enciclopédia da música popular brasileira*, lançada em 1977, manteve o silêncio. A versão da mesma *Enciclopédia* revista e ampliada em 2000, cujo critério foi o da "qualidade e da representatividade musical", também não aborda o disco. Em 1997 o livro de Carlos Calado, *Tropicália: a história de uma revolução musical*, igualmente, não abriu espaço para a continuação tropicalista de Duprat e a música sertaneja.

Em 2002, a acadêmica Regiane Gaúna publicou dissertação de mestrado sobre o maestro, intitulada *Rogério Duprat: sonoridades múltiplas*.[16] O disco *Nhô look* não encontrou espaço na "sonoridade múltipla" da autora. O último livro lançado sobre o maestro, intitulado *Rogério Duprat: ecletismo musical*, foi escrito por Máximo Barro e lançado em 2009. Apesar do título, não houve ecletismo suficiente para incorporar a música sertaneja às 264 páginas da obra.[17] Até 2014 os sites enciclopédicos de MPB na internet, entre eles o *Dicionário Cravo Albin de música popular brasileira* e o Cliquemusic, também nada falavam da mistura do rock com música rural.[18] Todos os outros livros sobre a tropicália, contracultura e arte nos anos 1970 consultados tampouco falam de *Nhô look*.[19] Jornalistas, historiadores, músicos: ninguém se lembra desse disco que, sob a sombra do tropicalismo, simplesmente caiu no esquecimento.

Duprat morreu em 26 de outubro de 2006, em decorrência de um câncer na bexiga e do mal de Alzheimer. Nos obituários dos jornais não se citou o maldito LP *Nhô look*.[20]

O silêncio dos pesquisadores parece legitimar, além da própria opinião do maestro, uma história "louvável" do tropicalismo, uma linha evolutiva de inovações e rupturas. A música sertaneja e a caipira parecem ser um problema para esses pesquisadores. Diferentemente do rock de Roberto Carlos, a música sertaneja não foi incorporada nos anos 1960 pela MPB, o que pode explicar parte do desconforto e do "esquecimento" do tema.[21]

Rock rural

Se Rogério Duprat não conseguiu que sua proposta de avanço tropicalista fosse incorporada à escrita da tropicália, alcançou ao menos abrir determinada vertente temporária na música popular brasileira, que raramente é reconhecida. O tipo de música conhecido como "rock rural", que teve sucesso relativo no início dos anos 1970, estava naquele campo de possibilidades aberto pelo espírito tropicalista. Tratava-se de um segmento estético que cativou alguns artistas que apostavam na mistura dos gêneros. O nome do novo estilo, rock rural, deveu-se ao sucesso de uma canção, "Casa no campo", de 1972: "Eu quero uma casa no campo/ Onde eu possa compor muitos rocks rurais/ E tenha somente a certeza/ Dos amigos do peito e nada mais." No entanto, o sucesso da canção não foi imediato. A música composta por Tavito e Zé Rodrix foi defendida naquele ano no VI Festival Internacional da Canção por Zé Rodrix e o Grupo Faya.[22] A nostalgia de Rodrix e Tavito idealizava o campo e pregava uma volta às raízes rurais.

Ao propor uma saída individualista para os problemas da cidade, "Casa no campo" não foi louvada no festival nem pelos militantes da esquerda tradicional, apoiadores indiretos da luta armada, nem pelos grupos afinados ao desbunde e à estética hippie, desejosos de fusões com o rock e com as músicas modernas. Ninguém deu muita bola para a canção, nem o júri nem o público, terminando como nona colocada no VI Festival da Rede Globo.

Apesar do insucesso televisivo, a música era um protótipo do tipo de canções que vários artistas urbanos vinham desenvolvendo.[23] Em dezembro de 1971 o compositor e intérprete de "Casa no campo", Zé Rodrix, montou o trio Sá, Rodrix & Guarabyra.

Luiz Carlos Sá e Gutemberg Guarabyra eram compositores de MPB que participaram dos festivais dos anos 1960. Guarabyra chegou a ganhar o Festival Internacional da Canção, da TV Globo, com a canção "Margarida", em 1967. Luiz Carlos Sá contou em entrevista exclusiva para este livro como se aproximou da música rural: "Quando eu comecei a tocar violão, o Brasil estava numa levada de 'descobrir o Brasil'. Então eu fui cair numa tocada mais à esquerda da música, já no pós-bossa nova, influenciado por caras como Edu Lobo, Sérgio Ricardo, que cultivavam raízes afro... vamos dizer afro-interioranas! Eu peguei uns Dorival Caymmi da vida, Alvarenga & Ranchinho, uns Cascatinha & Inhana, peguei o que tinha aprendido de bossa nova e coloquei naquilo. Fazer uns acordes mais sofisticados e coisa e tal, mas nada que tivesse rock na parada... Porque éramos extremamente nacionalistas, de esquerda, fazíamos showzinho em faculdades, estávamos no final da bossa nova e eu era um cantor de protesto. E meu protesto era muito rural, aquela coisa, eu acreditava que conhecia profundamente a cabeça do trabalhador rural... Não conhecia porra nenhuma! Mas a intenção era boa."[24]

Houve uma canção que marcou muito Luiz Carlos Sá e influenciou toda uma geração acerca das possibilidades de se flertar com as canções do interior: "Disparada", de Geraldo Vandré. Sá relatou o impacto que a canção teve em sua formação: "'Disparada' foi uma música que me impressionou muito, achei aquilo vibrante, maravilhoso! Foi aí que conheci a viola caipira com Heraldo do Monte. Eu fiquei alucinado! Que timbre! Quando a gente começou a fazer aqueles rocks rurais, eu tocava um violão de 12 cordas... O som estava cabendo bem e me lembrei do Heraldo do Monte. E por que não uma viola caipira? Aí fui na Del Vecchio [fábrica de viola e violões importante na época] e comprei uma viola maravilhosa para mim!"

Os artistas moravam em Ipanema, numa casa que Sá definiu como "hippielândia". Ouvia todos os dias Crosby, Stills & Nash, James Taylor, Carol King, Cat Stevens, Alman Brothers, Cream e Elton John. Influenciado por tudo isso, Sá buscou sintetizar a viola com essas sonoridades da época. Inicialmente ele amplificou o som do instrumento, para horror dos mais tradicionalistas: "[...] eu coloquei um cristal, como se chamava naquela época, liguei ela no amplificador e ficou com um puta sonzão. Coloquei pedal na viola, fiz o diabo! Tocava com uma viola amplificada de dez cordas! Todo mundo ficava vidrado! Eu fiquei uma hora discutindo com o velhinho da Del Vecchio. Ele falava: 'mas você vai furar a viola [para microfonar]? A viola tem uma madeira muito boa né!' Eu falei: 'Vamos experimentar!' [risos] Eu estava numa época de querer experimentar e que se dane! Se quebrasse o instrumento eu comprava outro! Mas o velhinho ficou injuriado... Até 1974 eu fui no embalo, gravei com aquela viola..."

Guarabyra nasceu e foi criado no Vale do Rio São Francisco, na Bahia. Empolgados com as possibilidades dos instrumentos rurais, Sá & Guarabyra resolveram correr o Brasil. Pegaram um carro e foram reencontrar as origens. Rodrix, que acabara de ter uma filha e já se desentendia com os parceiros, preferiu não ir, como recordou Sá: "Pegamos o carro, um Corcel novinho... Ficamos um mês e meio, dois meses viajando. No sertão de São Francisco eu desbundei de vez! A gente chegava às cidades e via coisas folclóricas... Aquilo foi indescritível para mim, mudou a minha vida! Eu olhei e falei: 'Nossa!, o que é o Brasil!' Não era o interior do Rio, de Minas, de São Paulo. O que é isso? Era um outro país... que o Guarabyra não mostrava tanto no Rio porque já estava muito influenciado pela vida urbana."

O primeiro LP do trio, intitulado *Passado, presente e futuro*, já apontava um caminho do que se entenderia como rock rural. Em "Hoje ainda é dia de rock" o trio era claro: "Eu tô doidinho por uma viola/ Mãe e pai, de doze cordas e quatro cristais/ Pra eu poder tocar lá na cidade/ Mãe e pai, esse meu *blues* de Minas Gerais/ E o meu cateretê lá do Alabama/ Mesmo que eu toque uma vezinha só/ Eu descobri e acho que foi a tempo/ Mãe e pai, que hoje ainda é dia de rock."

Em meio ao lançamento desse disco, Elis Regina descobriu "Casa no campo" e a gravou no LP *Elis*, de 1972. Foi um sucesso estrondoso e deu voz ao trio de artistas que propunham a fusão do urbano com o rural.

Segundo relatou Zé Rodrix em reportagem sobre o início da banda, a proposta do rock rural era misturar "moda de viola, Caetano Veloso, rock, boleros, lamentos africanos, Jimi Hendrix e Beatles".[25] Em "Crianças perdidas", um rock nostálgico, Zé Rodrix cantou em meio a ruídos de grilos e água corrente. Os maiores sucessos do trio foram "Mestre Jonas" e "Blue Riviera", ambas do LP do ano seguinte, intitulado *Terra*. Visualmente, o grupo se apresentava com chapéu, óculos escuros e cabelos longos e volumosos. Bigode e barba desgrenhada também estavam presentes, uma moda típica dos anos 1970.

Em 1973 o grupo se desfez. Rodrix seguiu carreira solo, mas não foi muito bem-sucedido. Passou a compor jingles para comerciais. Sá e Guarabyra seguiram como dupla e atingiram os dois maiores sucessos da carreira no LP *Pirão de peixe com pimenta*, de 1977: "Espanhola", de autoria de Flávio Venturini, e "Sobradinho", de autoria da própria dupla: "O sertão vai virar mar, dá no coração/ O medo que algum dia o mar também vire sertão." O rock rural transformou-se numa mistura de romantismo e xotes, diluindo-se a proposta de radicalizar as fusões.[26]

Não foram apenas os artistas Sá, Rodrix & Guarabyra que se viram influenciados pela fusão do rock com a música rural.

Inspirados no hibridismo cidade-campo, os grupos Ruy Maurity & Trio e Grupo X realizaram no teatro de Arena do Rio de Janeiro, em 1972, o show *Venha a nós o vosso campo*. Era o que chamavam de "o primeiro concerto rural brasileiro". O show tinha ambientação regional típica, com estábulo coberto de ramagens, ferramentas agrícolas espalhadas pelo chão de terra batida. Segundo os integrantes, tratava-se de "uma tentativa de participar ativamente do que está acontecendo na música popular mundial". No exterior, alguns anos antes, havia feito muito sucesso a dupla de folk-rock Simon & Garfunkel, autores de canções de sucesso mundial como "Sound of Silence", "Mrs. Robinson" e, sobretudo, "Bridge over Troubled Water", esta última lançada em 1970. Cat Stevens, James Taylor e Carole King também desenvolviam no início da década flertes com as canções regionais americanas.

O Grupo X, liderado pelo compositor e cantor Belchior, que estouraria em meados da década em carreira solo, fundia o rock com sotaque sertanejo, assim como Ruy Maurity & Trio. Na moda de viola "Quem tem medo de música caipira?", Ruy Maurity cantava: "O meu pai é Bob Dylan, minha mãe, Maria Inês/ Sem falar no Curupira, que já aprendeu inglês." Lançado no LP *Em busca do ouro*, de 1972, o grupo de Ruy Maurity levava adiante as fusões de temas rurais e urbanos, sobretudo nas canções "O rosário" (mistura de rock e moda de viola) e "Serafim e seus filhos", canção que já foi regravada por Sérgio Reis e Zezé Di Camargo & Luciano.[27]

Também inspirado na levada pop-rural, Taiguara lançou em 1972 o LP *Taiguara, piano e viola*, no qual misturava os instrumentos do título com guitarra, baixo e bateria. A capa idílica remetia a uma "casa no campo".

O rock rural, para além de um "movimento" estético, foi também fruto do interesse de uma gravadora de disputar o mercado da classe média apostando num novo produto. Todos os artistas acima mencionados foram lançados pela Odeon, que projetou temporariamente o rock rural como uma reformulação da música brasileira, que de fato não se prolongou.

Caipira bossa-novista

Mas não somente de misturas viveu o mundo da MPB e do som rural. Houve também o caso de artistas que abandonaram o lado urbano e migraram esteticamente para a música do campo de vez. Desses destacam-se dois em particular: Renato Teixeira e Sérgio Reis.

O santista Renato Teixeira viveu a maior parte da infância em Ubatuba e a adolescência em Taubaté, no interior do estado de São Paulo. Ouvia música rural, mas na juventude se encantou com a bossa nova. Começou a compor e foi descoberto em meados da década de 1960 por Walter Silva, um dos primeiros radialistas a tocar bossa nova em São Paulo. Passou então a circular entre aqueles artistas influenciados por Tom Jobim e João Gilberto — e que estavam criando a sigla MPB a partir de 1965 — e participou dos vários festivais da canção.

Em 1967 concorreu no III Festival da Música Popular Brasileira da TV Record com a canção "Dadá Maria", interpretada por Gal Costa e Silvio Cesar, mas ninguém lhe deu muita bola: era o festival de "Ponteio", "Domingo no parque", "Roda-viva" e "Alegria, alegria". No ano seguinte teve sua canção "Madrasta" defendida por Roberto Carlos no IV Festival da Record. As vaias a Roberto Carlos não impediram que a música fosse gravada pelo cantor em seu disco anual, o LP *O inimitável*, de 1968.

Foi a salvação para Renato Teixeira, que não conseguia emplacar um sucesso entre o público universitário. Com o dinheiro dos direitos autorais obtido com a participação no disco de Roberto Carlos, que sempre estava entre os mais vendidos daquela década, Teixeira abriu uma firma de jingles comerciais.[28] Enquanto vivia dos jingles, o compositor se aproximou das origens juvenis de Taubaté e começou a se interessar pela música rural, como recordou anos mais tarde: "Quando cheguei a São Paulo, no fim dos anos 1960, para começar a carreira, eu também fazia samba, marcha-rancho, música nordestina. Ainda estava à procura do meu estilo. Mas um dia mudou minha vida definitivamente. Eu estava na Galeria Metrópole assistindo a um show de Paulinho da Viola. Quando ele tocou 'Coisas do mundo, minha nega', minha ficha caiu imediatamente. Ao ouvir a música, percebi que eu tinha de cantar quem eu sou."[29]

Em 1971 Renato Teixeira lançou o LP *Álbum de família*, no qual tentava valorizar as raízes agrárias de São Paulo. Gravou canções próprias ao lado de dois clássicos do repertório "caipira": "Tristeza do Jeca", de Angelino de Oliveira, e "Casa de caboclo", de Hekel Tavares e Luiz Peixoto. Gravou ainda duas músicas do folclore paulista: "Moreninha se eu te pedisse" e "Gavião de penacho". A intenção de se aproximar das raízes estava clara na capa do LP, que trazia a bandeira do estado de São Paulo. Produzido pela Discos Marcus Pereira, gravadora independente que então apenas engatinhava, o disco não teve muita repercussão.

Em 1973 Teixeira lançou o LP *Paisagem* por uma pequena gravadora, a Sinter, e foi bastante elogiado pela crítica, mas não conseguiu vendagem expressiva. Na época Teixeira chamava seu estilo de "macrobiótico" para justificar temas corriqueiros da "vida natural" nas letras do LP, como as cachoeiras, as cabras e as galinhas. O crítico Silvio Lancellotti, apesar de ter elogiado o disco, achou-o meio exagerado nas misturas. Independentemente das críticas, o disco tornou-o um pouco conhecido no meio artístico. Diante do relativo sucesso da empreitada, Renato Teixeira anunciava que o próximo disco seria "apenas caipira". E completou fazendo um balanço da MPB nos anos 1970: "Talvez [haja] um novo caminho para uma música encurralada entre o jazz e as toadas nordestinas."[30] Vivia-se o ano de 1973.

Não houve LP seguinte tão cedo. As baixas vendagens do compositor não atraíram nenhuma gravadora comercial, e Renato Teixeira entrou num limbo artístico que só não foi pior por causa da bem-sucedida carreira de compositor de jingles. Alguns deles tornaram-se famosos, como os do dropes Kid's Hortelã e sapatos Ortopé, famosa marca infantil: "Ortopé, ortopé... tão bonitinho".

Renato hibernou por cinco anos matutando a metamorfose, sem lançar discos. Apenas fez participações em algumas obras.[31] Até que em 1977 a sorte novamente chegou para o compositor. Elis Regina gravou duas de suas canções no LP daquele ano: "Sentimental eu fico" e "Romaria". Esta última puxaria as vendas do disco: "Sou caipira/ Pirapora/ Nossa Senhora de Aparecida/ Ilumina a mina escura/ E funda o trem da minha vida."[32] Assim como já havia feito com Milton Nascimento, Ivan Lins, João Bosco, Aldir Blanc e Belchior, Elis introduzia um compositor desconhecido a seu público. Renato explicou como nasceu a canção: "Na época que a compus, lá por 1973, eu estava muito ligado em poesia concreta. Estava apaixonado pela obra de Décio Pignatari, Augusto de Campos, todo aquele pessoal que desenhava com palavras. E comecei a compor a canção para usar um pouco a experiência que estava tendo: 'É de sonho e de pó / O destino de um só...' Nunca imaginei que faria sucesso, justamente pela carga intelectual colocada, pela sofisticação. [...] Um dia andava pela rua e ouvi alguém assobiar 'Romaria'. Foi nessa hora que saquei que a música havia se tornado um sucesso."[33]

Diante do repentino sucesso, Renato Teixeira militava na defesa da música caipira: "Nossa música regional não evolui como o samba ou a própria música nordestina. Da década de 1930 para cá, ela foi perdendo seu sentido. Houve uma época em que se cantava a vida das pessoas, se reclamava contra o patrão, contra o modo de vida. Hoje, ela se comercializou, perdeu-se. Eu quero retomar esse processo."[34] Apesar da origem urbana, Teixeira via-se como "resgatador" da verdade do campo, posicionando-se contra o "comercialismo" de duplas sertanejas.

Perguntado se achava que a gravação de "Romaria" por Elis alavancaria sua carreira até então incipiente, Renato Teixeira disse na época que "achava difícil", pois vinha sofrendo com a rejeição da indústria cultural, que "ignorava" o sertão: "Acabei de ser recusado por uma gravadora, quero gravar e não tenho como. Mas quem sabe a música popular resolve voltar de suas férias no Rio de Janeiro?"[35]

Apesar dos prognósticos contrários do compositor, a carreira deslanchou. Entre 1978 e 1990 Teixeira gravou nove discos e foi um dos elos da MPB com a música caipira. Era visto como um músico modernizador do som do campo, mas "atento às raízes". Em maio de 1979 gravou a canção "Frete", abertura da série *Carga pesada*, da TV Globo: "Eu conheço todos os sotaques/ Desse povo todas as paisagens/ Dessa terra todas as cidades..." O jornalista Tárik de Souza louvou o artista como símbolo da raiz caipira: "No quadro da música brasileira, por certo, ainda faltava quem trouxesse a matreirice caipira para o circuito amplo das cidades. Renato Teixeira, com talento e paciência, fez a tarefa."[36] A partir de então o artista ficou associado às raízes da música popular rural, tornando-se um artista ligado à defesa da tradição "caipira".

O boiadeiro da Jovem Guarda

A metamorfose radical de Renato Teixeira encontra paralelo em Sérgio Reis. Contudo, diferentemente de Teixeira, que foi fã de João Gilberto e de Tom Jobim, Sérgio Reis não se encantou com a bossa nova, mas com o rock'n'roll de Chuck Berry, Little Richard e Elvis Presley.

Paulistano, Sérgio Reis passou a adolescência cultuando aqueles novos e modernos artistas. Gravou o primeiro compacto em 1961, no qual misturava bolero ("Enganadora") com um rock-balada ("Será"). Em 1962, gravou um rock, "Lana", e um calipso, "Porque sou bobo assim".
As canções levaram a Sérgio Reis um sucesso apenas diminuto. Depois desse início modesto, ele ficou "na geladeira" da gravadora Chantecler até se mudar para a Odeon, no início de 1966. Em dezembro desse ano, gravou o maior sucesso de sua carreira na Jovem Guarda, o hit "Coração de papel": "Se você pensa/ Que meu coração é de papel/ Não vá pensando, pois não é/ Ele é igualzinho ao seu/ E sofre como eu..." Sérgio Reis saltava do quase anonimato para a condição de ídolo. Apareceu em programas de TV, foi tocado em várias rádios do país, fez shows por todo o Brasil.
Cantor de apenas um grande hit, Sérgio Reis não conseguiu emplacar outro sucesso. Com o fim da Jovem Guarda, a carreira empacou de vez na Odeon. Mudou-se então para a RCA, em 1970, ganhando alguma sobrevida. Tradicionalmente a RCA era o reduto dos ex-jovem-guardistas. Depois de quatro compactos pela gravadora, tudo levava a crer que a trajetória de Sérgio Reis em nada diferiria da de outros ídolos temporões da Jovem Guarda, como Wanderley Cardoso, Ronnie Von, Jerry Adriani e Martinha. O ano de 1973 é o marco do surgimento de uma nova geração que, influenciada pela Jovem Guarda, levou adiante o estilo romântico, deixando a geração anterior para trás. Nesse ano, Fernando Mendes e José Augusto lançaram seus primeiros discos; Odair José gravou um LP com vários sucessos, entre eles "Uma vida só (Pare de tomar a pílula)", "Eu, você e a praça", "Deixe essa vergonha de lado" e "Cadê você?". A geração da Jovem Guarda era ultrapassada.
Num ato de desespero, a RCA decidiu escalar Tony Campello para produzir o disco seguinte de Sérgio Reis. O encontro de Reis e Campello no início dos anos 1970 foi fundamental para o renascer da carreira do primeiro. Campello fora também o produtor de Leo Canhoto & Robertinho. Mas com Sérgio Reis o caminho seria o oposto da modernização da dupla.
Segundo o produtor relatou em entrevista, Sérgio estava com a "corda no pescoço" na RCA, que tentava se livrar do elenco jovem-guardista, que não dava mais retorno.[37] Apesar da ameaça de desemprego, a aposta da dupla Campello-Reis ainda era pelo rock. Na capa do LP de 1973 não havia nada que aproximasse o jovem-guardista da música rural. Os cabelos longos, a roupa "moderna", relógio no pulso e um ar de cantor jovem: tudo era muito urbano. A capa chamava a atenção para a canção "Menino da

gaita", uma balada, versão do próprio Sérgio Reis, que parecia mais uma canção qualquer da Jovem Guarda, sem nenhuma novidade. Reis ainda gravara uma canção em italiano, "Addio amore addio", como tinha feito diversas vezes durante a década anterior para tentar manter o sucesso de "Coração de papel", sem êxito. Todas as outras canções do LP também iam na mesma levada rock-Jovem Guarda. Uma única música fugiu ao padrão: "Menino da porteira": "Toda vez que eu viajava pela estrada de Ouro Fino/ De longe eu avistava a figura de um menino/ Que corria abrir a porteira e depois vinha me pedindo/ Toque o berrante, seu moço, que é pra eu ficar ouvindo..."

A canção de Teddy Vieira e Luizinho contava a história de um menino que abria a porteira da fazenda para um boiadeiro simpático e que no final morre atropelado por um estouro de boiada. Foi gravada pela primeira vez em maio de 1955 pelos irmãos Luisinho & Limeira.

Depois da pioneira gravação de Luisinho & Limeira, a canção teve várias versões antes de Sérgio Reis gravá-la, entre elas as de Rock & Ringo (1971), Teixeirinha (1972) e Inezita Barroso (1972). Em 1973 gravaram a canção Tonico & Tinoco, Caçula & Marinheiro, Liu & Léo e até o sambista Jair Rodrigues, cuja versão misturou acompanhamentos de viola e triângulo. Mas nenhuma dessas regravações ficou tão famosa como a de Sérgio Reis, capaz de mudar a trajetória de um artista e ressignificar toda a sua obra.

Reis conheceu a canção em 1972, quando a Jovem Guarda já era passado. O cantor foi participar de um baile de debutantes em Tupaciguara, Minas Gerais, e o conjunto reiniciou a festa com a moda "Menino da porteira": "Fiquei animado ao ver aquele povo todo, aquela gritaria, tudo por causa da música do violeiro Teddy Vieira, que eu tinha conhecido na gravadora Chantecler", disse o cantor. Sérgio Reis então ligou para seu produtor, Tony Campello, e contou o que tinha visto e ouviu de volta a sugestão: "Ô, Grandão, banca o inteligente e vai cantando essa música aí por onde você for."

A metamorfose do cantor não foi linear, mas gradual e cheia de idas e vindas. Na gravação original de Luisinho & Limeira há um berrante que toca durante quase toda a canção, entre as falas e os ponteios da viola. Na gravação de Sérgio Reis não havia berrante ao fundo, mas flauta, coros, violinos e sobretudo uma guitarra sendo dedilhada de forma intermitente durante toda a canção. Afinal, era o disco de um jovem-guardista. O sucesso da regravação mostrou a Sérgio Reis e ao produtor Tony Campello que era possível explorar o terreno da música rural.

Apostaram então mais uma vez numa canção de Teddy Vieira, a toada "João de barro", lançada em compacto em 1974. A canção tornou-se nome do LP daquele ano, mas a "indecisão" estética do disco anterior permanecia. Quase todas as canções eram baladas românticas. Havia também forró ("Amor antigo") e novamente uma canção em italiano ("Mare, mare, mare"). A canção "João de barro" era tocada com bateria, violinos e, novamente, guitarras. A capa trazia um cantor típico da Jovem Guarda, ainda de cabelos longos e tingidos e pulôver de gola rulê. Nada na capa remetia à roça.[38]

Em 1974 a RCA e os produtores ainda tentavam vender a imagem de um cantor da Jovem Guarda, apesar de todos os indícios de que o gênero já havia naufragado. Em outubro daquele ano a gravadora relançou "Coração de papel" em um compacto duplo. A RCA atirava em duas frentes. No mesmo ano também lançou um compacto simples com os dois únicos sucessos "caipiras" do cantor: "Menino da porteira" e "João de barro".

A mudança de fato só viria em 1975. O LP *Saudade de minha terra* trazia a canção homônima de Goiá e Belmonte: "Por nossa senhora, meu sertão querido/ Vivo arrependido por ter te deixado/ Esta nova vida aqui na cidade/ De tanta saudade, eu tenho chorado..." A canção, que havia sido lançada originalmente em 1967, foi a trilha sonora perfeita para o paulistano Sérgio Reis se aproximar do sertão. No repertório do LP, apenas artistas "respeitados" na tradição, como Tonico e Tinoco, Tião Carreiro, Nonô Basílio, Mario Zan, Anacleto Rosas Jr., e clássicos desse repertório, como "Chico Mineiro", "Rio de lágrimas", "Coração de luto", "Chalana" e "Cavalo preto".

Na capa de *Saudade de minha terra* não houve espaço para a ambiguidade: dessa vez tudo remetia ao sertão. Mas nada fora planejado como deveria. As fotos do disco foram tiradas às pressas, às margens da via Anchieta, na cidade de São Paulo, segundo relatou o produtor Tony Campello: "Eu era o mais caipira daquele disco, pois me criei em Taubaté. O Sérgio Reis era paulistano da Zona Norte, [do bairro] de Santana. Nós fomos para um lugar com ar bucólico, campestre... eu não ia tirar uma foto dele na Praça da Sé, né?"[39] O produtor emprestou um lenço para o pescoço. Sérgio Reis sugeriu um chapéu, que levou de casa.[40] A mudança das capas também trouxe mudanças estéticas nos arranjos. As guitarras, que marcaram o ritmo nos LPs anteriores, foram substituídas por violas e acordeons. Sua imagem começou a se consolidar.

Para coroar essa metamorfose, em 1976 Sérgio Reis foi chamado pelo diretor Jeremias Moreira Filho para estrelar o filme *O menino da porteira*, baseado na música homônima. O roteiro de Benedito Ruy Barbosa conquistou sucesso de público, com mais de um milhão de espectadores, e marcou a carreira de Sérgio Reis, que ficou para sempre associado à música rural.[41] A película estimulou o diretor a fazer outro filme com o cantor, *Mágoa de boiadeiro*, em 1977.

Com a mudança "lenta, gradual e segura" de sua imagem, Sérgio Reis se consolidou como artista ligado às raízes da música rural e tornou-se um defensor da pureza do campo. A partir dessa metamorfose, o cantor nunca mais abandonou o chapéu, que sempre o acompanha nas capas dos LPs desde então. A louvação de compositores de gerações passadas, como Raul Torres, Florêncio, Zé Fortuna, Teddy Vieira, Mario Zan e Nonô Basílio, conferiu certa legitimidade. Na época, Sérgio Reis refletiu sobre sua metamorfose estética: "Eu queria gravar 'Menino da porteira' e consegui. Foi uma loucura. Na primeira semana, a música vendeu trinta mil discos, chegando fácil aos cem mil. A partir disso, passei a pesquisar ainda mais a música sertaneja. O público que gosta da música sertaneja exige mais do artista, é essencialmente ligado às coisas regionais. [...] E a imagem tem que ser diferente. As roupas que eu usava antes de descobrir a música sertaneja foram aposentadas. Agora, só me exibo caracterizado de vaqueiro. Inclusive com o tradicional chapéu. Descobri as nossas coisas na música sertaneja. Mensagens humanas, cheias de alegria, dor e tristeza. Uma pureza sem limites, quando o autor fala de um boiadeiro, da colheita ou de um menino na porteira."[42]

Em outra entrevista, mais recente, Sérgio Reis demarcou o seu lugar na música rural, sem modéstia: "A música sertaneja teve duas fases — antes de Tonico & Tinoco e depois de Sérgio Reis."[43]

A opinião de Reis sobre si próprio não é apenas uma visão pessoal. Essa é a versão que, de certa forma, perdura entre grande parte dos fãs da música caipira. Ela aparece legitimada na mídia e pela sociedade.[44]

Diferentemente de Rogério Duprat e do rock rural, que conseguiram pouca penetração entre setores urbanos e universitários, Sérgio Reis obteve uma bem-sucedida metamorfose na carreira, transformando-se em bastião da tradição. O cantor conseguiu levar a música do campo para determinado segmento urbano do público, sobretudo universitários e classe média dispostos a incorporar certa visão sobre o Brasil campestre.

4. Canhotos à direita
Música popular e apoio à ditadura

> *É isto que o povo quer, é isto que eu vou cantar*
> *O povo pede alegria, alegria eu vou mandar*
> *Eu canto o que o povo pede, o que eu peço o povo dá.*
> Tião Carreiro & Pardinho, 1973

Ao se analisar a obra fonográfica de várias duplas sertanejas, fica claro que, em grande medida, esses artistas sentiam simpatia pelo governo da ditadura militar. Em alguns casos de forma explícita, outros de forma mais recatada. Seja como for, a tônica geral era de apoio. O presidente general Emílio Garrastazu Médici reconhecia esse apoio, como o fez em discurso oficial em 1973, ao deixar o governo: "Inúmeras são as razões que me assistem para considerar-me [...] largamente compensado pelas agruras do ofício [...]. Entre essas razões nenhuma se iguala, entretanto, à do privilégio de haver achado no povo brasileiro compreensão, simpatia e apoio para todas as iniciativas que marcaram este quadriênio de governo."[1] Mas que apoio e simpatia eram esses?

Leo Canhoto, por exemplo, foi bastante simpático ao governo e compôs diversas canções ufanistas ao regime e ao nacionalismo ditatorial. Em 1968, antes do AI-5, o compositor compôs a canção "Minha pátria", cantada pela dupla Zilo & Zalo, demarcando seu nacionalismo exaltado: "Eu só conheço meu Brasil, sou patriota/ Porém não me vejo idiota por desse jeito pensar/ Quero que saiba que o meu Brasil querido/ Sorrindo tem recebido gente de todo lugar/ Tem muita gente chutando o prato que come/ Querendo

manchar o nome do meu torrão verdadeiro/ Seu atrevido, cale antes que eu me zangue/ Em minhas veias corre sangue de caboclo brasileiro."
O tom agressivo da canção, longe de ser exceção, era regra entre os apoiadores do regime, como se verá. É necessário apontar que a canção de Leo Canhoto foi composta e gravada em 1968, antes mesmo da radicalização do regime e da criação dos slogans nacionalistas mais duros da ditadura militar.

Como se sabe, a ideia de um país unido e feliz era a imagem divulgada no auge do "milagre econômico". A partir da radicalização do regime em 13 de dezembro de 1968, quando o AI-5 fechou por completo os canais políticos institucionais, os ditadores forjaram uma série de propagandas e slogans que foram intensamente divulgados. Cidadãos comuns de classe média colavam adesivos patrióticos em seus carros recém-comprados e financiados pelo salto do "milagre econômico". "Ninguém segura este país", "Ame-o ou deixe-o", "Este é um país que vai pra frente" e "Nunca fomos tão felizes" eram os slogans mais populares. O crescimento econômico acentuado e as gigantescas obras construídas, como as hidrelétricas (Balbina, Tucuruí, Itaipu — esta a maior do mundo até a virada do século), grandes estradas (Transamazônica, BR-101), usinas nucleares (Angra I, II), pontes de grandioso porte (Rio-Niterói, Vila Velha-Vitória, elevado do Joá, no Rio de Janeiro), linhas de metrô, abertura de estradas etc., passavam a ideia de que o Brasil finalmente dava seu passo em direção ao desenvolvimento e industrialização, rompendo séculos de agrarismo exportador.

As campanhas governamentais disseminavam empolgação com a modernização nacional. O órgão estatal de propaganda, a Assessoria Especial de Relações Públicas (Aerp), promoveu uma série de campanhas que empolgou o espírito patriótico do povo. A TV era um dos principais meios de divulgação. A grande mídia apoiou o tom otimista e celebrativo do regime. Nos comerciais de TV de 1970 era possível ver um gol do Tostão sendo usado como propaganda ao lado dos dizeres: "O sucesso de todos depende da participação de cada um."[2] E todos sabiam o que se passava nos calabouços do regime, afinal nunca se fez muita questão de escondê-lo. Depois de uma mensagem patriótica não era incomum aparecerem na sala de estar das famílias brasileiras as imagens de guerrilheiros da luta armada que, capturados e coagidos, se diziam arrependidos do "terrorismo" que haviam praticado, em plena TV, para todo o país, pressionados por membros da Operação Bandeirante (Oban) e do próprio exército.[3]

A canção de Leo Canhoto, ao mesmo tempo fraterna com os amigos e agressiva com os inimigos, rearticulava uma identidade bastante recorrente da alma brasileira. Trata-se daquela identidade que Sérgio Buarque de Holanda chamou de "o homem cordial", ou seja, o homem guiado pelos sentimentos de afeição, amizade e inimizade.[4] Se o argumento de Sérgio Buarque está correto, ele nos ajuda a entender a estética de várias canções sertanejas durante o regime.

Na verdade, "Minha pátria" foi a primeira de uma série de canções apologéticas de Leo Canhoto. Em 1971 ele compôs e gravou a canção "Minha pátria amada". De título e temática parecidos, Canhoto novamente exaltava a nação: "Sou brasileiro, digo de coração,/ Esta nação ninguém mais pode segurar/ Sou orgulhoso por ser filho de uma terra/ Onde seu povo só pensa em trabalhar/ Onde os negros e os brancos se entendem/ Sem preconceito nem de raça, nem de cor." Embora extremamente nacionalista e repetidora de alguns dos lemas cultivados pelo aparelho burocrático do regime, é curioso que "Minha pátria amada" em nenhum momento cite as forças ditatoriais ou o exército. O que há é a exaltação do Brasil e o aspecto agregador da sociedade nacional.

Essa era a tônica das canções sertanejas apologéticas: mais nacionalismo do que louvação ao regime, embora este também exista. Em geral tratava-se de defender o espírito congregador da sociedade brasileira, mesmo que para isso fosse necessário ser agressivo contra os "desagregadores". Quando as forças repressivas do Estado ditatorial aparecem nas canções, é sempre no sentido de representar justamente a legitimidade dessa "união nacional". É o caso da canção lançada pela dupla em 1970, "Soldado sem farda", uma homenagem ao lavrador brasileiro: "Cantando estes versos que quero falar/ Do soldado sem farda que é nosso irmão/ Soldado sem farda é você lavrador/ Que derrama o suor com suas próprias mãos/ [...] / Aqui vai também o aperto de mão/ E o abraço do exército brasileiro/ Todos operários das grandes indústrias/ Enviam um abraço ao soldado roceiro/ Soldado sem farda, que Deus lhe abençoe/ Para continuar sempre assim sorridente/ Aceite, lavrador, o abraço apertado/ Do homem que agora é nosso presidente."

A apologia ao regime é feita à medida que o governo, incluindo o símbolo maior deste — o presidente —, *representa* a nação em união. O *soldado*, para Leo Canhoto, é menos o símbolo das forças de repressão da ditadura e mais o símbolo da união do povo com seus governantes.[5] Se em 1971 Canhoto tinha dito que o lavrador era o soldado do campo, em 1974 o proletário era o "soldado da fábrica" a unir o Brasil na direção do desenvolvimento na canção "Operário brasileiro": "Meu operário, você é um grande herói/ És um soldado do Brasil, eu lhe confesso/ O militar é um soldado da justiça/ E você, meu operário, é um soldado do progresso."

Na composição "Meu irmão da roça", do LP *Lobo negro*, de 1972, Leo Canhoto continuou enfatizando o camponês como personagem importante da união nacional. E para aqueles que discordavam de sua importância restava a raiva do *homem cordial*: "Quando alguém fala mal do homem do campo/ A barra pesa, a gente briga, a coisa engrossa/ Porque aquilo que comemos na cidade/ Vem do braço da minha gente da roça/ [...] / Lavradores, vocês estão construindo/ Nossa Pátria, nosso querido Brasil."

No mesmo LP Leo Canhoto gravou a canção "A polícia", no estilo típico do bangue-bangue tão comum em seus discos. Trata-se de um misto de música e falas encenadas. Depois de um assalto frustrado, bandidos são presos pela repressão policial, a que chamam ironicamente de "a justa" ("Vamos embora, a 'justa' está vindo aí", dizem os bandidos). Depois dessa breve encenação falada, a dupla começa a cantar: "Nessa canção vamos mandar aquele abraço/ Para a polícia, que luta com amor/ [...] / Quero que Deus ampare nossa polícia/ Em sua luta dia e noite contra o mal."

O mesmo tom foi cantado pela dupla Tião Carreiro & Pardinho em 1969, na canção "Vida de um policial": "Um policial valente, nem que o mundo desabe/ Ele entra e vai varando, mesmo que a vida se acabe/ Precisamos dar valor àqueles que bem nos faz." Como se vê, alguns artistas da música sertaneja estavam dispostos a apoiar as ações policiais "mesmo que a vida se acabe". Cabe então perguntar quais vidas estavam se acabando?

Articuladas pelas Forças Armadas para a repressão social, as polícias civis e militares foram usadas na repressão contra a luta armada. A inteligência da polícia civil foi essencial para desmantelar a guerrilha que se levantou contra o Estado ditatorial.[6] Os conhecimentos de investigação e tortura largamente usados em presos comuns antes da radicalização da ditadura foram articulados após o AI-5 para exterminar a guerrilha urbana e rural.[7]

Essa era a polícia desrespeitadora dos direitos humanos que era louvada por Leo Canhoto e Tião Carreiro em suas canções. Mas eles não eram os únicos a apoiar a polícia autoritária. Os policiais contavam com o apoio irrestrito de uma parcela da sociedade. O influente jornalista David Nasser se referia a esses homens como "missionários do general França [secretário de Segurança Pública], empreiteiros de Jesus".[8] O cantor de boleros Waldick Soriano ecoava grande parte da população ao defender a existência de grupos de extermínio: "Eu sou a favor do Esquadrão da Morte, acho que não deveria terminar", disse Waldick na época.[9]

A polícia, na visão esquemática de Canhoto, Carreiro, Nasser e Waldick, era uma instituição que lutava contra "o mal". As instituições policiais representavam essa faceta agressiva do *homem cordial*, mas que, segundo Tião Carreiro, "lutavam com amor".

Leo Canhoto estava em tamanha sintonia com o regime que os ditadores resolveram reconhecer o valor desse apoio. O presidente militar Ernesto Geisel cumprimentou-os em cerimônia oficial em Brasília, em pleno Palácio do Planalto, em 1976. O que chamou a atenção do então presidente foi o sucesso da canção "O presidente e o lavrador", do LP *Vol. 8 — O valentão da rua Aurora*, do ano anterior: "Excelentíssimo senhor presidente/ Aqui estou na vossa frente/ Com muita admiração/ É um brasileiro que vos fala nessa hora/ Por favor me ouça agora/ Oh, nobre chefe da nação/ [...] / Vossa Excelência precisa ir no interior/ Pegar na mão do lavrador/ E ver seu rosto queimado/ Aqueles calos que ele tem eu lhe asseguro/ É de um trabalho duro/ Muito honesto e muito honrado."

Atento às demandas sertanejas, Geisel não foi ao interior, mas chamou a dupla a Brasília. Leo Canhoto & Robertinho foi a única dupla sertaneja agraciada com o prêmio "Brasão da República" pelo governo ditatorial.[10] Sintomaticamente, eles chamaram a atenção dos ditadores quando, em vez de fazer apologia direta ao regime, demandaram do presidente um olhar mais carinhoso com o homem do campo. E exigiram que Geisel fosse ao sertão. A resposta do então presidente Geisel ao validar o trabalho da dupla exemplifica a fina sintonia entre os artistas sertanejos e o regime.

A memória coletiva raramente se lembra do apoio social dado à ditadura. Quando se rompe a barreira do silêncio acerca do apoio popular ao regime ditatorial, a maioria dos trabalhos acadêmicos e reportagens nas mídias repete a acusação de que apenas alguns pouquíssimos artistas eram coniventes com os governantes.

Entre esses casos esporádicos de apoio ao regime sempre são citados Dom & Ravel e Wilson Simonal. Os primeiros por terem composto e gravado a canção "Eu te amo, meu Brasil".[11] O segundo por ter sido acusado de dedurar artistas ao regime militar. Para além desses acusados de sempre, cala-se sobre o frequente apoio aos ditadores. Aos olhos de hoje, o apoio ao regime parece uma aberração, mas não era de fato algo esporádico. Longe de apresentar em suas canções uma sociedade amordaçada pelo regime, as canções de Leo Canhoto & Robertinho demonstraram que a sociedade não foi simplesmente manipulada, conduzida, reprimida, podada e censurada pelo Estado ditatorial. A música sertaneja nos abre uma janela capaz de mostrar como largos setores da sociedade brasileira viveram a ditadura: menos como um período das sombras, "anos de chumbo", "época do terror" ou "período de exceção" e mais como uma "época de ouro", representante dos seus reais desejos.[12] Desejos autoritários e ditatoriais, é verdade, mas legítimos representantes de valores sociais ao mesmo tempo difusos e perenes na sociedade brasileira.

Inverte-se aqui a clássica ideia do Estado como pura e simplesmente cerceador da sociedade. A ditadura era a expressão legítima (embora nem legal nem democrática) de grandes setores da população. O governo militar golpista e seus aliados civis estavam em acordo com as aspirações autoritárias da sociedade. O regime ditatorial sintonizou-se de forma fina com esse *Brasil profundo*. A permanência dos ditadores por tanto tempo no poder explica-se parcialmente porque esse governo respondeu a anseios bastante enraizados em grande parte da sociedade. A violência do regime respondia a valores entranhados na alma autoritária brasileira.

Leo Canhoto e Robertinho só aparecem como "alienígenas" porque a memória hegemônica que se construiu acerca da música brasileira durante a ditadura é de que ela foi cerceada, cortada, riscada, censurada pelos órgãos culturais do regime. A sociedade brasileira prefere lembrar os momentos de resistência e tem dificuldade de lidar com o massivo entusiasmo pelos ditadores. Assim, a música que é lembrada é, ainda hoje, a MPB *resistente*. Contudo, ao contrário do que comumente gostamos de celebrar em nossa memória coletiva, longe de ser exceção no meio musical, o posicionamento político simpático aos ditadores de Leo Canhoto & Robertinho era *regra* não só na música sertaneja, mas também na música em geral, inclusive entre muitos artistas da MPB.

Mas vamos por partes. Primeiro deve-se abordar o apoio de uma parcela dos artistas sertanejos à ditadura; depois avançar e analisar o apoio aos ditadores também em outras searas musicais.

Um Brasil participativo

Em diversas ocasiões artistas sertanejos respaldaram medidas e posturas levadas a cabo pelo regime ditatorial. Um dos primeiros atos dos apoiadores do golpe de 1964 foi a campanha "Doe ouro para o bem do Brasil", realizada em meados daquele ano e promovida pelos Diários Associados de Assis Chateaubriand. Ela foi noticiada como o primeiro grande movimento dos "Legionários da Democracia" e visava a estimular a sociedade a participar daquele novo governo, cujas finanças estavam combalidas desde antes do golpe.[13]

Empolgados com o voluntarismo e a participação popular, Moreno & Moreninho compuseram a canção "Ouro para o bem do Brasil", lançada em junho de 1964, justamente em meio ao turbilhão de apoio à coleta do metal para apoiar a "revolução".

A sociedade se mobilizou em massa para financiar o novo governo através do ouro de alianças e joias pessoais, assim como quantias em dinheiro. O governo golpista prometia fazer do Brasil uma grande nação, mas "precisava da ajuda do povo". Segundo a revista O *Cruzeiro*, pertencente ao grupo Diários Associados, a participação foi substancial em São Paulo, com doações de cerca de cem mil pessoas. Até empresas de médio porte e indústrias automobilísticas contribuíram. O governador paulista Adhemar de Barros doou todos os seus vencimentos do mês de abril para os autointitulados "Legionários da Democracia". Essa manifestação de apoio e fé ao regime era a continuação do apoio popular dado ao golpe meses antes. Segundo os jornais da época, cerca de um milhão de pessoas esteve nas passeatas de apoio ao golpe.[14]

Esse não seria o único momento de sintonia. Em vários momentos posteriores os cantores sertanejos também apoiaram ativamente a ditadura. Em geral o discurso era bastante similar ao de Leo Canhoto & Robertinho, na base do "unidos somos mais fortes". Em 1971, Moreno & Moreninho, a dupla conhecida como "A mais ouvida do Brasil", cantou a união nacional: "Todas as profissões unidas/ Nosso mundo vai para frente/ União que faz a paz/ Para um povo independente/ Vamos todos com amor/ Abraçar nossa bandeira/ Viva o nosso presidente!/ Viva a pátria brasileira!"

Com o povo unido, o progresso também era possível para Belmonte & Miltinho, que em 1971 cantou "Brasil caboclo exportação", regravada por Jacó & Jacozinho em 1973: "Cada dia que passa o Brasil vai crescendo/

No estrangeiro agora é Brasil/ [...] / Meu amigo caboclo não perca a esperança/ Sua vida tão cedo irá se modificar/ O progresso virá trazendo a bonança/ Em seu rancho distante vai/ O conforto chegar."

Também em 1971 Liu & Léo lançaram o LP *Minha terra*, que continha a música "Transamazônica", apologia à grande rodovia, intensamente propagandeada pelo governo como símbolo do "Brasil grande": "Meu Brasil por ti me interesso/ Mediante o progresso meu país é forte/ [...] /Ressaltamos nosso presidente/ Que constantemente apoia o transporte/ [...] /O sentido desta minha crônica é a Transamazônica/ Muito bem traçada/ Que nasceu para nos trazer melhora/ Que grande vitória já considerada."[15]

A canção de Liu & Léo demonstra a vontade de setores populares em "se interessar" pelo Brasil. Longe de verem o regime e suas obras como alheias, os cantores sertanejos acompanham e sabem muito bem os objetivos e os traçados da política governamental. E apoiam.

Em 1973 a dupla Biá & Dino Franco gravou "Herói da Pátria", exacerbando o elo entre o lavrador e a nação: "O caboclo com seus braços fortes/ [...] / É um herói que batalha confiante/ Na grandeza de nossa nação/ Pode ver que o Brasil se agiganta/ A exemplo de um grande labor/ Parabéns a seus bons dirigentes/ Parabéns a você lavrador/ [...] / O caboclo merece respeito/ [...] / Se preciso maneja o fuzil/ Está sempre disposto e vigilante/ Pela paz social do Brasil."

A sociedade que transparece nas canções sertanejas é participativa e ativa em punir aqueles que rompem a "ordem" deste "Brasil grande". Os músicos sertanejos parecem cantar o que de fato se passou na história da luta armada de esquerda no país. Parte das ações de grupos guerrilheiros foi "dedurada" por cidadãos comuns, que acreditavam estar fazendo sua parte para a manutenção da "paz social" nacional.

Um dos grandes apoiadores das obras e feitos da ditadura foi a dupla Tonico & Tinoco. Em 1971 ela regravou a canção "Esperança do Brasil", cuja gravação pioneira era de 1964, no LP lançado para comemorar seus vinte anos de carreira: "Vamos cantar este hino/ A professora ensinando/ Ama a tua escola, menino/ Que o Brasil está chamando/ [...] / Professores com carinho/ E orgulho varonil/ Preparando os pequeninos/ Esperança do Brasil."

É importante lembrar que a primeira gravação dessa canção aconteceu no ano do golpe. O tom apologético do "Brasil grande" já estava presente na obra de Tonico & Tinoco antes de os ditadores assumirem esse tom. Ou seja, não foi o governo ditatorial que inventou o tom ufanista. Os ditadores se adaptaram a valores que já estavam latentes em diversos setores sociais. Segundo o historiador Carlos Fico, o governo ditatorial "reinventou o otimismo", trabalhando as tradições otimistas já existentes em nossa sociedade e catalisando o seu dinamismo para legitimar-se.[16] A música sertaneja mostra como essas tradições apologéticas *já estavam presentes* na sociedade, ou seja, não foram os setores populares que se subordinaram pura e simplesmente aos interesses governamentais. O processo foi o inverso. O regime se apropriou de valores e discursos já disseminados e catalisou-os em torno dos próprios interesses, projetos, obras e medidas.

Em 1961, bem antes do golpe, Teixeirinha gravou a entusiasmada "Hino dos estudantes". A canção foi regravada em 1964 no LP *Canarinho cantador* e deixava claro que o sanfoneiro gaúcho estava empolgado com a recém-implantada ditadura: "Estudante brasileiro/ Vai em frente sem temer/ Pelo Brasil de amanhã/ Vamos lutar e vencer/ Estudantes brasileiros/ Desta terra varonil/ Hoje somos o futuro,/ Homens fortes do Brasil."

Antes mesmo de Teixeirinha, Tião Carreiro gravara o clássico "Pagode em Brasília", de 1960, canção-marco do subgênero criado por ele chamado *pagode de viola*. A ode à nova capital já tinha cores apologéticas da integração nacional que seriam comuns na década seguinte: "Bahia deu Rui Barbosa/ Rio Grande deu Getúlio/ E Minas deu Juscelino/ De São Paulo eu me orgulho/ Baiano não nasce burro e gaúcho é o rei das coxilhas/ Paulista ninguém contesta é um brasileiro que brilha/ Quero ver cabra de peito pra fazer outra Brasília."

Na obra de Tonico & Tinoco o tom nacionalista já estava presente desde 1945, quando no início da carreira compuseram "Percorrendo o meu Brasil". O narrador da canção viaja pelo Brasil e no final de sua jornada diz: "Depois volto satisfeito, trago muito o que contar/ Pois eu sou um bandeirante da terra do cafezal/ Sou um artista brasileiro, deste Brasil nacional." A canção foi regravada em 1966 e novamente em 1972, sendo relida, na terceira vez, diante da integração nacionalista do regime ditatorial.

Em 1975 Tonico & Tinoco regravaram "Motorista do progresso", toada original de 1965, do compositor gaúcho Teixeirinha: "Um brasileiro guiando vem do sul ou vai pro norte/ Vai rodando escoando a produção/ E o progresso da nação aumenta de hora em hora..."[17]

"Motorista do progresso" teria releitura em uma nova canção, "Hino do motorista", música de 1969 do próprio Teixeirinha, de idêntica estética nacionalista: "Na estrada poeirenta/ O pneu faz um letreiro/ Fica escrito motorista/ Do progresso brasileiro." Tanto em 1965 quanto em pleno milagre econômico da ditadura, em 1969, Teixeirinha mantinha o mesmo tom. Quem mudou foi o regime, que passou a incorporar tom elogioso ao Brasil grande. Para além da apologia ao regime, o elogio à nação era um tema bastante popular. Mesmo depois do "milagre" essa prática prosseguiu, embora tenha se tornado bem menos constante. O próprio Teixeirinha gravou "Hino do motorista" novamente em 1977, num período em que o tom nacionalista do governo já estava em desuso, e a bolha do crescimento milagroso, em fim de ciclo.

Através da obra do "gaiteiro" gaúcho Teixeirinha e dos sertanejos fica claro que o discurso nacionalista que fundamentou o regime preexistia ao golpe e, especialmente, à radicalização do AI-5. Isso leva a algumas considerações importantes. Se as esquerdas nacional-reformistas tivessem ganhado as disputas políticas em 1964, o que não era impossível, seria plausível que os sertanejos ficassem do lado delas, pela sintonia com o nacionalismo desses grupos. O nacionalismo era o grande elo que lastreava a identidade popular.

Nesse sentido, torcer contra a seleção brasileira na Copa de 1970, como fez grande parte das esquerdas, afastou ainda mais esses grupos do Brasil "profundo". As canções sertanejas demonstravam que a maioria da população era adepta de uma saída nacionalista para os dilemas do país. Caso as esquerdas oferecessem um caminho que dialogasse com os desejos nacionalistas dos sertanejos, era provável que estes também viessem a apoiar um governo nacional-reformista de linha esquerdista.

No entanto, as esquerdas pouco quiseram dialogar com esse "Brasil profundo". Isso explica em parte a adesão dos sertanejos a projetos ditatoriais de direita, que soube escutá-los e valorizá-los, influenciando e radicalizando algumas tendências autoritárias já presentes. O nacionalismo de Leo Canhoto & Robertinho não era portanto exceção na música rural, mas regra. Caipiras e sertanejos estavam afinados na louvação do regime. Se Tonico & Tinoco já demonstravam uma predisposição para o nacionalismo quando do golpe de 1964, durante o auge do milagre brasileiro a dupla entrou de cabeça no apoio ao Brasil grande dos ditadores. A canção "Marcha do tri", de 1971, louvou o futebol brasileiro campeão no México no ano anterior: "Foi a maior das proezas,/ Salve nosso esquadrão/ Mereceste com nobreza/ A taça do tricampeão/ Brasil, Brasil.../ Esta página da história/ Simboliza tradição."

O clima de união nacional em 1971 era empolgante. Tonico & Tinoco então compuseram e cantaram "Transamazônica", mais um elogio musical à tão cantada estrada: "Um governo trabalhando, o nosso Brasil que avança,/ A estrada Transamazônica transporta nossa esperança." Em "Pra frente sertão", do mesmo ano, o clima de união nacional anima a incorporação do slogan oficial: "Os estudantes, esperanças de glória/ Semeiam vitórias e a civilização/ Nossos exércitos ficaram na história/ Nos dão segurança de paz e união/ [...] / Brasil pra frente/ Pra frente sertão."

Incansáveis ufanistas, em 1971 Tonico & Tinoco cantaram "Salve, salve brasileiro", elogio aos diversos estados da nação que termina vendo no regime ditatorial o laço de união: "Um governo varonil, unindo de sul a norte,/ De mãos dadas e braço forte, vamos pra frente Brasil."

Em 1972 o país viveu as comemorações pelo sesquicentenário (150 anos) da Independência, uma data importante para o regime, que dela se utilizou para homenagear suas próprias conquistas. No auge das celebrações, o corpo de D. Pedro I foi transladado de Portugal para o mausoléu do Ipiranga, em São Paulo. Antes de ser enterrado definitivamente na capital paulista, o cortejo contendo os restos mortais do imperador vagou por todas as capitais da Federação.[18] Com mais de setenta horas de voo só no Brasil, os restos mortais de D. Pedro I foram homenageados ao som da música do compositor Miguel Gustavo: "Marco extraordinário/ sesquicentenário da Independência/ Potência de amor e paz/ Esse Brasil faz coisas/ Que ninguém imagina que faz." As festividades foram intensas, com grande participação popular. Segundo relatou a imprensa na época, cerca de quarenta mil pessoas visitaram o Museu do Ipiranga, para ver os restos mortais do imperador. Acompanhando o coro dos contentes, Tonico & Tinoco gravaram "Sesquicentenário", de autoria da própria dupla: "Salve o povo brasileiro/ E seu gesto varonil/ Salve Dom Pedro I/ Libertou o meu Brasil."

No mesmo compacto a dupla lançou a canção "Bendito seja o Mobral", em homenagem ao Movimento Brasileiro de Alfabetização (Mobral), programa do governo que prometia alfabetizar pessoas acima da idade escolar: "Brasil é feliz agora/ Alcançou seu ideal/ Com a luz da nova aurora/ Bendito seja o Mobral/ [...] / Levando um Brasil para frente."

O orgulho que Tonico & Tinoco sentiam pelo Mobral é comparável ao do próprio presidente Médici, que discursou em 8 de setembro de 1970: "Considero esta iniciação um dos momentos mais felizes do meu governo, não só porque antecipo no Movimento a grande hora da alfabetização nacional, senão porque vejo no Mobral um apelo à juventude, uma trincheira contra a omissão e a fuga, uma escola de líderes e o primeiro esforço comunitário de dimensão nacional."[19]

O Mobral começou a ser efetivado em 1967. A educação como fator de união de todos os brasileiros era um discurso que fazia muito sentido à sociedade. Várias músicas falavam da "potência educacional" que o Brasil estava se tornando. Para além da boa ação de se alfabetizar pobres sem estudo, os projetos educacionais do governo tentavam acompanhar o crescimento econômico do país. Houve também a criação de várias universidades federais, expansão de bolsas, criação de cursos de mestrado e doutorado, além da construção de escolas técnicas e expansão do ensino básico.

O sucesso inicial do projeto, cujos promotores diziam ter alfabetizado dois milhões — dos dezesseis milhões — de analfabetos brasileiros entre 1970 e 1971, inspirou também Dom, da dupla Dom & Ravel, a compor "Você também é responsável".[20] A música de Dom deixava claro já no início de onde vinham os excluídos atingidos pelo projeto: "Eu venho de campos/ Subúrbios e vilas/ Sonhando e cantando/ Chorando nas filas/ Seguindo a corrente sem participar/ Me falta a semente do ler e contar/ Suplico que parem pra ouvir meu cantar/ Você também é responsável/ Então me ensine a escrever."

O otimismo de Dom & Ravel era genuíno e fora sentido também por outra dupla.[21] Em 1970, Tonico & Tinoco gravaram "Estudante", mais uma apologia à educação brasileira. Insistiram na metáfora da educação como campo de batalha para o desenvolvimento: "Nossa pátria confiante no valor da mocidade,/ Esperando do estudante o progresso e liberdade./ [...] / Com o teu chapéu de palha, estudante do sertão/ És um herói que batalha na guerra da plantação/ [...] / Quando fores presidente/ Fazendo um povo feliz/ És um soldado valente, governando o teu país."

O sanfoneiro gaúcho Teixeirinha também se empolgou com o Mobral quando compôs "A ordem é essa": "Esses que não leem jornal/ Analfabeto em geral/ Eu faço entrar no Mobral/ E dar um beijo legal/ Na bandeira brasileira."

Louvar a educação era senso comum entre os sertanejos. Em 1974, Chitãozinho & Xororó, então ainda jovens à procura de espaço no meio musical, gravaram "Pequeno estudante": "Outro dia assistindo à aula/ A professora me passou uma lição/ Pediu-me que fizesse o trabalho/ Descrevendo sobre a nossa Nação/ [...] / Escrevi no meu caderno o que sentia no momento/ Sou filho de uma pátria abençoada/ Onde a paz e a alegria fez morada/ Paraíso de um encanto juvenil/ Tenho orgulho em dizer: Brasil!/ [...] / Preconceito nesta terra não existe/ Brindamos com o símbolo da aliança/ Sou pequeno estudante e o meu amor é verdadeiro/ Creio que Nosso Senhor foi menino brasileiro."[22] Perguntado sobre a censura do regime à música popular, Xororó fez o seguinte balanço sobre os "anos de chumbo", quase quarenta anos depois da gravação de "Pequeno estudante": "Nós nunca fomos censurados. Nossa música era muito pura na época. A música sertaneja sempre foi muito pura... eu não lembro de nenhuma canção que tenha sido censurada..."[23] Se as canções sertanejas não foram censuradas, ao menos não eram somente "puras" e ingênuas. Essa memória "ingênua" sobre a produção musical do período contribui para o silenciamento da participação social na ditadura, da qual Xororó parece querer, nos dias de hoje, se esquecer.

A louvação aos estudantes continuou popular mesmo após o auge do milagre econômico. Moreno & Moreninho permaneceram com o tom ufanista ao lançarem "Futuro do Brasil", em 1975: "Desfilando nas grandes paradas/ Carregando a nossa bandeira/ Para ter um diploma em destaque/ Nesta terra querida e altaneira/ Salve os estudantes/ Esta classe varonil/ Salve os estudantes/ O futuro do Brasil."

Outra aspecto integrador sempre enfatizado por vários sertanejos dos anos 1970 é que no Brasil não havia racismo. Os sertanejos eram defensores da ideia de que no Brasil vivíamos uma "democracia racial", em que índios, brancos e negros viveriam em comunhão pacífica. Chitãozinho & Xororó, que já haviam celebrado isso em "Pequeno estudante", reafirmaram essa posição em "Preto e branco", de 1972: "Preto e branco em nossa terra/ Têm a mesma regalia/ O sol nasceu para todos,/ Todos têm a luz do dia/ [...] /É no preto e no branco/ Que o nosso Brasil confia/ A cor que temos na pele/ A natureza é quem traz/ Tudo aquilo que Deus fez/ Não tem ninguém que desfaz/ Seja preto ou seja branco/ Nós somos todos iguais/ Eu não tenho preconceito,/ Tanto fez ou tanto faz."

Acreditando na simbiose da "democracia racial", em "Crioulinha" Leo Canhoto afirmava-se apaixonado por uma menina negra e dizia que, apesar das críticas ao relacionamento, ficaria com seu amor: "Estou gamado por uma linda pretinha/ Eu já estou esquentando minha moringa/ Seu rosto é preto igual uma jabuticaba/ O seu cabelo parece mola de binga/ Eu gosto dela que já nem sei o que faço/ Ela jurou também de ser somente minha/ Tem muita gente contra o nosso namoro/ Mas eu não vivo longe dessa crioulinha."[24]

Embora algumas dessas músicas sobre a ausência de preconceitos raciais no Brasil não façam, explicitamente, apologia ao Estado ditatorial, é importante lembrar que o entendimento do governo da época sobre os conflitos raciais era de que no Brasil eles não existiam, visto que seríamos todos iguais. Brancos, índios e negros viveriam em paz e integrados, tanto para a ditadura quanto para os sertanejos. É nesse sentido que Leo Canhoto & Robertinho e Chitãozinho & Xororó demonstram afeto pelo chamado "mito da 'democracia racial'", ou seja, a ideia vulgata de Gilberto Freyre de que não haveria preconceito de cor no Brasil e que todas as raças estariam fraternalmente unidas no projeto nacional. Incorporada pelo regime ditatorial, a vulgata da teoria freyriana tornou-se senso comum entre os nacionalistas ufanistas. O progresso de todos seria o resultado dessa esperança utópica.

Essa imagem da "democracia racial" se choca com muitos estudos surgidos nos anos 1960 e 1970 sobre a questão racial no Brasil. Autores clássicos da sociologia nacional, como Fernando Henrique Cardoso e Florestan Fernandes, tentaram mostrar a especificidade da formação histórica nacional, que tinha no preconceito de cor um dos seus pilares.[25] Essa visão parece em radical descompasso não apenas com a visão da ditadura acerca do assunto, mas também, e mais grave, em descompasso com a visão dos sertanejos e de grande parte da população em geral.

É preciso ir além da condenação ou acusação que vê nos ufanistas seres "alienados" ou reacionários. Há que se compreender essa linguagem e os valores transmitidos socialmente por essas canções. Importam menos as deficiências desse gênero e mais o descompasso entre setores populares e uma parcela considerável da intelectualidade nacional na interpretação da realidade brasileira. Grande parte dessa intelectualidade sempre esteve pronta a atribuir aos camponeses adjetivos que os enquadravam como ignorantes ou "alienados".

No entanto, mediante essa variada produção musical, que em verdade é só a "ponta do iceberg", não se pode dizer que os músicos populares tivessem sido castrados ou silenciados pelo regime. Ao contrário, essas canções mostram como os músicos participaram intensamente do Brasil da época, emitindo opiniões, louvando medidas, legitimando posturas estatais pelas quais se sentiam atraídos. A disseminada ideia de que a sociedade foi, pura e simplesmente, cerceada pela ditadura, calada pela censura e podada em seus valores artísticos não faz sentido para uma grande parcela da produção sertaneja e mesmo para aqueles que serão identificados como "caipiras", como Tonico & Tinoco.

De fato, *algumas* dessas canções não chegaram a fazer sucesso. E aí se poderia dizer que a sociedade não ouviu essas opiniões favoráveis ao regime, mantendo sua "integridade" ao lado da *resistência*. No entanto, claro está que essa produção nacionalista foi de grandíssima quantidade e estava presente, em sua maior parte, nas diversas festas vividas pela sociedade brasileira ao longo dos anos do "milagre". Havia um otimismo cotidiano favorável às mudanças trazidas pelo governo ditatorial, e essas músicas embalavam esse fascínio coletivo.

O governo autoritário e cerceador das liberdades e direitos humanos não foi alheio aos interesses de grande parte da população; foi, isso sim, expressão de desejos *profundos* da sociedade brasileira. Ao remeter à metáfora da *profundidade*, não se busca dizer que eram desejos "do porão", "das casernas" ou dos "quartéis" ou de líderes mais fascistoides. Não. Mas que era um desejo de parte hegemônica da sociedade brasileira, frequentemente apagada pela memória do período, deletada dos livros de história. Trata-se, aqui, menos de falar dos porões da ditadura e mais dos porões da memória e dos frequentes "silêncios" atribuídos à população e sua produção musical.

Analisar a música sertaneja como fonte para os anos ditatoriais ajuda a perceber que a sociedade não estava simplesmente "dominada" pelo governo autoritário, mas, e principalmente, estava em uma íntima relação com este. O tom usado pelo regime por meio da propaganda política durante o auge do milagre ditatorial deve-se muito a uma construção discursiva popular que legitimava a nação como grandiosa, brava, audaz e de "gente varonil" e que, como se viu, antecede a própria radicalização do regime.

Antecede e, diga-se de passagem, continua depois dele. Nesse sentido a ditadura é menos um "período de exceção" e mais parecida com o restante da história nacional.[26] Apesar disso, determinada historiografia sobre o período tendeu a enfatizar muito a ruptura que a instauração da ditadura significou, adotando epítetos como "período de exceção", "época do terror", "anos de chumbo", "ditadura das torturas".[27] Contrariando os que acreditam que a ditadura foi um interregno "anormal" na política brasileira, os fatos mostram que há muita continuidade entre a ditadura, o passado e o futuro, ou seja, o que veio antes e depois dela. A produção sertaneja abre essa janela de análise.[28]

O volume de canções demonstra que essa estética nacionalista era uma forma artística vista como válida tanto por artistas quanto pela indústria cultural do período e o público. Era uma forma de atuar no mundo e disputar seu lugar no meio sertanejo. Os ditadores obtiveram lucros simbólicos e políticos com isso, é claro. Mas o que se quer demonstrar aqui é que o apoio ao regime aconteceu não apenas devido a repressão, mas, e sobretudo, através da construção de elos com demandas sociais de longa data, seja na educação, seja no desenvolvimento regional, seja no avanço urbanizador e modernizador, seja na incorporação do nacionalismo exaltado de grande parte da população.

Os opositores armados do regime talvez não tenham percebido isso. O historiador Daniel Aarão Reis chegou à essência da questão ao demarcar que a luta armada em nenhum momento conseguiu convencer a sociedade, pois o povo não estava "alienado", como diziam os guerrilheiros das esquerdas revolucionárias, mas estava acordado e participativo: "Os projetos ofensivos e revolucionários dos que pretendiam alcançar a libertação nacional e o socialismo com armas na mão não conseguiram reunir mais do que alguns poucos milhares de pessoas. Não encontrando ressonância na sociedade, foram destruídos sem apelação. De nada valeram as campanhas e as denúncias para *desmascarar* a ditadura, pois aquele povo parecia não querer despertar ou então estava bem acordado e fazia outros cálculos e avaliações."[29]

Para exemplificar o quão "acordados" estavam os sertanejos e cantores populares em relação ao regime, é válido abordar a canção "Isto é integração", de autoria de José Mendes, músico gaúcho que em 1973 lançou disco homônimo. José Mendes começava cantando os 150 anos da Independência: "Está fazendo cento e cinquenta anos/ Que a nossa pátria proclamou a independência/ Um brado heroico, tão heroico como esse,/ Raiou o sol, brilhou luz sem violência/ Berço da ordem, do progresso e da justiça,/ Onde se irmanam o trabalho e a ciência/ Por isso ouça este verso que eu canto/ Em homenagem aos quatro cantos da querência."

Logo em seguida Mendes louva a Transamazônica, rodovia que garantiria a defesa da pátria diante de potenciais invasores estrangeiros: "Alô minha gente do Amazonas,/ Pará, Ceará e Maranhão/ É a selva se abrindo de repente/ [...] / Transamazônica é cruz de um gigante,/ É a maravilha no sorriso da criança/ É o nosso grito que essa terra já tem dono, / Ninguém agarra, mete a mão e nem avança."

Mais adiante José Mendes se congratula com o governo no intento de aumentar o mar territorial brasileiro: "Alô jangadeiro do Nordeste,/ Alô pescador de alto-mar/ Marinheiro da gloriosa força armada/ Vigiando todo o horizonte sem cessar./ Nossa fronteira já tem mais duzentas milhas/ É muito céu, muito mar pra navegar."

José Mendes se refere ao fato de que, em junho de 1971, um decreto presidencial alargou "na marra" o mar territorial nacional, ou seja, a parte do oceano Atlântico de exclusivo uso do Brasil. A ampliação aumentou o mar nacional de doze milhas para duzentas milhas marítimas. Indignado, o governo americano autorizou seus pesqueiros a desconsiderar a medida do governo brasileiro. A tensão diplomática entre Brasil e EUA cresceu.[30] Essa postura agressiva do governo ditatorial encontraria respaldo em Tião Carreiro e Pardinho, que em 1971 lançaram a canção "Filho da liberdade": "O perigo não me assusta,/ Para trás não dou um passo/ Duas feras mato a bala, uma só eu vou no braço/ Pra ter paz tem que ter guerra, precisando guerra eu faço/ Para o medo e a covardia eu não vou deixar espaço/ Viva meu Brasil amado, eu estou de sentinela/ Sendo filho desta terra,/ Morro lutando por ela." José Mendes também era um vigilante das novas fronteiras marítimas brasileiras: "Lance as redes que esse mar é todo nosso,/ Duzentas milhas de extensão para pescar/ Vamos dobrar a produção cada vez mais,/ Todo o Brasil está de pé pra trabalhar/ O mundo inteiro reconhece o quanto é forte/ Este gigante que não pode mais parar."

Por fim, e com apoio da sociedade, o governo ditatorial conseguiu fazer valer diplomaticamente o decreto das duzentas milhas. Diante do sucesso de um Brasil que parecia forte e não parava de crescer, José Mendes louvou a integração do país: "Alô meu Brasil de sul a norte,/ Alô leste e oeste do Brasil/ Alô juventude brasileira, / Alô brava gente varonil."

A saudação aos feitos do regime por José Mendes demonstra que os cantores rurais não estavam alienados, mas viam o regime como parte integrante de seus desejos. Segundo Daniel Aarão Reis, o projeto capitalista da ditadura, ao promover um crescimento assombroso, encontrou apoio das multidões: "A ditadura abriu caminhos para o crescimento do capitalismo brasileiro. Ao contrário do que muitos imaginavam, os *gorilas* não predominaram nos governos constituídos pela ditadura militar. Vigoravam projetos modernizantes. Conservadores, é claro. Baseados, sem dúvida, no aprofundamento das desigualdades. E na miséria de milhões. Mas, ao contrário de certas ditaduras latino-americanas, e o caso mais evidente é o argentino, em nosso país o capitalismo deu um salto para a frente, modernizou-se e cresceu, e continuou oferecendo, para muita gente, oportunidades de todo tipo e, sobretudo, amplas perspectivas de mobilidade social."[31]

Empolgada com os resultados crescentes do regime, a maioria não ficou indiferente. O gaúcho Teixeirinha foi um dos mais radicais apoiadores do regime. Em 1971 o sanfoneiro citou Médici na canção "Rio Grande brasileiro", ufanista tema regional gravado no LP *Chimarrão da amizade*. A canção perfilava dois presidentes oriundos do extremo sul do país: "Rio Grande das tradições/ Seu telhado é o céu de anil/ Que ainda embeleza mais/ O sul de nosso Brasil/ Terra que deu grandes nomes/ Ó meu Rio Grande do Sul/ Deu o grande Getúlio Vargas/ E o grande Garrastazu."

Em 1973, na canção "Presidente Médici", Teixeirinha demonstrava que variados setores populares apoiavam o mandato do ditador, mesmo conscientes da dura e radical luta repressora levada a cabo pelo regime: "Quem é aquele gaúcho/ Que subiu pra presidência/ Dotado de inteligência/ Pra governar o país/ É bom chefe de família/ De respeito e de bondade/ Nos deu a tranquilidade/ Fez nossa pátria feliz/ [...] / Que fez um novo Brasil/ E não perseguiu ninguém// Ele nasceu no Sul/ É o presidente Médici/ Emílio Garrastazu."

Em sua hipocrisia, ao negar que houvesse perseguição aos inimigos políticos, a canção de Teixeirinha parece denotar que houve uma sutil simbiose entre o regime e o povo em relação à repressão às forças dissidentes da luta armada. Teixeirinha realmente era fã do presidente. Em entrevistas da época chegou a dizer: "Olha, se voltasse aquela política de votar para presidente eu convidaria meu público — até no dia de hoje, porque amanhã eu não sei — para votar novamente no presidente Garrastazu."[32] Não se pode dizer que Teixeirinha fosse um "alienado". A música em homenagem a Médici sintetiza que os artistas populares não estavam inconscientes acerca da luta suja levada a cabo nos "subterrâneos" do regime. O que parece haver é uma concordância com a prática desses "porões". A música sertaneja, seus compositores e público são uma janela para se constatar essa relação baseada mais na conjunção de interesses do que na repressão pura e simples.

A MPB e a ditadura

Alguns escritores já apontaram que a música sertaneja foi em parte apologética da ditadura. Segundo o sociólogo Waldenyr Caldas, autor do primeiro livro sobre música sertaneja no Brasil, o gênero era "simples entretenimento", razão pela qual serviu de veículo para "mensagens de cunho ideológico cada vez mais alienantes".[33]

Apesar de Caldas querer associar determinado tipo de música ao regime ditatorial, o apoio ao regime foi feito por todos os setores da música popular. Independentemente da classe social, do gênero ou da formação histórica de certos estilos musicais, o que se viu durante os anos do governo ditatorial, sobretudo na época do milagre, foi a sintonia dos ditadores com grande parte do meio musical.

O historiador Paulo Cesar de Araújo, em seu livro *Eu não sou cachorro, não: Música popular cafona e ditadura militar*, e eu mesmo, em meu primeiro livro, intitulado *Simonal — Quem não tem swing morre com a boca cheia de formiga*, demonstramos a existência de várias dessas canções para além do meio sertanejo aqui exibido. Vale a pena reapresentar algumas dessas músicas para refletir por que o adesismo de cantores da MPB raramente é pensado pela memória coletiva acerca do período ditatorial.

Se Leo Canhoto e Robertinho foram apologistas do regime, os irmãos Marcos e Paulo Sérgio Valle também sintonizaram-se com o otimismo da ditadura. Compositores de canções de crítica social como "Terra de ninguém" (1965) e "Viola enluarada" (1967), os irmãos Valle se metamorfosearam de críticos em apologistas poucos anos depois. Marcos e Paulo Sérgio Valle descambaram para a patriotada em "Flamengo até morrer", de 1973: "Que sorte eu ter nascido no Brasil/ Até o presidente é Flamengo até morrer/ E olha que ele é o presidente do país", enfatizando que Médici também torcia para o time da Gávea.[34] Não era a primeira vez que os irmãos adentravam o ufanismo. Empolgados com a vitória na Copa de 1970, compuseram a enaltecedora "Sou tricampeão": "Hoje/ Igual a todo brasileiro/ Vou passar o dia inteiro/ Entre faixas e bandeiras coloridas."[35] Milton Nascimento também se empolgou com a vitória brasileira e compôs "Aqui é o país do futebol", que serviu de trilha para o filme *Tostão, a fera de ouro*: "Nesses noventa minutos/ De emoção e alegria/ Esqueço a casa e o trabalho/ A vida fica lá fora."

O sambista Zé Kéti, tradicional artista da canção de protesto na década de 1960, fascinou-se pelo regime na década seguinte. Em 1972 compôs "Sua Excelência, a Independência", adulando o discurso patriota dos militares.[36] Para não deixar dúvida, o disco de Zé Kéti foi lançado com a foto do presidente Médici estampada na capa.[37]

Abrindo espaço às ambiguidades, Martinho da Vila compôs "Glórias gaúchas" em 1970. Era um samba-enredo para sua escola de samba, a Unidos de Vila Isabel, na qual Martinho louvava um presidente gaúcho:

"Tem gaúcho lá nos pampas que não é de brincadeira/ Estadista de renome já nos deu este torrão." Martinho poderia estar falando de Vargas, embora não cite explicitamente. Mas desde outubro de 1969 havia outro presidente gaúcho muito adorado: Emílio Garrastazu Médici.

No ano seguinte Martinho congratulou-se com a vulgata da "democracia racial" no samba-enredo "Onde o Brasil aprendeu a liberdade", no qual tematizava a expulsão dos holandeses do Nordeste no século XVII: "Aprendeu-se a liberdade/ Combatendo em Guararapes/ Entre flechas e tacapes/ Facas, fuzis e canhões/ Brasileiros irmanados/ Sem senhores, sem senzala/ E a Senhora dos Prazeres/ transformando pedra em bala/ Bom Nassau já foi embora/ Fez-se a revolução."[38] Outro caso de adesismo de última hora foi protagonizado pelo sambista João Nogueira, em 1972, quando compôs "Das duzentas pra lá", canção que apoiava Médici no seu intento de expandir o mar territorial brasileiro. Se a música sertaneja de José Mendes apoiava o decreto presidencial de "peitar" os Estados Unidos "na marra", o samba de João Nogueira também dava o seu aval: "Esse mar é meu/ Leva seu barco pra lá desse mar/ Esse mar é meu/ [...] / E o barquinho vai com nome de caboclinha/ Vai puxando a sua rede/ Dá vontade de cantar/ Tem rede amarela e verde/ Do verde azul do mar."[39] A canção já havia sido gravada pela cantora Eliana Pittman no ano anterior.

Outro que se encantou com o discurso dos militares foi Jair Rodrigues, que cantou "Heróis da liberdade" em 1971 no LP *É isso aí*: "A independência laureando/ O seu brasão/ Ao longe, soldados e tambores/ Alunos e professores/ Acompanhados de clarim/ cantavam assim/ Já raiou a liberdade..."[40] Jair foi ainda mais fundo na alegria entusiasmada com o regime e, sem dar margens a dúvidas, em 1972, gravou a canção "Sete de setembro" (Ozir Pimenta e Antonio Valentim), que serviu de trilha sonora do Encontro Cívico Nacional, que marcou a abertura do sesquicentenário da Independência. No mesmo disco Jair gravou ainda "Baby sou brasileiro", uma ode empolgada ao país: "Um abraço, um beijo quente e um sorriso/ Ah, baby sou brasileiro/ Eu nasci no paraíso..."

Os sambistas Jair Rodrigues e João Nogueira não estavam sozinhos na defesa do regime. Em relação aos sambas-enredo, cabe lembrar o exemplo notório da Escola de Samba Beija-Flor de Nilópolis, tradicional participante do carnaval carioca. Em 1973, a Beija-Flor cantou afinada com os sertanejos que viam com bons olhos o Mobral, o aumento das universidades e o crescimento do Brasil: "Veja que beleza de nação/ Cultura e educação/

Brasil terra extraordinária/ Venham ver a nossa Cidade Universitária/ [...] / Uni-duni-tê/ Olha o A-B-C/ Graças ao Mobral/ Todos aprendem a ler." Em 1974 a Beija-Flor incrementou o tom laudatório ao imaginar o país do futuro na canção "Brasil ano 2000". Estradas como a Transamazônica e a atuação da Petrobras foram louvadas para a grandeza da pátria: "É estrada cortando/ A mata em pleno sertão/ É petróleo jorrando/ Com afluência do chão/ Quem viver verá/ Nossa terra diferente/ A ordem do progresso/ Empurra o Brasil pra frente." E, assim como os sertanejos, o samba-enredo da Beija-Flor via o país como símbolo da 'democracia racial': "Com a miscigenação de várias raças/ Somos um país promissor/ O homem e a máquina alcançarão/ Obras de emérito valor."

Se em 1974 a Beija-Flor disfarçou o tom apologético projetando um Brasil forte "no futuro", o samba "O grande decênio", de 1975, é uma louvação explícita e direta aos dez anos do governo ditatorial. Exaltando literalmente o Mobral, o Programa de Integração Social (PIS), o Programa de Formação do Patrimônio do Servidor Público (Pasep), o Fundo de Assistência ao Trabalhador Rural (Funrural), todas as obras do regime ditatorial, a Beija-Flor aplaudia os ditadores: "A Beija-Flor vem exaltar com galhardia o grande decênio/ Do nosso Brasil que segue avante/ Pelo céu, mar e terra/ Nas asas do progresso constante/ Onde tanta riqueza se encerra."

Seguindo a linha nacionalista da Beija-Flor, em 1971 a escola de samba Estação Primeira de Mangueira homenageou os Correios.[41] Os mangueirenses nomearam os carteiros de "Modernos bandeirantes", título da canção, e demonstraram empolgação com os anos do milagre: "Do Oiapoque ao Chuí/ Até o sertão distante/ O progresso foi se alastrando/ Neste país gigante/ No céu azul de anil/ Orgulho no Brasil/ [...] / Ninguém segura mais este país/ O Correio Aéreo Nacional/ atravessando fronteiras/ Cruzando todo o continente."

No carnaval de 1974 a Escola de Samba Vila Isabel também deu sua contribuição à exaltação da pátria e elogiou a ultra-homenageada Transamazônica: "A grande estrada que passa reinante/ Por entre rochas, colinas e serras/ Leva o progresso ao irmão distante/ [...] /A esperança de um novo horizonte/ Traduzem festa, integração e amores."

A grande estrada amazônica não cansou de receber homenagens de artistas de vários gêneros.[42] Há a versão do cantor Luiz Vieira: "País, meu país/ Tão grande e capaz... na estrada que é o rumo/ Da integração;"[43] há a versão do grupo Antônio Adolfo e a Brazuca: "Transamazônica [...] / Homens de aço que vão e traçam o destino na mão/ Essa estrada longa serpente viva serpenteando o sertão"; bem como a versão da cantora de samba-jazz Tânia Maria, de 1975: "Percorrer Transamazônica/ Eu vou desbravar/ Já é dia, já é hora de ver/ O gigante despertar."

Todas tinham tom muito parecido com a marcha feita pelo compositor Miguel Gustavo: "O Brasil já está na estrada/ Na grande jogada da integração/ [...] / Sobre a pista da conquista/ O futuro em ação." Tradicional apologista do regime, com canções como "Semana do exército", "Pra frente, Brasil" e "Hino do sesquicentenário", Miguel Gustavo conseguiu que algumas de suas músicas fossem cantadas por artistas famosos. Ângela Maria se prontificou a cantar "Brasil eu adoro você" duas vezes, uma em 1970, outra em 1972. Elizeth Cardoso gravou "Pra frente, Brasil", hino do tricampeonato de futebol em 1970, composta por ele: "Noventa milhões em ação/ Pra frente, Brasil/ Salve a seleção." Seguindo essa trilha, Heitor Carrillo, conhecido na época como "o Miguel Gustavo de São Paulo", compôs também várias odes nacionalistas: "Este é o meu Brasil", "O Brasil é feito por nós" e "Este é um país que vai pra frente".[44] E o que dizer de Elis Regina e seus posicionamentos perante a ditadura? A cantora se viu cercada de críticas quando participou das comemorações dos 150 anos da Independência do Brasil, em 1972. Tratava-se de uma grande festividade preparada nos mínimos detalhes pela ditadura, que se utilizou da data redonda para celebrar o "milagre econômico". Elis Regina aparecia na TV, em pleno governo Médici, convocando a população para o Encontro Cívico Nacional, ritual programado para 21 de abril de 1972, às 18h30. A cantora conclamava toda a nação: "Nessa festa todos nós vamos cantar juntos a música de maior sucesso neste país: o nosso hino. Pense na vibração que vai ser você e noventa milhões de brasileiros cantando juntos, à mesma hora, em todos os pontos do país."

Ela não estava sozinha. Roberto Carlos, artista pouco afeito a partidarismos claros, também convidou a população em cadeia televisiva nacional: "É isso aí, bicho. Vai ter muita música, muita alegria. Porque vai ser a festa de paz e amor, e todo brasileiro vai participar cantando a música de maior sucesso do país: 'Ouviram do Ipiranga às margens plácidas'."[45]

Na época foi veiculada na imprensa uma campanha publicitária que, ora estampando fotografias de brasileiros comuns, ora de famosos como Pelé, Tarcísio Meira, Glória Menezes, Marília Pera e Paulo Gracindo, conclamava a população a participar não apenas de uma festa, mas de um ato de união, física e espiritual.[46]

Durante os festejos de 1972, os espetáculos musicais foram uma constante em quase todas as capitais. Em Porto Alegre, por exemplo, cerca de vinte mil pessoas que compareceram à Praça da Matriz puderam, além de ouvir a palavra de Médici, assistir à apresentação de Lupicínio Rodrigues, Golden Boys e Rosemary, que se espantou com a grande quantidade do público presente e elogiou a ordem pública: "Uma beleza ver como fica cada qual no seu lugar, ninguém perturbando ninguém e recebendo excelentemente os artistas", disse a cantora, empolgada com a população ordeira.[47] Em Goiânia houve show musical com os cantores Wanderley Cardoso, Clara Nunes e Toni Tornado.[48] A música participava em peso do evento promovido pelos militares. Na conclusão do sesquicentenário da Independência, no dia 21 de abril de 1972, Elis Regina regeu um coral de artistas — a maioria da TV Globo — cantando o Hino Nacional.[49]

A estética da esperança e do otimismo não era algo exógeno à MPB. Diversos artistas se integraram a essa postura esperançosa em relação ao país. O historiador Paulo Cesar de Araújo mostrou em seu livro que não foi por acaso que no início do período do milagre, entre 1969 e 1970, diversos artistas regravaram o ufanista tema de Ary Barroso, "Aquarela do Brasil". Originalmente lançado em 1939 por Francisco Alves, "Aquarela do Brasil" ressurgia em diversas regravações praticamente simultâneas. Elis Regina a gravou duas vezes em 1969. Agostinho dos Santos, Os Incríveis e Erasmo Carlos também a gravaram, separadamente, nesse mesmo ano. Em 1970 gravaram Tom Jobim, no LP *Stone Flower*, e o conjunto Os Incríveis.[50] Se em 1939 "Aquarela do Brasil" já havia sido criticada por ser apologética à ditadura Vargas, regravá-la em 1969-1970 era entrar no coro dos contentes da ditadura militar.[51]

Ivan Lins também foi acusado de ser ufanista devido à canção "O amor é meu país". Chegaram a denunciar que Ronaldo Monteiro de Souza, o letrista, fazia propaganda do regime por causa desta letra de 1970: "De você fiz o meu país/ Vestindo festa e final feliz/ Eu vim, eu vim/ O amor é o meu país." A ambiguidade gerou polêmica na época.[52]

Também trafegando na corda bamba da ambiguidade, Geraldo Vandré fez as pazes com o Brasil quando estava no exílio. Em 1972 o artista teve contato com o cantor brasileiro Manduka, com quem conviveu no Chile durante o exílio. Lá compuseram "Pátria amada", lançada no LP de Manduka: "Da dor que me devora/ Quero dizer-te mais/ Que além de adeus agora/ Eu te prometo em paz/ Levar comigo afora/ O amor demais."[53]

Outro artista que trafegou na ambiguidade durante o regime foi o maestro tropicalista Rogério Duprat. Em 1974, depois dos experimentos com a tropicália e com a música sertaneja, ele lançou o LP *Brasil com S*.[54] Tratava-se da renovação da proposta tropicalista de adentrar o mundo da cultura de massas e antropofagizá-la. E o que tocava as massas naquela época senão o discurso nacionalista? O coro dos contentes era tão eloquente e hegemônico que serviu até para aqueles que queriam incorporá-lo supostamente de forma crítica.

No LP de Duprat havia regravações de grandes clássicos nacionalistas do passado como "Aquarela do Brasil", "Isto aqui o que é", "Canta Brasil" e "Onde o céu é mais azul" com arranjos com guitarras "fuzz", gaitas de boca, coral e orquestra. Tratava-se da continuidade do projeto tropicalista que, ao antropofagizar as músicas nacionalistas, não conseguiu sobrevida. A instrumentação "tropicalista" não logrou desfazer o legado apologético das letras. Se *Brasil com S* foi feito com alguma intenção crítica ao nacionalismo da época, acabou engolido por ele e a fazer-lhe coro.

Também inseridos na clave da ambiguidade estavam Gilberto Gil e o grupo Novos Baianos. Em 1976 o grupo, composto por Pepeu Gomes, Baby Consuelo, Luiz Galvão e Paulinho Boca de Cantor, gravou o frevo "Ninguém segura este país", de Gil. A canção brincava com o tema da integração nacional, tão propagandeado: "É moda dizer que o baiano está por cima/ Está por cima meu bem, eu também acho/ Segurando a barra desta rima/ Deve ter algum pernambucano por baixo/ Um sergipano por fora/ Um maranhense de lado/ Um rio-grandense Je toca/ Um carioca pirado/ Um paulista ocupado, um mineiro calado/ Um catarinense tímido, um amazonense úmido/ Cada qual no seu perfeito estado natural/ Entra baiano, sai ano/ Mais um carnaval de lascar o cano."

A canção aparentemente não tinha quase nada de ufanista. Porém seu título permite outras interpretações. Um famoso slogan da ditadura era exatamente "ninguém segura este país". Apropriado pelos baianos para exaltar a diversidade nacional, a canção flertava com a ambiguidade. Era um protesto? Uma ironia? Ao fim, Baby Consuelo falava: "É isso aí! Ninguém segura este país!" A canção nunca foi lançada em LP, apenas em compacto.

Menos ambíguo, Wilson Simonal cantou alegremente a trilha sonora do regime. Em 1970 gravou "Brasil, eu fico", canção composta por Jorge Ben: "Este é o meu Brasil/ Cheio de riquezas mil/ Este é o meu Brasil/ Futuro e progresso do ano 2000/ Quem não gostar e for do contra/ Que vá pra..."

Em entrevista na época, Simonal foi enfático: "Essas músicas foram para denunciar a falta de crédito do pessoal no Brasil. O que eu digo, quando viajo pro exterior, é: 'Eu, modéstia à parte, sou brasileiro.'"[55]

Jorge Ben, aliás, já tinha em seu currículo a canção "País tropical", que, lançada por Simonal em 1969, deixava dúvidas naqueles que viam Jorge como um otimista "exagerado": "Moro num país tropical/ Abençoado por Deus/ E bonito por natureza..." Além de Simonal, os tropicalistas Caetano, Gil e Gal Costa regravaram a música, ainda em 1969. Com "País tropical" pairou uma incerteza: Jorge cantava o homem comum e o Brasil ou o regime ditatorial? Quando em 1971 ele compôs "Brasil, eu fico" não houve margem para dúvidas.

Muitos ficaram e participaram intensamente. Em 1973 o conjunto Os Três Morais aderiu ao lema de união nacional propalado pelo regime através da canção "Amor e paz": "Não adianta querer lastimar/ Melhor é poder colaborar." Em "O Brasil merece o nosso amor", defenderam o avanço do país: "Pra frente, com decisão/ Iremos com união/ Paz com trabalho e dedicação/ Mostrando com orgulho todo o nosso valor/ O Brasil merece o nosso amor."[56]

Igualmente agressivos foram os integrantes de Os Originais do Samba, grupo do músico Mussum, que anos mais tarde se destacaria como humorista do grupo Os Trapalhões. Em 1971 Os Originais do Samba lançaram a canção "Brasileiro". A agressividade aos "do contra" tornou-se senso comum: "Não vou permitir que um filho sem pátria/ Fale mal do nosso torrão/ Eu sou fã dessa terra varonil/ Se quiser ficar fique direito/ Senão... / Eu sou fã/ Dessa terra varonil/ Se quiser ficar fique direito/ Ame ou deixe o meu Brasil." Havia também nessa época a popular série de discos organizada pelos sambistas Jorginho do Império e Pedrinho Rodrigues, cujas capas verde-amarelas traziam os dizeres "Brasil... sambe ou se mande" e "Brasil quem quiser pode ir".[57]

O slogan "Brasil, ame-o ou deixe-o" gerou entusiasmados posicionamentos. O Trio Ternura não hesitou e em 1970 gravou "Por isso eu digo: Brasil eu fico". O jovem-guardista Eduardo Araújo tampouco pestanejou. Em "Salve, salve brasileiro", de 1971, ele cantou: "Do Oiapoque ao Chuí/ Brasil, eu fico aqui!".

Se Teixeirinha louvou o presidente Médici, cantores de outros gêneros também o fizeram. O cantor Sílvio Caldas foi simpático ao ditador em declaração de 1972, demarcando a sintonia popular do presidente e, num tom muitíssimo parecido com o de Teixeirinha, vendo em Médici um representante legítimo da sociedade: "Aqui está um velho seresteiro que vem abraçar o presidente, que está hoje com uma popularidade imensa. O senhor está integrado perfeitamente com o povo, pela sua obra, pelas suas atitudes, pelo homem que o senhor é."[58]

Sílvio Caldas e Teixeirinha não estavam sozinhos na idolatria ao chefe ditatorial. O grupo de Waldeck de Carvalho seguiu a mesma linha na canção "Sr. Presidente", de 1971: "Sr. Presidente/ Tenha paciência/ Vossa Excelência sabe o que faz/ A nossa terra será grande potência/ O nosso nome já virou cartaz..."

O bloco carioca Cacique de Ramos, berço de artistas como Jorge Aragão, Arlindo Cruz e Zeca Pagodinho e do grupo Fundo de Quintal, afinava com o coro dos contentes em 1972 respondendo ao slogan "Ontem, hoje e sempre", lançado pelo presidente Médici em setembro do ano anterior: "Sempre Brasil, só Brasil/ Canto sem medo de errar/ E bem disse o presidente/ É dever de toda gente participar."[59]

Diante do tom otimista, quem desafinava era logo patrulhado. O cantor Roberto Silva, então considerado um dos grandes cantores da música popular, criticou setores da MPB que remavam contra a onda de esperança que varria o país. Em 1970 ele lançou o LP *Protesto ao protesto*, cuja música homônima era direta: "Hoje em dia falam tanto de protesto/ Lanço aqui meu manifesto/ Já é hora de parar/ Vamos ajudar o presidente/ A enfrentar firme o batente/ Para o Brasil melhorar."[60]

Se muitas vezes os artistas não colaboravam diretamente com o regime, em diversos momentos houve uma sintonia de discursos, que, em parte, foi importante para a sustentação simbólica do regime.

Leo Canhoto & Robertinho e Chitãozinho & Xororó cantaram a "democracia racial", emparelhando seus discursos aos desejos do regime. Mas não foram só eles que o fizeram. Jair Rodrigues cantou na canção "Baby sou brasileiro", de 1972: "Miscigenação bacana/ Produto do meu país/ [...] / Baby sou brasileiro..." A sambista Leci Brandão compôs em 1974 a canção "Nada sei de preconceito": "Minha terra é verde-amarela/ E meu amigo branco é meu irmão/ Ele é do asfalto e eu sou da favela/ Mas existe a integração."[61] O cantor Tim Maia, que morou nos Estados Unidos durante os anos 1960, não concordava com a opinião do movimento negro da época. Tim defendia a "democracia racial" brasileira e discordava da ideia de que o racismo velado do Brasil seria "pior" do que o racismo em países onde este era explícito, como os EUA e a África do Sul. Tendo vivenciado o preconceito por ser estrangeiro e negro nos EUA, depois de voltar à terra natal ele se ufanou do Brasil na canção "Meu país", de 1971. E concluiu que o preconceito e a segregação não existiam aqui: "Se bem sei que aprendi muito no seu país/ Justo no seu país/ Porém no meu país senti tudo que quis/ Pois vi como vivem/ [...] / Todas as dores/ Sem distinção de cor/ O amor existe enfim/ Mesmo quando há luta/ Do alto se escuta/ Em uma só voz que diz/ Somos todos irmãos." Essa canção foi regravada pelo Trio Mocotó no disco *Muita zorra*, de 1971. Com dois integrantes negros, o trio incorporava o olhar de Tim de que no Brasil se vivia uma "democracia racial".

O sambista Martinho da Vila acreditava nos mesmos ideais de integração racial do regime. Em 1969 ele compôs "Brasil mulato": "Pretinha, procure um branco/ Porque é hora de completa integração/ Branquinha, namore um preto/ Faça com ele a sua miscigenação/ [...] / Que será lindo o meu Brasil de amanhã/ Mulato forte, pulso firme e mente sã."

A escritora Rachel de Queiroz, uma militante em tempo integral do regime, estava com Martinho da Vila, Tim Maia, Simonal, Jair Rodrigues e Leci Brandão na defesa da "democracia racial" como algo típico do Brasil, que deveria ser valorizado: "A 'democracia racial brasileira', a nossa mistura descuidosa, é espetáculo fascinante e incomum. [...] Para o turista, vir ao Brasil e não encontrar pessoas de todas as origens raciais convivendo familiarmente, sem preconceitos nem diferenças, é como ir ao Ártico e não ver esquimós, ir à Rússia e não ver comunista, ir a Paris e encontrar fechado o Folies Bergère e escamoteada a Torre Eiffel."[62]

A "democracia racial" era de fato uma das bandeiras do regime. As instituições ditatoriais, como a censura, advogavam a defesa da "democracia racial". Um exemplo disso é o que se passou com a canção "Black is Beautiful", dos irmãos Marcos e Paulo Sérgio Valle, de 1971.

Em 1970 os irmãos Valle enviaram "Black is Beautiful" aos órgãos competentes a fim de que a canção fosse liberada. Mas os censores não gostaram da parte que falava: "Eu quero um homem de cor/ Um deus negro do Congo ou daqui/ Que *melhore* o meu sangue europeu."[63] Para os representantes da ditadura, não havia oposição ou superioridade entre as raças no Brasil, então os compositores foram obrigados a fazer alterações. E foi assim que Elis Regina gravou a canção no ano seguinte, em 1971: "Hoje cedo na rua do Ouvidor/ Quantos brancos horríveis eu vi/ Eu quero um homem de cor/

Um deus negro do Congo ou daqui/ Que se *integre* no meu sangue europeu/ Black is beautiful, black is beautiful/ Black beauty so peaceful."
A ideia do Brasil como "democracia racial" perdurou na música brasileira. A vulgata da teoria de Gilberto Freyre encontrava eco na sociedade.

Ame-o ou ame-o

Ao demonstrar as relações dos artistas com o regime não se diz aqui, por exemplo, que a atuação de Elis Regina foi a mesma de Teixeirinha. Nem que o entusiasmo de Leo Canhoto é igual ao de Jorge Ben, ou que Tonico & Tinoco tiveram o mesmo posicionamento que Tim Maia perante a ditadura. Não se trata de comparar posicionamentos e condenar aquele menos "digno". Não se trata aqui de acusar este ou aquele gênero musical de "alienado". Grande parte da sociedade brasileira se entusiasmou com o regime, fossem sertanejos, fossem artistas de outros estilos musicais.

O importante é perceber que a ditadura não foi algo alheio à sociedade, e os posicionamentos tiveram diversas nuanças. Aparentemente isso é óbvio, mas trata-se de um pressuposto frequentemente subestimado pela bibliografia musical acerca da ditadura. Para além da adesão pura e simples ao regime, aconteceu algo mais complexo: houve uma construção simbólica entre Estado e sociedade muito importante para se compreender a consolidação da modernização brasileira via autoritarismo. Supor que as pessoas estavam sempre e em todos os seus atos sendo coagidas, patrulhadas, vigiadas, censuradas, tolhidas é partir da premissa de que, em seu estado "normal", essa sociedade seria "boa", *resistente* e democrática. Sem desprezar a repressão do regime, pode-se ir além da simples denúncia do autoritarismo.

É difícil compreender que a "boa" sociedade não estava isenta de responsabilidades. É difícil aceitar que a sociedade *vitimizada* não é tão vítima assim e estava muito próxima do algoz; que grande parte dela tinha um horror colérico aos comunistas; que largos setores da população eram favoráveis a medidas autoritárias; que muitas pessoas se sentiram satisfeitas com o desenvolvimento econômico que lhes deu garantias materiais imediatas; que a sociedade brasileira era (e ainda é) bastante favorável à tortura e ao desrespeito aos direitos humanos, desde que em nome de uma causa "justa". Se muitos de nós não partilhamos mais de princípios autoritários, não é difícil encontrar um vizinho, um conhecido ou até um parente que compartilhe desses ideais ainda hoje. É o caso de se repensar a memória do período. Por que essas músicas ufanistas quase nunca são lembradas?[64] Se o ufanismo era tão forte na época, por que não sobreviveu às batalhas da memória? Por que não perdurou no imaginário coletivo?

Em parte porque a memória da *resistência* à ditadura conseguiu ampliar sua voz e angariar o apoio das multidões durante o processo de redemocratização brasileira, em fins dos anos 1970, saindo dos guetos à esquerda. Segundo o historiador Daniel Aarão Reis, o gradual ocaso da ditadura entre as décadas de 1970 e 1980 e o retorno de muitos dos exilados políticos consolidaram uma visão que a sociedade já vinha construindo para si mesma: a de que nada teve a ver com a ditadura. Exaltada pela redemocratização e legitimada com a volta dos ex-guerrilheiros no processo de abertura política, a luta armada passou a ser chamada de *resistência democrática*. A ideia da sociedade *vítima* diante do regime ditatorial tornou possível esquecer o espírito ofensivo, ativo e revolucionário que tivera a guerrilha urbana, como lembrou o historiador Aarão Reis: "A sociedade brasileira pôde repudiar a ditadura, reincorporando sua margem esquerda e reconfortando-se na ideia de que suas opções pela democracia tinham fundas e autênticas raízes históricas, [...] viveu a ditadura como um pesadelo que é preciso exorcizar, ou seja, a sociedade não tem, e nunca teve a ver com a ditadura."[65] É compreensível que se tenha valorizado a *resistência* durante a redemocratização. Tratava-se de contar uma história negada pelos ditadores, censurada e podada dos livros. No entanto esse imaginário da *resistência* trouxe problemas para os historiadores que, passados vários anos da redemocratização, refletem sobre o período ditatorial. A dificuldade de se reconhecer e aceitar o apoio massivo ao governo ditatorial e a ideia de que este constituía um período excepcional da história brasileira impediram a própria análise dos sertanejos como representantes legítimos de desejos simbólicos contemplados pelo regime.

Isso aconteceu pois na maioria dos livros sobre a cultura brasileira sob a ditadura impera, na maior parte das vezes implicitamente, aquilo que Roberto Schwarz descreveu em 1970 como "hegemonia cultural das esquerdas".[66] Trata-se da impressão de que, devido à grande contestação dos "anos rebeldes", tão largamente descrita em livros e na mídia após a redemocratização, a esquerda hegemonizaria a produção cultural durante a ditadura. Isso apenas pode ser dito se nos restringirmos à produção de pequenos grupos universitários e de classe média alta. No entanto, se pen sarmos no Brasil como um todo, esse contingente universitário das classes média e alta era então muito diminuto.

As esquerdas eram de fato hegemônicas no campo extramusical, ou seja, na crítica cultural de jornais e revistas, nos museus, em órgãos como a Funarte, Embrafilme, Museu da Imagem e do Som, nos departamentos de Ciências Humanas das universidades públicas etc. Essas instituições preferiram se esquecer do apoio e louvar a *resistência* aos ditadores, especialmente após a redemocratização. Isso foi fundamental para que basicamente apenas a MPB *resistente* fosse lembrada quando se fala do período.

E mesmo nesses grupos cabe repensar o foco de observação para além da "hegemonia" da *resistência*. A *resistência* estava muito próxima da cooptação e da incorporação dos discursos da ditadura. Havia uma avalanche ufanista, e, de certa maneira, nem mesmo os setores mais radicais da *resistência* foram completamente estranhos a essa integração parcial.

Aos olhos de hoje, quase todos foram *resistentes* à ditadura. No entanto, o conforto da memória *vitimizada* e *resistente* não faz jus à proximidade dos artistas com o regime. Não faz jus à sintonia íntima entre civis e militares, entre perpetradores e vítimas.

Caso curioso é o do sambista Martinho da Vila. Mesmo já relativamente conhecido e tendo participado do III Festival da Record em 1967, ele exerceu cargo burocrático no exército até 1970, em plena época do milagre econômico e auge da repressão.[67] Martinho, que já vinha se destacando como compositor de sambas da Escola de Samba Unidos de Vila Isabel, permaneceu na instituição mesmo depois de ter lançado seu primeiro LP. O sambista só abandonou o exército quando percebeu garantias financeiras na vida artística. Como se vê, os civis não estavam tão longe dos militares. O que é interessante perceber é que a *resistência* e a cooptação estavam intricadas na sociedade, às vezes de forma paradoxal. Uma análise atenta da música, do teatro, da cultura em geral durante esse período torna esse aspecto bastante visível. Ambíguos e paradoxais, sociedade e regime estiveram intimamente ligados.

Proximidade angustiante viveu o teatrólogo Augusto Boal, um dos fundadores do Teatro de Arena de São Paulo, que foi torturado em de pendências das Forças Armadas em 1971. Tendo sido aprisionado pelo regime e sofrido sevícias por sua obra contestatória, Augusto Boal pôde contar com a proximidade familiar para evitar maiores malefícios. Depois de sofrer torturas numa cela do Departamento de Ordem Política e Social

(Dops), Boal foi salvo pelo irmão militar, como relatou em autobiografia: "Albertino [o irmão de Boal] e eu não concordávamos sobre política. Não importa: ele era meu irmão. Minha família tinha me procurado por sete dias e sete noites. Em hospitais, delegacias, asilos, nenhum traço meu. Mas ele era um oficial do exército na reserva. Tinha o direito de portar arma. Fora da instituição ele queria visitar o DOPS. Meu nome não aparecia na lista. Eles deram um nome falso — eu estava incógnito. Na cela F-1 estava o perigoso Francisco de Souza — eu. Um investigador, que tinha acabado de martirizar alguém, perguntou: 'O que devemos fazer com o corpo?' Meu irmão pensou que eu estava morto. Uma pilha de nervos, ele puxou o revólver, jurando que mataria alguém se ele não pudesse me ver, vivo ou morto! Diante da explosão inesperada — e da surpresa de uma ameaça incomum — eles decidiram me mostrar a ele. Estive com meu irmão por três minutos, em meio aos gorilas. [...] Graças ao meu irmão, eu apareci nos jornais: agradeço a ele, tardiamente."[68]

A proximidade dos *resistentes* com a sociedade que apoiava o regime era, em alguns casos, incômoda, para dizer o mínimo. Caetano Veloso viveu tal situação paradoxal em uma rápida passagem no Brasil em 1971, quando conseguiu permissão especial para visitar os pais mesmo estando em pleno exílio londrino, como contou em sua autobiografia: "Nunca esqueço o momento em que, na Bahia, tendo aceitado uma carona do noivo de Cláudia, irmã mais nova de Dedé [mulher de Caetano], percebi, ao sair do carro, o adesivo no vidro traseiro com os dizeres 'Brasil, ame-o ou deixe-o'. Cheguei a sentir uma dor física no coração. Era o slogan triunfante da ditadura. [...] Eu, que amava o Brasil a ponto de quase não ser capaz de viver longe dele, e que me via obrigado a isso pelo regime que ditara aquele *slogan*, considerei a amarga ironia de ter circulado pelas ruas de Salvador num carro que grosseiramente o exibia aos passantes. Não briguei com meu concunhado por causa disso. Ainda hoje nos damos bem, e ele, que não era pouco mais que uma criança, tem uma visão diferente da política. Mas foi uma horrível tristeza constatar que meus problemas de amor com o Brasil eram mais profundamente complicados do que eu era capaz de admitir. [...] Voltei para Londres apavorado. Julguei que talvez muitos anos se passassem antes de me ser possível voltar para o Brasil de vez."[69]

As relações conflituosas com os apoiadores do regime, salvadoras no caso de Boal e pungentes no de Caetano, são o atestado do apoio das massas ao regime. O compositor baiano afirmou em 1992 que tinha consciência disso na época do exílio: "Nós acreditávamos, e eu acredito ainda hoje, que a ditadura militar tenha sido um gesto saído de regiões profundas do ser do Brasil, alguma coisa que dizia muito sobre nosso ser íntimo de brasileiros. Vocês não podem imaginar como minha dor era multiplicada por essa certeza", lamentou Caetano Veloso.[70] Mesmo aqueles que viviam a *resistência* eram forçados a se confrontar com o largo apoio da ditadura entre os seus.

Talvez por tudo isso se possa dizer que grande parte dos artistas da MPB não apenas *resistiu* ao regime. Um melhor conceito formulado para o período pelo historiador Rodrigo Patto Sá Motta é o de *acomodação*. Para além das ações repressivas, que não podem ser minimizadas, as relações durante a ditadura foram permeadas por jogos de *acomodação* que não se enquadram na tipologia binária resistência versus colaboração.[71] De fato houve resistência e também houve adesão, mas, principalmente, houve acomodações. De diversas formas e maneiras. Lidando cotidianamente com cerceamentos e dificuldades, mas também formulando discursos minimamente simpáticos e, em último caso, ufanistas, os artistas da MPB viveram intensamente a corda bamba da resistência e colaboração, acomodando-se da forma que julgavam mais razoável.

No entanto, a memória simplificada acerca da ditadura e da música popular é aquela da *resistência*, sobretudo dos grupos da luta armada, que, devidamente redefinidos diante da redemocratização, se tornou "*a*" memória da sociedade inteira, apagando as ambiguidades e os múltiplos partidarismos favoráveis à ditadura e as acomodações circunstanciais, esses sim muito mais hegemônicos.

O apoio ao regime e o diálogo (embora desigual) com os ditadores raramente foi aceito por aqueles que escreveram a história da ditadura. Contudo, é importante compreender que consentimento e coerção aconteceram quase sempre de forma paradoxal e simultânea.[72] Durante toda a história do regime civil-militar brasileiro houve repressão, em maior ou menor escala, mas também sempre houve consensos e acomodações. A música sertaneja ajuda a abrir essa possibilidade de análise da produção artística nacional.

5. Jeca Total
A invenção do sertanejo urbanizado

> *Jeca Total deve ser Jeca Tatu*
> *Um ente querido*
> *Representante da gente no olimpo*
> *Da imaginação*
> *Imaginacionando o que seria a criação*
> *De um ditado*
> *Dito popular*
> *Mito da mitologia brasileira*
> "Jeca Total", de Gilberto Gil
> LP *Refazenda*, 1975

O sucesso de Leo Canhoto & Robertinho e Milionário & José Rico foi fundamental para a legitimação da modernidade no meio rural. As influências das duplas sertanejas em parte da sociedade brasileira demonstram que nem todos viveram o regime ditatorial como um período sombrio, de aprisionamento e repressão. Pelo contrário, para a maioria da população aqueles foram "anos de ouro", em que o Brasil parecia romper os sinais do atraso secular.[1]

É curioso que muitos dos setores populares do país tenham caminhado em direção diametralmente oposta à das elites intelectuais universitárias que forjaram a MPB. Se desde os anos 1950 houve uma série de projetos artísticos em "busca do povo brasileiro", esse mesmo povo-alvo parecia deslizar, indo na direção contrária às expectativas de determinada intelectualidade. Em vez de querer "preservar" sua identidade, setores populares preferiram misturar os sons do campo, desejaram o fim do "caipira" como alegoria do atraso e consumiram a positividade da modernidade no lugar de sacralizar o passado.

Diante da modernização conservadora promovida pela ditadura militar, também uma parte da MPB percebeu essa nova realidade. Nem todos se colocaram contra as mudanças. Para além do regime que se vivia, a questão da urbanização era um tema candente de todo o século XX no Brasil. Em 1975 Gilberto Gil se viu tocado pelo tema da modernização rural e compôs a canção "Jeca Total", uma atualização do personagem de Monteiro Lobato, lançada no LP *Refazenda*: "Jeca Total deve ser Jeca Tatu/ Doente curado/ Representante da gente na sala/ Defronte da televisão/ Assistindo Gabriela/ Viver tantas cores/ Dores da emancipação." Anos mais tarde Gil se referiu ao que o levou a compor a canção: "O fato de que a obra de Jorge Amado tinha antecedido ao período televisivo e então estava na televisão (era a época da novela *Gabriela*) me fez pensar nas interseções entre os mundos rural e urbano — muito presente em seus livros — e no encaminhamento evolutivo dos vários Brasis no sentido campo-cidade, vindo daí a ideia de traçar um risco do Jeca Tatu a um personagem ligado já a um tempo de mudanças técnicas e socioculturais recentes no país, que seria o Jeca Total."[2]

Porém, diferentemente de Gilberto Gil, a MPB em geral não estava tão aberta a dialogar com o fenômeno da urbanização e da modernidade do campo, preferindo simplesmente repudiá-la.

Catalogando o Brasil rural

Contrapondo-se ao "Jeca Total" de Gilberto Gil, variados grupos da MPB levaram adiante a valorização do caipira e das raízes nacionais na música popular. O publicitário Marcus Pereira foi um deles. Criador da Discos Marcus Pereira, importante gravadora independente dos anos 1970, ele buscou fazer o "resgate" da cultura agrária do Brasil que se esvaía diante do progresso da ditadura capitalista.

A partir de 1973 Marcus Pereira lançou o primeiro volume de uma coletânea que pretendia mapear os cânticos do interior das cinco regiões do Brasil. O LP *Música popular do Nordeste* foi financiado pelo Banco do Nordeste.[3]

JECA TOTAL

A partir do sucesso da empreitada inicial, a pesquisa musical de Marcus Pereira buscou catalogar cantos folclóricos de cada região do Brasil de forma a conhecer (e preservar) as raízes de um país que se desfazia diante da urbanização e da industrialização. Foram então lançados os LPs *Música popular do Centro-Oeste e Sudeste* (1974), *Música popular do Sul* (1975) e *Música popular do Norte* (1976); cada um dos projetos trazia quatro LPs, totalizando dezesseis discos.

Músicos foram contratados por Marcus Pereira para trabalhar na empreitada de registrar a música feita nos grotões do Brasil. Um deles foi o percussionista maranhense Papete, que participou dos discos das regiões Norte e Nordeste: "No meu caso eu descobri um Brasil que eu não conhecia. Um Brasil que eu não imaginava tão rico! Tão maravilhoso! Tão criativo!", relatou Papete em entrevista para este livro. "Eu viajei muito em perua Veraneio, por esse Amazonas... Nós íamos de avião e quando não tinha íamos de perua. Eu viajei na estrada Manaus-Porto Velho, que estava sendo aberta ainda, para entrevistar tribos de índios, as danças, as músicas deles. Eu viajei na Transamazônica quando estava sendo aberta! [...] A gente sempre tinha roteiro certo. Ninguém saía 'na louca'. E deu tudo certo!"

Tratava-se de um empreendimento grandioso, que só encontrava paralelo no projeto de Mário de Andrade, que em 1938 viajou por vários estados do Nordeste fotografando e gravando músicas populares e ritmos do interior do Brasil.[4]

Mário de Andrade obteve financiamento do Ministério da Educação para realizar seu projeto.[5] Marcus Pereira contou com burocratas do regime simpáticos à empreitada de preservar parte do folclore nacional. O músico e pesquisador Papete conta como foi granjeado o financiamento para os discos de Marcus Pereira: "Na época, à revelia do regime de exceção, o Marcus era um homem de muito boas relações. Então ele conseguiu verbas junto ao Departamento da Indústria e Comércio. O trabalho dele era artístico-musical, mas, como envolvia pesquisa, ele conseguiu verba com o ministro do Planejamento, que era um piauiense, João Paulo dos Reis Veloso, que o projeto dele fosse bancado pelo fundo de Financiamento de Estudos e Pesquisas (Finep)."

Com ajuda governamental e baseado na pesquisa feita por Papete e outros músicos Brasil afora, foi elaborada uma seleção de canções. As escolhidas foram então gravadas em disco. Tal empreitada contou com a participação de músicos regionais, cantadores, vaqueiros, lavadeiras, trabalhadores etc.

Até nomes famosos participaram de algumas gravações. As coleções tiveram regência, produção e participação de nomes importantes identificados à MPB, como o maestro Radamés Gnattali e os intérpretes Nara Leão, Elis Regina, Clementina de Jesus, Dona Ivone Lara, Theo de Barros, Papete, Paulo Vanzolini, Renato Teixeira, Capiba, Quinteto Violado, Banda de Pífanos de Caruaru, Rogério Duprat, Noel Guarani, entre outros.

Entre os gêneros gravados havia uma gama de diferentes ritmos regionais. A música rural do Nordeste produzida por Marcus Pereira trazia frevos, martelos, cirandas, bois, maracatus, sambas de roda, cocos, emboladas, repentes, marchas, arrasta-pés. Os LPs do Sudeste/Centro-Oeste continham modinhas, modas, canções, cururus, catiras, sambas rurais, jongos, congadas, pontos de macumba, benditos, ladainhas, folias do divino, folias de reis, calangos, cirandas, pagodes e danças. Os quatro LPs sobre a cultura rural do Sul traziam músicas missioneiras, mazurcas, polquinhas de galpão, canções, chulas, milongas, toques, batuques, terços, rosários, danças, cantos de pescadores, cantos de lenhadores, cacumbis, bois, quadrilhas, desafios, declamações, fandangos, rancheiras, bugios e xotes; e finalmente os LPs da música rural do Norte incluíam canções amazônicas, pontos, batuques, toadas, chulas, canções marajoaras, acalantos, quadrilhas, polcas, polcas rurais, polcas-tango, sambas rurais, bois, tambores, minas, modinhas, romances, festas religiosas, carimbós, retumbões, lundus, mazurcas, xotes, músicas indígenas, batuques, danças e cirandas.

Nenhum dos dezesseis LPs abordava a música mais popular entre os camponeses e migrantes do Brasil durante a década de 1970, a sertaneja. Segundo Marcus Pereira, seu projeto de vida era "resgatar" a esquecida cultura nacional, valorizá-la e combater a "imposição da música estrangeira de má qualidade".[6] Nesse projeto a música rural era mais uma linha de frente da luta contra o que ele considerava "estrangeirismos". A música sertaneja era o principal inimigo.

Além do trabalho arqueológico do pesquisador, a gravadora Discos Marcus Pereira lançou artistas afinados à estética "caipira", louvadores da tradição e modernizadores que não deturpavam a "autenticidade" da música rural brasileira. Entre os caipiras aceitos pela gravadora independente de Marcus Pereira estavam o músico Elomar, o grupo Quinteto Armorial, a Banda de Pífanos de Caruaru e o compositor Renato Teixeira.[7]

A busca de Marcus Pereira pelo Brasil rural "autêntico" encontrava paralelo no "resgate" que a gravadora protagonizava também na música urbana. Foi a Discos Marcus Pereira a responsável pela gravação dos dois únicos discos do sambista Cartola, que somente depois de sexagenário gravou seu primeiro LP, em 1974.[8] Além dele, ganharam espaço através da Discos Marcus Pereira artistas como Leci Brandão, Paulo Vanzolini, Donga, Sérgio Ricardo, Pixinguinha e vários outros. A gravadora sacramentava a institucionalização da MPB unindo as tradições rural e urbana "legítimas".

Mas quem era Marcus Pereira?

Publicitário, Pereira havia sido figura dos bastidores da MPB durante a década de 1960.[9] Ao lado do músico Luis Carlos Paraná, comandou a boate Jogral, inaugurada em 1965 em São Paulo. O Jogral era uma casa de shows que se localizava na galeria Metrópole, na avenida São Luiz, no centro da capital paulista. Durou até meados dos anos 1970. Lá se apresentavam somente os "representantes da autêntica música brasileira", como diziam os proprietários. A intenção de Marcus Pereira e Luis Carlos Paraná ao criar o Jogral era combater o som estrangeiro, como o próprio se recordou em sua autobiografia: "Conversávamos muito sobre a música do Brasil. Luis Carlos vivia permanentemente revoltado com a dominação musical a que estávamos sujeitados e seu maior sonho era um dia poder ter uma trincheira mais consequente para lutar contra a importação cultural da música estrangeira."[10]

Por intermédio do amigo músico Luis Carlos Paraná, morto precocemente em 1970, Marcus Pereira conheceu e começou a valorizar a música rural: "Como para afrontar o descaso e a ridicularização com que a música sertaneja era tratada, Luis Carlos cantava os clássicos de nosso cancioneiro caipira. Conhecia muito bem os principais autores, tinha um repertório variadíssimo que aprendeu com o povo do sertão, onde viveu até os vinte anos. Tinha também grande admiração por alguns autores, com Raul Torres e João Pacífico, a quem 'condecorou', mais tarde, com a 'Ordem do Jogral', homenagem que prestou também a muitos dos nossos maiores artistas populares."[11]

Além de João Pacífico, Inezita Barroso foi condecorada com a ordem, pois era vista como uma artista defensora das tradições camponesas "autênticas".

O Jogral dava prosseguimento, nos anos 1970, ao projeto nacional-folclórico das esquerdas brasileiras dos anos 1950, ou seja, a valorização da "riqueza cultural brasileira autêntica". Além dos caipiras, o Jogral condecorou artistas da MPB, como Jorge Ben, Paulinho da Viola, Clementina de Jesus, Zé Kéti, Toquinho, Paulo Vanzolini, Aracy de Almeida, Alaíde

Costa, Claudete Soares, Martinho da Vila, Jair Rodrigues, Agostinho dos Santos, Moreira da Silva, Ismael Silva, Adoniran Barbosa, Luiz Gonzaga e Lupicínio Rodrigues.[12]

Apesar do diminuto valor concreto da condecoração, a Ordem do Jogral era o símbolo da adequação de certos artistas aos desejos do público militante dos ideais folclóricos e nacionalistas: "A Ordem do Jogral era sempre entregue com alguma solenidade. Luis Carlos Paraná dizia sempre alguma coisa sobre a expressão e a carreira do homenageado e, em seguida, fixava na sua lapela o crachá [...]. A Ordem do Jogral servia tanto para homenagear como para discriminar. E, ao contrário das comendas do Vaticano, a Ordem do Jogral não se podia comprar."[13]

O folclorismo das esquerdas nacional-populares estimulava uma parcela dos pesquisadores, jornalistas e historiadores associados à MPB a resgatar os valores "esquecidos" do passado, fossem eles sambistas da cidade ou caipiras do sertão.

Esse pensamento folclorista de parte da intelectualidade caminhava conjuntamente com a principal universidade brasileira, a USP. A dissertação de mestrado do sociólogo Waldenyr Caldas, intitulada *Acorde na aurora — Música sertaneja e indústria cultural*, tornou-se livro em 1977 e separou "o joio do trigo": "Há uma lacuna muito grande entre música sertaneja e música caipira. [...] A música sertaneja tem, hoje, uma função alienante para o seu grande público, distanciando-o da sua realidade concreta, através do uso que a indústria cultural faz [...]. A música sertaneja não se enquadra na categoria de arte", escreveu o sociólogo uspiano.[14] Segundo Waldenyr Caldas, o sertanejo adotou a temática romântica e a violência do Velho Oeste americano como reflexo do processo de proletarização e urbanização então vividos. Era com pesar que Caldas constatava que os sertanejos haviam abandonado os temas "nobres" da terra, a fauna, a flora, a relação social campesina e a plantação.

Caipiras e sertanejos: Uma distinção problemática

A polarização temática, ou seja, a ideia de que os caipiras abordariam "temas da terra" e os sertanejos, apenas melodramas ingênuos é parcialmente falsa. Essa polarização serve mais para demarcar distinções do que corresponde objetivamente à realidade concreta. Artistas de ambos os lados da "fronteira" estética gravaram os dois tipos de música.

Canções consideradas clássicos do cancioneiro "caipira" também abordaram temas melodramáticos. "Chico Mineiro", gravada por Tonico & Tinoco em 1946, conta de forma pouco contida o drama de vida e morte do personagem-título: "Fizemos a última viagem/ Foi lá pro sertão de Goiás/ Fui eu e o Chico Mineiro/ Também foi o capataz/ Viajamos muitos dias pra chegar em Ouro Fino/ Aonde passamos a noite numa festa do Divino/ A festa estava tão boa, mas antes não tivesse ido/ O Chico foi baleado por um homem desconhecido."

Há muitos clássicos caipiras bastante melodramáticos. "Cabocla Tereza", composta por João Pacífico e gravada por Raul Torres & Serrinha em 1940, conta a história do marido traído que resolve matar a esposa: "Senti meu sangue ferver, jurei a Tereza matar/ O meu alazão arriei, e ela eu foi procurar/ Agora já me vinguei, é esse o fim de um amor." "Chalana", composta pelo sanfoneiro Mario Zan em 1952, também canta a separação de um casal: "E se ela vai magoada/ Eu bem sei que tem razão/ Fui ingrato, eu feri/ O seu meigo coração." O clássico "João de barro", composto por Teddy Vieira em 1956, conta a história do pássaro construtor que serve de metáfora para a condição também melodramática do caipira: "Quando ele ia buscar o raminho/ Pra construir seu ninho, seu amor lhe enganava/ Mas como sempre o malfeito é descoberto/ João de barro viu de perto sua esperança perdida/ Cego de dor, trancou a porta da morada/ Deixando lá a sua amada presa pro resto da vida/ Que semelhança entre o nosso fadário/ Só que eu fiz o contrário do que o João de barro fez/ Nosso Senhor, me deu força nessa hora/ A ingrata eu pus pra fora, por onde anda eu não sei."

O clássico "Moreninha linda", composto por Tonico em 1960, cantava a desgraça de um casal: "Meu coração tá pisado/ Como a flor que murcha e cai/ Pisado pelo desprezo/ Do amor quando se vai." Em "Amargurado", Tião Carreiro e Pardinho cantavam em 1973 a desilusão amorosa: "Vai com Deus, sejas feliz com o teu amado/ Tens aqui um peito magoado/ Que muito sofre por te amar." Dois anos antes a dupla gravou o clássico "Rio de lágrimas (rio de Piracicaba)", cujo título e fama já dizem muito: "O rio de Piracicaba/ Vai jogar água pra fora/ Quando chegar a água/ Dos olhos de alguém que chora/ [...]/ Eu choro desesperado/ Igualzinho a uma criança/ Duvido alguém que não chore/ Pela dor de uma saudade/ Eu quero ver quem não chora/ Quando ama de verdade."

Várias dessas canções foram consideradas pelo jornalista José Hamilton Ribeiro entre as cem "maiores modas de viola de todos os tempos" em seu livro sobre a música caipira.[15] Não obstante, são bastante melodramáticas e cantam o amor de forma "exagerada".

Os sertanejos também cantavam a tristeza, a amargura da solidão e sobretudo o fim dos relacionamentos amorosos. Isso sempre esteve demarcado nas críticas à música sertaneja.

Milionário & José Rico, por exemplo, foram cantores de amores desgraçados e situações melodramáticas. Em "Ilusão perdida" (1975), José Rico descreveu um amor impossível: "Eu te peço por Deus, oh menina,/ Por favor não se iluda comigo/ Sou casado e não posso te amar/ [...] / Esquecendo de mim para sempre/ Tu terás muitas felicidades." Em "Livro da vida" (1976), o abandono amoroso levava a uma moral: "Eu não peço que siga os meus passos/ Pois o nosso amor terminou/ Ficará gravado na mente/ O erro que praticou/ O mundo é um livro aberto/ Pra ensinar quem não sabe viver." Em "Jogo do amor" (1977), o dinheiro não conta nada para a felicidade: "Com meu dinheiro eu comprei de tudo/ No jogo da vida eu nunca perdi/ Mas o coração da mulher querida/ Parece mentira, mas não consegui/ Ela desprezou a minha riqueza/ Com toda franqueza me disse também/ Que gosta de outro com toda pobreza/ E do meu dinheiro não quer um vintém." A mesma lógica está em "Minha paixão" (1979): "Minha vida já era, tudo acabou/ Depois que perdi meu querido bem/ Nem mesmo a riqueza me satisfaz." Em um dos grandes sucessos da dupla, a canção "Vá pro inferno com o seu amor" (1976), o abandono dá lugar à raiva: "Tudo que eu fiz/ Você zombou/ Do que eu era/ Nem sei quem sou/ Vá pro inferno com seu amor/ Só eu amei/ Você não me amou."

Os títulos dos LPs de Milionário & José Rico também chamavam atenção para este aspecto: o primeiro LP chamava-se *De longe também se ama* (1973), o segundo, *Ilusão perdida* (1975). Outros discos iam na mesma linha, haja vista os LPs *Escravo do amor* (1981) e *Tribunal do amor* (1982).

Várias duplas seguiram a mesma tônica. Em "A colina do amor" (1975), Leo Canhoto cansou-se de tanto buscar um sentimento pleno: "Estou cansado de andar, procurando alguém/ Que queira ser meu bem,/ Andei pelo deserto ardente, mas infelizmente não achei ninguém,/ Cruzei montanhas e cidades, planícies que não têm mais fim,/ Será que Deus não fez ninguém, que dê certo pra mim?" Mesmo descambando para a violência física, o amor ainda era a tônica em "Tapinha de amor" (1969), também de Leo Canhoto: "Não era preciso chorar desse jeito/ Menina bonita, anjo encantador/ Aquele tapinha que dei no seu rosto/ Não foi por maldade, foi prova de amor."

Nem sempre o que era cantado era a separação. Em "Castelo de amor" (1975), um dos primeiros sucessos do Trio Parada Dura, o sentimento era correspondido: "Num lugar longe, bem longe, lá no alto da colina,/ Onde vejo a imensidão e as belezas que fascinam,/ Ali eu quero morar juntinho com minha flor/ Ali quero construir nosso castelo de amor." Apesar de existirem sucessos em que o amor é bem-sucedido, quase sempre o que a música sertaneja canta é a distância e a não concretização amorosa. No grande sucesso "Último adeus" (1981), o Trio Parada Dura é nostálgico ao extremo: "Esta é a última vez que lhe vejo/ Somente vim dizer adeus e partir/ Não vou nem sequer pedir um beijo/ Sei que seria inútil pedir..."

O primeiro grande sucesso de Chitãozinho & Xororó, a canção "Sessenta dias apaixonado" (1979), falava do desespero da separação da mulher amada: "Viajando pra Mato Grosso/ Aparecida do Taboado/ Lá conheci uma morena/ Que me deixou amarrado/ Deixei a linda pequena/ Por Deus confesso desconsolado/ Mudei meu jeito de ser/ Bebendo pra esquecer/ Sessenta dias apaixonado." O maior sucesso da dupla (até o boom dos anos 1990) foi a canção "Fio de cabelo", lançada em 1982, que relata o desespero de um amor acabado, sintetizando a forma eloquente de falar do sentimento no mundo sertanejo: "E hoje o que encontrei me deixou mais triste/ Um pedacinho dela que existe/ Um fio de cabelo no meu paletó/ Lembrei de tudo entre nós/ Do amor vivido/ Aquele fio de cabelo comprido/ Já esteve grudado em nosso suor."

Por que o amor é considerado distinção entre caipiras e sertanejos nos anos 1970 se ambos faziam uso desse discurso?

A ênfase no melodrama tem a ver, para os críticos, com a invenção da cultura de massa. Segundo os opositores da música sertaneja, a indústria cultural se aproveitaria do discurso amoroso para "alienar" as massas. O amor cantado de forma aberta e "despudorada" é visto como forma de "controlar" os trabalhadores do campo e migrantes. Envolvido em questões amorosas, o trabalhador se anestesiaria das questões sociais.

Mas permanece a questão: por que os caipiras não são vistos da mesma forma? Isso se explica pelo fato de os críticos verem a música sertaneja como fruto pura e simplesmente da indústria cultural, enquanto os artistas da música caipira exerceriam uma *resistência* ao mercado massivo. Assim, em parte devido a esse arcabouço ideológico, apenas os sertanejos são tachados de "românticos", pois simbolizam o gosto de um camponês migrante, desgarrado de suas raízes, longe da terra e sob a influência vil da indústria cultural e da cidade grande.

Esse pensamento esquemático serve para distinguir a academia e os donos do "bom gosto" do gosto musical popular. Serve mais para julgar do que de fato compreender. Não obstante, não é suficiente simplesmente acusar o romantismo como "decadência da música rural" para explicar o mundo sertanejo. É preciso ir além.

O romantismo "exagerado" dos sertanejos deve ser entendido como uma estética de classe, como parte da cultura popular. Não que o romantismo seja algo exclusivo das classes populares. O que o torna parte da cultura popular é o fato de que essas classes eram vistas como "exageradas" por estratos das classes altas letradas de sua época.[16] Ao ter dificuldade de lidar com a música sertaneja, os jornalistas, acadêmicos, críticos e caipiras esbarravam nas fronteiras de sua capacidade de compreender a estética adorada pelas massas. E demarcavam sua distinção. Rejeitada pela intelectualidade e classes altas letradas, a música sertaneja romântica era a marca de uma nova sensibilidade popular massiva que se formava nas cidades e no campo.[17]

O canto romântico não é simplesmente uma *forma* de atingir as massas ou a tentativa de "manipulá-las", mas é *como* as massas popular-sertanejas construíram sua própria expressão. Não se trata de ausência de linguagem, "antiarte", nem mesmo pobreza estética, como pensam os críticos. O amor romântico, "brega", "cafona", melodramático e "exagerado" é um catalisador da identidade do proletariado das grandes periferias em sintonia com os camponeses migrantes. A indústria cultural não criou, pura e simplesmente, essa distinção. A indústria cultural apenas a catalisou, reforçando as diferenças que já existiam.[18] Essa distinção se tornou ainda mais forte quanto mais os intelectuais de classe alta e média repudiaram o "exagero" melodramático da música popular e buscaram condenar e se afastar dessa estética.

Populismo e os sertanejos

Há outro fator importante a se considerar para se compreender o repúdio da intelectualidade aos sertanejos. Determinada vertente explicativa também ajudou a condenar, de forma indireta, várias gerações de músicos sertanejos, de Leo Canhoto & Robertinho a Zezé Di Camargo & Luciano. Trata-se das teorias que, na segunda metade do século XX, advogavam a existência do *populismo* em terras brasileiras. Por meio do conceito de *populismo* se consolidaram ideias condenatórias ao camponês migrante e, por consequência, aos cantores sertanejos e sua música.

Foi no contexto da década de 1960 que surgiu a série de artigos do sociólogo Francisco Weffort, reunidos mais tarde em livro com o título de *O populismo na política brasileira*.[19] O tema era a urbanização da sociedade brasileira, e o sociólogo buscava explicar a baixa participação política dos trabalhadores do campo e da cidade. Para Weffort, a explicação era evidente: os camponeses seriam sujeitos pouco capazes de participação política nas cidades. O intelectual da USP via os camponeses oriundos do êxodo rural como sujeitos de tradições patrimonialistas. Estes tinham a necessidade de um grande líder, pois as relações no campo sempre foram baseadas na subserviência ao patrão. Por outro lado, tinham nula experiência de lutas sindicais. Numericamente superiores em razão do enorme êxodo rural, esses migrantes teriam contaminado o proletariado das cidades, desviando-os do caminho da participação política libertadora.

Ao mesmo tempo que se forjou o conceito de *populismo*, instrumentalizou-se também a noção de "manipulação" das massas. O conceito de *populismo* catalisou a imagem dos sertanejos como "alienados".[20] Ao se distinguir, a intelectualidade adepta da teoria do populismo — e não foram poucos, à direita e à esquerda do espectro político — tinha dificuldade de entender a linguagem popular dos sertanejos. Sem respostas para esse novo sujeito histórico, grande parte da academia preferiu acusá-lo. Rejeitavam assim sua legitimidade negando-lhe as opiniões e suas próprias formulações sobre a época em que viviam.

E se o *populismo* tornou-se símbolo de uma mácula, o camponês migrante sertanejo pagou um dos maiores preços. Afinal, os artistas sertanejos eram camponeses migrantes. Todos moraram no interior, vários foram lavradores. Todos migraram para as cidades em busca de sucesso. Milionário veio de Pernambuco para São Paulo, onde conheceu o parceiro José Rico, que migrara do interior do Paraná. Robertinho migrou de Goiás para São Paulo, e Leo Canhoto veio de Anhumas, cidade do interior paulista. Chitãozinho e Xororó saíram de Astorga, no Paraná. Gilberto e Gilmar nasceram em Rinópolis, interior de São Paulo. Leandro e Leonardo foram plantadores de tomate em Goianápolis e Zezé Di Camargo e Luciano vieram de Pirenópolis, ambas no interior de Goiás. A música sertaneja foi cantada e produzida de fato por migrantes.

Assim, as teorias do *populismo* contribuíram muito para criar um fosso entre determinada intelectualidade e músicos sertanejos. Estranho paradoxo: ao mesmo tempo que o marxismo contribuiu para que a intelectualidade saísse "em busca do povo", o veredicto dado aos setores populares foi extremamente distintivo da intelectualidade de classe média-alta do país.

Mas a condição de migrante necessariamente traz a alienação, tal como pensam os teóricos do populismo? Claro que não. Não houve alienação ou mesmo passividade da população em relação ao regime, sobretudo no período do "milagre". Pelo contrário, houve grande participação, que se traduziu quase sempre em apoio.

E aí estava o problema. Para setores das esquerdas revolucionárias os migrantes ex-camponeses representavam, com seu apoio ao regime, a contrarrevolução. Por seu ufanismo à ditadura capitalista, eles seriam incapazes de contribuir para a revolução socialista.

No entanto é preciso analisar que outros cálculos políticos esses cidadãos do campo estavam fazendo. Por que eles julgaram mais prudente não se envolver em ousadas aventuras revolucionárias? Como o mundo sertanejo pensou a tensa questão agrária no Brasil? Por que não houve a revolução no campo tão almejada pelas esquerdas?

Direitos no campo

Claro está que os músicos sertanejos simpatizavam com a ditadura militar em diversos aspectos, como se viu no capítulo anterior. Mas o apoio era mais profundo do que o simples ufanismo tolo. Os sertanejos concordavam com a política agrária desenvolvida pelo regime.

Em 1972 a dupla Jacó & Jacozinho lançou o LP *Terra bruta*. Nele cantaram a sintonia com o regime na música "Plante que o governo garante". Apropriando-se de slogan famoso do governo ditatorial, Jacó e Jacozinho faziam referência à propaganda do governo de ajudar os trabalhadores do campo e viam o Brasil "progredindo": "Plante que o governo garante/ Essa frase quer dizer progresso/ O que temos é muito abundante/ E por isso nossa produção/ Nesse caso já aumentou bastante/ [...] / Para nós o que é muito importante/ O governo está nos ajudando."

Que ajuda concreta era essa, louvada por Jacó e Jacozinho? A canção "Lei agrária", de Goiá e Francisco Lázaro, pode ajudar a tornar palpável o que se louvava acerca da política agrária do governo ditatorial: "Lá nas alturas, o Senhor Onipotente/ Deu ao nosso Presidente a sublime inspiração/ De dar amparo ao caboclo brasileiro,/ O querido herói roceiro, que não tinha proteção/ Com o Mobral, nossos caros lavradores/ Já conhecem bem as cores da bandeira da nação/ Você, caboclo, neste sesquicentenário,/ Foi o beneficiário, com a Lei do Lavrador/ Daqui pra frente, não será mais um meeiro,/ Ninguém vai ganhar dinheiro explorando seu suor/ E seu produto, tendo preço tabelado,/ Você não será lesado pelo astuto comprador."[21]

Mas o que eram as tais "leis agrárias", ou "lei do lavrador"? A canção fazia referência aos direitos sociais implementados pela lei que instituiu o ProRural no governo Médici em 1972. A Lei do Lavrador, como ficou conhecida na época, era parte do ProRural, o plano do governo ditatorial de levar os direitos ao campo brasileiro.

O ProRural era um programa que garantia aos camponeses direitos sociais como aposentadoria, pensões, auxílio-doença, auxílio-maternidade e outras garantias sociais já comuns aos trabalhadores urbanos havia mais de quarenta anos. O decreto que criou o ProRural foi assinado em 25 de maio de 1971 pelo presidente Médici. Ao contrário do que comumente se diz, os ditadores não eram de todo insensíveis às questões sociais.

Quando se analisa a questão agrária brasileira, é comum que os historiadores e cientistas sociais apontem a ditadura como um período em que as tentativas de melhoria da vida no campo tivessem encontrado um interregno. Os ditadores não teriam avançado em nada na melhoria das condições dos pobres camponeses e pouco teriam alterado a terrível concentração agrária do Brasil. No entanto, ambas são meias verdades. O ProRural e as canções sertanejas contam outra parte da história. A ditadura reabilitou tardiamente planos de melhoria das condições de vida no campo que já existiam desde antes de 1964, mas que não puderam ser efetivados no primeiro momento pós-golpe.

Ora, então como ficou a questão agrária desde o golpe de 1964? Afinal, uma das intenções dos golpistas foi frear a reforma agrária de João Goulart. É verdade. Mas é preciso uma análise histórica do período, de forma a tornar compreensíveis as metamorfoses dos ditadores acerca da questão rural.

Em 2 de março de 1963, o último presidente democraticamente eleito, João Goulart, havia promulgado o Estatuto do Trabalhador Rural, que regulamentava pela primeira vez o trabalho no campo.[22] Previa direitos previdenciários aos camponeses e direitos trabalhistas como férias e pensões.

Foi criado nessa época o Funrural, o fundo público que arrecadaria a contribuição previdenciária dos trabalhadores rurais e se encarregaria de pagar os direitos sociais. Era a primeira vez na história do campo brasileiro que os trabalhadores rurais ganhavam direitos previdenciários.

Em 13 de março de 1964, diante da radicalização da situação política, Goulart assinou um decreto prevendo a desapropriação, para fins de reforma agrária, das terras localizadas numa faixa de dez quilômetros ao longo das rodovias, ferrovias e açudes construídos pela União. No dia 15 de março, em mensagem ao Congresso Nacional, propôs uma série de providências consideradas "indispensáveis e inadiáveis para atender às velhas e justas aspirações da população". A primeira delas, a reforma agrária. E veio o golpe na noite do dia 31 de março.

Os ditadores inicialmente modificaram as leis de acordo com os interesses mais reacionários. Antes mesmo de o ano chegar ao fim, estabeleceu-se o Estatuto da Terra, em 30 de novembro de 1964.[23] A nova legislação simplesmente freou a reforma agrária defendida pelo presidente deposto. E os direitos sociais, anunciados por Goulart mas não concretizados, foram deixados de lado. Na prática a reforma agrária e os direitos sociais almejados ficaram para escanteio.[24]

Esse primeiro momento do regime ditatorial se caracterizou pela hegemonia dos liberais sobre o governo do militar Castello Branco, que, tendo como guia o economista Roberto Campos no Ministério do Planejamento, não viam a concessão de direitos sociais aos trabalhadores como fundamentais para o campo brasileiro, muito menos a reforma agrária.[25]

No entanto, houve mutações no regime militar, e outras concepções vieram à tona. O Brasil pós-golpe patinava no crescimento, e os liberais cedo foram apeados do governo. A partir da ascensão do presidente militar Artur da Costa e Silva, em 1967, imperou a linha desenvolvimentista no governo ditatorial. Essa linha advogava que, diferentemente do que pensavam os liberais, o Estado deveria incentivar o crescimento ativamente, promovendo o desenvolvimento nacional acelerado de forma equilibrada e integrada. Ao contrário dos liberais, que preferiam deixar as relações trabalhistas ao sabor das leis de mercado, condenando os camponeses a sua infame condição desigual, os desenvolvimentistas pensavam que o Estado deveria intervir de forma a sanar os desequilíbrios que o próprio mercado capitalista criava.

Com a ascensão dos desenvolvimentistas no controle do governo durante o período do "milagre" brasileiro, a modernização do campo tornou-se questão central para a ditadura, que queria ver o campo em compasso com a industrialização do país. A partir de então o capitalismo desenvolvimentista do regime militar brasileiro promoveu a modernização do latifúndio, por meio do crédito rural fortemente subsidiado e abundante. Para favorecer a agricultura capitalista de alta eficiência, foi criada, em 26 de abril de 1973, a Empresa Brasileira de Pesquisa Agropecuária (Embrapa), cujos objetivos eram a produção de conhecimento científico e o desenvolvimento de técnicas de produção para a agricultura e a pecuária brasileiras.

O dinheiro farto e barato, aliado ao estímulo à cultura da soja — para gerar grandes excedentes exportáveis —, propiciou a incorporação das pequenas propriedades rurais pelas médias e grandes. Jacó & Jacozinho se empolgaram com as possibilidades da agroexportação moderna ao gravarem em 1975 a canção "Soja e trigo": "Eu já fui um bom empregado honrado/ No meu querido sertão/ Trabalhei de tratorista/ Fui orgulho do patrão/ Um dia Deus me ajudou/ Quem sabe preparar a terra/ Não erra/ É lucro que não tem fim/ Tô plantando e tô colhendo/ A coisa virou pra mim/ [...] / Foi o trigo e foi a soja/ Que me fez virar patrão/ Negócio bom do momento é esse meu amigo/ Tiro o trigo e planto soja/ Tiro a soja e planto o trigo."

Uma agricultura moderna, intensamente mecanizada, avançava sobretudo no Centro-Oeste do país. Nesse contexto de modernização do campo cabia repensar a situação do trabalhador rural e refletir sobre a situação "pré-capitalista", ou pouco moderna, de algumas regiões do Brasil. Esses territórios tornaram-se o alvo dos ditadores.

É preciso atentar para o fato de que qualquer tentativa de mudança no panorama da estrutura agrária do Brasil, mesmo feita pelos ditadores, era prontamente repudiada por setores mais conservadores. Em 1972, o governo tentou, por meio do programa ProTerra — Programa de Redistribuição de Terras e do Estímulo à Agroindústria do Norte e do Nordeste —, realizar a ocupação organizada e produtiva da região amazônica e uma modestíssima reforma agrária no Nordeste. O plano previa a utilização de recursos do ProTerra para financiar (com juros de 5% ao ano, por um prazo entre doze e vinte anos e com três de carência) lavradores que desejassem comprar terras em regiões escolhidas pelo Instituto Nacional de Colonização e Reforma Agrária (Incra), órgão criado em 1970.

O governo então selecionou determinadas regiões que considerou aptas à reforma agrária. Nessas terras selecionadas os proprietários que possuíssem entre mil e cinco mil hectares teriam de vender, num prazo de seis meses, de 20% a 50% do total de suas terras, correndo o risco de serem desapropriadas caso não obedecessem. Foi o bastante para que um festival de críticas conservadoras se levantasse, rachando o partido dos ditadores, a Aliança Renovadora Nacional (Arena).

O senador da Arena de Pernambuco, Paulo Pessoa Guerra, defendeu interesses próprios quando discursou no plenário da capital federal: "Longe, no alto do sertão do São Francisco, quando passo por lá em minhas viagens, sinto vontade de chorar ao ver tanta terra abandonada. Por que não vão distribuir terra por lá?" Outro deputado da Arena, Cardoso de Almeida, de São Paulo, atestou seu conservadorismo quando disse: "Não é justo que o Brasil faça reforma agrária. Devíamos incentivar os outros países a fazerem, porque assim se enfraqueceriam e nós teríamos mais mercado para nossos produtos agrícolas." Siqueira Campos, da Arena de Goiás, também foi contrário à modestíssima divisão do campo: "Por que desapropriar terras que têm dono se existem terras devolutas?" E completou cinicamente: "embora um pouco distantes."[26]

O plano de reforma agrária da ditadura era modestíssimo. Colocava o lavrador sem-terra como financiador do processo, dando ao proprietário o pagamento por suas terras mal utilizadas socialmente. Desarticulava assim as demandas mais radicais, já debilitadas desde o golpe de 1964, que tinham como bandeira a desapropriação direta das terras devolutas e grandes latifúndios sem pagamento ao proprietário socialmente irresponsável.

Diante das polêmicas, o ministro da Agricultura, Luiz Fernando Cirne Lima, veio a público em agosto de 1972 fazer esclarecimentos, deixando claro o tom da reforma: "Não é verdade que esteja implícita no programa a política de pulverização da propriedade rural. Os proprietários de minifúndios podem obter crédito para ampliar suas propriedades. Não se vão criar minifúndios, que serão combatidos, mas pequenas e médias propriedades, sempre em condições de alcançar níveis de produtividade satisfatórios."[27] O presidente ditador Emílio Garrastazu Médici embasou o discurso produtivista do ministro e defendeu em discurso oficial a leve mudança agrária em direção à melhoria técnica da produção: "O programa de Redistribuição de Terras e de Estímulo à Agroindústria do Norte e do Nordeste [...] é fruto da decisão inabalável [...] de introduzir na sociedade brasileira as mudanças estruturais exigidas pelo imperativo de conjugar o crescimento da economia com o estabelecimento de ordem social mais próspera, mais humana e mais justa."[28]

JECA TOTAL

O objetivo da ditadura era integrar o homem do campo ao capitalismo que se acelerava no país. Segundo o presidente Médici, "o ProRural vem concorrendo para a progressiva incorporação do homem do campo à sociedade de consumo". O camponês se tornava sujeito de direitos sociais, ao mesmo tempo que era contemplado com direitos sociais comuns ao proletariado urbano. Foi esse camponês moderno que Gilberto Gil viu em "Jeca Total": "Jeca Total deve ser Jeca Tatu/ Presente, passado/ Representante da gente no Senado/ Em plena sessão/ Defendendo um projeto/ Que eleva o teto/ Salarial no sertão..."

Por mais que a construção do capitalismo no campo tenha trazido a proletarização dos camponeses e forçado muitos a migrar, isso não foi visto pelos músicos sertanejos como algo ruim. Por que isso aconteceu? Para responder a tal pergunta há que se aceitar que o camponês pensa por padrões próprios que não devem ser simplesmente ignorados. Há que se buscar entender sua lógica e tentar desvendar sua maneira de pensar.

A resposta positiva à capitalização do campo tem a ver com o otimismo dos sertanejos em relação à entrada do Estado nas áreas rurais. O Estado ditatorial era bem-visto não por ser ditatorial, mas para além disso. Era o Estado brasileiro finalmente atuando nas relações sociais que antes eram simplesmente mediadas pela força. Até a promulgação dos direitos sociais no campo pelos ditadores, todas as relações trabalhistas eram mediadas desigualmente entre trabalhadores isolados nos rincões do país e seus patrões. Com a promulgação do ProRural pelo presidente Médici, pela primeira vez os camponeses foram contemplados juridicamente com leis que os beneficiavam com uma justiça que estava para além da alçada direta do patrão. Entre o senhor de terra e o trabalhador passaram a existir os direitos sociais e a burocracia estatal.[29] O Estado se metia nas disputas entre camponeses e donos de terra: tratava-se de uma nova esfera a arbitrar as ações exageradas dos patrões mais autoritários. Logo, mais do que as forças repressivas ditatoriais, era a concessão dos benefícios sociais advindos da burocratização, sobretudo os direitos previdenciários obtidos pelo ProRural, que era louvada pelos camponeses sertanejos. E embora seja provável que a lei Agrária não se tenha efetivado em muitos lugares, o fato de passar a existir já era um indício claro de sintonia dos governantes com os interesses dos mais humildes.

O presidente Médici defendia enfaticamente a integração social dos camponeses excluídos. Dois anos mais tarde, em 1973, também incluiu as empregadas domésticas[30] e os pescadores artesanais nos mesmos direitos, visto que esses grupos historicamente também estavam excluídos da legislação do trabalhador urbano. Empolgado com as transformações que conduzia, Médici discursou: "Aí está o ProRural, que, a esta altura, já assegurou aposentadoria a mais de oitocentos mil trabalhadores do campo, dando-lhes, afinal, o que eles jamais tiveram e assegurando-lhes uma velhice menos cheia de tristeza e de preocupação. Aí está a decisão do governo, que estendeu a grupos sociais, antes esquecidos e marginalizados, as vantagens da Previdência, como foram os empregados domésticos e os pequenos pescadores de nossas praias, numa demonstração viva de que nosso pensamento, fiel aos postulados da Revolução, é o de não deixar sem o amparo do Estado nenhum de nossos irmãos em cidadania, que concorrem com seu trabalho para o engrandecimento do país."[31]

Era uma medida com peso histórico. Em toda a história do Brasil, nunca antes os trabalhadores rurais haviam sido contemplados com os mesmos benefícios dos trabalhadores urbanos. É preciso dimensionar o peso dessa medida para os camponeses brasileiros, pois foi através desses direitos outorgados que o regime ditatorial conseguiu obter apoio massivo entre esses artistas e público sertanejos.

Para efeito de comparação, é preciso relembrar o período do governo Getúlio Vargas, de 1930 a 1945. A Constituição varguista de 1934 foi a primeira carta brasileira a conter a expressão "previdência" em seu texto e a garantir direitos a gestantes e aposentadoria aos trabalhadores urbanos, além do voto direto. Com o início da ditadura varguista do Estado Novo (1937-1945), foi abolido o voto direto, mas, paradoxalmente, houve avanços sociais.

Não obstante o autoritarismo do presidente Vargas, durante sua ditadura foi criada a Consolidação das Leis do Trabalho (CLT), que regulava o trabalho urbano e gratificava o trabalhador com os direitos previdenciários. Aprovada pelo decreto-lei nº 5.452, de 1º de maio de 1943, a CLT reunia todas as resoluções tomadas pelo governo de Getúlio Vargas na área trabalhista: salário mínimo, carteira profissional, limitação da jornada, férias, normas de segurança e regulamentação da Justiça do Trabalho. Tudo isso foi conquistado pelos trabalhadores urbanos. Essas garantias sociais explicam em parte a legitimidade e o apoio obtidos por Vargas em sua ditadura.

JECA TOTAL

Apesar da importância dessas medidas sociais, em 1943 apenas cerca de 30% da população brasileira estava nas cidades, como pode ser visto nos gráficos a seguir. Os trabalhadores rurais, mais de 70% da população, ficaram a ver navios:

Gráfico 1 — População rural e urbana

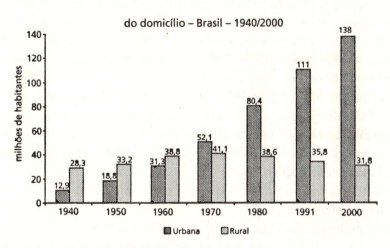

Fonte: Tendências Demográficas, 2000, IBGE, 2001

Tabela 1 — População rural brasileira por região (1940-1980)

Regiões	População rural segundo as regiões do Brasil em %				
	1940	1950	1960	1970	1980
Norte	72,3	68,5	62,2	54,9	48,4
Nordeste	76,5	73,6	65,8	58,0	49,5
Sudeste	60,6	52,5	42,7	27,2	17,3
Sul	72,3	70,5	62,4	55,4	37,3
Centro-Oeste	78,5	75,6	65,0	51,7	33,0
Brasil	68,8	63,8	54,9	44,0	33,0

Fonte: Anuário Estatístico do Brasil, 1982, IBGE. *Apud* Santanna, Romildo. *A moda é viola.* São Paulo: Editora Unimar, p. 349.

Apesar de a maior parte da população brasileira não ter sido atingida pela CLT do Estado Novo, Getúlio Vargas foi louvado pela memória popular como o "melhor presidente" da história do Brasil. Parcialmente isso se deveu ao fato de que foi em Vargas que as aspirações de longa data de parte dos trabalhadores urbanos conseguiram se exprimir.

Em 1971, quando foram instauradas as leis de Previdência Social no campo através do ProRural, havia cerca de 45% da população em zonas rurais, ou seja, mais pessoas, proporcional e numericamente, do que havia nas cidades na época de Vargas e da CLT.[32] Assim, o apoio que o regime ditatorial obteve ao se colocar como porta-voz de um grande contingente da sociedade brasileira não pode ser desprezado.

Dois anos mais tarde, em 1973, Médici demarcou que um dos objetivos do programa de concessão de direitos trabalhistas aos camponeses era evitar a migração massiva: "Medidas dessa natureza poderão, a médio e longo prazos, contribuir para que diminua o êxodo rural, para que se elimine das cidades o triste espetáculo da indigência e para que se venha a superar o desequilíbrio entre a cidade e o campo, onde ainda se concentra a maior parte de nossa população."[33]

Ao se dimensionar o grande impacto dos direitos sociais concedidos ao trabalhador do campo, torna-se espantoso perceber que grande número dos livros sobre a questão agrária durante a ditadura escolheu silenciar sobre esses programas sociais, preferindo analisar apenas a proletarização e a crescente exploração do trabalhador rural.

O livro *O boia-fria: acumulação e miséria*, de Maria da Conceição d'Incaio, publicado em 1976, sequer cita o ProRural ou o Funrural. Em livros intitulados *Ditadura e agricultura* e *A luta pela terra*, ambos do fim da década de 1970, o sociólogo da USP Octavio Ianni tampouco cita o programa de previdência obtido pelos trabalhadores rurais.[34] Otávio Guilherme Velho, no livro *Capitalismo autoritário e campesinato*, publicado em 1979, também nada aborda de significativo.[35] O livro de Carlos Minc *A reconquista da terra: Estatuto da Terra, lutas no campo e reforma agrária*, de 1985, sequer cita os direitos sociais concedidos por Médici.[36] No livro *Os camponeses e a política no Brasil: as lutas sociais no campo e seu lugar no processo político*, de José de Souza Martins, publicado em 1981, não há uma linha sobre o ProRural.[37]

Em grande medida essa lacuna persiste até hoje.[38] No artigo do historiador Mario Grynszpan intitulado "A questão agrária no Brasil pós-1964 e o

MST" há apenas um parágrafo e meio sobre os direitos sociais implantados no campo pela ditadura. Num texto de 33 páginas, é quase nada.[39] Subestimar o ProRural é um equívoco comum para a maioria de nossos acadêmicos. A historiadora Sonia Mendonça também preferiu ignorar os direitos sociais no campo em seu livro *O patronato rural no Brasil recente (1964-1993)*.[40]

No livro *A questão agrária no Brasil: Programas de reforma agrária 1946-2003*, organizado por João Pedro Stédile, economista ligado ao Movimento dos Trabalhadores Rurais Sem Terra (MST), tampouco há referência à lei que criou o ProRural.[41] O *Dicionário da terra*, organizado pela historiadora Marcia Motta, é outra obra que padece do silêncio acerca dos direitos sociais durante a ditadura. O glossário conta com 176 verbetes sobre temas e questões do Brasil rural, escritos por 86 pesquisadores de excelência da academia brasileira. Não há sequer um verbete sobre o Funrural ou o ProRural.[42]

Ainda hoje falta uma análise profunda sobre os direitos dos camponeses e o significado dessa conquista, sobretudo para as camadas mais simples da população.[43]

Mais do que concessão de direitos, o governo ditatorial mostrou reconhecer o trabalhador rural como personagem desprestigiado da história do trabalho no Brasil. O presidente Médici sempre enfatizava esse aspecto, como fez no discurso intitulado "Permanente preocupação", em 1973: "As normas de justiça social não se concretizam apenas na distribuição mais equânime da riqueza coletiva, mas no tratamento humano daqueles que vivem do trabalho, no sol a sol da lavoura."[44]

Em reunião com o seu ministério em março de 1971, Médici demarcara a importância daquelas medidas que considerava históricas: "Ao assumir a presidência da República, proclamei fé no homem do campo, acentuando que o dever desta hora é a integração do homem do interior no processo de desenvolvimento nacional. 'Isso não se faz' — lembrei então — 'não somente dando terra a quem não tem, e quer, e pode ter', mas se faz levando ao campo, entre outras coisas, a assistência médica e a previdência rural."[45]

Em 1º de maio de 1971, Dia do Trabalhador, Médici pronunciou-se em rede de rádio e televisão. Novamente valorizou o trabalhador do campo e enfatizou que era algo inédito que os direitos sociais chegassem ao campo: "O fato novo que deve ser assinalado no Dia do Trabalho, e há de marcar o segundo ano de meu governo, é o Programa de Assistência ao Trabalhador Rural [ProRural]. Pela primeira vez, na história deste país, dar-se-á ao homem do campo aquilo que nunca lhe fora concedido."[46]

Em seus discursos, o então presidente Emílio Garrastazu Médici parece sempre enfatizar a "bondade" extrema do governo em conceder direitos aos camponeses. Expressões como "meu governo", direitos "nunca antes concedidos", benesses "levadas" ao campo parecem inflar a crença do ditador de que essas concessões foram uma dádiva do regime para os trabalhadores rurais.[47]

No entanto, não é assim que os músicos sertanejos interpretaram as ações do governo ditatorial. Para estes, o governo ditatorial era bom não porque tomou a dianteira do processo de "concessão" de direitos, mas porque era expressão da vontade popular longamente esperada. Na canção "Plante que o governo garante", de Jacó & Jacozinho, fica patente que a postura do governo é acessória às demandas de longa data dos trabalhadores: "Para nós o que é muito importante/ O governo está nos ajudando/ Plante que o governo garante." O governo faz aquilo que é esperado. Trata-se menos de dádiva governamental e mais de sintonia com as massas.

Na continuação da canção "Lei agrária" os compositores Goiá e Lázaro louvaram o regime e a lei Agrária como expressão do povo: "A lei agrária, que por nós era *esperada*,/ Foi agora assinada pelo chefe da nação/ E na doença vem a Lei da Previdência,/ Você vai ter assistência e também sua pensão/ Irmão do campo, brindo aqui o seu sucesso!/ Viva o Brasil progresso! Viva a revolução!"

A lei Agrária não caiu do céu ou das mãos do presidente, mas era "esperada" pelos camponeses. Essa sutileza não foi captada pelos analistas da música sertaneja, que preferiram ver os camponeses como "alienados" e sem capacidade de discursos próprios.[48]

Um dos poucos autores a dar importância aos direitos no campo foi Wanderley Guilherme dos Santos, em seu clássico livro *Cidadania e justiça*, de 1979. Seguindo seus passos, o cientista político José Murilo de Carvalho também analisou o peso decisivo das leis agrárias da ditadura em seu livro *Cidadania no Brasil: O longo caminho*.

Apesar de perceberem a força das leis agrárias para consolidação do regime, ambos os autores demarcam que a cidadania nos anos 1970 foi construída de cima para baixo, com pouca ou nenhuma participação popular, e que os direitos foram concessões dos ditadores. A cidadania brasileira, em toda sua história, padeceria de ser um projeto elitista, que pouco dialogava com os interesses da população. Embora seja inegável que os limites dessa ampliação da cidadania civil fossem dados pelos ditadores durante os anos 1970, não se pode esquecer que os artistas e seu público apoiavam o regime não por simples "alienação" ou "falta de consciência", mas de forma positiva, ou seja, por ver efetivadas por aqueles governantes suas próprias demandas, se não em sua totalidade, ao menos em sua maioria. Nas canções sertanejas fica patente que músicos e público se sentiam partícipes do projeto das leis agrárias. O que no mínimo complexifica a ideia de que a cidadania brasileira se formou, pura e simplesmente, de cima para baixo.

Deus é sertanejo

Outro argumento daqueles que pensam os camponeses, migrantes e sertanejos como "alienados" diz que os compositores sertanejos seriam conservadores ou reacionários por apelarem à providência divina com frequência em suas canções. Na canção "Lei agrária", de Goiá e Lázaro, isso acontece: "Lá nas alturas, o Senhor Onipotente/ Deu ao nosso Presidente a sublime inspiração." De fato, aparentemente essa atitude parece uma típica prática popular de atribuir a Deus os direitos conquistados, apagando as lutas sociais e históricas dos setores populares.

Em 1971, na canção "Brasil caboclo exportação", Belmonte e Miltinho também louvaram o camponês e pediram a Deus ajuda: "Você planta na terra/ Alimenta o mundo inteiro/ Você é o braço direito, caboclo,/ Do meu país/ [...] / Caboclo dos braços fortes/ Meu amigo meu irmão/ Que Deus te ajude por tudo/ Que faz pela nossa nação."

Na canção "A vida do operário", de 1968, o sanfoneiro Teixeirinha também enfatizava que o Brasil crescia devido aos trabalhadores e louvava a Deus pelo operário que "sustenta o Brasil": "Às sete e meia ele pega/ Lá na sua construção/ E o Brasil vai crescendo/ Com o calo da sua mão/ [...]/ Lá vai ele sorridente/ Pegado na construção/ Levando o Brasil pra frente/ Se não fosse o operário/ Não existia grandeza/ O nosso Brasil não era/ Um gigante de riquezas/ Que Deus não deixe operário/ Faltar pão na sua mesa."[49]

Louvar a Deus pelos benefícios obtidos era uma prática constante na música sertaneja. Devido a essa postura, muitos críticos viram nisso um exemplo da "alienação" do trabalhador.[50] Não poderiam estar mais enganados. As categorias de distinção religiosas não estão muito distantes das categorias políticas, baseadas na ausência de ordem (o profano) ou na existência desta (o religioso).[51] Ao organizar o mundo, a política laica também pensa a vida cotidiana como campos opostos entre ordem e desordem.

É na oposição entre o espaço sagrado ordenado e o profano caótico que os sertanejos encontram orientação para sua existência. Ao colocar a "divina Providência" do lado de Médici, os sertanejos não estavam manifestando sua "falta de consciência", mas exercendo seu posicionamento político favorável àquelas mudanças.[52] Ao se colocarem ao lado das forças divinas, os sertanejos têm um posicionamento ativo perante a ditadura e, mais do que isso, afirmam que esta é fruto de seus anseios e expectativas.[53] Não se trata de "alienação", mas de participação intensa. Trata-se de trazer Deus para seu próprio lado.

No entanto, os escritores que analisaram a música sertaneja não perceberam tal sutileza. Assim, havia e ainda há uma grande dicotomia entre *o que* e *como* pensavam os sertanejos e *o que* e *como* pensava grande parte da intelectualidade brasileira, que, à direita ou à esquerda, estava pronta a atribuir a camponeses migrantes adjetivos como "inconscientes" e "alienados".

Revoltas pontuais

Para além do ufanismo e da *acomodação* ao regime, não é incomum encontrar nas canções sertanejas certas discordâncias em relação à realidade que viviam. O protesto, ainda que difuso, não era algo incomum nas canções sertanejas. Jacó & Jacozinho gravaram a canção "Boia-fria", cujo refrão deixa claro o difícil dia a dia dos trabalhadores sazonais do interior: "Meu patrão gritou comigo/ Me chamou de boia-fria/ Não bati na cara dele/ Para não perder o dia/ Todo dia eu deito cedo/ Pra sair de madrugada/ Tomo cafezinho quente, a boia está preparada/ O caminhão está esperando na beirazinha da estrada/ Estou na unha do gato, estou no cabo da enxada/ É aquele vai e vem, aquela vida apertada."

No mesmo LP em que consta "Boia-fria", Jacó e Jacozinho gravaram "Brasil caboclo exportação", que, como se viu, é outra ode nacionalista ao regime. Como poderiam os cantores então fazer a crítica ao latifundiário se eles eram favoráveis ao regime que defendia a capitalização do campo?

Pode-se argumentar que a canção "Boia-fria" não é de fato um protesto, afinal, em nenhum momento o camponês exerce sua raiva contra o patrão "para não perder o dia". Ainda pode-se dizer que em outros versos o narrador boia-fria se mostra amigo do "gato", nome popular do agenciador de trabalhadores rurais temporários. Ou seja, não haveria de fato "luta de classe", logo não haveria revolta "de fato". Na continuação da canção, fica claro que a revolta era momentânea: "Tarefa que pego cedo à tarde está terminada/ O gato fica contente porque sou bom camarada/ Minha casa pobrezinha é minha doce morada/ Tenho filhos que me adoram e minha mulher amada/ Deus me dando saúde e o gato empreitada/ Eu garanto a vocês que em casa não falta nada."

Com efeito, em diversos momentos do repertório sertanejo fica explícito que a revolta dos camponeses é quase sempre pontual, e não sistêmica. Os sertanejos protestam contra o patrão, mas não contra o capitalismo no campo.

Outro exemplo está na obra de Tonico & Tinoco, que retratou a miséria do dia a dia dos trabalhadores urbanos em "Vida de operário", sem buscar saídas radicais para mudança social: "Condução atrasa, é uma amolação,/ Se chego atrasado já vem o patrão/ Com a cara feia me chama a atenção/ E não quer saber da minha explicação./ Se eu perco uma hora fico atrapalhado,/ Não ganho domingo, não ganho feriado/ Chega o fim do mês, o meu ordenado/ Não dá pra pagar onde eu comprei fiado/ Ordenado é pouco, passo meus apuros/ Se não pago a Light já fico no escuro/ Quando me machuco já vou pro seguro/ E pra receber ainda é mais duro/ Nossa vida é um drama, todo mundo chora,/ Sempre na esperança que as coisa melhora/ Vai passando o dia, vai passando as hora,/ A promessa é boa, mas como demora." Há insatisfação, mas também muita paciência.

Tião Carreiro & Pardinho também se mostravam pouco aptos à revolta direta contra a exploração do trabalhador urbano, como na canção "Levanta, patrão", de 1975: "A fim de ganhar dinheiro, chegou na cidade grande/ Onde o progresso se expande, dinheiro corre bastante// É de cortar o coração, coitado não teve sorte/ O seu prêmio foi a morte numa firma importante./ Levanta, patrão! Levanta pra ver o enterro passando/ Perdemos um companheiro no serviço trabalhando."

Apesar de denunciar os males da exploração no trabalho, efetivamente não há enfrentamento contra os latifundiários e capitães de indústria, como gostariam os mais críticos.[54] Apenas se pede que o patrão respeite o defunto, mas não se protesta contra o sistema econômico capitalista que expulsa as pessoas do campo e as coloca em situação miserável nas cidades como exército de reserva da industrialização.

Os autores de esquerda que escreveram sobre a música sertaneja nunca viram o gênero como fonte de possíveis protestos ou críticas ao regime, pois essa revolta pontual não permitiria ao Brasil chegar a uma possível revolução. Seria perda de tempo buscar canções de tendências revolucionárias entre os sertanejos. As revoltas, embora pontuais, não podem ser desprezadas. Cabe perguntar: será que a "revolução" é a única revolta válida? Há várias canções sertanejas que se ocupam da temática da revolta. Esperar, no entanto, que os sertanejos falem o linguajar revolucionário seria enquadrar a música sertaneja num referencial com o qual ela pouco dialoga. Como frisa o sociólogo americano Barrington Moore Jr., "agir assim seria forçar os sentimentos e os comportamentos dos trabalhadores a se encaixarem em categorias predeterminadas, que podem guardar pouca relação com suas vidas e preocupações reais".

Ao mostrar um tipo de revolta que não se enquadra nas esperanças acadêmicas, as músicas sertanejas apontam a possibilidade de se entender a indignação popular sob outro referencial, desvendando melhor seu sentido e por quais canais tramitam. Barrington Moore Jr. ajuda a entender que as revoltas populares são, na maioria das vezes, um anseio por se fazer escutar na sociedade. O que move as revoltas e a obediência são, para Moore Jr., sensações de justiça e injustiça. Tais sensações são relativas, fluidas por excelência, e mediam as relações das camadas populares com outros grupos sociais e o próprio Estado.[55]

Os músicos sertanejos e seu público perceberam no regime ditatorial uma abertura para se fazerem ouvidos e conseguirem direitos sociais até então negados. Em *seu* senso de justiça, o reconhecimento do Estado, concretizado no governo Médici, era um tratamento que os sertanejos julgavam "decente", visto que lhes conferia maior igualdade diante de outros setores da sociedade. Como diz Barrington Moore Jr., a aceitação da ordem social não significa, pura e simplesmente, conservadorismo. A aceitação do *status quo* está entremeada pela ideia de que a realidade pode e deve ser modificada "no sentido de uma maior igualdade", sem, no entanto, atingir pretensões revolucionárias.[56]

Com o senso de "justiça" satisfeito durante a ditadura, os sertanejos louvaram-na, sobretudo quando esta acenava com a possibilidade de maior igualdade, fosse entre regiões, fosse entre classes, fosse entre setores da sociedade. E especialmente pelo reconhecimento simbólico do campesinato no cenário político, social e econômico. Isso está longe de ser puramente conservador.

Retratando o desejo pela igualdade regional, em 1975 Jacó e Jacozinho gravaram "Despedida de nortista": "Adeus São Paulo querido/ Eu aqui só tive glória/ Nunca tive desengano/ Dos braços deste caboclo/ Meu Norte

JECA TOTAL

está precisando/ [...] / Os nossos bons dirigentes/ São homens de alma pura/ Estão ajudando o Norte no comércio e na leitura/ Na indústria e a na pecuária/ Transporte e agricultura/ Meu Norte está progredindo/ Já é terra de fartura/ Os homens de pulso forte/ Querem o Sul e o Norte/ Os dois na mesma altura." Para Jacó & Jacozinho, o governo, retratado na metáfora "os homens de pulso forte", ajudava a promover a igualdade entre as regiões.

Em "Brasil caboclo exportação" os sertanejos Belmonte & Miltinho acreditavam nas possibilidades de o progresso trazer para o campo a qualidade de vida que havia nas cidades: "Meu amigo caboclo/ Não perca a esperança/ Sua vida tão cedo/ Vai modificar/ O progresso virá/ Trazendo a bonança/ Em seu rancho distante vai/ O conforto chegar/ Hospitais, escolas, estradas/ Cruzando o sertão inteiro."

Apesar da frequente louvação aos ditadores, não havia entre os sertanejos impedimento estético de criticar os proprietários de terras, sobretudo se estes rompessem o "senso de justiça e igualdade" dos setores populares. Em "É isto que o povo quer", Tião Carreiro & Pardinho denunciavam o interesse abusivo do patrão: "Eu arrumei um emprego do jeito que eu queria/ Pagamento todo dia, o patrão tem que aceitar/ O emprego é bom de fato, assinamos um contrato/ No dia do pagamento é proibido trabalhar/ Estou gostando do emprego mas eu tenho que deixar/ O patrão não quer dar férias eu preciso descansar."

Em 1973 foi gravada "Inversão de valores", canção que mostrava que mesmo sertanejos ultrarromânticos como Milionário & José Rico não estavam de todo *acríticos* à vida social. Apesar de ingênua, a música de Milionário & José Rico é precisa ao demarcar um mundo caótico: "Queria que essa gente ambiciosa/ A sua ambição então freasse/ Num gesto de ternura e amor/ Dos que nada possuem se lembrasse/ Eu queria transformar esse mundo de dores/ Entre amores eu faria uma inversão de valores."

Os sertanejos frequentemente denunciavam a miséria de um país cujo governo ditatorial prometia a ilusão de bonança para todos. A injustiça social era visível nas cidades. A sociedade de consumo não era para todos, e isso estava presente nas canções sertanejas. Em 1974 o Trio Parada Dura gravou "Natal de um órfão", na qual deixavam clara a chaga da desigualdade social brasileira: "Às vezes fico pensando/ Como esconder a verdade/ Há pessoas que vivem sofrendo/ Outras gozam a felicidade/ O Natal de um menino órfão/ Foi o que me fez pensar/ O mundo é mesmo ingrato/ Quanta gente ele faz chorar."

O gaúcho Teixeirinha também ficou incomodado com as desigualdades da sociedade de consumo brasileira e compôs "Papai Noel" em 1968: "Papai Noel, lhe esperei o ano inteiro/ Só por falta do dinheiro,/ Você esqueceu de mim!"[57] Convém lembrar que essas canções foram lançadas às portas do governo Médici, época de otimismo e consumismo desenfreado. Não seriam as únicas. Em diversos momentos os sertanejos fugiram ao tom de oba-oba generalizado.

Mais diretos, Moreno & Moreninho protestaram em função da questão agrária. A dupla estava atenta aos acontecimentos do Brasil e do mundo em 1970. Um ano antes eles viram a chegada do homem à Lua, um dos acontecimentos mais importantes da história contemporânea. Inspirados pelos passos de Neil Armstrong em solo lunar, a dupla cantou a surreal situação de fazer reforma agrária no satélite terrestre na canção "O caipira que foi à Lua": "A Lua foi descoberta/ Amanhã eu vou pra lá/ Vou levar as ferramentas/ Pra mim poder trabalhar/ Dizem que a terra lá é boa/ Então vamos experimentar/ Vou fazer reforma agrária/ Vou ver se plantando dá/ Na Lua vai dar de tudo/ Eu vou fazer plantação/ Vou plantar arroz e milho/ Café, batata e feijão/ É lá que eu quero ver/ A fartura da nação."

A sutileza dessa canção é única. Usando o discurso entusiasmado do regime, que postulava safras recordes na história do Brasil, Moreno & Moreninho gravaram "O caipira que foi à Lua" em plenos "anos de chumbo", em 1970, defendendo a divisão justa do solo lunar. Transformaram o discurso do regime em contra-argumento, ironizando: "É lá que eu quero ver/ A fartura da nação." Ao se "mudar" para a Lua, o narrador-cantor torna-se entusiasta do regime alternativo criado por ele mesmo: "Ali ninguém era dono/ Tudo de bom aconteceu/ Quando chegou a colheita/ A Lua favoreceu/ [...]/ Aí eu voltei pra Terra/ Deixei o solo lunar/ Contei pra minha família/ O que eu tinha feito lá/ Todos ficaram contentes/ Então nós vamos mudar/ Meus filhos ajunta tudo/ Na Lua vamos morar."

No mesmo ano em que Moreno e Moreninho cantaram a reforma agrária da Lua, a ditadura criou o Incra, instituição governamental que deveria fazer a reforma agrária no Brasil.

Mostrando também estar antenados com o que acontecia no período do "milagre", Jacó & Jacozinho gravaram "Manchete de jornal" em 1971. A conclusão da música demonstra uma crítica indireta ao regime que prometia pleno emprego num país que crescia a mais de 10% ao ano: "O homem desceu na Lua/ Pelé marcou os mil/ Todo mundo foi pra rua/ Dando vivas ao Brasil/ A nova Copacabana ficou legal/ Eu li no jornal, eu li no jornal/ [...] / Na seção de astrologia/ Não demora muito tempo este mundo vai ter fim/ Li a página de emprego/ Não achei nenhum pra mim/ Não tava legal, rasguei o jornal."

Em 1967 Jacó & Jacozinho regravaram "Ladrão de terra", canção originalmente lançada em 1958 por Luisinho & Limeira que deixava claro que a revolta dos sertanejos era menos de classe e mais devido à ruptura do "senso de justiça e igualdade" que deveria guiar o Brasil: "Triste notícia chegava /Meu destino transformava/ Eu fiquei um revoltado/ Meu pai tinha falecido, na carta vinha dizendo/ As terras que ele deixou, minha mãe acabou perdendo/ Para um grande fazendeiro que abusava dos pequenos/ Meu sangue ferveu na veia quando eu fiquei sabendo/ Invadiu as terras minhas/ Tocaram minha mãezinha/ Pra roubar nossos terrenos/ Eu voltei pra minha terra foi com dor no coração/ Procurando meu direito eu entrei num tabelião/ Quase que também caía nas unhas dos gavião/ Porque o dono do cartório protegia os *embrulhão*/ Me falou que o fazendeiro/ Tinha rios de dinheiro/ Pra gastar nesta questão/ Respondi no pé da letra não tenho nenhum tostão/ Meu dinheiro é dois revólveres e bala no cinturão/ Se aqui não tiver justiça para minha proteção/ Vou mandar os trapaceiros pra sete palmos de chão/ Embora saia uma guerra/ Vou matar ladrão de terra/ Dentro da minha razão/ Negar terra pros caboclos/ É negar pão pros nossos filhos/ Tirar a terra dos caboclos/ É tirar o Brasil dos trilhos."

A canção "Ladrão de terra" foi regravada diversas vezes. Depois da primeira gravação, de 1958, foi relançada em 1962, 1965, 1967, 1974, 1978 e 1980 por várias duplas sertanejas. Isso demonstra a legitimidade da canção entre os músicos e o público rurais. Também permite visualizar que o "senso de justiça e igualdade" dos sertanejos *passou* pela ditadura, ou seja, esteve presente antes, durante e depois do período ditatorial.

Além do protesto

Mesmo sem fazer protestos explícitos e "revolucionários", a música sertaneja retratou a vida das camadas miseráveis do país em várias canções. Quase todos os cantores sertanejos foram muito pobres quando jovens. E seu público ainda permanecia nessa condição. Ao cantar a realidade concreta de certas camadas sociais, os sertanejos denunciavam a condição de vida dos mais humildes cidadãos brasileiros.

Em 1972 Jacó & Jacozinho gravaram "Pensão da rua Aurora", que conta a história de um músico que viveu a pobreza antes da fama na área de São Paulo conhecida como "Boca do Lixo", a zona paulistana do baixo meretrício: "Morei numa pensão ali na rua Aurora/ Meu Deus, Nossa Senhora, que vida que levei!/ Dormia num beliche entre pulgas e mosquitos/ [...] / Ah, ai! Que vida apertada eu tinha/ Meu almoço e meu jantar era brisa com farinha/ [...] / Eu vivia num dilema com a barriga roncando/ De tanto andar a pé até esfolei meu pé..."

Até Chitãozinho & Xororó, tradicionais cantores de amores abandonados, emprestaram as vozes para, em 1979, cantar a sofrida vida de uma prostituta em "Ninguém quis dormir": "Pra ganhar o pão, entrega seu corpo/ É a profissão que a vida lhe deu/ Porque certo dia amou de verdade/ Alguém que a enganou e assim se perdeu/ A realidade saiu pelo mundo/ Deixou o seu lar e não teve perdão/ Mulher, o seu corpo é tão conhecido/ Mas ninguém conhece o seu coração."

O drama social da prostituição foi cantado muitas vezes pelos sertanejos. Um dos maiores clássicos do repertório de João Mineiro & Marciano, a canção "A bailarina" conta a história de uma menina que sonhava viver da dança mas acabou se prostituindo. A denúncia desse drama muito comum no Brasil é cantada com todas as letras: "Ela era quase criança,/ Nos sonhos bons de menina/ Queria ser bem famosa, queria ser bailarina/ E despediu-se bem nova, contra a vontade dos pais/ E foi tentar a carreira, não retornou nunca mais/ Para contar sua história não preciso tanto/ Ela foi sempre enganada e as coisas mudaram/ No fim perdeu a carreira,/ Tornou-se na vida uma famosa amante que todos amaram/ A bailarina venceu e tem fama demais/ Apenas é diferente o caminho porém/ Ela não dança no palco, recebe um por vez/ Naquele quarto bonito, a plateia vem/ [...] / Abraça o fã que lhe paga, a fama foi ilusão."

O Trio Parada Dura também foi tocado pelo tema da prostituição. Em "Juramento", o cantor Barrerito jurava amor a uma prostituta, a despeito do preconceito por sua condição social: "Entre os que vêm comprar seus carinhos/ Eu também me encontro apaixonadamente/ Mas uma mulher que é de todos os homens/ Não consegue mesmo ser de um somente/ [...] / Porém se existem as damas da noite/ Eu não ignoro pois pensando bem/ Nenhuma tem culpa da sorte mesquinha/ Por ser entre as flores a erva daninha/ E acima de tudo ser gente também." O drama da desigualdade social e o poder do dinheiro foram outros problemas denunciados pelos sertanejos. Em "O dinheiro compra tudo", Chitãozinho & Xororó tematizaram a vida de uma jovem vendida para se casar: "Desde os tempos de Cristo bendito/ Que o ouro maldito supera o amor/ É por isso que o pai de família/ Vendeu sua filha e não lhe deu valor/ Eu não culpo a moça, coitada!/ Pois foi obrigada com outro se casar/ Eu condeno o homem de estudos/ Que põe o dinheiro acima de tudo/ E cria uma filha para negociar."

Nem sempre as canções de denúncia das condições dos mais humildes eram pessimistas e tristes. Houve casos em que os sertanejos buscaram apontar as desigualdades sociais e rompê-las de forma otimista. Um dos maiores clássicos do Trio Parada Dura é "O doutor e a empregada", canção em que as barreiras de classe são rompidas em nome do amor: "Mamãe eu estou gostando da empregada/ E cada dia que passa eu gosto mais/ [...] / A sua simplicidade me conquistou/ Eu sinto que ela sente o mesmo por mim/ Não importa o que ela é nem o que eu sou/ Não quero que nosso amor venha a ter fim/ /Pode me bater, pode me pisar,/ Pode me xingar, pode me humilhar,/ Pode me chamar... de doutorzinho meia-tigela/ Pode fazer tudo que eu não me zango com a senhora/ Mas se mandar a empregada embora/ Eu vou com ela/ [...] / O diploma que eu tenho só tem valor/ Se ela for minha esposa e sua nora/ Eu tenho na empregada um grande amor/ Sem ela eu vou jogar meu diploma fora."

Em "Homem de cor", de 1981, o Trio Parada Dura questiona o racismo nas relações amorosas, explanando abertamente algo sobre o qual frequentemente se cala no Brasil: "Enquanto estava mendigando não viu que eu era um homem de cor/ Agora quem já tem de tudo diz que não mereço/ Diz que seu amor já subiu de preço/ Que é muito pouco tudo que lhe dou/ [...] / Mesmo assim a nossa união podia dar certo/ Se não existisse em você o orgulho/ Que a cor da pele é que faz o homem/ Mas você já esqueceu/ Que o sangue que corre nas veias de um negro/ Matou sua fome e lhe deu sossego/ É com este sangue que assina seu nome."

As canções sertanejas refletiam a vida de milhões de ouvintes, revelando a exploração cotidiana e as desigualdades sociais.

O historiador Paulo Cesar de Araújo constatou essa revolta pontual em seu livro *Eu não sou cachorro, não: música popular cafona e ditadura militar*. Araújo mostrou que os músicos da geração cafona dos anos 1970 tematizaram o cotidiano sofrido dos seus ouvintes. Narrando a vida dos explorados e miseráveis, artistas como Odair José, Evaldo Braga, Waldick Soriano cantaram a realidade de seu público. Há que se melhor compreender essa postura, como diz Paulo Cesar de Araújo: "Não se quer dizer que haja nos discos desses artistas refutação ou combate social à ordem social, mas sim mensagens dotadas de uma lógica que se transforma em atos de resistência, considerando-se as dificuldades de recusar ou mesmo questionar o projeto político-social conduzido pelos militares no período do AI-5. Nunca é demais lembrar que aquele foi um período de ênfase no patriotismo e de acentuada crença no mito da união de todas as classes em prol de um objetivo comum. Entretanto, ao descrever a dura realidade dos pobres, dos negros, dos meninos de rua, das empregadas domésticas, dos imigrantes nordestinos, dos camponeses sem-terra, dos analfabetos, dos homossexuais e das prostitutas, os artistas 'cafonas' revelavam de uma maneira simples e clara — e para um grande público — aquilo que os ideólogos do regime procuravam dissimular ou esconder; ou seja, as desgraças do cotidiano e o caráter conflitivo, autoritário e excludente da sociedade brasileira."[58]

O mesmo se pode pensar em relação à música sertaneja, de forma que é preciso analisá-la para além do ufanismo. Apesar do aplauso ao progresso ditatorial em várias canções, os músicos sertanejos não tinham uma visão unívoca acerca do Brasil que ia "pra frente". Em várias canções fica claro o descontentamento com a modernização acelerada, desestabilizadora das relações camponesas tradicionais.

Em 1971 Pedro Bento e Zé da Estrada gravaram "Mágoa de boiadeiro", um lamento diante do desaparecimento dessa profissão: "Antigamente nem em sonho existiam/ Tantas pontes sobre os rios nem asfalto nas estradas/ A gente usava quatro ou cinco sinuelos/ Pra trazer o pantaneiro no rodeio da boiada/ Mas hoje em dia tudo é muito diferente/ Com progresso nossa gente nem sequer faz uma ideia/ Que entre outros fui peão de boiadeiro/ Por esse chão brasileiro os heróis da epopeia."

Também em 1967 Belmonte & Amaraí gravaram o grande clássico "Saudade de minha terra", uma crítica à modernidade acelerada prometida pelo desenvolvimentismo ditatorial: "De que me adianta viver na cidade/ Se a felicidade não me acompanhar/ Adeus, paulistinha do meu coração/ Lá pro meu sertão, eu quero voltar/ Ver a madrugada, quando a passarada/ Fazendo alvorada, começa a cantar/ Com satisfação, arreio o burrão/ Cortando estradão, saio a galopar/ E vou escutando o gado berrando/ Sabiá cantando no jequitibá."

"Saudade da minha terra" foi regravada inúmeras vezes. Cantaram-na Sérgio Reis, Milionário & José Rico, Chitãozinho & Xororó, Leonardo, Michel Teló e Daniel, entre muitos outros. A cidade era com frequência vista como sinônimo de solidão, perda de valores e infelicidade. Em 1973 Jacó & Jacozinho gravaram "Gente da minha terra", canção que havia sido gravada no ano anterior por Belmonte & Amaraí: "Eu gosto da vida também da cidade/ E sei que existe a felicidade/ Mas deve ser filha do interior."

A dupla Jacó & Jacozinho cantou a fuga da cidade caótica e a volta ao campo em vários LPs. Em 1969 gravou "Cavalo enxuto", um balanço crítico do progresso do Brasil: "O progresso é coisa boa, reconheço e não discuto/ Mas aqui no meu sertão, meu cavalo é absoluto/ Foi Deus e a natureza que criou este produto/ Esta vitória foi minha e do meu cavalo enxuto." Em 1975, gravaram "Filho de pobre", na qual entoaram a tristeza de morar na cidade grande longe do sertão: "Mamãe, eu saí de casa/ Por um futuro melhor/ Vivendo aqui tão distante/ Já vi que tudo é pior/ [...]/ Eu saí atrás dos cobres/ Me sinto muito mais pobre/ Vivendo aqui tão só." No mesmo disco a dupla gravou "Longe do asfalto", louvando a pureza da vida natural do campo: "Onde eu estou morando o progresso não chegou/ A minha tranquilidade ainda não acabou/ Na frente da minha casa/ O asfalto não passou/ [...] / Vivo longe do asfalto/ Bem no alto da colina/ A minha televisão é a beleza das campinas/ O meu carro é de boi que canta e não desafina/ Prefiro o cheiro do gado do que o da gasolina."

Um ano depois, em 1976, Jacó & Jacozinho lançaram "Amigo lavrador", clamando pelo fim do êxodo rural que alimentava as cidades com exército de reserva de trabalhadores baratos, promotor do desenvolvimento capitalista ditatorial: "Meu amigo lavrador/ Aqui vai o meu pedido/ Não abandone a lavoura/ Nem o meu sertão querido/ Aqui na cidade grande/ Tem gente desiludida/ Abandonar a lavoura/ Estão muito arrependidos."

Até Milionário & José Rico, normalmente cantores de amores desgraçados, afinaram-se ao tom da louvação do sertão que não existia mais em "Velho candeeiro", de 1975: "Recordo e tenho saudade/ Daquele tempo que foi/ Recordo meu velho pai/ Tocando o carro de boi// Vai, vai, vai boi!/ Cabeça baixa, passo lento no estradão."

Apesar das várias canções sobre o campo, e até algumas combativas ao *status quo* desenvolvimentista, os sertanejos raramente são lembrados por esse tipo de produção. Em 2006 a cientista política Heloisa Starling se "esqueceu" dessas músicas quando escreveu um artigo intitulado "Canto do povo de um lugar". Tratava-se de um artigo acerca das músicas sobre a terra no cancioneiro urbano. Foram lembrados Chico Buarque, Caetano Veloso, Carlos Lyra, Noel Rosa, João Gilberto, Tom Jobim, Caymmi, Milton Nascimento, Paulo Vanzolini, Catulo da Paixão Cearense, Pixinguinha, Gilberto Gil, Rita Lee... Ou seja, todos aqueles artistas identificados à MPB. Mas nada foi dito sobre Milionário & José Rico, Leo Canhoto & Robertinho, Trio Parada Dura e Jacó & Jacozinho, ouvidos por milhões de trabalhadores do campo e também nas periferias das cidades.[59]

O mesmo erro cometeram os professores doutores Roberto José Moreira e Luiz Flávio de Carvalho Costa, que organizaram *Mundo rural e cultura*, lançado em 2002, com artigos de renomados pesquisadores da questão cultural no campo brasileiro. Nenhum artigo foi escrito sobre a música sertaneja, e apenas um abordava a música popular: o foco era novamente como a MPB tematizou a resistência no campo.[60] A resistência sertaneja nunca foi abordada até hoje. Como se sabe, o esquecimento dos sertanejos e a lembrança da MPB não eram fruto do acaso: trata-se de omissão comum da memória coletiva brasileira.

Os Vandrés do sertão

Como que para provar que em toda regra há exceção, houve sertanejos que adotaram a temática revolucionária em suas músicas. É o caso da dupla Duduca & Dalvan, que estava atenta ao cenário político brasileiro do início dos anos 1980 e criou canções de protesto contundentes.

José Trindade, o Duduca, goiano de Anápolis, conheceu José Gomes de Almeida, o Dalvan, em 1975. Começaram a fazer turnês dois anos depois e em 1978 lançaram seu primeiro disco. Empolgados com a redemocratização, a dupla passou a gravar canções políticas nos anos 1980.

A primeira foi "Anistia de amor", gravada no LP homônimo de 1983, que fazia uma releitura da discussão da anistia política para a relação amorosa: "Vou lhe dar uma anistia de amor pra ver se agora podemos nos entender/ Vou abrir novamente a minha porta e dar um cantinho da cama a você."

Vivia-se a redemocratização após longos anos de ditadura, e Duduca & Dalvan surfavam na onda. A transformação de um tema político, a anistia, em tema amoroso poderia ser entendida como deturpação pelos mais críticos. Não foi o que se viu nos discos seguintes. Ao invés de suavizar os questionamentos políticos, Duduca & Dalvan incrementaram os protestos.

No disco seguinte, o LP *Espinheira*, de 1984, a dupla regravou o clássico "Para não dizer que não falei de flores", de Geraldo Vandré, cujo refrão de protesto é um clássico da MPB: "Vem, vamos embora que esperar não é saber/ Quem sabe faz a hora, não espera acontecer."

Duduca & Dalvan não se contentaram com regravações. Engajado nos ares libertários do fim da ditadura, Dalvan compôs o petardo que deu título ao disco, a canção de protesto "Espinheira": "Eta espinheira danada/ Que pobre atravessa pra sobreviver/ Vive com a carga nas costas/ E as dores que sente não pode dizer/ Sonha com as belas promessas/ De gente importante que tem ao redor/ Quando entrar o fulano/ Sair o sicrano será bem melhor/ Mas entra ano e sai ano/ E o tal de fulano ainda é pior/ Esse é meu cotidiano/ Mais eu não me dano pois Deus é maior." No LP de 1986 veio outra bomba, "Massa falida". A música, uma balada com trompetes, cordas, bateria e violões, foi lançada em meio aos acontecimentos do fim da ditadura.

Em 15 de janeiro de 1985 Tancredo Neves havia sido eleito presidente pelo Colégio Eleitoral através do voto indireto, mas não tomou posse em 15 de março, como previsto. Adoentado, foi internado. Morreria em 21 de abril, 39 dias depois. Em seu lugar tomou posse o vice, José Sarney, ativo civil apoiador da ditadura. Diante desse cenário, Duduca & Dalvan viram-se desiludidos com o jogo político brasileiro e defenderam a utopia revolucionária em "Massa falida": "Eu confesso já estou cansado de ser enganado com tanto cinismo/ Não sou parte integrante do crime e o próprio regime nos leva ao abismo./ Se alcançamos as margens do incerto foram os decretos da incompetência/ Falam tanto sem nada de novo e levam o povo à grande falência!/ Não aborte os seus ideais/ No ventre da covardia/ Vá à luta empunhando a verdade/ Que a liberdade não é utopia!/ Os camuflados e samaritanos nos estão levando à fatalidade,/ Ignorando o holocausto da fome, tirando do homem a prioridade/ O operário do lucro expoente e a parte excedente não lhe é revertida,/ Se aderirmos aos jogos políticos seremos síndicos da massa falida!/ Não aborte os seus ideais..."

Na contracapa do LP *Massa falida* a dupla aparece vestida de operários da construção civil, denotando a ligação com seu público. O disco chegou a vender quinhentas mil cópias e foi o auge da dupla, que ficou conhecida como "os leões da música sertaneja".[61] Foi o último trabalho da dupla: naquele mesmo ano Duduca morreu.

Sem o companheiro, Dalvan, na época com 35 anos, seguiu a linha da crítica social em suas canções. O cantor, que também era compositor de seus principais protestos, é um caso especial da música sertaneja. É o único sertanejo das gerações dos anos 1970 e 1980 que frequentou os bancos de uma universidade.

Filho de cearenses, nascido em 1951, numa pequena cidade do interior do Paraná chamada Lobato, perto de Maringá, o cantor só foi registrado em Planaltina. Na adolescência Dalvan foi criado em Paranavaí, também no Paraná. Aos dezoito anos, serviu o exército, onde ficou até 1973. Entrou então na polícia civil, onde ficou até formar a dupla com Dalvan. Foi nesse período que cursou dois anos de Direito e trancou o curso. A duras penas, depois de famoso, conseguiu terminar a faculdade. Dalvan tinha medo da fama momentânea e se preparava para ser delegado caso a vida artística chegasse ao fim.[62]

Mas não foi isso que aconteceu. Dalvan continuou gravando protestos em carreira solo, e cada vez mais radicalizando o discurso. A música "Novo rumo", de sua autoria, puxou o LP homônimo de 1986: "Se a fome está em sua porta/ Não se entregue a uma esperança morta/ Erga a cabeça para se manter/ Esse desacerto é da sociedade/ Vá pedir comida às autoridades,/ Pois só eles detêm o poder."

Em 1987 Dalvan prosseguiu incansável na rebeldia. "Trem da vida (Estação da Luz)" é outra canção sobre a realidade de seus ouvintes: "É madrugada ainda não raiou o dia/ Mas quem trabalha e mora longe está de pé/ Jeito apressado, ainda meio sonolento/ [...] / Lá vem o trem, o trem já vai/ Levando o povo cada um com sua cruz/ Lá vem o trem, o trem já vai/ Cheio de gente rumo à Estação da Luz."

Apesar de contundentes, dos protestos de Dalvan nenhum foi tão enfático quanto "Quero terra", um petardo pela reforma agrária lançada em pleno ano da Constituinte de 1988: "Igual a tantos outros eu também sofro bastante/ Venho vindo de outras terras, eu aqui sou imigrante/ Com a mulher e filhos vamos levando a vida/ Esperando encontrar nossa terra prometida/ Quero terra para trabalhar/ Quero terra para plantar/ [...] / Quero ter um lugarzinho e semear muitas sementes/ Para acabar com a fome que maltrata tanta gente."

Em entrevistas para o lançamento de "Quero terra", em 1988, Dalvan não fugia da raia e aproveitava os microfones para protestar: "Acho que quem tem uma monstruosidade de terra deve deixá-la para quem quer trabalhar", dizia o cantor. "Se eu quisesse fazer sucesso, iria gravar músicas românticas. Quero, com meus protestos, alertar as autoridades."[63]

Houve uma personagem importante da sociedade brasileira que foi tocada pelas canções de protesto de Dalvan: tratava-se do então sindicalista e fundador do PT Luiz Inácio Lula da Silva. O futuro presidente Lula ouvia as canções de Dalvan na boca dos metalúrgicos da periferia de São Paulo na década de 1980.

O primeiro encontro entre Lula e Dalvan aconteceu em 2006, em Santo Amaro, zona sul de São Paulo. Lula fazia campanha pela reeleição para presidente quando foi interceptado por Dalvan, que queria cantar para ele. Imediatamente o então presidente lembrou-se do cantor e disse, empolgado: "Eu ganhei minhas eleições de 1986 para deputado colocando esta música pra tocar na porta de fábrica sem parar [desde] às 5 horas da manhã... Era 'Espinheira'... Não precisava gastar um tostão. Era colocar a música e falar 'o Lula tá aqui pra falar com vocês...'. Você não me conhecia e não podia pedir direitos autorais... [risos, Lula abraça Dalvan efusivamente]"[64]

Apesar das canções contundentes, Dalvan nunca foi reconhecido como cantor de protesto pela crítica musical. E não foi o único a protestar e a ser esquecido.

A redemocratização seduziu muitos sertanejos. Diferentemente da luta armada nos anos 1960 e 1970, a campanha das Diretas Já, na primeira metade dos anos 1980, conseguiu dialogar com as massas brasileiras. Os sertanejos, tocados pela crise que vivia a sociedade brasileira e seduzidos pelo discurso simpático da redemocratização, mudaram de lado e passaram a criticar a ditadura. Tornaram-se democratas de última hora.

Um dos maiores entusiastas da redemocratização foi o sanfoneiro gaúcho Teixeirinha. Na década anterior Teixeirinha havia sido um ufanista em tempo integral da ditadura, chegando até a fazer canção em homenagem ao presidente Médici. Nos anos 1980 passou a criticar os ditadores. Em entrevista ao jornal *Folha da Tarde* em 1984, Teixeirinha defendeu o voto direto: "O povo deve ter o direito de escolher, pois se ele errar nós podemos ser responsabilizados, caso contrário, não fomos nós que escolhemos [...] Não quero saber de partido, quero um homem que trabalhe, que honre o voto dado pelo povo. [...] Cobrar impostos não é trabalhar."[65]

Teixeirinha morreu em 1985, mas Mary Terezinha, sua mulher por 22 anos, continuou lançando discos, como fizera ao lado do marido até então. Em 1987 ela gravou a canção "Diretas Já", que pedia o voto direto para presidente: "O povo já está cansado de ser enganado/ Reformas, mudanças, cruzeiro e cruzado,/ Tudo é mentira, tudo é ilusão/ [...] / Senhores, tenham consciência de suas derrotas/ Entendam que todos os planos falharam/ Não há mais saída se continuar/ Já basta, parem por aqui/ Nada mais nos serve/ Deixa que o povo escolha quem deve/ Este continente que irá governar/ [...] /Diretas Já, chega de traição/ Melhores salários para o operário/ Mais estudo e pão!" Na época, Mary Terezinha tornara-se partidária do PDT e sonhava com Leonel Brizola na Presidência da República.[66]

Pode-se concluir que a aceitação da democracia por parte dos sertanejos foi fruto de certa esperteza política desses artistas. Em parte, pode ser. Seja como for, o interessante é perceber que parte da sociedade brasileira fez esse mesmo percurso durante os anos 1980. Na virada da década, quase todos preferiram mudar de lado e esquecer o apoio que havia sustentado o regime. E foi nesse contexto que vieram à tona canções críticas em profusão contra o regime.

Em 1983, no fim do governo Figueiredo, Tião Carreiro & Pardinho cantaram "A coisa tá feia": "Quem dava caixinha alta, já está cortando a gorjeta/ Já não ganha mais esmola nem quem anda de muleta/ Faz mudança na carroça quem fazia na carreta/ [...] / Quem mamava no governo agora secou a teta/ A coisa tá feia, a coisa tá preta."

Com o fracasso do plano econômico de Sarney, o Plano Cruzado, Tião Carreiro & Pardinho voltaram a protestar com a canção "Osso duro de roer": "Osso duro de roer/ É o Brasil da qualidade/ É doído a gente ver/ A cruel desigualdade/ O pobre fica mais pobre,/ O rico enriquece mais,/ Tubarões e agiotas/ Aumentam seus capitais/ Os tais colarinhos brancos/ Da cadeia vive ausente."[67] Desiludido, Tião Carreiro achava que protesto musical não gerava resultados: "É pura perda de tempo, há anos fazemos a mesma coisa e até agora não adiantou nada."[68]

Nesse mesmo ano de 1987, Mary Terezinha e a dupla Chico Rey & Paraná gravaram separadamente "A grande esperança", canção que demarca a luta de classes no campo brasileiro. Diante da promulgação da Constituição, os sertanejos faziam pressão pela divisão do campo entre os pequenos produtores e denunciavam a vida opressora do capitalismo brasileiro: "A classe roceira e a classe operária/ Ansiosas esperam a reforma agrária/ Sabendo que ela dará solução/ Para situação que está precária/ Saindo o projeto no chão brasileiro/ De cada roceiro ganhar sua área/ Sei que em miséria ninguém viveria/ E a produção já aumentaria/ Quinhentos por cento até na pecuária!/

[...] / O ricaço que vive folgado/ Acha que o projeto, se for assinado,/ Estará ferindo a Constituição/ [...] / Que eles não deixem o capitalismo/ Levar ao abismo a nossa nação,/ A desigualdade aqui é tamanha/ Enquanto o ricaço não sabe o que ganha/ O pobre do pobre vive de ilusão!"

Quando gravaram "A grande esperança", Chico Rey & Paraná tiveram problemas com os fazendeiros que com frequência contratavam seus shows: "Achamos que a reforma agrária era um tema da moda, muito discutido na Constituinte", explicou Chico Rey. "A música fez sucesso entre os agricultores, mas os latifundiários não gostaram muito", completou Paraná, que garantiu ter sofrido ameaças em regiões controladas pela União Democrática Ruralista (UDR) — organização dos proprietários que lutaram na Constituinte de 1988 contra qualquer reformismo no campo. A solução encontrada pela dupla para serenar os ânimos foi a eventual autocensura. "Decidimos nunca mais cantar 'A grande esperança' em exposições de gado, para não criar problemas", afirmaram.

Chico Rey se dizia apartidário e justificava suas canções de protesto graças à boa receptividade do público: "Quanto mais a situação do país se agrava, mais o mercado para a música sertaneja com críticas sociais se amplia", acreditava.[69]

Na década de 1980 o protesto se tornou algo vendável e, em determinada medida, até desejável. Junto com a sociedade brasileira, os sertanejos faziam uma metamorfose política. Ambos, sociedade e músicos, decidiram esquecer o apoio dado aos ditadores e passaram a aceitar e desejar a democracia.

Jeca Total e Jeca Tatu

Todas essas canções demonstram que a distinção estanque entre caipiras e sertanejos foi uma construção muito apurada no sentido de diferenciar artistas do campo considerados legítimos e ilegítimos. Mas, se os sertanejos eram românticos, os caipiras também cantaram o melodrama. Se os sertanejos foram conservadores em vários momentos, caipiras como Tonico & Tinoco foram apologistas em tempo integral do regime ditatorial.

A distinção, embora respondesse a questões estéticas, era sobretudo fruto de partidarismos ideológicos, políticos e teóricos. Equivocada, porém bem disseminada, essa concepção fundamentou o discurso contra a música sertaneja.

6. Cio da terra
A consolidação dos caipiras

> *O sertão é dentro de nós.*
> *Quanta gente tem saudade do coreto,*
> *do banco do jardim?*
> *É um sentimento que está no ar.*
> Rolando Boldrin, em 1982

No fim dos anos 1970 estavam consolidados dois campos na música rural: os louvadores da tradição, de um lado, e os incorporadores da modernidade e dos sons estrangeiros, de outro. Embora as acusações entre os dois grupos fossem frequentes e as denominações "caipira" e "sertanejo" estivessem sendo passo a passo incorporadas para mapear os dois campos musicais, ambos os nomes ainda eram usados de forma pouco criteriosa. Os campos já estavam estruturados, mas o consenso acerca da nomeação foi se impondo apenas gradualmente. Foi nos anos 1980, diante da consolidação dos caipiras e dos sertanejos, que a nomenclatura se lastreou de vez no imaginário coletivo.

Debulhar o trigo...

Um exemplo dessa "confusão" nas nomenclaturas foi o lançamento da coleção Nova História da Música Popular Brasileira, da Abril Cultural, em 1977. Tratava-se de uma coletânea de setenta LPs com os principais artistas da música brasileira. Entre Gilberto Gil, Ary Barroso, Donga, Edu Lobo,

Egberto Gismonti, Ivan Lins, João Bosco e Luiz Gonzaga, nenhum artista caipira ou sertanejo mereceu um disco solo na coletânea. Para não deixar o gênero totalmente de fora, foi lançado então um LP intitulado *Música caipira*, que misturava artistas da "tradição", como Cornélio Pires, Raul Torres e Capitão Furtado, com artistas modernizadores, como Milionário & José Rico, que entraram na coleção com a canção "Velho candeeiro". Tradição e modernidade estavam misturadas.[1]

Quatro anos depois, em 1982, a Abril relançou a coleção, intitulando-a História da Música Popular Brasileira — Grandes Compositores. Foi então lançado o LP *Música sertaneja* na coleção.[2] Nessa segunda edição a Abril começou a depurar os modernizadores da música rural, e a dupla Milionário & José Rico foi excluída da coleção. A despeito de ser intitulado *Música sertaneja*, o LP incluía somente a "tradição caipira" da música rural. Havia espaço para Cornélio Pires, Alvarenga & Ranchinho, Raul Torres, Teddy Vieira, Nhô Pai, Tonico & Tinoco, João Pacífico e Capitão Furtado. Todos já tinham vivido o auge da carreira em décadas passadas. Chitãozinho & Xororó, que naquele ano lançaram o estrondoso sucesso "Fio de cabelo" e já tinham doze anos de carreira, sequer foram citados. Trio Parada Dura, João Mineiro & Marciano, Matogrosso & Mathias, Leo Canhoto & Robertinho tampouco foram lembrados. Na capa do LP, bois, pastos e uma vista bucólica, além de um texto de José Ramos Tinhorão sobre o valor da música "caipira".

Recolher cada bago do trigo.

Em 1980 foi lançado pela gravadora Eldorado o LP *Caipira — Raízes e frutos*. Tratava-se, assim como no caso da Abril Cultural, de uma obra que visava a introduzir o público urbano no cenário da música rural. Com caráter pedagógico, a obra foi dividida em dois LPs. No primeiro havia canções de compositores "de raiz", pais da "tradição" da boa música do campo, cantadas pela dupla caipira Mineiro & Manduzinho, acompanhada apenas de viola e violão. Havia modas de viola, cateretês, toadas, pagodes e cururus.

O segundo disco trazia os "frutos", ou seja, os descendentes dos caipiras.[3] Entre os "frutos" daquela "árvore" figuravam artistas novos do gênero, como Renato Teixeira ("Romaria") e Adauto Santos ("Triste berrante"), e nomes da MPB que flertaram com a ruralidade, como Ivan Lins e Victor Martins ("Ituverava"), Chico Buarque ("Se eu fosse teu patrão"),

Milton Nascimento e Fernando Brant ("Ponta de areia") e Geraldo Vandré ("Disparada"). A coleção aproximava a tradição urbana da MPB do som "caipira" do campo, construindo uma linha evolutiva louvável. Quase todas as canções da MPB foram cantadas pelo violeiro Adauto Santos.

Na capa interna do LP havia um texto do acadêmico Antonio Candido, pai da distinção caipira nas universidades, defendendo a pedagogia do "bom sertão": "Este disco põe o ouvinte no centro de um mundo cultural peculiar, que está se acabando por aí: o mundo caipira. É um esforço para fixar o que sobra de autêntico, através da difícil permanência da cultura das cidades."[4]

Devido ao tom de "resgate" da obra, os cantores Mineiro & Manduzinho tiveram dificuldades de se adaptar ao tom "folclorista" da coleção *Raízes*. A dupla composta por Dirceu Azevedo (Mineiro), 39 anos, e Sebastião Narciso de Souza (Manduzinho), 36 anos, já tinha mais de vinte anos de carreira e oito LPs gravados. Depois de anos no mercado, abandonaram o português interiorano: "Cantamos de um jeito mais atualizado, com o português correto", disse Mineiro. Só que para o disco da Eldorado a produção exigiu máxima fidelidade "às raízes", exatamente como nas antigas gravações, com todos os "vancê", "mecê" e "inleição" [eleição]. Isso fez a dupla repensar sua interpretação e romper de vez com a modernidade: "A experiência foi boa, as músicas são bonitas e verdadeiras, acompanhadas de viola e violão, sem aqueles efeitos que agora estão usando. Música caipira para ser genuína tem que ser nessa base, nada mais, e agora a gente só pretende cantar assim. Nada de bolerões e guarânias com violinos atrás."[5]

A adoção de um determinado tipo de português mais simples passava a ser marca dos caipiras. Tonico & Tinoco defendiam a cantoria tradicional: "Há quarenta anos que nós cantamos 'muié', 'ocê', 'caboca', e sempre fomos bem aceitos. Por que mudar agora? Se fizéssemos isto, seria um desrespeito com o público que nos acompanha há tanto tempo."[6] Mas longe de ficarem fechados em seu próprio gueto, ao mesmo tempo que cultuavam e preservavam o passado, os caipiras se aproximavam da MPB.

Forjar no trigo o milagre do pão...

A aproximação com a MPB era cada vez mais desejável. Surgiu então uma série de artistas que tentava dar vazão a essa expectativa de setores da intelectualidade urbana. Uma dessas duplas foram os caipiras Pena Branca & Xavantinho.

Pena Branca nasceu em 1939 em Igarapava, estado de São Paulo. Foi batizado José Ramiro Sobrinho. Aprendeu com o pai as primeiras notas no cavaquinho, que logo foram transportadas para a viola. Xavantinho era Ranulfo Ramiro da Silva, nascido em Martinésia, Minas Gerais, em 1942. Os irmãos foram criados em Uberlândia, onde começaram cantando nos mutirões, bares, folias de reis e quermesses.

O nome Pena Branca & Xavantinho veio em 1970, depois de tentarem vários outros: José & Ranulfo, Peroba & Jatobá, Zé Mirante & Miramar e Xavante & Xavantinho foram algumas das investidas. Nesse ano ganharam o 1º Festival da Grande São Paulo, organizado pelo radialista sertanejo Zé Bettio, obtendo como prêmio a oportunidade de gravar um compacto duplo com as outras três duplas vencedoras. A música escolhida foi "Saudade", de Xavantinho.

Depois dessa primeira experiência, os irmãos penaram por dez anos até conseguirem gravar o primeiro LP, em 1980. Nessa década de "espera" os dias eram divididos entre os ensaios no final do expediente e o emprego numa transportadora, onde Pena Branca cuidava da parte burocrática e Xavantinho viajava pelo Brasil como caixeiro.[7]

No pioneiro LP *Velha morada*, de 1980, Pena Branca & Xavantinho gravaram um clássico do repertório da MPB, além de músicas próprias. Era "Cio da terra", de Milton Nascimento e Chico Buarque: "Debulhar o trigo/ Recolher cada bago do trigo/ Forjar no trigo o milagre do pão/ E se fartar de pão..." Essa aproximação com a MPB foi o maior acerto da dupla, pois para sempre ela ficaria marcada pela síntese da música urbana com a do campo.

Sustentando os elos com a MPB, Pena Branca e Xavantinho participaram do Festival MPB 80, organizado pela Rede Globo, com a canção "Que terreiro é esse" (Xavantinho). Naquele ano também participaram desse festival o músico Renato Teixeira e a cantora Diana Pequeno, artistas que também tentavam fazer a ponte da música caipira com a MPB.[8] Nenhum dos três passou da primeira eliminatória, mas a chegada ao festival já simbolizava uma possibilidade de encontro dos dois mundos.

Faltava um catalisador que acelerasse a integração. A vida da dupla mudou quando o apresentador Rolando Boldrin chamou-os para seu programa que então estreava na TV Globo, o *Som Brasil*. O programa, criação do próprio Rolando Boldrin e direção musical de José Amâncio, estreou em 9 de agosto de 1981. A partir de então, todos os domingos da TV Globo até março de 1989 passaram a contar com o musical rural, que misturava tradição caipira e MPB. Entre os artistas da MPB, deram as caras no programa Dominguinhos, Luiz Gonzaga, Chico Buarque, Gilberto Gil, Sivuca, Jair Rodrigues, Elba Ramalho, Nara Leão, Fafá de Belém, Toquinho, entre outros.

Mas quem era Rolando Boldrin, o criador do programa?

Nascido em São Joaquim da Barra, interior de São Paulo, Rolando Boldrin tinha na época 44 anos e era filho de violeiro. Quando pequeno, chegou a formar a dupla Boy & Formiga com o irmão Leili. Foi sapateiro, garçom de beira de estrada, frentista, carregador, ator de circo e figurante de televisão. Boldrin foi reprovado no primeiro teste que fez para cantor, na Rádio Tupi, aos vinte anos. Foi recusado também como radioamador na mesma emissora, sob a acusação, irônica aos olhos de hoje, de ter "sotaque carioca".[9]

Mas Boldrin não desistiria da vida artística. Nos anos 1960, integrou os grupos de teatro Oficina e Arena. E participou de vários festivais da canção. No III Festival Internacional da Canção da TV Globo de 1968, que consagraria "Pra não dizer que não falei das flores", de Geraldo Vandré, Boldrin cantou o samba "Onde anda Iolanda", que foi bem recebido.[10] Afinado à MPB, Boldrin era da mesma geração de outros compositores urbanos que se aproximaram da música rural, como Renato Teixeira. Assim como com Teixeira, sua aproximação só aconteceria em meados da década seguinte. Até então Boldrin era mais um influenciado pela bossa nova e pela MPB. E dividia seu tempo de músico com o emprego de ator.[11]

Antes de se dedicar integralmente à música, Boldrin se destacou na dramaturgia. Fez várias novelas, como *Alma cigana, O profeta, A viagem, As pupilas do senhor reitor, Mulheres de areia* e *Ovelha negra*, em diversas redes de TV, o que lhe deu o trânsito necessário para mais tarde criar o *Som Brasil*. Teve participação também no teatro e até no cinema nacional.[12] Desde 1979 vinha tentando transformar o seu programa de rádio *Viola de repente*, apresentado na Rádio São Paulo com a mulher, Lourdinha Pereira, num programa de televisão. Sua proposta era juntar MPB e a "boa tradição" do campo, como contou: "Foi o Zé Amâncio, dono da produtora de TV independente Manduri, quem conseguiu convencer a Globo da viabilidade do programa. Inicialmente [se chamaria] *Som rural*, mas eu achei que limitaria muito a nossa mistura de coisas brasileiras de todos os quadrantes. Isso porque dificilmente se usa esse termo para a música nordestina, que é a mais competente e criativa do país — e aí estão Caymmi, Gil, Gal, Caetano, Alceu, Zé Ramalho, Fagner para comprovar isso."[13]

Desde a estreia o programa foi um sucesso de público e crítica. Em setembro de 1982, ao completar um ano de existência, o *Som Brasil* passou a ocupar duas horas na programação matinal dos domingos globais. No mesmo ano, conquistou o prêmio de melhor programa de TV, concedido pela Associação Paulista de Críticos de Arte (APCA), e foi eleito Destaque de Marketing Rural pela Associação Brasileira de Marketing. Rolando Boldrin também recebeu os títulos de Cidadão Carioca, Cidadão Paulistano e Personalidade do Ano.[14]

Segundo o Ibope, o programa de Boldrin conseguia pelo menos 10% a mais de audiência do que o normal para aquele horário dos domingos.[15] O sucesso de *Som Brasil* inclusive em terras cariocas surpreendia o crítico Tárik de Souza: "Às nove da manhã de domingo, diz a lenda, o carioca dorme ou encaminha-se para a praia. Mais de quinhentos mil habitantes do Grande Rio, porém, já estão em frente à televisão — o que é mais espantoso — para ver e ouvir música caipira."[16]

O programa de Boldrin era garantia de alavancar as vendas de discos, e por isso alguns artistas faziam questão de se exibir lá. O músico Sivuca gostava tanto do programa que intitulou de *Som Brasil* seu LP de 1985: "Eu só não venho mais no *Som Brasil*, que para mim é um dos poucos programas realmente brasileiros da Globo, porque o meu trabalho também é urbano e aqui (mostra o cenário de José de Anchieta, uma venda de beira de estrada nos mínimos detalhes, das gavetas de arroz e fubá às prateleiras de cachaça e lamparinas) o ambiente é mais regional. Mas toda vez que eu venho há aumento na vendagem dos meus discos!"

O programa começava com uma sátira política, que mostrava a situação nacional pela palavra de Ranchinho, criador da dupla Alvarenga & Ranchinho, cujo parceiro havia morrido. O cantador fazia piada no quadro fixo "Bodega do Ranchinho", dando continuidade às brincadeiras que a dupla Jararaca & Ranchinho fazia com os políticos na época do Estado Novo. Os caipiras comentavam a redemocratização.

Ranchinho atribuía seu "renascimento artístico" ao programa. Ele estava sem gravar desde 1968, quando registrou o último LP com Alvarenga (*Os milionários do riso*, pela Chantecler). Além dessa participação, Boldrin contava causos, dançava e exibia peças teatrais e pequenos documentários. No restante do programa o apresentador recebia convidados, contava causos e cantava com eles a saudade do sertão.

Boldrin tentava manter uma aura de naturalidade na gravação: "Quando eu erro, digo no ar que errei, não tem essa história de voltar o *tape*." O programa era filmado nas tardes de segunda-feira no pequeno teatro de arena Celia Helena, no bairro da Liberdade, em São Paulo. Para o apresentador, o sucesso devia-se à sintonia com o público: "O sucesso desse programa que dá mais de quinze pontos no Ibope (cerca de um milhão e trezentos mil telespectadores), pau a pau com o [programa] *Geração 80* das tardes de domingo (dezessete pontos), prova a tese do Erico Verissimo que 'o homem brasileiro é milagrosamente um só, independente de onde tenha nascido'."[17] E completou: "O sertão é dentro de nós. Quanta gente tem saudade do coreto, do banco do jardim? É um sentimento que está no ar."[18]

A comparação de Boldrin com o *Geração 80* não era gratuita. Esse foi um programa de curta duração, contemporâneo ao *Som Brasil*, mas voltado aos jovens urbanos e com repertório de ênfase no rock.[19] Boldrin gostava de se ver como um batalhador cultural, *resistente* ao que chamava "comercialismo" e ao "estrangeirismo" na música brasileira. O produtor do programa, José Amâncio, também criticava o *mainstream*: "Só apresentamos o número com alguma coisa original. Inclusive, fugimos sempre do *hit parade*. Se o artista tem uma música do LP estourada, ele vem aqui e canta outra."[20]

Em nome do "purismo" do campo e contra o "comercialismo" musical, Boldrin recusava em seu programa instrumentos eletrônicos e as influências estrangeiras: "Nunca fiz música sertaneja como dizem alguns. Sempre valorizei e apresentei no programa música brasileira. [...] Mesmo porque a música sertaneja está cheia de influências e ritmos importados, principalmente do Paraguai e do México. Há uma *mexicanização* na música sertaneja."[21] O rock também era alvo do apresentador: "Grande parte da música sertaneja, hoje, é como o rock brasileiro: uma amálgama sem rosto. O que eu faço é utilizar os recursos de estúdio e colocar um violão ou uma gaita a mais, sem mexer na estrutura", refletia Boldrin.[22] "No meu programa, não trato com música sertaneja de alto consumo. E sou de opinião de que esses temas rurais não podem ficar apenas como moda passageira."[23]

Esse filtro estético radical do programa de Boldrin permitia a entrada de artistas como Egberto Gismonti, Patativa do Assaré, Elomar, Almir Sater e Renato Teixeira, Quarteto em Cy e Mineiro & Manduzinho, além dos velhos caipiras originais ainda vivos. Milionário & José Rico, Leo Canhoto & Robertinho, Pedro Bento & Zé da Estrada, Trio Parada Dura, Chitãozinho & Xororó, João Mineiro & Marciano, Matogrosso & Mathias ficavam de fora: "Minha preocupação é mostrar que há um país bem definido no meio de tantas influências de fora", dizia Boldrin.[24]

Parte da imprensa aplaudiu a empreitada do apresentador. O jornalista Okky de Souza demarcou: "Sua proposta é utilizar o som caipira autêntico, rude e intocado, e a partir dele elaborar arranjos tecnicamente sofisticados mas que apenas sublinhem o padrão original. Em vez de fazer o papel de Milionário & José Rico sem sotaque, o que seria muito fácil, lança-se ao repto de vestir o som rural para os grandes ouvidos das grandes cidades."[25]

Tárik de Souza chamou o programa de "padrão caipira de qualidade", fazendo referência ao slogan "padrão Globo de qualidade" da emissora carioca.[26] O jornal O *Estado do Paraná* também louvou a novidade: "Rolando Boldrin pode se considerar um homem realizado. Não apenas conseguiu se firmar nacionalmente como condutor de um programa que veio resgatar a música brasileira de raízes, como o seu sucesso estimulou muitos jovens a assumirem o canto da terra. [...] [O programa é] indispensável a quem sabe valorizar a música de raízes."[27]

Boldrin tornara-se então um articulador daqueles setores da música brasileira que queriam a valorização das raízes nacionais. No auge do sucesso, o apresentador tornou-se um militante da pureza caipira.[28]

E se fartar de pão...

O sucesso da proposta de Boldrin levou ao crescimento de seus negócios. Além de aparecer em rádio e TV, o apresentador gerenciava a firma de empreendimentos artísticos Berra Boi e organizava a produção do selo Som Brasil, da gravadora global Som Livre. Com a Berra Boi, planejava remontar a peça *A carreira do divino* e ainda dois filmes sobre o universo caipira. Um deles seria *A vida de Alvarenga & Ranchinho*. Na época Boldrin buscava o diretor Carlos Manga para filmá-lo.[29]

Ele também produzia seus próprios discos, nos quais passou cada vez mais a regravar clássicos e cada vez menos a gravar composições próprias. No disco intitulado *Caipira*, de 1981, gravou clássicos de Alvarenga & Ranchinho, Patativa do Assaré, Raul Torres e Zé Fortuna, entre outros. Nesse LP, gravou uma única canção de sua autoria, "Vide-vida marvada", um dos seus poucos grandes sucessos autorais: "É que a viola fala alto no meu peito humano/ E toda moda é um remédio pros meus desenganos/ É que a viola fala alto no meu peito, mano,/ E toda mágoa é um mistério fora deste plano/ Pra todo aquele que só fala que eu não sei viver/ Chega lá em casa pruma visitinha,/ Que no verso ou no reverso da vida inteirinha,/ Há de encontrar-me num cateretê."

Também em 1981 Boldrin participou da seleção de faixas do primeiro disco do seu programa, lançado pelo selo Som Brasil. Era uma coletânea de músicas caipiras. Entre os escolhidos para o LP duplo estavam Alvarenga & Ranchinho, Mineiro & Manduzinho, Tonico & Tinoco, Jararaca & Ratinho, Raul Torres & Florêncio, Elomar, o próprio Boldrin, João Pacífico e até tribos indígenas dos txucarramães e xinguanos, entre outros. Todos afinados na lógica da preservação das raízes. Os sertanejos foram barrados na festa.

Em 1982 Boldrin regravou novamente a tradição caipira no LP *Violeiro*.[30] Para esse disco ele teve uma ideia original. Era comum as duplas caipiras terminarem a carreira quando um dos parceiros morria. Boldrin então regravou os clássicos caipiras substituindo a voz do integrante ausente ao lado do parceiro ainda vivo. Gravou "Balagulá" com Corumba (da dupla com o finado Venâncio), "Chapéu de paia" com Ranchinho (da dupla com Alvarenga) e "Flor do cafezal" com Cascatinha (parceiro de Inhana), entre outros. A capa do LP *Violeiro* fazia referência ao quadro homônimo do paulista Almeida Junior, de 1899.

A militância de Boldrin gerou algumas dificuldades para o programa. Na semana de estreia a cantora Diana Pequeno pediu amplificadores de guitarra. O pedido foi simplesmente negado pela produção.[31] O cantor Sérgio Reis, apesar de toda a reconstrução de seu personagem nos anos 1970, foi barrado por Boldrin, pois ele "teimava" em se apresentar "com chapéu de caubói texano", segundo palavras do próprio apresentador.[32]

Milionário & José Rico até conseguiram aparecer no programa, mas fizeram concessões. Boldrin pediu que os artistas se apresentassem "à paisana", sem as roupas espalhafatosas dos shows, trajes americanos ou mexicanos.[33] A dupla seguiu à risca o pedido e cantou singelas toadas de Raul Torres e João Pacífico, adequando-se à estética caipira e abandonando temporariamente os "uiuiuis" mexicanos e a harpa paraguaia. O empresário da dupla, José Raimundo, lembrou em entrevista para este livro as discussões com o apresentador: "Rolando Boldrin não permitia que Milionário & José Rico fossem tocar lá. Por causa da bateria! Dizia que não podia inovar! [...] Um dia eu falei: 'Rolando, você tem que entender que as coisas mudaram.' Ele disse: 'Mas tá desfigurando...'. Eu disse: 'Pelo contrário! Evoluiu, melhorou, trouxe mais gente para participar da música...'"[34]

Outros discordaram da linha radical do programa e contra-atacaram. O radialista Zé Bettio, da Rádio Record, responsável pelo lançamento de várias duplas sertanejas, proibiu seus pupilos de aparecerem no programa. Nessa época, Chitãozinho & Xororó eram empresariados por José Homero Bettio, filho do radialista. A dupla teria sido convidada a participar do programa cantando músicas caipiras, como fizeram Milionário & José Rico, mas alegaram "falta de tempo", segundo relatou Rolando Boldrin.[35]

No início dos anos 1980 havia também uma disputa de gravadoras caipiras e sertanejas. Enquanto os sertanejos gravavam sobretudo na Copacabana, Continental e Chantecler, os caipiras gravavam na Som Livre (pelo selo Som Brasil), na RGE (Almir Sater, Pena Branca & Xavantinho, Rolando Boldrin) e na RCA (Renato Teixeira, Sérgio Reis, Diana Pequeno). Havia exceções, como Inezita Barroso, que gravava na Copacabana, e a dupla Tonico & Tinoco, que estava na Chantecler, mas em linhas gerais a disputa poderia ser *também* definida como concorrência mercadológica de gravadoras.

Concordando com Boldrin, a crítica purista oriunda da MPB pegava pesado e combatia o "estrangeirismo" e o "conservadorismo" que supostamente viam no gênero, como disse na época o crítico Tárik de Souza: "Os sertanejos se beneficiam [...] da ascensão do modismo country e cowboy, correspondente sertanejo americano, com o triunfo republicano de Ronald Reagan."[36]

Por isso, o chapéu "texano" de Sérgio Reis foi tão chocante. Os mais radicais, como Boldrin, não conseguiam esquecer que o cantor tinha sido da Jovem Guarda.[37]

Qualquer deslize na construção da identidade, fosse simplesmente o chapéu "errado" ou o português "correto", era o bastante para limar alguém do programa. José Hamilton Ribeiro também criticou o linguajar de Sérgio Reis em seu livro de 2006: "No caso de Sérgio Reis, embora atue com arranjos sofisticados e grande massa sonora, não se pode negar a ele o posto de autêntico cultor da música caipira — apesar do cacoete de 'corrigir' as letras para que elas não tenham 'erros de português'. [...] O caipira não 'fala errado'. Apenas usa uma forma antiga de português, do século XVI — tempo do início da colonização do Brasil."[38]

Nem todos concordavam com a linha de Rolando Boldrin. O radicalismo do apresentador encontrou "caipiras" ainda mais radicais que ele. O músico gaúcho Noel Guarani recusou-se a participar do *Som Brasil* porque o programa "era da Globo".[39]

CIO DA TERRA

Se lambuzar de mel...

Apesar das disputas, ou talvez justamente por causa delas, o programa catalisou a carreira de vários artistas. O caso mais exemplar é o da dupla Pena Branca & Xavantinho. Participantes das primeiras edições do *Som Brasil*, eles ganharam a intimidade do apresentador. Em 1982 Boldrin produziu o segundo LP dos mineiros, intitulado *Uma dupla brasileira*, lançado pela RGE.

E para demarcar seu espaço do mundo caipira eles regravaram "Cio da terra" no LP de 1982, ainda que já tivessem lançado a canção no primeiro disco. Ela era importante, pois demarcava exatamente o ponto em que a MPB se mostrava bastante folclorista, num movimento de busca das "raízes" da música brasileira, como assinalou o próprio Chico Buarque, letrista da canção: "Segundo o que eu sei, o Milton fez esta música pensando nos cantos de mulheres camponesas, que trabalham no Vale do Rio Doce. A música é muito complicada por possuir uma estrutura que a todo instante é quebrada, o ritmo é bastante solto. E isto, segundo o Milton, é pinto perto do que ele ouviu por lá. São cantigas de trabalho, parece que eram mulheres que trabalhavam na colheita de algodão. A letra foi feita por mim pensando nisto. 'Cio da terra' é uma canção de trabalho agrário."[40]

Com o sucesso da canção, Pena Branca & Xavantinho passaram então a acompanhar Boldrin em shows pelo país. Em 1986 participaram do programa *Chico & Caetano*, também da TV Globo. Junto com Milton Nascimento, cantaram a canção que lhes rendera a fama. Do LP oriundo do programa, Caetano Veloso considerou a gravação de "Cio da terra" pela dupla ao lado de Milton Nascimento "a mais emocionante" dos três meses de programa.[41]

E se Milton Nascimento abriu as portas da MPB para a dupla, Pena Branca & Xavantinho retribuíram: conseguiram fazer o cantor adentrar o mundo rural, que até então pouco conhecia suas composições "urbanas". Milton relatou essa troca de experiências quando foi chamado para se apresentar no *Som Brasil* em 1986: "A interpretação deles é primorosa e ela é responsável pela minha aceitação por parte desse segmento de público. Pena Branca e o Xavantinho abriram as portas para mim. Fico muito à vontade para dizer isso, pois percebi que, após a gravação de 'Cio da terra', a receptividade foi maior. Houve um entendimento que não havia antes. E a partir daí o meu trabalho, além de aceito, é compreendido."[42]

Diante do sucesso da parceria, Milton Nascimento os convidou para o palco do Theatro Municipal do Rio de Janeiro para acompanhá-lo no show no qual recebeu o Prêmio Shell de 1986. Com o aval de Rolando Boldrin, Milton Nascimento, Caetano Veloso e Chico Buarque, Pena Branca & Xavantinho ganharam ares de unanimidade. O público universitário da MPB começou a também adorar os caipiras. Os novos fãs empolgavam e intimidavam Xavantinho: "É até engraçado. No fim de cada show, a garotada parte para cima da gente com uma série de perguntas. Aí eu e o mano nos sentimos úteis, porque aproximamos estes jovens da linguagem simples e valorosa do homem do campo, fazendo com que cada um deles abrace nossos causos. Não queremos lutar sozinhos, mas em conjunto. É por isso que levamos nossas músicas para todos os cantos."[43]

Veio então o terceiro disco da dupla, que não poderia ganhar outro nome que não *Cio da terra*, de 1987. O LP produzido por Tavinho Moura tinha violões de Milton Nascimento e rabeca de Marcus Viana. As vozes em terça da dupla faziam o restante dos arranjos. A perspectiva de "resguardar a tradição" ensinada por Boldrin permanecia. No lado A havia canções folclóricas, como "Cantiga do Caicó", tema popular recolhido por Villa-Lobos, e "Cuitelinho", coletada por Paulo Vanzolini. O lado B trouxe composições de Patativa do Assaré ("Vaca Estrela e boi Fubá") e Renato Teixeira ("Canoa de rio"), além da regravação, pela terceira vez consecutiva, de "Cio da terra".

O jornal *Última Hora* aprovou o LP: "É pouco provável que a maioria das emissoras de FMs cariocas tenha coragem de colocar tanta brasilidade em sua programação [...]. Não tem importância. Certamente o mesmo público que se emocionou no Municipal, ao lado de Milton Nascimento, vai correr para ouvi-los."[44]

O jornal *O Estado*, de Florianópolis, viu no "respeito às raízes" o principal ingrediente da qualidade da dupla: "Devido a essa autenticidade, torna-se difícil definir o trabalho deles dentro de um gênero musical específico, embora seja possível classificá-lo como bonito, simples e emocionante."[45] A *Folha de Londrina* declarou que o LP *Cio da terra* era "um momento realmente muito alto da canção brasileira" e classificou a dupla de "lição de Brasil".[46] O *Jornal da Tarde* também demarcou a "identidade" da dupla: "Uma viola bem-ponteada, vozes maviosas e um repertório singular. Quem não gosta dessa combinação é doente do peito ou brasileiro não é. [...] [Pena Branca e Xavantinho] mostram-se puros e marcadamente regionais."[47]

CIO DA TERRA

A carreira da dupla seguiu sempre esta seara aberta em 1980: a mistura de música caipira com a MPB. Em onze discos, gravaram canções de artistas consagrados nos meios intelectualizados com arranjos caipiras. Entre as canções incorporadas ao longo da carreira estiveram "Canto do povo de um lugar" e "O ciúme", ambas de Caetano Veloso; "Ituverava", de Vitor Martins e Ivan Lins; "No dia que eu vim-me embora", de Caetano e Gilberto Gil; "Lambada de serpente", de Djavan; "Não irei lhe buscar", de Ataulfo Alves; "Planeta Água", de Guilherme Arantes; e "Morro Velho", do padrinho Milton Nascimento (que participou da gravação), entre muitas outras.

Associados ao campo caipira, em fina sintonia com a MPB, Pena Branca e Xavantinho se opuseram esteticamente ao sucesso sertanejo dos anos 1980 e 1990. Durante o auge da música sertaneja na virada da década, quando as rádios tocavam canções como "Entre tapas e beijos", "Evidências" e "É o amor" à exaustão, a dupla uniu-se a Renato Teixeira e juntos gravaram o disco *Ao vivo em Tatuí*, fruto de um show no interior paulista em 1992. No repertório, clássicos caipiras como "Chalana" e "Rio de lágrimas", composições dos novos caipiras como "Vide-vida marvada", de Rolando Boldrin, "Tocando em frente", de Renato Teixeira e Almir Sater, "Amanheceu, peguei a viola" e "Romaria", de Renato Teixeira, e canções folclóricas como "Calix bento" e "Cuitelinho", além de canções de nomes da MPB, como "Canto do povo de um lugar", de Caetano Veloso, e, *novamente*, "Cio da terra".[48]

A revista *Veja* gostou do disco de Pena Branca & Xavantinho e Renato Teixeira, demarcando a identidade nacional presente na obra e repudiando o sucesso dos sertanejos dos anos 1990: "Diante deste disco, é melhor esquecer que Leandro & Leonardo estão na moda e que Chitãozinho & Xororó arrastam multidões a seus shows. Ele contém a música sertaneja de verdade, aquela na qual os intérpretes usam camisa quadriculada em lugar de blusão de franja e sandália em vez de bota texana. [...] Ao ouvir o resultado desse encontro de titãs do sertão, é impossível ser brasileiro e ficar indiferente."[49]

O violeiro chique

Além de Renato Teixeira, o violeiro Adauto Santos e a dupla Pena Branca & Xavantinho, outro artista que se destacou por intermédio do programa de Boldrin foi o violeiro Almir Sater. Nascido em 1956 em Campo Grande, Sater nunca tinha se ligado à música de sua região até sair do Mato Grosso do Sul para estudar Direito no Rio de Janeiro. Pouco habituado à cidade grande, passava horas sozinho tocando violão. Até que um dia viu uma dupla mineira com duas violas apresentando-se no Largo do Machado, no Rio de Janeiro. Encantou-se com o som, desistiu da carreira de advogado e voltou para Campo Grande, influenciado pelas canções de Tião Carreiro. Em 1979, resolveu tentar a sorte como músico em São Paulo, onde conheceu Tetê Espíndola, sua conterrânea, na época líder do grupo Lírio Selvagem. Fez alguns shows com o grupo e conheceu a cantora Diana Pequeno, a quem passou a acompanhar.

Depois de participar do disco *Som Brasil*, organizado por Boldrin, Sater lançou seu primeiro disco, aos 24 anos. Nele o violeiro já buscava se associar às tradições legítimas da linha caipira e trazia participação especial do violeiro Tião Carreiro. Nesse mesmo ano de 1981 Sater se apresentou no programa de Rolando Boldrin e foi figura marcante. A mistura da modernidade com o louvor à tradição caipira foi bem recebida. A revista *Veja* ficou intrigada com aquele personagem que fundia a urbanidade e o mundo caipira e chamou-o de "o sertanejo chique": "Sater é o que vai mais longe na proposta de tornar o som sertanejo saboroso para o ouvinte da cidade. Ironicamente, é também o que se mantém mais fiel às estruturas simples da música interiorana. [...] Cultiva os tradicionais temas literários do sertanejo, fala de bois, pantanais, amores e colheitas, mas o faz em boa poesia [...]. Sua música não é apenas a perfeita combinação entre cidade e campo: é também um dos trabalhos mais brilhantes surgidos na música brasileira."[50]

Uma das principais categorias de legitimidade para a entrada de Almir Sater no mundo caipira foi, além do uso da viola e da escolha consciente de um patrono (o violeiro Tião Carreiro), a busca de uma poesia "refinada" que tratasse dos temas rurais da terra. Ao lado de outros músicos que realizavam esse projeto no programa de Boldrin, como o músico Papete, a cantora Diana Pequeno e o grupo Bendegó, Almir Sater foi o que mais conseguiu sucesso e legitimidade nesse diálogo com a tradição.[51]

Uma parcela desses artistas era de ex-universitários. Sater estudou Direito, Diana Pequeno, engenharia elétrica, e Papete, engenharia ambiental. Renato Teixeira, embora não tenha completado os estudos, esteve ao lado da geração universitária dos anos 1960. O mesmo se aplica a Rolando Boldrin. Público e artistas intelectualizados tornaram-se um mercado potencial para as gravadoras.

Percebendo isso, a gravadora WEA criou o selo Berrante em 1980. Tratava-se de um selo de documentação da história caipira e dirigido ao público urbano, especialmente universitário. Por ele foram lançados discos dos caipiras Téo Azevedo e João Pacífico, por exemplo.[52] O projeto de "resgate" da tradição era abraçado pelas gravadoras.

Seguindo essa proposta estética de valorização dos caipiras, a Fundação Nacional de Arte (Funarte), uma instituição pública, lançou um LP da dupla Jararaca & Ratinho que havia sido gravado originalmente em 1960, mas nunca lançado.[53] O jornalista Joaquim Ferreira dos Santos louvou o disco e criticou os sertanejos que não "chegariam aos pés" da antiga dupla caipira: "[Jararaca & Ratinho] misturaram os ritmos nordestinos com a forma da dupla caipira sulista. Era a definição de um gênero que hoje tem milhares de seguidores no país, inclusive estrelas como Milionário & José Rico, que vendem quatrocentos mil discos por lançamento. O disco de Jararaca & Ratinho que chega às lojas esta semana, porém, torna evidente que esses alunos jamais aprenderam o pulo do gato de seus mestres."[54]

Da mídia às estatais, passando pelas gravadoras, grande parte das instituições do país parecia disposta a louvar os caipiras. O elogio à música caipira unia direitas e esquerdas, organismos públicos e privados, na redescoberta de um Brasil perdido.

Paraíso da roça

Os contatos da Rede Globo com o mundo rural não ficaram restritos aos musicais da TV como o *Som Brasil*. Um ano antes da estreia do programa de Boldrin, foi transmitido o primeiro *Globo rural*, em 6 de janeiro de 1980. O programa ia ao ar aos domingos às 9h, inicialmente com trinta minutos de duração.

O primeiro cenário do *Globo rural* era simples, todo branco, sem o logotipo do programa, composto de poucos elementos cenográficos: apenas uma pequena bancada e uma mesa, ambas feitas de plástico transparente imitando vidro. Pequenos detalhes da decoração — como dois cinzeiros em cima da mesa e paletós pendurados no encosto das cadeiras — evocavam o ambiente de uma redação de jornal. Ao conquistar o sucesso, o cenário foi mudando, e o *Globo rural* passou a ter uma hora de duração.[55]

O programa também foi importante para sedimentar a ligação da emissora com os caipiras. Teve ao longo de sua história quatro aberturas. Das quatro, três eram temas instrumentais de Almir Sater. A mais famosa delas foi o ponteio "Luzeiro" e foi importante para o compositor: "Essa música praticamente criou meus filhos. Materialmente mesmo! Virou abertura e até hoje me ajuda a criar a família", disse Sater em 2014.[56] Da redação do *Globo rural* saiu um conhecido pesquisador da música caipira, José Hamilton Ribeiro, repórter que corria o Brasil fazendo matérias para o programa. Em 2006 Ribeiro publicou o livro *Música caipira — as 270 maiores modas de todos os tempos*, no qual louva a "boa tradição" musical caipira.

No início dos anos 1980 o homem do campo tornou-se um potencial telespectador para a Globo.[57] Percebendo o filão que se abria, a emissora continuou investindo pesado nas atrações rurais. Em agosto de 1982 estreou a novela *Paraíso*, de Benedito Ruy Barbosa. Na quinta novela que escrevia na emissora, o autor voltava a investir no tema rural, como já fizera em *Meu pedacinho de chão* (1971), *O feijão e o sonho* (1976), *À sombra dos laranjais* (1977) e *Cabocla* (1979). Mais radical nessa versão, a simbiose com a música rural foi total. Pela primeira vez uma novela de Benedito Ruy Barbosa trazia um violeiro de verdade como personagem, papel que coube a Sérgio Reis, que deu prosseguimento à carreira de ator iniciada com o filme *Menino da porteira*, que também tivera roteiro do autor. Na trilha sonora houve espaço para Sérgio Reis ("Boiadeiro errante"), Almir Sater ("Varandas"), Rolando Boldrin ("Eu, a viola e Deus"), além de Ney Matogrosso (que cantou a abertura "Promessas demais") e Jorge Ben ("Oé oé faz o carro de boi na estrada"). Até Milionário & José Rico conseguiram espaço com "Minha paixão", canção originalmente lançada em 1978.

Decepar a cana...

Diante da onda favorável aos temas rurais, Rolando Boldrin sonhou alto. Com cartaz entre os músicos e poder na TV, ele entrou numa queda de braço com os executivos da emissora para mudar o horário do *Som Brasil*. Boldrin achava que as manhãs de domingo eram pouco para seu programa e pedia aos diretores da Globo um horário nobre semanal.

Boldrin perdeu a batalha e indignou-se: "Cansei da rotina de me apresentar num horário tão incômodo." Infeliz com a decisão da emissora, Boldrin resolveu abandonar o programa, e a apresentação passou para o ator Lima Duarte, que comandou o *Som Brasil* de 1984 a 1989.[58] Com a mudança, o programa ganhou gravações externas pelo interior, buscando manifestações da cultura regional como a pintura, as festas, a música e o artesanato populares. Lima Duarte deu ênfase à narrativa, contando histórias e recitando trechos de escritores, sobretudo de Guimarães Rosa. E permaneceu o elo MPB e música caipira.

Boldrin rompeu também seu contrato com a global Som Livre e foi para a gravadora multinacional Barclay/Ariola, que naquele momento entrava com tudo no mercado nacional.[59] Sem o comando de Boldrin, foram lançados ainda mais dois LPs do programa *Som Brasil*, um em 1984 e outro em 1989.

Rolando Boldrin não ficou muito tempo fora do ar. Em conversações com a TV Bandeirantes, criou o programa *Empório brasileiro*, que ia ao ar às terças-feiras, em horário nobre, às 21h15. Nesse ano Boldrin lançou o 11º disco da carreira, também chamado de *Empório brasileiro*.

O programa na TV Bandeirantes estreou em 27 de novembro de 1984 com 13% da audiência de São Paulo, segundo o Ibope. Quando Boldrin saiu da Globo, estava com 11% do público com televisores ligados. Na TV Bandeirantes, ultrapassou a audiência do campeão da emissora, o apresentador J. Silvestre, e tornou-se o mais visto do canal. "As pessoas estão cansadas daqueles programas em que os cantores dublam a própria voz. Elas querem ver no vídeo gente que fala sem impostação, sem recitar ou fazer mímicas", dizia Boldrin. A proposta de unir MPB e caipiras prosseguiu, e o apresentador-cantor continuou proibindo o uso das guitarras elétricas. Mesmo com as limitações, estavam previstas apresentações de Arrigo Barnabé e Egberto Gismonti. Mas nada dos descendentes de Leo Canhoto & Robertinho ou de Milionário & José Rico.[60]

O *Empório brasileiro* durou um ano. Seu programa caipira começou a ter de enfrentar o auge da música sertaneja que, a partir da virada dos anos 1980, passou a atingir crescentemente também os setores urbanos e intelectualizados. Boldrin foi então para o SBT, onde, de 1989 a 1990, apresentou o *Empório Brasil*. Em 1997 ele foi para a CNT com o programa *Estação Brasil*, de curta duração, e em 2005 aportou na TV Cultura, onde começou a apresentar o *Sr. Brasil*, exibido até a publicação deste livro.

Sua imagem, embora sem o peso que tinha nos anos 1980, ainda está ligada à defesa da identidade "brasileira" da cultura caipira. Em 2010 Boldrin foi homenageado pela escola de samba paulistana Pérola Negra no enredo "Vamos tirar o Brasil da gaveta", jargão sempre falado por Boldrin em seu programa. Essa mesma escola tinha uma tradição de louvar os caipiras. Em 1998 a Pérola Negra havia homenageado a cantora Inezita Barroso, que desde 1980 apresentava o programa *Viola, minha viola*, também na TV Cultura.

O programa de Inezita Barroso tinha menos a postura de misturar música caipira com MPB e buscava mais valorizar apenas as raízes da música rural. Inicialmente veiculado aos domingos, das 18 às 20h, depois foi transferido para as manhãs dominicais. Com público restrito, mas fiel, o programa de Inezita dura mais de trinta anos no ar, a despeito da crescente modernização da música rural. Para Inezita, seu programa era o bastião da boa música, resistente aos modismos e às importações: "Não é que eu não goste, mas eles [os sertanejos] quebraram aquela unidade caipira. Então dali para cá começaram a aparecer as duplas ditas modernas, né? Criou-se, nesse momento, não uma inimizade, mas uma prevenção contra esse tipo de música."[61]

Para se "prevenir" contra a modernização "estrangeira", Inezita tornou-se, além de apresentadora e cantora, professora de folclore brasileiro. De 1982 a 1996, assumiu a cadeira de folclore na Universidade de Mogi das Cruzes. E a partir de 1983 até o início do milênio ministrou a mesma matéria no curso de Turismo da Faculdade da Capital, instituição de ensino superior privada de São Paulo.[62]

A TV estatal tornou-se o último bastião dos caipiras. Com Rolando Boldrin no *Sr. Brasil* e Inezita Barroso no *Viola, minha viola*, a TV Cultura, emissora criada em 1969 pelo regime ditatorial, tornou-se o único lugar possível para aqueles que tentaram resistir à maré modernizadora da música sertaneja, como analisou Inezita Barroso em 2001: "São 21 anos brigando por ele [o programa *Viola, minha viola*]. Não vou dar o meu trabalho para ninguém. Tenho uma produção interessada, que respeita o caipira. Mas já sofri muito com gente que não entende o universo caipira. Por que não podemos falar *nóis*? Querem globalizar tudo? Então mandem para a Globo. Cada um tem seu jeito de falar, de se expressar. Um dia, vou escrever a história do meu auditório. Ali, a gente não admite concessões. Não estou procurando dinheiro. Se quisesse, abriria uma butique. Nunca tive essa ambição. Talvez eu seja bem caipira, mesmo, pois os verdadeiros caipiras não têm essa ambição."[63]

Embora Inezita estimule os "globalizados" a ir para a Globo, fato é que durante pelo menos dez anos a emissora carioca privilegiou os caipiras aos sertanejos: *Globo rural*, *Som Brasil* e as trilhas da Globo eram os palcos dos caipiras nos anos 1980, não dos sertanejos.

Como se vê, a música caipira se consolidou nos anos 1980. E como estava a música sertaneja nesse período?

O próximo capítulo versará sobre a consolidação e as mediações da música sertaneja, de forma a melhor compreendermos as disputas em jogo no cenário rural brasileiro.

PARTE 2 A vitória dos simulacros

> O *simulacro não é uma cópia degradada, ele encerra uma potência positiva que nega tanto o original como a cópia, tanto o modelo como a reprodução. Pelo menos, das duas séries divergentes interiorizadas no simulacro, nenhuma pode ser designada como o original, nenhuma como a cópia.* [...] *Basta, contudo, que a disparidade constituinte seja julgada nela mesma, não se prejulgue a partir de nenhuma identidade preliminar e que tenha o* dispars *como unidade de medida e de comunicação.*
>
> Gilles Deleuze[1]

7. Fio de cabelo
A consolidação da música sertaneja

Na década de 1980 a música sertaneja também se firmou. O que era antes uma agremiação de gêneros e estilos musicais diversos tornou-se gradativamente uma identidade consolidada. "Sertanejo" entronizou-se como um tipo de música, uma identidade musical facilmente associada a determinados artistas e público.

Até meados dos anos 1980, os discos de música sertaneja estampavam na contracapa, além dos nomes das canções e seus compositores, o tipo de música gravada. Era normal que as canções dos discos de Milionário & José Rico, Leo Canhoto & Robertinho e Trio Parada Dura viessem demarcadas como "rancheira", "rasqueado", "polca", "bolero", "balanço", "corrido" e "guarânia", entre outros subgêneros. Essa denominação também vinha escrita no selo dos discos, fossem compactos ou LPs.

Essa prática era comum em toda a música popular até a década de 1960.[1] Na música rural essa prática permaneceu porque o termo "sertanejo" ainda não havia se hegemonizado por completo. Isso só aconteceu a partir de um grande sucesso que mudou a história do gênero, radicalizando as críticas, formatando novas duplas e catalisando a consolidação do termo. Esse sucesso foi a música "Fio de cabelo", gravada por Chitãozinho & Xororó em 1982: "Quando a gente ama/ E não vive junto da mulher amada/ Uma coisa à toa é um bom motivo pra gente chorar/ Apagam-se as luzes ao chegar a hora de ir para a cama/ A gente começa a esperar por quem ama/ Na impressão que ela venha se deitar..."

"Fio de cabelo" foi composta por Darci Rossi e Marciano, este último da dupla João Mineiro & Marciano, também famosa no meio sertanejo. Chitãozinho & Xororó conheceram Darci Rossi por volta de 1977, quando resolveram trocar o velho fusca que usavam para se locomover em excursões pelo interior do Brasil. Natural de Guaxupé, interior de Minas Gerais, Darci Rossi trabalhava na General Motors da região de Campinas. Generoso, o negociante acenou com a possibilidade de conseguir um carro novo para a dupla com prestações mais baixas e preço de fábrica.

No meio das negociações, Rossi disse à dupla que compunha versos e mostrou alguns. Xororó tinha na época uma canção engavetada por falta de letra. O cantor queria uma letra parecida com a de "Doce amada", canção que havia sido "música de trabalho" e intitulado o disco anterior, de 1976, e tinha conseguido um relativo sucesso entre os fãs regionais da dupla. Xororó queria repetir a fórmula e mostrou a Darci Rossi um fio melódico que havia composto. Rossi reagiu dizendo que nunca havia feito letra, apenas poemas. Diante da insistência da dupla, ele compôs "Querida", canção de abertura do LP *A força da jovem música sertaneja*, de 1977. A partir dessa canção, Darci Rossi se tornaria letrista sempre presente na obra da dupla. O primeiro sucesso veio com a canção "Sessenta dias apaixonado", gravada por Chitãozinho & Xororó em 1979 no disco homônimo.

Darci Rossi conheceu Marciano em fins da década de 1970, por intermédio de José Homero Bettio, empresário de Chitãozinho & Xororó, que também produzia a carreira de João Mineiro & Marciano. Integrantes da nova onda moderna dos anos 1970, João Mineiro & Marciano só deslancharam a partir da década de 1980, quando tiveram vários sucessos como "Se eu não puder te esquecer", "A bailarina", "Seu amor ainda é tudo" e "Ainda ontem chorei de saudade", entre outros. Assim como Chitãozinho & Xororó, eram da geração que iniciou nos anos 1970 e sentiram-se muito atraídos por Leo Canhoto & Robertinho e Milionário & José Rico. Marciano compunha sobretudo corridos, guarânias e rancheiras: "Eu adorava música mexicana, achava divertido ouvir um mariachi cantando, dando aqueles gritos no meio das músicas, e eu fazia isso quando cantava as minhas", disse Marciano.[2]

O sucesso veio quando Marciano encontrou um letrista que deu vazão aos dramas "mexicanos" de suas melodias, como relatou anos mais tarde: "Eu comecei a fazer composição boa mesmo, de verdade, quando eu conheci o Darci Rossi, já em 1980. Foi com ele que eu compus 'Fio de cabelo'.

Eu achava que precisava ser mais incisivo, ter letras mais pesadas, pra me diferenciar do que tava acontecendo. Então a gente pegava histórias de vidas, de relacionamentos, de qualquer tipo, e partia pro lado triste. Foi proposital."[3]

Juntos, Marciano e Darci Rossi fizeram uma série de canções a partir de então, tornando-se requisitados e gravados por várias duplas. Mas no começo tiveram dificuldades de gravar até aquele que seria seu maior sucesso. O próprio compositor não botava muita fé na composição, pois todos a achavam exageradamente melodramática. Assim sua própria dupla perdeu a oportunidade de gravar aquele que foi, ao lado de "Entre tapas e beijos", de Leandro & Leonardo, a música sertaneja de maior sucesso da década: "Eu mostrei [a música pronta] pro João Mineiro e ele achou muito pesada pra época, achou que precisava de músicas mais leves, mais jovens, pra pegar um público novo, e a gente acabou descartando. Mandei, então, pro Célio Roberto, que estava estourado, e ele também não quis. Decidi mandar pra Valderi & Mizael, que tinham um programa na Rádio Record. Um dia o Chitãozinho estava na rádio e ouviu a dupla ensaiando a música, gostou e pediu pra gravar. O Valderi comentou que achava a música boa, mas que o começo era muito baixo e o refrão muito alto, então não caberia na voz deles, e mandaram o Chitão e o Xororó me procurarem. Três meses depois de ter sido gravada, a música já estava estourada no Brasil todo, e aí minha carreira deslanchou."[4]

"Fio de cabelo" foi gravada com arranjos de Evencio Raña Martinez, maestro de origem espanhola que trabalhava com várias duplas adeptas das guarânias e rancheiras. Na capa do LP, "Fio de cabelo" ganhou a alcunha de guarânia: "E hoje o que eu encontrei me deixou mais triste/ Um pedacinho dela que existe/ Um fio de cabelo no meu paletó/ Lembrei de tudo entre nós, do amor vivido/ Aquele fio de cabelo comprido/ Já esteve grudado em nosso suor."

A canção foi importantíssima na história da música sertaneja porque extrapolou os limites de popularidade inaugurados por duplas anteriores. Pela primeira vez a música sertaneja conseguia vendagem acima de um milhão de discos, mostrando o potencial daquele gênero, como lembra Xororó: "A gente estava vindo de dois discos que tinham feito muito sucesso, o LP *Sessenta dias apaixonado* e o LP *Amante amada*. As composições de Darci Rossi e Marciano tinham dado muita sorte pra gente... A gente já estava vendendo quatrocentas, quinhentas mil cópias. E 'Fio de cabelo' rompeu todas as barreiras do preconceito. A gente triplicou esta venda para 1,5 milhão." Chitãozinho dimensionou o tamanho exato do sucesso: "Ela ultrapassou o limite do ouvinte de música sertaneja, dos que sempre acompanharam [os sertanejos]. 'Fio de cabelo' fez sucesso em outras camadas. Abriu a porta das FMs, começamos a entrar em programa de televisão em horário nobre."[5] O público sertanejo era o público de circo. Os shows eram para oitocentas ou mil pessoas, quando o circo era grande. Às vezes, cantava-se para cem, duzentos espectadores. Com a música "Fio de cabelo" rompeu-se uma parte da resistência ao sertanejo. A partir de 1982, as FMs começaram a tocar sertanejo, acompanhando as rádios AM, de sinal de pior qualidade, que sempre tocaram o gênero. "Começamos a aparecer na TV e as coisas foram mudando. Começamos a ser convidados para fazer festas, aniversários de cidades, rodeios, exposições, e passamos a nos apresentar para um público cada vez maior", pontuou Xororó.[6]

Várias duplas começaram a se espelhar no patamar alcançado por Chitãozinho & Xororó, que se tornaram referência no meio. João Mineiro & Marciano, Alan & Aladim, Matogrosso & Mathias, João Paulo & Daniel e várias outras miraram o grande sucesso dos irmãos de Astorga. Leandro & Leonardo não foram exceção. "Em 1982 Chitãozinho & Xororó lançaram o disco que a gente ouviu até furar. Eu matava aula todas as noites para ouvir o LP", disse Leandro.[7] Leonardo relatou a importância daquela canção para sua carreira: "A gente curtia quando estourou a música 'Fio de cabelo', de Chitãozinho & Xororó... Eu acho que foi dali para cá que nós começamos a investir mais na música, a cantar mais nas noites, participar mais das festas."[8]

Além do sucesso espetacular, "Fio de cabelo" foi importante para Chitãozinho & Xororó porque mostrou à dupla e a seu empresário José Homero Bettio que era possível investir na carreira em direção à maior profissionalização da música sertaneja, transformando-a num grande negócio. Para se entender a renovação da carreira de Chitãozinho & Xororó é preciso contar a história de José Homero Bettio e seu pai, Zé Bettio, famoso radialista.

Sertão *big business*

Descendente de imigrantes italianos pobres, José Bettio nasceu na fazenda de seu avô, na cidade de Promissão, a 450 quilômetros da capital paulista, em 1926.[9] Parou de estudar no terceiro ano primário porque o pai precisava de ajuda na lavoura. Aprendeu a tocar sanfona com o mais velho dos irmãos e participava de bailes nas fazendas, quermesses e igrejas, até que em 1960 migrou para São Paulo. Ganhou a vida como sapateiro e pasteleiro até que os amigos o levaram para tocar sanfona num programa de calouros da Rádio Tupi. Gravou então uma polca pela RCA e passou a trabalhar na Rádio Cometa, com o grupo Zé Bettio & o Seu Conjunto. Um dia o radialista faltou e ele mesmo leu os anúncios, improvisando os textos com bom humor, a voz anasalada e o inconfundível sotaque ítalo-caipira.

No começo da década de 1970, Zé Bettio conseguiu emprego como locutor na inexpressiva Rádio Cometa. Em 1972 o locutor foi para a Rádio Record AM e em dois anos, aumentando sempre seu espaço na programação, jogou a emissora do 14º para o primeiro lugar em audiência. Com o fim da Jovem Guarda e o relativo declínio dos cantores românticos populares (Altemar Dutra, Moacyr Franco, Nelson Gonçalves), sentiu que havia um vazio musical. Zé Bettio aliou-se a seu filho José Homero Bettio, que era produtor de discos sertanejos na gravadora Copacabana, e fizeram uma tabelinha na linha "um grava, outro toca". A fórmula do sucesso era a modernização da música do campo. Zé Bettio seguia os conselhos do filho e demonstrava pouco apego à louvação da tradição: "Procuro sempre me atualizar. Não é que não goste das coisas antigas, mas essas eu toco na vitrola da minha casa", disse o produtor e radialista.

A fórmula de Zé Bettio e José Homero deu tão certo que eles se tornaram uns dos empresários mais ricos do cenário cultural brasileiro. Parte da renda vinha do sucesso das duplas por eles abraçadas: pai e filho foram os responsáveis pela carreira de Milionário & José Rico, Trio Parada Dura, João Mineiro & Marciano e Chitãozinho & Xororó, entre outros. Outra parte da riqueza vinha da participação no rádio. Nessa empreitada, artistas e empresários se sintonizaram na necessidade de produzir música "com qualidade", como se recorda Xororó: "Quando achamos o Homero, as ideias casaram. Realmente, a gente pensa igual. [...] Um falava uma coisa, o outro completava. Foi com ele que nós fizemos um LP dos sonhos, com violinos, metais, arranjos..."[10]

Em 1984 Zé Bettio trocou a Rádio Record pela Rádio Capital, e tornou-se ainda mais rico. O contrato assinado com a nova emissora lhe rendeu um salário de Cr$ 2 milhões e 500 mil, cerca de cem vezes o salário do então presidente da República, José Sarney. O alto salário fazia jus à fama do radialista, que na década de 1980 apresentava cerca de seis horas e meia de programação todos os dias, começando às 5h. O mercado de música sertaneja se expandia muito. Na década de 1980, as gravadoras Copacabana e Continental-Chantecler, os dois selos especializados no gênero sertanejo, colocavam no mercado cerca de setecentos mil discos e fitas por mês, cada uma. Wilson Souto Junior, diretor artístico da Continental-Chantecler, calculava que os sertanejos dominavam 35% do mercado fonográfico brasileiro. Nas AMs, de cada 12 músicas, 10 eram sertanejas no ano de 1987.[11]

Zé Bettio teve longa carreira no rádio. Depois de se transferir para a Rádio Gazeta nos anos 1990, no segundo semestre de 2008 ele voltou para a Rádio Record, onde ficou até dezembro de 2009, quando, alegando cansaço, se aposentou, aos 83 anos.

O filho de Zé Bettio, José Homero Bettio, começou a empresariar Chitãozinho & Xororó a partir de 1977. Quando conheceu os irmãos em meados da década de 1970, eles estavam pensando em parar de cantar devido às dificuldades da carreira.[12] José Homero pressionou a gravadora Copacabana, na qual trabalhava, para melhorar a produção dos discos dos rapazes e usou a influência do seu pai para veicular as músicas de seus pupilos. Chitãozinho recorda-se: "Quando começamos, não havia uma verba legal para gravar música sertaneja. Era tudo mal elaborado, corrido, gravava-se quantidade e não qualidade. Falava-se assim: é música de caipira, então faz de qualquer jeito. Esse era o costume... Havia muita gente talentosa, e alguns até conseguiam fazer sucesso, mas, se você for mensurar pela qualidade, os discos eram muito pobres. Durante os nossos primeiros seis, sete anos, sofremos com isso. Em 1977, quando conhecemos o José Homero Bettio, que foi o primeiro produtor que chegou para nós com uma proposta de trabalho profissional, a nossa vida mudou. Depois disso, começamos a gravar o que tínhamos o sonho de fazer."[13]

Com a profissionalização da produção e a divulgação, a carreira de Chitãozinho & Xororó mudou de patamar.

A dupla de irmãos então começou a profissionalizar ainda mais seus shows e apresentações, fazendo jus à nova fama, mas gerando contratempos com a crítica especializada, vide recordação de Xororó: "Quando fomos preparar o LP depois de 'Fio de cabelo', nós pensamos: o que fazer depois desse sucesso todo? Foi aí que resolvemos fazer um trabalho mais bem elaborado, semelhante ao do Julio Iglesias, do Roberto Carlos. [No disco seguinte] nós fomos muito pichados pelos conservadores, fomos criticados, muitos programadores antigos não tocaram, saíram manchetes dizendo que não tocávamos mais música sertaneja..."[14]

Empolgados com a modernidade importada, os irmãos paranaenses resolveram se adequar aos novos tempos. Quando houve o Rock in Rio, em 1985, a dupla prestou muita atenção na parafernália trazida pelos gringos: "Eu lembro que na época do primeiro Rock in Rio o [grupo inglês] Yes se apresentou lá. Aí nós copiamos o palco que eles trouxeram, que saía fumaça de debaixo do palco. Nós fizemos aquilo adaptado à nossa realidade e foi um sucesso", recordou-se Chitãozinho.[15]

Foi tanto sucesso que seus shows cresceram em infraestrutura. Em 31 de janeiro de 1988 a dupla fez um desses megaconcertos no estádio Serejão — o estádio Elmo Serejo de Farias —, em Taguatinga, periferia de Brasília. Dois jornais da cidade, *Jornal de Brasília* e *Correio Braziliense*, manifestaram o mesmo espanto com os quarenta mil presentes para ver Chitãozinho & Xororó: "A dupla fez no Serejão um dos maiores shows já realizados em Brasília. Levou o dobro de gente que foi ver o superstar Sting no [estádio] Mané Garrincha."[16]

Mas não só de artistas internacionais veio a inspiração para a profissionalização, como apontava Chitãozinho em 1988: "Nós assistimos a muitos shows do Roberto Carlos, do Ney Matogrosso, da Gal Costa e de outros artistas populares e achamos aquela infraestrutura, aquela produção, uma coisa maravilhosa. Então passamos a nos questionar: por que a gente não faz isso no palco, nos nossos shows, se já estamos utilizando no estúdio, na gravação dos discos?"[17]

Houve, no entanto, contratempos. Eles encontraram resistência dos compradores de shows, que diziam não ser capazes de pagar uma apresentação encarecida pela qualidade sonora e visual, disse Chitãozinho em entrevista: "Como a música sertaneja era tão humilde, eles não queriam pagar o valor daquele equipamento todo que a gente levava. Nós chegamos a bancar durante três anos para mudar aquela cara da música sertaneja. Levávamos som, luz, palco, a equipe toda para montar isso de graça para o contratante. Durante três anos fizemos isso!"[18]

Esses equipamentos necessitavam de dois caminhões de quinze toneladas cada um para se locomover. A trupe de músicos, *roadies*, equipe de palco etc. viajava pelo Brasil em um ônibus luxuoso que, segundo a própria dupla, "parecia uma casa".[19] Em 1988 eles afirmavam: "Nós seguimos a mesma filosofia do Milton Nascimento em 'Os bares da vida', de 'ir aonde o povo está'."[20] Mas sofriam críticas, como lembra Chitãozinho: "Um disco caipira com bateria eletrônica, cheio de teclados, arranjos de cordas e outros instrumentos modernos, assusta o mundo. Tanto que um radialista de São Paulo afirmou: 'Essa dupla não é mais sertaneja!'"[21]

Nessa época eles eram frequentemente acusados de estarem distorcendo o gênero com suas letras exageradamente românticas, ou "bregas", que era o termo usado na época. Militante da modernização, Chitãozinho se defendia: "Tem gente que acredita que música sertaneja tem que ser viola, sanfona, no máximo contrabaixo e uma harpa [paraguaia]. E a gente nunca pensou assim. Então nós fomos criticados, nós fomos até cortados de certos programas, por alguns radialistas conservadores, principalmente o Rolando Boldrin, que é um conservador da música de raiz. Mas o público gostou, o público nos consagrou, isso é que é importante. As pessoas têm que fazer um programa, fazer uma rádio, pensando no público. E foi aí que a gente ganhou a parada."[22]

Em entrevista à jornalista Leda Nagle em 1988, Chitãozinho & Xororó novamente debateram o estigma de "bregas", incorporando a crítica:

> LEDA NAGLE: E este estilo de música, é um novo sertanejo?
>
> CHITÃOZINHO: Nós diríamos um novo sertanejo, pois a música sertaneja, de uns cinco anos pra cá, assumiu uma nova posição dentro do mercado. Ela está mais moderna, mais bem arranjada. Ela está uma música mais produzida. Isso fez com que a juventude viesse a curtir. Nossos shows são frequentados por 70% de jovens.
>
> LEDA NAGLE: Sem nenhum pudor, né, nem de ser romântico, nem de ser acusados de bregas... isso bate e volta pra vocês, né!? Quando dizem "vocês são bregas!", vocês tiram de letra?
>
> XORORÓ: A gente no Brasil é brega, né... a gente tá nessa...
>
> CHITÃOZINHO: A gente assume isso. É legal ser assim, o Brasil é assim, nós nascemos assim, pra que negar?[23]

Em outras oportunidades Xororó defendia a modernização em outros termos: "Não adianta a gente cantar a música sertaneja pensando naquele público que não existe mais, do lampião a querosene. A gente adora falar do laço, da poeira, isso é muito bonito, mas nas fazendas já tem videocassete, micro-ondas e parabólica. O caipira de hoje viaja pela internet, compra por telefone, por cartão. Ele quer tudo o que a tecnologia tem pra oferecer, e nossa música pretende chegar até ele. Lá no fundo de Goiás, no Tocantins, o cara negocia a arroba do boi em dólar."[24]

A mistura de música sertaneja com aparelhagem moderna influenciou todas as duplas da década de 1980: "Quando conhecemos João Paulo e Daniel, estávamos fazendo um show e eles fizeram a abertura desse espetáculo. Na época, eles estavam gravando o primeiro disco e já chegaram no palco com uma banda. Foi a coisa mais linda de ver. Era uma dupla bonita, com uma banda bacana. Naquele momento, vimos que tudo mudou", recordou-se Chitãozinho.[25]

As portas de fato se abriam. A popularidade da dupla e o sucesso obtido chamaram a atenção das redes de televisão. Em 1986 estreou o programa *Chitãozinho & Xororó especial* no SBT, no qual cantavam seus sucessos e recebiam convidados como Leandro & Leonardo, Alan & Aladim e João Mineiro & Marciano. O programa durou até 1988 e ajudou a nacionalizar o gênero.

Diante do sucesso, palcos antes refratários se abriram aos irmãos. De 29 de junho a 3 de julho de 1988, de quarta a domingo, Chitãozinho & Xororó foi a primeira dupla sertaneja a se apresentar na casa de espetáculos Palace, em São Paulo. Assim como o Canecão, no Rio de Janeiro, a casa paulistana era conhecida como palco de artistas da MPB. Numa jogada de divulgação, José Homero comprou a maioria das entradas e deu-as a amigos e convidados. Diante da lotação esgotada, foi criada mais uma sessão no sábado, o que resultou em seis apresentações em cinco dias.[26]

A partir da incorporação lenta e gradual do sertanejo ao gosto das elites e classes médias, não sem resistências, é claro, até a Rede Globo foi obrigada a adotar a dupla. Em 2 de novembro de 1988, Chitãozinho & Xororó foi a primeira dupla a aparecer no *Globo de ouro,* programa semanal da Globo que apresentava os sucessos da semana.[27] A emissora do Jardim Botânico passou a tocar canções da dupla inclusive nas trilhas sonoras da emissora. A primeira foi "No rancho fundo", na novela *Tieta,* em 1989; a segunda, "Nuvem de lágrimas" em *Barriga de aluguel,* em 1990.

O gradativo sucesso foi possível em parte porque os sertanejos aceitaram as mediações que os tornaram figuras mais palatáveis ao novo público. Na empreitada de conquistar palcos e espaços tradicionalmente da MPB, eles estiveram abertos às incorporações culturais. A primeira canção cantada por Chitãozinho & Xororó em novelas, "No rancho fundo", era uma antiga composição de Ary Barroso e Lamartine Babo, cuja primeira gravação é de 1931. "Nuvem de lágrimas" era uma música original de compositores novos associados ao gênero sertanejo. Mas a gravação foi incorporada à programação global devido ao aval de um grande nome da MPB. "Nuvem de lágrimas" foi gravada junto com a cantora Fafá de Belém.

Chitãozinho & Xororó não estavam de todo inconscientes dos poderes da mediação, especialmente da MPB. No especial de fim de ano do SBT, em 1988, eles fizeram questão de mostrar que buscavam uma mudança no cenário cultural, como manifestou Xororó em entrevista à época: "É uma luta nossa, já de muitos anos, a de unir a música sertaneja com a música popular brasileira. A exemplo do que acontece nos Estados Unidos, onde a country music é tocada diariamente nas rádios, em qualquer horário, lutamos para que a música sertaneja seja executada em igualdade de condições com a chamada MPB e o rock. Graças a Deus, aos poucos a gente vem conseguindo isso, o que significa mudanças na visão dos diretores de emissoras de rádio, dos programadores."[28]

De fato, era voluntária a mistura com a MPB. Em 1989, além de "No rancho fundo", Chitãozinho & Xororó gravaram a canção "Brigas", antigo sucesso de Evaldo Gouveia e Jair Amorim. No disco de 1990 eles lançariam "Gente humilde", de Chico Buarque, Vinicius de Moraes e Garoto.

Essas questões permitem refletir sobre o papel das mediações culturais no processo de legitimação da música sertaneja.

Majestade, o sabiá: Jair Rodrigues e a música sertaneja

Um dos primeiros artistas da MPB a incorporar o sertanejo foi o cantor Jair Rodrigues.

A mudança na carreira do cantor tem a ver com a transição de gravadora. Em 1985 ele saiu da Polygram-Philips, gravadora com a qual trabalhava desde o início da carreira, em 1964, e se mudou para a Copacabana, que tinha em seu elenco uma grande quantidade de sertanejos, entre eles Chitãozinho & Xororó e Alan & Aladim. Nos corredores da gravadora, Jair conheceu uma jovem compositora chamada Roberta Miranda.

Nascida em João Pessoa, Paraíba, em 1956, Maria Albuquerque Miranda veio para São Paulo aos 7 anos.[29] Foi morar com a família na Zona Leste da cidade, na casa ao lado da do multi-instumentista Hermeto

Paschoal, onde costumava assistir aos ensaios do músico. Sua carreira começou na noite, em locais como as boates O Beco e Jogral. A princípio, Roberta Miranda não se dedicou ao gênero sertanejo, preferindo seguir a linha de Clara Nunes e Maria Creuza. Cantava músicas de Chico Buarque, Tom Jobim e Caetano Veloso em suas apresentações.

Ela adotou o nome Roberta, somado ao seu sobrenome Miranda, em 1973, por causa da música homônima de Peppino di Capri, quando começou a cantar na noite paulistana. Em 1983, decidiu largar a noite e se dedicar à composição. Seu objetivo, na verdade, era se sustentar e ao mesmo tempo pressionar para que os artistas e produtores de discos ouvissem suas canções. Tornou-se maquiadora e assistente de estúdio para poder se aproximar dos ídolos. Ruy Maurity foi o primeiro a gravá-la, em 1984 (o samba "Mãe guerreira"). O sucesso veio com "De igual para igual", hit da dupla Matogrosso & Mathias, que ficou meses nas paradas e foi regravado por José Augusto e Nelson Gonçalves (que a gravou em duo com Roberta em seu último LP, *Auto-retrato*).[30] Jair Rodrigues foi uma das "vítimas" da insistente compositora Roberta Miranda.

Em seu primeiro disco pela nova gravadora Copacabana, em 1985, Jair gravou "Majestade, o sabiá", composição de Roberta Miranda que logo estourou: "Tô indo agora/ Prum lugar todinho meu/ Quero uma rede pre guiçosa pra deitar/ Em minha volta sinfonia de pardais/ Cantando para a majestade, o sabiá!" Para completar a atmosfera sertaneja, Jair Rodrigues convidou a dupla de maior ascensão no meio sertanejo da década de 1980, Chitãozinho & Xororó, para participar da gravação.

O sucesso da canção tornou possível a carreira da compositora estreante, e Roberta Miranda lançou seu primeiro disco pela Continental em 1986. A partir de então, lançou vários LPs e construiu uma carreira de sucesso, sendo uma das poucas mulheres do meio. Seu terceiro LP vendeu oitocentas mil cópias em seis meses.[31] "Majestade, o sabiá" é até hoje seu maior sucesso. Foram nove LPs pela Continental-Warner até se mudar para a Polygram, em 1996.

Jair Rodrigues também colheu os frutos da investida. O *Jornal do Brasil* demarcou que ele voltava à lista dos mais vendidos: "Há mais de dez anos longe das listas dos mais vendidos, antigos ídolos como Jair Rodrigues acabaram aderindo ao gênero e não se arrependeram. Foi cantando 'Majestade, o sabiá', de Roberta Miranda, com Chitãozinho & Xororó, que Jair Rodrigues ganhou seu primeiro disco de ouro desde os tempos em que brilhava ao lado de Elis Regina no *Fino da bossa*."[32]

No LP de 1987 Jair flertou novamente com a música sertaneja. Ele contou com a participação das cantoras sertanejas As Marcianas na faixa "Sonhos coloridos". E não pararia por aí. Em 1991, no auge da onda sertaneja no Brasil, gravou um LP intitulado *Lamento sertanejo*. Dessa vez não era apenas mais um flerte, mas um disco inteiro que buscava aproximação com o gênero. Nele Jair contou com a participação especial de vários nomes, entre eles Tonico & Tinoco ("Pé na estrada"), Diego & Thiago ("Lamento sertanejo"), Roberta Miranda ("Caminhos"), Inezita Barroso ("Velho pilão") e Cesar & Cesar ("Zé e seu menino"), misturando cantores da modernidade e adoradores da tradição. Na capa Jair aparecia descalço, trajando roupas simples e sentado à porta de uma casa pobre do interior.

Visto como uma figura simpática aos sertanejos, Jair Rodrigues foi convidado a participar do *Especial Leandro & Leonardo* de 1991 na Rede Globo, um programa de fim de ano da dupla goiana.

Outro artista da MPB fundamental na legitimação da música sertaneja foi a cantora Fafá de Belém. Em 1989 ela gravou a canção "Nuvem de lágrimas" com participação de Chitãozinho & Xororó no disco daquele ano. No entanto, sua trajetória foi menos linear que a de Jair Rodrigues, e a relação com o sertanejo foi ainda mais intensa.

É preciso conhecer a relação da cantora com o som regional para melhor compreender sua participação na música sertaneja.

O sertão democrata de Fafá

Fafá de Belém surgiu no cenário cultural brasileiro em 1976 dentro da estética da MPB da época, que valorizava artistas que buscavam as raízes regionais para a música brasileira. Integrava a geração de cantores regionais como Alceu Valença, Elba Ramalho, Fagner, Belchior e Zé Ramalho, mas, diferentemente desses nordestinos, trazia o Norte amazônico para seu trabalho. Seu primeiro disco, *Tamba-tajá*, trazia canções do Pará e do Amazonas: forrós, modinhas e carimbós. A capa mostra a cantora em meio à selva amazônica.

A busca por uma imagem menos regional encontrou eco no movimento pela redemocratização do Brasil. No início da década de 1980, o movimento das Diretas Já empolgava as massas e tornava-se nacional. Fafá subiu aos palanques ao lado de políticos como Tancredo Neves, Fernando

Henrique Cardoso, Lula, Ulysses Guimarães, Mario Covas, Teotônio Vilela, Brizola, Franco Montoro, Pedro Simon, Miguel Arraes, Orestes Quércia, entre outros, e por isso ficou conhecida como a "Musa das Diretas".[33]
Ela cantou duas músicas que marcaram muito o período. A primeira foi "Menestrel das Alagoas", de Milton Nascimento e Wagner Tiso, de 1983: "Quem é esse viajante/ Quem é esse menestrel?/ Que espalha esperança/ E transforma sal em mel." A canção era uma homenagem ao político alagoano Teotônio Vilela, uma das principais cabeças da luta pelas Diretas Já.[34] Até então Fafá não tinha contato algum com os sertanejos.

Teotônio Vilela morreu em 27 de novembro de 1983. Fafá, que já era reconhecida como "Musa das Diretas", ficou ainda mais popular por dar voz a um dos baluartes da redemocratização.

Os sertanejos também se envolveram nas Diretas Já, como visto anteriormente. Duplas como Duduca & Dalvan regravaram "Pra não dizer que não falei das flores" e vários protestos. Mary Terezinha, Tião Carreiro & Pardinho e Chico Rey & Paraná também se engajaram na redemocratização, demonstrando que as Diretas Já eram um projeto largo, que incluiu variados setores da sociedade. Mas não foi por questões políticas que Fafá se aproximou do sertão. Os protestos sertanejos nunca chegaram aos ouvidos das classes média e alta das capitais.

As Diretas Já foram parcialmente frustradas. A emenda que buscava instituir o voto direto para presidente não passou no Congresso, que resguardou seu direito de escolher o presidente de forma indireta. No entanto, a luta continuava. O político mineiro Tancredo Neves encabeçou a chapa dos progressistas que lutavam pela redemocratização. Fafá de Belém apoiou Tancredo, que ganhou as eleições indiretas. Mas no caminho, outra frustração. Para tristeza de Fafá de Belém, Tancredo Neves não tomou posse. Em 15 de março o presidente eleito tombou doente, vítima de diverticulite, e morreria pouco depois de um mês, em 21 de abril. Mais uma vez, a voz de Fafá se tornaria símbolo de um momento histórico. A cantora gravou uma versão do Hino Nacional que foi insistentemente usada durante a transmissão ao vivo, pela Rede Globo, do enterro de Tancredo: "Me deixei levar pela emoção. Cantei *um brado retumbante*, pensando nele como um brado das 'Diretas'. Falei *verás que um filho teu não foge à luta*, pensando concretamente numa campanha."[35]

A canção foi gravada em LP. Quando Fafá levou aos palcos o show do disco *Aprendizes da esperança*, vários jornais e revistas a louvaram, vendo no show a apoteose da *resistência*. Segundo escreveu a revista *Veja*, o show "*Aprendizes da esperança* pode ser aplaudido por qualquer brasileiro".[36]

Se até então Fafá pouco se importara com a música do sertão, a partir desse disco as coisas mudaram: ao mesmo tempo que atingia o auge da carreira nacional, Fafá voltava-se para a busca de raízes regionais. Só que suas "raízes" não seriam aquelas tão desejadas pelos caipiras e pela MPB. No mesmo disco no qual cantava o *Hino Nacional*, Fafá gravou um novo ritmo do Norte do Brasil, a lambada, num medley com cinco músicas.[37] As gravações de ritmos locais muito populares regionalmente se tornariam comuns em seus dois LPs seguintes.[38] Assim, antes do auge da moda da lambada na virada da década de 1990, Fafá já vinha gravando o gênero.

Depois de três discos nos quais misturava compositores da MPB, versões de músicas estrangeiras, lambadas e canções de compositores vistos como "bregas", como José Augusto, Michael Sullivan e Paulo Massadas, Fafá se aproximou do sertanejo romântico. Ela gravou a canção "Meu disfarce", de Chico Roque e Carlos Colla, no LP *Sozinha*, de 1988: "Cada vez/ Que eu sinto um beijo seu/ Na minha face/ Eu luto pra manter meu disfarce/ E não deixar tão claro/ Que te quero."

Chico Roque era um compositor que já tinha algumas canções gravadas por Gilliard, Sandra de Sá e Alcione, e foi esta quem primeiro gravou sua composição em 1979. A virada na vida do compositor aconteceu em 1987, quando Alcione gravou "Meu vício é você" e Chitãozinho & Xororó interpretaram "Meu disfarce", faixa-título do disco daquele ano. O parceiro de Chico Roque era um dos compositores românticos mais conhecidos da época. O ex-advogado Carlos Colla teve sua primeira canção gravada por Roberto Carlos em 1972, a balada "Negra" (com Maurício Duboc). Desde então se tornou o compositor mais gravado pelo Rei depois da dupla Roberto e Erasmo Carlos. Foram mais de quarenta canções.[39] Ao lado de Chico Roque, Carlos Colla seria um dos principais nomes do boom sertanejo dos anos 1990.

O disco de Fafá que continha "Meu disfarce" vendeu 220 mil cópias em seis meses e prosseguiu vendendo bem.[40] A cantora procurava radicalizar a vertente popular de sua obra e estava atenta ao sucesso dos sertanejos românticos, tendo gravado "Meu disfarce" um ano depois da dupla Chitãozinho & Xororó, os primeiros a gravá-la. Depois de Jair Rodrigues, Fafá seria o segundo artista da MPB a se aproximar da música sertaneja moderna. Nessa época a cantora começou a ser novamente criticada por "descuidar" da qualidade do repertório, e respondia: "Se cantar o desamor, a paixão, o romance é brega, então sou brega. Acho um absurdo essas classificações."[41]

E o flerte de Fafá iria mais longe, adentrando ainda mais a seara sertaneja. Em 1989 ela gravaria "Nuvem de lágrimas", canção que se tornaria um clássico da música sertaneja: "Há uma nuvem de lágrimas sobre meus olhos/ Dizendo pra mim que você foi embora/ E que não demora meu pranto rolar..." Chitãozinho & Xororó também gravariam a canção.

"Nuvem de lágrimas" foi composta pelo músico Paulo Debétio e o letrista Paulinho Rezende.[42] O compositor e produtor musical Paulo Debétio estava no primeiro show da dupla Chitãozinho & Xororó realizado no Ibirapuera em 1987, quando os ouviu cantar "Se Deus me ouvisse", sucesso do disco de 1986, que começa com um lamento: "Ah, se Deus me ouvisse e mandasse pra mim/ Aquela que eu amo e um dia partiu/ Deixando a tristeza junto de mim..." Foi quando Debétio teve a ideia do fio melódico para o refrão de "Nuvem de lágrimas". Saindo do show, comunicou à dupla, que conhecia dos bastidores das gravadoras, que tinha tido uma ideia musical: "Eu cheguei pro Chitãozinho e falei: 'Chitão, eu estou compondo pra vocês um novo 'Fio de cabelo'. Eles nem deram bola!"

Paulo Debétio é um compositor peripatético, que compõe caminhando pela cidade, sem o auxílio de nenhum instrumento. Por causa dessa prática, frequentemente compunha canções que fugiam à ideia inicial: "Eu achava que estava compondo uma guarânia e acabei compondo um rasqueado. O que a canção tinha era a 'pegada'... por isso os paulistas a chamavam de guarânia carioca." Como de costume, Debétio compôs a melodia de "Nuvem de lágrimas" em andanças pelo Jardim Botânico, no Rio de Janeiro, perto de onde morava na época.

A melodia já estava pronta quando Debétio esboçou o tema da "nu vem de lágrimas", que não conseguiu levar adiante. Telefonou então para o parceiro Paulinho Rezende, com quem tradicionalmente compunha. A parceria funcionava, pois Debétio gostava de sugerir temas; por sua vez Paulinho Rezende até preferia quando o melodista se intrometia e o desafiava, dando-lhe direcionamentos. Diferentemente do parceiro peripatético, Rezende compunha as letras trancado num quarto, em silêncio e concentrado. Preferia a calma e o "estudo" meticuloso das palavras. Apesar das diferenças, a parceria dava certo havia mais de uma década.

Paulinho Rezende e Paulo Debétio fizeram "Nuvem de lágrimas" para Chitãozinho & Xororó, pensando exatamente na dupla e no estilo melodramático já consagrado dos irmãos paranaenses. Paulo Debétio trabalhava na Polygram, que tinha acabado de contratar a dupla. Em 1989 Chitãozinho & Xororó saíram da gravadora Copacabana depois de dezenove anos de contrato. Quando a dupla se reuniu com o produtor e o empresário para discutir repertório, Paulo Debétio e Paulinho Rezende mostraram a canção: "Eu cantei com Debétio... e eles não deram a mínima! Não deram nada pela canção! Aquilo foi uma decepção para nós!", disse Paulinho Rezende em entrevista exclusiva para este livro. Frustrados, os compositores resolveram mostrar a canção para outros artistas.

Nesse mesmo período Fafá de Belém estava cada vez mais interessada na música sertaneja. Por intermédio do produtor de Fafá, Mariozinho Rocha, os compositores conseguiram mostrar a canção à cantora: "Eu lembro que o Debétio mostrou 'Nuvem de lágrimas' para a Fafá e ela enlouqueceu. Ela dizia: 'Porra! Puta que pariu!' — assim mesmo — 'Era a música que eu estava procurando. Eu vou gravar!'", recorda-se Paulinho Rezende. "Na mesma hora ela ligou pro Mariozinho [Rocha] dizendo que tinha uma música nova *do cacete*!"

Ser gravado por algum artista da MPB fora o sonho de Paulo Debétio e Paulinho Rezende por muitos anos. Órfão da Jovem Guarda, Debétio chegou a participar da banda Os Nucleares, ao lado de Michael Sullivan, que lançou um único disco em 1969, sem sucesso. Ao longo da década de 1970, seu sonho era conseguir entregar uma música para Maria Bethânia, Elis Regina ou, quem sabe, Gal Costa: "No início meu sonho era entrar para a MPB e ser reconhecido como compositor sério."[43] Depois de conhecer Paulinho Rezende, ambos resolveram investir nos festivais da canção ao longo da década de 1970. Em 1982, emplacaram o samba "Pelo amor de Deus", com Emílio Santiago, que então começava a carreira, no festival MPB Shell da TV Globo. Sagraram-se campeões no Maracanãzinho e esperaram a repercussão do episódio. Achavam que com a vitória conseguiriam ser gravados por cantores de credibilidade, o que não aconteceu, como lembra Paulo Debétio: "A MPB estava toda fechada, era preconceituosa... Se você faz parte de um grupo... Então quem tá ali, quem é amigo, quem toma cafezinho junto, tem outro tipo de tratamento... É igual a hoje em dia... Tentei várias vezes ser gravado pela Bethânia, Elis... Ficamos mais de um ano sem gravar música depois do festival... Mas nós tínhamos que continuar. Então eu falei pro Paulinho: 'Vamos fazer música comercial.' O Paulinho ficou meio receoso... Mas aí começamos uma nova fase na nossa carreira."

Paulinho Rezende e Paulo Debétio fizeram então canções para diversos cantores de linha romântica, como Wando, Elymar Santos, Perla, Alcione, Agnaldo Timóteo, Agepê, Banda Cheiro de Amor, entre outros. Até que compuseram "Nuvem de lágrimas" para os artistas populares de maior ascensão na época.

Quando Chitãozinho & Xororó souberam que Fafá gravaria a canção, mostraram-se arrependidos. Segundo o letrista Paulinho Rezende, a dupla disse que não tinha dado bola para a canção pois estava muito cansada no dia em que ela foi mostrada, mas que queria gravá-la. Então o produtor Mariozinho Rocha resolveu tudo com uma "solução salomônica", como se recordou Paulinho Rezende: colocou a dupla no disco de Fafá como participação especial, o que foi prontamente aceito por todos. A gravação foi um sucesso, e Fafá aprofundou os contatos com o mundo sertanejo. Chitãozinho & Xororó gravaram novamente "Nuvem de lágrimas" em 1990, no LP *Cowboy do asfalto*, dessa vez sem a participação da cantora.

Segundo Paulo Debétio: "Se 'Nuvem de lágrimas' não tivesse sido gravada por Chitãozinho & Xororó, nunca teria sido tachada de sertaneja. Mas foi muito legal, foi bom para a gente, foi bom para eles."

Para Fafá, no entanto, o resultado foi ambíguo. A cantora pagou o preço por ser a mediadora de um gênero musical que ainda não estava incorporado pelas elites culturais. A revista *Veja* questionou a mudança na carreira da cantora: "A primeira pergunta que vem à mente quando se ouve o novo LP de Fafá de Belém é: de quem foi a infeliz ideia de fazer a cantora gemer em lamentos como 'dá um vazio no peito, uma coisa ruim/ o meu corpo querendo seu corpo em mim' [versos de 'Nuvem de lágrimas']? Quase todas as músicas do LP trazem versos do gênero e se dirigem a um amante imaginário. O ouvinte fica torcendo para que esse personagem que Fafá invoca em suas músicas volte logo, para que a cantora fique à vontade para entoar, num próximo disco, músicas mais alegres."[44]

O compositor, radialista e pesquisador Fernando Lobo, pai do compositor Edu Lobo, também pegou pesado com Fafá: "Parece que hoje só existem os sertanejos, de uma pobreza musical tremenda. É pena que cantoras como Fafá de Belém (musa das 'Diretas' e preferida de Tancredo) tenham aderido aos sertanejos."[45] "Ela foi patrulhada na época, foi duro!", disse o letrista Paulinho Rezende, recordando-se das críticas.

A cantora não se abalou e continuou travando contatos com os sertanejos. No LP *Doces palavras*, de 1991, ela gravou mais uma canção da dupla Paulinho Rezende e Paulo Debétio, o rasqueado "Águas passadas". E chamou outra dupla sertaneja para a gravação. Dessa vez os agraciados foram Zezé Di Camargo & Luciano. No auge da onda sertaneja, a cantora apareceu cantando "Águas passadas" no programa *Zezé Di Camargo & Luciano Especial*, um quadro de fim de ano produzido pela Globo e que foi ao ar em 28 de dezembro de 1991.

É importante frisar o papel de mediadora fundamental vivido por Fafá. Zezé Di Camargo & Luciano não eram uma dupla conhecida ainda, e seu primeiro sucesso, "É o amor", ainda não tinha sido lançado. Fafá gravou com uma dupla que se formara poucos meses antes e era apenas uma aposta da gravadora Copacabana para substituir Chitãozinho & Xororó, que tinha se mudado para a Polygram. A canção entrou no LP da cantora e também no da dupla, mas ficou obscurecida pelos hits compostos por Zezé.

Incorporando o gênero sertanejo, Fafá se defendia das críticas de que a música sertaneja seria a trilha sonora da era Collor: "Minha adesão à música sertaneja se deu antes da atual explosão. E além disso eu nunca apoiei o Collor. A música sertaneja é de todo o Brasil, assim como nosso Hino e o verde e amarelo. Ninguém vai roubar nossos símbolos!"[46]

Romântico do subúrbio

Se Jair Rodrigues e Fafá de Belém fizeram a mediação entre a MPB e a música sertaneja, outro artista fez a ponte entre os sertanejos e a música romântica: o cantor e compositor Amado Batista.

Filho de lavradores, Amado Batista nasceu em 1951 em Davinópolis, na época distrito de Catalão, interior de Goiás. Foi criado em Itapuranga, também em Goiás. O estado, aliás, é um celeiro de artistas historicamente muito populares, entre eles Lindomar Castilho, Chrystian & Ralf, Leandro & Leonardo, Zezé Di Camargo & Luciano, Bruno & Marrone e Jorge & Mateus. Ao lado da Bahia e do Rio de Janeiro, Goiás forjou várias gerações de músicos importantes para a discografia da música popular do Brasil.

Apesar de ter nascido na roça, Amado Batista nunca fora adepto da música rural. Sua principal influência era o cantor Roberto Carlos: "Eu lembro que quando morava na roça tinha alto-falantes nas cidades pequenas que começavam a tocar por volta das 17h ou 18h. Tocavam as duplas sertanejas de sucesso naquela época: Tião Carreiro & Pardinho, Silveira

& Barrinha... Eu sempre gostei das músicas, mas não era aquilo que eu queria. Foi aí que ouvi Roberto Carlos! Eu achei maravilhoso! Eu lembro que ia pra roça cantando 'O calhambeque'."[47]

Filho do êxodo rural brasileiro, Amado se mudou para a capital goiana em 1965: "Naquele tempo que eu vim da roça, evidentemente que eu era um caipirinha mesmo, que falava tudo errado. Não sou um professor hoje, mas melhorou muito em relação àquela época... Eu me lembro que me chamavam: 'Ih, lá vem o caipirinha ali!' Quando alguém vem da roça você choca as pessoas da cidade, assim como as pessoas da cidade chocam o cara da roça falando e fazendo um monte de coisas que não é hábito deles. É natural isso, com o tempo eu fui melhorando isso..."[48]

Em Goiânia Amado Batista foi faxineiro, catador de papel, balconista e livreiro. Com o dinheiro do fundo de garantia e bicos eventuais, conseguiu montar uma pequena loja de discos na rodoviária da cidade por volta de 1973. Por causa da loja, começou a ter contato com gravadoras independentes, entre elas a Chororó Discos. A partir desse contato, achou que poderia lançar-se como cantor, um sonho que mantinha praticamente em segredo. Em 1974, participou de um festival pela primeira vez, em Trindade, no interior de Goiás. A primeira gravação pela Chororó Discos foi lançada no ano seguinte.

Apesar das influências da Jovem Guarda, Amado Batista ainda era tocado pela música rural. No primeiro compacto de 1975 ele gravou a canção "Chitãozinho e chororó", de Athos Campos e Serrinha, um clássico da música rural. Mas o fez à sua maneira, numa levada pop, com bateria, violões, teclados e flautas. O disco não teve repercussão alguma e tornou-se uma raridade. Apesar disso, o período na gravadora Chororó Discos foi útil para contatos. Lá Amado conheceu algumas duplas sertanejas, como João Mineiro & Marciano e Gino & Geno, que na época também gravavam na Chororó Discos.

A carreira de Amado Batista só deslanchou quando ele conheceu o compositor Reginaldo Sodré, com quem compôs a canção "Desisto", para o disco de 1977, o primeiro de muitos sucessos populares da dupla. Desde então pelo menos metade das composições dos LPs de Amado é em parceria com Sodré.

Pode-se dizer que, depois de Roberto e Erasmo Carlos, a dupla Amado Batista e Reginaldo Sodré é uma das mais bem-sucedidas do mercado fonográfico brasileiro. Além de compositores, Sodré e Batista são os produtores de todos os discos de Amado Batista. Por causa da exigência de controlar a produção dos próprios discos, a dupla já teve de brigar com o interesse de algumas gravadoras que quiseram impor outros produtores: "Eu gravo o que gosto do jeito que gosto. Como eu vendo por volta de um milhão de discos, a gravadora vai dizer o quê? As vezes que me sugeriram mudar eu não aceitei", diz Amado.[49]

Com mais de 22 milhões de discos vendidos e regularidade de sucessos e composições, Batista encontrou o parceiro ideal para manter a pegada popular-romântica de sua obra: "Eu sigo meu gosto pessoal. Isso quer dizer que meu gosto pessoal é o gosto da maioria das pessoas. Existem pessoas que têm bom gosto, escolhem bem as músicas, gravam bem, mas uma meia dúzia de pessoas gostam... Isso não quer dizer que tenham mau gosto! Só que apenas poucas pessoas gostam. Existem outras pessoas que têm um universo maior. É o meu caso... é o caso do Roberto Carlos, que está aí há tanto tempo..."[50]

O sucesso regional de "Desisto" e do disco lançado em 1977 pela Chororó atraiu o interesse da Continental, que o contratou. Amado Batista estourou nacionalmente em 1978 com o sucesso "O fruto do nosso amor (Amor perfeito)", de Vicente Dias e Praião II, no LP *Sementes de amor*. A canção contava a história de um amor que acabava tragicamente na sala de parto da maternidade, com a morte da mulher e do filho: "No hospital, na sala de cirurgia/ Pela vidraça eu via você sofrendo a sorrir/ E seu sorriso aos poucos se desfazendo/ Então vi você morrendo sem poder me despedir."

A canção foi inspirada em fatos verídicos acontecidos com a irmã do compositor Vicente Dias. "O fruto do nosso amor" já havia sido gravada em 1976 por uma dupla sertaneja de Goiás, Praião & Prainha, e não havia feito sucesso algum. Segundo Amado Batista, a levada sertaneja tirou a força da canção: "Eles gravaram no ritmo do rasqueado. Eu acho que isso tirou o 'sentimento' da música!"[51]

O sucesso de "O fruto do nosso amor" fez o disco *Sementes de amor* vender mais de um milhão de cópias. Amado Batista entrava no seleto grupo de artistas que até o início dos anos 1980 havia vendido tal número de exemplares de um único disco: entre eles Roberto Carlos, Nelson Gonçalves, Teixeirinha, Martinho da Vila e Maria Bethânia.[52]

Diferentemente de artistas da MPB, como Maria Bethânia, que conseguiu grande vendagem com apenas poucos discos, especialmente o LP *Álibi* (1978), Amado Batista mantinha vendagem média de oitocentos mil a um milhão de discos a cada lançamento.⁵³ O jornal *Folha de S.Paulo* notou o fenômeno em 1982: "Depois de Roberto Carlos, o cantor Amado Batista é quem mais vende discos no Brasil, atingindo a casa de um milhão e cem mil cópias a cada novo lançamento. Para se ter uma ideia do que este número significa, basta lembrar que os artistas brasileiros que vendem cem mil cópias ganham um 'disco de ouro', dão graças a Deus e viram 'estrelas' no país. Gal Costa, Maria Bethânia, Chico Buarque ou Clara Nunes, nos seus melhores dias, custaram a atingir entre quinhentos e setecentos mil LPs vendidos, sem nenhuma continuidade. Amado Batista, aos 31 anos, vem mantendo esta média de um milhão de discos vendidos (cada novo LP recebe cerca de trezentas mil encomendas, antes de sair da fábrica) desde 1978."⁵⁴

Amado Batista dava a receita do sucesso, cantar o romantismo de forma direta: "O segredo é cantar o amor. É falar aquilo que as pessoas entendem. Você não precisa ter uma faculdade para entender o que eu canto. E o cara da faculdade também entende. Todo mundo entende. Eu acho que ou você gosta da música em três minutos ou não gosta! Ela te arrepia em três minutos e você compra o disco ou não. Não é que nem filme, que você fica duas horas na frente da tela."⁵⁵

O sucesso da carreira de Amado Batista incomodou os críticos, que começaram a tachá-lo de "brega". Em entrevista o cantor deixou claro que considera a palavra negativa: "Brega é tudo aquilo que você não gosta."⁵⁶ Em alguns momentos o cantor foi mais incisivo: "Acho engraçado que quem tem preconceito contra nós é quem vive lutando contra os preconceitos."⁵⁷

Quando mais agressivo, Amado tomava a palavra "brega" como acusação: "Você sabe a definição de brega no dicionário qual é? É música de mau gosto! Pergunte aos 22 milhões de pessoas que compraram meus discos se eles vão gostar de serem chamados de bregas!", disse o cantor certa vez ao se sentir acuado.⁵⁸

Num programa de televisão em 2010, Amado Batista foi incitado pelo historiador Paulo Cesar de Araújo, autor de um livro sobre música "cafona" durante a ditadura dos anos 1970, acerca da validade do termo "brega" e sua pertinência em demarcar um Brasil que não é compreendido pelas elites culturais. Amado reagiu e não concordou:

PAULO CESAR DE ARAÚJO: Você não acha que agora é o momento de os próprios artistas assumirem essa grife? Porque hoje eu considero que isso é uma marca da música brasileira, um estilo já consagrado no Brasil, pelo público, pela crítica. Não adianta, você é um ícone, um ídolo da música brega no Brasil. Você já é reconhecido! [...]

AMADO BATISTA: Mas por que denegrir a imagem da música romântica?

PAULO CESAR DE ARAÚJO: Ouça o exemplo que vou te dar. Você tem razão quando diz que a definição no dicionário significa mau gosto. Mas este é um conceito que não foi criado por Deus, mas por um segmento da sociedade. Deixa eu te dar um exemplo da música brasileira. A palavra *malandro* era uma palavra horrível. Ninguém queria ser associado à malandragem. O próprio Noel Rosa nos anos 1930 cantou "malandro é palavra derrotista/ que tira todo o valor do sambista" [Araújo refere-se à canção "Rapaz folgado", de Noel Rosa]. Alguns intelectuais começaram um movimento para valorizar a expressão "malandro". Surgiu o samba malandro... Hoje a palavra tem um sentido positivo... Chico Buarque compôs "Homenagem ao malandro"... Zeca Pagodinho não está preocupado se vão chamá-lo de malandro, nem Bezerra da Silva... Por quê? Porque a palavra "malandro" ganhou um novo significado. Isso pode acontecer com a palavra "brega". E vai valorizar todos nós, que gostamos e trabalhamos com a música brega.

AMADO BATISTA: Eu não sou um ídolo da música brega, pode ter certeza disso! Eu sou um ídolo da música romântica, da música popular. Querem forçar a barra de um rótulo que denigre a música, sem necessidade. Até porque existe uma denominação para essa música, que é *música romântica*. Não se pode querer denegrir a música romântica da Jovem Guarda inteira, todas as canções dos Beatles, não é? E minha música é a mesma coisa! Qual a diferença entre a minha música e a dos Beatles, da Jovem Guarda, do Elton John? Qual a diferença que tem? Nenhuma![59]

Seja como for, a influência romântica de Amado Batista na música sertaneja foi importante para que os músicos sertanejos continuassem sendo chamados de "bregas". O estilo "Amado Batista" de composição ofendia os padrões do "bom gosto" da classe média urbana. O cantor chegou até a ser censurado pelo regime ditatorial por causa de suas canções diretas, como se recorda: "Eu também fui censurado! 'Biquíni no céu', 'Mascando chiclete' e 'Vitamina e cura' foram algumas das minhas canções censuradas. Na época eu fui a Brasília conversar com o censor e conseguir, através de pequenas mudanças, a liberação das músicas. Teve uma que eu não consegui liberar, foi 'Vitamina e cura'. Explicaram que a música era toda sensual e que teria que mudar a letra inteira, e não só uma frase ou duas. Como a música não era minha, era impossível mudar toda a ideia. Isso foi em 1984."[60]

A canção "Vitamina e cura" (Jomim/Da Silva), de fato tinha uma letra muito sensual. Como os censores viam a si mesmos não apenas como cerceadores políticos, mas também educadores da boa moral e da civilidade, era comum vetos a canções por motivos "imorais", caso das canções sexuais de Batista. Os censores não gostaram das metáforas explícitas da canção: "Este teu corpo de pele morena/ Me envenena de excitação eu tô que tô/ [...] / Vitamina e cura minha mistura/ De bem e de mal/ Meu coração bate mais excitado/ Meu corpo vibra de tanto querer/ O teu pedaço de amor e pecado/ É o bocado que eu quero comer." A canção era de fato bem explícita. O "romantismo" frequentemente sexualizado de Amado, já uma tradição na música brasileira desde as canções dos anos 1970 de Roberto Carlos e Odair José, ofendia o moralismo dos censores. Se dependesse da ditadura, a música nunca seria liberada.

Não foi o que aconteceu. "Vitamina e cura" seria lançada em 1986 no LP homônimo.[61] Diante da progressiva abertura democrática, o cantor pôde gravar a canção em meio à popularidade inicial do governo de José Sarney. O fato de ter nomeado o LP daquele ano de *Vitamina e cura* denota a vontade do compositor de atacar o padrão recatado daqueles que se incomodavam com seu romantismo sexualizado.

Mas os problemas de Amado Batista com o autoritarismo iam além de algumas músicas censuradas por "prazeres banais". Em 1973 ele ficou preso por cerca de dois meses pelo regime ditatorial. Na época Amado Batista trabalhava numa livraria que repassava livros proibidos a grupos revolucionários: "Eu realmente fui preso porque eu era amigo de alguns caras barras-pesadas, que queriam tomar o poder à força, detonar os quartéis com bomba... Eles tinham projetos realmente disso! Eu era amigo deles mas nem sabia desses projetos... sabia que eles lutavam contra o regime do governo que tínhamos na época... Eu trabalhava numa livraria e facilitava a vida deles para ler os livros que eram proibidos: Che Guevara, Máximo Gorki, alguns livros suspeitos, subversivos, eu facilitava a vida deles, eu abastecia... Então passei a ser uma pessoa visada por causa disso."[62]

Tendo vivido problemas com a censura e as forças repressivas, Amado ficava ainda mais espantado com o repúdio dos meios culturais de alto nível e dos artistas da MPB que ignoravam sua produção, colocando-o fora do panteão da *resistência*, acusando sua música de alienar as massas. Em diversos momentos

Amado mostrou-se indignado com essa ação e apontava um cerceamento cultural que não emanava de um Estado todo-poderoso ditatorial, mas de uma parte da sociedade: "O que me aborrece mais são os veículos de comunicação de alto nível. Eles sabem o que é discriminação, porque lutaram contra a censura, que é uma forma de preconceito. E são eles que fazem o mesmo conosco."[63]

Apesar da politização clara do cantor, a influência de Amado Batista nos sertanejos foi apenas estética, e não política. Várias duplas dos anos 1980 se inspiraram nas canções românticas de Amado. Leandro & Leonardo, Alan & Aladim e Zezé Di Camargo & Luciano foram os que mais explicitamente se valeram dos arranjos e das temáticas do cantor.

Parte da bibliografia repudia os sertanejos dessa década por causa dessa influência romântica "brega". É o caso de Ayrton Mugnaini Jr, autor da *Enciclopédia das músicas sertanejas*, publicada em 2001, que os definiu como "breganejos": "A música sertaneja mais comercial carrega nos apelos mais sentimentais de 'cama-a-a-a', às vezes com letras e vozes derramadas e exageradas, a um passo do brega — quando não chega a dar esse passo e se transformar no ilustre 'breganejo', perfeito para quem tem vergonha de gostar de sertanejo puro ou brega puro."[64]

No auge do sucesso em 1991, a imprensa pegava pesado na crítica à influência brega. O jornalista André Barcinski foi direto ao dizer: "Se Chitão & Xororó remetem a um sertão de plástico, Leandro & Leonardo nem isso. É música de inferninho, de fazer Wando parecer Cole Porter. [...] Morar no interior para eles é alugar um quarto dentro de um motel. O auge da grosseria é a faixa 'Sabor de mim': 'Sempre que fizer da tua mão/ Uma fria companheira de prazer/ Pode me telefonar, meu coração/ Vai abrir a porta pra te receber.' Chamar essas bandas de brega é um desrespeito com nomes como Evaldo Braga e Carlos Alexandre. Brega era mais bem-humorado."[65]

No auge da música sertaneja, o crítico Mauro Ferreira disse ao jornal *O Globo*: "Essa música rotulada como 'sertaneja' é, na realidade, o mesmo 'xarope' entoado por cantores como José Augusto e Joanna. [...] A mediocridade impera cada vez mais." O mesmo incômodo teve o violonista Raphael Rabello, que na época era bastante famoso entre os fãs da música erudita e da MPB: "Tudo não passa de baladas cafonas que vão acabar rápido", disse o instrumentista virtuose.[66]

Em comum, Leandro & Leonardo, Alan & Aladim e Zezé Di Camargo & Luciano tiveram a influência brega de Amado Batista e o mesmo empresário no início da carreira, o paulista Romildo Pereira.

Amante Amado

Luis José Costa, o Leandro, nasceu em 15 de agosto de 1961. O irmão mais novo, Emival Eterno Costa, o Leonardo, nasceu em 25 de julho de 1963. Na zona rural de Goianápolis, Goiás, a família trabalhava como meeiros em lavouras de tomates. Andavam dez quilômetros até chegar à roça onde plantavam. Trabalhavam ouvindo rádio: "Quando estávamos na lavoura, trabalhávamos ouvindo o programa do Zé Bettio. E cantávamos. Entre tomates e jilós, nós conhecíamos os cantores apenas pelo rádio. Fomos ter televisão apenas em 1978. Era uma vida dura", lembrou-se Leandro.[67] Dividindo o tempo com a lavoura, Luis José começou a cantar como *crooner* numa banda chamada Os Dominantes, cujo repertório era Beatles, Roberto Carlos e Bee Gees. A modernidade já atraía o rapaz de Goianápolis. Das 23h às 4h da manhã, de 1976 a 1978, Luis José cantou em boates e inferninhos da periferia de Goiânia.[68]

Quando a banda acabou, começou a cantar com o irmão e se mudaram para a capital. Luis José trabalhava numa loja de roupas e Emival, numa farmácia. Apresentavam-se com o nome de Mano & Maninho.[69] Foi nessa época que mudaram para Leandro & Leonardo, depois que um dos funcionários da farmácia onde Emival trabalhava teve filhos gêmeos batizados com esses nomes. Por volta de 1982, conheceram o empresário Romildo Pereira, que já organizava a carreira da dupla Alan & Aladim. Leandro & Leonardo estavam afinados com o empresário, na busca de músicas com estética parecida com as de Amado Batista, como recorda Leonardo: "Desde quando eu fazia dupla com meu irmão, a gente nunca foi de gravar música caipira. Apesar de a gente ter vindo do campo, da lavoura, a gente teve sempre mais gosto pelas baladas românticas. Sempre fui muito inclinado pelo lado de Roberto Carlos, Amado Batista, José Augusto. Os maiores sucessos de Leandro & Leonardo sempre foram baladas."[70]

Edmilson Fernandes Machado, o Alan, nasceu em Ribeirão Preto, estado de São Paulo, em 1962, e formou dupla com José Nascimento Cardoso, o Aladim, nascido em Visconde do Rio Preto, Minas Gerais, em 1957. Aladim fora torneiro mecânico e começou a dupla com Alan em 1976, quando este tinha apenas quatorze anos. Em 1980, começaram a ser empresariados por Romildo Pereira e, com a ajuda do sertanejo Marciano, conseguiram gravar o primeiro disco pela CBS, sem repercussão alguma.

O empresário Romildo Pereira conheceu Leandro & Leonardo numa exposição rural em Barra do Garça, fronteira de Mato Grosso e Goiás.

Nesse mesmo dia conheceu também a dupla Zazá & Zezé, na qual cantava Zezé Di Camargo, que também começava a carreira. Como produtor de TV que agenciava viagens de artistas por todo o Brasil, Romildo começou a empresariá-los.

Filho de agricultores, nascido Mirosmar José de Camargo em 1962 na cidade de Pirenópolis, Goiás, Zezé Di Camargo começou a carreira ainda criança cantando com o irmão Emival, um ano mais novo, na dupla Camargo & Camarguinho. Foram uma dupla infantil por cerca de três anos até que, no fim de 1974, ao voltarem de um show em Imperatriz, no Maranhão, o motorista do carro em que viajavam adormeceu e bateu com tudo na traseira de um caminhão. O irmão Emival morreu aos onze anos.

Mirosmar ficou um ano sem lidar com a música, traumatizado. Começou a trabalhar de office-boy, mas foi despedido em seis meses. Retomou a música e, já adolescente, começou a cantar na zona do baixo meretrício da cidade. Mais tarde participou do trio Caçulas do Brasil, no qual era o Zé Neto, e tocava com outros dois parceiros, um deles Areovaldo Batista da Silva, o Zazá. Em 1979 Mirosmar montou com o parceiro a dupla Zazá & Zezé.

A carreira ao lado de Zazá é um dos pontos mais sombrios da carreira de Zezé Di Camargo. O cantor evita comentar o período que viveu ao lado do parceiro, apagando o episódio de todas as biografias autorizadas. O filme-biografia do cantor lançado em 2005, *2 filhos de Francisco*, sequer menciona o ex-parceiro.[71] O livro *Dois corações e uma história*, uma biografia ilustrada (e autorizada) de Zezé Di Camargo & Luciano, publicada em 2010, nada fala dos três discos lançados pela dupla Zazá & Zezé.[72]

É provável que o parceiro tenha se tornando *persona non grata* na biografia de Zezé Di Camargo em parte porque essa época foi um período de relativas vacas magras e insucessos. Os três discos lançados com Zazá (*A caminho do além*, em 1980; *Berço do mundo*, em 1982; e *Festa dos quinze anos*, 1984) mostram uma dupla muitíssimo influenciada pelas guarânias, rancheiras e boleros de Milionário & José Rico, Trio Parada Dura e Pedro Bento & Zé da Estrada. A carreira com Zazá aponta para um Zezé Di Camargo muito afinado à tradição de sua época e pouco renovador da música sertaneja.

Zezé frequentemente prefere se ver como um artista renovador do gênero. Ele próprio descreve sua ascensão como meteórica, sem altos e baixos, mas de linearidade progressiva e ascendente. O cantor mostra-se bastante consciente, em várias entrevistas, do papel que sua biografia joga na legitimação da música sertaneja e na construção de sua própria carreira. Assim, o silêncio acerca da parceria com Zazá é essencial para a construção de sua persona artística.

Apesar do "esquecimento" de Zezé, convém apontar que a dupla Zazá & Zezé alcançou sucesso regional. Chegaram até a entrar em duas coletâneas sertanejas lançadas em 1981, os LPs *Na boca do forno* e *Movimento jovem sertanejo*, ambos pela Chantecler.[73]

Parece ter havido um desentendimento entre Zazá e Zezé, cujos rancores levaram à separação da dupla em 1986. Em 2005 Zazá processou os realizadores do filme *2 filhos de Francisco* sob a alegação de que teria havido distorções sobre sua pessoa. Segundo Zazá, sua carreira ao lado de Zezé, de 1975 a 1986, havia sido apagada pelos diretores e roteiristas do filme, o que de fato aconteceu. No lugar de Zazá aparece um insosso personagem intitulado Dudu, sem nenhuma importância no roteiro. Serve simplesmente de mote para o encontro de Zezé e sua mulher, Zilu, num concurso que aconteceu no programa *República livre do cerradão*, na TV Anhanguera. Zazá pedia R$ 5,5 milhões por danos morais, o equivalente a 5% da bilheteria total do filme.

Depois de analisar o processo, a juíza da 5ª Vara da Família, Sucessões e Cível de Goiânia, Maria Cristina Costa, julgou improcedente a ação de reparação contra a Columbia Tristar Filmes do Brasil, a Conspiração Filmes Entretenimento S.A., a Globo Filmes e a Zezé Di Camargo & Luciano Produções Ltda.

A ação tramitava desde novembro de 2005 na Justiça. A juíza concordou com a versão de que não houve prejuízo para a imagem de Zazá e o condenou a pagar honorários de R$ 1,5 mil para cada empresa processada. Em sua sentença, Maria Cristina afirmou que não havia obrigação de o filme narrar com exatidão toda a vida da dupla formada por Zezé e seu irmão, "principalmente em se tratando de filme cinematográfico, cuja duração média é de duas horas, sendo impossível retratar em tão pouco tempo duas vidas inteiras", como proferiu a juíza no veredicto do processo.

Em 2005, Areovaldo havia perdido outra ação em que pedia indenização à esposa de Zezé, Zilu Almeida Godoy de Camargo. O músico alegou que Zilu teria dito em entrevista a uma revista que ele havia morrido e que isso trouxe "transtornos irreparáveis" a sua carreira. Na ocasião, a Justiça acatou a versão da defesa de Zilu de que houve um erro do autor da matéria que foi reparado na edição seguinte da mesma revista.[74]

Zazá foi contactado para dar sua versão para este livro. Muito magoado, disse que não falaria "sobre o Mirosmar". Recusou-se totalmente a falar sobre Zazá & Zezé em três ligações feitas em 2010. Na terceira vez, acusou Zezé de "ter pactos demoníacos".

Depois da separação em 1986, Zazá ainda tentou formar outras duplas, entre elas a Zazá & Zé João e Mauricio Rabelo & Zazá Brasil, sem sucesso algum. Zezé, por sua vez, anexou o Di Camargo ao nome e iniciou uma carreira solo muito influenciado pelo sucesso de românticos como Byafra, Gilliard, José Augusto e sobretudo Amado Batista. Começou então a ser empresariado por Romildo Pereira, que vinha desenvolvendo com Leandro & Leonardo a influência da música romântica.

Romildo Pereira foi enfático ao se lembrar da importância do cantor brega para a música sertaneja: "Toda mudança vem a partir do Amado Batista. Eu ouvia aquelas músicas e pensava: 'Se eu vender o disco de Leandro & Leonardo dessa maneira e conseguir 10% do que vende o Amado, eu vendo duzentos mil discos! Estou bonito em qualquer gravadora!'"

Romildo Pereira conhecia o arranjador dos discos de Amado Batista, o maestro Otavio Basso, e pediu-lhe que fizesse gravações *demo* com Leandro & Leonardo. Ao ouvir os planos do empresário, o maestro reagiu dizendo que nunca tinha feito arranjo para dupla sertaneja, mas foi tranquilizado por Romildo, que queria arranjos parecidos com os que o maestro fazia para Amado Batista.[75]

Como Leandro & Leonardo não compunham, dependiam de outros compositores. Por intermédio de Romildo chegaram a César Augusto, que tinha um trabalho de influências do pop romântico. Em 1976 César conseguiu que sua primeira música fosse gravada por Ronnie Von. Em seguida Wando gravou outra composição. César Augusto compôs também temas de novelas para a antiga TV Tupi. O primeiro sucesso aconteceu com a canção "Pouco a pouco", gravada por Gilliard em 1982: "Pouco a pouco foi que eu pude perceber/ Que gostar é diferente de querer..." Essa canção foi composta em parceria com Martinha, personagem egressa da Jovem Guarda, que se tornou parceira de César Augusto em várias músicas. Viriam outros sucessos com Gilliard e cantores românticos dos anos 1980. Na década seguinte, César Augusto se tornaria um dos mais importantes produtores e compositores da música sertaneja, tendo produzido vários discos de Zezé Di

Camargo & Luciano e Leandro & Leonardo, entre outros. César Augusto seria também o compositor de vários hits, entre eles "Desculpe, mas eu vou chorar", "Faz mais uma vez comigo", "Não olhe assim", "Preciso ser amado", "Nem dormindo eu consigo te esquecer", "Pare", "Festa de rodeio". Não obstante, sem bola de cristal para prever esse futuro prodigioso, na década de 1980 ele não se interessava pelo gênero, como lembra o empresário Romildo Pereira: "Eu falei pra ele: 'César, eu preciso de uma música sua para uma dupla.' Ele odiava música sertaneja! E disse: 'Não tenho música sertaneja, não!' Ele ficou puto comigo! Eu sabia que ele tinha músicas... Um dia ele me mostrou uma música chamada 'Contradições'. Era o que eu queria!' A canção era romântica ao extremo: 'São contradições de um amor sem juízo/ Eu nego e renego mas sei que preciso.'"[76]

Além da modernidade da música pop-romântica, sobretudo nos arranjos, Leandro e Leonardo incorporavam a temática do amor explícito de Amado Batista: "A música sertaneja se renova de tempos em tempos, e isto é muito bom porque o povo está sempre ouvindo, não cansa", disse Leonardo. "Naquela época, a música sertaneja falava muito das coisas do campo, da mata, e os arranjos eram bem tradicionais. Nós chegamos quebrando tudo [risos]. As letras falavam mais de amor e até de cama, por que não? Amor e cama têm tudo a ver, não? E também modernizamos os arranjos."[77]

Influenciados pelos cantores bregas, Leandro e Leonardo gravaram a primeira fita *demo* com canções românticas e arranjos do maestro Otavio Basso. E penaram para conseguir espaço. "Eu andei com a fita pra cima e pra baixo e ninguém queria! Chamavam a mim e ao Otavio Basso de malucos. Falavam: 'Não... isso não serve!' Aquilo não tinha nada a ver com sertanejo, realmente... Eles não estavam acostumados... queriam mais polca, chamamé... Quando viam um solo perguntavam: 'Que bosta é essa?' Era mesmo um Amado Batista de dupla! Foi um choque!", rememora o empresário Romildo Pereira.

Sem esperanças nas gravadoras tradicionais do mundo sertanejo, sobretudo as clássicas Chantecler, Copacabana e Continental, Romildo foi aconselhado a levar o material para uma nova gravadora que estava surgindo no mercado, a multinacional 3M.[78]

Entre os que lançaram discos pela 3M estavam, além de Leandro & Leonardo, o cantor Zezé Di Camargo, em carreira solo, e a compositora Fátima Leão. Nascida em Rio Verde, no interior de Goiás, Fátima Leão foi para São Paulo junto com Zezé Di Camargo na metade da década de 1980. Logo teve uma composição gravada por Matogrosso & Mathias, dupla também afeita à modernização romântica. A canção era "Objeto do prazer", lançada no LP da dupla de 1985. Em 1987, Chitãozinho e Xororó gravaram "Coração", parceria de Fátima Leão com Paulo Jurazo, e Milionário e José Rico lançaram "Meu sentimento", parceria com José Rico.

Compositora ascendente, Fátima Leão gravou então um disco. Na década seguinte ela se tornaria um dos nomes mais importantes do sertanejo. Entre os sucessos de Fátima há os gravados por Leandro & Leonardo ("Gostoso sentimento"), Zezé Di Camargo & Luciano ("Foge de mim" e "Muda de vida"), Chitãozinho & Xororó ("Alô!") e Bruno & Marrone ("Dormi na praça").

Na década de 1980 ela tentava se destacar como cantora. Lançou então o LP *Coração* pelo selo Ideia Livre em 1988, sem grande repercussão. A compositora só conseguiria lançar um disco por uma gravadora maior, a Copacabana, em 1990, depois do boom sertanejo-romântico. Quando ainda tentava ser cantora, Fátima Leão cantou "Pra desbotar a saudade" no primeiro disco de Zezé Di Camargo & Luciano, junto com os irmãos goianos.

A mesma dificuldade para entrar numa grande gravadora viveu outro compositor que ficaria famoso na linha romântico-sertaneja nos anos 1990, o gaúcho Joel Marques. Nascido em Lagoa Vermelha, Rio Grande do Sul, ele começou a carreira na década de 1970 fazendo cover da Jovem Guarda. Foi para São Paulo e em 1981 conheceu José Homero Bettio, empresário de Chitãozinho & Xororó, e conseguiu que eles gravassem "Pés descalços", "Coração quebrado", "Depois de mim" e "Sob medida", as três últimas compostas em parceria com Xororó, no LP de 1986. No ano seguinte, foi a vez de "Não desligue o rádio". Joel entrava de vez no clube. Na década de 1990, compôs clássicos do sertanejo romântico, como "No dia em que saí de casa", "Não aprendi a dizer adeus" e "Cowboy do asfalto". Na década de 1980, no entanto, não conseguiu uma grande gravadora para lançar-se como cantor de suas próprias canções. Sua sorte foi a mesma de Leandro & Leonardo, Zezé Di Camargo e Fátima Leão: ele só conseguiu espaço através da estreante 3M, que lançou seu disco em 1987.

Prelúdio da indústria cultural

Fica claro que o sucesso dos sertanejos românticos dos anos 1980 não aconteceu por pressão das grandes gravadoras, as chamadas *majors*, mas por gravadoras novatas ou de pouca expressão. Mesmo as gravadoras semiperiféricas, nacionais, já tradicionalmente entronizadas no mercado sertanejo, como a Copacabana, a Chantecler e a Continental, tiveram dificuldade de absorver a continuação da modernização do gênero.

Essas gravadoras nacionais apoderaram-se da primeira onda modernizadora na música sertaneja, basicamente o rock via Leo Canhoto & Robertinho, e a rancheira e a guarânia via Milionário & José Rico, e reagiram a qualquer transição a esse *status quo*. As duplas que conseguiram se metamorfosear por dentro dessas gravadoras, vide Matogrosso & Mathias, Gilberto & Gilmar e sobretudo Chitãozinho & Xororó, o fizeram pois misturavam a radical nova modernidade, o brega, com os gêneros "modernos tradicionais", se é que assim se pode falar. Até o fim da década de 1980 os discos de Chitãozinho & Xororó, Matogrosso & Mathias, Gilberto & Gilmar ainda tinham muitas guarânias, rasqueados e chamamés, ao lado das canções românticas urbanas.

Diante das dificuldades sistemáticas de gravar o primeiro disco, a luta foi dura, como lembra Leonardo: "Um dia eu estava lá na roça, colhendo arroz, eu e o Leandro carregando aquelas gajobas de arroz. [...] Foi quando a minha irmã atravessou o rio numa canoinha e falou: 'Olha, tem telefonema de São Paulo para vocês, o pessoal da gravadora 3M quer lançar o disco de vocês e a passagem já está aí para vocês irem.' Já tinha até passagem de avião! Joguei o arroz no chão e falei [para Leandro]: 'Fica aí, inferno, quem gosta de arroz é caruncho.' E vazei, né? O nosso sonho era gravar um disco, né... [...] Isso foi numa sexta-feira, e na segunda já era para nós irmos para São Paulo. Lá procuramos o [empresário] Romildo Pereira, [...] ele nos deu uma força muito grande. [...] O [compositor] César Augusto começou com a gente nessa época, fizemos amizade e gravamos três ou quatro músicas dele no disco."[79]

César Augusto foi também o produtor do disco e recordou-se que o LP foi produzido a toque de caixa: "A gravação começou às 8h e quando foi 15h ela acabou. Foi assim! Nós gravamos doze faixas assim. Era tipo fábrica de pão! Tudo muito rápido, direto. Apenas oito canais. E foi assim que eu virei produtor de discos a partir dali. Até então eu só tinha produzido jingles."[80]

Melodrama pop brega

O sucesso regional da canção "Contradições", do primeiro LP de Leandro & Leonardo, delineou uma nova possibilidade para a música sertaneja.[81] O título do LP já dizia tudo: *Explosão de desejos*. O romantismo sexualizado de Amado Batista estava explícito no sucesso "Contradições": "A gente se abraça, se morde, se queixa/ Depois que se afasta, chorando se beija/ E descobre o quanto ainda se ama." Trata-se de uma linha de composição que se repetirá nos maiores sucessos da dupla, como "Entre tapas e beijos" ("É ódio, é desejo/ É sonho, é ternura/ Um casal que se ama/ Até mesmo na cama provoca loucuras...") e "Paz na cama" ("E se de dia a gente briga/ À noite a gente se ama/ É que nossas diferenças se acabam no quarto/ Em cima da cama..."), ambas cantadas por Leandro e Leonardo.

Antenado com a estética brega, César Augusto também comporia outros sucessos sexualizados, entre eles um hit para Gian & Giovanni em 1990, a balada "Nem dormindo eu consigo te esquecer": "Será que todas as pessoas desse mundo/ Fazem amor gostoso como a gente fez?/ Foi uma transa, só um caso e nada mais/ Foi de repente sem a gente perceber/ Mas foi tão lindo."

Diante do sucesso da investida romântica, outros pupilos de Romildo Pereira também investiram no melodrama sexualizado com levada pop: um deles foi a dupla Alan & Aladim. Depois da ajuda de Marciano, Alan & Aladim conseguiram entrar para a gravadora Copacabana. O primeiro disco veio em 1984, sem grandes repercussões. Ficaram então três anos "na geladeira", e só em 1987 conseguiram gravar um novo LP, que na época foi um marco da seara sertaneja. Ao radicalizarem a veia romântica, chegaram ao sucesso com várias canções, especialmente "A dois graus", "Dois passarinhos" e "Liguei pra dizer que te amo". Esta última é clara na metáfora da cama tão comum nos influenciados por Amado Batista: "E ao dormir/ Sozinha estiver em seus lençóis/ Abrace o travesseiro e pense em nós/ Na impressão irá sentir o meu calor."

Embora hoje Alan & Aladim sejam raramente lembrados, na época eram vistos como uma das duplas mais promissoras, tendo mantido sucesso relativo nos discos lançados em 1989 e 1991.[82] Era frequente a aparição de Alan & Aladim nos programas de TV e de rádio. Estavam entre as duplas mais famosas daquela nova geração. A carreira da dupla acabaria bruscamente em 1992, quando Aladim se submeteu a uma cirurgia dentária e reagiu mal à anestesia, morrendo em seguida.

Seguindo essa linha romântica dos pupilos do empresário Romildo Pereira, Zezé Di Camargo começou carreira solo na 3M em 1986 e dois anos mais tarde lançou seu segundo disco solo. Nesses dois discos Zezé abandonou de vez as guarânias, rancheiras, boleros, polcas e chamamés tão comuns no repertório com Zazá e cantou apenas canções românticas com levadas pop. Segundo Romildo Pereira, tratava-se de reciclar o gênero: "Na época o Gilliard estava caindo e a gente tentava criar um novo Gilliard!", disse o empresário de Zezé em entrevista exclusiva.

Anos mais tarde Zezé tentou compreender e sistematizar sua mudança estética, vendo-se como um visionário, atitude frequente na forma como o compositor constrói sua autobiografia: "Quando eu tinha dupla com o Zazá, eu via que a gente tava num bolo muito parecido, com arranjo, modo de cantar tudo muito igual, e a música sertaneja não conseguia chegar por nada nas grandes cidades. Eu via o programa do Chacrinha, aqueles cantores populares fazendo sucesso, como o Gilliard, o José Augusto, e não entendia o porquê da música sertaneja não conseguir se expandir. 'Fio de cabelo' foi muito sucesso, mas ainda parava em alguns lugares, por ser uma guarânia ela não conseguia entrar no Rio de Janeiro ou no Nordeste, por exemplo. Era tão difícil romper algumas barreiras que, se você chegasse numa rua de São Paulo e cantasse Milionário & José Rico, o pessoal não sabia o que era. Vendo esses artistas no Chacrinha, fazendo sucesso, eu resolvi cantar sozinho. Eu comprava aqueles discos de playback que as gravadoras lançavam, pegava a letra e reparava no jeito que os caras cantavam. A ideia de cantar sozinho veio justamente por ver que alguma coisa precisava mudar, fiquei uns quatro anos cantando sozinho, foi quando eu aprendi a cantar de verdade, fazer vibrato, comercializar a minha voz. Toda essa linguagem popular eu consegui pegar desses cantores."[83]

O romantismo era a tônica dos discos de Zezé pela gravadora 3M. Até nas versões. "Faz eu perder o juízo" era uma versão do americano "Killing me Softly", clássico do repertório de Roberta Flack, de 1973. No segundo disco foi gravada "A paixão é a mais pura razão", versão de "To Sir, with Love", tema do filme *Ao mestre, com carinho*, de 1967.

Outras duplas também fizeram versões. No disco de 1989, Leandro & Leonardo gravaram "É por você que eu canto", versão de "The Sound of Silence", clássico de Paul Simon. Em 1992, gravaram "Esta noite foi maravilhosa", versão de "Wonderful Tonight", de Eric Clapton. Também em 1992 As Marcianas gravaram "Mas você não vem", versão de "Take my Breath Away", do grupo Berlin, música que ficou famosa por ser tema do filme *Top Gun*, de 1986. Em 1995 foi a vez de Leandro & Leonardo gravarem "Eu juro", versão de "I Swear", do grupo de R&B romântico californiano All-4-One.

Zezé tentava alavancar a carreira e conseguiu algumas exibições no programa *Clube do Bolinha*, na TV Bandeirantes. Seus discos fizeram pequeno sucesso no Ceará. Apesar do apoio nordestino, o único lugar onde Zezé se tornou de fato famoso antes de "É o amor" foi no Acre, graças ao apoio do radialista Wilson Barros, da FM Rio Branco: "O Acre foi o único estado em que fiz sucesso sozinho no Brasil. Quando eu chegava, tinha televisão me esperando. Na época, existiam doze municípios, e eu cantei em todos. Cheguei a ficar dois meses em Rio Branco. Não tinha estrada, eu ia de avião, na selva. O avião me deixava lá e só passava uma semana depois para buscar."[84]

Zezé buscava o sucesso popular como cantor, mas este chegou primeiro como compositor. Sua primeira composição a ter muita repercussão foi "Solidão", gravada por Leandro & Leonardo, sucesso do LP de 1987, dando prosseguimento à carreira ascendente dos goianos: "Solidão/ Quando uma luz se apaga/ Eu de novo em casa/ Morrendo de amor por ela." Foi um grande sucesso. "Essa acabou sendo a música que puxou o nosso disco, sucesso total. Depois dela, passamos a fazer mais de 120 shows por ano", recordou Leonardo.[85] No LP de 1989 da dupla, outro sucesso do compositor Zezé Di Camargo, a canção "Quem será essa mulher". Embora compusesse desde os tempos da dupla com Zazá, foi apenas quando se aproximou dos românticos-pop que Zezé alcançou o sucesso que almejava: "Eu não queria ser compositor, eu queria ser cantor. Eu compunha umas músicas e guardava, não acreditava nelas. Eu brinco que Leandro & Leonardo sustentaram o Zezé Di Camargo por muito tempo, por tudo que aconteceu depois de 'Solidão'. Essa música eu fiz pensando em mostrar pro Amado Batista. Ele sempre vendeu muito, eu precisava duma graninha. Aí eu sempre cantava *ela* perto do Leonardo, a gente sempre tava junto, eles também não eram conhecidos. Um belo dia, o Leonardo chegou e disse: 'Zezé, você precisa assinar a liberação da sua música pra mim, a 'Solidão.' Ele já tinha feito tudo, tava gravada. Eu não queria, mas como eu não conseguia mostrar pro Amado mesmo, eu falei: 'Então grava aí.'"[86]

Como se vê, foram os sertanejos que se aproximaram dos compositores românticos, e não o oposto.

A compositora Martinha, oriunda da Jovem Guarda, não mudou quase nada o jeito de compor, como relatou: "Compondo do meu jeito romântico, os sertanejos começaram a se apaixonar pelas minhas músicas e a cantá-las em duas vozes."[87] Outro compositor que declarou em entrevista exclusiva para este livro que não mudou a forma de compor foi Carlos Colla. Autor de "Fogão de lenha" e "Meu disfarce", ambas gravadas em 1987, Colla foi o primeiro elo de Chitãozinho & Xororó com compositores cariocas, e, segundo se lembra, isso não acarretou grandes mudanças em sua rotina de compositor.

Chico Roque, compositor com Colla de "Meu disfarce", conta que sempre fez canções românticas para vários cantores: "Eu lembro que a gente fez essa música ["Meu disfarce"] para [a cantora] Joanna. O Chitãozinho me encontrou num hotel e me falou: 'Chico, me mostra uma música que não seja pra dupla sertaneja, uma romântica...' Na época eu tava estourado com a Sandra de Sá.[88] Eu mostrei 'Meu disfarce' e ele gostou." Roque define seu estilo da seguinte forma: "Eu sou compositor de letras diretas. Muita gente da imprensa tacha isso de música 'brega'. Eu acho que não existe música brega, existe música para tipos de públicos diferentes. Dizer que [um tipo de música] é [de] elite, [dizer qual é] o bom e o ruim, é uma covardia."[89]

De fato, a vida dos compositores românticos mudou pouco. Chico Roque e Carlos Colla eram versáteis. Colla, por exemplo, já teve músicas gravadas por Roberto Carlos, Emílio Santiago, Angélica, Mauricio Mattar, Tim Maia, Alcione, Wando, Maria Bethânia, Zezé Di Camargo & Luciano, Roberta Miranda, Fafá de Belém, Joanna, Sidney Magal, Fábio Jr., Wanderley Cardoso, Elymar Santos, Karametade, Raça Negra, Só Pra Contrariar, Perla, Leandro & Leonardo, Calcinha Preta, Menudo, Bruno & Marrone, Reginaldo Rossi, Rick Vallen... A lista é grande. Colla se diz um homem "sem preconceitos": "Eu gosto de tudo e faço de tudo. Mas isso é um crime no nosso meio. Falam que eu não tenho estilo, não tenho personalidade... Não tenho mesmo não, graças a Deus! Sempre existiu a igrejinha do rock, do samba de raiz... Eles não se comunicam um com o outro. Como eu nunca me considerei um profissional da música, eu nunca me ajustei aos ditames do grupo. Até porque eu nunca tive grupo, entende? Sempre fui marginalizado no meio. As companhias arrecadadoras não gostam de mim até hoje! Porque eu não tenho grupo, eu falo o que penso..."[90]

Se o compositor diz que "nunca teve grupo", ao menos conseguiu transitar em vários deles em diversos momentos da carreira. Foi por intermédio de Chitãozinho & Xororó em 1987 que ele adentrou o mundo sertanejo: "Eu estava em casa e eles vieram até aqui me pedir uma música." Colla pouco conhecia do mundo sertanejo: "Eu nunca fui a um rodeio", disse o compositor em entrevista para este livro. Para compor "Fogão de lenha" (com Maurício Duboc e Xororó), remeteu-se à parte de sua infância vivida em Trajano de Moraes, interior do estado do Rio de Janeiro. O resultado parece ter resgatado a alma caipira: "Pegue a viola e a sanfona que eu tocava/ Deixe um bule de café/ Em cima do fogão/ Fogão de lenha, e uma rede na varanda/ Arrume tudo, mãe querida, que seu filho vai voltar..."

Colla conseguiu enganar muitos folcloristas ao dominar os códigos da pureza caipira. O militante da causa caipira Rolando Boldrin gravou a canção em seu disco de 1996, vendo em "Fogão de lenha" uma louvação à tradição. O pesquisador e folclorista José Hamilton Ribeiro a elegeu entre as 150 mais belas canções rurais e atestou: "Cenário, ambientação e temática autênticos de uma canção caipira." [91]

Se para fazer a letra Colla se inspirou na infância, ao buscar referências para a melodia ele voou longe: "Para o refrão eu me inspirei na canção instrumental 'Le lac de Côme' (Nocturne Op. 24), composta no século XIX por C. Galos." De fato, o primeiro compasso do refrão, e apenas este, parece-se com a obra clássica italiana. Trata-se exatamente da parte que diz "Pegue a viola...".

A falta de relações com o mundo rural gerava cobranças por parte do meio musical. Colla carregava a mágoa dessas cobranças até os dias em que deu entrevista para este livro, em 2010: "O Rio de Janeiro era preconceituoso [contra os sertanejos]. Até os compositores eram preconceituosos. Diziam que eu era 'vendido'. Vendido por quê? Havia umas loucuras desse tipo... umas patrulhas ideológicas..."

Colla tornou-se um compositor muito requisitado no meio sertanejo. Canções como "Pensando em minha amada", "Tô deixando você" (com Chico Roque), "Gosto dela" (com Augusto César), "Sonho por sonho" (com José Augusto) tornaram-se muito famosas no início da década de 1990. "Você vai ver" (com Elias Muniz), gravada por Zezé Di Camargo e Luciano em 1994, ilustra bem o romantismo de Carlos Colla: "Você pode provar/ Milhões de beijos/ Mas sei que você vai lembrar de mim/ Pois sempre que um outro te tocar/ Na hora você pode se entregar/ Mas não vai me esquecer/ Nem mesmo assim.../ Eu vou ficar/ Guardado no seu coração/ Na noite fria solidão/ Saudade vai chamar meu nome."

"Você vai ver" foi composta pensando no pagodeiro Elson do Forrogode. Era um pagode lento. Acabou sendo gravado como um bolero pela cantora Jayne, e foi assim que Zezé ouviu a canção pela primeira vez, gravada com arranjo do maestro Eduardo Lages.

Segundo Colla, a letra de "Você vai ver" foi composta depois de uma bebedeira. Ele jogou a letra fora, mas o músico Elias Muniz pegou-a no lixo: "Anos mais tarde ouvi a música gravada", lembra Colla. Perguntado sobre por que suas canções românticas fazem tanto sucesso nas vozes dos cantores mais distintos, Colla teorizou sobre a aceitação da linguagem romântica no Brasil, vendo-a como uma tradição na música popular brasileira que nos aproximaria da música latina: "O brasileiro é mexicano, né? Mas a gente dificilmente reconhece isso. A cidade não é mexicana, mas a alma brasileira é mexicana. Quando eu canto as músicas de corno o pessoal ama. Porque ninguém é sofisticado na hora do amor. Se você namorar uma mulher sofisticada vai enjoar. [...] Ela não é autêntica... A alta sociedade é sofrida e castrada porque convive entre si não por grandes amores, mas por grandes interesses. [...] Esta polidez afasta as pessoas. Gente que pensa com a própria cabeça não é sofisticada, ela é autêntica, e gosta de música mais autêntica. [...] Atingir um coração sofisticado é impossível, pois o sofisticado só pensa nele mesmo e no medo que ele tem das pessoas."

Assim como Colla, outros compositores românticos não mudaram seu estilo de compor para serem aceitos pelos sertanejos. O compositor Antonio Luiz demarcou essa questão em entrevista: "Nós somos todos um acidente no mundo sertanejo. Foi uma coisa que foi pintando mesmo, todo mundo batalhando... Eu sempre toquei rock'n'roll, bossa nova... Tanto é que quando eu ia mostrar uma música nova para o Zezé Di Camargo ele falava: 'Lá vem o roqueiro!' Então a verdade é que ninguém era compositor sertanejo... a gente foi virando conforme a dança..." O mesmo aconteceu com o compositor paraibano Tivas, que antes de "Fio de cabelo" sequer tinha ouvido música sertaneja: "O Brasil é um país muito romântico... eu ouvia isso", disse em entrevista. Perguntada sobre esse assunto, a compositora Fátima Leão também foi clara: "Deixa eu te falar um coisa: eu fazia música popular! O que eu fiz? Eu peguei essa música e arrastei para o sertanejo!"

Elias Muniz, compositor de clássicos sertanejos dos anos 1990 como "Dormi na praça" (gravado por Bruno & Marrone), "Ela é demais" (Rick & Renner) e "Adoro amar você" (Daniel), também se definia como um romântico: "Eu sou um compositor popular. Um compositor que quer na sua música se fazer entender. Eu não sei fazer música complicada. Essa é a música que eu sei fazer. Agora a música romântica, desde séculos, é a música que sempre falou mais alto. [...] E meus sucessos estão na música sertaneja. O que eu faço é isso aí: sertanejo, pagode... é popular. Eu faço música para tocar no rádio, para as pessoas cantarem! Senão, para mim não tem graça! A grande graça de fazer música é ouvir as pessoas cantando. A minha realização é essa."[92]

O cantor José Augusto, compositor de "Evidências" (junto com Paulo Sérgio Valle), um dos maiores sucessos do sertanejo-romântico, também enfatizou essa questão: "Eu fiz a minha música e os artistas sertanejos gravaram essas mesmas músicas fazendo a sua própria leitura... 'Evidências', por exemplo, foi composta para [o cantor romântico] Leonardo Sullivan, mas logo depois Chitãozinho & Xororó gravaram do seu jeito."[93] O compositor Chico Roque foi na mesma linha: "O meu trabalho não é sertanejo. Eu tenho muitas canções com os sertanejos, Chitãozinho & Xororó, Gian & Giovani, Chrystian & Ralf, César Menotti & Fabiano... Mas eu faço baladas românticas... para vários artistas... eles adaptaram ao esquema deles... Eu faço música."

O sucesso do sertanejo romântico abriu a trincheira para que várias duplas viessem a estourar na virada da década. Entre elas Gian & Giovani, João Paulo & Daniel, Rhael & Romário, Renê & Ronaldo, Jean & Marcos, As Marcianas e Zezé Di Camargo & Luciano. Todas elas foram direta ou indiretamente influenciadas pelos românticos "bregas" das décadas de 1970 e 1980. A maioria foi influenciada só pelo rádio. Mas houve caso de artistas que começaram a carreira justamente se envolvendo de forma direta com esses cantores românticos.

Foi o caso da dupla Chrystian & Ralf. Ambos tinham carreiras solo individuais como cantores de músicas em inglês. Gravavam em trilhas de novelas e discos populares, além de fazerem vocais para artistas consagrados como Rita Lee, Roberto Carlos e Fábio Jr. Vendo que a seara romântica na qual já trabalhavam se mostrava atrativa, assumiram outros nomes artísticos e formaram a dupla, como lembra Ralf: "A gente tava fazendo uma gravação pro Gilliard na Gazeta. Lá estava o presidente da RGE vendo o vocal que ia ser feito. Sem querer a gente começou a cantar um vocal do Trio Parada Dura e ele falou [exaltado]: 'Por que vocês ficam cantando em inglês? Vamos gravar sertanejo! Apareçam lá na RGE que a gente vai conversar!' A gente já cantava sertanejo antes de cantar em inglês... só que era como Charles e Ralf... Foi feito o disco em 1982 que levou um ano de planejamento para lançar em 1983. Por quê? Porque o Chrystian tinha vários contratos na França para cumprir, eu tinha vários outros [com outros pseudônimos] como Don Elliot, Little Robinson, Ralff (com dois efes)... Ganhei até disco de ouro no México... Era um negócio incerto contra um certo, entendeu?"[94]

Led Zeppelin, Guns N' Roses, Bee Gees, Julio Iglesias, Elton John

Além de seduzidos pela estética de Gilliard e outros românticos populares, Chrystian & Ralf foram muitíssimo influenciados pela música estrangeira, especialmente a americana.[95] Naturais de Goiás, eles eram ouvintes tanto de música rural quanto do rock internacional dos anos 1970, como contou Chrystian: "Eu tinha tudo do Led Zeppelin, Pantera, Metallica... A gente gostava de Tião Carreiro & Pardinho, mas ouvia Led Zeppelin com o mesmo tesão. Você tem que ter o sentimento pra todos. Eu ouço uma ária de ópera com a mesma emoção que ouço Tião Carreiro ou Metallica."[96]

Esse gosto estético, que pode parecer "pouco definido" ou "incoerente" para ouvintes urbanos, era regra no meio sertanejo romântico. Bruno, da dupla com Marrone, também ouvia de tudo e era fã especialmente de Elvis, Beatles e Tião Carreiro & Pardinho.[97] Roberta Miranda gostava de Neil Diamond, Roberto Carlos e Julio Iglesias.[98] A dupla Maurício & Mauri, irmãos de Chitãozinho e Xororó, dizia: "Não perdemos os discos de Titãs, dos Paralamas e do Legião Urbana!"[99] Xororó declarou que também tinha gosto estético variado nos anos 1980: ouvia Roberto Carlos, Beatles, Bee Gees, Raul Seixas, Paulo Sérgio, Elton John e Paul Muriat, além de música sertaneja.[100] Chitãozinho também tinha um gosto parecido: "Eu gostava de Elton John. Rock pauleira nunca fez a nossa cabeça. Gosto de rock, mas com uma certa dose de romantismo, tipo Queen. Adoro o Queen! Na época dos Beatles a gente procurava prestar atenção e foi uma coisa que fez a cabeça. Simon & Garfunkel também têm muito a ver com nosso trabalho. E principalmente Neil Diamond, que é country até."[101]

Gravar essas influências na seara sertaneja era algo complicado e, sobretudo, novo. O produtor Pinocchio, que gravou artistas como Gian & Giovani, conta que teve dificuldades de fazer as gravadoras aceitarem a nova proposta moderna: "Me apareceu uma dupla diferente, que era Gian

& Giovani, e eu resolvi fazer um trabalho diferente. Eu fui gravar num estúdio em que o técnico era evangélico, não conhecia nada de sertanejo. Eu levei um disco do Elton John para os músicos verem a levada que eu queria. E levei um disco do Julio Iglesias, que era para o cara ver o som da caixa [da bateria], que era aquela caixa com eco. Porque as caixas do sertanejo eram aquelas caixas pequenininhas, quando batia na FM nosso som sumia, né? Aí falei com o cara: 'Eu quero copiar isso aqui.' Mas era fora dos padrões, não podia! Tanto é que quando o *tape* foi para a Chantecler, os caras inicialmente recusaram. Depois aceitaram. No ano seguinte Leandro e Leonardo gravaram 'Pense em mim' com a caixa mais forte que o pedal da bateria! Aí veio esse padrão da música sertaneja ser legal na FM!"[102]

A vontade de buscar outras sonoridades levou os sertanejos aos Estados Unidos. Em maio de 1989 Chitãozinho e Xororó viajaram pela primeira vez aos EUA, onde se apresentaram no hotel Caesars Palace, de Las Vegas, numa premiação musical country. Seguiram viagem por Newark, Detroit, Boston e New Jersey fazendo shows para colônias de migrantes brasileiros.[103]

Voltaram ainda mais influenciados pelo estilo rural americano. A partir daí ficaram muito associados à estética country americana. A dupla era vendida pela grande mídia como uma dupla moderna, country, de alto nível. O primeiro show na casa de espetáculos Palace, em São Paulo, foi vendido pela propaganda em jornais da capital como a apresentação de uma dupla de porte internacional: "Chitãozinho & Xororó. Assista no Palace ou em Las Vegas", dizia o panfleto do show publicado na *Folha de S.Paulo*.[104]

Perguntado em 1988 sobre a participação dos mediadores na legitimação da música sertaneja, Xororó tomou a country music americana como exemplo:

Pergunta: O que se observa na dupla Chitãozinho & Xororó é que não há limites para o trabalho. Vocês fizeram um especial de fim de ano com a participação de Fábio Jr. e de Jair Rodrigues. A intenção de vocês é unir os estilos musicais encontrados no Brasil?

Xororó: Exatamente. Essa é uma luta nossa de vários anos. A gente sempre se empenhou para unir a música sertaneja à música popular brasileira. Nós queremos que aconteça com a nossa música o mesmo que ocorre com o country nos Estados Unidos. Lá essa música toca diretamente nas rádios. Nós estamos conseguindo isso também.[105]

FIO DE CABELO

Para o folclorista José Hamilton Ribeiro, autor de livro sobre a música caipira, a incorporação do country era um crime musical: "A influência americana, no contexto do 'caubói de rodeio', acabou sendo a responsável pelo dardo mais envenenado a atingir a música de origem rural. As festas de peão, com roupas temáticas, linguajar e cacoetes dos shows e campeonatos de rodeio dos Estados Unidos, deram a orientação de marketing e artística ao que se chama hoje de 'jovens sertanejos'. Tudo copiado, tudo de segunda mão, tudo colonizado. Mas é o que vende, o que faz sucesso, 'o que o povo quer', como dizem."[106]

Sem se importar com as críticas, Chitãozinho & Xororó gravaram um country americano: a canção "Nascemos pra cantar" é uma versão de Chitãozinho para o sucesso "Shambala", do grupo Three Dog Night, do LP *Cyan*, de 1973.[107] Em 1993 Chitãozinho & Xororó fizeram a versão de "Words", dos Bee Gees. "Palavras" foi cantada metade em português e metade em inglês, com participação dos irmãos americanos na gravação. A revista *Veja* considerou a gravação "estapafúrdia", afinal tanto Chitãozinho & Xororó quanto os Bee Gees "teriam", para a revista, "muito açúcar em comum".[108] Em 1994 os irmãos fizeram outra parceria com um artista estrangeiro. No LP daquele ano, gravaram a versão "Ela não vai mais chorar" junto com o autor da canção "She's not Crying Anymore", o cantor country americano Billy Ray Cyrus. O disco de 1998, intitulado *Na aba do meu chapéu*, foi gravado no estúdio Ocean Way, em Nashville, capital do country americano.[109]

Aliás, o próprio corte de cabelo de Chitãozinho & Xororó que se tornou famoso na época foi inspirado na música importada. Em 1987 um dos irmãos da dupla tentara impressionar uma namorada paranaense que julgava "meio punk". Então cortou o cabelo daquele jeito para tentar impressioná-la. O *mullet*, como ficou conhecido esse tipo de penteado com fios arrepiados e curtos no topo da cabeça e fios longos na parte de trás, tornou-se uma marca dos sertanejos. A princípio todos da família o recriminaram, especialmente Xororó, que depois foi o primeiro a adotar o corte.[110] Outra inspiração foi o roqueiro Rod Stewart, que de fato usava *mullet* na época.[111]

Quase todos os sertanejos usaram o *mullet*: Zezé Di Camargo, Gian & Giovani, Gilberto & Gilmar, Daniel, Chitãozinho & Xororó, João Mineiro & Marciano... O corte era comum em várias cabeças da época. Os atores Alexandre Frota e Maurício Mattar, os jogadores Ricardo Rocha, Renato

Gaúcho e Romário, o músico Raphael Rabello e o cantor Guilherme Arantes tinham *mullets*. Como era uma moda unissex, as mulheres também usavam *mullet*: a eterna "garota de Ipanema" Helô Pinheiro posou na revista *Playboy* em maio de 1987 com um *mullet* aloirado.

Era uma moda internacional. Lá fora usavam o *mullet* jogadores de futebol como o italiano Roberto Baggio e Maradona, artistas como Bono Vox, David Bowie, Paul McCartney, Bon Jovi, Billy Ray Cyrus, o ator Patrick Swayze, além de personagens da cultura pop, como McGyver.

Cabelos e guitarras aproximavam os sertanejos do rock internacional. Os cabelos longos também eram referência para Chrystian & Ralf. Um dos maiores sucessos da dupla foi uma canção que fazia referência à longa cabeleira e a uma cidade americana que não era o centro do mundo country. A canção "Nova York" foi gravada em 1989 e regravada numa pegada totalmente heavy metal em 1998: "Essa é a história de um novo herói/ Cabelos compridos a rolar no vento/ Pela estrada no seu caminhão/ Gravado no peito a sombra de um dragão/ Tinha um sonho ir pra Nova York."

Zezé Di Camargo também nunca negou as influências estrangeiras. Em 1993 ele e o irmão Luciano gravaram ao lado de Willie Nelson a canção "Eu só penso em você", versão de "Always on my Mind". Nelson cantava em inglês, e os irmãos cantavam, em português.

Não era a primeira vez que os irmãos goianos gravavam uma versão. No primeiro LP, de 1991, Zezé gravou com o irmão a canção "Eu te amo", versão de Roberto Carlos para "And I Love Her", clássico dos Beatles de 1964, gravada pelo Rei em 1984. A versão foi criticada por parte da mídia. O jornal *Folha de S.Paulo* foi um dos que não gostaram: "Às vezes o ritmo também é pré-rock — tanto que 'And I Love Her' dos Beatles vira um bolerão nas vozes de Zezé Di Camargo & Luciano."[112]

Não obstante as críticas, Zezé e Luciano continuaram louvando o quarteto de Liverpool. Em 1996 a dupla gravou a canção "Saudades dos Beatles". Em 2006, no CD *Diferente*, gravaram a versão de Rossini Pinto para "Hey Jude". Essa canção seria regravada no disco ao vivo *Duas horas de sucesso*, de 2009, que também incluiu uma versão instrumental de "Something", originalmente composta por George Harrison em 1969. Segundo Zezé, "todo artista sertanejo canta meio romântico graças ao Roberto Carlos, aos Beatles, a essa geração..."[113]

Leandro e Leonardo também se diziam influenciados pelo rock/pop mundial. No auge da fama, em 1992, Leandro falou de suas influências numa entrevista à revista *Playboy* e defendeu a modernidade da música sertaneja:

> PLAYBOY: Quando trabalhavam na roça, vocês gostavam de ouvir apenas música sertaneja?
>
> LEANDRO: Não. Ouvíamos rock também. Eu gosto muito dos Beatles.
>
> PLAYBOY: Que mais?
>
> LEANDRO: Paralamas do Sucesso. Temos até discos deles. Gostamos também do Gipsy Kings e do Rod Stewart. E também do Guns N' Roses.
>
> PLAYBOY: Guns N' Roses?
>
> LEANDRO: É. Guns N' Roses. Quando cantam balada, eles fazem um som muito parecido com o nosso. Só que eles cantam em inglês e nós em português. No nosso show a gente canta uma música do Paul Simon. Um dia podemos até gravar Guns N' Roses, por que não?
>
> PLAYBOY: Vocês são uma espécie de Jovem Guarda da música sertaneja?
>
> LEANDRO: Acho que sim. Somos mesmo de uma outra geração. Nossos shows têm instrumentos eletrônicos, como sintetizadores, guitarras e luzes que também aparecem em espetáculos de rock.
>
> PLAYBOY: Mas isso não descaracteriza a música sertaneja?
>
> LEANDRO: Eu acho que não. Até porque a nossa música não é a mesma de cinquenta anos atrás. A tecnologia existe, e não há por que ficar fazendo música como antigamente. O nosso objetivo é chegar bem próximo do som que fazemos nos discos. O sujeito que compra um ingresso para ver um espetáculo de Leandro & Leonardo quer ouvir o som que ele escuta na casa dele. E só a eletrônica consegue fazer isso. Digo mais, a música sertaneja só conseguiu alcançar o espaço que tem hoje porque melhorou. Se ficasse aquela música de viola toda vida, não tinha jeito.[114]

O rock nacional também era uma influência nos sertanejos. Se Leandro confessou-se fã dos Paralamas do Sucesso, Leonardo dizia gostar de Lobão.[115] Luciano também tinha o mesmo discurso: "Na década de 1980 eu curtia rock brasileiro, Titãs, RPM, Capital Inicial, Ultraje a Rigor... Não tenho vergonha de dizer que adoro rock brasileiro, sou um eterno roqueiro."[116]

Essa forma de escuta que mistura referências estrangeiras, nacionais, interioranas e do grandes centros foi compartilhada com o público no auge da onda sertaneja na virada de décadas de 1980/90. Aos poucos, grande parte do público incorporou os sertanejos e as influências externas num mesmo padrão de gosto.

Quando, nos anos 1990, a música sertaneja chegou aos ouvidos da classe média urbana, parte dessa classe repudiou o que julgou ser uma "moda" passageira, enquanto outra parte incorporou a novidade, juntando o novo gênero ao rol de estilos internacionais de que já gostava.

Em julho de 1992, na matéria "Classe média solta o Jeca em noite sertaneja", o jornal *Folha de S.Paulo* mostrou-se espantado com a renovação do público sertanejo e a mudança do padrão de gosto da classe média urbana. Tratava-se de uma reportagem sobre um show aberto no Parque do Ibirapuera, na capital paulista, patrocinado pelo banco Bradesco. Segundo a matéria, o público de quase trinta mil pessoas, a maioria de classe média, assistiu ao trio de duplas Zezé Di Camargo & Luciano, Leandro & Leonardo e Chitãozinho & Xororó até 1h da madrugada. Chamou atenção do jornalista da *Folha de S.Paulo* a forma como o público mesclava as referências estéticas: "Estavam no palco três duplas sertanejas. As letras falam de um mundo primitivo, sem arestas ou neuroses. A moral é pré-rock'n'roll [...]. A filha do metalúrgico Floriano Borba, cinquenta anos, a secretária Denise, 24, pode ser tomada como exemplo dessa gente que diz: a) 'não tenho preconceito'; b) 'sertanejo não é brega'; e c) 'ouço de tudo um pouco' — as três frases mais repetidas. Tanto que ela mistura sertanejo com Guns N' Roses, Nirvana, Skid Row, Pearl Jam ('tudo que aparece na MTV'). Quando o gosto pelo sertanejo não é compartilhado com o rock, aparece ao lado da MPB. 'Gosto de Leandro & Leonardo, de Caetano, Gil e Roberto Carlos", contava o analista de sistemas Rodney Enclain, quarenta, que ganha cerca de Cr$ 5 milhões e foi ao show com um [carro] Uno. As razões do gostar sempre apontam para Deus, alma, coração e congêneres. 'Tudo que uma pessoa canta com alma e fala de Deus eu me apaixono', falava a atriz Milla Christie. 'Gosto porque bate no coração', dizia Alexandre Duarte, 21, dono de uma marmoraria e de um [carro] Passat Pointer."[117]

A revista *Veja* também notou essa audição específica por parte do público que se formava. Tratava-se de um fenômeno novo na cultura brasileira, que mereceu atenção da revista: "Entre o público jovem, onde reinava absoluto, o rock começou a perder público para outros gêneros, que vão da emergente axé music até o sertanejo maquilado. Com crise e tudo, Leandro e Leonardo venderam dois milhões de cópias de seu último LP. A maior parte desses discos foi parar nas mãos de adolescentes que antes se deliciavam com o som pesado dos Titãs. 'Duplas como Chitãozinho & Xororó e Leandro & Leonardo ganharam espaço no rádio e na televisão, e o pessoal foi a reboque na onda', diz a adolescente Alice Cardinale, dezoito anos, ela própria uma fã de rock que hoje não dispensa uma boa noitada numa danceteria country. 'Hoje, os jovens que antigamente só ouviam rock não têm mais preconceito contra outros estilos', avalia Alessandra Nicastro, de 21 anos, dona do bar Santuário, em São Paulo, frequentado por fãs de heavy metal. Ela também trocou o casaco de couro pelo chapelão e pelas ponteiras. 'Hoje, quando pego o violão e toco uma música de Leandro & Leonardo, o pessoal do bar sai cantando.' Alice e Alessandra não são casos isolados. [...] O sertanejo eletrificado, o pop com influências do som de raiz e a world music disputam, junto ao público jovem, o trono que já foi do rock."

As mediações através do som estrangeiro fundavam um novo padrão de escuta e criavam outras formas de produção musical e audição coletiva para a música sertaneja.

Rei sertanejo

Outra mediação, das mais importantes, para a incorporação da música sertaneja ao cenário cultural das capitais foi realizada pelo cantor Roberto Carlos.

A louvação ao cantor era prática corrente entre os sertanejos, o que é compreensível, afinal Roberto Carlos foi um dos artistas que mais apreço nutriram pelo som estrangeiro e o incorporou e o reciclou em sua obra. Assim como os sertanejos, o Rei pagou o preço pela incorporação do rock e sofreu com a patrulha de setores nativistas e folclóricos da MPB ao longo de décadas. Era quase natural que os sertanejos se espelhassem na trajetória do Rei. E vice-versa.

Relativamente cedo, e antes do boom da virada da década, Roberto Carlos convidou duplas para o seu tradicional especial de fim de ano na TV Globo. Os primeiros agraciados foram Chitãozinho & Xororó e Chrystian & Ralf em 1986. Roberto cantou "Caminhoneiro" ao lado das duas duplas e de Erasmo Carlos: "Eu sei/ Tô correndo ao encontro dela/ Coração tá disparado/ Mas eu ando com cuidado/ Não me arrisco na banguela..." Com Chitãozinho & Xororó o Rei cantou também "De coração pra coração", que, mais tarde, viria a ser regravada pela própria dupla no disco *Nossas canções preferidas*, de 1989. Antes de Roberto Carlos cantar com Chrystian & Ralf, a edição mostrou imagens do Brasil e a voz de Roberto ao fundo: "São necessários muitos corações para sentir tudo isso. Existem música e poesia no morro, no asfalto, na praia, na planície e no planalto. Cada um tem uma linguagem para paquerar sua amada. São os amores de Guimarães Rosa, Luiz Gonzaga e de Catulo... é um olho cheio de paixão sertaneja! Quem tem medo do brega não entende o Brasil! Olha aí, bicho, um capítulo inteiro da gloriosa música sertaneja, saindo do interior e invadindo a metrópole."[118]

Na época do lançamento da canção "Caminhoneiro", em 1984, Roberto já tinha sido criticado por ter se aproximado demais dos sertanejos. O Rei de fato flertava com o gênero, e sentiu-se obrigado a defender-se das críticas: "Se está com cheirinho de brega, foi de propósito! Pus a segunda voz mesmo pra ficar com esse ar brejeiro de música sertaneja. Quis juntar esse toque sertanejo com toque country, e acho que a mistura ficou com uma dosagem bem equilibrada."[119] Em 19 de novembro de 1984, dia de lançamento de "Caminhoneiro", a canção foi executada 3.287 vezes em todo o Brasil, antecipando, de certa forma, a onda sertaneja que estava por vir.[120]

Em 1990 foi a vez de Leandro & Leonardo participarem do programa e cantarem o clássico "À distância" com o Rei.

Em 1991, no auge da onda sertaneja, Roberto lançou um LP em que deixou claro seu apreço pelo gênero. Na capa Roberto aparecia com um chapéu de cowboy. A música "de trabalho" do disco foi "Todas as manhãs", uma canção muito parecida com "Caminhoneiro": "Chuva fina no meu para-brisa/ Vento de saudade no meu peito/ Visibilidade distorcida, pela lágrima caída/ Pela dor da solidão." Para a gravação de outra canção do mesmo LP, Roberto Carlos convidou Fafá de Belém para um dueto em "Se você quer". Essa atitude deixava clara a intenção do cantor de se colocar entre aqueles que topavam a mediação com a música sertaneja. Sofreu então críticas da imprensa, como da revista *Veja*: "O rei da MPB grava todo ano o mesmo disco? Na capa do LP do ano passado, ele ostentava uma pena na orelha. Neste, enverga um chapéu de cowboy. Não é só: na faixa que puxa o disco 'Todas as manhãs', ele resolve comprar a briga com as duplas sertanejas que vêm ameaçando seu reinado e entoa um puro country nacional, com direito a recaídas no clima de 'O caminhoneiro'. As diferenças com relação aos outros LPs param por aí, e o repertório se completa com o tradicional lote de canções lacrimosas. Nelas, Roberto Carlos conta desta vez com a cumplicidade de Fafá de Belém em 'Se você quer', uma das canções mais bregas jamais gravadas em todos os tempos, do tipo eu-canto-e-você-responde."[121]

Zezé Di Camargo defendeu Roberto Carlos: "Roberto Carlos sempre serviu de parâmetro para toda essa geração da música sertaneja. É um absurdo dizer que é oportunismo ele aparecer de chapéu na capa do seu último disco, nós é que entramos na praia dele." O compositor e produtor César Augusto foi além: "A nova música sertaneja passou a ocupar o espaço da música romântica; o que ficou do sertanejo foi o dueto, mas a linha melódica, as letras, tudo isso mudou, e o Roberto é o artista em que todas as duplas se miram, é o espelho."[122]

Sem ligar para as críticas, Roberto Carlos continuou o flerte com a música sertaneja. No especial de fim de ano de 1991 os convidados foram Zezé Di Camargo & Luciano, que faziam muito sucesso na época com a balada "É o amor", e novamente Chitãozinho & Xororó. Antes de cantar "Amazônia" em dueto com Chitãozinho & Xororó, Roberto Carlos falou: "Eu fico feliz de saber que o Brasil assume sua identidade. A música sertaneja pra mim é realmente o retrato do Brasil, e eu conheço dois craques nesse assunto. Fico feliz e tenho um orgulho muito grande de receber aqui Chitãozinho & Xororó!" Chitãozinho então falou: "Roberto, nós sabemos que você sempre esteve e sempre está com a gente..." Ao que o Rei respondeu: "É que eu sou fã de vocês."

O Rei e os súditos sertanejos tornaram-se íntimos. A partir de então Roberto Carlos recebeu vários sertanejos em seu especial anual, como fica visível a seguir:

1986   Chitãozinho & Xororó, Chrystian & Ralf
1990   — Leandro & Leonardo
1991   — Zezé Di Camargo & Luciano e Chitãozinho & Xororó
1992   — Chitãozinho & Xororó
1993   — Leandro & Leonardo
1994   — Zezé Di Camargo & Luciano
1996   — Almir Sater, Sérgio Reis e Roberta Miranda
2005   — Chitãozinho & Xororó
2008   — Zezé Di Camargo & Luciano

2009 — Daniel
2010 — Paula Fernandes
2012 — Michel Teló

Chama atenção o fato de que Roberto Carlos incorporou os sertanejos dez anos antes de aceitar a vinda dos primeiros caipiras ao seu programa. Sérgio Reis e Almir Sater foram ao programa do Rei somente em 1996, enquanto Chitãozinho & Xororó e Chrystian & Ralf já haviam comparecido em 1986. Entre os dois períodos, que inclui o auge do sucesso dos sertanejos, Roberto chamou apenas esses ao seu programa, dando-lhes legitimidade e comprando os embates com a mídia resistente à onda massiva do interior.

Com o surgimento do chamado "sertanejo universitário", a partir de 2005, Roberto também abençoou os novos artistas. Em 2010 foram lançados o CD e o DVD *Emoções sertanejas*, no qual o Rei misturou várias gerações da música rural e regional: dos caipiras Tinoco, Sérgio Reis e Almir Sater aos sertanejos Milionário & José Rico, Roberta Miranda, Zezé Di Camargo & Luciano e Leonardo; dos regionalistas da MPB, como Elba Ramalho e Dominguinhos, aos "universitários" Paula Fernandes, Victor & Leo e César Menotti & Fabiano.

O chapéu sertanejo usado por Roberto Carlos no último número do CD/DVD *Emoções sertanejas*, em que cantou "Eu quero apenas" com todos os artistas, é o *mesmo* com o qual aparece na capa do LP de 1991. O cantor foi muito aplaudido pelo público e por todos os artistas sertanejos que estavam no palco no momento em que colocou o chapéu "histórico". Roberto Carlos amarrava diferentes tradições sob as bênçãos "reais".

A consolidação do campo musical

Na década de 1980, a partir do enorme sucesso de "Fio de cabelo", consolidou-se o campo musical da música sertaneja. Diante da gradativa formatação do campo artístico, tornou-se irrelevante a definição precisa do ritmo das músicas. As canções eram guarânias, boleros, polcas ou baladas? Pouco importava. Ao longo da década de 1980 as duplas deixaram de estampar nas contracapas e selos dos discos o gênero de música gravada. Todas se tornaram músicas sertanejas, um grande guarda-chuva musical sob o qual cabiam diversos gêneros.

No caso de Chitãozinho & Xororó, a primeira vez que isso aconteceu foi no disco de 1986, o LP *Coração quebrado*, no qual não há nenhuma referência a polcas, guarânias, baladas ou rancheiras, embora ainda houvesse resquícios delas no LP. O que importa é que elas deixaram de ser nomeadas. O "sertanejo" tornou-se maior que as diversidades musicais internas. A capa branca mostrava a dupla vestida de branco, com ternos modernos e aparência "limpa", sem qualquer referência à origem agrária.

Seguindo essa tendência, o LP de Matogrosso & Mathias de 1985, o *Vol. 9: Mulher*, também não trazia os estilos de cada canção.

No caso de João Mineiro & Marciano, essa mudança demorou mais um pouquinho. No disco de 1986, *Os inimitáveis*, ainda havia os "estilos" das canções descritos. O primeiro LP da dupla a não trazer descritos os estilos musicais foi o de 1988. Outras duplas seguiram o mesmo roteiro, pondo fim à prática. Leandro & Leonardo e Zezé Di Camargo & Luciano iniciaram a carreira em LPs nos quais havia apenas o nome das canções e de seus compositores, sem referências aos estilos.

A partir da institucionalização da categoria e nomenclatura *música sertaneja*, tornou-se possível a distinção e oposição clara entre "caipiras" e "sertanejos".

A invenção de distinções claras entre os dois grupos forjou-se como processo autoconstrutivo dos dois gêneros. Enquanto, por um lado, uns repudiavam a modernização e recusavam o rótulo de sertanejo, por outro, os sertanejos passaram crescentemente a repudiar os caipiras. O compositor Edson Mello, autor de "Paz na cama", sucesso de Leandro & Leonardo, defendia-se da acusação de ter "deturpado" a música rural: "Eles têm razão. Eu concordo com os caipiras. Não sou caipira não! Nós fazemos música moderna! Quem nasceu raiz vai morrer no chão!"[123]

Há um episódio acontecido com o compositor Edson Mello no Prêmio Sharp no início dos anos 1990 que deixa claros os campos consolidados da música rural e a proximidade dos caipiras aos órgãos e instituições pró-MPB.

O Prêmio Sharp era patrocinado pela multinacional japonesa que o nomeava e organizado pelo jornalista José Maurício Machline. Durou de 1987 a 1997, tendo retornado mais tarde com o nome de Prêmio TIM. Respeitado pela crítica e bem documentado pela mídia, o prêmio era uma celebração dos artistas da MPB. No lançamento do prêmio, em 1987, várias reportagens demarcavam o múltiplo espectro musical que supostamente seria contemplado pelo Prêmio Sharp.[124]

Realizada anualmente, a festa da premiação era realizada em lugares chiques do Rio de Janeiro. Da primeira à quinta edição a festa aconteceu no teatro do Hotel Nacional, exceto a segunda versão, em 1989, ocorrida no Golden Room do Copacabana Palace. A partir de 1992 a festa passou a ser realizada no Theatro Municipal para um seleto grupo de convidados especiais.

Em 1992 a canção "Paz na cama", cantada por Leandro & Leonardo, concorria ao Prêmio Sharp como melhor música. O compositor Edson Mello foi convidado pela produção e se preparou em trajes de gala, crente que ganharia o prêmio, afinal sua canção fora a mais cantada do ano anterior. No entanto, a vencedora foi "Grávida", composição da cantora Marina em parceria com Arnaldo Antunes, que também havia abocanhado o título de "música de pop/rock do ano". Amargurado, Edson Mello relembra com rancor o episódio: "Eu tinha milhões de cópias vendidas, era primeiro lugar em todos os estados do Brasil! E perdi para a Marina, que cantava uma música que não tocava nem na casa dela! E ela nem foi lá pegar o prêmio! Eu fiquei lá de babaca! Não faço mais papel de bobo. Fui chamado para mais de vinte outros prêmios e nunca mais voltei!"[125]

Apesar dos rancores de Edson Mello, a política do Prêmio Sharp não era pessoal, mas contra a música sertaneja como um todo. Os artistas Chitãozinho & Xororó só foram agraciados em 2004, muitos anos depois do *auge* sertanejo, quando o prêmio tinha outro nome; Zezé Di Camargo & Luciano não ganharam sequer um troféu; tampouco ganharam Leandro & Leonardo, Trio Parada Dura ou Roberta Miranda. Os únicos que conseguiram quebrar a regra foram Chrystian & Ralf, agraciados com o título de "melhor dupla regional" de 1987. Depois dessa exceção na primeira edição do prêmio, nunca mais um sertanejo seria agraciado pelo júri pró-MPB do Prêmio Sharp.[126]

De 1987 a 1997, período que inclui o auge da música sertaneja (de 1989 a 1994), o Prêmio Sharp laureou os caipiras Rolando Boldrin (duas vezes), Tonico & Tinoco (três vezes), Pena Branca & Xavantinho (cinco vezes), Almir Sater (duas vezes), Sérgio Reis, Renato Teixeira, Zé Mulato & Cassiano, Irmãs Galvão e João Mulato & Pardinho (uma vez cada um).[127] As categorias pelas quais os caipiras foram eleitos eram as de "melhor cantor regional", "melhor dupla regional" e/ou "melhor disco do ano regional".[128]

Poder-se-ia argumentar que o Prêmio Sharp era uma solenidade elitista, que repudiava completamente a música popular como forma de fazer crítica à chamada indústria cultural. No entanto não era isso o que acontecia. Na celebração do prêmio havia espaço para quase todos. A categoria "canção popular" premiou ao longo de dez anos artistas muito populares e cortejados pela indústria cultural, como os cantores José Augusto, Sidney Magal, Altemar Dutra, as cantoras Rosana, Sandra de Sá, Kátia e Joanna e os grupos Placa Luminosa e Roupa Nova. Assim, não era por acaso a ausência dos sertanejos. Tratava-se de uma política clara de boicote à música sertaneja justamente quando ela estava no auge.[129] Vê-se que o dinheiro da indústria cultural abria muitas portas, mas não tinha autonomia para dominar todos os campos de um cenário cultural.

Apesar dos reveses, a consolidação do rótulo "sertanejo" foi positiva para os partícipes da modernização da música rural. A partir da consolidação dos gêneros "caipira" e "sertanejo", e de suas distinções "claras", foi possível tornar vendáveis esses produtos antes mais ou menos difusos e regionalizados, catapultando as vendas e a participação das gravadoras no processo.

Embora não se possa ignorar o papel da indústria cultural na construção de qualquer gênero musical no sistema capitalista, é importante constatar que as intenções manipuladoras dos programadores e produtores culturais não são sempre cumpridas. E os movimentos culturais fogem à sua alçada com tanta frequência que torna difícil compreender as metamorfoses da música sertaneja *apenas* pela ótica *industrial*. A indústria cultural parece mais efeito de uma série de batalhas culturais anteriores à sua própria gana por lucro do que simplesmente criadora da música sertaneja.

Ao mesmo tempo, as metamorfoses da música sertaneja aconteceram por *dentro* da indústria cultural. Assim, por todas essas questões, a relação dos sertanejos com a indústria cultural será tema de um capítulo próximo.

Antes disso, convém recordar que a música sertaneja ascendeu no cenário cultural justamente quando vivíamos a primeira eleição democrática para presidente do Brasil depois de 39 anos. Frustrados com o novo presidente e simultaneamente com o gênero musical, alguns críticos acusaram os sertanejos de serem "trilha sonora da era Collor". É sobre essa polêmica pouco lembrada que dissertará o capítulo seguinte.

8. "Não me deixem só!"
Artistas e era Collor

Quando Fernando Collor de Mello renunciou à Presidência da República, em setembro de 1992, após processo de *impeachment* conduzido pelo Congresso, a maior parte da sociedade manifestou seu repúdio ao ex-presidente. Depois de um tortuoso governo, que começou muito popular, Collor saía da presidência escorraçado por quase toda a sociedade. Passeatas organizadas pelos *caras-pintadas*, manifestações exaltadas contrárias ao "confisco" da poupança, os três planos econômicos malsucedidos, o ódio popular contra a corrupção do presidente e seus asseclas, sobretudo o empresário Paulo César Farias: tudo conspirava contra o presidente. Segundo reportagens da época, cerca de 70% da população achava que o Congresso deveria aprovar o *impeachment* de Collor.[1]

A catalisação dos protestos contra o presidente aconteceu em grande medida por causa da postura agressiva de Collor. Tudo se radicalizou ainda mais quando, em cerimônia que concernia à liberação de incentivos fiscais a taxistas no dia 13 de agosto de 1992 em Brasília, o presidente, acuado com as frequentes denúncias de corrupção, estourou. Nem estava previsto que discursaria. Sem ter programado uma fala organizada, um Collor exaltado teve a ideia de polarizar o jogo político das ruas. O discurso para os taxistas virou uma conclamação.[2] O presidente pediu aos berros o apoio da população, batendo no púlpito e revivendo o tom da campanha de 1989. Collor demandou que "todo o Brasil" fosse às ruas no domingo, 16 de agosto, com as cores do Brasil: "Nós somos a maioria! [...] A maioria silenciosa, é verdade, mas uma maioria fiel e trabalhadora. A minoria atrapalha, a maioria trabalha! Nós temos, minha gente, nós temos que dar um sinal a este país de que nós somos a maioria. Nós temos que dar um sinal ao país de que as nossas cores são as cores da nossa bandeira. Essas são as nossas cores. Vamos mostrar a esta minoria que intranquiliza diariamente o país que já é hora de dar um basta a tudo isto. Temos que dar um chega e um basta a tudo isto! Estas manobras só interessam àqueles cujos recalques, cujos complexos, frustrações, ódio, inveja, tudo isso articulado naquilo que chamei 'Sindicato do Golpe' filiado à Central Única dos Conspiradores."[3]

O "erro" talvez tenha sido ainda mais grave não apenas em função do mar de corrupção no qual o presidente se envolvera, mas ainda porque sua convocação acontecia na mesma semana em que terminava a minissérie *Anos rebeldes*, da TV Globo.[4] A minissérie sobre a resistência estudantil à ditadura, exibida de 14 de julho a 14 de agosto de 1992, catalisou os ânimos já acirrados da população, que viu a primeira experiência democrática pós-ditadura se esfacelar na corrupção endêmica. No decorrer de setembro, auge do processo contra o presidente, Collor implorava a ajuda dos cidadãos com uma frase que ficaria famosa: "Não me deixem só!" Os sertanejos não o deixariam só.

Significados sertanejos do rock e da MPB

Durante uma aparição no programa *Domingão do Faustão* do dia 13 de setembro de 1992, em meio à crise do processo de *impeachment* de Fernando Collor, Lulu Santos fez o seguinte discurso para uma exaltada plateia: "A última vez que eu estive neste programa [...] era um dia antes das eleições para presidente [em 1989] e eu manifestei junto com a audiência e plateia a minha vontade eleitoral e cantei: 'Olê, olê, olá, Lula, Lula!' [público canta junto] Infelizmente nem todo o Brasil respondeu a essa coisa progressista que o Rio de Janeiro tem, onde o candidato do PT teve na época 70% da votação. E acabou o país investindo na caretice de achar que aquele rapaz que tinha uma aparência dita bonitinha, com aquela gravatinha, iria trazer algum benefício para este país. Foi caretice da parte da gente ter votado nele, de ter acreditado naquele discurso. Porque era simples: a gente tinha um homem louro, alto, rico, extremamente rico, de classe dominante, e do outro lado um brasileiro que fala mal, que se expressa com dificuldade, mas que é o mais legítimo representante do povo brasileiro! [Aplausos] Infelizmente o povo brasileiro pendeu para o outro lado. Como essa coisa agora está demonstrando claramente que pode vir a acabar do jeito que eu sempre imaginei que ia acabar... Fausto, quando houve o confisco da poupança... [...] Na hora que aquele homem tomou o que me era justo, o que me era de direito e só ia me devolver doze meses depois em dezoito prestações, eu fiquei tão deprimido, tão deprimido, que eu tive uma sensação clara: isso acaba ou em *impeachment* ou em tiro na boca ou em tiro na têmpora... ou alguma coisa drástica vai acontecer! [Aplausos e gritos de apoio] No momento eu estou me sentindo com a tranquilidade dos profetas: eu sempre percebi que isso ia acabar mal. Uma última coisa [...]. A gente fez duas escolhas mais ou menos naquela época. Eu me lembro bem que saía nos jornais na época, normalmente na *Folha de S.Paulo*, que o atual presidente da República [...] dizia que quando ele chegasse ao poder ele iria instituir o que ele chamava de "o ministério da vingança". Naquela época os artistas que eram da minha geração, do meu feitio, como Lobão, Paralamas, Legião, enfim, do rock nacional, e as pessoas, os artistas de forma geral, os cineastas, os diretores de teatro, Chico [Buarque], Caetano [Veloso], [Gilberto] Gil, quem fosse, todos: não deram apoio à candidatura deste presidente. Quem deu apoio à candidatura, eu não vou falar nomes, mas foram as pessoas filiadas ao que se chama música sertaneja, que eu chamo de música 'breganeja'. Eu tenho pavor a esse tipo de música, embora eu ache que haja espaço para tudo, e para tudo que for desejado, acima de tudo, pelo público. [Com dedo em riste] Eu só queria lembrar a vocês que a gente desejou... a gente não... houve quem desejasse Fernando Collor e houve quem desejasse essa música sertaneja. Eu acho que a música sertaneja foi a trilha sonora dessa malfadada administração. Eu gostaria que uma fosse embora junto com a outra!"

A repercussão do discurso foi instantânea. Os cadernos culturais dos jornais e revistas do país ecoaram o episódio. Lulu se expressava de forma agressiva acerca de Collor e dos sertanejos com um discurso muito comum na sociedade, especialmente entre as esquerdas, setores de classe média do Sudeste e artistas da MPB e do rock nacional. Em parte, a ojeriza de Lulu com a música sertaneja ressoava o fato de que as duplas "tomaram" parte do mercado fonográfico que antes era público fiel do rock nacional.

Nos anos 1990 a queda da popularidade e das vendas do rock nacional era óbvia. O rock nacional, que já fora carro-chefe da indústria fonográfica na década anterior, começava a fazer água. Bandas como Legião Urbana, que vendera 737 mil unidades do LP *As quatro estações* (1989), contentavam-se com "apenas" 291 mil do disco *V* (1991). Os Paralamas do Sucesso não passaram de 91 mil unidades vendidas do LP *Grãos* (1991). Os Titãs venderam 273 mil de *Go Back* (1989) para 192 mil de *Ó Blesq Blom* (1990) e apenas 78 mil de *Tudo ao mesmo tempo agora* (1991).[5]

Outros artistas do rock nacional também demonstraram inconformismo com a estética sertaneja e a associaram, direta ou indiretamente, à era Collor. Fernanda Abreu, que começava carreira solo depois de cantar na Blitz, foi taxativa: "É terrível que as rádios só toquem essas músicas sertanejas e bregas. Não gosto do ritmo, acho limitado, as letras das músicas parecem todas iguais, e não consigo distinguir uma dupla da outra."[6] Os Paralamas do Sucesso, embora se dissessem "ecléticos", odiavam música sertaneja e preferiam os caipiras: "[Não gostamos] nada de Chitãozinho & Xororó, que é coisa americanizada, meio country; mas [gostamos de] coisa do tipo 'aonde a vaca vai, o boi vai atrás', que é engraçada e bem sertaneja."[7] Buscando bodes expiatórios, João Barone, baterista do grupo, penalizou as gravadoras multinacionais: "A culpa é das gravadoras, que são covardes, não investem, e assim não há chance de aparecerem coisas novas."[8]

Indignada, a cantora Sula Miranda respondeu: "Cada um tem de fazer a sua parte. Se eles se dedicassem mais ao rock, quem sabe não conseguiam mais espaço?"[9] Tinoco preferiu a comparação com o passado: "O Lulu Santos é o Flávio Cavalcanti dos anos 1990, o sujeito que vai à TV para quebrar discos que fazem sucesso."[10]

Retrato da crise econômica que o país vivia no início dos anos 1990 e de problemas da indústria fonográfica, a queda das vendas no mercado fonográfico em geral foi da ordem de 35%. No entanto, a escassez foi mais sentida entre as bandas de rock, que tiveram uma queda de 60% a 70% nas vendas.[11] Apesar da crise geral, a música sertaneja assumiria a liderança de vendas no mercado brasileiro. E, diante das ofensas de Lulu Santos aos sertanejos, Chitãozinho ironizou a decadência dos roqueiros: "Se ele já não vendia discos, vai vender menos ainda. Eu, por exemplo, não compro mais."[12]

Em meio a tudo isso, a questão "ideológica" e a crítica estética eram embaralhadas pelos interlocutores, amplificando o debate.[13] Pouco tempo depois da primeira aparição, Lulu Santos voltou ao programa *Domingão do Faustão*, onde aliviou um pouco as críticas, mas continuou condenando a "ideologia" das duplas sertanejas:

FAUSTÃO: Você viu a polêmica, a confusão que deu, meu?

LULU SANTOS: Eu achei superbacana, superpositivo aquilo porque...

FAUSTÃO: Agitou o mercado...

LULU SANTOS: Agitou tudo, né... porque se fosse uma discussão inútil eu acho que não teria durado os três meses que durou... [...] E evidentemente que cada um se manifestou com o que tinha achado daquilo. Uma discussão polêmica como essa evidentemente que racha: há quem ache aquilo e há quem não ache aquilo. Eu acho que isso que é o mais importante: a gente aprender a discutir. [...] Eu preciso dizer que aquelas pessoas da música sertaneja são músicos, são cantores brasileiros, cantam em português... Então eu reconheci num texto de jornal que teve um pequeno deslize ético da minha parte de ter me colocado publicamente em relação à estética deles... isso é um outro problema. Era só uma questão ideológica. Mas de outra forma, eles são músicos brasileiros, eles representam o desejo do povo brasileiro. Então eles estão endossados. [Aplausos]

FAUSTÃO: O reconhecimento público de um cara [...] na televisão mostra o caráter, a sensibilidade... e quem conhece o Lulu sabe como ele é! A mim não me surpreende que ele venha aqui e tenha falado isso... o que não significa que ele mudou completamente de lado. Não é bem isso!

LULU SANTOS: Absolutamente...

FAUSTÃO: Para bom entendedor um risco quer dizer Francisco, viu!

LULU SANTOS: Eu mantenho absolutamente tudo o que eu disse no nível ideológico [...]

Apesar das correções de Lulu Santos ao debate, é interessante perceber como esse imaginário perdurou na literatura da música popular. Os poucos livros sobre o rock nacional publicados compram essa versão de que a música sertaneja foi a "trilha sonora do período Collor".[14] O jornalista Arthur Dapieve, autor do primeiro livro sobre o rock nacional — *BRock: o rock brasileiro dos anos 1980* —, publicado em 1995, é claro ao fazer a ponte entre a era Collor e a estética sertaneja: "Quando Fernando Collor assumiu a presidência em 1990, houve uma significativa mudança nas relações entre economia e política. Com ele, subiram ao poder 35 milhões de eleitores conservadores, a maioria do interior do país. Collor à frente, eles externaram apreço pela chorosa música sertaneja de duplas como Leandro

& Leonardo, Chitãozinho & Xororó, Zezé Di Camargo & Luciano. Con cessionária de serviços públicos, a mídia foi atrás. E mais do que nunca, o BRock, de esquerda pró-Lula, se tornou a oposição, o inimigo a ser combatido. Ele foi sacado da mídia, substituído pelas duplas sertanejas."[15]

Essa ideia é compartilhada por Nelson Motta, compositor de um dos maiores sucessos de Lulu Santos, "Como uma onda", de 1983, e nome importantíssimo da história da música brasileira desde a época da bossa nova. Motta viu-se sem emprego no início dos anos 1990 quando trabalhava em gravadoras multinacionais, como descreveu em seu livro de memórias *Noites tropicais*, publicado em 2000: "A música sertaneja dominou as ruas e a classe média, foi a trilha sonora das festas do poder em Brasília e em São Paulo. As peruas da 'República de Alagoas' dançavam e sonhavam com Chitãozinho & Xororó e Leandro & Leonardo. Uma foto emblemática do governo Collor mostra o presidente e a primeira-dama Rosane, alegres e sorridentes, cercados por sessenta duplas sertanejas na Casa da Dinda. Para um garoto de classe média de Copacabana dos anos 1950 não poderia haver suplício maior do que ouvir sessenta duplas caipiras cantando em terças ao mesmo tempo. Para um jovem libertário de 1968 não haveria horror maior do que imaginar o Brasil sob o estilo, a ideologia e a rapinagem do governo Collor. Os sertanejos não têm culpa de nada, além do mau gosto. Fazem a música que o Brasil quer, a que eles gostam, o som dos 'anos Collor'. A música ingênua e melancólica do próspero interior de São Paulo, de Minas e de Goiás se urbaniza e se eletrifica, enche estádios, voa de jatinhos e vende milhões de discos. As estrelas da MPB dificilmente conseguem que seus discos toquem no rádio, seus shows perdem público, muitos direcionam sua carreira para o exterior. As gravadoras só pensam em sertanejos, eles são as grandes estrelas dos programas populares de televisão. A vida na [gravadora] Warner estava insuportável. Durante toda a minha vida musical busquei a diversidade e a tolerância, explorei à exaustão as possibilidades de harmonizar contrastes, sempre me orgulhei de não ter preconceitos e de ser capaz de gostar de música de qualquer gênero e de qualquer lugar, de qualquer época. Mas a onda sertaneja era demais, não havia ali nada de que eu gostasse. Nem no Brasil em que estávamos vivendo. [...] Abri o coração em um artigo furibundo de meia página, publicado ao mesmo tempo em *O Globo* e na *Folha de S.Paulo*, denunciando a pobreza rítmica, melódica, harmônica e poética da onda sertaneja e saudando a chegada do samba-reggae da baiana Daniela Mercury, como uma Iansã vingadora, uma guerreira de espada na mão e pernas de fora, abrindo uma clareira de luz e alegria no meio das trevas *colloridas*. Não era só a música, o Brasil estava insuportável, muitos amigos estavam debandando. Comecei a planejar a retirada, a imaginar uma pequena gravadora na Europa ou nos Estados Unidos, para produzir, promover e distribuir internacionalmente a música brasileira de que eu gostava — e que naquele momento parecia mais admirada e querida no exterior do que no Brasil. [...] À noite embarquei para Nova York. Para começar tudo de novo."[16]

Os sertanejos não gostaram da crítica, e alguns contra-atacaram. Roberta Miranda disse que Nelson Motta estava fazendo um "movimento medíocre" para acabar com o sertanejo: "O povo já está cansado de ouvir idiotices que não vão ao encontro dele. No Brasil, as pesquisas têm a necessidade de rotular nossa música de brega, mas não houve retrocesso no gosto popular com a explosão do sertanejo. A voz do povo é a voz de Deus e o povo quer música sertaneja."[17]

Aquela que era louvada por Nelson Motta, a baiana Daniela Mercury, na época famosa com a canção "O canto desta cidade", não era tão radical: "Respeito Nelson como crítico. Sei que ele conhece bem a música da Bahia. O país está ressuscitando, a música sertaneja tem a ver culturalmente com o brasileiro. Vários artistas do gênero fazem um trabalho bonito."[18]

Apesar das ponderações, o rock e a MPB se assemelhavam no tom crítico hegemônico à música sertaneja. Indagado sobre qual deveria ser o apodo dos anos 1990 diante da hegemonia sertaneja, o compositor Aldir Blanc, autor de clássicos da MPB como "O bêbado e a equilibrista" e "Kid Cavaquinho", manifestou-se: "Anos corruptos ou Anos bregas. É difícil decidir. Há um empate entre a corrupção e a breguice."[19] Por sua vez, a cantora Marisa Monte, que então iniciava a carreira, afinava-se ao discurso hegemônico da MPB louvando a tradição caipira e criticava os sertanejos. Marisa disse que Tonico & Tinoco era melhor do que duplas como Chitãozinho & Xororó e Leandro & Leonardo, que, segundo ela, só cantavam "boleros e temas de amor de sempre, e isso faz sucesso".[20]

O compositor da bossa nova Ronaldo Bôscoli também era duro com os cantores do sertão em sua coluna no jornal carioca *O Dia*: "O jeito é comprar uma espingarda de dois canos e sair 'caçando' essas duplas sertanejas que estão 'empesteando' nosso cancioneiro."[21] A raiva de Ronaldo Bôscoli era argumentada de forma menos agressiva pelo crítico de *O Globo* Antônio Carlos Miguel. Não obstante, ele esperava, tal como Lulu Santos, que os sertanejos fossem varridos junto com o presidente deposto: "Enfim a febre sertaneja começa a ser superada e os adeptos do estilo voltam para o brejo. Com o *impeachment* de Collor, a turma que fazia a trilha sonora da Casa da Dinda e do Planalto vai ter de se contentar com o circuito entre Maceió e Canapi."[22] Essa era uma visão comum na imprensa do Sudeste na época. O crítico Arthur Nestrovski, da *Folha de S.Paulo*, também associava a estética do sertão às questões políticas. E lamentava o fato de a música sertaneja ter "tomado o Brasil na era Collor".[23]

Era comum a associação da música sertaneja à era Collor.[24] Essa acusação se perdeu ao longo do tempo, e poucas pessoas se lembram nos dias de hoje desse debate. Em parte isso se explica pelo fato de os sertanejos terem se tornado um grupo vitorioso na música popular, tendo conseguido se estabelecer e forjar uma história para si próprios que silenciou esse episódio. De qualquer forma, é importante resgatar essa época de modo a melhor compreender as contradições do governo Collor, os planos econômicos formulados por seu ministério e sobretudo a memória que se tem do período, que frequentemente cai no simplismo das lutas pelo *impeachment* em 1992 e que purgou apenas os sertanejos pelo apoio massivo ao ex-presidente.

Collor e sertanejos

A associação que se fazia na época entre Collor e os sertanejos tinha várias origens. Em parte essa associação se deveu ao estilo midiático do presidente. Especialmente no começo do mandato, Collor aparecia nas televisões, jornais e revistas fazendo exercícios físicos, andando de jet-ski no lago Paranoá, lutando caratê, pilotando caças supersônicos, camuflado de soldado na Amazônia, mergulhando em submarinos da marinha...[25] Impressionado com as atitudes espetaculosas do presidente brasileiro, o presidente americano George Bush chamou-o de "Indiana Collor", fazendo referência ao personagem de Harrison Ford que marcou o cinema americano.[26] Essa postura de autoexibicionismo midiático foi muito criticada na época. O tom estrambólico do governo era criticado por muitos que viam o presidente como símbolo de um Brasil emergente e "brega".

O jornal *Folha de S.Paulo* expressou essa crítica ao veicular a seguinte manchete em 1992: "A modernidade de *shopping center*: Em vez de colocar o Brasil no Primeiro Mundo, Collor virou um mostruário de badulaques chiques de Miami." A associação dos emergentes sociais com a cidade de Miami era frequente. E os sertanejos se enquadravam nessa imagem, como disse Xororó: "Viajo uma vez por ano para o exterior. A cidade que tenho ido com mais frequência é Miami. Eu gosto pra caramba de lá."[27]

Justamente nesse período Collor, os sertanejos também estavam na mídia, aparecendo na televisão, tocando nas rádios, sendo vendidos pelas grandes gravadoras multinacionais, ganhando muito dinheiro com shows e discos, criando moda e tomando espaço e mercado da MPB e do rock nacional. O estilo exagerado do governo do presidente logo ficaria associado à "breguice" dos sertanejos.

Em parte a associação a Collor deve-se também à participação de artistas sertanejos em campanhas eleitorais, às quais as duplas se ligavam mais por questões profissionais do que ideológicas.

Em matéria intitulada "Os gogós eleitorais", publicada na *Veja* na época do *impeachment*, a revista apontou os artistas que faziam showmícios.[28] A reportagem foi veiculada exatamente na mesma revista cuja capa famosa denunciou pela primeira vez com fotos os famosos jardins da Casa da Dinda, cujas obras haviam sido pagas com dinheiro sujo. Entre os que faziam showmícios, apenas foram mencionados artistas "bregas", sertanejos e do axé.[29]

Segundo a revista, os cantores Peninha, Eduardo Araújo, Silvinha e o Trio Los Angeles, que faziam apresentações em comícios do PMDB paulista, estavam "voltando ao cartaz graças aos showmícios". No auge da fama, Zezé Di Camargo & Luciano cobrava US$ 25 mil por showmício. Zezé parecia consciente de que os sertanejos eram usados politicamente: "Ninguém aguenta mais ouvir promessas falsas. Levar artistas é a única maneira de reunir gente na praça."

Não estavam sozinhos: Chitãozinho & Xororó e Leandro & Leonardo ganharam US$ 35 mil do PSDB de Brasília nas eleições de 1992 para fazer campanha. A dupla já havia feito comício para Maluf em 1989. Fábio Jr., o grupo Chiclete com Banana e a cantora Patrícia também faziam aparições constantes em comícios eleitorais. Ao palanque de Paulo Maluf naquele ano subiram o grupo Fundo de Quintal e Sidney Magal. O cantor de "Sandra Rosa Madalena" demonstrava gostar das oportunidades abertas com o mercado das eleições: "É um ótimo negócio. Faço isso há anos, para candidatos de partidos diferentes, ganho um bom dinheiro e me divirto."[30] Magal, que também animava os comícios do PST, cobrava um cachê de US$ 2.500 por show e fechou um pacote de 32 apresentações, totalizando US$ 80 mil.

Os sertanejos faziam comícios também para candidatos progressistas. O Trio Parada Dura, por exemplo, fez pré-campanha para Ulysses Guimarães, candidato do PMDB que em meados dos anos 1980 era muito popular por ser um dos líderes das Diretas Já e um dos promulgadores da Constituição de 1988. A viagem do trio junto com a caravana de Ulysses pelo interior do Brasil espantou o jornalista Clóvis Rossi, da *Folha de S.Paulo*, que comparou a insólita situação a um filme clássico de Cacá Diegues: "Nem Cacá Diegues seria capaz de imaginar um cenário tão adequado para seu *Bye bye Brasil*. A caravana, com que Ulysses viaja pelo Brasil, em pré-campanha para a presidência da República, tem muito da 'Caravana Rolidei', personagem principal do filme de Diegues. Não que a caravana ulyssista seja burlesca como a 'Rolidei'. Os cenários a que Ulysses aporta, no fundão do Brasil, é que são exóticos, diferentes, tropicais, brasileiríssimos. [...] [Num desses grotões do Brasil] passa da meia-noite quando a versão política da 'Caravana Rolidei' se prepara para ir embora, enquanto o locutor oficial ainda anuncia 'o trio mais famoso da América: o Trio Parada Dura'. Os escassos presentes no comício gritam pela última vez 'Um, dois três/ Quatro cinco mil/ Queremos Ulysses presidente do Brasil'."[31]

De fato, era comum que músicos populares fizessem propaganda política. E parte deles não escondia certa soberba em relação à questão financeira. Em setembro de 1992, em meio às confusões do *impeachment* de Collor, depois de Leandro & Leonardo fazerem campanha para o PSDB de Fortaleza e o PRN de Curitiba, o empresário da dupla, Franco Scornavacca, dizia: "Aqui é que nem supermercado: pagou, levou."[32] Zezé Di Camargo & Luciano eram mais cautelosos. No contrato da dupla havia uma cláusula na qual o político se comprometia a não os abraçar nem tirar fotos com eles.

O cantor Amado Batista, outro que sempre fez muita campanha eleitoral, lembrava-se de campanhas anteriores: "Eu me lembro que nas eleições de 1986 eu fazia cinco shows por dia. Fazia um às 16h, outro às 20h, depois fazia mais três forrós em São Paulo. Eu terminava às 6h da manhã quebrado."[33]

Nessa mesma eleição que levou Amado quase à estafa, Milionário dizia que ia votar em Maluf, enquanto Chitãozinho & Xororó apoiaram a candidatura do empresário Antônio Ermírio de Moraes ao governo do estado de São Paulo pelo PTB.[34] Mesmo depois da derrota, os irmãos defendiam o candidato derrotado, garantindo que trabalharam para Ermírio de Moraes por questões ideológicas, como disse Chitãozinho: "Já fizemos shows para qualquer político. Era só pagar que a gente tocava. Hoje a gente assume uma posição, a gente tem que ter uma personalidade política, escolher um candidato e assumir aquele lado político. Para assumir um compromisso com algum político hoje, a gente tem que conversar muito com ele, saber das intenções. Sabemos que o nosso público vai votar nele só por causa do show. Com o Antônio Ermírio foi assim. Nós votamos nele. Hoje tem que ser uma pessoa digna para a gente vestir a camisa."[35]

Leandro & Leonardo não fizeram campanha para Collor, mas já haviam conseguido eleger candidatos em Goiânia e não tinham problemas em fazer showmícios, como declararam em 1992 à revista *Playboy*. Disse Leandro: "Não temos nada contra cantar em comício, até porque campanha política paga bem. Já subimos em muito palanque. Em 1986 mesmo, quando nós ainda não éramos tão conhecidos, fizemos campanha para o Nion Albernoz [do PMDB e que se elegeu para prefeito de Goiânia]. Foi com o dinheiro que ganhamos lá que pudemos vir para São Paulo. E sempre recebemos direito."

Sua opinião era avalizada pelo irmão: "Cantamos para qualquer candidato. O dinheiro é o mesmo. E cantar é o nosso trabalho. Não podemos misturar as coisas. Não tem que ter paixão nisso, paixão é na cama. Profissionalismo é profissionalismo."[36]

Outros cantores populares não eram tão profissionais. A cantora Alcione foi simpática a um político conterrâneo por laços de amizade, como relatou: "Eu cantei em campanha para o Sarney desde menina, no Maranhão, quando ele ainda era candidato a deputado. Eu e também o João do Valle. O fato de ser amiga do presidente me trouxe muitas críticas, mas nunca usei desta relação para meu benefício. A nossa amizade ultrapassa as coisas da política."[37]

O showmício era muito criticado por uma parcela da sociedade, sobretudo aqueles que achavam que deveria haver alguma sintonia política entre contratados e contratantes. O bossa-novista Ronaldo Bôscoli era um dos que criticavam os sertanejos, recordando-se do apoio dado ao presidente: "É falido o argumento de 'fui ali como profissional'. Insisto: você iria 'como profissional' tocar para o Comando Vermelho, tocar para o [traficante colombiano Pablo] Escobar num cassino clandestino? [...] Só num país *mucho loco* Eliana Pittman não tem palco como *performer*. Ela canta, dança e até representa com alguma desenvoltura. Espero que desta vez — quando a bregalhada cair com o presidente — ela ganhe um espaço para trabalhar seu talento."[38]

Apesar de muitos artistas terem feito showmícios e muitos terem criticado, o apoio a Collor nos dias de hoje quase nunca é relembrado. Ao ser entrevistado por Marília Gabriela em 2010, Chitãozinho tentou se desvincular do ex-presidente: "Na realidade a gente não apoiou... não foi um apoio [a Collor]. É que uma vez o Gugu foi fazer um programa na Casa da Dinda e nós fomos participar desse programa. E aquilo deu uma manchete muito grande que nós estaríamos apoiando... Era uma festa e tal... Na verdade a gente conhecia o Collor, mas era uma amizade só, a gente nunca chegou a apoiá-lo no palco e a pedir votos pra ele... A gente respeitava, como respeita até hoje. Na realidade nós apoiamos de participar e falar foi o FHC, e o Antônio Ermírio de Moraes na época da campanha para governador."[39]

Embora em 2010 Chitãozinho relativize o apoio dado a Collor, em 1989 eles fizeram campanha para o candidato, como o próprio disse à revista *Playboy* em abril de 1990, depois do "confisco" da poupança operado pelo alagoano: "Fizemos o último [comício] do Collor, no encerramento da campanha em Belo Horizonte. Eu acho que a gente tem de acreditar na pessoa e não só cantar simplesmente pelo dinheiro. [...] Acho que o Collor está no caminho certo, eu agiria por aí também, sem ter compromisso com partido nenhum, totalmente independente. O compromisso dele é com o povo."[40]

Outros sertanejos que também participaram da campanha para o candidato Collor foram Milionário & José Rico, como se lembra o então empresário da dupla, José Raimundo: "Fizemos mais de sessenta shows para o Collor. Era uma bagunça, mas o dinheiro vinha. Tinha show que cantavam apenas uma música, 'Estrada da vida', e pronto. Atendia a finalidade: o povo tinha ido lá para ver o cantor, não para ver o candidato." Perguntado sobre seu voto na época, o empresário José Raimundo não teve dúvidas: "Eu votei no Collor."[41]

A associação entre o presidente eleito e os sertanejos não se devia simplesmente às campanhas políticas. Havia uma sintonia entre seu gosto pessoal e a música sertaneja.

O presidente manifestou com frequência o seu apreço pelo gênero sertanejo. Em entrevista à revista *Veja* de março de 1992, Collor dizia assistir ao programa *Sabadão Sertanejo*, do apresentador Gugu Liberato, no SBT.[42] A primeira-dama Rosane Collor também demonstrava conhecer bem os sucessos sertanejos, como assinalou o jornalista Fernando Barros e

Silva, da *Folha de S.Paulo*: "Nem mesmo a primeira-dama Rosane Collor escapou do atual turbilhão caipira. Há duas semanas, durante o almoço de aniversário para sua chefe de gabinete na LBA, Eunícia Guimarães, a primeira-dama emplacou ao microfone os hits 'Nuvens de lágrimas' e 'Pense em mim'. Rosane foi acompanhada na cantoria por 114 distintas senhoras que compareceram à festa no Palácio da Alvorada. [...] A onda neojeca não deixa de ser pedagógica, pelo menos aos que acreditavam na modernidade atlética via jet-ski que foi prometida para o Brasil."[43]

A colunista Joyce Pascowitch comentou o aniversário da primeira-dama em matéria intitulada "Aniversário no Alvorada tem champanhe, Chanel e cantoria: Primeira-dama dá festa no Palácio e canta música de Chitãozinho & Xororó": "O *backing vocal* era composto por Lucia Leoni Ramos e Pepita Rodrigues. Engrossado depois por todas as luluzinhas presentes. [Foram cantados] os grandes hits de Chitãozinho & Xororó e Leandro & Leonardo. No final a pergunta de Hebe Camargo ficou no ar: 'Vai pro trono ou não vai?'"[44]

O fato que selou a associação do presidente aos sertanejos foram as duas visitas à Casa da Dinda, residência não oficial de Collor, à beira do lago Paranoá. O presidente preferia a Casa da Dinda, que ficava nos arredores da capital, às residências oficiais como o Palácio do Planalto e a Granja do Torto.[45] Em 1992, ano em que o governo se afogava em acusações de corrupção, os sertanejos fizeram duas visitas ao presidente e à primeira-dama, sempre levados pelo apresentador Gugu Liberato, que capitaneava o programa *Sabadão Sertanejo* e era dono da Promoart, caravana que levava artistas pelo Brasil, entre eles vários sertanejos.[46]

A primeira das visitas aconteceu em meados de março de 1992, quando Gugu levou seu programa aos quintais da Casa da Dinda: "Nós viemos realizar o *Sabadão Sertanejo* aqui em Brasília porque estamos completando esta semana dois anos de governo do presidente Collor. Nós quisemos fazer uma visita surpresa! [Trata-se de] um presente que nós quisemos dar ao casal Rosane e Fernando Collor de Mello."[47] Estiveram presentes vários sertanejos, entre eles Chitãozinho & Xororó, Sula Miranda, Zezé Di Camargo & Luciano, Jean & Marcos e artistas da Promoart como Dominó, Polegar, Marcelo Augusto. O cantor Jean se recorda: "Eu nem ligava pra política, só queria saber do dinheiro que eles pagavam por show. Foi legal, até andei de jet-ski no lago em frente à Casa da Dinda."[48]

A dupla Zezé Di Camargo & Luciano esteve presente nessa primeira reunião. Anos mais tarde, comentou o episódio de forma longa e reflexiva no programa *Roda viva*, da TV Cultura:

> ZEZÉ DI CAMARGO: Na época do Collor, aquilo que aconteceu com a música sertaneja... eu participei... mas nós não éramos ainda dupla de primeiro escalão... na época eram Chitãozinho & Xororó e Leandro & Leonardo os dois grandes nomes... mas nós fomos! Os sertanejos foram todos lá... na verdade o Collor não estava sendo acusado de nada ainda... [Foi] a primeira vez que um presidente teve coragem de falar [que gostava de música sertaneja], porque existia, e existe até hoje, um preconceito muito grande em cima da música sertaneja, principalmente naquela época existia... E você vê um presidente falar que gostava de música sertaneja! Aquilo pra nós, artistas sertanejos, que nos sentíamos diminuídos por grande parte da imprensa e da crítica, onde não tínhamos espaço... aquilo pra nós foi uma glória saber que o presidente da República, o maior mandatário da nação, gostava de música sertaneja, que fazia suas festas regadas a música sertaneja! Isso não desqualificou nenhuma dupla que esteve ali! Nós fomos lá com a melhor das intenções, participamos, cantamos, ficamos felizes de saber que o presidente gostava de música sertaneja... e faríamos de novo se um presidente chamasse a gente! Nos EUA tem artista que assume campanha de um determinado candidato. Aqui o artista não pode ter posição? Eu sempre digo: antes de sermos artistas nós somos cidadãos! Temos nossas obrigações, votamos também...
>
> LUCIANO: Só uma nota aqui... nós fomos, Zezé, num almoço [na casa do Collor]... Eu, você e o Leonardo. [...]
>
> ZEZÉ DI CAMARGO: Na verdade foi um evento só que nós fomos lá! [A dupla faz questão de dizer que não foi ao segundo encontro com Collor, em agosto de 1992.]
>
> LUCIANO: Na festa nós realmente não fomos. [...] No almoço o Leonardo fez Zezé cantar "Garoto de rua", que é um tapa nos políticos do Brasil, para o presidente Collor! Lembra, Zezé?[49]

A segunda visita a Collor foi mais marcante e se tornaria decisiva para a construção da associação ao presidente. Gugu Liberato levou novamente os sertanejos à Casa da Dinda num sábado, 8 de agosto de 1992. Foram cerca de noventa pessoas, entre artistas e produtores. O empresário de Milionário &

José Rico, José Raimundo, recorda-se de como foi feito o transporte desses convidados até Brasília: "O avião era da TAM. Alguém pagou ou a TAM deu o avião de graça! Tem esses esquemas lá, né... presidente da República..."[50]

Era a celebração do aniversário de Collor. A caravana, coordenada por Wigberto Tartuce, empresário do ramo da construção civil e proprietário da Rádio Atividade de Brasília, ofereceu ao presidente uma festa de aniversário antecipada. Fretou aviões, alugou três ônibus e carregou para a Casa da Dinda os artistas sertanejos Leandro & Leonardo, Dalvan, Maurício & Mauri, Chitãozinho & Xororó, Jean & Marcos, além da cantora Beth Guzzo, o colunista social Ibrahim Sued, entre outros. De acordo com Tartuce, os artistas compareceram "espontaneamente", e o custo da festa de Cr$ 80 milhões iria para a Rádio Atividade, especializada em música sertaneja.

Wigberto Tartuce levou um bolo de cinquenta quilos com o desenho da bandeira nacional. Leandro & Leonardo e Chitãozinho & Xororó cantaram parabéns ao presidente e cumprimentaram-no efusivamente. O noticioso "A semana do presidente", espécie de resumo semanal das atividades do governante supremo da nação veiculado pelo SBT aos domingos desde o fim da ditadura, nos anos 1980, anunciou com orgulho a presença dos sertanejos nas comemorações. No fim, a voz do locutor Lombardi puxou o saco do presidente: "Que Deus lhe dê muita dignidade e sabedoria para que você continue governando nosso país." No mês seguinte viriam passeatas decisivas que levariam à queda do presidente.

As comemorações do aniversário de Collor não parariam por aí. No domingo, dia 9 de agosto, o cantor Fábio Jr. apareceu na Casa da Dinda. Famoso na época graças ao personagem Jorge Tadeu, da novela global *Pedra sobre pedra*, Fábio Jr. também veria de perto a famosa cachoeira da Casa da Dinda, trabalho de jardinagem realizado pela Brazil's Garden, cujos serviços foram pagos com cheques fantasmas fruto da lavagem de dinheiro do assessor de Collor, o empresário Paulo César Farias. Desviando-se das patrulhas, Fábio Jr. dizia-se apoiador da CPI que investigava a corrupção no governo do presidente e evitou misturar política e música: "Só fui dar um abraço no Fernando."[51]

Segundo Paulo Debétio, compositor de "Nuvem de lágrimas" e na época produtor de cantores sertanejos na gravadora multinacional Polygram, o apoio de Gugu Liberato a empresários e ao presidente tinha uma explicação. Na época Gugu estaria interessado na concessão de um canal de televisão, e o governo Collor dava sinais de que iria concedê-lo ao apresentador. Para o produtor, Gugu estaria apoiando o presidente naquele momento delicado com a intenção de construir boas relações com os homens do governo que lhe concederiam o canal. Gugu conseguiu apenas uma retransmissora local em Barueri (SP), embora seu sonho fosse uma emissora própria.[52] Tal hipótese não é de todo infundada; afinal, o mentor de Gugu, o dono do SBT, Silvio Santos, havia obtido a concessão de seu canal nos momentos finais da ditadura, depois de muitas conversas e intimidades com membros do governo Figueiredo, o último presidente militar.

No entanto, nem tudo se resumia simplesmente a uma negociata de Gugu Liberato. Alguns sertanejos se mostravam de fato afinados ao governo Collor. Leandro & Leonardo ainda confiavam no presidente em setembro de 1992, mês da queda de Collor, mesmo depois de várias denúncias de corrupção, como disseram em entrevista à revista *Playboy*:

> PLAYBOY: Vocês votaram em quem para presidente?
>
> LEANDRO: Fernando Collor de Mello. Nos dois turnos.
>
> PLAYBOY: Votariam de novo em Collor?
>
> LEANDRO: Eu votaria.
>
> LEONARDO: Eu também. Ele é um cara decente. O problema são as pessoas que cercam o Collor. E a corrupção que é muito grande em quase todo o país. Inclusive no meio artístico.[53]

Não obstante o apoio dado a Collor, nessa entrevista Leandro & Leonardo também mostraram-se conservadores em relação à questão agrária brasileira, posicionando-se contra uma possível mudança no cenário rural brasileiro:

> PLAYBOY: Agora que vocês são proprietários rurais, o que pensam da reforma agrária?
>
> LEONARDO: Não tem que ter. Eu sempre trabalhei como meeiro com o meu pai. Agora que comprei um sitiozinho de oito alqueires com o esforço do meu trabalho, não posso concordar que alguém que nunca tenha feito nada venha e pegue um pedaço de terra. Eu acho que reforma agrária é demagogia.

PLAYBOY: Então vocês concordam com o Ronaldo Caiado [ex-candidato à presidência da República pelo PSD em 1989 e líder da UDR], que combate a reforma no campo?

LEONARDO: Eu gosto dele como pessoa. A mulherada também.

LEANDRO: Ele é um bom sujeito. Conhecemos o Caiado outro dia numa festa.

LEONARDO: Mas ele é contra ou a favor da reforma agrária?

PLAYBOY: Contra.

LEONARDO: Ah, bom... Se ele fosse a favor ele ia ter que dividir muita fazenda lá em Goiás [risos].[54]

Nem todos eram contrários às mudanças no campo. Em 1988 Chitãozinho & Xororó se colocaram de forma menos reacionária em relação ao tema espinhoso da reforma agrária:

FOLHA DE S.PAULO: Vocês cantariam num comício de um candidato da UDR, que é contra a reforma agrária?

CHITÃOZINHO: Não. Nós somos a favor da reforma agrária, desde que ela seja bem executada. Não pode dar terra para quem não vai produzir. Tem que haver um acerto para que o pobre não seja tão massacrado. Reforma agrária é uma coisa perigosa, mas somos a favor. Meu pai sempre foi um sem-terra. Nós somos povo e queremos que as coisas aconteçam de bem para todo mundo.

FOLHA DE S.PAULO: A dupla tem alguma música que fale em reforma agrária?

CHITÃOZINHO: Não. Mas a gente não se prende a um comportamento de só falar coisas bonitinhas. De repente, se tiver um assunto que envolva a gente, nós podemos até gravar.[55]

Apesar das opiniões de Chitãozinho acerca da reforma agrária, o apoio dado ao presidente no momento em que ele estava perdendo a quase totalidade do suporte político custou caro aos sertanejos. Ao longo de alguns anos eles carregariam a pecha de serem adesistas de um governo "usurpador" da poupança dos cidadãos brasileiros.

A memória coletiva acerca do período Collor é hegemonicamente a daqueles anos de embate com o governo, dos caras-pintadas e dos protestos de 1992. Frequentemente, veicula-se a ideia de que o governo "usurpou" um direito do cidadão ao "confiscar" a poupança da maioria da população, rompendo um pacto de liberdades individuais e direitos constituídos. No entanto, a diabolização do Plano Collor apaga o apoio inicial que este teve em variados setores da sociedade, inclusive em alguns da esquerda. Uma memória simplista criou-se acerca do governo Collor, que constantemente subestima as mutações da sociedade e a mudança de posições políticas num curto período de tempo.

Populismo x sertanejos

Collor ganhou o segundo turno com 53% dos votos válidos. Após os resultados, o maestro Tom Jobim fez um balanço das eleições para a revista *IstoÉ*:

> TOM JOBIM: O Brasil é um país tão curioso que todos que eu conheço votaram no Lula, inclusive eu e minha família votamos, e ganhou o Collor. O que eu pude observar é que os ricos votaram no Lula e os pobres votaram no Collor, aquelas populações pobres do Nordeste votaram no Collor.
>
> ISTOÉ: Por que o senhor acha que os ricos votaram no Lula e os pobres no Collor?
>
> TOM JOBIM: Porque o Brasil é um país de cabeça para baixo.
>
> ISTOÉ: Mas o que o senhor espera do novo presidente?
>
> TOM JOBIM: Eu vou esperar tudo dele, é claro. Eu não vou fazer oposição ao presidente eleito; pelo contrário, vou torcer para que ele acerte alguma coisa, porque se o cara for ficar sempre na oposição fica aquele negócio ibérico: *hay gobierno, soy contra*. Se o cara ficar sempre contra, não anda, como é que ele vai governar com todo mundo contra ele, é uma tragédia.[56]

As condições da vitória, com grande parte da população pobre tendo votado no novo presidente e setores urbanos e artísticos tendo apoiado o candidato perdedor, deram margem à construção de uma teoria presente tanto na academia quanto na sociedade. Segundo essa ideia largamente difundida, a eleição de 1989 teria tornado ainda mais visíveis a divisão de classes e a polarização ideológica presente na sociedade brasileira. Collor representaria a volta do líder *populista* carismático a dominar e alienar as massas. Essa análise era referendada na época por analistas políticos e seria mais tarde avalizada por teses acadêmicas e informes jornalísticos acerca do período.[57]

O Brasil vivia um período de polarização ideológica.[58] Partindo dessa premissa, o cientista político André Singer analisou diretamente as eleições de 1989. Em 1990 Singer escreveu o artigo "Collor na periferia: a volta por cima do populismo", cujas ideias centrais seriam referendadas em sua tese de doutorado intitulada *Direitas e esquerdas no eleitorado brasileiro*, defendida no Departamento de Ciência Política da Universidade de São Paulo em 1998. O estudo foi publicado em livro logo em seguida. "Collor foi eleito graças ao apoio que recebeu dos mais pobres e menos escolarizados. Se dependesse dos brasileiros mais ricos e com maior nível educacional o presidente da República hoje [em 1990] chamar-se-ia Luiz Inácio Lula da Silva", escreveu o cientista político.[59]

A explicação que Singer encontra para o apoio das classes mais pobres e dos menos escolarizados é o fato de Collor se mostrar um candidato "populista", volúvel, ora conservador, ora reformador.[60] Isso teria atraído os mais pobres e, entre esses, os sertanejos.

A caracterização da eleição de Collor como polarizada ideológica e socialmente traz alguns problemas, dos quais o principal é o fato de que o conceito de populismo é usado quase indiscriminadamente fora de seu contexto original e servindo aos interesses mais diversos.[61]

Usar o conceito de populismo é problemático em qualquer época.[62] Mas André Singer não está sozinho. O ponto de vista que viu em Collor um líder "populista" é referendado em muitos dos livros sobre o tema. A filósofa Marilena Chaui insiste no uso desse conceito no artigo "Raízes teológicas do populismo brasileiro: teocracia dos dominantes, messianismo dos dominados", publicado no livro *Anos 90: política e sociedade no Brasil*.[63] Segundo Chaui, a própria organização da sociedade brasileira é, e sempre foi, autoritária, verticalizada e hierarquizada, havendo assim uma retroalimentação entre sociedade e mitologia política. O populismo seria expressão dessa mitologia criada pelas elites para dominar as massas. Collor manipulava o povão criando uma relação religiosa ao se colocar como salvador dos expoliados, o "caçador de marajás". Era essa postura, tão criticada pela filósofa, que os sertanejos estariam endossando ao se encontrar com o presidente. Em seu livro *Collor: a falsificação da ira*, publicado em

1992, o sociólogo Chico de Oliveira concordava que o presidente tinha um discurso demagogo e messiânico, alienador das massas, enfim, populista: "Na passagem do primeiro para o segundo turno, o programa de Collor se metamorfoseia de demagogo e messiânico em neoliberal. A guerra de classes havia sido declarada", escreveu o sociólogo.[64]

Seguindo essa linha, o texto "A reemergência do populismo no Brasil e na América Latina", do cientista social Décio de Azevedo M. Saes, procurava analisar a volta desse fenômeno político em todo o continente latino-americano. De forma parecida com Chico de Oliveira, Décio Saes caracterizou o *populismo* dos anos 1990 como "neoliberal", o que o distinguiria do *populismo* "clássico". Esse novo *populismo* se apoiaria nos processos de redemocratização e pluripartidarismo, no autoritarismo e na ênfase (já tradicional mas catalisada) do individualismo na política latino-americana, fruto de um "imperialismo da vida privada sobre a vida pública". A distinção básica entre o *populismo* "clássico" e o *populismo* dos anos 1990 era, para Décio Saes, o fato de este ser antiestatizante e promover o desmonte do Estado.

Paradoxalmente, na abordagem de Décio Saes o conceito de *populismo* ganhava tamanha abordagem teórica que passava a significar o oposto do que era no passado. Vargas fora estatizante, desenvolvimentista e promoveu as leis trabalhistas; Collor era privatizador, neoliberal e começou a derrubar os direitos dos trabalhadores: mas ambos seriam *populistas*. Sem precisão histórica, fruto de certa preguiça para se analisarem novos fenômenos de outra ótica, o conceito de *populismo* pode ser tudo e nada ao mesmo tempo.

Essa prática, aliás, é compartilhada por uma fatia da imprensa até os dias de hoje. De Vargas a Anthony Garotinho, de Perón a Collor, de Cárdenas a Chávez, de Kirchner a Evo Morales, de Fujimori a Lula: todos seriam populistas, não importando seu espectro político, histórico ou mesmo a nova conjuntura dos tempos atuais.[65]

A abordagem seguiu avante ao longo dos anos. Quanto mais Collor era caracterizado como "populista", mais o povo era visto como alienado, e os sertanejos eram os bodes expiatórios ideais dessas teorias. Para o filósofo Renato Janine Ribeiro, a política do "espetáculo" exercida pelo presidente colocava a população como passiva, mera espectadora, "a quem se prodiga o fascínio mas se nega a ação".[66] É bem possível que os sertanejos estivessem entre esses "alienados". Seu fascínio pela importação era constantemente visto como "alienação" pelos críticos.

E a abordagem do "populismo" *collorido* seguiu em frente.[67] O economista Eduardo Gianetti, do Ibmec de São Paulo, insistiu nessa análise: "Collor faz parte de um padrão recorrente e pertencente a uma linhagem clara no tocante ao seu estilo de liderança e ao modo de fazer política: o *populismo*."[68] O cientista político Carlos Melo, também do Ibmec paulista e autor de um livro sobre o governo Collor, corroborou essa tese: "Várias características de Collor permitem associá-lo ao populismo. Pretender governar acima dos partidos, estabelecendo relação direta com a massa — mantendo-se até avizinhar-se a crise que o derrubou — são apenas duas dessas características. De comum com Getúlio, Jânio e Jango havia a crença de que o poder presidencial tudo podia a partir da expressão da personalidade do presidente da República e do apoio popular conquistado."[69]

A classificação do governo Collor como "populista" é portanto quase tão hegemônica quanto imprecisa. Em um momento ela serve mais para caracterizar um estilo de governo, em outro para demarcar a alienação do povo ou a demagogia com os "descamisados". Na maior parte das vezes, serve simplesmente para criticar um governante que ficou marcado como uma "herança maldita".[70] A conceituação de Collor como populista traz de volta uma série de questões que já eram problemáticas para se compreender a herança varguista. Em vez de explicar, confunde ainda mais a compreensão dos anos 1990.

E os sertanejos, onde entram nessa história toda?

Há um ponto em comum nos dois "populismos", seja naquele de herança varguista, seja no *collorido*: a semelhança entre ambos é a ideia de que os camponeses são sujeitos com pouca autonomia intelectual para escolher os candidatos "corretos". Se para Francisco Weffort, o criador acadêmico do conceito de populismo, os migrantes haviam sido os responsáveis pela alienação e passividade dos trabalhadores das cidades dos anos 1930 aos anos 1960, na década de 1990 os intelectuais encontraram outros camponeses igualmente culpados: os sertanejos. Eles teriam caído no engodo "populista" do novo presidente, reforçando a teoria "trágico-teocrático-messiânica" de Marilena Chaui.

Seguindo a tese ideológico-classista referendada pela academia, o jornal *Folha de S.Paulo* publicou uma pesquisa intitulada "Interior é Collor, capital é Lula" do Instituto Datafolha em 17 de dezembro de 1989, dia do pleito nacional, na qual referendava a ideia dos "dois Brasis". Só que dessa vez os "dois Brasis" não eram os das divisões de classe, mas o urbano e o rural. A pesquisa mostrava que 54% dos eleitores do interior votariam em Collor e 37%, em Lula. Já no setor urbano os números praticamente se invertiam e 54% votariam em Lula e 36%, em Collor.[71]

Claro está que os sertanejos, embora tenham de fato tido participação na sustentação do regime, foram também "empurrados" a essa postura diante do quadro político que se construía. Enquanto os "bem-pensantes" e "educados" estavam do lado da esquerda de Lula, os sertanejos ficaram tachados de adesistas, conservadores, espetaculosos, *kitsch*, mal-educados, exagerados e bregas, assim como seria o presidente eleito.

No entanto, essas imagens não dão conta das ambiguidades vividas pela sociedade durante o início do mandato do presidente, quando diversos setores e classes tiveram de lidar com a radicalidade do Plano Collor I.

Com o intuito de limitar a inflação galopante, o Plano Collor congelou a poupança de todos os cidadãos com mais de cinquenta mil cruzeiros em caixa, o que equivalia a cerca de US$ 1.250.[72] O objetivo era evitar que a liquidez monetária no mercado criasse inflação pela demanda descontrolada que não era acompanhada pela produção industrial.

Diante da nova conjuntura, grupos políticos que faziam oposição a Collor revisaram suas posições, inclusive alguns personagens das esquerdas. Longe de ser visto como "usurpação", o aprisionamento temporário das poupanças foi considerado um passo radical, mas necessário, por parcela considerável da população. Collor viveu uma popularidade intensa nos primeiros meses de seu mandato.

Essa é uma verdade que a sociedade tem muita dificuldade de lidar nos dias de hoje. Poucos se lembram, mas grande parte da mídia celebrou o confisco temporário da poupança, animada com o possível fim da inflação. Para o jornal *O Estado de S. Paulo*, o Plano Collor "revolucionava" a economia. A revista *Veja* apontou que "Collor fez o que se esperava" dele. A *Folha de S.Paulo* assinalou que o plano deveria ser efetivado "custe o que custar" em numerosos e enfáticos editoriais. A revista *Manchete* seguiu a mesma linha de defesa do "mal menor": "Qual a melhor opção: inflação ou recessão?", perguntaram os editores. O jornal *O Globo* foi ainda mais enérgico. Num editorial intitulado "Imperativo moral", louvava as medidas: "Agora pela primeira vez, das palavras passou-se à ação concreta."[73] Os jornais ecoavam o apoio que o Plano Collor obteve na sociedade. Escritores como Carlos Heitor Cony, dramaturgos como Mauro Rasi, esportistas como Nelson Piquet e empresários como Antonio Ermírio de Moraes manifestaram apoio ao "confisco" em troca do combate ao "dragão da inflação". Economistas como o liberal Roberto Campos e os desenvolvimentistas Delfim Netto e Bresser Pereira, além dos analistas Joelmir Beting e Carlos Alberto Sardenberg tinham suas críticas pontuais, mas achavam que o plano apontava em boa direção. Políticos de linhas distintas como José Serra (PSDB) e Cesar Maia (PDT) achavam que o plano fora forte na dose, mas o remédio era bom. Mais empolgado, o então deputado do PDT Saturnino Braga chegou a chamar o Plano Collor de "revolucionário". Petistas como os economistas Aloisio Mercadante e Maria da Conceição Tavares se surpreenderam quando viram que o plano poderia ser eficaz na taxação das grandes riquezas.[74]

Pequenos-burgueses apoiaram o Plano ao lado dos sertanejos. Os donos de supermercados, que tiveram preços tabelados, não ousaram protestar como em outras épocas. Abram Szajman, presidente da Federação de Comércio do Estado de São Paulo (FecomercioSP), confessava ser um otimista moderado: "Este pacote é de uma violência sem precedentes na história brasileira, mas talvez seja um custo que todos nós tenhamos de pagar para, efetivamente, zerar o déficit público e a partir daí gerar novos empregos e investimentos."[75] O comerciante Roberto Demeterco, vice-presidente da Associação Brasileira de Supermercados (ABraS), deu "nota 10" para o Plano: "O governo precisa de apoio para combater a inflação, que estava insuportável para todos."[76]

Os poucos empresários reticentes foram ironizados pelo "comandante" Fidel Castro, que ainda se encontrava em solo brasileiro na semana seguinte à posse, para a qual havia sido convidado. Fidel ofereceu "cem dólares emprestados" aos empresários insatisfeitos com o congelamento da liquidez.[77]

Em julho de 1990, quando o recrudescimento inflacionário já era evidente, 56% dos 846 empresários ouvidos pelo jornal *Gazeta Mercantil* ainda diziam que o bloqueio da poupança e de outras aplicações financeiras havia sido "essencial" para derrubar a inflação; 65% deles votariam novamente em Collor para a presidência.[78]

Os jornais e revistas da época fizeram pesquisa semelhante e perguntaram aos populares nas ruas do país a opinião sobre o Plano. A maioria da população apoiava-o, e com o passar das primeiras semanas esse apoio aumentou. Numa pesquisa realizada pelo Datafolha em março de 1990, 81% dos brasileiros apoiavam o Plano Collor. A suspensão de valores acima de Cr$ 50 mil da poupança e da conta-corrente também teve apoio da maior parte da população: 60% foram favoráveis, enquanto apenas 34% foram contra a radical medida. Mesmo entre os que tiveram o dinheiro retido (35% dos entrevistados), 52% aprovaram a medida e 45% a desaprovaram.[79,80] A esperança dos setores populares com o novo governo era evidente, em conjunção com os sertanejos. E o tom era muito parecido com o dos editoriais do grandes jornais. O trabalhador Francisco Galvão, de São Paulo, dizia: "Começa um novo governo. Não nos iludamos pensando que as novas medidas não irão doer. Se não cooperarmos, o presidente eleito não terá sucesso. Seja bem-vinda a dor se for para consertar, justiçar e dar condições de vivermos em paz." A dona de casa paulista Satiko Oliveira expressava-se no mesmo tom: "Não adianta esperar soluções só dos governantes, é preciso que a população aprenda a colaborar com as medidas implantadas e que saiba exigir os seus direitos."[81] O feirante Nivaldo Leandrino dizia: "O plano é excelente. Tenho NCz$ 90 mil no *over*, mas se é para melhorar não me incomodo de perder. [...] O Collor é corajoso, é mesmo o cabra-macho das Alagoas. Tenho fé. Vai dar certo." O comerciante da Favela de Vila Prudente em São Paulo achava que o Plano podia não funcionar, mas o apoiava: "Pra mim tá tudo bom. A poupança que tenho só dá para comprar dez quilos de açúcar. Mas acho que não vai dar certo porque Collor mexeu com quem tem dinheiro."[82]

Como se vê, o suporte ao Plano Collor foi considerável. Conseguiu apoio proporcional ao ódio que fomentou, a partir do segundo ano de mandato do presidente alagoano, quando começou a ficar claro que o Plano falhara. A sociedade mudou rapidamente de lado. E os escândalos ajudaram a construir a imagem de Collor como *persona non grata*, e dos sertanejos como os bodes expiatórios ideais.

Canções de protesto

Diante da mudança crescente da opinião pública acerca do presidente, os artistas começaram a se manifestar criticamente. Surgiram então canções de protesto contra o caos da corrupção que tomava o país. Lobão gravou em 1991 a canção "Presidente mauricinho": "O presidente é um lorde inglês/ Sonhando com o Primeiro Mundo/ Ser presidente até que é um bom emprego/ Num país de vagabundos/ O presidente é a maior palha/ E ainda vai virar fumaça."

No mesmo ano a banda carioca Biquíni Cavadão gravou "Zé-ninguém", que lamentava a situação de miséria que persistia na sociedade brasileira: "Quem foi que disse que Deus é brasileiro?/ Que existe ordem e progresso?/ Enquanto a zona corre solta no Congresso/ Quem foi que disse que a justiça tarda mas não falha?/ [...] / Eu não sou ministro, eu não sou magnata/ Eu sou do povo, eu sou um zé-ninguém/ Aqui embaixo as leis são diferentes."

Outro petardo foi gravado pelo rapper Gabriel O Pensador. O artista carioca surgiu nessa época com a canção "Tô feliz, matei o presidente". Tratava-se de uma canção gravada em 1992 numa fita caseira que começou a rodar as rádios cariocas. A música era agressiva, e a letra cantava o homicídio de Collor e a euforia das massas diante do assassino, o próprio Gabriel O Pensador: "E quando eu chego em casa/ O que eu vejo na TV?/ Primeira-dama chorando perguntando 'por quê?'/ Ah! Dona Rosane, dá um tempo num enche, não fode!/ Não é de hoje que seu choro não convence/ Mas se você quer saber por que eu matei o Fernandinho/ Presta atenção, sua puta, escuta direitinho/ Ele ganhou a eleição e se esqueceu do povão/ E uma coisa que eu não admito é traição/ Prometeu, prometeu, prometeu e não cumpriu/ Então eu fuzilei, vá pra puta que o pariu/ [...] / Uma festa desse tipo nunca tinha acontecido/ Tava bonito demais/ Alegria e tudo em paz/ E ninguém vai bloquear nosso dinheiro nunca mais."

Por causa da repercussão de "Tô feliz, matei o presidente", Gabriel O Pensador conseguiu gravar seu primeiro disco, que veio com os sucessos "Retrato de um *playboy*" e "Lôraburra", alçando-o a nome importante da música brasileira dos anos 1990.

Brasil "profundo" e emergente

Collor representou para uma determinada memória a volta de um Brasil "profundo", rural, cafona, corrupto, autoritário. O apego do presidente a valores considerados *kitsch* ou "bregas" aproximava-o de um Brasil que não era aquele com o qual setores das esquerdas gostavam de se identificar. A imagem de "filhote da ditadura" consolidada ajudou a associar o governo ao novo gênero que "surgia" no início da década. O estilo de governo messiânico e salvacionista, embora uma demanda social, forjou duas possibilidades autoexcludentes: ou resolveria todos os problemas da nação, ou não seria capaz de coisa alguma. Esse diapasão político ajudou a catalisar outras críticas estéticas que já existiam acerca da música sertaneja.

O período inicial de apoio ao Plano Collor nos leva a pensar as metamorfoses da memória coletiva e a necessidade de criar certos "bodes expiatórios" sociais, de forma a exorcizar determinados períodos da história nacional.

Se a música sertaneja conseguiu sobreviver a essas críticas, isso se deve a sua própria força, que conseguiu impor-se e criar um campo de consenso na música brasileira. A acusação de ser "trilha sonora da era Collor" foi esquecida. Apesar de ainda sofrer repúdio por parte de alguns setores, os artistas sertanejos já foram, em grande medida, incorporados ao cenário musical brasileiro, apesar das resistências que não conseguem mais voz como no início da década de 1990. É sobre a vitória do gênero no imaginário coletivo popular que versarão os próximos capítulos.

9. Entre tapas e beijos
Sertanejos e indústria cultural

O grande boom na música sertaneja aconteceu com o disco *Meninos do Brasil*, de Chitãozinho & Xororó, lançado em 1989. Menos de um ano depois esse LP já havia vendido um milhão de cópias.[1] Em 1990 eles já contavam treze LPs, com mais de vinte milhões de cópias vendidas em vinte anos de carreira.[2] O LP de 1990 de Leandro & Leonardo, que traz a música mais cantada do Brasil no ano seguinte, "Pense em mim", vendeu cerca de 2,5 milhões de unidades.[3]

O sucesso comercial era muito criticado pelos artistas da MPB, pois era visto como sinônimo de uma suposta banalização da produção. A crítica generalizada que se fazia à música sertaneja era ao fato de ela ser "subproduto" da indústria cultural, destinada a "imbecilizar" as multidões pela repetição e pouca qualidade estética. Gilberto Gil manifestou essa opinião em 1993, quando a música sertaneja e o pagode estavam no auge:

> VEJA: Como está a música brasileira hoje?
>
> GILBERTO GIL: A música brasileira é muito rica, mas numa época de indefinição do padrão de comportamento social, político e cultural, como a que se vive hoje no país, é natural que ela também esteja submetida a ciclos de baixa qualificação. Houve aquela volta súbita para o interior, para o que se chamou de sertanejo, num predomínio da música de baixa qualidade.[4]

Mesmo os tropicalistas, como Gil, não tiveram muita dificuldade em apelar para os conceitos tradicionais da indústria cultural quando do auge da música sertaneja. A dificuldade de antropofagizar a música sertaneja nos anos 1990 aponta os limites da antropofagia baiana fora do cenário original dos anos 1960 e 1970.[5]

No início *collorido* da década, os tropicalistas acabaram parecidos com, por exemplo, o conservadorismo estético da revista *Veja*, com a qual tiveram diversas pendengas e embates ao longo de anos. Em 1991 a revista dizia com rancor: "Infelizmente, o que mais se ouvirá no Brasil não é Mozart, mas Chitãozinho & Xororó."[6] Ou parecidos com a socialite Danuza Leão, que também rejeitou de cara os sertanejos. Em 1992 Danuza lançou um livro de etiqueta que ficaria relativamente conhecido, o *Na sala com Danuza*. No lançamento ela foi convidada a um programa de TV no qual apareceria ao lado de Leandro & Leonardo. Danuza negou-se a aparecer ao lado dos sertanejos, preferindo ir sozinha ao programa de Hebe Camargo no SBT.[7] Danuza não via a "breguice" sertaneja como parte possível de sua "etiqueta". Era com esses comportamentos soberbos que o tropicalismo flertava. Não havia sido assim nos anos 1960, quando os baianos aceitaram gravar Vicente Celestino, o mais brega dos cantores da era do rádio.

Além de Gil, outros tropicalistas foram na mesma onda do discurso que via nos sertanejos pura e simplesmente frutos da indústria cultural. Em entrevista de 1991, Caetano Veloso se aproximou das socialites das classes altas e das revistas de classe média que muitas vezes criticou em sua carreira:

> VEJA: A sua geração de compositores é mais talentosa do que os novos nomes da MPB?
>
> CAETANO VELOSO: Não simpatizo com a nostalgia. Me senti muito bem quando o Chico, no programa do Jô Soares, disse que a música popular brasileira está melhor hoje do que há vinte anos. Fiquei louco com o novo disco dos Titãs, adoro Barão Vermelho, Nouvelle Cuisine [banda de jazz paulistana], Marisa Monte. O problema é que, como nos anos 1950, o rádio está tocando muito lixão, um comercialismo grosseiro. Mas a música já passou por isso e atravessará os anos 1990.[8]

A postura de crítica simplista à indústria cultural não era exclusividade de Caetano e Gil. Sergio Dias, ex-guitarrista dos Mutantes, não conseguia ver cenário possível em 1992 para além da "manipulação" da indústria cultural: "O mais importante disso tudo... eu acho que é importante as gravadoras deixarem o espaço aberto para música nova surgir e não saírem atrás de mercado, né! Por exemplo, agora virou sertanejo, né! Eles não conseguem fazer as coisas que eles querem vender, então eles vão atrás de onde o povo está comprando! Agora o sertanejo está dando certo no Brasil, todas as companhias lançam sertanejo, criam bandas..."[9]

O tropicalista Tom Zé também subestimou a cultura de massa em declaração de 1996, ao comentar o livro *Moda de viola*, do professor da USP Romildo Sant'Anna: "Esse trabalho, *Moda de viola*, é muito pertinente, muita gente deveria se interessar por esse universo. Eu acho que ele é necessário, que comecem a aparecer críticos que, mais sofisticadamente, estabeleçam as divisões, os compartimentos, pra poder esse tipo de música ter também um desenvolvimento. E não se arrebate somente pela glória de ser pop, repetitiva e chã, como já começa a ser pelas vedetes que fazem essa música sertaneja de hoje. A Moda Caipira tem outras qualidades muito mais sutis. A Moda Caipira é como um feixe de nervos e sensibilidades que advêm dessa alma brasileira tão rica em invenções."[10]

Se os adeptos da modernidade adotavam a crítica pura e simples à indústria cultural como norma, os nomes da MPB mais associados ao tradicionalismo chamavam a atenção para a "diluição" da obra de arte. Foi o caso de Chico Buarque, que, numa entrevista para a *Folha de S.Paulo* em 1994, viu semelhanças entre o pagode e o sertanejo e louvou o tempo da arte "íntegra", da qual ele próprio faria parte:

> FOLHA DE S.PAULO: O que você acha destes novos grupos de pagode? Eles seriam os Leandro & Leonardo do samba?
>
> CHICO BUARQUE: Eles fazem um samba mais produzido, em todos os sentidos. É resultado de um trabalho de gravadora, é produzido visualmente. Mas eu não tenho nenhuma antipatia por esse tipo de samba.
>
> FOLHA DE S.PAULO: A diluição do samba não te incomoda?
>
> CHICO BUARQUE: Acho que a música popular, o samba e mesmo a música sertaneja estão sujeitos à diluição, estão sendo diluídos o tempo todo. Eu não vou comparar esses grupos a João Gilberto ou ao Paulinho da Viola. O problema é que a diluição da diluição da diluição acaba numa coisa muito rala. E cansativa também. As pessoas sempre perguntam por que a minha

geração continua. Eu acho que naquela época não havia essa velocidade toda na substituição de um produto por outro. Não havia nem mesmo a noção de música como produto. Era um trabalho bastante amador. Não existia essa visão de mercado que existe hoje.

FOLHA DE S.PAULO: E o "Samba da barata"? Você gosta? [Referência ao pagode "A barata", do grupo mineiro Só Pra Contrariar, lançado em 1993.]

CHICO BUARQUE: Eu acho muito engraçado [risos]. Visivelmente, ele tem muito mais humor do que a canção sertaneja. Além disso, a canção sertaneja sofreu um desgaste ainda maior por causa do uso político que fizeram dela, que acabou gerando uma antipatia muito grande. Mas até que eu não achava muito ruim quando um deles começava a cantar "Rancho fundo" e o outro já emendava uma terça no vocal. Em princípio, eu não acho nada muito ruim em música. A coisa ruim vem em torno dela.[11]

O que estava "em torno da música" era a indústria cultural. O êxito das duplas sertanejas foi essencial para a reformulação da indústria fonográfica brasileira no início dos anos 1990. A chegada do CD ao mercado brasileiro a partir de 1987 possibilitou mudanças no cenário cultural nacional, abrindo possibilidades de inovação estética e reformulação da produção industrial do disco no Brasil. O auge da música sertaneja entre 1989 e 1994 foi fundamental para que a indústria fonográfica pudesse se reformular e se recuperar da crise com a qual vinha se debatendo havia algum tempo.

A década de 1980 havia sido comercialmente instável, e a indústria fonográfica teve de se adaptar a novas realidades de formato de gravação, produção e divulgação de seus produtos. Segundo Marcia Tosta Dias, autora de um livro sobre indústria fonográfica no Brasil, em 1980 o mercado era dividido entre as seguintes grandes gravadoras: Som Livre, com 25% do mercado; CBS, 16%; Phonogram, 13%; RCA, 12%; WEA, 5%; Copacabana e Continental (Chantecler), 4,5% cada uma; Odeon, 2%; e outras, 16%.[12] As gravadoras sertanejas (Continental, Chantecler e Copacabana) também sofriam a instabilidade dos anos 1980, como se vê na tabela a seguir:

Tabela 2 — Vendas da indústria fonográfica nacional
por formato 1980/1989 (milhões de unidades)

ANO	Comp. Simp.	Comp. duplo	LP	LP econ.	K7	K7 duplo	CD	Total (mi)	Var. %
1980	11,2	4,0	23,8	10,8	7,1	0,2	–	47,0	–10,0%
1981	6,9	2,4	17,6	10,6	5,8	0,06	–	37,2	–20,5%
1982	8,8	2,3	26,9	13,1	9,0	0,1	–	52,8	41,0%
1983	6,4	1,5	24,4	11,9	8,5	0,4	–	47,8	–9,5%
1984	4,7	1,2	20,3	10,2	7,3	0,02	–	40,0	–16,3%
1985	2,6	1,7	22,4	10,1	8,4	0,01	–	42,3	–5,7%
1986	1,6	0,5	33,4	22,9	15,9	0,01	–	71,9	72,3%
1987	0,5	0,2	41,8	13,4	17,1	0,1	0,2	71,8	0,0%
1988	0,01	0,1	34,9	7,8	12,5	0,1	0,7	56,0	–23,1%
1989	–	0,07	48,5	8,2	17,8	0,3	2,2	76,5	37,1%

Fonte: ABPD; *Apud* Vicente, Eduardo, *op. cit.*, p. 53.

Os anos 1980 foram de extrema turbulência, com alternância de crescimento e retração. O maior lucro da indústria fonográfica foi registrado em 1986, quando houve um intenso aumento das vendas devido ao Plano Cruzado, cujos benefícios foram temporários.[13] Comparada com os anos 1970, de intenso crescimento, a indústria fonográfica dos anos 1980 parecia viver em turbulência constante.

Em meados dos anos 1970 o Brasil era o quinto mercado de discos do mundo. Em 1988, ocupava o 13º lugar.[14] Segundo Marcia Tosta Dias, tratava-se da mais grave crise vivida pela indústria fonográfica. De 76.686 milhões de unidades vendidas em 1989, retrocede-se a 45.130 milhões em 1991. Apesar das expectativas de melhoria alimentadas pelos executivos do setor, o balanço final de 1992 apontava para 30.958 milhões de unidades. Vale lembrar que o mercado só apresentou números parecidos (21.098 milhões em 1974) quando estava em franca expansão, com crescimento médio de 20% ao ano.[15]

Os números coletados pelo pesquisador Eduardo Vicente divergem em poucos milhares de discos, mas também apontam uma clara tendência de crise do setor fonográfico, como se vê na tabela a seguir:

Tabela 3 — Vendas da indústria fonográfica nacional por formato
(milhões de unidades) e faturamento em dólares (US$ mi)

ANO	LP	LP econ.	K7	K7 duplo	CD	CD duplo	Total (mi)	Var. %	Vendas (US$ mi)	Var. % em US$
1990	28,0	3,4	8,8	1,0	3,9	-	45,1	-41,3%	-	-
1991	28,4	-	9,0	-	7,5	-	44,9	0,4%	399,7	
1992	16,7	-	5,6	-	9,8	-	32,1	-28,5%	284,1	-29,0%
1993	16,4	-	6,8	-	21,0	-	44,2	37,7%	449,5	58,2%
1994	14,5	-	8,5	-	40,2	-	63,2	43,0%	804,6	79,0%
1995	7,7	-	7,5	-	59,8	-	75,0	18,7%	1.005,2	24,9%
1996	1,6	-	4,8	-	93,4	-	99,8	33,1%	1.315,2	31,1%
1997	-	-	0,9	-	106,8	0,7	107,9	8,1%	1.275,4	-3,3%
1998	-	-	0,2	-	105,1	0,003	105,3	-2,4%	1.171,7	-8,1%
1999	-	-	0,03	-	96,9	0,2	96,9	-8,0%	608,4	-43,0%

Fonte: ABPD/IFPI; *Apud* Vicente, Eduardo, *op. cit.*, p. 141.

A indústria fonográfica começou a encontrar uma luz no fim do túnel, com aumentos de vendas e lucros, entre 1992 e 1993. Essa tendência ascendente se manteve até 1997, quando começaram os rombos mortais na indústria fonográfica devido à pirataria digital. Em parte, essa maré altamente lucrativa (embora temporária) se deveu à reformulação do mercado cultural brasileiro, às fusões entre as gravadoras, através das compras das gravadoras nacionais pelas *majors* multinacionais, bem como à substituição da plataforma musical, que aos poucos impôs o CD como substituto do LP e da fita cassete.

Assim, foi exatamente no auge da música sertaneja que a indústria fonográfica se transformou, se modernizou, se fundiu e, ao mesmo tempo, paradoxalmente, possibilitou reformulações no cenário cultural nacional. As mudanças nas gravadoras possibilitaram a emergência de novos gêneros antes associados a características regionais. Além do sertanejo, o pagode e o axé baiano ascenderam ao plano nacional diante dessa metamorfose da indústria do disco.[16] As gravadoras dos sertanejos, a Continental-Chantecler e a Copacabana, tiveram seus últimos suspiros no início da década de 1990.

A Continental-Chantecler foi comprada em 1994 pela Warner Music.[17] A Copacabana, que era distribuída pela Sony desde 1989, estabeleceu em 1991 um novo tipo de relacionamento com essa empresa, e, embora ainda mantivesse seu catálogo, todos os lançamentos feitos daí em diante passaram a pertencer à gravadora japonesa.[18] Sertanejos como Zezé Di Camargo & Luciano, que eram da Copacabana, mudaram-se diretamente para a Sony a partir 1993. Fagocitados pela Warner, com a compra da Continental--Chantecler, Leandro & Leonardo foram para a nova gravadora multinacional em 1994. Chitãozinho & Xororó, que eram da Copacabana até 1989, foram os primeiros a mudar para uma *major*, a Polygram (que mais tarde passou a se chamar Universal).

Um tipo de discurso radical muito disseminado em nossa sociedade acerca da indústria cultural, baseado nas ideias do alemão Theodor Adorno e da Escola de Frankfurt, vê os sertanejos como marionetes da indústria. Os artistas do sertão seriam meros produtos criados pela indústria cultural para se reabilitar um mercado em crise na década anterior. Há uma grande quantidade de livros e teses acadêmicas que enxergam nas manifestações massivas simples engodos das grandes corporações, reduzindo os aspectos plásticos e estético-musicais à lógica produtiva.[19]

Há uma série de jornalistas e colunistas das grandes mídias que também pensam como os acadêmicos adeptos do conceito de indústria cultural. O escritor, editor e tradutor Luciano Trigo escreveu em O *Globo* em 1991: "É perda de tempo alguém se deter na procura de algum conteúdo digno de análise nas letras das músicas sertanejas. [...] A rigor, têm pouco a ver com a autêntica cultura popular do interior de São Paulo, Paraná, ou Goiás, da qual seriam supostamente herdeiras — a cultura regionalista dos causos e canções que retratavam o homem do campo. Na transfusão mercadológica para um meio urbano, em busca de público dos grandes centros — numa conspiração maquiavelicamente arquitetada pela indústria do disco e por paulistanos que insistem em invadir nossa praia — criam-se monstros de desafinação e breguice."[20]

No entanto, como mostrado nos capítulos anteriores, a música rural brasileira tem uma história que não pode ser simplesmente encaixada nos interesses momentâneos da indústria fonográfica em crise. Sem ignorar sua importância, não se pode buscar na indústria cultural a explicação de *todas* as questões para a música sertaneja. É preciso considerar tanto o aspecto econômico quanto a certa autonomia plástica e estética de todos os gêneros que emergem no cenário cultural nacional.[21] Ao longo dos capítulos anteriores foi mostrado que, se essas disputas estéticas aconteceram *dentro* da indústria cultural, isso se deu para além do controle efetivo dos patrões e donos dos meios de produção, assim como sem a passividade dos ouvintes e artistas. Todos foram ativos construtores dos gêneros, e, embora tenham pesos distintos nessa construção, suas contribuições não podem ser apagadas.

Em alguns momentos a música sertaneja tendeu a aceitar os desígnios e vontades da indústria; em outros fica claro que foi a *indústria* que se adaptou a determinada legitimidade estética que já vinha se formando na música rural desde os anos 1970. Ainda em outros momentos não houve acertos, e a racionalidade mercadológica não pode ser aplicada como única lógica explicativa.

Por fim, trata-se de ver como a entrada dos sertanejos nas grandes multinacionais proporcionou não apenas a reabilitação dessa *indústria*, mas também ajudou a fundar determinada noção de legitimidade daqueles artistas, sobretudo a partir de 1995, quando os sertanejos passaram a ser aceitos como parte de certa "tradição" da música brasileira, como se verá, proporcionando uma reformulação da noção de "popular" no Brasil.

Sertanejo multinacional

O ano de 1989 marcou a história da música sertaneja. Foi nesse ano que Chitãozinho & Xororó mudaram de gravadora. Os irmãos paranaenses saíram da tradicional Copacabana e aceitaram o convite da Polygram.

O responsável pela contratação da dupla fora Paulo Debétio, o mesmo que compôs naquele mesmo ano o sucesso "Nuvem de lágrimas". Debétio trabalhava na Polygram desde 1986, quando se tornou produtor de artistas populares. Entre os produtores da Polygram estavam Mariozinho Rocha e Armando Pittigliani, na área da MPB, e Miguel Plopschi e Michael Sullivan, na área popular. Debétio havia sido contratado por Mariozinho Rocha para reforçar o time de produtores de artistas populares da gravadora que tinha em seu quadro Wando, Bebeto, Agepê, Luiz Caldas, entre outros artistas.

Na época que foi contratado, Debétio sequer gostava de Chitãozinho & Xororó, como se recordou em entrevista: "A voz do Xororó, se você não conhece, acha chata! [Eu os] ouvia na Rádio Record e os tinha visto na TV, mas eu os achava muito estridentes! Só passei a gostar quando ouvi [a canção]

'Falando às paredes'." Foi em 1987 que o produtor começou a prestar atenção na dupla e topou a empreitada de trazê-la para a Polygram. A contratação da dupla que vendia um milhão de discos por lançamento não era consenso na Polygram, apesar de ser algo óbvio do ponto de vista mercadológico. Debétio encontraria resistências na gravadora, como se recorda: "Eu já estava gostando de Chitãozinho & Xororó, Chrystian & Ralf, então falei pro Mariozinho Rocha que eu queria investir na música sertaneja. Porque até então ninguém tinha investido na música sertaneja, né!? Ele virou pra mim e falou: 'O problema é teu! Não entendo porra nenhuma! Não gosto, acho uma merda!' Eu falei que deixasse comigo e ele me deu essa liberdade. Então eu fiz duas tentativas, uma com Matogrosso & Mathias e outra com Chrystian & Ralf. Trouxe eles para o Rio, para falar com o Mariozinho Rocha. Mas aí teve uma coisa que eu descobri: Chrystian & Ralf e Matogrosso & Mathias queriam ser o Chitãozinho & Xororó. Foi aí que eu atentei para a dupla. Então eu fui a São Paulo e me encontrei com Zé Bettio, empresário de Chitãozinho & Xororó, e ele me falou: 'Poxa, o Chitãozinho tá doido pra sair da [gravadora] Copacabana.' A relação deles com a gravadora nacional já estava esgotada. Eles estavam desde o início da carreira lá..."[22]

Como o contrato com a Copacabana estava para acabar, não houve rompimento por parte da dupla. Eles ainda lançaram um último disco pela gravadora nacional em 1989, um LP com regravações de antigos sucessos, para cumprir contrato.

Segundo Debétio, a Polygram não tinha interesse nenhum em dar dinheiro pelo "passe" da dupla, mas Chitãozinho, Xororó e o empresário Zé Bettio exigiram que fosse anunciado à imprensa que a Polygram os havia contratado por US$ 1 milhão.[23] Depois que o contrato com a Copacabana acabou e Debétio produzia o primeiro disco da dupla na Polygram, ainda havia pessoas na gravadora que tripudiavam ou até ignoravam a escolha do produtor, que relembra: "A Polygram não tinha nenhum conhecimento de quem era Chitãozinho & Xororó, nem o pessoal da imprensa da gravadora, nem o Armando Pittigliani [diretor da gravadora]... Eles diziam: 'Chitãozinho & Xororó? O que é isso? É coisa do Debétio, aquele maluco!' Ninguém da Polygram tinha escutado o disco durante a feitura. Quem fez o disco fui eu, Deus e eles."

Ao apresentar o disco *Os meninos do Brasil* à diretoria da empresa, Debétio viu que a gravadora estava disposta a investir pesado, como ele queria: "Uma coisa foi puxando a outra. Meu papel foi o de trazer o artista. Eu tive o apoio da Polygram. Mas tive que comprar brigas... a Polygram sempre fora uma gravadora de MPB." Segundo o produtor, foi liberada uma verba de US$ 300 mil para a divulgação do disco. Uma empresa de publicidade foi contratada para tornar o LP conhecido. Houve propaganda nos comerciais do *Jornal nacional* e um clipe da música "Somos assim" no programa dominical *Fantástico*.[24] Em 1989 Mariozinho Rocha tornou-se diretor musical da Rede Globo, responsável pelas trilhas sonoras da emissora, e colocou "No rancho fundo", cantado pelos irmãos, na trilha da novela *Tieta*.

O disco foi um sucesso. O jornal *Folha de S.Paulo* assinalava que a dupla vendia no Brasil onze vezes mais do que a banda americana Guns N' Roses, então sucesso mundial. Enquanto o grupo de Axl Rose vendia 138 mil cópias do disco *Appetite for Destruction* em 1988, Chitãozinho & Xororó vendia 1,7 milhão de *Os meninos do Brasil*, do ano seguinte.[25]

Paulo Debétio também produziria o próximo disco de Chitãozinho & Xororó, intitulado *Cowboy do asfalto*. O disco de 1990 tinha o megassucesso "Evidências", de José Augusto e Paulo Sérgio Valle: "E nessa loucura de dizer que não te quero/ Vou negando as aparências/ Disfarçando as evidências/ Mas pra que viver fingindo/ Se eu não posso enganar meu coração?/ Eu sei que te amo!" Havia também a canção que dava nome ao disco, de autoria de Joel Marques. Nesse ano a dupla foi convidada pela TV Globo para fazer um especial de fim ano que foi ao ar em 26 de dezembro de 1990.

O sucesso da dupla abriu as portas para a entrada das gravadoras multinacionais no mundo sertanejo, até então dominado pelas nacionais Copacabana e Continental-Chantecler. Os sertanejos atingiam palcos antes inimagináveis. Em menos de um mês o LP *Cowboy do asfalto*, lançado em dezembro de 1990, havia vendido 1,2 milhão de cópias, e a expectativa da Polygram era de que a marca de dois milhões fosse atingida até julho.[26]

Em 1990 Paulo Debétio trouxe para a Polygram a dupla João Mineiro & Marciano, que lançou dois discos pela gravadora antes de se separarem. Foi a única dupla além de Chitãozinho & Xororó que conseguiu entrar na Polygram nesse período. Segundo Paulo Debétio, que se tornou na época produtor referência na área sertaneja, não houve mais espaço para o sertanejo na gravadora devido às pressões vindas de cima: "Mesmo nessa época eu só não consegui mais coisas para a Polygram porque o Mariozinho Rocha me falou: 'Debétio, não esqueça que a Polygram não é uma gravadora de sertanejo, é uma gravadora de MPB. Então tá bom [apenas] Chitãozinho

& Xororó...' Eu teria trazido Roberta Miranda, Sérgio Reis... Mas ele não queria isso. Ele temia que isso trouxesse problemas com a cúpula, o que eu acho bobagem... A gente poderia ter dominado este setor..."

Chantecler & Continental...

Outro marco do ano de 1989 foi a gravação do LP de Leandro & Leonardo pela Chantecler-Continental. As duas gravadoras eram na verdade uma só e as marcas apenas distinguiam selos diferentes. Leandro & Leonardo vinham de uma passagem pela incipiente 3M, que fechou as portas um ano antes. A frustração tomou conta dos goianos quando souberam da notícia. No entanto, um entusiasmo inversamente proporcional avassalou Leonardo quando foi informado de que a gravadora Continental havia comprado o arquivo e elenco da 3M, como o próprio se recordou: "Chegou um fax de São Paulo para Uberlândia, para o hotel, onde estava escrito que a gravadora 3M agradecia muito o trabalho da dupla Leandro & Leonardo num período de três anos de convivência com a gravadora, mas que infelizmente, pela falta de incentivo à cultura, a gravadora estava fechando e a gente estava dispensado. Aí já fiquei triste pra caramba, acabou o trabalho ali... Nós pegamos um ônibus na rodoviária de Uberlândia. O ônibus saía às cinco horas da tarde e nós fomos para lá ao meio-dia. Eu sentei bem em frente ao relógio e fiquei olhando até dar cinco horas da tarde, só de raiva. Eu disse: 'Não saio daqui desse banco enquanto não chegar cinco horas para irmos embora.' Aí, quando chegamos em Goiânia, no outro dia, o telefone tocou. Era o Genildo, da gravadora. Ele falou que a Continental havia comprado o *cast* da 3M por causa de nós, da Sula Miranda e do Gilliard. Eu falei: 'Ah, que bom, então quer dizer que agora nós somos da Chantecler, da Continental?' Ele falou: 'Vocês pertencem à Continental agora.' Aí eu desliguei o telefone e fiz uma festa, né? No gênero sertanejo a Continental era a melhor que tinha no país. Eu falei: 'Leandro, nós somos da gravadora do Milionário & Zé Rico, meu filho, não tem pra ninguém agora!'"[27]

O disco gravado pela Chantecler, um selo da Continental, transformou a dupla em um sucesso nacional. E tudo aconteceu por causa de uma música, um dos maiores sucessos populares da história da música brasileira, a canção "Entre tapas e beijos": "Perguntaram pra mim/ Se ainda gosto dela/ Respondi tenho ódio/ E morro de amor por ela/ [...] / Entre tapas e beijos/

É ódio, é desejo/ É sonho, é ternura/ Um casal que se ama/ Até mesmo na cama/ Provoca loucuras." A canção com refrão pegajoso e melodia simples parecia ser destinada a ser um produto da indústria cultural, tramado em escritórios de marketing para atender o gosto das multidões. Parecia fadada ao sucesso. Mas não foi assim que ela foi vista pela gravadora nem pelos artistas quando a ouviram pela primeira vez.

Leandro e Leonardo conheceram a composição de Nilton Lamas e Antonio Bueno praticamente por acaso. Eles estavam perto de Rio Verde, Goiás, quando foram intimados pelo compositor da música, como se recorda Leonardo: "Eu e o Leandro fomos fazer um show lá, na inauguração da rodoviária, na beira da rodovia. Naquela época não tinha camarim. Nós ficamos dentro do nosso carrinho *velho*, um corcelzinho II que nós tínhamos. Aí apareceu o Nilton Lamas na janela do carro, bateu e disse que tinha uma música muito boa para nós gravarmos. Eu falei: Ah, é? Ele falou: 'Eu vou cantar só o refrão.' E cantou: 'Entre tapas e beijos/ É ódio, é desejo...' Eu já abaixei o vidro mais um pouquinho, né? Eu falei assim: 'Você está com a fita aí?' Ele falou que não, que tinha acabado de fazer a música naquele dia. Eu olhei para o Leandro e falei: 'Essa música vai ser sucesso!' Leandro falou assim: 'É, essa música é boa mesmo!' Aí o Lamas perguntou: 'Que dia desta semana vocês vão estar gravando lá em São Paulo? Eu vou lá levar.' Eu disse: 'Não, eu vou pegar na sua casa agora.' Aí ele falou que era longe, mas eu falei que não era, que eu ia lá. Pegamos o carro depois do show e fomos lá em Rio Verde. Fizemos ele gravar num gravadorzinho pica-pau que ele tinha lá..."[28]

Embora Leonardo diga que sabia que a música ia "ser sucesso", há que se problematizar essa afirmação. A memória tende, com frequência, a superestimar poderes proféticos, sobretudo quando se trata de memórias dos artistas.[29] No caso do cantor Leonardo, deve-se ressaltar que ele mesmo muda as versões sobre seu passado cada vez que comenta algo de sua trajetória. Por exemplo, em sua autobiografia, Leonardo escreveu que "Entre tapas e beijos" era uma canção que eles "nem pensavam em trabalhar".[30] Essa segunda versão parece mais coerente com o que de fato aconteceu.

Depois de gravada pelos irmãos goianos, "Entre tapas e beijos" ficou como segunda música do lado B do disco daquele ano. Os produtores e os cantores apostavam na canção "Quem será essa mulher", de Zezé Di Camargo, então um compositor em ascensão. A canção de Zezé entrou como primeira do lado A do disco daquele ano, e todo o capital da gravadora Continental estava direcionado para ela. "Quem será essa mulher" era a "música de trabalho", como se dizia no jargão da indústria fonográfica, e chegou a fazer sucesso relativo. Em tempo, os próprios cantores se dariam conta do descompasso entre a indústria fonográfica e o público, como relatou o próprio Leonardo: "Nós gravamos o terceiro disco: a música de trabalho foi uma do Zezé Di Camargo que se chamava 'Quem será essa mulher'. Começamos a trabalhar, fizemos muitos programas de televisão, o Bolinha dava uma força grande pra gente, e saímos fazendo divulgação pelo interior de São Paulo. Chegamos a São José do Rio Preto, que é o celeiro da música sertaneja, todo mundo sabe disso. Tivemos ali uma imprensa maravilhosa que nos acolheu com muito carinho. Fomos a um programa de auditório, eu e o Leandro, e eu vi três duplas amadoras cantando 'Entre tapas e beijos'. E nós estávamos trabalhando 'Quem será essa mulher'. Aí eu falei: Esse negócio não está errado, Leandro? O povo cantando daqui, ensaiando de cá, cantando de lá, rapaz, esse *trem* está errado. Vamos ligar para a gravadora. Ligamos e falamos que o *trem* estava errado, que a música que estava estourada no interior de São Paulo era 'Entre tapas e beijos'. Então os caras falaram para nós cantarmos esta, mas também continuarmos cantando 'Quem será essa mulher'."[31]

O enorme sucesso de "Entre tapas e beijos" deu uma nova dimensão à carreira de Leandro & Leonardo e trouxe novas possibilidades de expansão para a música sertaneja. Esse disco de 1989 vendeu cerca de 1,8 milhão de cópias. A fórmula de misturar cama e baladas românticas parecia estar dando certo, e aquele sucesso seria apenas o começo. As críticas foram intensas à estética "balada de motel" da dupla. As ofensas ficariam na memória do cantor Leonardo: "Nosso quarto CD foi um estouro. Muita gente apostava que a gente não ia repetir o sucesso do disco de 'Entre tapas e beijos', porque eu ouvia muitos críticos falando, gente invejosa falando que aquilo era um 'aborto da natureza'... O povo fala, né? 'Nunca mais vai acontecer'... A capa do nosso disco [que continha 'Entre tapas e beijos'] era feia demais, rapaz, era uma capa branca e no meio tinha uma bola parecendo um túmulo, a minha cara e a do Leandro lá no meio. Teve um compositor que eu não vou falar o nome que pegou a capa e falou: 'Olha aqui a capa, a foto já é do túmulo, já morreu, isso aqui não dá mais nada.'"[32]

O sucesso de "Entre tapas e beijos" fez a gravadora Chantecler repensar a carreira dos goianos e investiu pesado no disco seguinte. Em vez da capa feia do disco anterior, o LP seguinte tinha uma foto na qual os cantores apareciam como "modernos", adequados à moda country que guiava a música sertaneja de então. Jaquetas com franjas, calças jeans justas, cintos com fivelas, sem chapéu. Aparições na televisão tornaram-se frequentes para divulgar o disco, especialmente em programas populares.

O lado A do disco abria com a regravação de "Cadê você", um antigo sucesso de Odair José, outro compositor considerado "cafona", por falar de sexo e romantismo. Mas era no lado B que estavam os maiores sucessos do ano. "Desculpe, mas eu vou chorar" era uma composição de César Augusto, produtor do disco: "Vou chorar/ Desculpe, mas eu vou chorar/ Não ligue se eu não te ligar/ Faz parte dessa solidão..." A canção tornou-se uma das músicas mais tocadas do ano. Outra música que tocou muito foi "Talismã", composta pela dupla Michael Sullivan e Paulo Massadas: "Só você que me ilumina/ Meu pequeno talismã/ Como é doce essa rotina/ De te amar toda manhã/ Nos momentos mais difíceis/ Você é o meu divã..."[33]

Mas nenhuma delas superou o sucesso de "Pense em mim", que foi a mais tocada do ano:[34] "Em vez de você ficar pensando nele/ Em vez de você viver chorando por ele,/ Pense em mim, chore por mim/ Liga pra mim, não, não liga pra ele/ Pra ele! Não chore por ele." A curta canção de Douglas Maio, José Ribeiro e Mario Soares foi composta para Roberto Carlos, ídolo dos três compositores. Em entrevista, o compositor Mario Soares comentou como a canção chegou a Leandro & Leonardo: "Essa música envolve uma coincidência muito grande. A canção surgiu numa conversa entre eu e mais dois amigos: Douglas Maio e José Ribeiro. A música ficou guardada dentro de uma pasta por muito tempo, assim como outras músicas que já tínhamos feito. Certo dia, durante uma apresentação na [boate] Love Story, em São Paulo, resolvemos cantar a música durante a apresentação. No mesmo dia, um amigo meu, que é produtor musical, me ligou e disse que queria mandar uma música dele com a minha voz para o Roberto Carlos. A justificativa dele era a semelhança da minha voz com a do Roberto, sendo assim, o Rei iria gostar da canção. Eu negociei com ele e propus que enviássemos a música dele e a minha, que era 'Pense em mim'. Pois bem, meu amigo enviou a canção e, durante o processo de produção da música em São Paulo, o [apresentador] Bolinha, da TV Bandeirantes, me fez um novo convite para trabalhar com ele. O Bolinha era louco para que eu trabalhasse com ele na *Caravana do Bolinha*. [...] Em uma apresentação no Mato Grosso, eu resolvi cantar, além de uma música do Roberto Carlos, a 'Pense em mim'. Depois da apresentação, o Bolinha disse que a música era linda e me fez um convite para fazer televisão. Durante diversos sábados cantei a música. Lembro que a música fez tanto sucesso que, quando saíamos para algum lugar, a mulherada voava em cima de mim pedindo para cantar a música [risos]. Nessa caravana, viajavam comigo o Daniel, o Zezé Di Camargo, o Leonardo, enfim, toda a turma da música sertaneja. Mas o Leonardo era o único que tinha 'empacado' com a música. Pois bem, chegou o Natal, e lembro que o Leonardo veio me pedir, chorando, que eu deixasse ele gravar aquela canção [risos]. Pouco tempo depois, o Bolinha veio me pedir para que eu deixasse os meninos [Leandro & Leonardo] gravarem a música, pois ela abriria um grande campo de trabalho para mim também. Obviamente que aceitei o convite. Lembro que o Leonardo veio me agradecer e disse para eu passar na editora para pegar o meu dinheiro. Cheguei lá, a música já estava gravada e só faltava a minha assinatura. Depois, o Leonardo me disse que ia enviar um CD autografado para eu ouvir a canção. Quando o disco chegou e fui ouvir, não gostei. A música estava com outro tom, romântica, totalmente diferente da forma que tinha feito a canção. Liguei para o Leonardo e ele disse para eu me acostumar, que era para eu ficar sossegado [risos]. Deu dois meses, a música explodiu e era o maior sucesso do país."[35]

O disco de Leandro & Leonardo de 1990 é o mais vendido da história da música sertaneja. As cifras são imprecisas e variam de 2,5 a 3 milhões.[36] Os próprios artistas não tinham como garantir a veracidade dos números, como deixaram claro em entrevistas que deram às revistas *Amiga* e *Playboy*:

AMIGA: O disco anterior vendeu dois milhões e oitocentas mil cópias. Como comprovar isso?

LEANDRO: Não tem jeito, pelo menos não da nossa parte. Não sabemos o que é prensado. Se fosse uma coisa numerada, sim. Não acredito que tenha vendido menos do que isso, mas também não falarei que vendeu mais. Fica na consciência da gravadora. Se não for o certo, um dia brigaremos.[37]

PLAYBOY: Quanto vocês pagam ao compositor para cantar uma música dele?

LEANDRO: Varia de acordo com uma estimativa que se faz de acordo com a porcentagem de venda do disco. Mas quem paga não somos nós, é uma editora que se acerta depois com a gravadora.

Playboy: E eles pagam direito?

Leandro: Você sabe como é o Brasil. Estes compositores recebem segundo uma expectativa de vendas que é feita de acordo com o disco passado. Até porque no meio artístico tem sempre alguém querendo levar vantagem. E estimativa é uma maneira de levar vantagem. Oficialmente já vendemos [no total] sete milhões de discos, mas isso nem nós sabemos se é verdade. Os discos não são numerados.

Leonardo: Estamos na mão das gravadoras. O contrato que os artistas têm que cumprir é superleonino. Só favorece a elas. Quando você está começando tem que cumprir as regras que elas querem.

Playboy: Isso significa que vocês perderam um dinheirão com estes contratos?

Leandro: É verdade. No disco de "Entre tapas e beijos" nem sei se recebemos. Todo mundo toma dinheiro. Falaram para a gente que o disco vendeu um milhão de cópias. Pode apostar que vendeu pelo menos três vezes mais.

Leonardo: Isso sem falar de direito autoral, que não existe. Aí é que não tem mesmo controle.

Playboy: No direito autoral também funciona a tal da estimativa?

Leandro: Ela mesma. E o pior é que você não tem como se defender. O camarada diz que tocou tanto e paga o tanto que diz que tocou. Não tem como se defender. E não somos só nós que levamos o prejuízo. Se fosse em qualquer país do mundo, com um sucesso como "Entre tapas e beijos" não precisávamos trabalhar mais.[38]

O sucesso teve um preço para artistas, produtores e empresários. Vários deles passaram a trabalhar intensamente, sem descanso. O produtor César Augusto, que depois da gravação de "Pense em mim" se tornou referência no mundo sertanejo, tinha quatro salas de gravação em seu estúdio Mosh em São Paulo, onde produzia quatro artistas de forma simultânea. Com o sucesso, César passou a produzir artistas de outros gêneros, como Fafá de Belém, José Augusto, Benito di Paula, Joanna, Fábio Jr. Ele chegou a produzir 38 discos em um ano. "As pessoas me queriam e eu queria também aquilo. Não era só o dinheiro não, eu tava ganhando um mercado, você sabe como é difícil isso...", disse César Augusto. "Eu dormia quatro ou cinco horas por dia. [...] Eu cheguei a produzir Leandro & Leonardo, Zezé Di Camargo & Luciano e Bruno & Marrone ao mesmo tempo." Um fato fez César Augusto mudar. Certa vez ele voltava para casa e dormiu ao volante depois de um dia produzindo discos em seu estúdio. Resolveu então que tinha de fazer as coisas de outra forma. Contratou um motorista e pisou no freio do trabalho como produtor.[39]

Apesar de Leonardo dizer que os contratos eram "leoninos", o dinheiro que chegava aos artistas não era pouco. O próprio César Augusto, que também era compositor de inúmeros hits, diz que era recompensado financeiramente: "Eu trabalhava com três artistas que vendiam de um milhão para cima e vários intermediários, que vendiam de quatrocentos a seiscentos mil. Além dos direitos autorais, eu ganhava um percentual de 3% sobre a venda dos discos, um cachê fixo que a gravadora me dava por produzir. Teve disco que eu cheguei a ganhar hoje R$ 700 mil. Uma coisa absurda! Eu cheguei a fazer contrato de exclusividade com editora por US$ 2 milhões."[40]

Além de beneficiar artistas e produtores, o auge do sertanejo trouxe bem-estar aos compositores. O autor de "Pense em mim", Mario Soares, mesmo dividindo os direitos autorais com outros dois compositores, mudou de vida: "Consegui comprar uma casa para mim, outra para minha mãe e outras para os meus irmãos. Todo mundo ganhou sua própria casa." A dupla também enriqueceu, como relatou em entrevista à *Playboy*:

PLAYBOY: Qual foi a primeira coisa que vocês compraram quando começaram a ganhar muito dinheiro?

LEANDRO: Compramos uma casa para nosso pai morar. Ele morava de aluguel.

PLAYBOY: E para vocês?

LEONARDO: Dois santanas [carro da Volkswagen]. A gente queria ter um carrão. E dois sítios, Talismã I e o Talismã II. Compramos os sítios com um pouco do sucesso de "Entre tapas e beijos" e de "Pense em mim".

PLAYBOY: Vocês continuam com os santanas?

LEONARDO: Hoje tenho uma picape e uma Mitsubishi.

LEANDRO: E eu uma picape.

LEONARDO: E ele tem também uma Mercedes. Até saiu nas revistas.

LEANDRO: Não... a Mercedes eu já vendi.

"Entre tapas e beijos" e "Pense em mim" chegaram aos cantores de forma casual. Sorte parecida teve a balada "Paz na cama", outra canção que fez muito sucesso no ano seguinte: "E se de dia a gente briga/ à noite a gente se ama/ É que nossas diferenças se acabam no quarto em cima da cama." O autor dessa canção era o compositor e radialista Edson Mello, que mirou em "Entre tapas e beijos" como referência: "Eu sempre escutei músicas que tinham a palavra cama... até 'Entre tapas e beijos' tem... Mas a cama nunca era 'o' tema! Eu resolvi fazer como tema. Eu criei a música, mas eu tive uma dificuldade muito grande de fazer um refrão, que demorei uns dois ou três meses para compor. Eu tinha vários refrões e nenhum encaixava."[41] Edson Mello se considera "intuitivo", pois compõe sem qualquer instrumento. O refrão de "Paz na cama" surgiu num ponto de ônibus em Bangu, Rio de Janeiro, onde Edson morava na época. Sem papel para escrever a ideia, ele anotou a letra num maço de cigarros. Voltou para casa e gravou a canção.

Por ser radialista, Edson tinha contato frequente com artistas. Ele já trabalhara na Rádio Globo do Rio, onde fora produtor. Num desses encontros, mostrou a canção para Leandro & Leonardo e o novo empresário da dupla, o gaúcho Franco Scornavacca, que responderam negativamente: "Eles me falaram: 'Faz uma moda melhor... Essa música é boa, mas não tem muito a ver com o nosso estilo.' Falaram muito educadamente. Mas eu voltei derrotado para o Rio de Janeiro porque tinha o sonho de gravar com eles, que estavam estourados com 'Entre tapas e beijos' na época", lembra-se Edson.

Através de contatos das rádios, Edson Mello conheceu a dupla Rhael & Romário, que gravava o primeiro disco, e cedeu a canção a eles. A dupla goiana que começava a carreira chamou o mesmo maestro de Amado Batista, o paulista Otavio Basso, que também fizera os arranjos de muitos dos sucessos iniciais de Leandro & Leonardo, inclusive "Entre tapas e beijos" e "Pense em mim". Embora Edson Mello tenha composto a música sozinho, ele aceitou que Rhael, que também era compositor, assinasse a coautoria da canção, prática bastante comum no meio sertanejo como forma de retribuir a graça de conseguir que a música fosse gravada. Assim, a partir de então, a canção veio assinada com ambos os nomes, embora apenas Edson Mello seja o compositor. O disco de Rhael & Romário foi lançado na primeira metade de 1991 por uma gravadora pequena, a Rede Independente, sem o poder de fogo de uma multinacional.

A gravação de "Paz na cama" começou a tocar no Rio de Janeiro na Rádio Manchete AM, onde Mello tinha dois amigos radialistas,

Paulo Bob e Jorge Baccarin. "A gente fez uma campanha muito boa no Rio de Janeiro, na Manchete AM, 105 FM, na Tupi também", lembra-se Edson Mello em entrevista exclusiva para este livro. Homem de rádio, o compositor de "Paz na cama" não nega a existência do jabá, mas diminui sua importância no meio sertanejo: "Olha, o sertanejo é o [gênero] que menos faz isso... E vou te dizer por quê. O sertanejo tem o Brasil inteiro... Já o samba, por exemplo, é regionalizado. O axé é regionalizado. Por aí afora é tudo sertanejo, o Brasil é um país sertanejo. Então não tem como... Até porque as rádios do interior, que tocam incansavelmente as músicas sertanejas, são inalcançáveis. Não tem como chegar lá, é impossível chegar a todas as pequenas rádios do Brasil. No interior não tem jabá, não! Você tem mais de seis mil municípios, umas vinte mil rádios locais... A maioria hoje é FM, então é rádio local. Então não tem como... É o *grande* Brasil, né!"

Não obstante a dificuldade da autopromoção, Edson Mello recorda que foram distribuídas por correio seis mil cópias do LP da dupla Rhael & Romário. A canção já era conhecida regionalmente quando Leandro & Leonardo resolveram gravá-la também. "Paz na cama" entrou como última canção do lado B, também com arranjos do "maestro de Amado Batista", Otavio Basso.

Logo depois a canção já tinha clipe no *Fantástico*, no qual os irmãos cantavam em plena cidade de São Paulo. Em meio a prédios altos, lugares públicos conhecidos, cenas de trânsito e referências à modernidade, Leandro empunhava uma guitarra branca. A dupla aparecia bem-vestida. Não havia nenhuma referência ao mundo rural.

O caso de "Paz na cama" é exemplar em vários sentidos e serve para pensar os grandes sucessos comerciais da música sertaneja. Como os sucessos anteriores, nem todos perceberam seu potencial. E, mesmo atrasados, os cantores conseguiram obter muito lucro, assim como seus criadores. Através da comercialização musical, muitos artistas do meio sertanejo realizaram seus sonhos de consumo. Edson Mello comprou uma casa e um Escort XR3.

Considerado um carro esporte na época, esse veículo da Ford era o sonho de consumo de vários artistas. O compositor Antonio Luiz comprou um assim que recebeu um adiantamento pela composição "Rédeas do possante", incluída no primeiro disco de Zezé Di Camargo & Luciano.[42] A música sequer tocou no rádio, mas o disco vendeu muito por causa do sucesso "É o amor". O próprio Zezé tinha como sonho um Escort XR3. Quando começou a ganhar dinheiro como compositor, em fins da década de 1980, foi comprar o seu: "Fui até uma loja de carros seminovos e vi um Escort L azulzinho. Sonhava em ter um XR3, um modelo mais incrementado, mas o dinheiro não dava. Comprei um bem mais simples, fui em outra loja e comprei o kit do XR3 — o aerofólio, os faróis de milha etc. — e montei um Escort XR3 falsificado, que apelidei de Denorex."[43]

Chrystian, da dupla com Ralf, pôde dar ao seu filho e a si próprio a infância que nunca teve: "Eu dei um autorama para o meu filho, mas sou eu quem adora brincar. Porque eu não tive infância. Eu fui o mais jovem vocalista do país, com nove anos eu já estava trabalhando. Com doze anos eu já fazia vocal para dezesseis gravadoras, selos e tudo... Eu já fazia vocal para o Roberto Carlos, Fábio Jr., e a criançada perde a infância."[44]

Carros da moda, casas e luxos pessoais: esses eram os principais bens adquiridos pelos sertanejos. Mas alguns poucos preferiram a segurança, como a compositora Fátima Leão: "Quando eu gravei minha primeira canção sertaneja, eu comprei um apartamento!"[45] O compositor Elias Muniz comprou uma cobertura no Brooklin em 1992, onde mora até hoje.[46]

Compor uma canção que tocava em todo o país era sorte para toda a vida. O compositor Edson Mello disse em entrevista para este livro que "Paz na cama" é, até hoje, sua "vaca leiteira". Embora Mello tenha canções gravadas por Paulo Diniz, Evaldo Braga, Genival Lacerda, Jackson do Pandeiro, Luiz Ayrão, Sergio Mallandro e Gaviões do Forró, foi com Leandro & Leonardo que ele tirou a sorte grande. "Paz na cama" foi gravada em mais de vinte países e rende mais do que todas as suas outras canções juntas. Há no Brasil pelo menos 26 regravações, além de três em Portugal. Há também duas versões em espanhol: "Paz en la cama" (com dezesseis gravações) e "Paz en este amor" (com cinquenta gravações). "Eu continuo compondo, e minhas músicas são gravadas, o sucesso é que não tem vindo. Hoje eu me preocupo mais em cuidar de 'Paz na cama'... Essa música é uma vaca leiteira. Toda vez que eu mando uma música para uma dupla eles pedem e regravam 'Paz na cama'. Conseguir sucesso é mais difícil que acertar na loteria. Eu ganho mais dinheiro com 'Paz na cama' hoje do que na época."[47]

Segundo o compositor, em 2010 ele pagou cerca de US$ 9 mil nos EUA apenas de imposto de renda, o que dá ideia da sorte grande que é ter uma canção tocada mundialmente. A versão em espanhol mais famosa é "Paz en este amor", cantada pelo mexicano Fidel Rueda. Em 2008 a versão concorreu a um prêmio da American Society of Composers, Authors and Publishers (Ascap) como canção "regional" mexicana.[48] A versão de Fidel Rueda é uma tradução da canção de Edson Mello, gravada com tubas, acordeão, trompa, caixa e sousafone.

Para a grande indústria americana e mexicana, a canção era ouvida com tempero do interior do México. Completa-se, de certa forma, um ciclo da música sertaneja, que de importadora de valores paraguaios e mexicanos entre as décadas de 1950 a 1970 tornou-se, na década de 1990, exportadora de reformulações desse gênero.

Outra versão bastante famosa de "Paz en este amor" foi a da cantora mexicana Ana Gabriel. Lançada em 1997 no disco *Con un mismo corazón*, a versão de Ana Gabriel foi gravada no estilo *rancheira*. A cantora veiculava-se à tradição *norteña* daquele país, romântica, melodramática e regional.[49] Gravada de forma "tradicional", com mariachis, *tololochos*, violinos e violões, a leitura de Ana Gabriel se deu pelo viés da tradição mexicana. Respaldado pela crítica daquele país, o CD *Con un mismo corazón* permaneceu 35 semanas no ranking da Billboard, alcançando o primeiro lugar como álbum "regional mexicano".[50] Dez anos mais tarde, em 2007, a versão de Fidel Rueda ficou 43 semanas no ranking da Billboard, atingindo o quarto lugar na lista de canções regionais mexicanas mais tocadas.[51]

A composição de Edson Mello conseguiu portanto concretizar algo raro na música brasileira: apropriar-se de um gênero "importado", reconstruí-lo e enviá-lo de novo aos países de onde foi trazido, conquistando sucesso e legitimidade local. Antes da música sertaneja, a bossa nova também havia conseguido tal façanha, ao importar o jazz e fazer uma releitura que agradou até aos ouvidos americanos.

Para além da exportação de versões em espanhol, os próprios artistas sertanejos tiveram carreira no exterior. Chitãozinho e Xororó gravaram como José y Durval para o mercado latino. Leandro & Leonardo e Zezé Di Camargo & Luciano também fizeram versões e gravaram discos em espanhol.

Além de "Paz na cama", três canções do LP de 1991 de Leandro & Leonardo também tocaram muito. "Sonho por sonho", de Chico Roque e Carlos Colla, mantinha a levada romântica: "Eu não tenho tempo a perder/ Com a solidão/ Na hora em que você me quiser/ Eu vou/ Beijo por beijo/ Sonho por sonho/ Carinho por amor/ Paixão por paixão..." Outro grande sucesso da dupla foi "Não aprendi a dizer adeus", de Joel Marques: "Não tenho nada pra dizer/ Só o silêncio vai falar por mim/ Eu sei guardar a minha dor/ Apesar de tanto amor vai ser melhor assim/ Não aprendi a dizer adeus/ Mas tenho que aceitar/ Que amores vêm e vão/ São aves de verão/ Se tens que me deixar/ Que seja então feliz..." Outra canção que tocou bastante nas rádios e programas de TV foi "Não olhe assim", do produtor César Augusto e o parceiro César Rossini: "Não olhe assim, não/ Você é linda demais/ Tem tudo aquilo que um homem procura/ Em uma mulher..." Todas baladas com forte teor romântico que cantavam a solidão e/ou a separação. O alto investimento da gravadora gerou dividendos. O terceiro disco de Leandro & Leonardo pela Chantecler foi o segundo mais vendido de sua carreira, com cerca de 2,2 milhões de cópias. Embora tenha vendido menos do que o segundo disco, esse LP consolidou a carreira dos irmãos como a segunda dupla mais conhecida do Brasil depois de Chitãozinho & Xororó. Para entronizá-los no seio da indústria cultural, entre abril e dezembro de 1992 eles tiveram um programa mensal na TV Globo. Era o auge deles, que reclamavam do excesso de atividades em entrevista à revista *Playboy*:

PLAYBOY: Nada vai mudar na fórmula Leandro & Leonardo?

LEANDRO: Vai mudar, sim. No ano que vem vamos modificar o ritmo da nossa pauta de trabalho, que é muito cansativo. Atualmente nós estamos trabalhando dia e noite. Mal temos tempo de comer ou dormir. É uma rotina muito difícil. Não temos sábado, domingo ou feriado. Nada. E agora com o programa não temos mais folga. Nossa vida social não existe, é só trabalho.

PLAYBOY: Isso não acaba virando um foco de problemas e irritações que podem prejudicar vocês próprios?

LEANDRO: A resposta é sim. Mas o problema é que, se deixar, os nossos empresários vendem dois shows por dia. Eles não pensam no futuro, pensam no presente. Não podem esperar. É como a galinha dos ovos de ouro que eles querem matar para tirar os ovos dela em vez de esperar um por dia. É isso que nosso empresário Silvio Alves faz. Ele quer encher o bolso dele de dinheiro à nossa custa. Mas isso no ano que vem vai acabar. Em vez de vinte shows por mês, vamos fazer dez. E vamos fazer uma nova negociação no programa. Você não pode fazer uma coisa que dá certo num ano da mesma forma no período seguinte.[52]

O trabalho intenso da dupla respondia também aos desejos da indústria do disco, sedentas de lucro. No entanto, o sucesso espantoso de Leandro & Leonardo não impediu que a gravadora Chantecler fosse então incorporada à multinacional Warner. Era um fenômeno mundial que se acentuava à medida que a indústria fonográfica começava a se recuperar do baque da década anterior. As gravadoras se fundiam formando oligopólios em que cada vez menos havia espaço para os pequenos. Os sertanejos foram fundamentais nesse rearranjo da indústria, e o trabalho excessivo do qual reclamava a dupla é irmã desse processo de intensa mercantilização da música.

Copacabana...

No quadro das gravadoras sertanejas, a Copacabana ficou em situação até pior do que a Continental-Chantecler. Com a saída de Chitãozinho & Xororó em 1989 para a Polygram, a Copacabana começou a sentir cada vez mais a crise que a indústria fonográfica vivia na virada da década. A dupla paranaense era sinônimo de venda de cerca de um milhão de cópias anuais desde o sucesso de "Fio de cabelo" em 1982. Em 1990 João Mineiro & Marciano também abandonaram a Copacabana e foram para a Polygram, seguindo os passos de Chitãozinho & Xororó. Em 1991 havia uma dupla em ascensão, que parecia ser capaz de alcançar o topo das vendas: era Alan & Aladim. Mas Aladim morreu tragicamente no ano seguinte, deixando na mão a gravadora e o empresário da dupla, Romildo Pereira.

Assim, desde 1990 a Copacabana buscava substitutos para Chitãozinho & Xororó. Foi nesse momento que o cantor e compositor Zezé Di Camargo resolveu voltar ao mercado de duplas com seu irmão Welson David de Camargo, que adotou o nome artístico de Luciano aos dezessete anos.

A carreira solo de Zezé era empresariada por Romildo Pereira, que tentou colocá-lo na Copacabana depois que a 3M faliu sem conseguir fazer dele um cantor de sucesso nacional. Em entrevista para este livro, o empresário relatou que houve muita resistência na Copacabana para a contratação da nova dupla, que foi chamada de "Chitãozinho & Xororó estragados".[53] Como Romildo também tinha Alan & Aladim, com um sucesso relativamente já consolidado, pressionou a Copacabana para que aceitasse Zezé Di Camargo & Luciano.

Além de Zezé e seu irmão, a Copacabana apostava em vários outros artistas para tentar repetir o sucesso de Chitãozinho & Xororó e Leandro & Leonardo.

A primeira tentativa sem sucesso da Copacabana foi reproduzir sistematicamente a dupla perdida. Para isso contratou Guto & Halley, que tinham timbres muitíssimo parecidos com os de Chitãozinho & Xororó. O esforço de reproduzir industrialmente timbres vocais não deu bons resultados. Guto & Halley só lançariam aquele disco, que, apesar de bem gravado e com compositores em ascensão no meio sertanejo, não teve qualquer repercussão, e a carreira da dupla não prosseguiu.

Se, num primeiro momento, a Copacabana de certa forma resistiu ao novo sertanejo, no início dos anos 1990 teve de atirar para todos os lados para repetir uma fórmula que lhe escapara das mãos. Trouxe então compositores e cantores afinados ao gênero. A compositora Fátima Leão gravou seu segundo LP em 1990 pela gravadora. O cantor romântico Gilberto Barros, que anos mais tarde se tornaria famoso como o apresentador Leão, comandante de programas populares na TV aberta, aproximou-se de compositores sertanejos e também conseguiu gravar seu primeiro LP na Copacabana. O piracicabano Gilberto Barros contou com a participação de Sérgio Reis e As Marcianas em faixas do seu disco. Além desses, a Copacabana abriu espaço para que Darci Rossi, um dos compositores de "Fio de cabelo", gravasse um LP em 1990, depois de um jejum de cinco anos.

Mas seriam Zezé Di Camargo & Luciano aqueles que conseguiriam de fato um sucesso instantâneo. Sobretudo por causa de uma canção: "É o amor": "É o amor/ Que mexe com minha cabeça/ E me deixa assim/ Que faz eu pensar em você/ e esquecer de mim/ Que faz eu esquecer/ Que a vida é feita pra viver."

O LP da dupla foi lançado em 19 de abril de 1991, e o primeiro show aconteceu em 9 de junho, em Araguaína, Tocantins. Em menos de seis meses já haviam vendido 750 mil cópias e em menos de um ano, 1 milhão. Essa marca seria mantida pela dupla até o 15º disco da carreira.

"É o amor" foi a porta de entrada de Zezé Di Camargo & Luciano para uma carreira extremamente lucrativa e bem-sucedida. A média de shows da dupla depois do estouro da canção era de vinte por mês.[54] No fim do ano, foram convidados a participar do especial de Roberto Carlos, ao lado de Leandro & Leonardo. Ainda em 1991, conseguiram um especial de fim de ano na TV Globo, que foi ao ar em 29 de dezembro, um sábado, às 16h, no qual receberam amigos como Fafá de Belém, Roberta Miranda, Jean & Marcos e os pais da tradição, Tonico & Tinoco. O especial foi filmado na casa de *shows* Imperator, no Méier, subúrbio do Rio de Janeiro.

O sucesso de Zezé & Luciano foi muito combatido nos jornais. O crítico Mauro Ferreira comentou em *O Globo* de 1991 que achava os irmãos os piores de sua geração: "O sucesso pioneiro da dupla Chitãozinho & Xororó no mercado do Rio, há dois anos, acabou custando caro para os ouvidos cariocas [...]. Os discos de Chitãozinho & Xororó sobressaem nessa insossa geleia geral porque os irmãos paranaenses são talentosos. Mas o fato de eles terem perdido a coroa para os carismáticos Leandro & Leonardo indica que talento já conta pouco. A prova é que até Zezé Di Camargo & Luciano são sucesso no Rio. Saudades da tristeza tão autêntica do 'Jeca'..." [55]

A música sertaneja conseguia sair do sertão e criar novos públicos. Isso acabou fortalecendo a oligopolização crescente da indústria fonográfica no Brasil: as fabricantes multinacionais incorporaram as fábricas nacionais, que sempre gravaram sertanejo. E a Copacabana de Zezé Di Camargo & Luciano foi incorporada pela Sony Music em 1993.

Em vez de o mercado ser "apenas" formatador de carreiras artísticas, o que se vê em relação à música sertaneja é que a metamorfose do gosto médio operada ao longo dos anos por esse gênero tornou possível a mudança mercadológica. Num processo dialógico, em que se complementam e se perfazem, música sertaneja e mercado pareciam falar uma língua muito análoga e proporcionar, pouco a pouco, a legitimação e institucionalização do gênero. Não sem atritos, obviamente.

Para além da indústria cultural

Muitos achavam que nos anos 1990 a música brasileira vivia um período de deterioração. O ministro da Cultura de Fernando Henrique Cardoso, Francisco Weffort, endossando esse posicionamento, disse em 1998: "O problema não é existir uma música de qualidade ruim, mas ela alcançar uma quantidade incomensuravelmente maior do que no passado."[56]

Críticos do mercado musical culpavam a indústria fonográfica. Quase sempre se enfatizam a manipulação e a alienação dos artistas, o controle dos grandes conglomerados e a subordinação da arte ao mercado. A história que se conta aqui está para além disso, embora não ignore de todo o caráter no mínimo problemático de tamanha investida mercadológica. As mudanças na indústria fonográfica não tiveram consequências apenas deletérias para a arte, como frequentemente é apontado.

É importante perceber que a reformulação da indústria fonográfica abriu espaço para tradições culturais que antes eram simplesmente ignoradas ou relegadas à marca de "regionalismo", com pouco ou nenhum contato com o restante do país. Ao fazê-lo, a indústria conseguiu se restabelecer, é verdade, mas não sem dialogar com estruturas já existentes na sociedade, e não simplesmente "inventando" novos gêneros e artistas, embora isso também tenha acontecido.

A necessidade de se transformar abriu os olhos da indústria fonográfica multinacional para tradições do cenário cultural brasileiro até então subvalorizadas. A incorporação da música sertaneja foi um exemplo disso. De forma análoga, pode-se pensar a industrialização do axé e do pagode nos anos 1990. Todos eles eram formas culturais locais que se nacionalizaram nessa década. A entrada desses gêneros na indústria cultural catalisou uma reformulação que já vinha sendo gestada localmente. Talvez por isso o ministro da Cultura Francisco Weffort (1995-2002), ao ser pedida uma definição de cultura durante seu mandato, disse: "Seria algo como cultura para o povão."[57]

Ao acusar a música sertaneja, o axé e o pagode de serem "puramente" comerciais, demonstra-se pouca intimidade com esses gêneros e seus artistas e público e pouco interesse em tentar compreender as circunstâncias da gênese desses movimentos. Grande parte da bibliografia, acadêmica inclusive, parece pouco interessada em entender os valores e problemas com os quais esses artistas de fato lidavam.[58] Seus dilemas não se reduzem simplesmente às vontades industriais.

A indústria cultural tentou fazer pressão em direção a seus próprios interesses mercadológicos. Não se trata de negar as vontades mercadológicas da indústria do disco, mas de ver que, longe de ser um sistema unívoco e com intenções centralizadas, havia diversas disputas envolvendo diferentes grupos do campo cultural. Havia também tradições musicais em consolidação que tinham autonomia relativa perante o mercado, com o qual ele dialogava e se atritava. Embora desigual, esse diálogo existia.

A análise das relações dos gêneros musicais populares com a indústria cultural é essencial para se entender o paradoxo que a indústria fonográfica criou para si mesma. Nos anos 1990, as grandes empresas do ramo tornaram-se distribuidoras, muito mais do que gravadoras de fato. O barateamento e a digitalização da música e a mudança para o suporte CD descentralizaram a produção cultural. As grandes gravadoras passaram a distribuir produtos locais. O caso do axé é exemplar: todos os grupos de axé dos anos 1990 gravavam na Bahia e eram distribuídos pelas gravadoras multinacionais.[59] A chamada "gravadora" simplesmente distribuía o disco.

Isso permitiu a reconstrução da indústria fonográfica, que voltou a lucrar muito, bem como a ascensão dos gêneros populares dos anos 1990.

No entanto, o mesmo remédio que salvou a indústria fonográfica a matou. A pirataria passou a fazer o que a indústria fonográfica fazia de forma muito mais eficaz e, sobretudo, barata: a distribuição. A morte da indústria fonográfica não foi, contudo, a da música sertaneja. Justamente por anteceder a indústria, a música sertaneja perdurou.

Veremos então que conjunção foi essa que tornou possível o elo mercado--música sertaneja nos anos 1990, capaz de salvar momentaneamente a indústria fonográfica de sua crise iminente e consolidar uma identidade rural massificada. Ao mesmo tempo, veremos como o sertanejo não foi pura e simplesmente uma criatura da indústria cultural, embora dialogasse intensamente com esta. Essas são as histórias que serão contadas a seguir.

Agrobusiness e a moda country no sertão

Uma das principais acusações que sofriam os sertanejos é a de que eles seriam simplesmente reflexo do agronegócio no campo brasileiro, sobretudo do plantio da soja. A política de transformar o campo brasileiro em uma empresa lucrativa e atualizada com as cotações mundiais começou de fato com a ditadura militar. Na década de 1980 a agricultura industrial, o agrobusiness, como passou a ser chamado, era decisiva para a manutenção de uma balança comercial minimamente equilibrada para o Brasil.

Em 1991 o jornal *Folha de S.Paulo* organizou uma matéria para entender quem eram, o que faziam e quais os hábitos daqueles que frequentavam leilões agrários no Brasil do agronegócio. A matéria denunciava que os novos-ricos do campo gostavam do sertanejo: "Pesquisa desvenda preferências e hábitos do frequentador de leilões: Ele tem terras em SP, viaja de picape, come carne, bebe uísque e curte Chitãozinho & Xororó." Ainda segundo a reportagem, esses novos-ricos seriam também politicamente conservadores e simpáticos a candidatos herdeiros da ditadura: "Se houvesse hoje uma eleição para presidente da República, o vencedor seria Paulo Maluf. E 64% são a favor da adoção da pena de morte no Brasil", disse a *Folha*.[60]

Em 1992 o empresário Olacyr de Moraes, conhecido na época como o Rei da soja, foi pela primeira vez a um show de Chitãozinho & Xororó na capital paulista. Ele se dizia fã de música sertaneja: "Em São Paulo foi o primeiro, mas no interior já fui a muitos", disse Olacyr, cuja namorada, Eliana Righi, era fã assumida da dupla.[61]

A trajetória de Olacyr de Moraes ilustra bem as implicações do agronegócio com a música sertaneja. Moraes surgiu como produtor de soja após uma cheia do rio Mississippi, nos EUA, que prejudicou a produção estadunidense no ano de 1973, levando o cultivo do grão para a região do cerrado de Mato Grosso. O fazendeiro foi pioneiro na época. Na fazenda Itamaraty, ele passou a financiar a pesquisa genética e o desenvolvimento de diversos cultivos adaptados às condições peculiares do Brasil. Moraes também era dono do banco Itamaraty (mais tarde vendido ao BCN) e da construtora Constran nos anos 1990. O Rei da soja foi o mais jovem brasileiro a alcançar um patrimônio pessoal de US$ 1 bilhão. E o agrobusiness e a música sertaneja não eram os únicos setores em que ele se mostrava adepto da modernidade. Olacyr de Moraes foi também o financiador do primeiro e-mail gratuito do Brasil, o Zipmail, criado em 1996.[62] O empresário viria a falir no início do novo milênio devido às atividades acionárias arriscadas nas quais se envolveu.

Os críticos culturais viam a aproximação do agronegócio com repúdio, como escreveu o jornalista Fernando de Barros e Silva na *Folha de S.Paulo*, em 1991, na matéria intitulada "Onda neojeca expõe face retrógrada do país": "O neocaipirismo é antes a expressão cultural do conservadorismo vigente no país. Seus propagandistas são o *agroboy* e o peão dos rodeios. [...] A explosão da chamada 'Califórnia brasileira' nada tem a ver com uma suposta revalorização do jeca-tatu tradicional, hoje em vias de extinção."[63]

Embora seja inegável que o agronegócio foi definidor de uma nova reconfiguração da riqueza no Brasil, é problemático assumir a preponderância econômica como única vertente explicativa para a emergência de novos valores musicais.

Em entrevista à jornalista Marília Gabriela, Chitãozinho demarcou quando o agronegócio começou a de fato ser importante como financiador dos shows e rodeios sertanejos:

CHITÃOZINHO: O agronegócio ajudou a gente, mas foi só na década de 80, quando começaram a acontecer as exposições de gado.

MARÍLIA GABRIELA: Vamos falar honestamente. A música sertaneja deixou de ser música de gente pobre e passou a ser música de gente rica.

CHITÃOZINHO: É exatamente isso. Eu acho que ela ficou marcada como a música desse movimento rural do Brasil que deu e dá certo até hoje.[64]

A impressão de que a música sertaneja se explicava pura e simplesmente pelos ditames da indústria capitalista era alavancada ainda mais pelo fato de que na época o sertanejo se tornou uma moda bastante mercadológica.[65] Em 1990 Xororó afirmava: "Achamos que a moda country tem tudo para explodir este ano, junto com a música sertaneja."[66] A dupla ia além dos discos e lançava alguns produtos. Com a Davene, eles promoveram a marca de xampu Fio de Cabelo; com a produtora Globotec, acertavam a produção de um vídeo sobre a história da dupla.[67]

Além de produtos os mais diversos, o que mais dava renda aos sertanejos eram as roupas. O investimento dos sertanejos em grifes começou mesmo em fins da década de 1980. O faturamento mensal da etiqueta Chitãozinho & Xororó era de US$ 60 mil em 1990, e havia previsão de mais US$ 300 mil em novos investimentos.

Um dos primeiros a investir em roupas havia sido Sérgio Reis, cuja primeira loja fora aberta em 1989. Ele projetava abrir mais cem lojas entre 1990 e 1992 e faturar US$ 5 milhões. Os artistas ganhavam através do licenciamento de produtos de empresas com know-how na fabricação de roupas e acessórios. O chapéu de Sérgio Reis, por exemplo, vinha da Fábrica de Chapéus Vicente Cury Ltda., tradicional fabricante de Campinas. Sérgio Reis aparecia na novela *Pantanal* vestindo as roupas de sua própria grife.

Leandro & Leonardo preferiram deixar sua marca por conta da Spryder Indústria e Comércio e uma rede de dezenove lojas no país. Previam um lucro inicial de US$ 100 mil em 1990. A cantora Sula Miranda inaugurou sua primeira loja também em 1990, na qual vendia roupas country femininas cor-de-rosa, além de 160 itens entre cosméticos, roupas, acessórios, bijuterias e calçados, distribuídos por quarenta representantes regionais. O licenciamento de marcas rendia à cantora 7,5% sobre o preço das vendas, e ela estimava alcançar até US$ 2 milhões por mês até março de 1991. Suas lojas não poupavam no luxo: em julho de 1990 ela inaugurou a primeira loja no bairro dos Jardins, região chique de São Paulo.

O pioneirismo coube à atriz Lúcia Veríssimo, que em dezembro de 1988 investiu US$ 250 mil na sua loja e grife, a LV Western. Tudo começou quando ela participara de um evento no início do ano sobre a criação de cavalos da raça quarto de milha e se empolgou com as possibilidades do mercado em ascensão. A atriz montou duas lojas na cidade de São Paulo, uma nos Jardins e logo em seguida outra em Alphaville, bairros ricos da capital paulista. Lúcia Veríssimo chegou a ter 42 lojas espalhadas pelo Brasil, a maioria em sistema de franquia.

A atriz, filha de Severino Filho, cantor do conjunto Os Cariocas, tinha um gosto musical variado. "Sou filha de um músico extremamente criterioso e que desenvolveu em mim um refinado gosto musical. E a música sertaneja me pega pelo coração", disse Lúcia Veríssimo em entrevista para este livro. Na época a atriz era muito requisitada pelos autores globais e chegou até a posar nua na revista *Playboy*. "No final dos anos 1980 conheci Chitãozinho & Xororó, que me foram apresentados por Lima Duarte. Nos tornamos grandes amigos. Amigos mesmo, de frequentar casa, viajar juntos, conviver com a família, e me tornei fã deles. Era uma música sertaneja de qualidade. [...] Eles acabaram fazendo uma participação na novela que eu fazia, chamada *O salvador da pátria*, e foi um estouro", relatou Lúcia.[68]

A marca da atriz, a LV Western, vestia do cavalo ao cavaleiro (ou amazona), incluindo sua casa. Em 1996 Lúcia Veríssimo criou a marca Flor de Cactus, que trouxe do Oeste americano a moda casa. Eram mais de quinhentos produtos entre selas, botas, cintos, tapetes, sofás, camisas, camisetas, calças e casacos de couro, bonés, bacheiros, abajures, meias, cintos, fivelas, chapéus, freios, bridões, rédeas, joias (anéis, abotoaduras, brincos, relógios, broches, pingentes etc.), mantas, cobertores, lençóis, lenços, chaparreiras, gravatas, sapatos, ponteiras de botas, pratos, xícaras, canecas, jogos americanos, jeans, mesas (pequenas, médias e grandes), armários, camas etc. Segundo Lúcia Verísssimo, para além dos produtos, sua marca vendia um "estilo de vida".

Para alguns artistas, as vendas por meio de grifes e marcas pessoais suplantavam outros negócios. A comercialização da etiqueta de Sérgio Reis superou a lucratividade das outras empresas do cantor. Reis também era dono da transportadora Expresso Pantanal, da Sérgio Reis Produções, da fazenda São Judas Tadeu (com quinhentos bois da raça Nelore), do hotel-fazenda Pouso da Garça (MT) e de uma agência de turismo. Segundo o cantor disse na época, um mês de show ou trinta dias de trabalho da transportadora ou a venda de duzentos mil discos correspondiam a um faturamento de US$ 300 mil, o que não alcançava o lucro mensal das lojas.[69]

Apesar de auferirem ganhos com a moda sertaneja, os artistas frequentemente repudiavam o termo "moda", por supor que este apontava para um fenômeno de pouca duração, temporário, como disse o cantor Leonardo em 1991: "O sertanejo não é uma moda. Sempre existiu, e, no passado, duplas como a de Alvarenga & Ranchinho já faziam sucesso. O sertanejo é um gênero musical que sempre vendeu bem. Só agora chegou à cidade grande."[70]

Chitãozinho & Xororó também se defendiam: "Isso não é modismo. Nosso primeiro disco, de 1970, nunca saiu de catálogo", dizia Xororó em 1989. Dez anos depois do início das vendas da moda country, Zezé Di Camargo parecia mais à vontade em constatar o comercialismo de sua própria marca: "O nome Zezé Di Camargo & Luciano é hoje [em 1999] uma grife. Nosso disco já sai com 1,2 milhão de cópias antecipadas, sem ter uma música tocando, ou seja, vende pelo nome. Então a gente resolveu associar produtos a esta marca. A gente tem roupas, lingeries, botas, gel para cabelo, gel para banho, marca de café, bonecos da Estrela..."[71]

O sucesso da moda sertaneja só foi possível porque o público apreciador do gênero foi alargado. A moda, porém, não foi aceita por todos. Ao tomar as vitrines e as rádios dos grandes centros do Sudeste, houve vários tipos de resistência. A chegada a essa parte do Brasil teve um momento crucial: os shows em casas de espetáculo tradicionalmente ocupadas por artistas da MPB. Em São Paulo, as casas de show Olympia e Palace. No Rio de Janeiro, o Canecão.

Canecão, Palace, Olympia, MTV...

A ampliação de público e a aceitação da música sertaneja por parte da "alta" sociedade levaram os sertanejos a tocar em novos palcos. Os primeiros a romper a barreira dos palcos das elites tradicionais foram Chitãozinho & Xororó. De 29 de junho a 3 de julho de 1988 eles cantaram no Palace. Pela primeira vez a elite paulistana via um show da dupla num dos palcos principais da cidade. "Eles [o público rico] virão para ver uma coisa folclórica de que já ouviram falar, mas nunca assistiram", disse o diretor do Palace na época, Fernando Altério.[72] Antes a dupla já havia lotado os 2.200 lugares do Teatro Guaíra, em Curitiba, templo da música clássica e do balé no Paraná.[73]

Em 1989 foi a vez de outra casa de shows paulistana, o Olympia. Segundo a *Folha de S.Paulo,* a procura pelos ingressos foi tão grande que os irmãos paranaenses tiveram de fazer mais quatro shows, de quinta a domingo da semana seguinte. O jornal paulistano assinalou que o show não era para classes populares, e que a lotação máxima aconteceu "apesar dos preços altos, de 25 a 60 cruzeiros novos", o dinheiro da época. Para efeito de comparação: o ingresso mais barato para a ópera *Norma*, que havia estreado no Theatro Municipal de São Paulo, custava 10 cruzeiros novos, demarcou a *Folha de S.Paulo*.[74]

O sucesso nacional colocava a dupla até nos palcos mais arredios. Entre 13 e 17 de julho de 1992, Chitãozinho & Xororó se apresentaram no programa *Check in*, da MTV, das 19h30 às 20h. No programa diário de cinco episódios eles mostraram os clipes de que mais gostavam, nacionais e internacionais, e exibiram o clipe da canção "Página virada", do LP *Meninos do Brasil*.[75]

Em razão das conquistas graduais e crescentes, pode-se ter a impressão de que não houve resistência à chegada dos sertanejos aos palcos da elite. Pelo contrário.

Chitãozinho & Xororó chegaram ao palco do Canecão em maio de 1991 e, diante do sucesso retumbante, prometiam voltar em outubro. A manchete da *Folha de S.Paulo* lamentou a invasão de um dos templos da MPB com a manchete: "O caipirismo 'contamina' também o Rio."[76]

Não era a primeira vez que sertanejos cantavam em palcos cariocas importantes. Dois anos antes os sertanejos Milionário & José Rico, Matogrosso & Mathias, Leandro & Leonardo, Chico Rey & Paraná, Pena Branca & Xavantinho, Dalvan e Roberta Miranda cantaram para cinquenta mil pessoas em plena Praça da Apoteose, no Sambódromo. O jornal *O Globo*, assustado, noticiou: "Apoteose sertaneja invade o templo do carnaval carioca."[77] O simbolismo do Canecão era, no entanto, maior do que o da Praça da Apoteose.

O tom muito crítico de parte da imprensa do Sudeste foi o mesmo quando Leandro & Leonardo se apresentaram na tradicional cervejaria de Botafogo. A dupla apresentou-se no Canecão de 16 a 20 de outubro de 1991, causando rebuliço entre os críticos tradicionais.

O jornalista e escritor Ruy Castro, autor de livros sobre a bossa nova, foi perguntado sobre o que pensava acerca da invasão sertaneja, e respondeu: "Achava que isso não pegaria no Rio. Agora não tem mais jeito. Espero poder passar os anos que me restam sem ter que ouvir música brega. Pena. O Rio combina mais com samba." A reportagem concluía dizendo que Ruy Castro "esterilizava" seu CD *player* com "musicais da Broadway, bossa nova e jazz". Ele era acompanhado pelo crítico Jorge Guinle, autor do primeiro livro editado no Brasil sobre jazz, que disse: "Nunca vou contaminar meu toca-discos com essas coisas."[78]

O jornalista Tárik de Souza preferiu ignorar as origens da música sertaneja e os debates mais profundos acerca das teorias estéticas para simplesmente se limitar a acusar Leandro & Leonardo de marionetes da indústria cultural e lamentar a perda da distinção do palco "sagrado" do Canecão: "Show ruim. Nasce o mauricinho brega. Instala-se o sertanejo novo rico. A República de Canapi ostenta, orgulhosa, o seu talismã. Leandro & Leonardo têm o físico e o papel para tanto, com seus currículos de ex-tomateiros que subiram a jato na vida, transformando-se em *self made boys* de uma era em que a cultura não passa de uma fábrica de camisetas. O rolo compressor da unanimidade nacional — que já contemplou num passado remoto um certo Chico Buarque — confere-lhes catimbados quinze minutos de glória, embora o show do Canecão, que eles protagonizam, dure uma hora a mais, antes do bis compulsório. Mas não é fácil preencher todo esse tempo com um repertório tipo cobertor de pobre, que apela a Simon & Garfunkel ('The Sound of Silence' vira 'Por você que canto') e a Lupicínio Rodrigues (a toada "Felicidade"), a bordo de um instrumental de churrascaria, numa cervejaria que já recebeu acordes de Tom Jobim."

O que Tárik de Souza parecia odiar era o caráter "brega" da canção sertaneja. Para ele, as músicas de Leandro & Leonardo "relegam Roberto Carlos a samba exaltação". A crítica não parava por aí. Diante do sucesso sertanejo, lamentou saudosista o passado cafona do qual também foi crítico ao dizer: "Saudades do brega — ao menos engenhoso — de Odair José."[79] Para completar, Tárik escreveu: "A dúvida é se 'Pense em mim' fica melhor com a dupla ou na voz do ator Carlos Moreno no comercial do Pinho Bril, repetido três vezes nos telões."

O crítico fazia referência à propaganda da Bombril veiculada com a música da dupla durante a segunda metade do mês de agosto de 1991. O comercial apresentava o ator Carlos Moreno, tradicional garoto-propaganda da marca, cantando por três minutos a famosa canção, dizendo "pensar" no desinfetante Pinho Bril e "não ligar" para outras marcas. O comercial foi ao ar integralmente (com três minutos de duração) na programação do *Fantástico* (em 18 de agosto), na TV Globo, do *Sabadão Sertanejo* (17, 24 e 31 de agosto), do SBT, e da novela *A história de Ana Raio e Zé Trovão* (17, 24 e 31 de agosto), da TV Manchete, além do *Clube do Bolinha* (17 e 24 de agosto), da TV Bandeirantes.[80] Não havia por onde fugir. No palco, na TV ou no rádio: os sertanejos estavam em todo lugar!

O jornalista Hélio Muniz também foi duro e irônico em coluna de *O Globo* sobre o show de Leandro & Leonardo no Canecão: "Atenção: toda a população do Rio deve procurar os abrigos antiaéreos. A casa de espetáculos Canecão foi tomada por alienígenas. Eles gritam frases enlouquecidas sobre fios de cabelo e aviões da felicidade. Se locomovem em imensas caminhonetes importadas, já dominaram as lojas de disco e rádios da cidade. São as hordas sertanejas. Quando a invasão for consumada, todos os cariocas serão obrigados a torcer pelo Bragantino e a comer sanduíches com cebola. Os caipiras chegaram: o mar virou sertão, Neto [jogador de futebol famoso na época] virou craque e viola é arma de guerra. Haja ouvidos. [...] Não há saída. 'Pense em mim', de Leandro & Leonardo, toca de cinco em cinco minutos em todas as rádios populares, fazendo dupla com 'Evidências', de Chitãozinho & Xororó. Tem gente pensando em vedar a casa ou emigrar para o Curdistão."[81]

O repórter do *Jornal do Brasil*, em matéria sobre o show de Leandro & Leonardo, percebeu um fenômeno interessante após a apresentação no Canecão. Apesar de buscar autógrafos da dupla, vários artistas, políticos e admiradores ainda não bancavam integralmente a condição de fãs da música sertaneja: "Passava das 23h30 da última quarta-feira quando, em Botafogo, Zona Sul do Rio de Janeiro, mais de duas mil pessoas cantavam de pé com as mãos para o alto uma música chamada 'Pense em mim'. Os goianos Leandro & Leonardo, intérpretes deste e de outros sucessos sertanejos, assistiam embevecidos do alto do palco do Canecão ao delírio da massa de fãs ilustres e anônimos. A estreia carioca de Leandro & Leonardo derrubou a ideia de que o Rio de Janeiro era uma das poucas cidades que ainda resistiam à nova ordem musical brasileira. Precedida por ataques maciços de lançamento de discos e execução musical nas rádios, a invasão de Leandro & Leonardo se consumou com esta temporada que a dupla faz no Canecão até domingo. Na estreia no Canecão, inúmeros cariocas famosos se misturaram com os fãs de primeira hora [...] 'Não é para mim, é para minha sobrinha' foi a frase mais ouvida no camarim, seguida de perto por 'é para a filha da minha empregada' e 'é para minha irmã'. Depois de cantarem e dançarem durante uma hora e dez minutos de show, colunáveis, artistas e agregados dissimulavam na hora de pedir um autógrafo. [...] 'Veio gente aqui atrás de mim que eu tive vontade de pedir autógrafo', contou Leonardo. [...] A dupla só conseguiu sair do camarim do Canecão às 3h da madrugada."[82]

Mais de vinte anos depois do ocorrido, Leonardo mensurou em sua autobiografia o significado daquela apresentação para sua carreira: "O

Brasil, aquele Brasil que anda de ônibus lotado, que come feijão com arroz, que não tem vergonha de sofrer por amor e que conta os trocados para ir a um show de Leandro & Leonardo, esse sempre esteve do nosso lado. Mas faltava o diabo do reconhecimento, e isso a gente teve lá no Canecão. Não dá para esquecer de nada, de nenhum detalhe daquilo tudo que aconteceu. Era um sonho."[83]

Mas nem todas as duplas chegaram aos palcos do Canecão durante o auge da música sertaneja. Zezé Di Camargo & Luciano, que já tinham tocado na casa Imperator, na Zona Norte da cidade, demoraram até 1994 para fazer seu primeiro show na cervejaria de Botafogo. Seja como for, a partir da abertura promovida por Chitãozinho & Xororó e Leandro & Leonardo, outras duplas gradualmente enfrentaram menos resistência para chegar aos palcos tradicionais de São Paulo e do Rio de Janeiro.

Sintomático da tomada do Rio de Janeiro pelos sertanejos, o especial de fim de ano de Leandro & Leonardo na Globo foi gravado no Canecão em 27 de dezembro de 1991. O programa teve participação de Sérgio Reis cantando "Menino da porteira" e na plateia alguns artistas que estiveram no primeiro show em outubro, entre eles Chico Anysio, a atriz Lady Francisco e a modelo Isadora Ribeiro.

A frequente participação dos sertanejos em especiais de televisão no início da década de 1990 torna necessárias algumas reflexões acerca de como esse ramo da indústria cultural se aproximou da música sertaneja. Até que ponto a moda sertaneja na virada da década era obra das TVs?

Sertão na televisão

A primeira rede de televisão a de fato incorporar a música sertaneja foi o SBT, em meados da década de 1980.

Em 1986, diante do sucesso de "Majestade, o sabiá", com Jair Rodrigues, a dupla paranaense ganhou o programa *Chitãozinho & Xororó especial*. O programa dominical de meia hora ia ao ar às 12h30, antes do *Programa Silvio Santos*. Para não atrapalhar as viagens para os shows, eles gravavam quatro programas num mesmo dia.[84]

Nesse curto programa, os irmãos cantavam suas próprias músicas e convidavam outros sertanejos, como o Trio Parada Dura, João Mineiro & Marciano, Valderi & Mizael, Teodoro & Sampaio, Leandro & Leonardo,

Gilberto & Gilmar, Alan & Aladim. O sucesso foi tanto que estimulou o SBT a patrocinar o disco *Sertanejo 86*, uma coletânea daquelas novas músicas que ganhavam o público nacional. O disco foi produzido em parceria com a gravadora nacional Copacabana.

Diante do sucesso da empreitada, mais dois discos foram lançados, *Sertanejo 88* e *Sertanejo 89*, ambos também coletâneas dos sucessos anuais. Como se tratava de uma compilação produzida pela Copacabana, ficaram de fora todos os artistas sertanejos da Chantecler-Continental. A ausência mais visível foi a de Leandro & Leonardo e Milionário & José Rico.

Em 1987, além do programa de Chitãozinho & Xororó, João Mineiro & Marciano e Milionário & José Rico ganharam horários na grade do SBT. Os programas foram importantes para a nacionalização do gênero, como frisou Xororó: "A gente já tinha muito nome no Sul, no centro do país, mas éramos pouco conhecidos no Norte e Nordeste. Com o programa no SBT em rede nacional, nosso trabalho, a música sertaneja como um todo, passou a ser mais massificado. Isso foi muito bom para nós e para a música sertaneja."[85]

Além desses programas havia ainda o *Musicamp*, também no SBT, comandado por Wagner Montes, Christina Rocha e Sonia Lima.[86] O *Musicamp* era um programa criado pela Chantecler-Continental em resposta à preferência inicial da rede de Silvio Santos pelos artistas da Copacabana. Nos dois discos lançados pelo *Musicamp*, que durou de 1987 a 1990, só havia artistas da Chantecler-Continental, entre eles Chrystian & Ralf, Milionário & José Rico, Matogrosso & Mathias, Duduca & Dalvan e Roberta Miranda.[87]

A TV Record acompanhou o vanguardismo do SBT. Em 1983 a Record criou o *Especial sertanejo*, apresentado por Marcelo Costa e, mais tarde, pelo cantor Donizetti. O programa, que durou até 2000, era um dos sucessos da emissora.

A onda rural na televisão começava a entrar na moda. O sertanejo passou a tocar nas FMs constantemente, e o mercado rural passava a ser explorado também na imprensa. Nos anos 1990 havia revistas como *Globo Rural*, *Manchete Rural* e *Guia Rural*, respectivamente das editoras Globo, Bloch e Abril. Até Mauricio de Sousa, autor dos tradicionais gibis da *Turma da Mônica*, entrou na onda e produziu várias edições de uma revista em quadrinhos protagonizada por Leandro & Leonardo. Tamanha quantidade de produtos acerca do interior fez o jornal *O Estado de S. Paulo* afirmar: "O sertão virou mar... de dinheiro."[88]

A TV Globo foi a cereja do bolo. Mas demorou muito para ser conquistada. Foi somente em 1989 que os sertanejos começaram a entrar na Globo, e mesmo assim aos poucos, tendo de dialogar com vozes internas pouco simpáticas aos novatos na emissora.

A primeira entrada dos sertanejos nas organizações Globo aconteceu em 1984, com o LP *Som Brasil*, trilha sonora do programa musical homônimo apresentado por Lima Duarte. Chrystian & Ralf foram os únicos a entrar no disco naquele ano. E só conseguiram espaço porque cantaram um clássico "caipira", a canção "Pagode em Brasília", de Teddy Vieira e Lourival Santos, originalmente gravada por Tião Carreiro & Pardinho em 1960.[89] Ao contrário das coletâneas do SBT, que tinham sucessos novos dos sertanejos modernos, a Globo preferia os caipiras. A escolha global era uma herança da militância de Rolando Boldrin nos corredores da emissora carioca.

Cinco anos mais tarde, em 1989, a Globo mostrou-se um pouco mais aberta ao sertanejo num novo LP do programa. Chitãozinho & Xororó entraram com "Fio de cabelo", que na época já tinha sete anos da primeira gravação. João Mineiro & Marciano participaram com "Esta noite como lembrança", que os próprios haviam gravado quase dez anos antes, em 1980. A emissora, embora mais aberta aos sertanejos, resistia como podia.

Esses fatos nos levam a questionar o papel da Rede Globo na construção da onda sertaneja no início dos anos 1990. A emissora carioca não chegou a ignorar o movimento. Chitãozinho & Xororó tiveram o primeiro especial de fim de ano na rede do Jardim Botânico em dezembro de 1990. Houve ainda outro programa em 1992, numa terça, 4 de agosto, intitulado *Chitãozinho & Xororó: Planeta azul*. Zezé Di Camargo & Luciano foram incorporados em 1991, no mesmo ano de estouro de "É o amor", num programa especial de fim de ano. Leandro & Leonardo foram os que mais intimidade tiveram ao lado da emissora de Roberto Marinho. Em 1991, apresentavam um especial de fim de ano e em 1992, um programa mensal que durou nove meses.[90]

Quase sempre quando se trata da relação dos sertanejos na Globo o senso comum recorda-se do programa *Amigos*. No entanto, este começou somente em 1995, quando a música sertaneja estava em relativo descenso popular e em busca de institucionalização, processo que será discutido mais adiante.

A participação dos sertanejos em programas de auditório e de fim de ano era relativamente esporádica se comparada às trilhas de novelas da Globo, que todos os dias levavam cerca de vinte músicas de cada uma delas para dentro da casa de milhões de pessoas. Como eram três novelas noturnas, havia uma média de sessenta músicas escolhidas pela emissora para invadir constantemente a sala dos telespectadores junto com as tramas açucaradas. Embora a emissora de Roberto Marinho não tenha ignorado de todo o movimento, em diversos momentos os diretores da programação da TV carioca optaram por colocar os grandes sucessos sertanejos à margem de seu produto mais refinado, as trilhas sonoras das novelas.

No rancho fundo: a Globo e os sertanejos

A TV de Roberto Marinho não viu com bons olhos a popularidade da música sertaneja e resistiu o quanto pôde para colocar o gênero especialmente nas novelas globais, o grande produto da emissora, vendida para vários países ao redor do planeta. Dos muitos entrevistados para este livro, a maioria disse que a Rede Globo sempre apoiara a música sertaneja e que havia sido fundamental para o sucesso do gênero. A primeira afirmação é uma meia verdade; a segunda, uma falácia.

Diante dos equívocos, é útil analisar a fundo o papel das trilhas sonoras da TV Globo. Durante o boom sertanejo da virada da década, entre 1987 e 1994, a Globo lançou apenas doze canções sertanejas nas trilhas sonoras de suas novelas. São elas:

1) "No rancho fundo", com Chitãozinho & Xororó, na novela *Tieta*, de 1989-1990;
2) "Luar do sertão", na voz de Roberta Miranda, em *Tieta*;
3) "Saudade", Chrystian & Ralf, em *Pacto de sangue*, de 1989;
4) "Nuvem de lágrimas", com Fafá de Belém e Chitãozinho & Xororó, em *Barriga de aluguel*, de 1990-1991;
5) "Amor clandestino", de João Mineiro & Marciano, em *Meu bem, meu mal*, de 1990-1991;
6) "Você ainda vai voltar", cantada por Leandro & Leonardo, em *Felicidade*, de 1991-1992;
7) "Cabecinha no ombro", com Fagner e Roberta Miranda, em *Pedra sobre pedra*, de 1992;
8) "Brincar de ser feliz", Chitãozinho & Xororó, em *Pedra sobre pedra*;

9) "Eu te amo (And I Love Her)", interpretada por Zezé Di Camargo & Luciano, em *Perigosas peruas*, 1992;
10) "Pensando em minha amada", por Chitãozinho & Xororó, em *Mulheres de areia*, de 1993;
11) "Não olhe assim", por Leandro & Leonardo, em *Deus nos acuda*, de 1993;
12) "Eu só penso em você (Always on my Mind)", cantada por Zezé Di Camargo & Luciano com participação especial de Willie Nelson, em *Fera ferida*, de 1993-1994.

À primeira vista, pode parecer que a música sertaneja tocava muito na Globo. No entanto há que se ressaltar algumas questões. Nessa lista há duas canções ("Eu só penso em você" e "Eu te amo") que não foram compostas por músicos brasileiros, e o processo de mediação pelo qual passaram foi diferente. É de se considerar que ambas, gravadas por Zezé Di Camargo & Luciano, conseguiram espaço nas novelas globais porque eram versões já conhecidas do repertório internacional. A original "And I Love Her", por exemplo, foi composta por John Lennon e Paul McCartney em 1965, e gravada por Zezé e seu irmão 26 anos mais tarde. Por sua vez, a original "Always on my Mind" era do repertório do cantor folk americano Willie Nelson.

A quarta canção, "Nuvem de lágrimas", um enorme sucesso simultâneo na voz de Fafá de Belém e Chitãozinho & Xororó, foi a porta de entrada para a música sertaneja por intermédio de um "figurão" da MPB. A dupla paranaense foi aceita na Globo pela primeira vez porque recebeu o aval abençoador de Fafá. É preciso ter em mente que a modernização do som levada a cabo por essa dupla desde meados da década de 1980 não a tornou aceitável para os diretores globais. Os olhares só começaram a mudar quando houve o aval de Fafá. Igualmente, Roberta Miranda dependeu da "mãozinha amiga" de Fagner em "Cabecinha no ombro".

A relativa incorporação de Chitãozinho & Xororó e Roberta Miranda diz muito sobre os projetos globais no início do boom sertanejo da virada da década. Além do aval de artistas conhecidos, os sertanejos precisaram regravar composições clássicas para serem aceitos com menos dificuldade. Catulo da Paixão Cearense escreveu "Luar do sertão" em 1914. O clássico "Cabecinha no ombro", lançado originalmente em 1957, é uma tradicional composição de Paulo Borges. Lamartine Babo e Ary Barroso eram os compositores de "No rancho fundo", cuja primeira gravação é de 1931. Todas elas bem anteriores ao auge da música sertaneja nos anos 1990, o que denota que os sertanejos tiveram de pisar no freio da modernização e se filiar a uma determinada "tradição" rural "louvável" de forma a se tornar mais palatáveis aos olhos da emissora.

É espantoso notar que Roberta Miranda não entrou na programação global através de alguma de suas inúmeras composições, mas por intermédio de compositores consagrados. Também Zezé Di Camargo, outro profícuo compositor do período, só conseguiu entrar na programação da rede carioca quando gravou versões de sucessos internacionais. Legitimados como "caipiras" ou "estrangeiros", o aceite de cantores sertanejos na Globo se deu mediante três pautas: a) o esquecimento de suas trajetórias estéticas modernizadoras dentro da música sertaneja; b) a associação ao tradicional som do campo; e c) o aval de um figurão da MPB. Considerando todas essas doze canções sertanejas lançadas em trilhas sonoras globais durante oito anos, é muito pouco se levarmos em conta a enxurrada de sucessos sertanejos na virada da década.[91] O sucesso das canções sertanejas aconteceu independentemente da vontade dos diretores da trilhas globais. Canções presentes no imaginário coletivo de largos setores populares foram "esquecidas" pela emissora. Clássicos do repertório de Chitãozinho & Xororó, como "Meu disfarce", "Foge de mim", "Nascemos pra cantar", "Evidências", "O rio", "Somos assim", "Meninos do Brasil", "Deixa" e "Tudo por amor", ficaram de fora. De Leandro & Leonardo a Globo não se importou com o sucesso popular de "Entre tapas e beijos", "Pense em mim", "Desculpe mas eu vou chorar", "Paz na cama" ou "Sonho por sonho". De Zezé Di Camargo & Luciano ficaram de fora "Cama de capim", "Coração em pedaços", "Saudade bandida", "Salva meu coração", "Você vai ver" e até o megasucesso "É o amor". Isso para ficar apenas nas duplas e canções mais conhecidas.

Durante o auge da música sertaneja, entre 1987 e 1994, a Globo produziu cerca de quarenta novelas, cada uma delas com trilhas nacional e internacional, e cada disco tinha de doze a quinze canções. Cerca de 480 músicas nacionais foram gravadas em oito anos. Apenas doze foram cantadas por sertanejos, sendo seis de fato originais. Como se viu nos capítulos anteriores, a Rede Globo foi uma tradicional apoiadora da música "caipira". A não incorporação dos hits nas trilhas da Globo era nada mais nada menos do que a continuação de uma política estética de privilégio dos caipiras diante dos sertanejos, que vinha desde a criação do programa *Som Brasil*, no início da década de 1980.

Há um fato curioso acerca da incorporação tardia de "É o amor" pela Globo: ela foi regravada duas vezes em trilhas da emissora, nunca pela dupla sertaneja. A primeira vez aconteceu em 1999, quando foi usada na trilha sonora da novela *Suave veneno*, oito anos depois da gravação original. Naquela oportunidade, Maria Bethânia regravou a canção com bastante repercussão.

A segunda vez aconteceu dezoito anos depois da gravação original, quando a emissora carioca resolveu incluí-la na trilha sonora de *Caras & bocas*, novela de 2009. Em vez da versão original de 1991, os produtores da trilha preferiram uma versão em hebraico. A versão era bastante singela e bonita, embora pouquíssimos na face da Terra sejam capazes de entender uma palavra sequer da canção, tema dos personagens Hannah e Benjamin, um casal de jovens judeus.[92]

Nos corredores da TV Globo imperava o padrão estético da MPB. Em oito anos de trilhas (1987-1994), a cantora Gal Costa teve onze participações, Caetano, dez, e Maria Bethânia, nove. O pianista César Camargo Mariano e o saxofonista Léo Gandelman tiveram mais canções (três cada um) do que a dupla Zezé Di Camargo & Luciano (duas apenas). A refinada cantora Ithamara Koorax, desconhecida do grande público, teve três oportunidades em novelas da Globo, mais do que Leandro & Leonardo (duas). Mesmo morta, Elis Regina teve mais participações (duas) que Chrystian & Ralf (uma). A desconhecida banda Homem de Bem teve mais participações (duas) que João Mineiro & Marciano (uma). Ivan Lins (seis), Milton Nascimento (cinco), João Bosco (oito) e até o então decadente Léo Jaime tinham individualmente mais canções (cinco) do que Chitãozinho & Xororó (quatro). Enquanto Zizi Possi compareceu quatro vezes nas trilhas, sertanejos de enorme sucesso popular como Rick & Renner, João Paulo & Daniel e Matogrosso & Mathias, Gian & Giovani ou o Trio Parada Dura sequer foram lembrados.

Mas se os sertanejos tocavam em programas de auditório da Globo e em especiais de fim de ano, por que não entravam nas trilhas de novelas? O que as trilhas tinham de tão especial?

O principal produto da empresa de Roberto Marinho são as novelas, exportadas para vários países. A partir de 1973 a emissora carioca começou a inventar aquilo que ficaria conhecido como "padrão Globo de qualidade", um requisito básico para toda a sua programação. "Dr. Roberto" não queria ser um mero "alienador das massas", como acusavam as esquerdas, mas tinha pretensões "educativas".

Para atingir tal padrão, os dirigentes globais começaram uma "limpeza". É dessa época a demissão de Chacrinha, visto pelos diretores como "popularesco demais". Em seu lugar, na grade da emissora, estreou o *Fantástico*, em 1973. O apresentador só voltaria à emissora uma década depois, mais limpo e contido, e transmitido nas tardes de domingo. O historiador Paulo Cesar de Araújo encontrou fenômeno semelhante em sua pesquisa sobre a música brega dos anos 1970.[93] As trilhas sonoras da emissora carioca, símbolo do "padrão Globo de qualidade", não aceitavam artistas como Odair José, Waldick Soriano, Nelson Ned, Paulo Sérgio e Agnaldo Timóteo em suas faixas. Em contrapartida, a emissora do Jardim Botânico, tradicional apologista do regime ditatorial, incorporava a MPB em suas trilhas. Esse paradoxo é ainda mais impressionante se levarmos em conta que a MPB construiu seu imaginário ao longo dos anos 1970 associando-se à *resistência* à ditadura.[94]

No campo musical, o "padrão Globo de qualidade" significou a incorporação da MPB às trilhas sonoras da rede em detrimento dos bregas. O padrão "educativo" de Roberto Marinho unia-se ao rigor estético da MPB. Como principais vitrines da emissora, não foi considerado de "bom-tom" pelos diretores globais expor um país "sujo", "exagerado", "simples", "banal" em suas novelas. A ausência de músicas bregas nas trilhas das novelas globais nos anos 1970 cumpriu um papel fundamental na construção da noção de "bom gosto" almejada pela televisão carioca. Foi desse mesmo diagnóstico que padeceu, em parte, a música sertaneja no início dos anos 1990. Nesse mesmo pacto estavam juntos os direitistas elitistas, que haviam apoiado o golpe e a ditadura, e as esquerdas que a ela se opuseram. Todos em nome de um suposto "bom gosto" compartilhado com a emissora de Roberto Marinho.

Em relação aos cafonas a emissora reviu seu posicionamento. Nos anos 1980 a Rede Globo foi menos fugidia aos bregas: de Agepê a José Augusto, de Wando a Gilliard, de Gretchen a Elymar Santos, todos eles encontraram abrigo nas trilhas da emissora.

Outros gêneros foram logo abençoados pelos diretores globais. O rock nacional encontrou abrigo na TV Globo desde os primeiros dias do movimento. A emissora prontamente incorporou o novo gênero bem no início da década de 1980, chancelando os roqueiros em sua programação. Muito atenta ao movimento que surgia, incluiu em suas trilhas os cinco primeiros artistas do rock nacional a despontar: Marina, Lulu Santos, Blitz, Barão

Vermelho, Ritchie e Gang 90.[95] No entanto, a emissora carioca raramente é lembrada como uma das forças que ajudaram a criar o rock nacional.

Se a Globo impulsionou o rock nacional, o mesmo não se pode dizer sobre a música sertaneja, cujo fortalecimento popular e mercadológico não passou, de forma decisiva, por trâmites legitimatórios das novelas globais. É importante frisar que estas eram importantes veículos para a popularização das canções em todo o território nacional em horário nobre, auxílio não contemplado aos sertanejos.

Chama a atenção o fato de que o processo de exclusão da música sertaneja das novelas nacionais não aconteceu somente na TV Globo. A TV Manchete produziu duas novelas de temática rural exatamente no período de auge da música sertaneja: em 1990 *Pantanal* fez muito sucesso mostrando uma parte do país até então pouco conhecida por muitos brasileiros. No ano seguinte foi a vez de *A história de Ana Raio e Zé Trovão*, outro grande sucesso da emissora de Adolpho Bloch.

Da primeira novela foram lançados três LPs com canções de Ivan Lins, Simone, Orlando Moraes, Sá & Guarabyra, João Bosco, Maria Bethânia, Caetano Veloso e outros artistas, todos ligados ao mundo urbano da MPB. O terceiro LP de *Pantanal* tocava canções instrumentais regidas e compostas pelo maestro Marcus Viana, que fizeram pano de fundo às belas imagens de paisagens pantaneiras que apareciam com frequência nas telas de todo o país. Os únicos músicos rurais a aparecer nas trilhas de *Pantanal* foram Sérgio Reis e Almir Sater. Ambos se viam (e eram vistos pela MPB) como músicos caipiras, "autênticos" representantes do campo brasileiro, opositores da música sertaneja. Era clara a associação produzida pela Manchete, que avalizava uma construção feita ao longo dos anos 1970/80 acerca do elo MPB-caipiras.

Na novela seguinte, *A história de Ana Raio e Zé Trovão*, a TV Manchete abriu espaço para uma única música de Chitãozinho & Xororó, "Cowboy do asfalto", um sucesso mediano da dupla. Foi a única exceção. Na trilha sonora da novela, composta por dois discos com 28 músicas nacionais, o sertanejo de Chitãozinho & Xororó ficou meio deslocado entre Chico Buarque, Lenine, Maria Bethânia, Almir Sater, Renato Borghetti, Marcus Viana e outros. A canção "Cowboy do asfalto", composta por Joel Marques, era usada nas cenas de rodeio e nas viagens pelas estradas do país, frequentes para os peões do título da novela. Apesar do enorme sucesso dos sertanejos exatamente nesse período, a TV Manchete ignorou as outras canções estouradas nas rádios populares.

Assim, a incorporação dos sertanejos à programação da Globo, bem como de outras emissoras, não se deu sem idas e vindas. Fica claro que o seu sucesso deve-se pouco à postura da emissora carioca, que absorveu timidamente esse estilo musical, abrindo espaço para que outras redes mergulhassem fundo na produção sertaneja.[96]

Sabadão do sertão: Gugu Liberato e a música sertaneja

No início da década de 1990, o apresentador Gugu Liberato percebeu a ausência de grandes investimentos no sertanejo por parte das emissoras concorrentes. O SBT tinha uma relação histórica com a música sertaneja, e ambos, o gênero musical e o canal paulistano, tornaram-se entretenimentos nacionais na década de 1980. Aproveitando tudo isso, Gugu criou o programa *Sabadão Sertanejo* em 1991 na emissora de Silvio Santos.

Na época Gugu apresentava com grande sucesso o *Viva a noite,* que misturava musicais e gincanas de artistas nas noites de sábado do SBT. Inicialmente o *Sabadão Sertanejo* era um musical de curta duração, que buscava trazer audiência para o *Viva a Noite.* Mas o sucesso foi tanto que acabou destronando o programa original. A nova atração ia ao ar às 22h, e tornou-se a principal janela para a música sertaneja na televisão brasileira. Diferentemente do *Viva a Noite,* que era um programa de brincadeiras e gincanas, o *Sabadão Sertanejo* era simplesmente um musical. As duplas eram chamadas ao palco e cantavam uma ou duas canções, recebiam discos comemorativos das vendagens e respondiam breves perguntas do apresentador.

O *Sabadão Sertanejo* atingiu logo o posto de segundo programa mais visto da emissora, apenas perdendo para o *Topa tudo por dinheiro,* apresentado pelo patrão Silvio Santos.[97] A boa audiência era proporcional às críticas das grandes mídias, como a feita pela *Folha de S.Paulo*: "A última praga nacional é conhecida por 'moda country', mas, provincianismo de lado, seu nome real é cultura neojeca. Transformado em artigo de consumo chique, bem instalado nas grandes cidades e já adequado às exigências de segmentação do mercado, o neocaipirismo é o termômetro da atual involução cultural do país. [...] Do jeca-misticismo com verniz ecológico explorado à exaustão por novelas e minisséries da Manchete [referência à novela *Pantanal*], passando pelo jecoconsumismo dos programas de TV que vendem as 'últimas novidades' de Miami, há lugar para todos. A atual programação do SBT, agora incrementada pelo *Sabadão Sertanejo,* dispensa comentários."[98]

Indo além dos programas *Sula Miranda* e *Especial sertanejo,* ambos na TV Record, o *Sabadão Sertanejo* era o que mais tinha estrutura empresarial e mercadológica, por ser o único em horário nobre, alimentado pelos investimentos das empresas de seu apresentador.

Gugu Liberato era dono da Dominó Comércio Internacional, que distribuía sucos na Europa através de Portugal, com faturamento anual de US$ 9 milhões. Seu salário no SBT era de US$ 50 mil, e ele lucrava ainda mais com os espaços de publicidade no seu programa, ganhos que chegavam a US$ 7 milhões/ano. Gugu também era dono da Promoart, empresa que fazia shows em caravanas por todo o Brasil.

Em 1984 a Promoart criou o grupo Dominó, que teve vários sucessos comerciais, sobretudo as canções "Manequim" e "P da vida". O Dominó foi inspirado no grupo Menudo, que fazia muito sucesso em todo o mundo na época.

No grupo porto-riquenho, quando atingiam 16 anos, os integrantes eram substituídos. No Dominó isso não aconteceu. Resolveu-se então criar outro grupo quando os meninos do Dominó já pareciam "velhos demais". Foi assim que a Promoart criou o Polegar, em 1989.[99] Novos hits instantâneos apareceram cantados pelo vocalista Rafael Ilha, entre eles as canções "Dá pra mim", "Ando falando sozinho" e "Ela não liga pra mim". Em 1990 Gugu ainda criou o grupo feminino Banana Split, com bonitas dançarinas louras e, supostamente, cantoras. Nos shows pelo interior do Brasil a Promoart raramente levava banda ou orquestra. Era preferível a prática do playback, que procurava maximizar os lucros, que eram da ordem de US$ 2 milhões em 1992.[100]

Foi essa empresa que passou a incorporar os sertanejos a partir de 1991. É importante perceber que a comercialização da obra sertaneja já existia desde meados da década de 1980. A entrada da Promoart catalisou as dinâmicas empresariais já presentes. Mesmo assim, claro está que a empresa de Gugu não foi a responsável pelo sucesso dos sertanejos, tendo mais surfado na onda proveitosa da moda do que propriamente criado o gênero. Os sertanejos por sua vez incrementaram, através da Promoart, seu know-how para o deslocamento nacional, algo novo na trajetória daqueles músicos.

Além de promover shows por todo o Brasil, a Promoart juntou-se à gravadora Continental-Chantecler para a produção dos LPs coletâneas dos sertanejos. O primeiro LP *Sabadão Sertanejo* foi lançado em 1991; o volume dois saiu no ano seguinte, e a terceira edição, em 1994. Nesse último LP, quando a onda sertaneja já dava sinais de relativo desgaste, a Promoart aceitou a entrada de outros gêneros, entre eles o axé (Olodum, Ricardo Chaves, Banda Mel) e o pagode (Raça Negra, Só Pra Contrariar, entre outros). Como o contrato era com a Chantecler-Continental, só havia espaço para os artistas dessa gravadora, estando ausentes do LP *Sabadão Sertanejo* nomes-chave do movimento, como Chitãozinho & Xororó e Zezé Di Camargo & Luciano, da Polygram e Copacabana, respectivamente.

Nem sempre Gugu Liberato esteve interessado na música sertaneja. Na verdade, seu interesse foi até tardio. Em meados da década de 1980, o empresário Romildo Pereira, que administrava a carreira de Leandro & Leonardo, apresentou a dupla à Promoart. Como a música sertaneja ainda não estava no auge, a empresa de Gugu não deu bola para a dupla e a rejeitou.[101]

Depois de se dar conta de que a onda sertaneja era consistente, a Promoart correu atrás do prejuízo e resolveu criar sua própria dupla, assim como havia criado o Dominó, o Polegar e o Banana Split na década anterior. E assim foram tirados da cartola os novos artistas da Promoart: a dupla Jean & Marcos. Uma breve análise da carreira dessa dupla torna possível ver os ditames da indústria cultural na carreira dos artistas, assim como perceber as diferenças entre os artistas "fabricados" diretamente pelas grandes empresas e aqueles com os quais a indústria cultural teve de dialogar.

Jean e Marcos eram dois meninos que não eram propriamente órfãos, pois tinham pai e mãe, mas, em função de problemas familiares, foram encaminhados ao orfanato Lar Irmão José, em Itapevi, na Grande São Paulo, em 1982. Jean tinha seis anos e Marcos, sete. O Lar Irmão José era um orfanato de sessenta meninos, na Zona Oeste da cidade de São Paulo, que funcionava exclusivamente com o recebimento de doações. Coincidentemente, Gugu Liberato começou a fazer doações ao orfanato também em 1982. Essas doações eram feitas em segredo e não eram exibidas na televisão. Nessa época a música sertaneja ainda não chegava nem a Itapevi, e Jean e Marcos ouviam muito Michael Jackson, Kiss, Menudo, e gostavam de Ney Matogrosso, como relatou Jean em entrevista para este livro.[102] Os irmãos só foram conhecer a música sertaneja a partir da virada da década, em 1989, e logo foram seduzidos pela moda da época.

ENTRE TAPAS E BEIJOS

Em 1991 Gugu visitou o orfanato Lar Irmão José, e Jean e Marcos, exibidos desde crianças, resolveram cantar para o apresentador como forma de agradecer as doações: "Nós cantamos músicas do Dominó, Polegar e 'Entre tapas e beijos', de Leandro & Leonardo, com um violão desafinado. Ele gostou e disse que faria um teste com a gente", lembrou Jean.

Gugu buscava, com a Promoart, criar uma dupla sertaneja, e os jovens de quinze e dezesseis anos pareciam ser uma boa oportunidade de concretizar seus sonhos empresariais. Convidados a fazer um teste na sede da produtora, na Lapa, Jean e Marcos cantaram "Somos assim", sucesso de Chitãozinho & Xororó. Não era certo que a dupla seria contratada, diz Jean: "Éramos nós e mais quinhentos para fazer o teste. Tivemos que cantar mesmo. E só podia cantar uma música. Dos quinhentos saímos nós e mais um para o Polegar."

O LP de Jean & Marcos foi gravado no Rio de Janeiro, com produção de Michael Sullivan. Os meninos nunca tinham ido ao Rio, nem viajado de avião. Ficaram hospedados no Copacabana Palace, enquanto conheciam as bases instrumentais das canções, sobre as quais depois colocaram as vozes. Foram no total dezessete dias de gravação. Perguntado sobre a escolha do repertório, Jean foi claro: "Não tinha escolha. A gente chegou lá e já havia um repertório pronto para a gente cantar." Entre as canções escolhidas pelos produtores para o primeiro LP da dupla havia músicas românticas inéditas de compositores associados de alguma forma à onda sertaneja (como Nino, Nil Bernardes, Ed Wilson, Michael Sullivan e Paulo Massadas) e regravações de canções do repertório de Paulo Sérgio ("Última canção"), Menudo ("Maria Isabel") e Raul Seixas ("Medo da chuva"). Ainda havia a regravação de "Súplica cearense", que contou com a participação ilustre de Roberta Miranda, Sérgio Reis e Tonico & Tinoco, além dos estreantes. O disco foi lançado pela gravadora Copacabana.

O projeto inicial era vendê-los como uma dupla sertaneja, sem qualquer referência direta à questão de terem morado num orfanato. Mas então apareceu uma canção de Paulo Debétio e Paulinho Rezende que mudou a rota do marketing da empresa. Ao ouvir o relato dos irmãos sobre a vida no orfanato, Debétio compôs uma melodia e pediu que Paulinho Rezende colocasse uma letra sobre a história dos rapazes e a questão da orfandade. A letra de "Órfãos do mundo" foi precisa e também crítica à situação da infância no Brasil: "Meninos de rua somos todos anjos feridos/ Perdidos nas ruas, paraíso dos esquecidos/ Cansamos de tantas promessas, discursos,/ Tanto amigo-urso, herói de mentira/ Primeiro que atira matando a semente/

Do sonho da gente/ Avião, trombadinha, moleque/ Vulgo neguinho/ Não existem em nossos caminhos/ Alegria e amor/ Você já perguntou nosso nome/ Quis saber se dormimos com fome/ Por que nós perguntamos a Deus: quem são os homens?/ Onde está esta luz que virá se espalhar sobre nós, as crianças...?"

Jean relatou em entrevista que precisou de trinta minutos só para gravar o último verso, tamanha carga simbólica aquela canção tinha para ele, que engasgou várias vezes, tendo de refazer o trecho. Não seria a única canção com tema complexo para o menino que conheceu os dramas da infância no Brasil. "Anjos da rua", de Ed Wilson e Solange de César, lançada no disco de 1993 da dupla, tinha a mesma temática: "Tem tantos meninos dormindo no braço da noite/ A lua, o sereno cobrindo o eterno sonhar/ Sonham ter roupa, comida, ter felicidade/ [...] / Pra eles que guardam seus carros/ Você dá um pedaço de pão/ Mas eles precisam de vaga no seu coração/ A luz da manhã beija o rosto/ O sono luta contra o calor/ Mas no fim do dia eles lutam com fome de amor."

"Você que fica aí parado vendo televisão..."

O abandono infantil não era um drama apenas para Jean e Marcos. Era uma temática que tocava quase todos os artistas sertanejos, que se sensibilizavam com a condição das crianças do Brasil.

Matogrosso & Mathias gravaram em 1981 a canção "O filho do mundo": "Quantas vezes você adormece desejando um pedaço de pão/ O motivo da sua existência é difícil da gente entender/ Por que existe um castigo tão grande pra quem não pediu pra nascer?" Chitãozinho & Xororó veicularam indignação semelhante em "Os meninos do Brasil", uma canção que tocou bastante em 1989-1990 e deu nome ao LP da dupla: "Tá vendo aquele menino, que pede um trocado/ O outro que limpa o vidro do seu lindo carro/ Aquele que chora de fome e mora na rua/ [...] / Filhos do mundo são eles, em busca de paz/ Perdidos em tantas esquinas que são seus quintais/ Esses meninos são anjos ou marginais?/ Onde estão seus brinquedos? Cadê seus pais?" Zezé Di Camargo & Luciano também fizeram seu protesto em duas canções no início da carreira, ambas compostas por Zezé. A primeira delas foi "Garoto de rua", lançada no LP de 1992. Ela criticava a "alienação" da população diante do drama social da infância: "Você que fica aí parado vendo televisão/ De repente uma notícia forte te chama atenção/ Uma cena estúpida, brutal e cruel/ Mas ainda parece tão pouco pra mudar seu coração/ Eu sou o personagem central de toda essa história/ História que você ignora e faz que não vê/ E exclui de seu consciente a vontade de um povo/ Um povo que luta e que sofre pra sobreviver/ [...] / Eu sou muito pequeno perante você/ Eu sou apenas pedaço de alguém tão comum/ Eu sou a ignorância da cabeça sua/ Simplesmente sou, mais um garoto de rua."

    A indignação de Zezé parece não ter sido ouvida. Numa madrugada de 23 de julho de 1993 aconteceu um massacre de garotos de rua realizado por policiais no Centro do Rio de Janeiro que ficaria conhecido como "Chacina da Candelária". A hipótese mais plausível para o acontecido apontava a existência de grupos de extermínio formados por policiais que teriam sido contratados por comerciantes e administradores dos escritórios do Centro carioca para fazer uma "limpeza" na região. O acontecimento, que gerou muita repercussão na época, parece ter sido uma das inspirações para Zezé compor "Bandido com razão", lançada no disco de 1994. A canção era ainda mais forte do que a anterior e surpreendente para um compositor usualmente romântico como Zezé: "Ele não tem culpa, ele não deve nada/ Ele é uma planta, tão frágil, malcuidada/ Sua cabeça está a prêmio/ Anjo do mau, anjo pequeno/ Bandido com razão/ Ele não tem culpa, ele só quer a vida/ Ele é a vergonha da pátria esquecida/ Tem que roubar, tem que ser homem/ Sobreviver, matar a fome/ Salvar seu coração/ Menino de rua eu te conheço/ Dignidade não tem preço/ Menino de rua quer ser gente/ Menino pobre, tão carente/ Pede uma chance pra viver/ [...] / Menino manchete de jornal/ Neste país de carnaval/ Falta comida pra você."

    Se a música sertaneja é preponderantemente romântica, essas canções fogem à regra. As músicas acima listadas têm temáticas semelhantes às de algumas canções críticas da MPB. Em 1978 Chico Buarque compôs "Pivete": "No sinal fechado/ Ele vende chiclete/ Capricha na flanela/ E se chama Pelé/ Pinta na janela/ Batalha algum trocado/ Aponta um canivete." Inspirado pelo vazamento radioativo em Goiânia no ano anterior e pelo constante drama infantil brasileiro, em 1988 Gonzaguinha compôs "Meninos do Brasil", na qual destilava sua poética politizada: "Filhos da sensatez, justiça e muito amor/ Netos de boa herança, frutos da sã loucura/ [...] / Césio lá de Goiânia adora brilhar no escuro/ Nana lá de Belém só brinca acima do trem/ Lívia e Mirielle surfam só nas enchentes/ Luizinho do São Carlos treina pra ser avião/ Todos estão felizes na televisão/ Estão em todos os jornais vendendo só bom humor/ São parte deste rolo, querem parte deste bolo/ Os meninos do Brasil têm a cara do Brasil."

Há entre os indivíduos oriundos das camadas populares uma frequente opção pelo protesto em relação à condição da criança. Basta lembrar que, quando marcou o milésimo gol em 1969, Pelé chamou a atenção para o problema infantil: "Vamos ajudar os pobres. Vamos ajudar as crianças. O povo brasileiro não pode esquecer as crianças", disse o jogador depois de converter o pênalti que lhe deu a marca histórica.

Embora muitas vezes os artistas populares ignorem as questões da política formal (partidos, ideologias etc.), por outro lado, a questão da infância é abordada com relativa frequência. Por que isso acontece?

Em parte porque é uma causa unânime. Quem ousaria se colocar formalmente contra as crianças? O historiador Paulo Cesar de Araújo abordou essa questão em sua biografia do cantor Roberto Carlos. O cantor era visto como um "alienado" por seus pares da MPB nos anos 1960: "Aos olhos da geração de 1968, Roberto Carlos sempre foi um conservador, representando aquilo que o filósofo Bertrand Russell chamava 'guias perdidos', ou seja, líderes que não agridem a sociedade, e rebelam-se romanticamente, sem assumir uma atitude crítica. Nesse sentido, pode-se dizer que até hoje todos os grandes ídolos de massa no Brasil foram guias perdidos. Leônidas da Silva e Orlando Silva, nos anos 1930, Pelé, a partir dos anos 1950, Roberto Carlos, a partir dos 1960, Emerson Fittipaldi, nos 1970, Nelson Piquet, Ayrton Senna e Romário nos anos 1980, Ronaldo e Ronaldinho a partir dos anos 1990. Nenhum deles apresenta uma visão crítica da sociedade. São ídolos que se situam basicamente em dois grupos: o dos bons moços filantrópicos (Roberto Carlos, Pelé, Ayrton Senna, Ronaldinho) e o dos *bad boys* individualistas (Romário, Nelson Piquet, Leônidas da Silva). O Brasil nunca teve, por exemplo, um grande ídolo popular como Maradona, que defende o governo comunista de Cuba, usa tatuagem de Che Guevara e de Fidel Castro; nem como Muhammad Ali, que se posicionou como um líder do movimento negro nos Estados Unidos."[103]

Assim como Roberto Carlos, Ayrton Senna e Pelé, os sertanejos são exemplos de ídolos bons moços filantrópicos. As causas nas quais se engajam sempre buscam integrar toda a sociedade, sem uma crítica direta a um ou outro segmento social mais preciso.

Além do tópico filantrópico da ajuda às crianças, outro tema abordado pelos sertanejos era a questão ecológica. Tratava-se de uma temática que se tornava crescentemente hegemônica nos anos 1980 e contra a qual poucos ousariam se posicionar.

Em 1989 Chitãozinho & Xororó gravaram "O rio", um lamento à poluição das águas do interior: "Rio que não tem carinho/ Qualquer dia desses vão te dar valor/ Nasce limpo e morre sujo/ [...]/Será que eles não percebem/ Que a natureza pede pra viver/ Enquanto vai morrendo o rio/ Nada em sua volta poderá nascer." Em 1990 Chitãozinho & Xororó gravaram "Natureza, espelho de Deus", de Paulo Debétio e Paulinho Rezende: "Eu sou a água dos rios, das beiras da terra/ A dar de beber às sedentas sementes/ Eu sou a nascente, o cerrado e a serra/ [...] /Quem envenena meus mares, me queima e desmata/ Me sangra sem pena, aos poucos me mata/ Não vê que eu sou o espelho de Deus."[104]

É preciso relativizar o ineditismo do protesto ecológico, no entanto. Basta lembrar que em 1976 Roberto Carlos gravou a canção "O progresso", um protesto ecológico contra a matança de baleias. Reforçando a demanda, Roberto gravou "As baleias" em 1981. Em 1989 foi a vez de amplificar o espectro ecológico com "Amazônia" e "Pássaro ferido". Assim, a entrada no debate ecológico já era uma prática relativamente comum entre artistas populares, reforçada pelos sertanejos.

Triturados pela indústria

Pois foi nessa onda, na qual o protesto ecológico e a condição infantil degradante também eram veiculados pela indústria cultural sertaneja, que Jean & Marcos lançaram seu primeiro disco.

O lançamento do disco *Órfãos do mundo* pela gravadora Copacabana foi, obviamente, no palco do *Sabadão Sertanejo*. Na primeira apresentação da dupla Gugu contou sua história e levou todas as crianças do orfanato Lar Irmão José para o palco do programa. E Jean & Marcos começaram a viajar pelo Brasil inteiro com a Promoart. "Nós nunca tivemos um salário. Nosso cachê era de US$ 30 mil a US$ 60 mil. A gente ganhava muito bem!", lembrou-se Jean. A ligação direta com o apresentador Gugu não os impedia de ir a outros programas, embora fosse relativamente raro que isso acontecesse. Eles participaram, por exemplo, do especial de Zezé Di Camargo & Luciano na TV Globo em 1991.

Em 1993 a dupla lançou o segundo disco pela gravadora Sony Music, do qual se tornaram relativos sucessos as canções "Conta pra ela beija-flor", "Alô e olá" e "Eu sou mais eu". O *Sabadão Sertanejo* garantia que os cantores tivessem a divulgação necessária.

O terceiro disco veio em 1995, já no declínio da onda sertaneja, e o quarto em 1997, já sem o sucesso nacional ou a divulgação do programa do Gugu. Em 1994 o programa *Sabadão Sertanejo* deixara de ser exclusivo dos sertanejos e abriu as portas para outros gêneros em ascensão, especialmente o axé e o pagode. Em 1997 o programa perdeu o sufixo "sertanejo", passando a ser apenas *Sabadão*. Em 1999 Gugu resolveu fechar a Promoart, que já não dava o lucro esperado.

Em entrevista para este livro, Jean foi perguntado sobre o peso de ser um artista forjado para o sucesso. O artista refletiu sobre sua condição: "Ganhei muito dinheiro, mas não tinha férias, nem 13º salário, nada... Era show de terça a domingo. Cerca de quarenta por mês... Chegou um momento que ficou chato. Mesma rotina todo dia, todo dia... Chega uma hora que você precisa parar para descansar. Começou a ficar tão insuportável que eu não conseguia mais olhar na cara das pessoas para dar autógrafo! Eu cheguei a esse ponto! Aí calhou de um empresário do ramo cantar o meu irmão, falando: 'Ou você dorme comigo, ou para [a carreira].' Nós paramos. Quem era o empresário? No sertanejo havia três empresários: o Gugu, o Franco [Scornavacca] e esse cara. Ficamos cinco anos proibidos de cantar. Tudo que nós conseguimos em dez anos perdemos em seis meses. Perdi em dívida, cartão de crédito..."

Abandonado pela indústria cultural, Jean estava perto dos trinta anos sem ter formação alguma e despreparado para o mercado de trabalho: "Hoje os empresários não olham nem na minha cara. Mas antigamente não era assim. Se eu não cantasse ou sorrisse, era visto como metido... Se eu tivesse roubado, ou usado droga, estaria hoje na mídia. Hoje eu não converso mais com o Gugu. Não sei por quê. Mas gostaria de saber...", disse Jean em entrevista numa padaria de periferia da capital paulista para este livro, realizada em outubro de 2010.

Em meados dos anos 2000 Jean conseguiu contato com Gugu novamente, que acenou com a possibilidade de recebê-los no programa se a dupla gravasse um disco novo. Eles gravaram um disco e tentaram reiniciar a carreira, mas não conseguiram o convite do apresentador ou novos palcos para recebê-los. Em 2009 terminaram em definitivo a carreira. Em entrevista, Jean fez um balanço ambíguo da indústria cultural:

> JEAN: As pessoas acham que você é máquina, que não tem direito a ficar doente... não pode pegar nem uma mísera gripe. E tem que estar sempre sorrindo. É complicada essa vida de cantor... Nós somos vítimas de nós mesmos, das nossas próprias atitudes. E ao mesmo tempo eu era um produto. Por exemplo, se eu vender uma lata de azeite, tenho que fazer o marketing, fazer um merchandising legal, então você não vai vender o azeite de fato, mas o entorno. O artista é a mesma coisa. Para você vender bem tem que explorá-lo até o último centavo... Você é explorado, você é produto!
>
> PERGUNTA: Jean e Marcos foram explorados?
>
> JEAN: [pensativo] O produto Jean & Marcos sim, foi explorado. O ser humano Jean não. [...] Alguma coisa Deus está mostrando... eu não consegui ainda enxergar o que Ele está mostrando, mas está bom...

A carreira de Jean & Marcos aponta para o lado cruel da indústria cultural, aquele que o filósofo alemão Theodor Adorno tanto criticou em seus livros. Parece inegável que os irmãos foram vendidos como produtos da forma mais simples possível, alienando-os da produção e fetichizando a sua música, vendida como simples mercadoria. Até a trajetória de vida dos meninos órfãos foi vendida no mercado cultural midiático.

Por outro lado, claro também está que a carreira de Jean & Marcos era exceção no meio sertanejo. Diferentemente deles, que foram produtos criados em cima da hora, a música sertaneja tinha uma longa tradição de produção de forma relativamente independente das grandes mídias. Os sertanejos já tinham público, redes de produção e canais de divulgação antes da entrada radical das grandes mídias no gênero. A entrada da mídia nacional catalisou algo que já estava consolidado regionalmente.

Desde que começou sua história, nos anos 1950, a música sertaneja sempre esteve dialogando com a indústria cultural, nunca fora dela. A identidade sertaneja foi forjada também por dentro da indústria cultural.

Isso não quer dizer que todo o gênero sertanejo tenha sido vítima da indústria cultural. É preciso sempre analisar as trajetórias dos artistas caso a caso, para averiguar o quanto suas carreiras podem ser explicadas pelos ditames da *indústria* e o quanto possuem de autonomia relativa em relação a ela. Jean & Marcos é um caso limite, exemplo da intromissão total da indústria cultural, sem independência alguma para o artista. Há outras ocorrências de cantores cujas carreiras tinham pouca independência artística, mas com cores diferentes.

Original e cópia: os limites da indústria

Junto com Jean & Marcos houve o caso de artistas que tiveram suas carreiras transformadas em plataforma de determinados interesses comerciais de modo bastante claro. A cantora Sula Miranda, cuja carreira solo começou no LP de 1986, vendia a imagem de "rainha dos caminhoneiros" e buscava associar-se fortemente a esse público. Entre 1986 e 1996 foram nove discos gravados, e o maior sucesso foi "Caminhoneiro do amor". As músicas sensuais e as letras picantes e o pouco talento vocal da cantora pareciam indicar que ela era uma das apostas da gravadora Copacabana no nicho de mercado dos caminhoneiros. Seu físico elogiado e o fato de ser irmã da cantora e dançarina Gretchen também ajudaram a transformar a paulistana Sula Miranda numa cantora country.

O duo As Marcianas também ia na mesma linha de misturar beleza física e música sensual e romântica. Elas começaram a carreira em 1984 e terminaram em 1992: gravaram no total cinco discos, e seu maior sucesso foi "Vou te amarrar na minha cama". As Marcianas também apostavam na sensualidade e malícia das letras para alcançar o sucesso.

A carreira de As Marcianas era gerida por João Mineiro & Marciano, daí o nome da dupla feminina. Era comum no meio sertanejo a criação de duplas por parte de outras já famosas: era um modo de vender pacotes de shows pelo interior do Brasil. A relação direta com os interesses comerciais impossibilitava a autonomia artística de cantoras como As Marcianas. Quando João Mineiro e Marciano se separaram, em 1992, as divergências da dupla mentora acabaram com a carreira da "cópia". João Mineiro e Marciano nunca mais voltaram a cantar juntos. Até 2012, ano da morte de João Mineiro, havia problemas na Justiça em torno de seus espólios. Marciano seguiu carreira solo, mas sem grandes repercussões.

A dupla Maurício & Mauri também não existiria se não fossem os interesses diretos da indústria cultural. Espantada com o sucesso de Chitãozinho & Xororó em 1991, a gravadora Continental convidou os irmãos da dupla paranaense para montar outra. Cabelos, estética e vozes eram muito similares aos originais. Maurício & Mauri lançaram discos em 1991, 1992, 1994, 1995 e 1999. Apesar dos interesses fonográficos iniciais na montagem da dupla, Maurício & Mauri completaram vinte anos de carreira, sobrevivendo à moda que os criou, mas muito longe de alcançar o sucesso dos irmãos originais.

O auge do sertanejo nos anos 1990 levou o sucesso a várias duplas que tinham longas carreiras na estrada. No entanto, em vez de ganhar muito dinheiro através da marca que consolidaram no imaginário popular, várias duplas se separaram exatamente quando a música sertaneja estava no auge.

Um caso exemplar é o da dupla Milionário & José Rico, que, em razão de desentendimentos, se separou em 1991. José Rico lançou dois discos como cantor solo em 1992 e 1993, vendendo-se como "a garganta de ouro do Brasil". Não houve êxito.

O parceiro juntou-se a Mathias (da dupla Matogrosso & Mathias) em 1992 e lançou com ele um único LP, sem grandes repercussões. Então Milionário trocou de parceiro novamente e juntou-se a Robertinho, da dupla Leo Canhoto & Robertinho, e lançaram um disco em 1993. Os LPs, que prometiam ser históricos por unir medalhões da música sertaneja dos anos 1970, não teve repercussão. O público não comprou o produto forjado em cima da hora.

Os desejos da indústria cultural encontravam limites na própria recepção popular, que tinha dificuldade de assimilar cantores cujos parceiros de longa data eram trocados. Diante da pressão popular, Milionário e José Rico voltaram em 1994, quando a música sertaneja começava sua institucionalização e o auge já havia passado.

Matogrosso & Mathias também se separaram em 1991. Tentaram a reconciliação em 1994, quando lançaram um disco, mas tornaram a romper. Voltariam somente em 1998, perdendo também o auge da onda sertaneja.

Maldito avião

Também o famoso Trio Parada Dura desfez-se no auge da onda sertaneja em 1992, deixando órfãos os fãs de "As andorinhas", "Bobeou... a gente pimba" e "Telefone mudo", grandes sucessos na década anterior. Quando tinham tudo para serem coroados como um dos grandes nomes da música sertaneja e darem rios de dinheiro às gravadoras, separaram-se. Tudo por causa de um "maldito avião".

O trio era formado por Creone, Barrerito e Mangabinha. No auge do sucesso, no início da década de 1980, o trio surfava com o sucesso espetacular de "Fuscão preto": "Me disseram que ela foi vista com outro/ Num fuscão preto pela cidade a rodar/ [...]/ Daí a pouco eu mesmo vi o fuscão/ E os dois juntos se desmanchando de amor/ [...] / Fuscão preto com o seu ronco maldito/ Meu castelo tão bonito/ Você fez desmoronar." Outro sucesso do disco de 1981 era "Último adeus", considerado por Chitãozinho "uma das melhores canções já compostas": "Essa é a última vez que lhe vejo/ Somente vim dizer adeus e partir/ Não vou nem pedir um beijo/ Sei que seria inútil pedir."[105] Foi exatamente no ano seguinte ao do lançamento de "Último adeus", quando aumentava a quantidade de shows pelo país, que o compositor e cantor Barrerito começou a dar adeus à vida.

Em 6 de setembro de 1982 o trio sobrevoava a cidade de Pinhais, estado do Paraná, quando o avião foi forçado a um pouso de emergência. Apesar das escoriações, ninguém sofreu nada, apenas Barrerito, que não conseguiu mais se levantar. O compositor ficou paraplégico. Diante da pressão por shows quando o grupo vivia o auge da carreira, e da boa saúde dos outros dois integrantes, o irmão do compositor assumiu o nome de Parrerito, com P, e passou a se exibir pelo Brasil com o trio.

Quando se sentiu em condições de voltar à carreira, um ano depois, Barrerito gravou com Creone e Mangabinha o disco *Alto astral*. No verso do LP, uma foto com vários nomes da música sertaneja, entre eles Chitãozinho & Xororó, Gilberto & Gilmar e João Mineiro & Marciano, louvando a volta do trio. Tanto na capa quanto no verso, Barrerito era visto sentado, e a cadeira de rodas não aparecia. Nos LPs seguintes do trio a cadeira de rodas era sempre escondida, e Barrerito simulava estar sentado num assento comum.

A carreira prosseguiu, mas Barrerito sentia-se um estorvo para o grupo, e em 1987 abandonou o trio. No seu lugar entrou em definitivo o irmão Parrerito. Segundo Barrerito disse anos mais tarde, o cantor sofria inimizade dos antigos parceiros: "A verdade é doída mas eu me sinto melhor sozinho depois daquele acidente de avião que sofremos e que me deixou nesta cadeira de rodas. Até o acidente eu era o melhor parceiro do mundo para meus ex-parceiros. Depois do acidente eu os notava com vergonha de eu me apresentar ao lado deles na cadeira de rodas. Infelizmente foi verdade... Eles fizeram de tudo para que eu saísse, para que a apresentação ficasse perfeita. Chegaram a falar isso pra mim, foi muito doído! [...] Você sabe como são difíceis estes palcos de show para você subir. Para quem está perfeito, tudo bem. Para quem está numa cadeira de rodas é difícil. Eles chegavam, subiam depressa, e quando quase chegava a hora eu pedia ao [sanfoneiro] Mangabinha para subir. O que me doía é que ele falava: 'Se vira, cara, você não é quadrado! Se você está nesta cadeira de rodas é porque você merece.' Isso me doía..."[106]

Barrerito, mesmo paraplégico, gravou discos solo. Em 1987, lançou o LP *Onde estão os meus passos*. Assumia pela primeira vez a cadeira de rodas, a qual aparece na capa do LP. No disco havia uma canção, "Morto por dentro", que indiretamente falava sobre a relação conflituosa que levava com o trio. Evitando maiores conflitos, a banda foi transformada num personagem feminino: "Esse meu corpo que vocês veem perambulando/ É minha sombra que hoje vale menos que nada/ Vivo por fora morto por dentro, sou um retalho/ Que após usado jogaram fora junto a uma estrada/ Aquela ingrata usou meu corpo o quanto pôde/ O meu dinheiro, minha saúde, minha mocidade/ Quando o cansaço gelou a vida, abandonou-me/ Sem perguntar se eu viveria só de saudade/ [...] / Não pude mais acompanhá-la em seus passeios/ E fiquei sendo um grande estorvo na vida dela."

A canção "Onde estão os meus passos", que dava título ao disco solo, era sintomática do estado de Barrerito: "Viver era o que eu mais sabia/ Eu brincava, eu corria pelos palcos da vida/ Andei pra cumprir meu destino/ [...] / Meus passos se afastaram de mim/ Mas eu posso ouvir e sentir os meus passos/ Com eles foram minhas vontades/ Minha paz de verdade, eu fiquei aqui."

Barrerito continuou uma carreira de relativo sucesso. E compôs com frequência canções que retratavam sua triste condição de paraplégico. Amargurado, gravou a canção "Cadeira amiga" em 1989: "Cadeira amiga, pedaço do meu corpo/ Que acolhe e dá conforto a este homem cansado/ É o presente que não desejo a ninguém/ Mas neste meu vai e vem você tem me ajudado." Em 1991 Barrerito compôs "O show precisa prosseguir": "Por isso que às vezes quando canto/ Disfarço minha dor sempre a sorrir/ Sufoco a minha mágoa, escondo o pranto/ Porque o show precisa prosseguir."

Tocado com o episódio em que a queda de um avião matou todos os integrantes do grupo Mamonas Assassinas, em 1996, Barrerito recordou-se amargo mais uma vez de seu drama pessoal em "Maldito avião": "Cadeira, você é a vida que ficou perdida na imensidão/ Só assim eu prossigo cantando/

E você me levando entre a multidão/ Avião, maldito avião/ Que levou a metade de mim/ Avião que levou os meus passos/ Mas nesta cadeira eu canto assim."
Barrerito morreu em 1998 em Belo Horizonte, aos 56 anos de idade. Sem ele, o Trio Parada Dura se desfez em desentendimentos em 1992. A indústria fonográfica e os próprios artistas não puderam se aproveitar do auge do gênero pelo qual o trio batalhou desde os anos 1970. O Trio Parada Dura retomou a carreira em 1999, passado o auge da música sertaneja, sem nunca resgatarem a fama de outrora.

Recaipirização

O auge da música sertaneja durou mais ou menos até 1994. O meio da década foi crítico para a continuação da onda sertaneja por vários motivos.

A partir de 1992 a música sertaneja começou a enfrentar gêneros igualmente populares na seara da música de massa. Entre 1992 e 1995 surgiram os grupos de pagode Negritude Junior, Katinguelê, Exaltasamba, Raça Negra (cujos primeiros discos são de 1992), Só Pra Contrariar e Art Popular (1993), Molejo (1994) e Swing & Simpatia e Os Morenos (1995).[107] A partir de 1995 o axé baiano surgiu com força no plano nacional: lançaram-se os primeiros discos dos grupos Terra Samba e É o Tchan. Com o sucesso do pagode e do axé, a indústria fonográfica optou crescentemente pela distribuição de produtos locais.

Foi também em 1995 que pela primeira vez uma dupla sertaneja optou por louvar a tradição rural, para a qual os sertanejos até então tinham desprezo ou então, mais comum, o simples silêncio. Chitãozinho & Xororó estavam, novamente, na vanguarda do processo.

No CD *Chitãozinho & Xororó*, de 1995, Chitãozinho apareceu usando chapéu de cowboy na capa do LP, que mostrava também uma cerca de madeira num cenário bucólico. Era a primeira vez que isso acontecia. Tratava-se de um chapéu não muito diferente do que Sérgio Reis passou a usar a partir de 1975. O disco em si ainda era bastante "moderno", sem apelos à tradição, com versões de canções americanas, inclusive.[108]

Poder-se-ia dizer que o chapéu usado era pouco caipira e muito texano. De fato, mas de qualquer forma o que ele indicaria não era a valorização da importação nem a louvação do hibridismo, mas a volta às "raízes". Foi a *primeira* vez que Chitãozinho usou chapéu na capa dos seus LPs. A dupla tem doze discos gravados de 1995 até 2010. Em todos eles Chitãozinho está de chapéu, exceto no de 1997. O chapéu antecedia sinais que ficariam explícitos no ano seguinte.

Em 1996 Chitãozinho & Xororó adiantaram-se em relação aos outros artistas sertanejos e lançaram o CD *Clássicos sertanejos*. Como o próprio nome indica, tratava-se de um disco que remetia à "tradição". Na capa, ambos de chapéu, pela primeira vez em 26 anos de carreira. Bois ao fundo num cenário bucólico.[109] O repertório do CD era composto de clássicos caipiras como "Cabocla Tereza", "Luar do sertão", "Saudade de minha terra" e "Cavalo enxuto", bem como canções incorporadas da MPB, como "Luar do sertão" e "Asa branca". Todos clássicos caipiras e do folclore rural.

Era um disco cantado com convidados: do mundo sertanejo vieram Leandro & Leonardo, Zezé Di Camargo & Luciano, João Paulo & Daniel, Chrystian & Ralf e Leo Canhoto & Robertinho. Entre os caipiras convidados estavam Sérgio Reis e Almir Sater. Da MPB, Fagner, Simone e Ney Matogrosso. O disco demarcava um relaxamento das tensões do início da década. Chitãozinho & Xororó colocavam-se entre a tradição e a modernidade. Os arranjos também ajudavam na proposta de tirar o estigma da música sertaneja. Mais "acústicos", os irmãos trouxeram de volta o acordeão, que tinha sido afastado no auge da onda sertaneja, substituído pelos teclados. O violão com cordas de aço tornou-se preponderante, calando a guitarra tão importante no início da década. Essa mudança estética é importantíssima. Chitãozinho & Xororó, em 1996, já apontavam as novas direções que a música sertaneja assumiria, especialmente a partir de 2005, com o sucesso do chamado "sertanejo universitário", cujos arranjos eram, quase que obrigatoriamente, marcados pelo acordeão e violão com cordas de aço.

A revista *Veja*, que por anos foi contra a música sertaneja dos irmãos paranaenses, começou a rever a crítica à dupla em matéria intitulada "Volta à viola": "Está virando fumaça o namoro da música sertaneja brasileira com a country music americana. [O LP] *Clássicos sertanejos*, que em duas semanas já vendeu setecentas mil cópias, chama a atenção por seu repertório brasileiro até a medula — e de primeira. [...] O resultado é um disco bom de ouvir e que tem um importante papel para a memória da música popular."[110]

Além da atuação dos próprios artistas e da concorrência no ramo popular, um dos vetores responsáveis pela institucionalização da música sertaneja foi a indústria cultural. Um programa de TV foi fundamental para entronizar três duplas no panteão sertanejo.

Foi em 23 de dezembro de 1995 que aconteceu o primeiro especial *Amigos*, na TV Globo. Tratava-se de um programa no qual Chitãozinho & Xororó, Zezé Di Camargo & Luciano e Leandro & Leonardo cantavam suas canções mais famosas. Ao fim, juntaram-se para dividir "Ave Maria", de Gounod, e a natalina "Noite feliz". O especial fez muito sucesso e foi reapresentado em março e junho do ano seguinte.

O cantor Zezé Di Camargo relatou que inicialmente houve certo desconforto com o programa, pois ele se sentia grato ao SBT e não queria criar inimizades com o apresentador Gugu Liberato: "Eu e o Luciano a princípio fomos contra o *Amigos*, fomos os últimos a ser convencidos a fazer o programa. A gente tinha muito medo, a gente não queria entrar nessa briga... Mesmo porque o horário ia bater de frente com outros amigos da gente, no caso o Gugu, a gente gosta muito do Gugu, por quem a gente tem o maior carinho. Não queríamos entrar nessa briga, ser usados para dar audiência... E tem que dar audiência... Aí foi tudo muito bem conversado na Globo, que disse que a proposta não era essa, era para ter um espaço para mostrar todos os gêneros musicais juntos, fazer uma união da música. Então está sendo uma experiência maravilhosa. A gente tem tido lá visitas de vários outros artistas, não estamos tendo dificuldade nenhuma para levar outros artistas. E ao mesmo tempo não há o compromisso de levar audiência... o que deixa a gente muito tranquilo. É o espaço que nós temos hoje para mostrar todos os gêneros musicais. Dá trabalho, a gente grava três vezes por semana. [...] [Mas] está dando uma média de 21 pontos, algo maravilhoso..."[111]

Essa fala de Zezé é de 1999, ano da última edição do programa. Embora seja preciso relativizar quando o cantor diz que não havia "o compromisso de levar audiência", sua fala é bastante ilustrativa. Fica claro que havia uma gratidão com o apresentador Gugu Liberato, que foi o mediador que de fato abriu espaço para o gênero muito antes de a Globo abraçá-lo de vez. Ao mesmo tempo, Zezé expõe que a intenção do programa era "institucionalizar" o gênero. As frequentes cantorias de músicas da tradição caipira, como "Peão de estância" e "Saudade de minha terra", antes evitadas pelos sertanejos, favoreceram a demarcação de uma linha evolutiva até então inexistente.

Ainda mais importante foi a presença dos artistas convidados. Além dos sertanejos da mesma geração, como Roberta Miranda, João Paulo &

Daniel, Chrystian & Ralf, houve a participação de mediadores como Fafá de Belém, e românticos como Fábio Jr., Elymar Santos, Peninha, além do humorista Renato Aragão. Entre os artistas da MPB que toparam a ida ao programa estiveram as cantoras Simone, Elba Ramalho e Daniela Mercury. Mais importante foi a ida de Tinoco e Pena Branca & Xavantinho, garantindo o elo com a "tradição caipira".

Assim, o especial permitiu, em parte, assinalar que já não havia tanta rejeição à música sertaneja e que eles estavam sendo reconhecidos esteticamente por público e artistas que antes os ignoravam e também pela emissora que tivera relativa dificuldade de incorporá-los no início da década.

Mais importante ainda, o programa criou um panteão da música sertaneja ancorado nas três duplas que comandavam o programa. *Amigos* serviu para institucionalizar a ideia de que as três duplas que comandavam o programa estavam bem acima das outras.

De fato, era verdade que Chitãozinho & Xororó, Leandro & Leonardo e Zezé Di Camargo & Luciano não foram duplas escolhidas a esmo, e que eram mesmo as mais bem-sucedidas comercialmente. Mas ainda não tinha havido um disco coletivo, por exemplo, nem um programa que definisse certa distinção desses artistas em relação aos outros. É bom lembrar que, para o grande público, especialmente a classe média do Sudeste, que reagiu à música sertaneja no início da década de 1990, Zezé Di Camargo & Luciano era igual a Gilberto & Gilmar, Leandro & Leonardo não diferia de Gian & Giovani, e Chitãozinho & Xororó cantava de forma parecida a Alan & Aladim. A clareza veio com o tempo, a continuidade do sucesso e fundamentalmente com programas como o *Amigos*, que por quatro anos colocou a trindade sagrada sertaneja dentro da casa de milhões de brasileiros.

No quinto ano, em 1999, com a morte de Leandro, o nome do programa mudou, passando a ser chamado de *Amigos & amigos*, mas o tom continuou o mesmo. Em vez de anual, o programa tornou-se semanal: ia ao ar aos domingos, de abril a novembro, a partir das 15h. Houve ainda o lançamento dos CDs coletivos pela gravadora global Som Livre com os melhores momentos de cada ano. Mais tarde foi lançado outro CD intitulado *O melhor dos amigos 1, 2, 3 e 1999*, uma coletânea das outras coletâneas. Em todos os discos, além das mais tocadas dos sertanejos, há clássicos da MPB, como "Andança", "Canção da América" e "Disparada", "De volta pro aconchego", "Eu só quero um xodó", "Viola enluarada", "Romaria", "Calix bento" e "Casa no campo".

Era clara a sensação de que os sertanejos estavam sendo institucionalizados. A MPB já não os rejeitava como antes, e aos poucos eles foram se impondo no cenário cultural.

Outro marco importantíssimo da aceitação dos sertanejos foi a novela *Rei do Gado*. Escrita por Benedito Ruy Barbosa, tratava-se de mais uma trama de gênero rural do autor especialista nesse cenário. Benedito já havia escrito naquela década pelo menos duas novelas de temática rural: *Pantanal*, na TV Manchete, e *Renascer*, na Globo. *Rei do gado*, no entanto, trazia uma novidade que as antecessoras evitaram.

O folhetim de Benedito Ruy Barbosa, veiculado de 17 de junho de 1996 a 15 de fevereiro de 1997, num total de 209 capítulos, foi um dos vetores responsáveis pela incorporação da música sertaneja à Rede Globo de Televisão. Quase todos os grandes nomes sertanejos estavam presentes na trilha sonora, de Chitãozinho & Xororó a Roberta Miranda, de Zezé Di Camargo & Luciano a Leandro & Leonardo, de João Paulo & Daniel a Chrystian & Ralf. Pela primeira vez os grandes sucessos sertanejos entravam com força no horário nobre global, misturados a nomes da MPB como Djavan, Zé Ramalho, Dominguinhos, Orlando Moraes e cantores "caipiras" como Almir Sater e Sérgio Reis, que faziam ponta na novela como a dupla fictícia Pirilampo & Saracura. Os discos de *O Rei do gado* tornaram-se a trilha sonora mais vendida da Globo, atingindo cerca de três milhões de cópias de seus dois volumes.[112]

A partir dessa novela de Benedito Ruy Barbosa tornou-se relativamente normal incorporar os cantores sertanejos às trilhas globais. Cabe lembrar que em 1996 a música sertaneja já não estava tão em evidência como no início da década, apesar de ainda continuar forte. No fim das contas, a Globo demorou a incorporar os sertanejos às trilhas sonoras. Depois desse vacilo comercial, a emissora carioca tentou compensar: músicas sertanejas estiveram presentes em *Vira-lata* (1996), *O amor está no ar* (1997), *Era uma vez* (1998), *Torre de Babel* (1998-1999), *Terra nostra* (1999-2000), *Chocolate com pimenta* (2003-2004), *Cabocla* (2004), *América* (2005), *Sinhá Moça* (2006), *Amazônia* (2007), *Paraíso* (2009) e *A favorita* (2009), além da trilha do seriado *Carga pesada* (2003). Em 2011, o seriado *Tapas & beijos* ganhou uma abertura com a canção "Entre tapas e beijos", cantada pela Banda Calypso.

As outras emissoras também incorporaram os sertanejos em suas novelas. Na TV Record, a trilha de *Estrela de fogo* (1998-1999) era quase que integralmente composta de músicas sertanejas; o SBT produziu a novela *Amor e ódio* (2002), que tinha abertura cantada por Chrystian & Ralf; e na novela *Jamais te esquecerei* (2003) havia a participação de Chitãozinho & Xororó na trilha, além de Chrystian & Ralf e Guilherme & Santiago.

Na segunda metade da década de 1990 houve a institucionalização definitiva da música sertaneja. A relação mercadológica forjada entre os músicos sertanejos e a indústria cultural, ao mesmo tempo que nacionalizou uma produção regional, enquadrou determinada identidade. Diante do refluxo do estouro inicial, os sertanejos estabeleceram-se, construindo para si próprios uma tradição.

Ao mesmo tempo que enquadrou uma determinada memória e criou um panteão dos principais artistas, a institucionalização também serviu aos sertanejos como forma de contarem sua história e fazerem valer suas versões. A invenção de determinada memória comum e o fim da oposição direta com outros gêneros tornaram possível aos sertanejos desligarem-se, gradualmente, de memórias ofensivas. Por exemplo: pouquíssimos hoje em dia recordam-se do apoio dos sertanejos ao governo Collor. Nem seus mais ferrenhos críticos lembram-se desse episódio. Trata-se de uma vitória da memória dos próprios sertanejos, que conseguiram fazer valer seu silêncio sobre o tema.

Ou ainda: a maioria do público tampouco se recorda das disputas entre caipiras e sertanejos ao longo de quase meio século. Durante a pesquisa para este livro, espantei-me ao entrevistar compositores, produtores, artistas e fãs da música sertaneja que sequer se lembravam de que existiu uma forte e duradoura oposição entre a música sertaneja e a música caipira da década de 1950 à de 1990. Uma parte dos entrevistados ainda se lembrava das agressões sofridas, mas não se recordava de que a música sertaneja também atacava os tradicionalistas. Os entrevistados me disseram que nunca houve radicalismos por parte dos sertanejos, e que a música sertaneja "sempre foi de paz", "agregadora", "sem inimigos".

O silenciamento é uma das formas mais tendenciosas de se contar a história. É justamente aí que opera a reformulação da memória dos sertanejos. Em parte isso se explica graças ao fato de que os sertanejos foram vitoriosos: conseguiram, além de ser um produto rentável, impor uma memória e identidade na música brasileira e ser sucessivamente incorporados pela sociedade. Em vez de serem simples "alienígenas" na história da música popular, os sertanejos dão as cartas, inclusive para além do próprio gênero, podendo influir como contrapeso na história da música brasileira como um todo.

Isso não é pouco. O pagode romântico da década de 1990 não conseguiu esse prodígio: o movimento não obteve a mesma legitimidade com a "tradição" do gênero nem sustentação mercadológica e renovação duradoura. De certa forma, os grupos de pagode viraram iguarias de um passado não muito distante. O caso um pouco mais semelhante ao do sertanejo talvez seja o do axé, que consegue se sustentar na mídia e ao mesmo tempo impor uma marca identitária que liga a invenção do trio elétrico de Dodô e Osmar, na década de 1950, às últimas modas de Psirico, passando pelas metamorfoses do gênero formuladas por Luiz Caldas, Daniela Mercury, Olodum e Ivete Sangalo. No entanto, diferentemente do sertanejo, o axé está muito ligado à realidade urbana de Salvador e do Recôncavo Baiano, enquanto a música sertaneja construiu o aval de legitimidade com a tradição da terra, do interior, de um passado puro e caipira.

É justamente ao conseguir criar uma identidade e contar sua própria história de forma positiva que a música sertaneja pôde tornar-se algo para além de um produto. O gênero ganhou sobrevida quando se tornou uma marca de parte da sociedade, quando se associou à história de determinados grupos sociais. Nos anos 2000, a música sertaneja voltou a ser o gênero da música brasileira mais tocado a partir do advento do chamado sertanejo universitário. Justamente quando da ascensão da chamada "classe C", marco de um novo momento na história do Brasil.

Tudo isso apesar da morte da indústria do disco a partir dos anos 2000. Ou seja, é preciso relativizar as interpretações que insistem em ver gêneros musicais populares como frutos pura e exclusivamente da indústria cultural. Sem ignorar o poder do dinheiro, é possível constatar que há brechas e autonomias possíveis para determinados artistas e gêneros que estão dispostos às batalhas cotidianas em torno da identidade musical.

Esse fenômeno seria impossível se não tivesse havido, em meados dos anos 1990, a mercantilização e institucionalização de determinado panteão sertanejo. E os sertanejos conquistaram algo além. Sua música talvez tenha conseguido o que o axé e sobretudo o pagode têm muito mais dificuldade de obter: as bênçãos por parte dos artistas da MPB.

"É o amor", mas não à primeira vista

Em 1999, a cantora Maria Bethânia lançou o disco *A força que nunca seca*. Embora não fosse "conceitual", havia uma preponderância de canções "rurais". A de abertura era o clássico "Trenzinho caipira", música de Villa-Lobos e letra de Ferreira Gullar. Em seguida vinha "Luar do sertão", de Catulo da Paixão Cearense, clássico gravado pela primeira vez em 1935. Havia ainda "Romaria", do caipira Renato Teixeira.[113] Ao lado dessas canções, todas então já incorporadas ao padrão MPB, Maria Bethânia gravou "É o amor", de Zezé Di Camargo.

Foi grande a polêmica em torno da gravação, ainda que os sertanejos já estivessem sendo institucionalizados desde 1995. Apesar disso, a gravação de Bethânia serviu para, ao mesmo tempo, catalisar essa institucionalização e trazer de volta velhos rancores.

Alguns elogiaram a gravação, sem, contudo, esconder o desgosto com a versão original. Foi o caso da revista *Bravo!*: "[A canção cantada por Bethânia] traz o arroubo dos manifestos, uma falsa romântica que torna algo quase estúpido, como a sertaneja 'É o amor', um marco da interpretação."[114] O jornal *Correio da Paraíba* foi no mesmo sentido: "À maneira do irmão Caetano Veloso, ela tem o poder de alquimizar um hit popularíssimo, milhões de vezes executado em AM e FM, numa canção de frescor inédito."[115]

Quase dez anos mais tarde, o músico e professor titular de Linguística da USP Luiz Tatit, autor de diversos livros sobre musicologia, incorporou a canção e comparou "É o amor" às canções de bambas do samba: "Não há nada mais condenado pela elite da música de consumo do que o repertório sertanejo, mas bastou a Maria Bethânia interpretar 'É o amor' para confirmarmos que o artesanato empregado na criação dessa canção é o mesmo de Cartola em 'As rosas não falam' e de toda a obra de Lupicínio Rodrigues, e que, provavelmente, ela também será reinterpretada à exaustão no futuro."[116]

A cantora dizia na época que era íntima da canção e demarcou seu próprio poder de reabilitar versões de sucessos comerciais como "É o amor": "A primeira vez em que escutei esta música achei linda. Esta canção do Zezé Di Camargo me pegou, como 'Tá combinado' de Caetano me pegou. Eu ouço muito na minha casa o Zezé Di Camargo cantando. Meu prazer é este: pegar uma canção de qualquer autor que me comova... que possa me trazer alguma coisa, lembrança, saudade... e contribuir um pouco para ela; tenho personalidade, então minha interpretação tem sempre a minha assinatura."[117]

No entanto, nem sempre Bethânia teve compaixão pela música sertaneja. Em 1991, quando foi lançada por Zezé Di Camargo & Luciano, Bethânia não fora tocada por "É o amor". Nem por qualquer outra canção sertaneja. Ao menos não a ponto de gravá-la. Na época sua afinidade se dirigia às músicas caipiras. No disco *Maria Bethânia — 25 anos*, de 1990, a cantora gravou "Tocando em frente", de Almir Sater e Renato Teixeira. Em 1992, cantou "Tempo e a canção", também de Renato Teixeira. Assim, "o que tocava" a cantora eram canções mediadas por um gosto médio coletivo que se metamorfoseara na segunda metade da década. Por tudo isso, demorou para Bethânia ser "tocada" por "É o amor".

E durante muito tempo Bethânia permaneceria intocada pela canção. Ela não demonstrou igual paixão pela música sertaneja, ou qualquer tentativa de relativizar toda a produção comercial e popular do sertão do Brasil, em entrevista à revista *Playboy* em 1996, apenas três anos antes de sua gravação de "É o amor":

PLAYBOY: A onda Mamonas Assassinas não pegou você?

MARIA BETHÂNIA: Tive uma pena da morte dos meninos, mas tinha uma grossura braba ali.

PLAYBOY: E o Tiririca?

MARIA BETHÂNIA: É a prova de que o brasileiro se identifica com suas misérias: o palhaço sem dente, falando palavrão. Música sertaneja, baião, forró, xaxado, festa junina — tudo descambou para essa coisa porca. Parece aquele filme horrível, com aquela atriz estranhíssima que ataca o Michael Douglas... [Bethânia refere-se ao filme *Instituto Selvagem*, de 1992].

"É o amor" foi uma canção "comercial" como qualquer outra da música sertaneja. E que deu muito lucro ao seu autor, seja pela vendagem dos discos, seja pelo uso em merchandising. Em 1996 "É o amor" foi jingle da campanha publicitária do tempero Sazón em todas as redes de televisão do Brasil. Zezé havia vendido a canção para a empresa em 1991 e desde então a marca aumentou de 1,5% para 5% sua participação no mercado nacional de temperos. No novo contrato de 1996, a empresa almejava aumentar as vendas em 50%.[118] Assim a canção, que já era associada ao comercialismo, ficou ainda mais ligada aos meandros da indústria cultural. Além disso, não se pode esquecer que "É o amor" sempre foi tachada de "brega", por exacerbar um sentimentalismo melodramático. Bethânia teve de lidar com essas provocações em entrevista ao jornalista Pedro Alexandre Sanches, da *Folha de S.Paulo*:

MARIA BETHÂNIA: Não sou craque em TV, fico perdida, assustada...

FOLHA DE S.PAULO: Tem a ver com o circo de horrores que tomou a TV?

MARIA BETHÂNIA: Nunca vi um programa inteiro do Ratinho. Sei da figura dele, do sucesso dele. Se agora está circense, pra mim sempre foi um pouco, até no tom que as pessoas usam. Não estou acostumada, lá em casa falo baixo, sempre falei.

FOLHA DE S.PAULO: Esses depoimentos são da mesma pessoa que faz sucesso com "É o amor", sucesso popularesco da dupla sertaneja?

MARIA BETHÂNIA: Não entendo por que você pergunta uma coisa junto da outra. Não acho que faça parte do mesmo universo. Discordo.

FOLHA DE S.PAULO: A música era tema da propaganda do condimento Sazón.

MARIA BETHÂNIA: Não tenho nada a ver com a propaganda do Sazón. Essa música, pra mim, é bonita. O mínimo que me resta na vida é um pouco de liberdade [ri]. Todo mundo noticiou que Mariozinho Rocha, da Globo, me pediu para gravar para a novela das oito [a canção de fato entrou na trilha de *Suave veneno*, em 1999]. Era um momento em que eu ia fazer um disco olhando para o interior, para a região onde nasci, o Nordeste. "É o amor" é uma canção que sinto que toca essa gente do interior. Faz parte do meu pensamento, não está fora de nada.

FOLHA DE S.PAULO: Até entre sua legião de fãs houve reações do tipo "ela não precisava ter feito isso".

MARIA BETHÂNIA: Ficaram chocados. Mas não é uma questão de precisar, é querer. O entendimento está errado. As pessoas que se veem refletidas na minha arte, é bobagem pensar que tenham algum controle ou conhecimento completo sobre mim. O Brasil é misturado, eu sou brasileira. Do mesmo modo que eu adoro Chico Buarque, minha sensibilidade também é tocada por uma canção que não é um primor de qualidade musical. Não fico surpreendida nem triste que algumas pessoas da minha legião se decepcionem, mas isso é uma bobagem.

Folha de S.Paulo: Você gravaria "Pense em mim"?

Maria Bethânia: Não. Essa não acho bonita. Fiquei comovida quando aquele menino [refere-se a Leandro] morreu, mas não acho uma música para eu cantar. Não me comove. "É o amor" sim. Até mudei um pouquinho da melodia, eles fazem naquele estilo deles de cantar, duas ou três notas, que não acho bonito, tirei.

Folha de S.Paulo: Ao lado dos sertanejos, no disco, está Villa-Lobos. Qual é a unidade entre eles?

Maria Bethânia: Não sei nem se tem unidade. O Brasil e o mundo estão assim, está tudo muito desregrado. É como sinto, principalmente minha região, de índias castradas com parabólicas, computadores na seca, onde não brota nada. O Brasil sempre foi isso. É uma mistura, uma confusão. Temos Villa-Lobos, Tom Jobim, temos o sucesso de programas do Tchan, do Ratinho, o padre que canta, o homem da outra religião que faz, a mulher que dança. Não estou dizendo que isso é bom ou ruim, só que é assim. Estou apenas constatando.[119]

Em entrevista ao *Jornal do Commercio*, de Recife, Bethânia afirmava que a canção de Zezé Di Camargo não era "uma música sertaneja, mas sim uma canção romântica. [Trata-se de] uma música tão boa quanto muitas de Gonzaguinha. Eu canto as coisas que me tocam, sou bastante sincera em relação à minha música. Não tenho preconceitos. Canto o que me toca".[120]

A gravação de Bethânia serviu para abrir mais portas na incorporação dos sertanejos à memória da música brasileira. Não era mais inadmissível misturar MPB e música sertaneja.[121] E muitos seguiram a trilha libertária de Bethânia.[122]

Em 2006 Chico Buarque também se afeiçoou à música sertaneja e aceitou participar da gravação da canção "Minha história" no LP de Zezé Di Camargo & Luciano daquele ano. A música havia sido gravada pela primeira vez em seu LP *Construção*, de 1971.

Não era a primeira vez que um sertanejo regravava Chico Buarque. Chitãozinho & Xororó haviam gravado "Gente humilde" em 1990. Mas então o simbolismo da gravação era outro. Em 1990 a canção regravada por Chitãozinho & Xororó passou batida. Embora a versão de Zezé Di Camargo & Luciano com Chico Buarque de "Minha história" em 2006 tampouco tenha tocado muito, ela era a ponta do iceberg de um processo de legitimação crescente da música sertaneja. Os sertanejos repetiam com

"Minha história" aquilo que os caipiras Pena Branca e Xavantinho fizeram na década de 1980 para se aproximar da MPB.

Da política formal à política do caipira

Se o romantismo sertanejo passou a ser incorporado na segunda metade dos anos 1990, abrindo possibilidades de encontros de gêneros distintos, isso se deveu de certa forma à flexibilização de uma parcela da crítica e de artistas da MPB. Abrandados os rancores de parte a parte, os sertanejos conseguiram ser vistos para além do romantismo brega.

Até setores da esquerda, que tradicionalmente eram críticos aos sertanejos, passaram a aceitá-los e incorporá-los. Isso pôde acontecer parcialmente porque se percebeu na produção sertaneja algum tipo de "consciência" em relação à realidade social.

Em 2002 o então candidato do PT à presidência pela quarta vez, Luiz Inácio Lula da Silva, adotou em seu programa político a canção "Meu país", de Zezé Di Camargo & Luciano. A dupla apoiou o candidato vitorioso e fez vários showmícios para o petista. A canção havia sido composta em 1998, mas passara relativamente em branco nas eleições desde então, apesar do tom bastante crítico: "Se nessa terra tudo que se planta dá/ Que é que há, meu país?/ O que é que há?/ Tem alguém levando lucro/ Tem alguém colhendo o fruto/ Sem saber o que é plantar/ Tá faltando consciência/ Tá sobrando paciência/ Tá faltando alguém gritar/ Feito um trem desgovernado/ Quem trabalha tá ferrado/ Nas mãos de quem só engana/ Feito mal que não tem cura/ Estão levando à loucura/ O país que a gente ama."

Não era o primeiro protesto gravado por Zezé Di Camargo & Luciano. Em 1996 eles haviam lançado um petardo que poderia ser incorporado a qualquer canção de protesto de qualquer tempo, a canção "E Deus por nós": "São bocas feito feras dividindo a fome/ O homem atrás da vida e a vida atrás do homem/ A chuva faz barraco e morro desabar/ E os rios continuam indo atrás do mar/ Se o grito pela vida é a porta de saída/ Por que calar esta voz?/ [...] / Se Deus criou o trigo e o pão cadê?/ Na luta pela terra quantos vão morrer?/ As mãos em puro calo só querem plantar/ E os rios continuam indo atrás do mar."

Zezé mostrava-se consciente do tom político das canções e achava que deveria participar do contexto de seu país, como deixou claro em entrevista ao *Jornal da Tarde* em 2001, antes mesmo de participar da campanha de Lula no ano seguinte:

> JORNAL DA TARDE: A faixa "Meu país" tem um enfoque social. Você sente falta de cantar mais coisas assim?
> ZEZÉ DI CAMARGO: Sinto. O artista, como o político, vive da generosidade do povo, que compra os nossos discos, vai aos nossos shows. Por isso, o artista deve se posicionar como cidadão, com opiniões próprias e uma maneira de pensar. "Meu país" é exatamente a minha maneira de pensar sobre uma coisa que me atingiu na minha infância e está no dia a dia. O mais importante para o ser humano é a barriga cheia. A música fala disso.[123]

A compositora Fátima Leão, coautora de "E Deus por nós" ao lado de Zezé, pensava de forma parecida: "Lembra quando teve aquele massacre em Carajás [em 1996]? Foi por isso que eu fiz a música! Se a chuva faz o morro desabar, por que não dão um jeito, sabe? Não tem outra maneira de morar no Rio a não ser no morro? Eu não vejo só a Fátima Leão, eu vejo o mundo! Mas eu não estou fazendo mais protesto, não! O amor e a paixão dão mais lucro", disse a compositora em entrevista para este livro.

Fátima Leão ficou muito desiludida quando "E Deus por nós" foi usada no filme *Central do Brasil*, filme de Walter Salles de 1998. Segundo ela, o cinema nacional não valorizava a música brasileira: "Eu fiquei muito triste com essa inclusão. Por um simples motivo. O filme teve uma grande arrecadação, mas eu ganhei exatamente R$ 44. Para mim não compensa que uma música minha participe de filme, pois o cara que fez o filme vai ganhar dinheiro, menos eu! Então, qualquer um que hoje quiser botar uma música minha, antes tem de me dar R$ 50 mil. Poxa! *Central do Brasil* concorreu ao Oscar, né!"[124]

Apesar dos problemas de pagamento de direitos autorais e dos rancores pessoais, a música sertaneja estava sendo crescentemente aceita. Até um filme do cinema nacional de cunho de denúncia, como *Central do Brasil*, consentia incorporar os sertanejos.

Se por um lado a rejeição aos sertanejos se flexibilizou, por outro os próprios sertanejos abrandaram as críticas aos caipiras e os incorporaram ao seu trabalho. Vendo-se como *tradição*, os sertanejos passaram a traduzir o caipira.

Em 2007 Chitãozinho & Xororó lançaram o disco *Grandes clássicos sertanejos — Acústico II*. Na verdade tratava-se de uma nova versão da proposta de reciclar as tradicionais canções caipiras, já presentes no disco de 1996, como comentado anteriormente. Entre as reciclagens estavam "No rancho fundo", "Chitãozinho e chororó", "Cavalo enxuto", "Saudade de minha terra", entre outras. Dessa vez os irmãos incluíram também os seus próprios "clássicos", como "Brincar de ser feliz", "Sinônimos" e "Fio de cabelo", além de "Vá pro inferno com seu amor", originalmente gravada por Milionário & José Rico em 1976. A proposta de juntar artistas caipiras e da MPB também se manteve. Almir Sater tocou "Rio de lágrimas", Zé Ramalho contribuiu com "Sinônimos" e Lulu Santos tocou guitarra em "Estória de um prego". O caso de Lulu é ainda mais emblemático se lembrarmos que ele foi um dos principais opositores do sertanejo no início da década de 1990.

Nesse disco há falas de Chitãozinho & Xororó que sintetizam bem as mudanças na música sertaneja como um todo. Antes de regravar "Caipira", uma canção composta por Joel Marques originalmente gravada por eles mesmos em 1992, a dupla fez o seguinte comentário:

> CHITÃOZINHO: Esta canção também é do nosso repertório, é uma canção antiga... O autor Joel Marques foi muito feliz quando ele escreveu as palavras do gosto do homem do campo, do homem da terra... Esta música se chama "Caipira", prestem atenção!
>
> XORORÓ: Na verdade a gente gravou esta música, mas a gravação de anos atrás a gente falou um português assim mais... como todo mundo fala aqui...
>
> CHITÃOZINHO: Errado...
>
> XORORÓ: Então agora a gente vai refazer porque a gente quer falar como o caipira fala. Ele fala mais ou menos assim...
>
> CHITÃOZINHO: Ele fala mais certo que nós! Ele é autêntico!

Nos arranjos o violão foi substituído pela viola. A balada da gravação original tornou-se um ponteio. O solo de cordas orquestradas foi substituído pelo acordeão. O português gramaticalmente correto e sem sotaque foi substituído pelo português do caipira: "O que eu visto *num* é linho/ Ando até de pé no chão/ E o cantar de um passarinho/ É pra mim uma canção/ Vivo com a poeira da enxada entranhada no nariz/ Trago a roça bem *prantada*/ Pra servir meu país/ [...] / Sou, sou desse jeito e *num* mudo/ Aqui eu tenho de tudo/ E a vida *num* é mentira/ Sou, sou livre feito um regato/

Eu sou um bicho do mato/ Me *orguio* de ser caipira/ [...] / Pois caipira de verdade/ Nasce e morre desse jeito."

Fazia parte da estética de retorno ao passado preservar o tipo de fala gramaticalmente errado do caipira.[125] Chitãozinho & Xororó deixaram de ser cantores da modernidade para se tornar bastiões da tradição.

A *recaipirização* é um processo pelo qual passaram todos aqueles artistas sertanejos que fizeram muito sucesso nos anos 1990. Zezé Di Camargo e Luciano tiveram essa postura catalisada por causa do filme *2 filhos de Francisco*, de Breno Silveira, de 2005. O filme conta a história da dupla desde a infância de Zezé e o irmão Emival até o estouro com Luciano de "É o amor", em 1991. A trilha sonora do filme é um exemplo das novas relações dos artistas sertanejos. Lançada em CD, a trilha foi produzida por Caetano Veloso junto com o próprio Zezé, um encontro impensável uma década antes. Entre os participantes da trilha estavam Caetano Veloso, Maria Bethânia, Ney Matogrosso, Nando Reis, Wanessa Camargo e Chitãozinho & Xororó. No repertório, músicas identificadas à tradição caipira como "Luar do sertão", "Calix bento" e "Tristeza do Jeca", além de canções da dupla.

O caso de "Tristeza do Jeca" é bastante simbólico do novo-velho momento da música sertaneja.[126] Originalmente a canção foi composta em 1918 por Angelino de Oliveira e gravada pela primeira vez em 1924: "Eu nasci naquela serra/ Num ranchinho beira-chão/ Todo cheio de buracos/ Onde a lua faz clarão/ Quando chega a madrugada/ Lá no mato a passarada/ Principia um barulhão/ Nesta viola, canto e gemo de verdade/ Cada toada representa uma saudade."

Todas as vezes que um artista quis se aproximar da tradição, gravou essa música. Rogério Duprat gravou-a em 1970; Renato Teixeira, em 1971 e 1974; Inezita Barroso, em 1962, 1976, 1993 e 1998; Sérgio Reis, em 1976 e 1977; Almir Sater, em 1989; Chitãozinho & Xororó, em 1996; Zezé Di Camargo & Luciano, em 2003; Caetano Veloso e Maria Bethânia, em 2005; Yamandú Costa, em 2001; Wagner Tiso e Milton Nascimento, em 2002; Paula Fernandes, em 2010; Bethânia novamente, em 2007. Em 2008, Roberta Miranda gravou-a no CD intitulado, não por acaso, *Senhora raiz*.

Em 2010, "Tristeza do Jeca" foi institucionalizada por completo ao ser incluída no projeto MPB nas Escolas, realizado pelo Instituto Cultural Cravo Albin, em parceria com a Secretaria Estadual de Educação do Rio de Janeiro, sob produção e supervisão do pesquisador Ricardo Cravo Albin. O projeto tinha por objetivo fornecer instrumental a professores das escolas públicas cariocas para a inclusão da música popular brasileira nos currículos escolares enquanto importante elemento de nossa história cultural. A tradição legítima de ser ensinada é a caipira e seus elos com o mundo do campo, agora incorporado pelos sertanejos modernos. Regravar "Tristeza do Jeca" é associar-se diretamente à tradição.

Zezé Di Camargo percebeu a diferença no público quando se associou de vez à tradição caipira através do filme *2 filhos de Francisco* e dos clássicos do sertão:

> PERGUNTA: Ainda existe muito preconceito em relação às músicas de vocês?
>
> ZEZÉ DI CAMARGO: Quando a gente começou, as pessoas não entendiam, achavam que a gente cantava mal. O filme ajudou muito. Teve gente que entendeu a história e começou a olhar para a dupla de uma maneira diferente. Eu sempre soube que a música sertaneja era muito querida entre os jovens, e as pesquisas comprovam isso. Às vezes eu olho para o público do nosso show e penso: "Meu Deus, essas pessoas se perderam, foram ver o Pepeu Gomes e vieram parar aqui!" Umas meninas de cabelo colorido, piercing, tatuagem, todas loucas pela gente.[127]

A partir da construção do elo com a tradição, os próprios sertanejos foram reformulando suas opiniões acerca de si mesmos. E começaram a reconstruir suas autobiografias vendo-se como herdeiros da tradição. Zezé foi um dos que mudaram o discurso de forma radical.[128]

Em 2009 Zezé Di Camargo e Luciano lançaram o CD *Double face*. Tratava-se de um disco duplo, o primeiro com sucessos inéditos, o segundo apenas com regravações de clássicos caipiras. Em entrevista ao jornalista Sergio Martins para um programa de internet no ano anterior, Zezé já fazia questão de se colocar como elo da tradição:

> SERGIO MARTINS: Eu já perdi a conta de todas as vezes que eu entrevistei Zezé Di Camargo & Luciano. O Zezé fazia sempre a mesma reclamação: "As pessoas me chamam de brega, de breganejo, de sertanejo romântico, mas elas se esquecem que eu tenho uma bagagem de música caipira maior que qualquer outro artista do gênero." O *Veja Música* decidiu fazer um desafio. Eu liguei pro Zezé e falei: "Já que você conhece tanto de música caipira, vem aqui e faz um *medley* de música caipira

pra gente." O Zezé aceitou o desafio. [...] Como é a influência da música caipira na vida de vocês?

ZEZÉ DI CAMARGO: Na minha música, na minha vida, total. O Luciano já sabe, quando bato uma nota no violão, a primeira música que vem na minha cabeça é uma música bem sertaneja, bem raiz, lá de trás. É uma coisa que a gente, que eu cresci ouvindo, que influenciou a minha formação musical: é Liu & Léo, Tonico & Tinoco, o próprio Chitãozinho & Xororó no começo. Mas é claro que pra você fazer sucesso você tem que pegar essa influência e adaptar com coisas que você está ouvindo, que são coisas mais atualizadas, mais urbanizadas.

SERGIO MARTINS: Uma das críticas que você fazia aos jornalistas que diziam que vocês não faziam música caipira é que eles só sabiam citar uma dupla, o Pena Branca & Xavantinho. E citavam "Cio da terra", que nem era deles.

ZEZÉ DI CAMARGO: Muita gente acreditava que Pena Branca & Xavantinho foi uma dupla que teve influência na formação musical sertaneja. E, na verdade, é claro que teve uma influência nessa geração nova, mas eles beberam na fonte de Liu & Léo, Zico & Zeca, Tonico & Tinoco. E conseguiram projetar isso dentro da MPB. Na ocasião o Milton Nascimento foi a grande alavanca deles, que os botou na mídia. E aí todo mundo achava que havia sido Pena Branca e Xavantinho que começaram o sucesso da música sertaneja... Tião Carreiro e Pardinho são, pra mim, os grandes realmente, que influenciaram toda essa geração de moda sertaneja de viola.[129]

A recaipirização ajudava na institucionalização da música sertaneja. Não obstante, a institucionalização é um processo vivo, ambíguo e conflitante, no qual as disputas estão em jogo. Mercado e práticas de rede da própria música sertaneja jogam papéis às vezes próximos, às vezes atritantes. É preciso sempre analisar caso a caso de cada personagem da história da música sertaneja para melhor entender as ambiguidades do gênero e do meio que o envolve, de forma a pensar além dos jargões "mercadológicos" usados para depreciar os gêneros populares massivos.

E para se entender a metamorfose sertaneja em direção à tradição é preciso analisar a nova geração universitária surgida a partir de meados dos anos 2000. O surgimento de jovens tensionando o gênero também ajudou a transformar Chitãozinho & Xororó, Leandro & Leonardo e Zezé Di Camargo & Luciano em pais da música sertaneja. Por isso o sertanejo universitário, que será abordado em seguida.

10. Os netos de Francisco
O sertanejo universitário e o Brasil dos anos 2000

Em 19 de agosto de 2005 foi lançado o filme *2 filhos de Francisco*, dirigido pelo até então pouco conhecido Breno Silveira. Inicialmente, o diretor não se mostrou muito empolgado, visto que pouco contato tinha com o mundo sertanejo. A ideia de produzir o filme partiu da própria dupla, que, numa jogada promocional, queria mostrar sua trajetória para seus fãs. Breno foi então convidado a conhecer seu Francisco, o pai dos irmãos Zezé Di Camargo e Luciano, em Goiás: "Seu Francisco me buscou no aeroporto e me levou a uma casinha no meio do nada, onde me contou sua história. No fim, chorei. E decidi fazer o filme."[1]

"Eu não acreditava de jeito nenhum que a gente pudesse romper preconceito e sair de uma classe social específica. Até pensei que podia atingir um público diferente, mas, se isso acontecesse, eu poderia perder o público da dupla, porque eles aparecem pouco", relembrou-se Breno Silveira dos tormentos pelos quais passou. "Fiquei com receio de não atingir nenhum dos públicos. [Quando da exibição do filme], no primeiro fim de semana, fiquei muito *down*, porque [a bilheteria] não foi muito boa, e eu esperava fazer um milhão de ingressos..."[2]

O filme teve uma trajetória tortuosa, bastante diferente dos padrões pelos quais o cinema nacional vinha se reerguendo. Como regra no cinema brasileiro dos anos 2000, era normal que filmes tivessem mais público na estreia e depois este fosse caindo. Com *2 filhos* aconteceu o oposto.

Inicialmente a produtora e a distribuidora temiam a rejeição em salas características do público classe A. Mas as piores expectativas não se concretizaram. Outro possível problema, o "preconceito" contra o sertanejo, também não se concretizou. E o público foi aumentando.[3,4]

Das amarguras da fome à alegria do sucesso, o filme contava a biografia dos irmãos goianos com bonita fotografia e atores globais em seu elenco (Dira Paes, Ângelo Antônio, Marcio Kieling, Lima Duarte, José Dumont, Paloma Duarte). Os atores mirins atuando com naturalidade também deram colorido à trama. O roteiro de Patrícia Andrade e Carolina Kotscho era enxuto e sentimental, e contou com a participação do próprio Luciano e de Breno Silveira. A produção conjunta da Columbia TriStar Filmes do Brasil, Conspiração Filmes e Globo Filmes garantia que a película estrearia em várias salas pelo país e teria boa divulgação.

Apesar dos investimentos massivos, todas as expectativas subestimaram o filme. Quase ninguém pôde prever o fenômeno que *2 filhos de Francisco* se tornaria no cinema nacional. O filme de Breno Silveira atingiu mais de cinco milhões de espectadores, batendo o recorde de público desde a "retomada" do cinema nacional. A divulgação massiva nos programas da Rede Globo foi importante. Mas sobretudo o boca a boca foi fundamental para que *2 filhos de Francisco* se tornasse um marco. Alegre com a repercussão, Breno declarou na época: "Tínhamos chegado onde queríamos, e o filme continua forte. Minha bochecha está doendo de tanto eu rir."[5]

Embora tenha chegado às telas pegando o vácuo da retomada do cinema nacional, após os grandes sucessos de *Cidade de Deus*, *Cazuza*, *Carandiru* e *Lisbela e o prisioneiro*, o público acima da casa dos cinco milhões elevou o cinema nacional a um patamar que desde os anos 1980 não era alcançado.[6] O filme de Zezé e Luciano só seria superado por *Tropa de elite*, dois anos mais tarde, outro marco do cinema brasileiro.

O estrondoso sucesso era uma incógnita. Houve quem achasse, como o próprio Zezé Di Camargo, que o filme repercutiu por causa de seus fãs. "Temos o maior carinho e respeito pelos nossos fãs, e eles sabem disso. Somos artistas populares, viemos do povo. Já andamos apertados nos ônibus, passamos até fome, corremos atrás de emprego, exatamente como as pessoas que nos admiram. Não somos como eles; somos eles", disse Zezé.[7]

O que o cantor não conseguiu captar é que, mesmo em se tratando de Zezé Di Camargo & Luciano, os mais de cinco milhões de espectadores ainda eram um número espantoso. Mesmo tendo vendido cerca de 22 milhões de discos até então, eles nunca haviam vendido cinco milhões de cópias de um único CD ou LP. No auge da carreira, a vendagem beirava no máximo a casa dos três milhões de cópias no início dos anos 1990. Assim, o público que foi ver a dupla no cinema era muito maior do que seu público comprador de discos.

Breno Silveira via-se rompendo uma barreira com seu filme: "É importante quebrar o preconceito contra o gênero sertanejo, e espero fazer isso. Eu mesmo tinha barreiras que se quebraram depois da produção." Sua metamorfose pessoal ambicionava encontrar ecos na sociedade: "Meu maior sonho é que esse filme realmente rompa qualquer tipo de barreira de preconceito, não só com relação à música sertaneja, como com relação a filme nacional, como a tudo, porque eu fiz um filme que, se Deus quiser, é para qualquer tipo de público. É muito difícil você assistir o filme e não gostar das músicas, porque não existe 'não gosto de música sertaneja'... Se você assistir o filme e entender a história, [vai] entender um pouco melhor as letras e o porquê delas. Tem um interior do Brasil que fala de um modo tão *autêntico*, tão *bonito*, que às vezes as pessoas têm que romper um pouco esse preconceito e escutar..."[8]

Novamente a questão da *autenticidade* do sertão foi colocada em jogo. Para Silveira, tratava-se de falar das entranhas do Brasil: "Eu queria que o filme fosse muito brasileiro, cada som, cada casa, cada personagem. Eu queria muito fazer um filme com cara de Brasil, que falasse de um outro Brasil que também não é o Nordeste, não é o Sul, não é o Sudeste, é um filme para dentro do Brasil, mesmo", disse.[9]

Apesar do discurso do diretor, a "autenticidade" presente no filme agradou apenas a parte dos críticos de cinema. A recepção desse "Brasil profundo" por parte da crítica especializada foi ambígua.

A repercussão no Festival de Gramado serve como caso exemplar. Antes do lançamento oficial do filme, houve um pré-lançamento na capital do cinema nacional. Nas palavras do crítico de *O Estado de S.Paulo* Luiz Carlos Merten, "talvez não tenha havido, na história do festival, consagração mais absoluta que a de Zezé Di Camargo & Luciano na noite de apresentação do filme".[10] A exibição em primeira mão de *2 filhos de Francisco* começou por volta da meia-noite e meia, e o público não arredou o pé até o fim da exibição. Segundo *O Estado de S.Paulo*, 1.500 pessoas se amontoavam num cinema com capacidade para 1.100. Coincidentemente, o longa foi exibido no dia do aniversário de Zezé, 17 de agosto, que ficou extasiado ao ver confirmadas as melhores expectativas sobre o filme.

Por um lado, os especialistas não estavam tão entusiasmados. Apesar do sucesso de público, o júri do Festival de Cinema de Gramado não concedeu sequer um prêmio ao filme. Se dependesse dos críticos de Gramado, o filme não teria tido nenhuma repercussão.

Por outro lado, a Academia Brasileira de Cinema concedeu os prêmios de melhor ator (Ângelo Antônio), melhor ator coadjuvante (José Dumont) e melhor atriz coadjuvante (Paloma Duarte). Embora não tenha ganhado o título de melhor filme do ano (perdido para *Cinema, aspirinas e urubus*, de Marcelo Gomes), a película foi avalizada por outro júri, o do Ministério da Cultura. Especialistas associados à Secretaria do Audiovisual do Ministério da Cultura selecionaram *2 filhos de Francisco* como o filme brasileiro para concorrer ao Oscar do ano seguinte.[11]

Não foi uma escolha óbvia, muito menos unânime. O júri ficou entre três filmes: *2 filhos de Francisco, Casa de areia* (de Andrucha Waddington) e *Quase dois irmãos* (de Lucia Murat). Depois da decisão final, o jurado Rubens Ewald Filho declarou em coletiva de imprensa: "Optamos pela emoção. E também por ser uma história extremamente brasileira, com toque universal." Diante da possibilidade do Oscar, o diretor Breno Silveira se entusiasmava: "Não esperávamos que o sucesso fosse adiante. Essa trajetória de sucesso nos dá chance. O Hector Babenco diz que, se a história acabasse com os dois cantores fracassados, bebendo e chorando no boteco, o filme teria chances no Festival de Berlim. Como o desfecho é para cima, vitorioso, há boas chances no Oscar. Há uma curva ascendente que é comum aos filmes americanos."[12]

No entanto, a película não foi escolhida pelo júri americano para integrar os concorrentes de melhor filme estrangeiro da grande noite do cinema americano. De qualquer forma, seu sucesso tornou o diretor conhecido e reconhecido: "[Até] o cara do banco e do posto de gasolina agora me reconhecem", disse Breno Silveira.[13] A película foi marcante na autodescoberta do jovem diretor: "Eu aprendi com *2 filhos de Francisco* que eu gosto de mexer com emoção." De fato, desde então os filmes de Breno Silveira se destacam por essa pitada de drama emocional e familiar tão presente no filme da dupla sertaneja.[14]

O filme *2 filhos de Francisco* foi importante não apenas para a carreira de Breno Silveira e para o cinema nacional: foi fundamental para a história da música sertaneja no Brasil. Ele recolocou a questão das origens rurais como tema central. Esse processo de tematizar as origens, conforme visto capítulos atrás, teve início na segunda metade da década de 1990, quando as duplas passaram a vincular mais a ruralidade em sua estética num processo chamado aqui de *recaipirização*.

O filme de Breno Silveira dá continuidade à recaipirização e lastreia com precisão os pontos de inflexão através dos quais os sertanejos passaram a contar suas próprias histórias: 1) sempre relembrando a vida interiorana; 2) com ênfase na vida de pobreza e a luta para se libertar dela pelo trabalho individual; 3) misturando repertórios sertanejos e caipiras sem maiores questionamentos. Tudo isso está muito presente em *2 filhos de Francisco*. A fórmula narrativa da película de Breno Silveira se tornou modelo para todos os filmes posteriores.

Leandro & Leonardo não ficaram para trás. O programa de TV *Por toda minha vida* sobre a trajetória de Leandro, exibido pela Globo em 2007, também seguiu esse mesmo roteiro. O programa foi transformado em livro, e um filme está agendado para lançamento em 2015. Ambos intitulados *Não aprendi a dizer adeus*, também têm estrutura parecidíssima com *2 filhos de Francisco*. Retratam a vida pobre nas plantações de tomate até o auge do sucesso.

Os exemplos da influência narrativa de *2 filhos de Francisco* são vários. Ao completar quarenta anos de carreira, em 2010, Chitãozinho e Xororó lançaram o documentário *Nascemos para cantar*, sobre a trajetória artística da dupla. Pobreza, vida no interior, apologia do caipira, síntese da tradição e modernidade, luta cotidiana e sucesso redentor. Tudo remetia à narrativa de *2 filhos de Francisco*.

Em 2012 o cantor Daniel (da dupla com o finado João Paulo) celebrou trinta anos de carreira com a peça *Daniel — 30 anos, o musical*, encenado em 9 e 10 de dezembro daquele ano no Credicard Hall, em São Paulo. Em vez de um show comemorativo, no musical o cantor contracenou com uma equipe de atores e bailarinos, narrando sua história desde menino, seguindo a fórmula do filme de Breno Silveira.[15] A terra, a roça, a pobreza e o elo com a tradição e o sucesso espetacular: essa forma de contar a própria história também influenciou a nova geração.

Em 2010 foi lançado o DVD *Victor & Leo — A história*, no qual a dupla de sertanejo universitário conta sua trajetória. Esse documentário buscou mostrar a inserção da música de Victor & Leo na tradição da música rural brasileira. Contando com depoimentos de artistas de várias gerações (Renato Teixeira, Milionário & José Rico, Chitãozinho & Xororó, Leonardo, Bruno

& Marrone), além de entrevista com o folclorista José Hamilton Ribeiro, que dissertou sobre as origens caipiras do Brasil, o documentário foi feliz em realçar as ligações com a tradição. A pobreza, a vida no interior, as batalhas cotidianas, a influência caipira: tudo era referendado novamente.

Poder-se-ia dizer que essa fórmula narrativa segue a própria vida desses artistas e que, como eles têm origens semelhantes, os filmes acabam sendo parecidos. Mas esse argumento não leva em conta que a forma de se narrar é sempre uma escolha.

É importante comparar essa forma de contar a vida dos sertanejos com os especiais de TV que eles tiveram na primeira metade dos anos 1990. Praticamente nenhum dos vídeos sertanejos dessa época faz referência ao mundo rural pobre.

O especial de Leandro & Leonardo na TV Globo, com periodicidade mensal entre abril e dezembro de 1992, não fez referência consistente às origens da dupla em Goianápolis.[16] Nesse mesmo ano foi produzido um especial de Natal com a dupla. De acordo com a modernidade desejada então pelos sertanejos dos anos 1990, esse episódio foi gravado na Disneylândia, nos EUA, e mostrou a dupla à procura da namorada de Leandro, interpretada por Adriana Esteves.[17] Outros vídeos da época mostravam ricos rodeios, relacionamentos amorosos e até praias, mas quase nunca as origens agrárias pobres. O clipe de "Muda de vida", lançado por Zezé Di Camargo & Luciano em 1992, foi gravado no então recém-inaugurado píer da praia da Barra da Tijuca, no Rio de Janeiro, e todo o enredo se passava nela, em meio a biquínis, pranchas, jovens surfistas e ondas. O clipe de "Coração está em pedaços", de 1992, foi filmado numa casa de praia, com a dupla bem-vestida e a modelo Lisandra Souto fazendo caras e bocas. O clipe de "Eu só penso em você", em que Zezé & Luciano cantavam com Willie Nelson, foi gravado nos arredores de Nashville, EUA, em várias locações nevadas. Nova York no auge do inverno (com neve) foi o cenário de "Melhor que antes", clipe de 1993. Mesmo quando fazendas aparecem, como no clipe de "É o amor", gravado por Zezé Di Camargo & Luciano em 1991, ou ainda em "Página virada" (1989) e "Ela não vai mais voltar" (1994), ambas gravadas por Chitãozinho & Xororó, as referências são sempre fazendas ricas, aviões, caminhões, cavalos de raça e moda country americanizada. Nunca estavam em jogo a pobreza ou a ligação com as raízes humildes do camponês.

No início dos anos 1990 ainda não era vendável se falar das origens simplórias. O folclorismo e o caipirismo se tornaram crescentemente desejáveis entre os sertanejos muito em função do enorme sucesso de *2 filhos de Francisco*. É possível que essa virada no discurso sertanejo encontre suas origens na ascensão da chamada classe C, cuja proposta de *self-made man* vem se instaurando no Brasil através da metáfora do "guerreiro". A trajetória mostrada no filme é exatamente essa do "brasileiro que não desiste nunca".[18]

Para além das considerações sociológicas, *2 filhos de Francisco* consagra a institucionalização da geração dos anos 1990. Completa-se com o filme o fenômeno de *recaipirização*, e os sertanejos, depois de anos de batalhas com os caipiras, passaram a fazer parte da tradição, colocando-se como herdeiros (e produtores) desta.[19]

Isso foi possível em parte porque os embates com a música caipira, a MPB e o rock diminuíram muitíssimo. A disposição da MPB de contestar o sucesso sertanejo não estava mais tão presente nos anos 2000 como estivera antes, e cada vez menos depois do filme de Breno Silveira.

Símbolo disso é o fato de que a trilha sonora de *2 filhos de Francisco* foi produzida por Caetano Veloso ao lado de Zezé Di Camargo. Caetano não apenas produziu a trilha, mas também cantou no disco do filme de Breno Silveira. O baiano gostava da película e a defendia em entrevistas: "Acho *2 filhos de Francisco* um grande filme brasileiro. E os brasileiros o perceberam. Não creio que a questão fosse conquistar o público sofisticado para o mundo da música sertaneja. Foi mais conquistar o público de música sertaneja para o cinema. O filme era simplesmente irresistível, como filme, para 90% dos espectadores sofisticados que o viram antes do lançamento. [...] No fim, brasileiros de todos os tipos choravam e riam diante do filme."[20] "Eu chorei vendo *2 filhos de Francisco*", disse Caetano. Espantado, um jornalista cutucou o compositor, perguntando se se poderia comparar *2 filhos de Francisco* a filmes de Fellini ou Antonioni: "Bem, filmes são filmes. Acho que Fellini é um grande artista sentimental e popular. Isso não é coisa fácil. Você pode ser sentimental e popular, mas não ser grande. Pode ser popular e grande sem ser sentimental. Mas ser as três coisas ao mesmo tempo é só para gênios como Chaplin ou Fellini. Ou para acidentes como *2 filhos de Francisco*. [...] Antonioni não tem nada a ver com isso."[21]

Participaram da trilha de *2 filhos de Francisco* Caetano Veloso, Maria Bethânia, Ney Matogrosso, Nando Reis, Wanessa Camargo e, claro, Zezé Di Camargo & Luciano. Era a consagração da união MPB-música sertaneja. Caetano e Nando Reis foram ainda mais fundo na integração. O baiano cantou em dupla com Zezé Di Camargo a canção "Saudade brejeira". O ex-Titãs Nando Reis dividiu os vocais com Wanessa Camargo em "O lavrador".

É por todos esses motivos que *2 filhos de Francisco* foi importante também para a música sertaneja. Com seu público total de 5.319.677 espectadores, o filme contribuiu não apenas para alavancar o cinema nacional, mas sobretudo para catalisar e concluir a institucionalização da música sertaneja dos anos 1990.[22] Com a consagração e institucionalização da música sertaneja, as duplas dos anos 1990 viraram "estátuas", mitos da música rural. Criou-se um elo de toda a música rural, de Cornélio Pires a Zezé Di Camargo; da viola caipira à guitarra elétrica. Os sertanejos, finalmente vitoriosos na batalha contra os caipiras, conseguiram reconstruir suas identidades a partir da questão da terra, do culto às origens humildes e da construção de uma linha evolutiva da música rural da qual eles, sertanejos, seriam os filhos diletos.

Ao se transformar em mitos de si mesmas, as duplas dos anos 1990 perderam a vanguarda das mudanças. A partir de então, passaram a ser vistas não mais como a "modernidade", mas como a tradição. Tornaram-se "sertanejo de raiz", por mais paradoxal que o termo seja.[23]

E houve outro fator que contribuiu para a definitiva institucionalização dos sertanejos dos anos 1990: uma nova geração apareceu no cenário da música rural. Os sertanejos universitários avançaram na modernização da música sertaneja, fazendo aquela geração moderna dos anos 1990 parecer "tradicional".

"Ai se eu te pego": O sucesso do sertanejo universitário

O sucesso do sertanejo universitário é inegável. Do Rio de Janeiro ao Oiapoque, de São Paulo ao Chuí, o sucesso transborda por todos os lados.[24]

O sertanejo universitário nasceu por volta de 2005, e a consagração nacional veio de fato a partir de 2008. Em 2012 o sucesso internacional de "Ai se eu te pego", com Michel Teló, mundializou o fenômeno e consolidou a supremacia do gênero na seara popular da música brasileira.

Ocupando espaço cada vez maior no mercado, o sertanejo universitário avançou na mercantilização *big business* da música nacional. Em 2013 os custos de um DVD de Luan Santana passavam dos R$ 4 milhões.[25] Fernando & Sorocaba fazia uma média de 25 apresentações por mês, com um cachê médio de R$ 200 mil.[26] Victor & Leo, uma das duplas mais bem-sucedidas, fazia cerca de duzentos shows por ano.[27] Em 2009 a dupla mineira se orgulhava de já ter tocado em todas as capitais dos 27 estados brasileiros, fora as muitas cidades do interior que toda semana eles visitavam.[28]

Segundo o Ecad, a central nacional de arrecadação de direitos autorais, a música mais executada em 2009 foi "Chora, me liga", da dupla João Bosco e Vinícius. Em 2011 a canção ainda era a terceira mais tocada pelas rádios, numa lista do Ecad que tinha "Fugidinha", gravada por Michel Teló, como a preferida em shows e a que mais arrecadou. Em segundo lugar estava "E daí?", da dupla Guilherme & Santiago.[29]

Sorocaba, da dupla com Fernando, foi o quarto artista que mais arrecadou direitos autorais no mundo em 2011 e 2012, só perdendo para Justin Bieber, Lady Gaga e Alex Perls.[30] Antes de Sorocaba, Victor Chaves, da dupla com o irmão Leo, foi o artista que mais arrecadou em todo o Brasil de 2008 a 2010. Em 2012, entre os dez maiores arrecadadores, cinco eram sertanejos universitários, entre eles Sorocaba, Victor Chaves, Paula Fernandes, Gusttavo Lima e Luan Santana.[31]

Além do mundo real, os sertanejos tomaram o mundo digital. Victor & Leo teve a música para celular mais vendida de 2009, o maior número de downloads do ano e um aplicativo para iPhone que foi o mais baixado no país por duas semanas.[32]

Com a pirataria digital e a audição de canções através de sites como o YouTube, a internet se tornou território dos sertanejos universitários. É no mundo digital que fica bastante patente o sucesso do gênero. Segundo informações do Zeitgeist, um serviço criado pelo Google para analisar as buscas de seus usuários, dos dez artistas mais procurados pelos brasileiros no serviço em 2011, quatro eram cantores do gênero. Paula Fernandes aparecia em primeiro lugar, seguida de Gusttavo Lima (em terceiro), Luan Santana (nono) e Michel Teló (décimo). Ainda segundo o Zeitgeist, das dez músicas mais buscadas no Google em 2012, três foram canções sertanejas sobre carro: "Camaro amarelo", de Munhoz & Mariano (em segundo), "Vem ni mim, Dodge ram", de Israel Novaes (em sexto) e "Fiorino", de Gabriel Gava (décimo). Ainda havia uma quarta música "Te vivo", de Luan Santana (na quinta posição). O rodeio de Barretos apareceu como o décimo evento mais procurado.

O sucesso extravasava a internet e chegava à imprensa tradicional. Entre 2012 e 2013 o sertanejo universitário foi capa de revistas como *Época* e *Veja*.[33] Uma reportagem do site da revista americana *Forbes* advertia: "Você ainda não ouviu o fenômeno da música country brasileira? Você ouvirá." Em seguida a revista americana comparou o gênero a um mito do passado com grande repercussão no exterior: Carmen Miranda.[34] Isso tudo ficou menor depois do sucesso internacional de "Ai se eu te pego". Tendo tomado todo o Brasil no início de 2012, a canção cantada por Michel Teló chegou ao primeiro lugar do Latin Airplay, ranking da *Billboard* que indica as canções mais tocadas em rádios latinas nos Estados Unidos.[35] E fez sucesso em muitos países europeus, como Alemanha, Finlândia, Itália, França, Holanda e Espanha.

Em maio de 2013, o clipe de "Ai se eu te pego" era o nono vídeo mais visto na história do YouTube: tinha mais de 500 milhões de visualizações.[36] É como se quase 10% da população do mundo tivesse visto o clipe de Teló. Segundo as estatísticas do YouTube, entre março e abril de 2012 houve dias em que o clipe de "Ai se eu te pego" conseguiu três milhões de visualizações ao redor do planeta.

No rastro aberto por Teló, a canção "Balada", de Gusttavo Lima (aquela do "tchetchererê"), tomou toda a Europa. Em meados de agosto de 2012, "Balada" era a música mais baixada na loja de iTunes em seis países: Alemanha, Finlândia, Itália, Luxemburgo, Holanda e Espanha.[37]

Michel Teló era na verdade a espuma de um tsunami que desde 2005 tomou o Brasil. Quando, em janeiro de 2012, "Ai se eu te pego" bombou em todo o mundo, já se havia completado sete anos de sertanejo universitário. O gênero dominava o país.

Em pesquisa realizada em 2013 pelo Target Group Index a pedido da revista *Veja*, 47% dos ouvintes de rádio no Brasil ouviam música sertaneja. Em São Paulo e no interior, o número subia para 60%. Surpreendente para alguns foi o fato de que em Salvador 45% das pessoas disseram ouvir com frequência rádios que tocam o sertanejo.[38]

E, em meio à crise fonográfica, os sertanejos universitários ainda conseguiam ser veiculados por grandes gravadoras. Depois de começarem quase sempre de forma independente, foram contratados por gravadoras, como Universal, Sony e Som Livre. Ignorando-se os discos religiosos, seis dos dez mais vendidos do ano de 2009 foram de música sertaneja.[39]

Para quem dizia que o sertanejo universitário era moda passageira, os fatos demonstram uma contradição. Aquilo que inicialmente foi visto como momentâneo na verdade tem raízes profundas. A compreensão do sucesso do sertanejo universitário pode ajudar a entender o Brasil dos anos 2000.

"Nós vamos invadir sua praia": A batalha pelo Rio de Janeiro

O sucesso do sertanejo universitário catalisou uma inversão nos padrões culturais nacionais que incomodou muita gente, sobretudo os devotos da imagem do Brasil como berço do samba, da bossa nova e da MPB, e especialmente aqueles que consideram o Rio de Janeiro matriz cultural do Brasil. Depois de tomar todo o país entre 2005 e 2010, os universitários alcançaram o último bastião da resistência ao gênero: a capital carioca.

No carnaval de 2010, um novo tipo de música conquistou as ruas do Rio de Janeiro, onde tradicionalmente o samba e as marchinhas eram dançados pelos foliões. Na orla do rico bairro do Leblon, um bloco passou arrastando uma multidão de quinze mil pessoas. Era o "Chora me liga", com a dupla Rick & Ricardo, que cantava sucessos para um animado público.[40] Em 2011 o número de foliões que acompanharam a segunda edição do bloco quase triplicou, passando de quarenta mil pessoas. Nesse ano criou-se outro bloco ainda maior. Intitulado "E daí?", referência ao grande sucesso na voz de Guilherme & Santiago, desfilou pelas pistas do Aterro do Flamengo, onde pôde melhor acomodar o imenso número de fãs.[41]

Boates da Barra da Tijuca e da Zona Sul do Rio de Janeiro, a parte mais rica da cidade, tradicional berço da bossa nova, começaram a receber artistas do interior de braços abertos, com público cativo e bom retorno de investimento.[42]

No auge do sucesso em 2012, casas tipicamente cariocas, situadas no centro histórico da capital fluminense, lar dos sambistas tradicionais, também abriram suas portas para a onda sertaneja. Toda quinta, o samba saía de cena e sertanejos ganhavam os salões dos empreendimentos do dançarino Carlinhos de Jesus, o Lapa 40°. O nome da festa era Sertanejo 40°.

Em 2011, o Viradão Carioca, evento bancado pela Prefeitura do Rio de Janeiro que trazia diversos artistas para tocar em vários palcos pela cidade, convocou Luan Santana e Jorge & Mateus, que fizeram shows na Quinta da Boa Vista.[43] Luan voltou em 2012. Em 2013 vieram Chitãozinho & Xororó.

Ao contrário do que possa parecer, a guerra não estava ganha. A "batalha" pela conquista do Rio de Janeiro continuava, pois ainda havia resistências significativas.

O Rock in Rio é visivelmente uma dessas resistências. O festival de 2011 realizado na capital carioca excluiu de forma solene todo e qualquer sertanejo.[44] O Rock in Rio de 2013 manteve a censura.[45]

Outro dado impressionante deixa clara a dificuldade de muitos artistas sertanejos em adentrar as praias cariocas. Michel Teló só conseguiu fazer shows no Rio de Janeiro depois de ter um hit mundial, o megassucesso "Ai se eu te pego". Antes de partir para o exterior em uma turnê mundial, Teló fez um show no Píer Mauá, na região portuária da capital carioca, em 27 de janeiro de 2012. O Rio de Janeiro ainda era um "país estrangeiro" para os sertanejos.

Em 2009 Victor & Leo tampouco conheciam bem o Rio de Janeiro, apesar de rodarem todo o Brasil com seus shows. Mesmo depois do auge do sucesso, ainda não estavam familiarizados com a cidade: "É engraçado, o básico do Rio a gente ainda não conhece... O Pão de Açúcar, o bondinho, o Cristo Redentor, a Baía [de Guanabara]. A gente conhece só de vista, mas não foi passear lá ainda", disse Leo.[46]

Por tudo isso, não espanta que a resistência aos sertanejos estivesse presente inclusive em órgãos oficiais cariocas. Em 2006, Luiz Paulo Conde foi empossado secretário de Cultura do Estado do Rio de Janeiro pelo governador Sérgio Cabral. Conde já fora prefeito da cidade do Rio (1997-2001) e vice-governador (2003-2007). Como secretário de Cultura, Conde deu a seguinte declaração: "Gosto de música, mas música de qualidade, seja popular ou erudita. Tudo menos Sula Miranda e Chitãozinho & Xororó. Essas coisas passam ao largo para mim, não quero nem saber. São Paulo deu uma contribuição negativa à cultura brasileira com esse folk *fake*, uma música caipira que não tem nada a ver com a cultura do país, é coisa americana. Cultura brasileira é Chico Buarque, Edu Lobo, Tom Jobim..."[47]

A Bahia também sentia os efeitos da hegemonia da música sertaneja roçando o cangote. No carnaval de 2013 os sertanejos universitários incomodaram o carnaval soteropolitano ao subir em trios elétricos antes dominados pelas bandas de axé. Moraes Moreira então protestou: "Na Bahia está [havendo] uma invasão sertaneja absoluta no carnaval. Gusttavo Lima puxou um trio elétrico em Salvador. O carnaval da Bahia tem que caminhar para um lugar, mais bonito, mais essencial."[48] Sua afirmação encontrou eco em Alceu Valença, que, sem citar o sertanejo universitário, criticou as mudanças nas festas tradicionais pernambucanas: "Inventou-se agora o conceito de multiculturalismo, que é uma forma de enfiar qualquer coisa em festas populares como São João e carnaval."[49]

Comendo por dentro dois dos polos culturais mais importantes do Brasil, a Bahia e o Rio de Janeiro, os sertanejos eram incansáveis. No Rio de Janeiro era visível a conquista paulatina de terreno, apesar dos eventuais refugos e resistências. Desde 2009 sertanejos universitários como Victor & Leo, Bruno & Marrone e Luan Santana já passaram pelo Citibank Hall, tradicional casa de shows da Barra da Tijuca.[50] O clipe da canção "Perto de mim" (2013), da dupla Thaeme & Thiago, tem roteiro que se passa na cidade do Rio, entre os quarteirões da Lapa, vistas do Cristo Redentor e Pão de Açúcar e os tradicionais táxis amarelos cariocas. A Lapa também foi o cenário para o clipe "Só vou beber mais hoje", de Humberto & Ronaldo, em 2012. Victor & Leo também gravaram o clipe de "O tempo não apaga" no Rio em 2014, em meio a cenas da praia do Leme, Cristo Redentor e Urca. A cantora Paula Fernandes já tocou na Estudantina Musical, tradicional palco da gafieira no Centro do Rio.[51] Até o finado Canecão, tradicional palco da MPB, foi tomado pelos sertanejos universitários como o fora pela geração anterior. César Menotti, da dupla com Fabiano, deu peso ao show realizado na cervejaria de Botafogo: "Lembro que a ficha do sucesso só caiu para nós quando fechamos três dias seguidos no Canecão, em 2007, com ingressos esgotados. Tocar no Rio era como tocar em outro país. Era a confirmação de que estávamos no caminho certo."[52]

Os sertanejos universitários perceberam rapidamente que o Rio de Janeiro era a última fronteira. Luan Santana tomou a dianteira e gravou o DVD *Ao vivo no Rio* em 2011.[53] Consciente das disputas, o jovem cantor disse: "Todos os artistas sertanejos sentiam resistência do Rio. Estou levando o sertanejo para os lugares onde não tinha chegado forte ainda."[54] Sorocaba, empresário de Luan Santana e compositor de vários hits do cantor, entre eles "Meteoro", "Um beijo" e "Adrenalina", empolgou-se: "Nosso som está entrando até no Rio de Janeiro. E olha que é difícil falar de carroça e charrete para o pessoal que vive na praia!"[55]

Levando adiante a batalha, César Menotti & Fabiano gravaram em 2012 um DVD comemorativo de dez anos de carreira em pleno morro da Urca, importante palco da MPB e do rock dos anos 1980. Antes dos sertanejos universitários, já fizeram shows históricos no alto do morro da Urca artistas do peso de Tim Maia, Barão Vermelho, RPM, Hermeto Paschoal, Egberto Gismonti, Gal Costa, Caetano Veloso, Ney Matogrosso, além de Bob Marley e tantos outros. Todos sob a batuta do projeto Noites Cariocas, de Nelson Motta. O morro também foi palco da boate Dancin' Days, durante o auge da *disco music* brasileira na passagem dos anos 1970 para os 1980.

Foi nesse palco sagrado da música brasileira que os sertanejos universitários César Menotti & Fabiano pousaram. César se mostrou consciente do significado de gravar no morro da Urca: "A gente escolheu o Rio de Janeiro porque foi o último estado do Brasil em que nossa música chegou, já que o estado sempre foi restrito para a música sertaneja. Sempre tivemos dificuldades de tocar. Quando nós começamos a tocar lá só tinha uma rádio que tocava música sertaneja. E gravar o DVD de dez anos no morro da Urca foi para consagrar este momento. É algo até simbólico: conseguimos fazer a música sertaneja subir o morro! O Rio de Janeiro é o único estado do Brasil em que a capital influencia o interior, não o contrário, como em São Paulo, onde o interior influencia a capital. No Rio de Janeiro o funk desce o morro e vai para o Brasil. Então nós conseguimos o processo inverso com a música sertaneja, então foi por isso, para coroar este momento."[56]

Em 2013, Paula Fernandes gravou seu CD/DVD *Multishow ao vivo* no HSBC Arena, na Barra da Tijuca. O cenário do DVD de Paula emulava os figurinos característicos de festa junina e o palco convidava para um passeio na roça, com adereços como plantas e árvores. Numa das canções Paula aparecia montada em um cavalo puro-sangue de verdade. O Rio de Janeiro servia de palco para o interior.

A conquista da capital carioca pelos sertanejos, embora não tenha se dado de forma completa, demonstra a transição vivida culturalmente pelo Brasil nas últimas décadas. Sertanejo, pagode, axé, tecnobrega, forró eletrônico e por fim o sertanejo universitário: todos esses são gêneros populares que emergiram a partir dos anos 1990 e colocaram em xeque o papel do Rio de Janeiro como farol cultural do Brasil e do samba como símbolo do país. Por tudo isso, é sintomático que muitas das músicas do sertanejo universitário cite lugares do interior e nunca o Rio de Janeiro. Aliás, nem mesmo a capital paulista é citada nas músicas sertanejas. O sertanejo universitário desloca a produção cultural brasileira para o interior. Um exemplo interessante é o sucesso de 2012 "Tchu tcha tcha (Eu quero tchu, eu quero tcha)" de João Lucas & Marcelo: "É uma dança sensual, em Goiânia já pegou,/ Em Minas explodiu, Tocantins já bombou,/ No Nordeste as mina faz, no verão vai pegar,/ Então faz o tchu tcha tcha, o Brasil inteiro vai cantar."

A canção cantada por João Lucas & Marcelo aponta para um novo Brasil, onde os sucessos não mais precisam passar pelo Rio de Janeiro ou São Paulo para se tornarem nacionais. É uma nova realidade, na qual Goiânia,

Tocantins e os estados do Nordeste são culturalmente tão importantes quanto a capital carioca.

Até a década de 1990 os grandes sucessos radiofônicos de fato nacionais eram aqueles que conseguiam se irradiar através do Rio de Janeiro e de São Paulo. Artistas fora do eixo RJ-SP tiveram de se deslocar para essas capitais a fim de deslanchar suas carreiras. São vários os exemplos. Luiz Gonzaga saiu de Exu, interior de Pernambuco, e só fez sucesso depois de tocar na Rádio Nacional, no Rio. Elis Regina saiu do Rio Grande do Sul e Caetano Veloso e Maria Bethânia se mudaram da Bahia para poderem gravar discos e serem nacionalmente reconhecidos. Roberto Carlos teve de sair de Cachoeiro de Itapemirim (ES) para se tornar o Rei da música brasileira. Os sertanejos dos anos 1990 também tiveram que se mudar para São Paulo, onde gravavam os discos e tinham escritórios.

Hoje em dia esse deslocamento é cada vez menos necessário. As facilidades de gravação e a divulgação pela internet tornaram possível o sucesso regional e, às vezes, nacional sem que um artista se desloque para o Rio ou São Paulo. O caso de Victor & Leo é emblemático. Por causa da internet, conseguiram fazer sucesso inicialmente em Uberlândia, e não em São Paulo, onde trabalhavam, moravam e batalhavam pelo reconhecimento. O sucesso inicial dos sertanejos começou no interior e só depois chegou às capitais.

Aliás, não custa lembrar que os sertanejos são eles mesmos oriundos do interior, de cidades muito distantes dos tradicionais polos culturais do país. Victor e Leo são de Abre Campo (MG). Fernando é de Ji-Paraná (RO) e Sorocaba, embora tenha nascido em São Paulo, foi criado na cidade que lhe deu o apelido. César Menotti nasceu em Itapira (SP) e Fabiano, em Califórnia (PR). João Lucas nasceu em Miranorte (TO) e Marcelo, em Cáceres (MT). João Carreiro e Capataz são mato-grossenses de Cuiabá. Gusttavo Lima é de Presidente Olegário (MG). João Neto e Frederico são de Goiânia. Jorge e Mateus são de Itumbiara (GO). Paula Fernandes é de Sete Lagoas (MG). Michel Teló é de Medianeira (PR) e se criou em Campo Grande (MS). Aliás, a capital de Mato Grosso do Sul é berço de vários sertanejos, entre eles Luan Santana, Munhoz e Mariano, Maria Cecília e Rodolfo. Se Goiás era a capital do sertanejo dos anos 1990, agora Mato Grosso do Sul desloca esse eixo ainda mais para a fronteira.

A gravação dos CDs e DVDs "ao vivo" dos sertanejos universitários também denota a mudança de eixo. Fernando & Sorocaba gravaram disco ao vivo em Londrina (2007). Victor & Leo já gravaram DVDs em Uberlândia

(2008) e em Florianópolis (2012). João Bosco & Vinícius gravaram o CD/ DVD *Coração apaixonou* (2009) em Ribeirão Preto. *Ao vivo e sem cortes* (2009), de Jorge & Mateus, foi gravado em Goiânia, assim como o CD/ DVD de Cristiano Araújo de 2012. O CD/DVD *Gusttavo Lima e você* foi gravado em Patos de Minas (2011). Maria Cecília & Rodolfo gravaram *Com você* (2013) ao vivo em Campo Grande. João Carreiro & Capataz gravaram o CD/DVD *Xique bacanizado* em Maringá (2013).

A invasão da praia carioca pelos sertanejos universitários é o coroamento de um processo de longa data. Agora fica cada vez mais claro que o Rio de Janeiro, assim como São Paulo, ficou para trás na corrida pela vanguarda da cultura popular massiva no Brasil. O novo Brasil dos anos 2000 não tem mais como centro cultural nenhuma dessas duas cidades.

O caso da capital paulista é ainda mais problemático, pois tem a ver com a identidade que a cidade quer projetar. Se o Rio de Janeiro reagiu aos sertanejos, São Paulo sempre teve posições ambíguas diante do gênero. Bem antes do Rio, as boates sertanejas pipocaram cedo pela capital paulista, sintomas de uma São Paulo que se identifica com o interior.

Na capital paulista, o sertanejo chegou ao público classe A. A pioneira foi a boate Wood's. Um dos seus fundadores era Charles Bonissoni, paranaense de Palotina radicado em Curitiba. Aos 28 anos, em 2007, ele fundou aquela que seria a primeira da maior rede de boates sertanejas. A franquia começou em Curitiba, e um dos sócios era o cantor Sorocaba. Mesmo quem nunca visitou a boate Wood's pode ter ideia de como são os ambientes dessa rede. O clipe de "Ai se eu te pego" foi gravado na casa de Curitiba, em 2011. Em 2013 já eram nove boates abertas e várias em construção e licitação pelo Brasil. A primeira casa em São Paulo tornou-se logo parte do cenário musical das classes mais ricas. Para Bonissoni, o sucesso do sertanejo universitário se explicava pela aceitação do gênero pelas classes altas: "Nós sempre gostamos de sertanejo, mas na época sertanejo era considerado 'brega' e não havia lugares com boa estrutura para se frequentar na cidade. Por essa falta, então, resolvemos montar uma 'boate' sertaneja que atendesse as expectativas de um público mais exigente."[57]

A maior dessas casas sertanejas paulistas não era a Wood's de Bonissoni, mas a Villa Country. Era mais do que uma casa de shows, pois concentrava restaurante, pista de dança, camarotes e centro de convenções. Ambientes diferenciados, como o Saloon e as Praças Sertaneja, Caipira e do Cavalo, davam o tom temático ao lugar. Em 2011 foi inaugurada a Villa Mix. Localizada na Vila Olympia, região nobre da capital, ocupa área de dois mil metros quadrados e tem capacidade para 1.500 pessoas.

Para além das questões de classe social, o êxito do sertanejo na capital paulista não se restringia aos mais abastados. Ele sempre fez sucesso entre os setores populares das periferias paulistas. A chegada ao público mais elitizado não foi obra da geração universitária, mas dos sertanejos dos anos 1990. De qualquer forma, há nos anos 2000 a radicalização dessa proposta, com o crescimento espantoso de boates e shows em estilo cada vez mais *big business*.

Não apenas de sucesso e bons negócios foi a história do sertanejo universitário em São Paulo. Um exemplo do repúdio ao gênero na capital é a sua pouca penetração na Virada Paulista, evento bancado pela prefeitura de São Paulo que, desde 2005, leva atrações gratuitas para o Centro da cidade durante 24 horas seguidas uma vez ao ano. Apesar de recente, tornou-se um marco do calendário da cidade. E também um marco do silêncio de São Paulo em relação à música sertaneja. Os únicos artistas aceitos pelos organizadores são os tradicionais caipiras. Na edição de 2013, Sérgio Reis e Renato Teixeira se apresentaram no Palco Júlio Prestes, antes de Criolo e Racionais MCs. Apesar do sucesso nacional, nenhum universitário ocupou um palco da Virada Paulista de 2013, embora Michel Teló tivesse sido convidado. Segundo o próprio, por questões de agenda, não pôde participar. Teló aproveitou para militar pelos amigos da seara universitária e protestou: "Eu fiquei feliz pelo convite, acho o projeto interessante, não pude por questões de data mesmo, principalmente por logística. Eu acho que deveria haver espaço igual pra todo mundo, não deviam deixar o sertanejo de lado. [...] Podia rolar a história do sertanejo no palco, dos mais tradicionais aos mais novos, pra gente poder mostrar que esse sucesso de hoje não nasceu ontem. [...] Um evento cultural tem que ter música sertaneja, que é parte de uma cultura genuinamente brasileira. A música sertaneja precisa ser respeitada."[58]

Um dos organizadores da festa, o produtor Alex Antunes, tinha outra versão e culpava o alto cachê pedido pelo músico: "O que me espanta (na verdade me diverte) é que o Michel Teló cause tanta repulsa, sendo um músico com raízes populares legítimas. [...] Ele foi cogitado porque soubemos que poderia vir por um cachê bastante amistoso, o que acabou não se confirmando." Não obstante o desencontro de agendas ou cachê, não deixa de ser espantoso que nenhum outro sertanejo tenha sido cogitado para substituir Teló.[59] Sem efeito, seu protesto soou no vazio. Em 2014 tampouco nenhum sertanejo foi convidado.[60]

Fica claro que, ao menos entre as instâncias governamentais, São Paulo parece ter problemas com a identidade interiorana. Trata-se de um dilema fundamental para uma cidade global como São Paulo, que culturalmente se vê refém do interior. Esse dilema paulista foi bem sintetizado pelo crítico Pedro Alexandre Sanches: "São Paulo é uma cidade do interior, apesar de ser uma capital. A música interiorana do Brasil passa por São Paulo fortemente, de Inezita Barroso, Cascatinha & Inhana, até as duplas que vêm pra cá, Chitãozinho & Xororó, Zezé Di Camargo & Luciano etc. Só que São Paulo quer ser Nova York e Londres, então ela foge dessa identidade como o diabo foge da cruz, ela não quer parecer caipira, sertaneja, interiorana... Só que eu acho que não escapa!"[61]

Vestibular para sertanejos

Apesar de já ter tomado todo o Brasil, o sertanejo universitário teve ascensão bastante tortuosa. Inicialmente a chegada de novos artistas na seara sertaneja trouxe incômodo a alguns da velha geração. Zezé Di Camargo, sempre verborrágico, foi um dos que mais declarações deu contra os novos artistas. Em 2007 Zezé considerava o rótulo *universitário* "uma babaquice", como declarou ao jornal *Diário do Grande ABC*. E completou: "Os caras fazem sertanejo e nos imitam, imitam Chitãozinho & Xororó, Leandro & Leonardo e João Paulo & Daniel. Se você tocar as minhas músicas em qualquer universidade, todo mundo vai cantar."

Na época Zezé salvava da crítica apenas a dupla César Menotti & Fabiano. "Gosto muito deles porque foram pioneiros nessa onda. Tudo o que cria um novo modelo, mesmo que seja de regravações, como eles fizeram, eu respeito. O resto é a cópia da cópia", disse Zezé.[62]

A escolha por poupar César Menotti & Fabiano talvez se explique pelo fato de que a dupla regravava sucessos de Zezé Di Camargo, como "Coração está em pedaços" e "Sem medo de ser feliz", ambas composições de Zezé. Elas foram gravadas no disco marco do início do sertanejo universitário, o CD/DVD *Palavras de amor — ao vivo*, de 2005. Em 2008 César Menotti & Fabiano continuaram gravando o repertório de Zezé, como "Rédeas do possante" e "Você vai ver", no CD/DVD *Voz do coração*.

Zezé foi, no entanto, duro demais ao dizer que a única inovação da dupla foram suas regravações. César Menotti & Fabiano lançaram canções inéditas que tocaram bastante, como "Leilão" ("Eu vou fazer um leilão/ Quem dá mais pelo meu coração/ Me ajude voltar a viver/ Eu prefiro que seja você") e "Como um anjo" ("Como um anjo/ Você apareceu na minha vida/ Como um anjo/ Repleto de ternura e de paixão"). Ambas as canções foram importantes para a formatação da estética do sertanejo universitário, como se verá mais adiante.

Inconsequente, Zezé radicalizou nas críticas em 2008 e se tornou menos simpático às regravações de sua obra: "Você pegar e regravar uma música de um artista de vinte ou trinta anos atrás é uma coisa. Agora, você pegar uma música que foi sucesso com aquele artista, chegou a ser música de trabalho, menos de oito anos atrás... Aquilo não é tentar fazer sucesso, é pegar carona. [É porque] sabe que quando tocar a primeira nota o pessoal vai sair cantando."

Nesse ano Zezé preferiu valorizar o também compositor Victor Chaves: "Victor & Leo são de um talento extremo, compositores de verdade. Os outros não dá pra engolir. Tem gente cantando música e não gosta de sertanejo de verdade."[63]

A ira dos filhos de Francisco contra os netos prosseguiu. Em entrevista para o site G1 em 2008, cujo título era "O sertanejo universitário repetiu de ano", Luciano também criticou os novos artistas, salvando apenas Victor & Leo: "Victor & Leo, pra mim, já é uma realidade. Eles compõem, cantam muito bem e não copiam ninguém. Você vê um monte de cover de Zezé Di Camargo & Luciano, Bruno & Marrone... Agora, aquela turma que regrava um sucesso nosso de oito anos atrás e chama de sertanejo universitário é uma ofensa. Acho um desrespeito. Enquanto eles são sertanejos universitários, eu sou mestre. E se eles não conseguiram fazer sucesso depois de lançar três discos, eles são repetentes, não passaram de ano. [...] Cadê esses sertanejos universitários? Estão todos fazendo prova até hoje."[64]

A irritação de Zezé Di Camargo e Luciano em relação aos novos sertanejos tinha vários motivos. Pesou também o momento que Zezé vivia. Justamente quando Zezé atingia o auge da carreira, com a consagração que o filme 2 *filhos de Francisco* proporcionou, apareceram os universitários para disputar seu público.

E ainda havia um drama pessoal em jogo. A partir de 2005 Zezé começou a perder a voz. Mais tarde ele chegou a dizer: "Os últimos anos foram os mais tristes da minha vida. Eu estava perdendo minha alegria, eu estava perdendo a minha voz."[65] Nos shows com o irmão Luciano era cada vez mais visível o esforço de Zezé para cantar. Os rumores de que sua carreira estava ameaçada começavam a crescer, e, em janeiro de 2007, em uma entrevista ao *Fantástico*, Zezé tocou no assunto, mas sem demonstrar preocupação. "Na verdade, não era nem medo de dizer, era medo de acreditar realmente que seria necessário fazer a cirurgia. [Mais tarde] eu fiquei muito triste com pessoas, que eu ficava sabendo que falavam 'Zezé acabou'", lembra o cantor. O irmão Luciano também sofreu com a situação: "Quando eu sentia que ele não conseguia chegar em uma nota, que ele olhava para mim, a impressão é que ele estava me pedindo uma força, um abraço", disse o cantor. Zezé teve um cisto congênito em uma das cordas vocais. O cisto rompeu e o líquido se dissolveu dentro das cordas, criando uma aderência em toda a mucosa.[66] Embora a operação tenha sido bem-sucedida e Zezé tenha voltado a cantar, sua voz ainda dá sinais de desgaste. Provavelmente pela grande maratona de shows e sobretudo pela insistência em não mudar o tom original das canções. Zezé continua perdendo a voz.

Seja como for, esse drama pessoal ajudou a cultivar o repúdio do cantor em relação aos universitários, que ascendiam enquanto ele parecia, ao menos temporariamente, fechar as portas de seu futuro artístico.

E o tom das críticas do filho de Francisco ia aumentando. Em meio ao lançamento do CD/DVD *Duas horas de sucesso*, em 2009, Zezé falou que o sertanejo universitário era uma "mentira marqueteira": "Essas duplas não inventaram uma nova música. As letras não são intelectuais, elas não se formaram em universidades, a maioria deles nem frequentou uma universidade. Sou contra essa mentira marqueteira. [...] O público é o mesmo, a única diferença é que essas duplas novas aceleram o andamento da música tradicional. [...] O que eu não quero fazer é parte de um movimento. O artista tem que criar raiz, e não ficar entrando em modismos."[67]

Aos poucos, a partir de 2010, Zezé refez o discurso em relação aos universitários, passando a aceitá-los quase que integralmente. Mas ainda assim volta e meia criticava os novatos, como fez em entrevista para o programa *Roda viva*, da TV Cultura, em 2012: "'Festa no apê' [canção do Latino] e 'Ai se eu te pego' foram os dois maiores hits do rádio, que viraram praga mesmo, sucesso em todas as camadas sociais, todo mundo cantava... São ícones desse tipo de música que é um tipo de sucesso imediato... Daqui a dez anos qual a emoção que você vai sentir ao ouvir 'Ai se eu te pego/ ai, ai se eu te pego'? Você não vai sentir emoção nenhuma! Daqui a dez anos você vai ouvir 'Detalhes' [de Roberto Carlos] e vai se emocionar do mesmo jeito."[68]

Zezé Di Camargo não estava sozinho na crítica aos sertanejos. Em 2013, José Rico, da tradicional dupla com Milionário, acompanhou-o no repúdio ao apodo "universitário": "Acho que eles têm que se formar primeiro. Agora que eles estão começando na faculdade. Têm muita coisa a aprender. Música é cultura. Se você começar com muita frescura, já não é música. E também já não é mais cultura." Milionário, a segunda voz da dupla, complementava o coro: "Eu acho que os universitários entraram no sertanejo, mas não sabem o que é música sertaneja. Eles vivem na sombra de muito artista aí. Então você vai perguntar pra eles o que é uma cerca de arame, o que é um carro de boi, um arado, eles não sabem nada disso."[69]

Embora as gerações passadas do sertanejo tenham procurado inicialmente se manter distantes da nova geração, vários dos críticos não viam tanta diferença assim entre as duplas dos anos 1990 e dos anos 2000.

Durante o auge do sucesso de "Ai se eu te pego", a revista *Veja* chamou Michel Teló de "breganejo".[70] O termo era exatamente o mesmo que a revista usou durante anos para caracterizar os sertanejos da geração anterior. Na mesma linha foi a escritora, roteirista e apresentadora Fernanda Young. Ao ser perguntada quem era o artista mais brega do Brasil, ela cravou: "Luan Santana. E Michel Teló. Eu realmente acho que o Brasil está vivendo um dos piores momentos definitivamente a respeito da cafonice. [...] Luan Santana é um rapaz de vinte anos que parece que tem mais botox do que eu. Na verdade ele foi feito numa fábrica de ícones... Você vê que o Michel Teló é daquele mesmo shape só que loiro. [...] Não é engraçado, é triste! Estabeleceu-se o Luan Santana na vida de todos nós, e a gente não quer!"[71]

Críticos como Zuza Homem de Mello, autor de livros sobre a MPB, batia de frente com todos eles, inclusive Zezé: "Eu já disse uma vez, e teve gente que não gostou — mas tenho certeza que a maioria concorda: um compasso do João Gilberto vale muito mais do que toda a obra do Zezé Di Camargo. E é o que eu penso", profetizou Zuza em 2011 diante do sucesso de "Ai se eu te pego".[72]

O tradicional crítico Tárik de Souza tentava entender o fenômeno com base em índices econômicos e criticava Zezé e universitários numa mesma leva: "As mudanças sociológicas introduzidas no campo pelo agronegócio, seus utilitários de cabine dupla e rodeios luxuosos — que fez brotar até uma corrente de chamados 'sertanejos universitários' — parecem condenar os caipiras [...] à total obsolescência."⁷³ O crítico Lauro Lisboa Garcia, do jornal *O Estado de S. Paulo*, tampouco via diferenças entre as gerações: "Universitário ou não, esse tipo de música é muito brega, ultracomercial. Não vejo diferença entre o 'breganejo' de Leonardo, Daniel e Zezé Di Camargo & Luciano e esses novos. É o mesmo padrão de letras pobres, arranjos repetitivos, vozes estridentes e gemidos que doem no ouvido."⁷⁴

Muitos criticavam o sertanejo universitário pois viam no gênero uma suposta pasteurização da música brasileira. Foi o caso do compositor e cantor paraibano Chico César. No início do sertanejo universitário, em 2005, ele lançou a música "Odeio rodeio", uma parceria com Rita Lee: "Odeio rodeio e sinto um certo nojo/ Quando um sertanejo começa a tocar/ Eu sei que é preconceito, mas ninguém é perfeito/ Me deixem desabafar." Essa canção também foi cantada a plenos pulmões pelo grupo paulistano Teatro Mágico em shows na segunda metade dos anos 2000.⁷⁵

No encarte do compacto que lançou "Odeio rodeio", Chico César explicou: "A monocultura estética em torno de temas ligados ao agronegócio, copiada do modelo americano, tem subestimado a pujança criativa do interior do país. Chamamé, polca, toada, guarânia, rasqueado, rastapé, cateretê, catira (e mesmo o rock, o rap e o eletrônico das cidades médias) dão lugar a monotemáticas canções de dor de cotovelo com pretensa roupagem pop, empobrecendo o repertório de artistas inegavelmente criativos."⁷⁶

Mal sabia Chico César que suas pendengas com o sertanejo não acabariam por aí. Em 2011 ele se tornou secretário de Cultura do Estado da Paraíba, seu estado natal. Foi quando presenciou algo que muito o chocou, como relatou mais tarde: "Não faz muito tempo vaiaram Sivuca em festa junina paga com dinheiro público aqui na Paraíba porque ele, já velhinho, tocava sanfona em vez de teclado e não tinha moças seminuas dançando em seu palco. Vaias também recebeu Geraldo Azevedo porque ele cantava Luiz Gonzaga e Jackson do Pandeiro em festa junina financiada pelo governo aqui na Paraíba, enquanto o público, esperando a dupla sertaneja, gritava 'Zezé, cadê você? Eu vim aqui só pra te ver'."⁷⁷

Como secretário de Cultura, Chico César achou por bem excluir dos editais de financiamento público todos os artistas que ele associava à indústria cultural, que na sua opinião impunha a "monocultura da música". Seu principal alvo foram as bandas daquilo que ele chamava de "forró de plástico". E os sertanejos acabaram sendo levados de roldão, tragados no mesmo discurso crítico. Criou-se então uma polêmica na internet contra e a favor do secretário Chico César, sobretudo entre os internautas paraibanos. O assunto foi um dos mais comentados do mês de abril de 2011 e foi parar nos *trending topics* brasileiros do Twitter, entre os mais discutidos no microblog.[78]

Nem todos concordavam com Chico César. O baiano Tom Zé chocou-se de frente com o paraibano ao refletir sobre o papel de um secretário de Cultura: "O novo está acontecendo, e muitas vezes não vemos. Um tempo atrás, quando Chico César assumiu a Secretaria de Cultura da Paraíba, declarou que dinheiro público não ia bancar forró de plástico. Isso é perigoso. Os novos pegam os elementos que estão no mundo e os transformam. Eles estão muito vivos. Não dá pra desprezar esse processo. Miles Davis fez isso várias vezes durante a carreira e produziu coisas maravilhosas."[79]

O antropólogo Hermano Vianna, importante autor de livros sobre o samba e o funk cariocas, também viu algo de original no sucesso de "Ai se eu te pego", como explicou em 2013: "Há [um] aspecto interessante nessa brincadeira, que é bem mais que música. Ninguém, nem mesmo o fã mais 'inculto', acha que 'Ai se eu te pego' é um clássico de Tom Jobim. Aquilo é outra coisa: um mote para festa, para animação coletiva. [...] Michel Teló transformou o resultado em canção pop, que já foi apropriada em vídeos em todo o planeta, como 'Gangnam Style'. O que importa aí é o processo, a diversão agora, o riso solto, e não a obra-prima para ser venerada como fuga de Bach. É preciso julgar as duas coisas com critérios diferentes."[80]

Mas Tom Zé e Hermano Vianna eram vozes esparsas: a crítica aos novos era hegemônica. Na mesma linha da crítica à "monocultura da música" levantada por Chico César argumentava o colunista carioca Artur Xexéo. Ele associava a ascensão dos novos gêneros aos ventos trazidos pela "nova" classe C: "Não gosto de axé. Nem de pagode. Nem mesmo de sertanejo universitário. Por isso, não custa nada perguntar: dá para tocar outra coisa? Como qualquer brasileiro, me orgulho muito da nova classe média e dos oito milhões de conterrâneos que chegaram à sociedade de consumo nos últimos tempos. Consumo para todos! [...] Mas, vem cá, dá para variar o cardápio? [...] Tornei-me um estranho no ninho. Sou da velha classe média."[81]

Em 2013 o escritor Marcelo Rubens Paiva implicava com o epíteto "universitário" atribuído ao gênero: "Tem pensamento pré-socrático, semiótica, behaviorismo, sociobiologia, antropologia e darwinismo social, niilismo e hipóteses do pensamento ocidental debatidas nas letras? Algum indício das contradições do pensamento marxista? Marx aparece como historiador ou economista? [...] Nada disso. Sertanejo universitário retrata o pensamento que rola fora das salas de aula nas baladas estudantis. [...] O sertanejo universitário se apresenta como uma releitura distanciada do modelo anterior, [...] com um conteúdo que recupera a futilidade do novo pagode e detalha os efeitos macroeconômicos da expansão da fronteira agrícola e do lulismo — como exaltação do consumo, facilidade do crédito e mudanças na pirâmide social. [...] E pensar que 'Menino da porteira' e 'Chico Mineiro', compostos pela universidade da vida, deram em ganância e esnobismo 'universitários'."[82]

O cantor e compositor Guilherme Arantes também se pronunciou contra os universitários em abril de 2013: "Existe esse cenário de balada em um país infantilizado como o Brasil, um país que perdeu a profundidade. Agora é uma coisa rasa, é só festa. É só sertanejo, pagode. É só cana, laranja e boi. O Brasil emburreceu devido à monocultura. Nós temos regiões do país onde ninguém sabe quem é Milton Nascimento."[83]

Em 2010 o sambista carioca Nei Lopes preferiu a crítica irônica: "Para mim, a música melosa desses sertanejos se esgoelando é de extremo mau gosto. Da mesma forma, esse falso gospel e o som desses padres cantores que cobram cachês milionários por apresentação. Mas eles rendem muita grana para suas gravadoras e igrejas. Azar o meu."[84]

O maranhense Zeca Baleiro também despejou ironia contra os sertanejos universitários. Em 2012, no show *Calma aí, coração*, Zeca chamava à frente do palco os músicos da banda ao fim da apresentação e dizia: "Ultimamente eu tenho notado que o brasileiro, mais do que de música, ele gosta mesmo é de música coreografada, música para dançar. Tá aí Michel Teló, essa turma, que não me deixa mentir. Então, pra gente ficar bem na fita, a gente preparou um momento aqui pra vocês."[85] Zeca então cantou a canção "Funk da lama", na qual ironiza políticos, religiosos, esportistas, músicos, acusando o Brasil de estar caminhando para a lama. Vídeos foram divulgados no YouTube.

Os artistas associados ao rock nacional dos anos 1980 também criticaram os sertanejos universitários. Lobão foi um dos mais agressivos: "As pessoas não sabem mais o que é rock'n'roll. Cara, esse agrobrega, esse sertanejo 'universotário' é uma demência! Você pode até gostar, mas come cocô! Isso é cocô para se comer!"[86]

Os exageros de Lobão não eram solitários. Diante do sucesso de "Ai se eu te pego" no início de 2012, o tecladista da banda carioca Los Hermanos,

Bruno Medina, escreveu uma "Carta aberta a Michel Teló". Publicada em seu blog pessoal, a carta de Medina logo se disseminou pela internet: "Gostaria de desejar que sua turnê internacional, que se inicia agora em janeiro, seja a primeira de muitas. Aliás, não seria mau se você resolvesse passar logo todo o ano de 2012 viajando pelo mundo. Nada pessoal, é só uma precaução com o meu cérebro. Para terminar, um único pedido: da próxima vez que gravar uma música, em prol da sanidade mental de milhões de pessoas, por favor, considere não criar dancinhas."[87]

Não deixa de ser curioso que a crítica por um hit "pegajoso" venha de um artista cuja banda sofreu em 2000 as mesmas críticas pela igualmente "pegajosa" canção "Anna Julia".[88]

O curioso é que não era incomum que pessoas que foram intensamente criticadas como "mercadológicas" em determinado momento da carreira criticassem os sertanejos universitários exatamente pelo mesmo motivo. Outro caso inusitado é o do jornalista Pedro Bial, apresentador do *Big Brother Brasil*, programa muito condenado por produzir celebridades momentâneas, vender muitas marcas de produtos e ser considerado frívolo e banal por muitos críticos, mas adorado pelo público em geral. Bial lamentou as celebridades instantâneas do sertanejo: "A música brasileira vive um momento que não me atrai muito. A história da música brasileira é tão rica, veio com Chiquinha Gonzaga, Noel Rosa e Cartola. Depois teve a geração de Chico, Caetano e Gil. Seria difícil essa linhagem produzir mais uma geração de gênios. [...] Aquela história de acompanhar a carreira de grandes artistas, disco após disco, está sendo substituída por *pop-ups*. Um ano é o Luan Santana, no outro o Michel Teló."[89]

Bial fala como se seu programa não fizesse exatamente isso, criasse de forma industrial celebridades instantâneas *pop-ups*.

As críticas vinham de vários lados, inclusive da seara caipira. Inezita Barroso, que repudiou o sertanejo dos anos 1990, continuou renegando as inovações dos anos 2000 em entrevista ao jornalista Pedro Alexandre Sanches:

INEZITA BARROSO: Com música eu vou até o fim [ri], eu vou ver o que é. Mas tem umas que eu não gosto, decididamente, porque acho meio tapeação. Por exemplo, música não-sei-o-quê universitária. Já teve forró universitário no Nordeste, pra que fazer aqui? [...]

PEDRO ALEXANDRE SANCHES: Tem o sertanejo universitário também.

INEZITA BARROSO: É, mas não casa, né? Precisa casar.

PEDRO ALEXANDRE SANCHES: Isso que chamam sertanejo universitário, talvez os bisnetos de João Pacífico, você acha tapeação?

INEZITA BARROSO: É totalmente [...].

PEDRO ALEXANDRE SANCHES: E Paula Fernandes? É uma mulher compositora, como as que você lançava...

INEZITA BARROSO: Já ouvi. Eu acho um pouquinho fraco.

PEDRO ALEXANDRE SANCHES: Por quê?

INEZITA BARROSO: Não sei, acho que é o tipo de música. Não sei, acho que pensaram muito, muito depressa. Não pode ser rápido, sabe? A Globo tem essa mania. É chato, a obrigação da gente é fazer o artista quando é bom.[90]

Rolando Boldrin, outro intransigente defensor da música caipira, foi na mesma linha. E criticou o rótulo de universitário: "Universitário deveria estar preocupado com seu estudo, com a música de raiz brasileira. O que eles fazem não é música brasileira, não tem nada a ver com a nossa cultura."[91]

O violeiro Ivan Vilela, professor da Faculdade de Música da Universidade de São Paulo, sustentava discurso parecido: "Tudo é uma escolha das gravadoras, quem decide são elas. Os produtores percebem as tendências, então os ritmos surgem praticamente de laboratórios. Luan Santana é um menino de dezenove anos que faz cerca de trezentos shows por ano e fatura milhões. Para mim, está muito mais próximo de Justin Bieber do que de um sertanejo", afirmou o professor. "São músicas passageiras, daqui a algum tempo ninguém mais vai se lembrar de Michel Teló", disse Vilela categoricamente.[92]

Outros, em vez de criticar, preferiram o silêncio acerca do fenômeno social.

Em 2012 a revista *Rolling Stone* trouxe uma lista com as "100 maiores vozes" da música brasileira. Sequer um nome do sertanejo universitário ou mesmo do sertanejo dos anos 1990 foi citado nessa ou na lista dos "100 maiores artistas" da música brasileira. Se depender do júri da revista, tampouco nenhum LP ou CD sertanejo está cotado entre os "100 melhores discos" da história. Não há canções sertanejas entre as "100 maiores músicas brasileiras". Para a revista *Rolling Stone*, não existe música sertaneja no Brasil.[93]

Onde tudo começou...

Como começou o sertanejo universitário? É tudo uma armação da velha conhecida indústria cultural para moldar mentes e alienar o público? Como se define o sertanejo universitário? Quais são suas características? Em que o sertanejo universitário se diferencia do sertanejo dos anos 1990? Há alguma proposta estética na música sertaneja atual?

É difícil apontar um berço único do atual sertanejo universitário. Trata-se de um termo abraçado mais por fãs e mídia do que pelos próprios artistas. Seja como for, o apodo "universitário" tem procedência.

As mudanças no gênero começaram a ser produzidas por jovens com nenhuma relação (que não a admiração) com a geração anterior. Uma parte desses músicos estava em universidades. É o caso de João Bosco e Vinícius, que começaram a ficar conhecidos quando tocavam para universitários de Campo Grande (MS) em 2003. Vinícius era estudante de Fisioterapia e João estudava Odontologia.

Grande parte dos artistas do atual sertanejo realmente saiu dos bancos universitários. Jorge estudava Direito e Mateus, Agronomia. Maria Cecília e Rodolfo se conheceram nos bancos acadêmicos da faculdade de Zootecnia. O Sorocaba, da dupla Fernando & Sorocaba, estudou Agronomia. João Carreiro e Capataz são formados em Administração e Direito, respectivamente. Mariano estudava Zootecnia e Munhoz, Administração Rural. De forma que os cantores rurais, parcialmente, mudaram de estirpe. Agora são de fato, em sua maioria, universitários.

Outros não têm formação universitária, como Luan Santana, Victor, Leo, César Menotti e Fabiano, mas cantavam com frequência para esse público. Se na geração anterior Leandro e Leonardo foram plantadores de tomate e Zezé chegou a passar fome na infância, entre os universitários há certo conforto de origens, o que permitiu a vários deles ingressar na universidade.

César Menotti e Fabiano são filhos de garimpeiro bem-sucedido. Nunca tiveram problemas financeiros, embora na infância mudassem de cidade em cidade com o pai, em busca das melhores jazidas. Victor e Leo tiveram uma infância confortável no interior de Minas. Os pais de Michel Teló tinham um pequeno negócio. Paula Fernandes nunca passou necessidade. O pai de Luan Santana era bancário.

Para além dos vários artistas que surgiram sob o rótulo de "universitários", é preciso buscar aqueles que primeiro formataram o gênero. As origens do sertanejo universitário podem ser contadas pela trajetória de duas duplas pioneiras: João Bosco & Vinícius e César Menotti & Fabiano. João Bosco e Vinícius lançaram o CD independente *Acústico no bar* em 2003. Tratava-se de um disco com baixíssima qualidade de gravação, mas que começou a circular entre os fãs interioranos da dupla na região de Campo Grande (MS). Em 2005, lançaram mais um disco independente. O produtor era Ivan Miyazato, que criou um estúdio caseiro para gravar músicas daqueles artistas locais que não conseguiam competir com o *status quo* sertanejo da geração anterior: "Eu acho que o sertanejo universitário simplificou o que era o sertanejo na época. Porque nós não tínhamos condição de vir para São Paulo, contratar um grande produtor, em um grande estúdio, com todo aquele monte de músicos, né? Então a gente que tava em Campo Grande, Mato Grosso do Sul, não tinha essa oportunidade e não tínhamos como investir nisso, que era o que dava certo na época. Então o que a gente fez? A gente fez o nosso próprio caminho: 'Ah, vamos colocar o que temos e tentar seguir aí.' Foi onde, graças a Deus, houve aceitação. É uma coisa bem mais simples, mas é um simples benfeito, um simples direto, e atingiu. Foi o que mudou mesmo o sertanejo. Era considerado universitário por quê? Porque ia uma dupla num intervalo [das aulas de] faculdade, eles iam lá com dois violões e cantavam e agradavam. E foi assim..."[94]

O miniestúdio de Ivan Miyazato se tornou a primeira gravadora de Mato Grosso do Sul, a Pantanal, fundada em parceria com Michel Teló e seu empresário e irmão Teófilo Teló.[95] O produtor Ivan Miyazato era de classe média baixa, de pais descendentes de japoneses feirantes, que, embora sem grandes confortos, nunca passou grandes privações. Mesmo assim Ivan e João Bosco & Vinícius tiveram suas vidas mudadas pelo sucesso. A dupla conseguiria assinar contrato com uma grande gravadora. Miyazato tornou-se referência no gênero e montou um novo estúdio em Alphaville, subúrbio chique de São Paulo, e passou a cobrar R$ 120 mil pela produção de um sertanejo em 2012. Valor muito mais elevado do que os R$ 15 mil que cobrava em Campo Grande. Por sua mão ainda passariam Luan Santana, Fernando & Sorocaba e Maria Cecília & Rodolfo.[96]

De forma análoga a João Bosco & Vinícius, em 2004 César Menotti & Fabiano gravaram seu primeiro disco de forma independente. Lançado pelo selo Caravelas, o CD levava o nome da dupla no título e teve repercussão regional em Minas Gerais. No ano seguinte, chegou às mãos dos internautas o álbum *Ao vivo no Observatório*, de baixíssima qualidade sonora, mas que ajudou a dupla a consolidar seu público. Tratava-se de um disco gravado na casa de show Observatório, em Belo Horizonte, onde os irmãos começaram a cantar profissionalmente.

O sucesso regional aconteceu graças à pirataria e à divulgação na internet, e eles foram contratados pela Universal. Na gravadora multinacional o produtor Pinocchio, que fora o responsável por produções de discos de Gian & Giovani, Leandro & Leonardo e Bruno & Marrone, teve a ideia de gravar um disco ao vivo na boate Café Cancun, em Belo Horizonte, uma das casas onde a banda tocava com frequência. Quando foi mixar o disco *Palavras de amor — ao vivo* em São Paulo, teve de defender o projeto estético da simplicidade: "Quando eu cheguei para mixar, aí que foi o problema. Os técnicos de som odiaram aquilo. O cara queria refazer o violão, a batera... Eu disse: 'Meu amigo, se você refizer um, vai refazer tudo. Porque uma coisa é o ao vivo, o bolo, outra coisa é você botar tudo em linha certinho... O em linha vai ficar melhor para você ouvir, com certeza. Mas não tem energia!' No show o povo escuta o violão assim, eu quero esse violão no CD e DVD. [...] Os violões de 'Leilão' eles odiavam! Falavam que estava tudo desafinado. E foi uma das músicas que mais tocou. Se eu deixo mexer ali, eu perco tudo!"[97]

A partir daí as duplas começaram a pipocar. Seguindo o exemplo pioneiro de lançar discos caseiros na internet, Jorge e Mateus se conheceram em 2005. No mesmo ano, gravaram um CD independente na garagem da casa de Mateus, com algumas composições próprias e novas roupagens de clássicos da música sertaneja.

No início do sertanejo universitário a simplicidade era de fato a tônica. O produtor Dudu Borges, oriundo do mercado fonográfico evangélico, foi responsável por discos de João Bosco & Vinícius, Jorge & Mateus e Michel Teló. Sob sua batuta estouraram o disco *Curtição*, de João Bosco & Vinícius, que tinha o sucesso "Chora, me liga", e a canção "Ai se eu te pego", cantada por Michel Teló. Quando, ainda nos anos 2000, Dudu Borges teve de lidar com os novos artistas da geração sertaneja, também optou pela simplicidade: "Eu sou tecladista e não coloquei teclado. Porque eu sei que o povo não queria ouvir teclado naquela altura. E eu fiz o máximo do que eu poderia fazer com os violões, baixo, bateria. Pois era a hora daquilo. Era pra gente se adequar... É o lance de tirar o que de melhor você tem. [...] Aí teve o arranjo de sanfona no disco *Curtição* [de João Bosco & Vinícius]. Era muito diferente, muita pressão, bateria... Tudo aquilo foi muito pensado, demora muito fazer aquilo acontecer."[98]

O fenômeno se repetiu com outros artistas. Fernando & Sorocaba lançaram o CD/DVD independente *Ao vivo em Londrina* em 2006 e alcançaram sucesso regional entre os universitários paranaenses.[99] O primeiro DVD custou R$ 25 mil. Para divulgar sua obra, Sorocaba organizava a distribuição de CDs em praias durante as férias, aproveitando a presença de pessoas de diversas regiões. Também distribuía CDs em determinadas cidades alguns meses antes de realizar um show.[100] Com essas táticas de guerrilha cultural, Sorocaba começou a viver apenas da música. E o disco permitiu também que eles fossem ouvidos e contratados pela Universal.

Essa forma de atingir o público pela pirataria não era novidade. Isso aconteceu também com Bruno & Marrone. Não se pode dizer que eles sejam uma dupla universitária, pois começaram nos anos 1980. Mas o sucesso só chegou mais tarde, na virada dos anos 2000. São, de certa forma, uma dupla intermediária, que surgiu entre o boom dos anos 1980/1990 e a geração universitária.

Formada em 1986, a dupla lançou o primeiro disco em 1994, quando gravou o sucesso "Dormi na praça", hoje considerada um clássico da música sertaneja: "Seu guarda, eu não sou vagabundo, eu não sou delinquente/ Sou um cara carente/ Eu dormi na praça/ Pensando nela."

Na época "Dormi na praça" não fez sucesso algum. Continuaram tocando pelos botecos do interior, em pequenas casas de show e fazendo abertura para os grandes, durante toda a década de 1990. Mesmo contratados por grandes gravadoras, a Continental (subsidiária da multinacional Warner) e a Abril Music, lançaram seis discos e nada de grande repercussão aconteceu. Em 1999 a pirataria deu uma ajuda à dupla: Bruno & Marrone concederam uma entrevista à Rádio Líder, de Goiânia, na qual falaram e cantaram durante uma hora. A parte musical do papo foi pirateada e, calcula-se, trezentos mil CDs ilegais foram vendidos. "Dormi na praça" era frequentemente demandada pelo público. Ágil, a gravadora Abril Music lançou o CD *Acústico ao vivo*, legalizando aquele produto informal com um formato mais bem-acabado. O disco e o DVD venderam quinhentas mil cópias.[101] A canção que puxou tudo foi a regravação de "Dormi na praça", que só teve repercussão por pressão popular, e não por vontade da gravadora, que entrou na onda depois do sucesso consolidado.[102] Portanto, antes mesmo da geração universitária, Bruno & Marrone só alcançaram a fama por causa da pirataria.

Assim como Bruno & Marrone, quase todos os artistas da geração universitária começaram tocando informalmente, em barzinhos ou entre amigos, e contaram com a divulgação pela internet. Alguns chegaram ao sucesso de forma rápida, como se recorda César Menotti: "Começamos com amigos chamando a gente para cantar. Faziam um churrasco e levavam a gente... faziam uma cavalgada e a gente ia cantando... com a turma de Belo Horizonte. Já ganhando uma colaboração. Os amigos arrumavam R$ 200 para a gente cantar... Só que isso foi ficando forte muito rápido. A gente não pode reclamar que teve uma carreira sofrida, que demorou demais... As coisas aconteceram rápido. Nós estamos aqui completando dez anos de carreira e há mais de cinco vivemos bem da música."[103]

Rápida também foi a carreira de Jorge & Mateus, que se conheceram num churrasco de um amigo em comum. A primeira apresentação foi em 26 de maio de 2005, numa boate da cidade natal Itumbiara (GO), para um público universitário. Em 2007, lançaram o primeiro disco por uma grande gravadora, a Universal, e alcançaram fama nacional.

Munhoz e Mariano também chegaram rápido ao estrelato. Os dois artistas de Campo Grande (MS) eram melhores amigos desde os 6 anos. Começaram tocando em 2007 como Ricardo & Rafael, seus nomes verdadeiros, em barzinhos da capital sul-mato-grossense e em festas de amigos de universidade. Não ganhavam nada. O primeiro cachê foram seis garrafas de cerveja. Não tinham empresário, e Munhoz era *roadie*, técnico de som, empresário, cantor, tudo. Na época faziam oito shows por semana e cobravam R$ 150 por apresentação, algumas vezes apenas R$ 100. Tocavam das nove da manhã às seis da tarde num posto de gasolina em frente à faculdade. "Era R$ 20 de gasolina, R$ 40 de aluguel do som e sobravam R$ 20 para cada um", lembra-se Mariano. Saíam de lá e iam tocar em um bilhar. Depois outra apresentação (na boate do futuro empresário, onde recebiam R$ 350, o que dava R$ 50 para cada integrante da banda de apoio contratada), por volta da meia-noite. Mariano acha que o sucesso veio rápido: "A gente não sofreu muito, não! A gente tocava por brincadeira. A gente tinha nosso trabalho... Todo dinheiro que a gente ganhava a gente gastava com amigos. Não foi sofrido, foi divertido até."[104]

Luan Santana também teve uma carreira brevíssima antes de se tornar um ídolo nacional. Ele virou celebridade instantânea da internet aos quatorze anos, em 2007, quando fez um show em Jaraguari e gravou a apresentação com um gravador amador, de forma bem simplória. No vídeo Luan era chamado de "Guruzinho" e aparecia cantando a canção "Falando sério", que acabou colocada no YouTube e agradou a muita gente. A música se espalhou na web, e o público começou a pedi-la nas rádios de Mato Grosso do Sul, Goiás, Rondônia e Paraná.

Luan então gravou o CD independente *Tô de cara*, em 2008. Esse álbum trouxe vários sucessos, sobretudo a famosa "Meteoro": "Te dei o sol, te dei o mar/ Pra ganhar seu coração/ Você é raio de saudade,/ Meteoro da paixão." O gênero sertanejo já dava sinais claros de ascensão, e as gravadoras não perderam tempo. Luan foi então contratado pela Som Livre e lançou o disco *Luan Santana ao vivo*, em 2009. A canção "Meteoro", regravada, estourou no Brasil inteiro.

Nem todos se tornaram ídolos nacionais rapidamente. O paranaense Michel Teló ralou entre 1995 e 2009 no Grupo Tradição, que obteve apenas sucesso regional. Paula Fernandes já havia lançado quatro discos em sua carreira com quase nenhuma repercussão, até finalmente se tornar uma artista nacional em 2011.[105]

Victor e Leo também ralaram muito. Eles já completavam quinze anos de carreira quando o sucesso realmente lhes bateu à porta. Começaram em 1992. Nesses quinze anos nos bailes da vida, saíram de Abre Campo (MG), cidade natal onde tocaram por dois anos, e foram para Belo Horizonte se apresentar em bares. Em 2002, foram convidados pelo jovem-guardista Eduardo Araújo e sua mulher, Silvinha, para lançar um CD pela gravadora que ambos então tinham acabado de criar, a Number One Music. Victor e Leo largaram tudo e foram tentar a vida em São Paulo, morando inicialmente em Barueri por conta da gravadora. Mas as coisas não deram certo. A gravadora faliu, e Victor e Leo ficaram em São Paulo sem conhecer ninguém. Tiveram até de vender o violão: "A gente tinha treze reais na conta! Treze reais! Número da sorte. Sem violão! Sem lugar para ir! Sem conhecer ninguém! Sem grana!", lembrou Victor.[106]

Sem conhecer nada e ninguém, começaram tocando por R$ 60 ou R$ 70 de cachê. Contavam com o Uno 1.5R vermelho bem velho do porteiro Pedro, amigo de Barueri que os ajudava no transporte dos instrumentos. Quando ganhavam R$ 90, sobravam R$ 30 para cada um e R$ 30 para o Pedro.[107] Em menos de seis meses eles estavam tocando em seis bares. Com um ano e meio, já tinham público cativo. Em 2004, lançaram outro CD independente, *Vida boa*.[108]

Apesar do início difícil, não se pode dizer que Victor e Leo passassem apertos na capital paulista. O público fiel e o fato de terem se tornado banda cativa de algumas casas de shows lhes deram estabilidade. Passaram a morar no bairro do Brooklin. Em 2005 cada um já tinha um carro. Já pensavam em dar entrada num apartamento. E já eram pirateados. Recebiam e-mails de rádios do interior de Goiás dizendo que as canções "Fada", "Amigo apaixonado" e "Vida boa" estavam entre as três primeiras colocadas.[109] Os radialistas diziam que, embora eles nunca tivessem tocado naquela região, suas canções eram as mais pedidas. Como o CD não era encontrado em lojas, os profissionais do rádio pediam então que a dupla enviasse os arquivos em MP3, o que era feito por Victor.

Devido a essa repercussão, os artistas resolveram apostar todas as suas fichas. Gravaram então o CD *Victor & Leo ao vivo*, com dinheiro emprestado do banco e de amigos, e venderam os setecentos ingressos do bar Avenida, em Pinheiros, a R$ 30. Uma parceria com um empresário paulistano distribuiu o CD por várias rádios da capital.

Contudo o sucesso não começaria pelo centro. Continuaram sendo chamados para tocar pelo interior e não conseguiam emplacar nas rádios da capital. "Vendíamos o disco apenas nos shows, mas, quando chegávamos para tocar num lugar ao qual nunca tínhamos ido, todo mundo conhecia as músicas. Engraçado é que eles não sabiam como éramos, por isso podíamos andar pela plateia antes do show, ouvir as pessoas falando de nossa música", lembra Victor.[110] Algo semelhante também foi presenciado por Leo: "Às vezes estávamos em filas de banco e havia pessoas cantando nossas músicas e não nos conheciam... as pessoas cantavam [a canção] 'Fada'", recorda-se Leo.[111]

A ficha só caiu mesmo depois de um show em Uberlândia. A música "Amigo apaixonado" começou a estourar na cidade no começo de 2006. Um empresário os contratou para se apresentarem lá em 22 de setembro daquele ano. Sem noção da dimensão do que os esperava, a dupla saiu de um show numa cachaçaria em Osasco direto para Uberlândia. Não dormiram e foram para a cidade virados. Ao chegar, almoçaram com o contratante, que relatou o sucesso que ambos faziam por lá. Não botaram fé, pensando que era coisa de empresário. No caminho para o show, não acreditaram no que viram. Dois quarteirões antes do lugar escolhido para o show havia um engarrafamento. Acharam que era um jogo de futebol. Mas não havia jogo. Havia 1.500 pessoas dentro e mil fora da casa de shows. Espantados, sentiram então que o sucesso havia chegado.[112] "A gente olhava e não acreditava, todo mundo cantando... Bicho! O que é isso que está acontecendo?!", recorda-se Leo.[113]

Foi só em 2007 que a gravadora Sony BMG percebeu a fama regional da dupla e a contratou. Os cantores então relançaram o disco *Victor & Leo ao vivo* pela gravadora multinacional. O CD vendeu sessenta mil cópias, mas a dupla calculava que cerca de dois milhões de cópias haviam sido pirateadas, visto que o disco já havia chegado a todo o Brasil.[114]

O deslocamento da indústria cultural

O começo do sertanejo universitário se presta a algumas considerações interessantes sobre o conceito de indústria cultural na contemporaneidade. Quando se analisa o início dos sertanejos universitários, é preciso relativizar tal conceito, quase sempre pensado apenas como o domínio do mercado sobre a arte.

Sobretudo depois do boom da internet no Brasil e da disseminação das redes sociais (Orkut, Facebook, Instagram, Twitter...) e do YouTube, as formas tradicionais de chegada de um artista ao grande público entraram em derrocada. Passou a ser mais comum ele fazer um sucesso regional bastante considerável, já ter disco gravado de forma independente e uma gama considerável de fãs, para depois atrair a atenção das grandes gravadoras. Foi o caso da dupla César Menotti & Fabiano, como se recorda César: "A gente fez um caminho inverso, sabe. A gente chegou a fazer 140 shows sem tocar no rádio. [...] A gente começou na era digital, com o Orkut e essas coisas... A pirataria, com a mesma velocidade que ela te copia, ela também te divulga... nós temos esse feedback. A gente não ganha mais dinheiro com venda de CDs, a gente vive de shows. E essa divulgação rápida pela internet colabora muito com a gente. E aconteceu isso... nós fomos divulgados boca a boca. Nós tínhamos um público universitário em Belo Horizonte. O universitário estudava em Belo Horizonte mas não era da capital. Quando acabava a faculdade ou nas férias, ele ia para sua cidade e levava nosso trabalho. Isso ajudou com que se divulgasse muito rápido. Foi viral."[115]

Através das duas ferramentas principais dessa web 2.0, o YouTube e as redes sociais, a internet banda larga mudou o jeito de fazer e ouvir música no Brasil e no mundo. Ambas as ferramentas chegaram ao país no mesmo ano, em 2005. Foi quando o Orkut, primeira das redes sociais massivas da internet no Brasil, e o YouTube começaram suas atividades.[116] Não à toa os primeiros discos fundamentais do sertanejo universitário saíram do forno também em 2005. Por isso esse ano pode ser tomado como marco do início do sertanejo universitário, e João Bosco & Vinícius e César Menotti & Fabiano são os pioneiros do gênero. Foi através das novas ferramentas digitais e da pirataria dentro e fora da internet que novas carreiras conquistaram novos meios de se disseminar pelo Brasil para além dos interesses da indústria cultural tradicional.

O empresário de João Bosco & Vinícius, Euler Coelho, foi claro ao demarcar o papel da internet: "Se não fosse a internet, nosso sucesso demoraria cinquenta anos para acontecer, e não cinco." O empresário da dupla Bruno & Marrone, Rodrigo Martino Barbosa, ressaltou a inversão do ciclo produtivo da indústria fonográfica atual: "Quando o público de shows começa a passar de vinte, trinta mil, os meios de comunicação e as gravadoras têm que engolir."[117] Se antes as gravadoras faziam os nomes dos grandes artistas, nos dias de hoje ganha força o movimento inverso: a indústria consolida nomes que se tornaram populares de forma independente, especialmente pela internet. A grande rede mundial de computadores ganhou tamanha proporção que a relação com a indústria se inverteu.

Aliás, hoje as gravadoras, embora ainda as chamemos como tal, não gravam mais nada. Desde os anos 1990 essas empresas simplesmente distribuem o produto final, que é produzido em estúdios particulares dispersos pelo país. Atualmente, com a popularização da informática, é barato gravar um CD. As aparelhagens de estúdio são cada vez mais acessíveis, e é possível gravar um disco "caseiro" com qualidade profissional.

Antes da internet, era habitual que artistas guardassem os sucessos a sete chaves até o dia do lançamento. O disco era o objeto central da carreira dos músicos, principal produto pelo qual se conhecia o artista. Era um produto com o qual o artista construía seu patrimônio artístico e financeiro. Era algo controlado com mão de ferro por artistas e gravadoras, que viam a pirataria como um crime hediondo. Os shows eram vistos como exibição dessa "obra fechada". Basta lembrar que, com o advento das câmeras digitais, em início dos anos 2000, a segurança dos shows fechados sempre proibia que o público filmasse a exibição.

Com o YouTube e as redes sociais, a relação se inverteu. Fãs passaram a fazer vídeos de artistas favoritos, opinar e criticar abertamente, inserir legendas, fazer *mash-ups*, produzir textos, criar vídeos pessoais com músicas alheias, comentar clipes, retransmitir, xingar, elogiar, transformar. A internet tornou necessário, quase obrigatório, ter uma opinião e produzir um conteúdo. Foi preciso lidar com esse público, ansioso por participar, por se emocionar, por construir a carreira de seu artista preferido em conjunto com este.

Por isso é muito comum que a canção tenha perdido seu status tradicional de produto vertical, de artista para público. Os sites dos universitários tornaram-se plataformas para fãs, que podem postar suas fotos com os artistas, enviar vídeos e imagens de shows, opinar etc.

Outro exemplo dessa nova relação com o público é o fato de que alguns sertanejos universitários, antes de gravar seus DVDs, lançam a música na internet, às vezes em gravações caseiras, sem qualidade mesmo, apenas para o público conhecer a letra e poder cantar junto. Um exemplo disso foi o sucesso "Camaro amarelo", de Munhoz e Mariano: "Agora eu fiquei doce igual caramelo,/ Tô tirando onda de Camaro amarelo..." A canção estourou em todas as mídias em 2012. Foi a música mais acessada no YouTube naquele ano no Brasil, superando até o hit mundial "Gangnam Style", do coreano Psy.[118] Mas quando "Camaro amarelo" chegou às rádios e TVs os fãs já a conheciam e cantavam junto a canção.

Munhoz e Mariano lançaram "Camaro amarelo" no YouTube antes da gravação do DVD. Ou seja, a música foi divulgada na internet bem antes de a indústria cultural tradicional — o rádio, a TV e as gravadoras — divulgá-la.

O vídeo de "Camaro amarelo" lançado no YouTube passava longe de uma gravação profissional. Era uma filmagem feita com câmera caseira, no quintal de uma casa comum (feia até, de paredes verdes). A dupla cantava entre amigos, com dois violões e uma sanfona.[119] Basta ver a gravação do DVD *Ao vivo em Campo Grande vol.2*, feita uma semana depois do vídeo caseiro, para constatar que o sucesso já estava na boca do público.

Além de demandar seus hits favoritos e de querer cantar junto com o artista, o público quer se ver na carreira de seus músicos. É preciso chamá-lo para participar dos discos. Por isso grande parte dos álbuns é gravada ao vivo.

Os artistas sertanejos desde o começo lançaram discos nos formatos "ao vivo" ou "acústico" (nos quais invariavelmente há público), contendo regravações e também novos sucessos. Às vezes, um disco é simplesmente "ao vivo" sem que o lugar onde esse "ao vivo" foi gravado seja especificado. É o caso do disco *Luan Santana ao vivo*, de 2009. Isso acontece porque o DVD/CD foi gravado em várias locações. O disco *Vendaval* (2009), de

Fernando & Sorocaba, também se intitulava "ao vivo" e foi gravado em onze cidades do interior paulista, paranaense e catarinense.[120] O disco *Michel na balada* (2011), que lançou o sucesso "Ai se eu te pego", foi gravado em cinco lugares.[121]

Sabe-se que em todos os discos gravados ao vivo há modificações feitas depois em estúdio. Para os fãs compradores de discos isso pouco importa. O importante é que ele, o público, esteja lá. Simbolicamente, isso é muito importante para o artista que quer se manter "perto dos fãs". De forma que também pouco importa onde foi gravado o disco. O mais importante na estética do sertanejo universitário é que o público apareça e interaja. Por tudo isso são relativamente poucos os álbuns tradicionais "de estúdio".[122]

Cantar "ao vivo" é essencial para quem se difundiu através da internet, inicialmente sem as mediações da indústria cultural tradicional, em contato direto com o público. O relacionamento com os fãs e a política concreta em direção às redes sociais tornam o sertanejo universitário típico da atual modernidade da internet.

Como se vê, o papel da indústria cultural no atual sertanejo universitário, embora não possa ser desconsiderado, tem de ser relativizado.

É claro que depois que o sertanejo universitário explodiu com toda a força, sobretudo após 2008, a indústria cultural tradicional entrou com tudo. Grandes gravadoras contrataram sertanejos, colocaram suas canções em novelas, apareceram em programas dominicais de TV. Tudo isso não pode ser desconsiderado. Mas a atuação da indústria cultural talvez explique mais a consolidação do gênero do que o seu nascimento.

Um exemplo interessante da entrada da indústria cultural tradicional no sertanejo universitário são as trilhas sonoras da Globo. A rede carioca já vinha se aproximando dos sertanejos desde *O Rei do gado*, de 1996. Se a emissora de Roberto Marinho demorou a incorporar os sertanejos dos anos 1990, não bobeou com a geração seguinte.

A novela *A favorita* foi o marco inicial. O drama apresentava como trama central a rivalidade entre Donatela (Claudia Raia) e Flora (Patrícia Pillar), antigas parceiras da fictícia dupla sertaneja Faísca e Espoleta. A trilha sonora continha um disco só com músicas sertanejas, várias delas da nova geração. Entre junho de 2008 e janeiro de 2009, o Brasil foi bombardeado todos os dias com canções de Chitãozinho & Xororó, Bruno & Marrone e Daniel: todos da geração anterior. Mas também canções de Victor & Leo ("Tem que ser você", que abria o disco), Jorge & Mateus ("De tanto te

querer") e César Menotti & Fabiano ("Talvez"). Considerando 2005 a data de nascimento do sertanejo universitário, constata-se que a Globo demorou apenas três anos para assumi-lo em sua programação.[123] A geração de 1990 demorou muito mais para entrar de vez nas trilhas sonoras da rede carioca.
A partir daí a porteira foi aberta. Em 2009, na refilmagem da novela *Paraíso*, os universitários estiveram na abertura de uma novela: "Deus e eu no sertão", de Victor & Leo, foi tocada todos os dias entre 16 de março e 3 de outubro para todo o Brasil.

Outro exemplo de como a Globo não perdeu tempo com a incorporação dos sertanejos foi a criação de trilhas sonoras de novelas específicas para o gênero. As novelas *A favorita* (2008-9), *Paraíso* (2009) e *Araguaia* (2010-11) tinham CDs só com músicas sertanejas, sendo que da trilha da novela *Paraíso* foram lançados nada menos que três discos com canções sertanejas, várias delas da nova geração. Um ótimo referencial para se compreender a entrada da Globo no cenário sertanejo é por meio da análise da trajetória do tradicional produtor musical das trilhas sonoras rurais da emissora, o músico Marcus Vianna, refinado compositor que ficou famoso por fazer as trilhas contemplativas de *Pantanal* (1990), *A história de Ana Raio e Zé Trovão* (1990-1), *Xica da Silva* (1996-7), *O clone* (2002), *A casa das sete mulheres* (2003), entre outras. Quando da produção da trilha sonora da novela *América*, em 2005, houve desentendimentos entre o produtor e a autora da novela, Gloria Perez, que culminaram com a dispensa do músico. A trilha sonora de *América* foi então a primeira de uma série que tinha um CD apenas com música sertaneja.[124] A influência de Vianna ainda foi capaz de colocar a estreante Paula Fernandes na trilha da novela, com a canção "Ave Maria natureza". Ele era produtor da então desconhecida cantora mineira, que lançaria ainda dois discos por sua gravadora, a Sonhos e Sons, sem qualquer repercussão popular.

Talvez a única repercussão que Paula Fernandes tenha tido antes do sucesso nacional foi entre os diretores musicais da Globo. A canção "Dust in the Wind" foi cantada por Paula na trilha sonora de *Páginas da vida* (2007). Mesmo com a saída de Marcus Vianna da Globo, a cantora continuou agradando aos diretores globais. A canção "Jeito de mato", de sua autoria, esteve em *Paraíso* (2009). Em 2010, antes de alcançar a fama nacional, "Quando a chuva passar" foi abertura da novela *Escrito nas estrelas*. Sua voz era ouvida todos os dias na televisão sem que o grande público conhecesse a fisionomia da cantora ou possuísse seus discos.

De qualquer forma, foi a partir daí que sua carreira começou a deslanchar. Em 2010 Paula foi convidada para participar do disco *Emoções sertanejas*, uma coletânea de CD e DVD lançada pela Sony, na qual os sertanejos de todas as gerações cantavam canções de Roberto Carlos. A cantora dividiu com Dominguinhos a canção "Caminhoneiro". Como se vê, a indústria cultural foi essencial para a ascensão da cantora, uma vez que ela não foi uma escolha "natural" do público. Apesar dos interesses globais, era preciso um empurrãozinho além, já que apenas a vontade da indústria cultural não foi suficiente. E ele veio por intermédio do aval de um rei.

Atento ao fenômeno do sertanejo universitário, Roberto Carlos convidou Paula Fernandes para cantar em seu especial de fim de ano de 2010, gravado nas areias da praia de Copacabana. O especial, tradicionalmente transmitido pela Globo próximo ao Natal, projetou nacionalmente a cantora, que ainda não tinha um disco nas lojas ou uma faixa de sucesso tocando nas rádios. O disco *Paula Fernandes — Ao vivo* só foi lançado pela Universal em março de 2011.[125]

Paula Fernandes faz parte da segunda geração de sertanejos universitários que apareceram para o grande público após 2008. São artistas como Michel Teló, Gusttavo Lima, Marcos & Belutti, Munhoz & Mariano, entre outros. A partir do boom inicial, a indústria cultural percebeu rapidamente a mina de ouro que o sertanejo universitário se tornara. Esses artistas se beneficiaram de uma estrutura crescente de gravadoras e mídias favoráveis ao novo estilo sertanejo.

A Som Livre, de propriedade da Rede Globo, embora só tenha entrado de cabeça no sertanejo a partir de 2008, veio com tudo.[126] Foi a responsável pelo lançamento de Michel Teló, Maria Cecília & Rodolfo, Cristiano Araújo e Gusttavo Lima. Com essa política de altos investimentos na seara popular, vendeu meio milhão de discos do sertanejo universitário entre outubro de 2009 e outubro 2010.[127] Correspondidas todas as expectativas, entre 2010 e 2014 passou a contratar vários sertanejos que já gravavam em outras grandes gravadoras, entre eles Thaeme & Thiago, Gabriel Gava, Cristiano Araújo, Victor & Leo, César Menotti & Fabiano, Jorge & Mateus, Luan Santana, Fernando & Sorocaba e João Carreiro & Capataz.

Além de contratar diversos sertanejos, a Som Livre lançou inúmeras compilações de seus artistas em coletâneas como *Sertanejo Pop Festival — 2012*, *Sertanejo pra namorar*, *Amor sertanejo*, *Box batidão sertanejo*, *Na pegada do arrocha*, *Villa mix* e *Pista sertaneja*. Ainda relançou sertanejos de gerações passadas como Gino & Geno, Trio Parada Dura (que depois de briga judicial passou a ser chamado de Trio do Brasil) e Chitãozinho & Xororó, estes últimos em disco comemorativo dos quarenta anos de carreira. Lançou também boxes de CDs da carreira de Teodoro & Sampaio e Milionário & José Rico, construindo o elo das tradições. Era a indústria cultural tradicional ajudando a consolidar o sertanejo e sua história.

Além da Globo, o SBT procurou lucrar com o sertanejo universitário. A emissora paulistana montou o *Festival sertanejo* em 2013, um *reality show* cuja função era criar uma dupla sertaneja. Era a indústria cultural querendo entrar na onda e formatar seus próprios artistas. Também aconteceu nos anos 1990, quando Gugu Liberato e seu programa *Sabadão Sertanejo* tiraram a dupla Jean & Marcos da cartola. No entanto há limites para esse tipo de prática. Aliás, se o sertanejo universitário tivesse sido criado por festivais de TV, as duplas precisariam ter nascido dos inúmeros programas musicais que pipocaram nos anos 2000, como *Fama* e *The Voice*, da Globo, *Ídolos*, da Record, ou *Astros*, do SBT. Houve casos assim, mas nem de longe são os nomes mais importantes do atual cenário.

Um desses casos foi o da dupla Hugo & Tiago, participante do programa *Fama* em 2004. Ambos se destacaram no programa ao cantar informalmente nos bastidores a canção "Yolanda", numa versão parecida com a gravação de Chrystian & Ralf, de um disco de 1991. Tiago venceu o programa, mas depois foi convidado a formar dupla com Hugo. Mesmo bem-sucedidos, Hugo e Tiago não estão entre as duplas top do sertanejo universitário. A dupla é um retrato do seu tempo: foi criada ainda nos moldes da indústria cultural pré-redes sociais, ou seja, antes de 2005.

Outro exemplo sintomático de seu tempo foi a participação de Munhoz & Mariano no quadro "Garagem do Faustão" em outubro de 2010. Tratava-se de um quadro interativo do programa dominical, em que o público escolhia os vencedores de cada etapa. Ao participar do quadro comandado por Fausto Silva, Munhoz e Mariano ganharam a votação via internet graças aos fãs que já tinham. Eram desconhecidos nacionalmente e pela Globo. Mas já dispunham de um público regional em Campo Grande (MS). Apesar do projeto de lançar "bandas de garagem", a Globo não os pegou do zero: eles já haviam lançado um CD independente em 2009. Embora tivessem quase a mesma idade que Hugo e Tiago, eram de outra geração musical. Construíram uma carreira relativamente estável antes de chegar às grandes mídias. A canção "Sonho bom" ganhou 35% dos votos em uma divulgação pelas redes sociais e foi eleita a melhor do quadro "Garagem do Faustão". A participação na Globo ajudou a alavancar a carreira dos rapazes, mas, diferentemente de Hugo & Tiago, não se pode dizer que sua carreira tenha sido tramada pela indústria cultural tradicional.

É claro, porém, que não se pode desconsiderar o oportunismo da indústria cultural. Esta se fartou pegando carona no gênero, alavancando a carreira de muitos artistas. As rádios populares, por sua vez, entraram de cabeça no novo estilo sertanejo.[128] Foram atrás do público, que cada vez era mais incorporado ao mercado da música.

Uma interessante pesquisa feita pelo Ibope entre agosto de 2012 e agosto de 2013 mostrava números claros. O gênero sertanejo assumiu posição hegemônica no Brasil a partir de 2008. Bateu os antigos campeões, o pagode e a MPB. Entre 2012 e 2013, dois terços das músicas mais tocadas no rádio eram sertanejas, cerca de 65%, enquanto o pagode, em segundo lugar, ocupava apenas 19% do tempo de rádio. Para a MPB e o rock sobraram apenas 3% de ouvintes, segundo o Ibope.[129]

Assim, o papel da indústria cultural não pode ser negado. As rádios, TVs, os programas, empresários, produtores e as gravadoras têm sua função. No entanto trata-se de um papel frequentemente superestimado, sobretudo se considerarmos o início do sertanejo universitário. O crescente sucesso dos sertanejos universitários, especialmente daqueles que surgiram até 2008, deve-se mais às suas características estéticas inovadoras capazes de dialogar com o Brasil dos anos 2000, como se verá a seguir, do que propriamente à imposição de mentes maléficas e engravatadas trancadas em escritórios com ar-condicionado.

Esses empresários foram importantes, de fato, mas sua importância só fica clara após 2008, quando o sertanejo universitário já havia se espalhado pelo Brasil através de uma lógica de distribuição capilar: a pirataria e a divulgação pela internet. O sertanejo é fruto da modernidade digital instaurada no Brasil em diálogo com as tradições locais de produção artística e reconstrução de identidade nacional e musical.

A rave do Jeca Tatu

Mas como definir o sertanejo universitário? O que o torna distinto? Por que um novo rótulo para definir essa geração? Trata-se, pura e simplesmente, de um rótulo mercadológico? A divulgação digital é sua única especificidade?

Claro que não. O termo universitário faz todo sentido, como se viu. É indício de novos tempos no Brasil. Se na década de 1960 a bossa nova e a MPB eram os gêneros cantados nas universidades, a ascensão de novas classes sociais às faculdades do país acarretou mudanças no padrão de gosto coletivo. De certa forma, o sertanejo universitário também se explica pela democratização do saber universitário no Brasil dos anos 2000.

Apesar de todos os motivos favoráveis para se assumir esse rótulo, vários sertanejos se mostram pouco confortáveis com esse apodo. O termo "universitário" é intimidador.

Luan Santana, embora concorde que sua música tem "uma pegada mais pop", discorda do rótulo: "Esse negócio de sertanejo universitário já era. Além do mais, eu sou novo, tenho só segundo grau, ainda não fiz universidade. E tomara que não precise, que o sucesso continue." Em 2010, César Menotti, da dupla com Fabiano, também fugia do rótulo: "Fazemos música para pedreiro, médico... não defino nosso público."

Victor, irmão de Leo, também saía pela tangente na defesa do apodo: "É uma coisa que começaram a falar e foi se alastrando, mas não se sabe de onde surgiu. Respeitamos, mas a música sertaneja é uma cultura muito forte no Brasil, com grandes representantes em épocas diferentes e com uma raiz tão segura que não se aplicam rótulos." Em outro momento, Victor disse que a sua dupla era "romântica", ainda reagindo ao termo "universitário".[130] De forma semelhante, o cantor Gusttavo Lima disse: "A gente faz música sertaneja, independente se é universitário ou não."[131] O cantor Capataz, da dupla com João Carreiro, também se afastou do rótulo: "A gente não tem nada a ver com o timbre dos chamados sertanejos... E até pelas nossas letras, nossas músicas..." E foi completado pelo parceiro João Carreiro: "*Nóis* brinca que se é pra intitular a gente de alguma coisa que seja caipira moderno da música sertaneja."[132]

Jorge e Mateus foram na mesma balada, relativizando a legitimidade do termo: "Todo movimento que surge as pessoas chamam logo de universitário. No nosso caso isso se deve ao público, em grande parte das universidades. Mas o sertanejo universitário é som sertanejo também", disse Jorge.[133]

Michel Teló, em entrevista a Marília Gabriela, mostrou-se um pouco menos desconfortável:

MARÍLIA GABRIELA: Como você classifica a sua música?
MICHEL TELÓ: Sertanejo, sertanejo mais pop...
MARÍLIA GABRIELA: Sertanejo universitário, pode ser?
MICHEL TELÓ: Universitário, pode ser... mais pop, novo sertanejo...[134]

Essa relativa dificuldade de aceitar o termo em parte se deve ao fato de que esse apodo era muito usado pela mídia e pelas gravadoras, o que dá uma suposta conotação "comercial", da qual muitos querem, ao menos discursivamente, se afastar. Realmente, o termo foi muito usado pelas mídias. Não obstante, é preciso reconhecer que esse processo é um tanto quanto inevitável. Para vender, é preciso nomear. Seja como for, é útil perceber que um "rótulo" não serve apenas para enquadrar, limitar, condensar um gênero. Serve também para dar dimensão concreta a artistas com carreiras e origens distintas que, por meio de um movimento conjunto, podem solidificar uma trajetória parecida, uma identidade comum, um discurso mais ou menos semelhante. Isto é, em determinada medida, importante para a permanência ao longo do tempo.

Não obstante era comum ouvir nas ruas e na imprensa que o apodo "universitário" servia pura e simplesmente como um meio para atrair as classes ricas. O jornalista Fernando Vives, da revista *Carta Capital,* expressou esse ponto de vista ao dizer: "Essa chancela de 'universitário' para tipos musicais popularescos, [que serve] para tentar atrair as classes mais abastadas, ainda merece um tratado de sociologia sobre o Brasil atual."[135] É frequente a comparação do sertanejo universitário com o chamado forró universitário, que no início do milênio fez sucesso com grupos como Falamansa, Rastapé, Bicho de pé, Circuladô de Fulô, Trio Virgulino, entre outros. Para aqueles que comparam os dois gêneros, assim como o forró universitário, o sertanejo universitário é uma moda passageira.

No entanto há algumas diferenças sensíveis entre os dois movimentos. O forró universitário era um apodo para qualificar determinados grupos que se baseavam na "boa" tradição do forró, debitária de Luiz Gonzaga. Eram grupos que faziam um som que era bem aceito pelo público mais elitizado das universidades e afinado com a busca pelas "raízes" musicais brasileiras. Quase todos os grupos de forró universitário eram paulistanos. Era uma forma de legitimar um produto musical e de distinguir determinado consumo desse bem. O forró universitário buscava se opor claramente ao tecnobrega/tecnoforró, que desde meados dos anos 1990 vinha tomando o cenário cultural do forró, sobretudo no Nordeste e nas periferias das capitais do Sudeste. Chamado de "forro de plástico", o tecnoforró incomodava (e ainda incomoda) os puristas, pois artistas e bandas como Aviões do Forró e Calcinha Preta, entre várias outras, têm pouco apego à tradição e buscam fundir novas práticas culturais e tecnológicas ao legado do forró com certa "irresponsabilidade", segundo os mais tradicionais.

Nesse sentido, o forró universitário era uma reação a um determinado tipo de som muito popular, visto pelo público mais elitizado como banal e comercial e pouco apegado às "raízes". Por isso, associar o termo "universitário" ao forró cumpria a função de, ao mesmo tempo, resguardá-lo na "boa" tradição e distinguir-se do povão.

No entanto o forró já é "universitário" desde os anos 1970. Desde a incorporação de Luiz Gonzaga à "boa" tradição da MPB.[136] Logo, falar de forró *universitário* diz pouco nos dias de hoje para além da pura e simples distinção. Não há novidade nenhuma em se afirmar que o forró tem respaldo dos universitários. Não há afronta nenhuma em se ouvir o forró nas universidades. Há pelo menos quarenta anos ele vem sendo ouvido, aceito e copiado pelos universitários brasileiros.

Com o sertanejo universitário a questão é diferente. Sua música nunca havia sido associada à estética universitária antes da invenção do apodo sertanejo universitário, por volta de 2005. Pelo contrário, o gênero sempre foi visto como algo exógeno à universidade, de "mau gosto", "brega", "cafona", melodramático, fora da sensibilidade de pessoas ditas "cultas". Depois do advento do sertanejo universitário isso mudou. E por que mudou? Porque houve uma expansão considerável das universidades durante a primeira década do milênio. Entre 2003 e 2012, o número cresceu de 3,8 milhões de estudantes para sete milhões, um aumento de 81%.[137] O sertanejo universitário é, assim, índice de um novo Brasil que se descortina nos anos 2000, da chegada às universidades de classes antes excluídas.

Há ainda uma diferença sensível em relação aos outros gêneros que em algum momento foram também chamados de universitários, que foi muito bem sintetizada pelo jornalista Sérgio Martins: "O novo fenômeno não repete a experiência do samba e do forró, caracterizada pela busca do que é 'puro' e 'autêntico'. Tocado com percussão baiana e guitarras em volume alto, ele é música de balada. [...] São uma espécie de *rave* do Jeca Tatu."[138]

"Eu sofri muito por amor/ Agora eu vou curtir a vida"

Ainda que haja divergências quanto ao termo "universitário", as novidades do novo sertanejo não passam despercebidas, embora quase sempre sejam de difícil definição pelos próprios artistas. Luan Santana teve dificuldade de expressar as modificações do sertanejo em entrevista à jornalista Marília Gabriela:

> MARÍLIA GABRIELA: Então os sertanejos universitários cantam a mesma coisa que os sertanejos, é isso?
>
> LUAN SANTANA: É... É... mais ou menos...
>
> MARÍLIA GABRIELA: Mais ou menos... me explica! Eu quero saber essa diferença!
>
> LUAN SANTANA: É porque é assim: a galera tem na cabeça uma coisa errada, que os sertanejos são os antigos e sertanejo universitário é a galera nova. [No] sertanejo universitário as músicas são um pouco mais pra cima, um pouco mais a batera na cara, um pouco mais a levada pop... Tem isso na nossa música sim, mas eu acho que não tem sentido falar universitário...[139]

Apesar de os próprios artistas terem dificuldade de definir o estilo universitário, é possível notar pelo menos três linhas estéticas e temáticas bastante claras. São elas: 1) uma poética amorosa otimista, na qual os amantes querem efetivar seus sentimentos amorosos, e o tom da canção é esperançoso. Trata-se da "poética do amor afirmativo"; 2) em segundo lugar estão as canções que favorecem encontros fortuitos e breves em festas ou no dia a dia. Trata-se da "poética da farra"; 3) caso não haja correspondência entre os amantes na lógica rápida dos amores furtivos, impera a lógica do "tô nem aí", ou seja, não se sofre mais por amor e parte-se para outros relacionamentos aparentemente sem culpa. Essa é a "poética do 'tô nem aí'".

Somadas as três propostas, percebe-se que, ao menos tematicamente, houve uma mudança de 180 graus no sertanejo universitário. Se os sucessos de Milionário & José Rico, Zezé Di Camargo & Luciano, Chitãozinho & Xororó e Leandro & Leonardo eram basicamente canções "de corno", que cantavam a distância da pessoa amada e a impossibilidade da realização amorosa, o atual sertanejo universitário subverteu essa lógica. Hoje se busca a concretização do amor; há um hedonismo individualista que faz com que o sujeito não sofra se a relação amorosa não se concretizar.

Analisemos, com exemplos, cada uma dessas vertentes, que frequentemente se misturam.

Vários artistas gravaram canções na temática do amor afirmativo, aquele no qual a relação amorosa se completa, para felicidade dos amantes. Alguns lastrearam sua carreira nessa poética. É o caso de Victor & Leo, por exemplo. Em "Fada", a concretização do amor distante é possível e o sofrimento tem fim: "Algo aqui me diz que essa paixão não é em vão/ O meu sentimento é bem mais que uma emoção/ Eu espero o tempo que for/ Minha fada do amor." Em "Tem que ser você", a dupla não esconde o lirismo positivo: "Agora é a hora de dizer/ Que hoje eu te amo/ Não vou negar/ Que outra pessoa não servirá/ Tem que ser você." "Amigo apaixonado" também revela a vontade de concretização amorosa: "Pensando bem/ Eu gosto mesmo de você/ Pensando bem quero dizer/ Que amo ter te conhecido/ Nada melhor que eu deixar você saber/ Pois é tão triste esconder um sentimento tão bonito." Em "Muito natural", o amor se faz plenamente, sem espaço para infelicidade: "Quando menos se espera/ As coisas chegam livres/ O amor é assim/ E transforma tudo em alto-astral/ E o mundo floresce no quintal/ Viver nos parece genial/ Ser feliz fica muito natural."

A dupla Jorge & Mateus também se caracteriza pelas baladas afirmativas, como "Amo noite e dia": "Tem um pedaço do meu peito bem colado ao teu/ Alguma chave, algum segredo, que me prende ao seu/ Um jeito perigoso de me conquistar/ Teu jeito tão gostoso de me abraçar." César Menotti & Fabiano também não quer saber de distância e solidão em "Leilão": "Eu vou fazer um leilão/ Quem dá mais pelo meu coração/ [...] / Estou aqui tão perto/ Me arremate pra você."

Mesmo quando existe a distância física, o tom é otimista e se canta o fim da separação dos amados, como em "Madri", também de Fernando & Sorocaba: "Que saudade, amor/ Volta logo pro hemisfério sul do mundo/ Ficar sem você/ Me mostrou o quanto é bom estarmos juntos/ Sonho tão lindo é ter você aqui/ Que bom seria se São Paulo/Fosse do lado de Madri."

Em "Tarde demais", sucesso de João Bosco & Vinícius em 2011, também se acredita no amor afirmativo: "Pois quando está sozinha liga toda hora/ Tá faltando carinho e de saudade chora/ Aceita de uma vez essa vontade louca/ De me amar."

O otimismo prossegue em "Pássaro de fogo", uma das canções mais famosas do repertório de Paula Fernandes: "Não diga que não/ Não negue a você/ Um novo amor/ Uma nova paixão/ Diz pra mim/ [...] / Permita sentir/

Se entrega pra mim/ Cavalgue em meu corpo, minha eterna paixão." Em "Eu quero ser pra você", Paula continua sua poética afirmativa em relação ao amor: "Eu quero ser pra você/ Braços abertos a te envolver/ E a cada novo sorriso teu/ Serei feliz por amar você."

O sertanejo atual canta os encontros, as paixões, as sintonias amorosas, os enlaces. "Humilde residência", grande sucesso na voz de Michel Teló, retrata esse tipo de estética: "Vou te esperar/ Na minha humilde residência/ Pra gente fazer amor/ Mas eu te peço só um pouquinho de paciência,/ A cama tá quebrada e não tem cobertor."

Talvez o exemplo mais óbvio desse tipo de poética sejam as canções do repertório de Luan Santana. Quase todas cantam a aproximação e a vontade de viver junto, rompendo com a estética do distanciamento. A canção "Te vivo", um de seus grandes sucessos, é clara: "A gente não precisa estar colado pra estar junto/ Os nossos corpos se conversam por horas e horas/ Sem palavras tão dizendo a todo instante um pro outro/ O quanto se adoram." A canção "Te esperando" é ainda mais explícita no rompimento com a temática da solidão: "E eu vou estar/ Te esperando/ Nem que já esteja velhinha gagá/ Com noventa, viúva, sozinha/ Não vou me importar/ Vou ligar, te chamar pra sair/ Namorar no sofá." Outro exemplo que não pode deixar de ser citado é a famosíssima "Meteoro", composição de Sorocaba, cantada pelo jovem Luan: "Depois que eu te conheci fui mais feliz/ Você é exatamente o que eu sempre quis/ Ela se encaixa perfeitamente em mim/ O nosso quebra-cabeça teve fim/ [...] /Ah! Como é bom poder te amar!"

O outro tipo de temática comum no atual sertanejo é a "poética da farra" nas baladas. O exemplo mais óbvio desse tipo de poética é "Ai se eu te pego": "Sábado na balada/ A galera começou a dançar/ E passou a menina mais linda/ Tomei coragem e comecei a falar/ Nossa, nossa!/ Assim você me mata/ Ai, se eu pego..."

São vários os exemplos desse tipo de poética voltada para encontros fortuitos e casuais em baladas. Em "Eu quero tchu, eu quero tcha", gravada em 2012 por João Lucas & Marcelo, canta-se a farra de uma festa em que até jogadores de futebol estão presentes: "Cheguei na balada, doidinho pra biritar/ A galera tá no clima, todo mundo quer dançar/ O Neymar me chamou, e disse 'faz um tchu tcha tcha'/ Perguntei o que é isso, ele disse 'vou te ensinar'." Outra música muito famosa, essa do repertório de Gusttavo Lima, "Gatinha assanhada", vai na mesma linha: "DJ aumenta o som e deixa acontecer/ Tô curtindo parado, vendo ela mexer/ E tá perdendo a linha, descendo na balada/ Com dedinho na boca, ela tá pirada."

A partir de 2010 começou-se a citar modelos de carros nas canções de farra. Gusttavo Lima mencionava um automóvel na canção "Balada" (2011): "Eu já lavei o meu carro, regulei o som/ Já tá tudo preparado, vem que o brega é bom/ Menina fica à vontade, entre e faça a festa/ Me liga mais tarde, vou adorar, vamos nessa/ Gata, me liga, mais tarde tem balada/ Quero curtir com você na madrugada/ Dançar, pular até o sol raiar."

Às vezes os carros servem para superar um ou vários amores não correspondidos e fazer apologia da farra. É o caso de "Vem ni mim, Dodge ram" (2012), de Israel Novaes: "Já não faz muito tempo/ Que eu andava a pé, não pegava nem gripe/ Muito menos mulher/ [...]/ Agora eu tô mudado/ O meu bolso tá cheio/ Mulherada atrás/ Eu quero ouvir cada vez mais/ Vem ni mim, Dodge ram." Outro caso exemplar é o sucesso "Camaro amarelo" (2012), de Munhoz & Mariano: "Quando eu passava por você,/ Na minha [moto] CG você nem me olhava/ [...] / Aí veio a herança do meu velho,/ E resolveu os meus problemas, minha situação/ E do dia pra noite fiquei rico,/ Tô na grife, tô bonito, tô andando igual patrão/ Agora eu fiquei doce igual caramelo,/ Tô tirando onda de Camaro amarelo/ [...] / E agora você vem, né?/ Agora você quer / Só que agora vou escolher,/ Tá sobrando mulher!"

Os sucessos de canções sobre carros e relacionamentos geraram até piada musical. A canção "Fiorino", cantada por Gabriel Gava, ironizava o fato de a conquista depender dos automóveis: "De Land Rover é fácil, é mole, é lindo/ Quero ver jogar a gata no fundo da Fiorino."

A partir da grande quantidade de canções que falavam de carro através da poética da farra, aos poucos foi surgindo o que se convencionou chamar de "sertanejo ostentação". O nome foi tirado de uma variante do funk paulista, que, ao misturar o ritmo carioca com mulheres bonitas, joias, roupas de marcas e carros velozes, criou em fins da primeira década dos anos 2000 o "funk ostentação". O sertanejo ostentação é a radicalização da poética da farra, um passo a mais na louvação da festa e da dança sem consequências para o dia seguinte. O sucesso de "Camaro amarelo" em 2012 foi fundamental para essa estética.

O fenômeno "Camaro amarelo" pegou em cheio Gabriel Valim, 31 anos, que já havia se destacado como compositor de "Gatinha assanhada", sucesso de Gusttavo Lima. Valim nasceu no Rio Grande do Sul e começou a carreira aos treze anos, fazendo pequenos shows em Santa Catarina: "Quando estourou o 'Camaro', eu pus o meu carro na garagem também, e fiz o 'Audi TT' ('Demorei mas peguei o meu Audi TT/ As minas já piraram, agora vão enlouquecer.'). Na música, tudo se copia e se transforma", disse Gabriel Valim. "É como se fala lá no Sul: nego pelado não dança. Todo mundo quer ficar bem na balada. Por isso até fiz outra canção 'Tipo Jurerê', que é pura ostentação ('Ele é tipo Jurerê/ De Paco Rabanne/ É o fluxo/ Estilo Valentino')."[140]

Outro grande sucesso de Gabriel Valim é "Piradinha" ("Ela não anda, ela desfila/ Quando chega na festa/ Arrasa na pista/ A galera olha/ Todo mundo quer pegar"), música que entrou na trilha sonora da novela global *Amor à vida* (2013), tema de uma personagem caçadora de homens ricos. O jogo interesseiro da paixão era tema frequente de vários sucessos do novo sertanejo.

Na linha da farra e da ostentação, Cristiano Araújo gravou "É só chegar e beijar": "Dançando em cima da mesa, virando um litro na boca/ É só chegar e beijar, elas tão loucas/ Dançando em cima da mesa, virando um litro na boca."

Esse e outros sucessos da poética da farra (gravados por Gusttavo Lima, Humberto & Ronaldo e Maria Cecília & Rodolfo) eram composições do forrozeiro cearense Jujuba, 24 anos. Chamado de "poeta dos playboys", ele também era compositor habitual de Israel Novaes: são dele o sucesso "Vó, tô estourado" ("Dezoito anos, não queria nem saber/ Só beber, curtir e farrear/ E quando eu chego, logo eu boto pra torar / Eu vou descendo caixa de Old Parr") e outro sucesso automotivo, "Carro pancadão".

Jujuba ponderava sobre o sertanejo ostentação e via o subgênero como fruto de seu tempo: "Qual é a mulher que não quer estar numa festa boa, num carro bom? O principal motivo de essas músicas funcionarem é o fato de que elas falam da realidade. Em toda balada existem os reis do camarote, que ficam com as meninas. Se amanhã o pessoal estiver andando de nave espacial, eu vou fazer uma música sobre isso", refletiu o compositor cearense.[141]

Ao mesmo tempo que juntava estilos, o sertanejo se aprofundou no mundo pop e deu um passo a mais na "metamorfose ambulante". Uma das principais mudanças é que a poética da farra, levada ao extremo, forjou uma geração de artistas solo, que não mais buscam o sucesso em dupla, mas o prazer individual acima de tudo. Gabriel Valim, Cristiano Araújo, Israel Novaes, Gabriel Gava, Thiago Brava são exemplos. Seguem a estética de se apresentarem sozinhos, tal como Luan Santana, Paula Fernandes e Michel Teló.

Gabriel Valim reconheceu o pioneirismo de Luan Santana em cantar sozinho: "Dupla só dá certo quando é irmão. Como eu não tinha irmão da minha idade, tive que me virar sozinho. Agradeço muito ao Luan por ter aberto essa porta para todo mundo."[142]

A geração dos anos 1990 também tinha artistas solo, como Roberta Miranda e Sula Miranda, mas nem de longe elas eram os principais nomes da época. Hoje, cantar sozinho é normal para essa geração que cultiva a individualidade extremada e a apologia do gozo como prática cotidiana.

Diversas canções da poética da farra citam bebidas e fazem apologia à sua ingestão. São canções como "Eu te amo e *open bar*", de Michel Teló, e "É tenso" ("É meu defeito, eu bebo mesmo/ Beijo mesmo, pego mesmo/ E no outro dia nem me lembro/ É tenso demais!"), de Fernando & Sorocaba. Ou ainda "Balada louca", de Munhoz & Mariano: "Meu Deus do céu, onde é que eu tô? / Alguém me explica, me ajuda por favor / Bebi demais na noite passada / Eu só me lembro do começo da balada [...] / Achei meu carro dentro da piscina / E o celular no micro-ondas da cozinha." Praticamente nenhuma crítica é feita ao consumo desenfreado de bebidas alcoólicas. Essa postura incomodou alguns pesquisadores universitários, e desse estranhamento ressurgiram os primeiros trabalhos sobre o gênero sertanejo na academia, que desde a década de 1970 era ignorado pelos mestres e doutores brasileiros.

Em 2012 o sertanejo universitário virou tema de trabalhos acadêmicos em áreas distintas como Letras, Psiquiatria e Artes. Dois desses estudos abordam a relação entre as letras sertanejas e o consumo de álcool no Brasil, sob diferentes prismas.[143]

A dissertação de mestrado de Mariana Lioto, defendida no Departamento de Letras da UniOeste, catalogou 243 letras de sertanejos que citam bebidas. Segundo sua pesquisa, 85% das duplas mais populares do sertanejo universitário abordaram o assunto em pelo menos uma canção. Os campeões de citações eram João Carreiro & Capataz, com dezenove letras sobre "bebedeira", e João Neto & Frederico, com dezessete. Bebida rima intimamente com a "poética da farra" e o prazer inconsequente e juvenil.

O terceiro tipo de poética bastante comum no atual sertanejo é a que diz "tô nem aí" para a solidão, para o sofrimento e para o outro. Quase sempre esse tipo de letra também canta as festas e os carros. Uma canção foi responsável em 2009 por sintetizar esse espírito que já estava presente entre os universitários, embora difusamente. O grande marco dessa transição foi o estrondoso sucesso de "Chora, me liga", de João Bosco & Vinícius, a música mais tocada no Brasil naquele ano: "Não era pra você se apaixonar/ Era só pra gente ficar/ Eu te avisei!/ Meu bem, eu te avisei/ Você sabia que eu era assim/ Paixão de uma noite que logo tem fim/ Eu te falei, meu bem, eu te falei/ Não venha me perguntar/ Qual a melhor saída/ Eu sofri muito por amor/ Agora eu vou curtir a vida/ Chora, me liga, implora/ Meu beijo de novo/ Me pede socorro/ Quem sabe eu vou te salvar."

"Chora, me liga" foi importante pois consolidou no sertanejo uma nova forma de falar de relacionamento. Até então imperava no estilo a "poética do amor afirmativo" de Luan Santana e Victor & Leo. João Bosco & Vinícius conseguiram mudar o rumo e instaurar tanto a "poética da farra" quanto a "poética do 'tô nem aí'" de uma só vez, com uma única canção.

Segundo a lógica do "tô nem aí", o fim dos relacionamentos é visto com otimismo. Diferentemente das canções "de corno" da década anterior, nas quais a tônica eram os amores não retribuídos e a distância era tema hegemônico, agora há a hipervalorização da individualidade, da transitoriedade dos relacionamentos e o otimismo subjetivo, ou seja, a ideia de que o indivíduo é o responsável por seus próprios problemas e soluções.

O sucesso de Michel Teló "Psiu, beijo, me liga" (2009) serve de exemplo: "Agora você vem me procurar/ Eu sei, cê tá querendo é já/ Me esnobou e mudou de ideia/ Me deixou olhando pra plateia/ Ei, psiu/ Beijo, me liga/ Eu tô curtindo a noite/ Te encontro na saída." Em "Tarde demais", gravada por César Menotti & Fabiano em 2008, há o mesmo princípio: "Houve um tempo em que eu não podia nem te ver/ Agora posso estar de frente a você/ Que meu coração não sente mais nada!/ Tarde demais!/ Tchau, tchau! Amor!/ Tarde demais! Tchau, tchau! Já vou! Não volto atrás..."

Outro exemplo é a canção "O troco", cantada por Maria Cecília & Rodolfo em 2010, que chega a ser agressiva em esnobar o amor não correspondido: "Todo o tanto que você chorar pra mim é pouco/ Você tá tendo o troco, falei que ia ter troco/ Pode rastejar, implorar, pedir perdão/ Eu vou olhar na tua cara e ficar repetindo não." Em outra canção de Maria Cecília & Rodolfo, a famosa "Tchau, tchau", de 2010, o sujeito não sofre mais com a desilusão amorosa: "Eu percebi que mentia quando dizia que me amava/ Enquanto tanto te queria, você só me enrolava/ [...] / Tchau, tchau, me cansei de você/ Tchau, tchau, eu quero te ver sofrer/ Tchau, tchau, não vou te dar mais moral/ *Bye, bye*, sai fora, tchau, tchau." Indagada sobre a poética do "tô nem aí" no sertanejo universitário, Maria Cecília disse:

"Cabou, cabou, a fila anda... e vamos embora partir pra outra. [O sertanejo] não é mais aquela coisa tão chorosa."[144] Michel Teló concordava: "O papo sertanejo ficou mais urbano, né... e não tão romântico. Se fala em traição é para dar uma 'fugidinha' [risos]."[145]

A dupla Thaeme & Thiago segue a poética do "tô nem aí" em "Hoje não", de 2013: "Lembra daquele bolo que me deu/ Daquela noite que você não apareceu/ Foi cara de pau de me ligar de madrugada/ Querendo se explicar vindo aqui na minha casa/ [...] / Hoje não, sou mais seu/ Hoje não, me perdeu." Tampouco havia espaço para a desilusão em "Paga pau", gravada por Fernando & Sorocaba em 2011: "Você diz que não me ama, você diz que não me quer/ Mas fica pagando pau, qual é que é/ Todo dia seu teatro é exatamente igual/ Você finge que me odeia, mas no fundo paga pau."

Jorge & Mateus também gravaram nessa estética. "Pode chorar", de 2007, é clara em não sofrer diante da solidão: "Pode chorar/ Mas eu não volto pra você/ Pode chorar/ Você não vai me convencer." Outra canção sintomática é "O mundo é tão pequeno afinal", também do repertório da dupla, de 2010: "Hoje eu acordei gostando mais de mim/ Vou cair fora numa boa/ Então fica assim/ A gente se encontra em outra ocasião/ Na festa junina, festa de peão/ No bar da esquina/ O mundo é tão pequeno afinal/ E graças a Deus que o seu amor não me fez tão mal/ E o meu coração ainda bate igual/ O mundo é tão pequeno afinal."

Mais uma música que veio na sombra de "Chora, me liga" foi a canção "E daí", lançada por Guilherme & Santiago em 2010, que tinha os versos: "E daí?/ Se eu quiser farrear/ Tomar todas num bar, sair pra namorar/ O que é que tem?/ Foi você quem falou que a paixão acabou/ Que eu me lembre eu não sou de ninguém."

A estética do "tô nem aí" não foi inventada pelo sertanejo. Embora só tenha se hegemonizado nacionalmente com os universitários, ela tem antecedentes bastante claros. Pelo menos duas músicas fizeram muito sucesso na seara popular ainda no começo da década demarcando essa nova forma de falar das relações amorosas.

A primeira dessas canções foi "Baba", composta e gravada pela cantora carioca Kelly Key: "Você não acreditou, você nem me olhou/ Disse que eu era muito nova pra você/ Mas agora que cresci você quer me namorar/ [...] / *Baby*, baba, olha o que perdeu/ Baba, a criança cresceu/ Bom, bem feito pra você, é/ Agora eu sou mais eu/ Isso é pra você aprender/ A nunca mais me esnobar/ Baba *baby, baby* baba, baba." A canção "Baba" foi lançada em

2001 e forjou, para as grandes massas, a poética hiperindividualista, que pouco sofre com desilusões e busca esnobar um amor não correspondido. Outra canção que fez muito sucesso nessa mesma temática foi "Tô nem aí", de 2003, único sucesso da cantora Luka: "Já nem lembro seu nome,/ Seu telefone eu fiz questão de apagar/ Aceitei os meus erros, me reinventei e virei a página/ Agora eu tô em outra/ Tô nem aí, tô nem aí.../ Pode ficar com seu mundinho, eu não tô nem aí/ Tô nem aí, tô nem aí.../ Não vem falar dos seus problemas que eu não vou ouvir."

A hegemonia desse tipo de poética no sertanejo universitário demonstra a concretização de alguns valores que, ao menos em relação à canção nacional, são relativamente novos. O hiperindividualismo e o hedonismo agora são regras. Os amores são positivos. E quando há o fracasso da relação, o indivíduo continua soberano, capaz de se repaginar aparentemente sem sofrimentos.

As poéticas do "tô nem aí" e da farra são manifestações evidentes de um novo discurso amoroso da juventude do século XXI. Trata-se de uma poética que retrata um mundo em que os jovens cada vez mais "ficam", em vez de se relacionar fixamente. Um mundo em que a ingênua fé no casamento sólido e eterno parece ter finalmente se esvaído. As soluções sentimentais são todas jogadas para o colo do indivíduo, seja para a efetivação do amor, seja para a superação deste. Embora essa exacerbação do individualismo seja problemática, pois projeta culpas e responsabilidades de que dificilmente qualquer um de nós possa dar conta completamente, ela anuncia uma nova forma de falar de amor na contemporaneidade.

É claro que as canções lacrimosas que narram a solidão não terminaram de vez. Elas ainda existem. Quando regravam sucessos do passado, quase sempre os sertanejos esbarram no romantismo sem limites das gerações anteriores. Mas a verdade é que o que faz sucesso nos dias de hoje não é mais esse tipo de canção, e sim aquelas que se ajustam ao amor afirmativo ou às poéticas da farra/balada e do "tô nem aí". Essas são largamente mais bem-sucedidas e hegemônicas na produção sertaneja atual.

Estética, instrumentos e mistura de ritmos

As diferenças não ficam apenas na poética. Há algumas inovações instrumentais no sertanejo universitário em relação ao sertanejo dos anos 1990. A guitarra foi praticamente extinta, sendo substituída pelo violão de cordas de aço. O teclado, também sempre presente na década anterior, foi substituído rapidamente pelo acordeão. Em geral a bateria ficou mais intensa e os graves foram mais enfatizados. Os andamentos das músicas foram bastante acelerados.

O som em geral se tornou mais acústico. Isso tem a ver, entre outros motivos, com a moda dos formatos acústicos que tomou o Brasil desde os anos 1990 com o projeto "Acústico MTV", que contemplou muitos artistas e bandas da MPB e do rock. Essa estética do "Acústico" influenciou muito os sertanejos universitários.

Os primeiros artistas sertanejos a gravar um "Acústico" (com esse nome) foi a dupla Chrystian & Ralf, em 1998. No entanto, a repercussão não foi explosiva. Talvez porque, apesar do acústico no nome, as guitarras e teclados seguiram presentes em algumas faixas. Para que o formato tomasse de vez a seara sertaneja, foi preciso o estouro do disco pirata de Bruno & Marrone em 1999. Nele a dupla cantava apenas ao som de violão, em gravações bastante simples. Comercializado ilegalmente, foi esse disco de Bruno & Marrone que emplacou de vez o formato acústico no gênero sertanejo.

O curioso é que os sertanejos dos anos 1990 aparentemente não se conscientizaram dessa mudança. Nem mesmo Bruno & Marrone fizeram outro acústico até o advento da geração universitária. Foi esta que gostou da ideia do disco acústico e usou e abusou dessa proposta estética. João Bosco & Vinícius, César Menotti & Fabiano, Jorge & Mateus, Victor & Leo: todos lançaram discos na estética acústica na pré-história do gênero, entre 2001 e 2005, ajudando a formatar esse novo estilo.

Outra mudança bastante interessante é a metamorfose vocal. Em geral os vocais ficaram mais graves. Nas mulheres isso é óbvio. As vozes de Paula Fernandes e Maria Cecília são de contralto, mais parecidas com a voz da baiana Ivete Sangalo do que com os agudos dos sertanejos da geração anterior. Entre os homens também. Alguns até têm voz rouca, como Vinícius, da dupla com João Bosco, ou Jorge, da dupla com Mateus. Vozes graves assim dificilmente seriam aceitáveis na geração anterior. Claro que ainda há agudos potentes, mas em geral o tom grave está muito mais presente nessa geração que na anterior. Michel Teló tem voz mais grave que Xororó; Leo, da dupla com Victor, canta mais grave que Leonardo. As primeiras vozes Jorge, da dupla com Mateus, e Fabiano, da dupla com César Menotti, cantam mais grave do que Zezé Di Camargo.

Outra mudança bastante interessante é a diminuição gradual do vibrato. Trata-se daquela tremida na voz característica de tipos de cantos operísticos, entre eles o sertanejo. O vibrato vocal diminuiu muito. A maioria aboliu de vez. Paula Fernandes quase nunca faz vibrato. O mesmo vale para Michel Teló. Victor e Leo diminuíram consideravelmente os vibratos desde o começo da carreira.

Em geral o vibrato está em extinção. É possível que isso seja reflexo da entrada do gênero nas universidades. Desde o advento da bossa nova e da MPB, o vibrato foi praticamente extinto das canções de gêneros nascidos entre os universitários dos anos 1960 e 1970. Com a chegada do sertanejo à universidade, o gênero parece ter suavizado aquele tipo de canto que tanto chocava os universitários da geração anterior, valendo-se de um processo de mediação muito interessante.

De certa forma, as mudanças promovidas pelo sertanejo universitário ilustram as diversas influências estéticas da atual geração. Luan Santana se diz fã de carteirinha de Roberto Carlos.[146] Victor e Leo dizem ouvir Alceu Valença, Neil Young, Zé Ramalho, Eric Clapton, John Lee Hooker, Almir Sater, Renato Teixeira, Sérgio Reis, Dire Straits, Guns N' Roses, Scorpions, Steve Ray Vaughan, Shania Twain. Também Metallica, Bon Jovi, Skid Row, Legião Urbana, Skank, Garth Brooks. E explicam: "[Não temos] preconceitos. Cada tipo de música tem um porquê."[147] Sorocaba, da dupla com Fernando, começou a compor por causa da influência de Chitãozinho & Xororó, Leandro & Leonardo, João Paulo & Daniel e do country americano. Artistas como Garth Brooks, Willie Nelson, Allan Jackson também fazem parte de suas influências.[148]

Michel Teló tem como ídolo supremo Roberto Carlos.[149] E se diz influenciado pela trindade dos anos 1990, Chitãozinho & Xororó, Leandro & Leonardo e Zezé Di Camargo & Luciano, bem como pela modernidade internacional dos anos 2000. Maroon 5 e Coldplay são seus preferidos. Teló cita também a dupla argentina Rudi & Nini Flores, especialista em chamamés, como parte de sua bagagem cultural.[150]

Paula Fernandes cita Tião Carreiro, Bee Gees e Simon & Garfunkel como influências. E ainda Milton Nascimento, Renato Teixeira, Almir Sater e Shania Twain.[151] E ia além: "Na época de bar eu cantava de tudo. Desde Evanescence a Mettalica, Alanis Morissette e Iron Maiden", confessou a mineira.[152]

Um "novo" Brasil, junto e misturado

Outra inovação bastante interessante do sertanejo universitário é que o gênero está fundindo as fronteiras dos diversos ritmos populares brasileiros. Não é incomum ouvir gêneros distintos como funk, forró, axé, pagode e arrocha sendo cantados pelos universitários. Isso talvez explique parcialmente a fama nacional do atual sertanejo. Ou seja, o sucesso se dá menos por uma suposta pureza estética da música sertaneja e mais por sua intenção clara de diálogo com o Brasil "profundo". Nisso a atual geração não se diferencia da história do gênero sertanejo como um todo, que por décadas ascendeu em popularidade dialogando com o gosto das multidões de sua época de diversas regiões do Brasil.

Vinícius, da dupla com João Bosco, recorda-se que a mistura sonora agradou: "Percebemos desde o início que o pessoal gostava bastante quando misturávamos o sertanejo com a batida do axé e do pop-rock, sem perder a característica original."[153] Luan Santana também buscava "a mistura perfeita". Depois de uma apresentação no Festival de Verão de Salvador em 2013 ao lado da banda Psirico e do cantor Pablo do Arrocha, Luan disse: "Temos que achar esse meio-termo da música sertaneja com outros estilos. É isso que faz com que se espalhe cada vez mais esse vírus que é a música sertaneja."[154]

A indústria fonográfica também percebeu isso e lucrava com as misturas. As gravadoras Sony, Som Livre e Universal caíram de cabeça no ritmo, depois de superadas as resistências iniciais. O produtor fonográfico Carlos Eduardo Miranda via no sertanejo universitário o eixo estético do Brasil atual: "O que a gente vê hoje é o povo mandando na cultura! É um fenômeno social, que é filho da política [...]. O que é o sertanejo universitário? É uma cruza do arrocha, que vem da Bahia, com a *tchê music*, que surgiu no Rio Grande do Sul na época do axé e subiu pelo oeste junto com o gado. O mundo caipira está exatamente entre a Bahia e o oeste! É geográfico isso!"[155]

De fato, é possível ver referências de diversas músicas regionais do Brasil no sertanejo atual. Não é incomum os sertanejos cantarem em trios elétricos. A volta do acordeão remete à música tradicional do Rio Grande do Sul e ao forró nordestino. O pagode às vezes tem entrada na canção sertaneja, como na canção "O troco", de Maria Cecília & Rodolfo, gravada ao lado dos pagodeiros do Exaltasamba no CD/DVD *Ao vivo em São Paulo*, em 2010. Das praias cariocas ao carnaval baiano, de norte a sul, o Brasil se mistura no sertanejo universitário.

Alguns cantores sertanejos vieram de fato da seara da zona de influência gaúcha, como Michel Teló, que por onze anos fez parte do grupo de *tchê music* Tradição. Sucesso no Sul do Brasil desde os anos 1990, a *tchê music* misturava as tradições folclóricas e gêneros dessa região, como o vanerão, a guarânia, o chamamé, a milonga e fandangos, com instrumentos e ritmos eletrônicos da cultura pop. Obteve apenas sucesso regional e em áreas de colonização de sulistas, como o Mato Grosso do Sul, de onde veio Teló.

Um caso exemplar das fusões de ritmos que o atual sertanejo promove no Brasil é a canção "Ai se eu te pego", cujo refrão surgiu como um funk composto pela animadora Sharon Acioly, que por volta de agosto de 2008 fazia exibições no clube Axé Moi, localizado na praia de Taperapuã, em Porto Seguro. Era um refrão para divertir o grande público de férias, no momento em que Accioly se apresentava com dançarinos sarados no palco.

Antonio Dyggs, músico e empresário de Feira de Santana, ouviu o refrão e, com a permissão de Accioly, transformou-o numa música inteira. Dyggs era dono da casa de show Kabanas, em Feira de Santana, e empresário dos Meninos de Seu Zeh, uma banda de forró. Foi para eles que Dyggs compôs a canção, mas teve dificuldade de convencê-los a tocar a música, como se recorda: "Eu, como empresário da banda, cheguei pros Meninos do Seu Zeh e falei que tinha um negócio massa. Metade da banda disse: 'Rapaz, esse negócio de 'se eu te pego/ te pego' no forró não rola, não dá certo!' Então no final do show eles me chamaram e eu fiz o número. Eu já tinha tomado uns górós para ficar corajoso, subi ao palco e cantei fazendo a coreografia! Acabou que eles gravaram a música!"[156]

Em 2009 os Meninos do Seu Zeh fizeram sucesso local com "Ai se eu te pego". A versão original começava fazendo referência à boate de propriedade de Antonio Dyggs em Feira de Santana: "Sábado, no Kabanas/ A galera começou dançar...". Era um forró lento, quase um xote, com zabumba, violão, sanfona, triângulo e bateria.

Em 2010 a banda Cangaia de Jegue, vinda de Salvador, fez um show no Kabanas, ouviu a música e a gravou. Para Antonio Dyggs a canção teve seu caminho próprio: "Eu costumo dizer que 'Ai se eu te pego' já nasceu com a estrela porque todos os artistas que passaram por ela tiveram um sucesso bem legal. Os Meninos do Seu Zeh regionalmente, ali em Feira de Santana, o Cangaia de Jegue em nível estadual."[157] A versão do Cangaia começava assim: "Sábado, no forró...". Foi gravada como um xote lento, conduzido por violão e acordeão e com solos de metais.

No início de 2011 a banda de forró eletrônico Garota Safada gravou a música, fazendo sucesso no Nordeste. Essa versão é típica do forró moderno, chamado por Chico César preconceituosamente de "forró de plástico", com andamento acelerado, baixo bastante demarcado e metais solando. Grupos locais continuaram regravando a canção. "Ai se eu te pego" já tinha sido gravada pelos grupos Arreio de Ouro, Estakazero, Forró Sacode e Saia Rodada.[158] A versão de Teló seria apenas mais uma. Seria...

No dia 25 de junho de 2011, Michel Teló fazia show em Cruz das Almas, interior da Bahia, não muito longe de Feira de Santana, quando ouviu a música. A versão que Teló escutou não foi nem do Cangaia de Jegue nem do Garota Safada, foi realmente de uma banda menor, que fazia o show de abertura, antes de ele entrar. Alguém da produção de Teló entrou no camarim cantando e fazendo a coreografia. Ele se interessou. Em Cruz das Almas todos conheciam a canção, pois o vocalista dos Meninos de Seu Zeh era de Cruz das Almas. Teló gravou-a em começo de julho.

A gravação de Teló surpreendeu todas as expectativas. Superou os dois hits anteriores do cantor, "Fugidinha" e "Ei, psiu, beijo me liga". Segundo ele, a canção foi surpreendente desde as primeiras exibições, antes mesmo da gravação oficial: "A gente resolveu tocar num show em Palmas, Tocantins, num trio elétrico. Foi uma coisa assim absurda! Ninguém conhecia a música. A gente tocou e as pessoas ficaram loucas! Queriam que a gente tocasse de novo, cantavam a música. Tivemos que cantar no show três vezes uma música inédita! Eu nunca vi isso! Aí ligamos para os compositores e pedimos para gravar a música. A gente tinha receio pela simplicidade dela, mas a gente acreditava. O Teófilo [Teló, irmão e empresário de Michel] sempre acreditou muito na música. A gente estava numa tensão desgramada, bicho... É que a gente tinha acertado um grande hit. Eu já tinha 'Psiu, beijo me liga'. Foi hit, de norte a sul, foi hit. Aí fizemos 'Fugidinha'. As pessoas falavam que era só isso, que ia acabar. Duas semanas depois que eu lancei a música eu a cantei em Goioerê (PR). A arena de lá é grande e estava lotada. Eu terminei a primeira música e no intervalo entre essa e a próxima o povo começou a cantá-la. A música estava mais pra frente. Aí mudei a música de lugar porque o povo pedia a cada intervalo. Eu cantei 'Ai se eu te pego' e o povo pedia 'de novo, de novo'. Cantei de novo como se fosse a primeira vez. Eu liguei pro Teófilo e falei: 'Bicho, nós acertamos demais.'"[159]

A gravação de Teló acelerou o xote do Cangaia de Jegue e aumentou a participação do acordeão e da bateria. O violão de cordas de aço conduzia a canção junto com o baixo. O solo era feito pela sanfona. "Ai se eu te pego" tornou-se um forró mais acelerado. E a canção que nasceu funk virou xote e forró, foi gravada por um sertanejo que a transformou num hit mundial.

O disco de Teló que lançou "Ai se eu te pego", o CD/DVD *Michel na balada*, tinha exatamente essa proposta, de fundir diversos ritmos brasileiros. Ao descrever as músicas do disco em entrevista, Teló enfatizava as misturas e dizia que "Fugidinha" era sertanejo com pagode, "Ai se eu te pego" era forró, "Eu te amo e *open bar*" era *dance* com sanfona e "Humilde residência" era samba-rock com sanfona.[160] Aliás, "Fugidinha" era uma composição de dois pagodeiros, Thiaguinho, então do Exaltasamba, e Rodriguinho, ex-vocalista dos Travessos. Embora não conduza o ritmo, o pandeiro está presente ao lado da sanfona.

O sertanejo esbarrava nos gêneros populares do Brasil e alçava-os a maiores voos do que estes jamais tiveram. O próprio Antonio Dyggs, compositor de "Ai se eu te pego", não conhecia muito bem o mundo sertanejo até então: "Eu não tinha muito contato com o sertanejo, mas de uns três anos pra cá o sertanejo tem crescido bastante. Me perguntaram o que eu achava de o sertanejo estar crescendo e o axé estar diminuindo... Pois é, mas, mesmo com o sertanejo crescendo, a Bahia está presente! As duas músicas mais tocadas agora são da Bahia: 'Ai se eu te pego' e 'Balada', que é de um compositor de Feira de Santana, o Cassio Sampaio."[161]

Como diz Dyggs, a canção "Balada", sucesso na voz de Gusttavo Lima, também foi composta por um baiano: "Gata, me liga, mais tarde tem balada/ Quero curtir com você na madrugada/ Dançar, pular, que hoje vai rolar/ Tchê tchererê tchê tchê..." De fato a Bahia continuava em evidência, e o sertanejo se mostrava disposto a dialogar com os nordestinos.

Outro compositor nordestino que travou contatos com o sertanejo foi Dorgival Dantas. O sanfoneiro potiguar tinha muitas canções gravadas por artistas e bandas basicamente do Nordeste, como Calcinha Preta, Aviões do Forró, Flávio José, Waldonys, Rastapé, Frank Aguiar. O maior sucesso de Dorgival era a canção "Você não vale nada", que foi trilha da novela *Caminho das Índias* na versão da banda de forró eletrônico Calcinha Preta. Pois foi com esse *hit maker* do Nordeste que os sertanejos dialogaram. Em 2007 Jorge & Mateus gravaram "Pode chorar" e no ano seguinte César Menotti & Fabiano gravaram "Tarde demais". Em 2008 Jorge & Mateus gravaram "Amor covarde", que teve grande repercussão: "Quando a gente fica junto, tem briga/ Quando a gente se separa, saudade/

COWBOYS DO ASFALTO

Quando marca um encontro, discute/ Desconheço um amor tão covarde." Em 2012 Michel Teló lançou "Bara bará bere berê", também composição do sanfoneiro potiguar.

Outro importante diálogo radicalizado pelo sertanejo universitário foi a fusão com o arrocha, gênero musical que nasceu no Recôncavo Baiano no início dos anos 2000. Normalmente são usados um teclado arranjador, um saxofone e uma guitarra. Pode-se dizer que o arrocha é a eletrificação e digitalização da tradição brega. Às vezes toca-se acordeão. Diz-se que um dos precursores é o cantor Pablo, cuja carreira faz muito sucesso no Nordeste.[162] As letras tendem a ser uma reinvenção da música brega, da seresta, do estilo romântico. Às vezes também são comuns letras mais picantes.[163]

Com essa influência, a partir de 2011 uma série de canções sertanejas começaram a flertar declaradamente com o arrocha. Entre elas estão "Camaro amarelo", de Munhoz & Mariano, "Gatinha assanhada", de Gusttavo Lima, "Fiorino", de Gabriel Gava, "Tchu tcha tcha (Eu quero tchu, eu quero tcha)", de João Lucas e Marcelo, "Vem ni mim, Dodge ram", de Israel Novaes, "Eu sou seu, meu bem", de Cristiano Araújo, "Vou dar o nó em você", de Thaeme & Thiago, "Só vou beber mais hoje (vou parar)", de Humberto & Ronaldo, "Levemente alterado", de Michel Teló, "Se namorar fosse bom", de Bruninho & Davi, entre várias outras.

O arrocha era herdeiro do brega, gênero que por décadas teve sucesso enorme, mas subterrâneo, sem o aval das grandes mídias do Sudeste. Os sertanejos universitários levaram adiante a mistura com o brega, prática que a geração anterior inaugurou nos anos 1980. Mas, diferentemente dos filhos de Francisco, a geração atual parece ter menos problema em assumir o diálogo com o brega. O megassucesso "Balada", lançado em 2011, de Gusttavo Lima, já anunciava na introdução: "Eu já lavei o meu carro, regulei o som/ Já tá tudo preparado, vem que o brega é bom."

Outra mistura insólita que ocorreu ocasionalmente na música sertaneja atual é a fusão com o *reggaeton*. Gênero originário da América Central, o *reggaeton* faz sucesso em toda a América Latina. No Brasil, entrou através de "Sogrão caprichou", de Luan Santana, e de "Amor de madrugada", de Marcos & Belutti.

Mais comum foi a mistura do sertanejo universitário com o funk, gerando aquilo que alguns chamam de funknejo.[164] A principal canção desse estilo é definitivamente "Tchu tcha tcha (Eu quero tchu, eu quero tcha)", de 2012. Nessa canção, gravada por João Lucas & Marcelo, o batidão carioca é reverenciado em meio a violões e sanfona. Em 2013 Mr. Catra fez um show no rodeio de Barretos, a maior de todas as festas sertanejas do Brasil. Curiosamente, a canção sertaneja que mais se aproximou do funk foi composta por um paraibano, o músico Shylton Fernandes, integrante da banda Forró Safado. O músico de Campina Grande não era um compositor muito profícuo. "Tchu tcha tcha" era apenas sua quarta composição. A música caiu nas graças do jogador Neymar, que depois de marcar seu centésimo gol pelo Santos dançou a canção de Shylton, transformando-a em sucesso instantâneo. A canção ganhou visibilidade e entrou na trilha sonora da novela *Avenida Brasil*, da Globo. Até o político José Serra utilizou a canção em sua campanha a prefeito de São Paulo em 2012, obviamente mudando a letra.[165]

Aliás, a chegada à fama de forma rápida é uma característica comum entre alguns compositores de hits do sertanejo universitário. Além de Shylton Fernandes, os compositores de "Ai se eu te pego" tinham poucas composições em seu repertório. Antonio Dyggs tinha apenas cerca de trinta canções compostas na vida quando escreveu o hit, que após três anos da primeira gravação explodiu mundialmente: "Depois de 'Ai se eu te pego' eu tenho várias cartas na manga. Mas não tem como eu dizer: É essa [que vai estourar] ou aquela.' Se uma das minhas trinta canções também demorar três anos para fazer sucesso, está ótimo!", disse Dyggs.[166]

A letrista de "Ai se eu te pego", Sharon Accioly, já tivera um sucesso na carreira. Ela era a compositora da "Dança do quadrado", que em 2008 se tornou um hit da internet com o simples refrão: "Ado, a-ado, cada um no seu quadrado." Shylton, Dyggs e Accioly são exemplos de uma nova forma de se produzir e sobretudo divulgar música no Brasil. Com poucas composições e divulgação capilar pela internet, conseguiram um hit mundial que artistas de longa carreira como Zezé Di Camargo, Chitãozinho & Xororó e até Roberto Carlos nunca tiveram. A internet e a mistura de ritmos congregavam rapidamente diversas vertentes musicais brasileiras, catapultando desconhecidos ao sucesso.

O antropólogo Hermano Vianna percebeu essa fusão de ritmos no Brasil do século XXI: "O novo sertanejo, pós-universitário, é um culto à 'balada'. Na base há uma mistura furiosa de ritmos, dos baianos aos gaúchos, passando pelo tamborzão. Tudo está próximo. [...] Há uma rede que 'linka' todas as novas músicas populares brasileiras. Sucessos ganham versões em todos os ritmos. Nasce como forró, vira tecnobrega, arrocha, vanerão, sertanejo."[167]

Porteira aberta: O reconhecimento do sertanejo universitário

Assim como o sertanejo dos anos 1990, o sertanejo universitário foi um movimento vitorioso. Apesar dos críticos, a nova música rural brasileira conseguiu se impor, fazer-se ouvir e vender muito. Diante dessa vitória popular, alguns críticos do novo gênero repararam seu julgamento, aumentando o prestígio do sertanejo universitário.

O maior exemplo de metamorfose em relação ao sertanejo universitário é, novamente, Zezé Di Camargo. Suas inúmeras declarações contrárias ao gênero se modificaram em direção à aceitação quase integral dos novos artistas. O sucesso dos universitários foi tamanho que Zezé foi obrigado a rever suas posições.

Até 2010 Zezé ainda criticava o uso do termo "universitário". A partir de 2011, passou a apoiar de vez os novos artistas: gravou duas faixas com Luan Santana no disco *Ao vivo no Rio*. Passada meia década de fenômeno universitário, Zezé percebeu que algumas duplas poderiam permanecer no tempo: "Eu posso te falar do Zé Henrique e Gabriel, que são ótimos, que eu aposto mesmo. Tem o Victor & Leo, que também têm um trabalho consistente. [...] Você tem que se importar se uma música que você grava hoje vai ser cantada, com emoção, daqui a dez anos. Quem conseguir ter essa visão e seguir por esse caminho tem tudo pra permanecer."

Zezé passou então a colocar panos quentes nas antigas declarações, apagando as oposições e negando o discurso que fizera por vários anos. Perguntado sobre a declaração proferida por Luciano de que ele era "mestre" enquanto os universitários eram apenas graduandos, Zezé se justificou: "Essa declaração do Luciano aconteceu porque ele foi provocado, por isso respondeu. O que acontece é que tem algumas pessoas que querem colocar a gente numa vala comum, como se nós fôssemos dupla do passado, essas coisas, dizer que somos dinossauros. [...] Não tem problema nenhum nosso com ninguém, eu sou amigo de vários deles, a gente sempre tá junto, sempre se encontra nos shows."[168]

Em 2011 Zezé elogiou longamente Luan Santana no programa *Altas horas*, da TV Globo, dizendo que o jovem artista "veio pra ficar", e que tinha "muita personalidade".[169] Nesse mesmo ano Zezé deu declarações bastante simpáticas em relação ao rótulo "universitário", em entrevista à jornalista Marília Gabriela:

MARÍLIA GABRIELA: Sertanejo universitário. É um preconceito embutido ou é uma coisa diferente mesmo?

ZEZÉ DI CAMARGO: Grande parte aproveitou o rótulo de sertanejo universitário para se livrar de um preconceito, para ter razão para assumir. Essa história do universitário é mais uma justificativa das pessoas que gostavam e tinham medo e agora acharam um motivo para falar que gostam, né? Veio para tirar essa máscara das pessoas. [...]

MARÍLIA GABRIELA: Quer dizer, é um aval...

ZEZÉ DI CAMARGO: É um aval, é um aval... Que eu não acho ruim, não. Tudo que vem para divulgar, para somar e para derrubar preconceitos, para derrubar mitos, eu acho que é válido pra caramba. Porque quem falou que não gostava agora não tem direito de voltar atrás, não pode voltar atrás.[170]

Mas o próprio Zezé era um dos que "voltavam atrás" no julgamento. O ano de 2012 pode ser marcado como o do fim do "preconceito" de Zezé Di Camargo em relação ao sertanejo universitário. Nesse ano ele participou com o irmão do CD/DVD de Victor & Leo *Ao vivo em Floripa* e cantou a música "Quando você some". Cantou também ao lado de Maria Cecília & Rodolfo "Imprevisível", do repertório do CD/DVD *Com você* da dupla sul-mato-grossense, lançado no ano seguinte.

Zezé estava também compondo com novos artistas. Num show em 22 de setembro de 2012 em São Luís do Maranhão, depois de cantar "Pra você" com a imagem e voz de Paula Fernandes em playback, Zezé disse: "Tem muita gente que não sabe que eu fiz algumas canções com a Paula, como 'Pra você', 'Sem você'... São todas parcerias nossas!"[171] Além dessas, "Mineirinha ferveu" era obra conjunta dos dois. Zezé deliberadamente associava-se ao sertanejo universitário.

Em 2013 o envolvimento de Zezé com os universitários era tanto que ele produziu o disco de Gusttavo Lima. Convencido da importância dos universitários, o mito cortejava toda aquela geração de enorme sucesso. Sobre Gusttavo Lima, Zezé estava empolgado. Chegou a receber o cantor em sua fazenda e proferiu as simpáticas palavras ao cantor de "tche tcheretche tchê": "É impressionante o talento dele. Tenho convivido e acompanhado o Gusttavo Lima. Vendo só de fora, tudo que tem sucesso imediato, há um pouco de preconceito. A gente tem preconceito de coisas que são relâmpago. Mas, quando você conhece, isso vai mudando." E elogiava a geração inteira: "Dentro da nova safra, tem a Paula Fernandes, Jorge & Mateus, Victor & Leo e Luan Santana, que já são uma realidade. São talentos para prosperar e que vieram para ficar."[172]

Em entrevista no ano de 2013 Zezé fez um mea-culpa por ter criticado a nova geração e traçou um paralelo com o começo de sua carreira, reconhecendo que ele, naquela época, também foi criticado como artista supostamente passageiro: "Quando nós surgimos também, quando lançamos 'É o amor', viram dois moleques cantando, muita gente falou que a gente ia durar dois anos. Nós estamos há 22 anos aí, na estrada, fazendo sucesso com a mesma intensidade. Quer dizer, não dá para você olhar um artista hoje e falar que não vai longe. Não pode cometer esse erro. Você não sabe a bagagem que a pessoa às vezes tem. Você só vê o artista quando vê ele cantando aquele sucesso, aí quando você conhece o cara pessoalmente, o cara tocando... Eu já não comento mais porque eu já quebrei a cara várias vezes... de ver um artista na TV cantando seu sucesso e pensar que isso caiu na cabeça dele, que é um sucesso imediato, que não tem qualidade para sustentar isso durante muito tempo. Depois você acaba vendo que o cara tem. Eu posso dizer que tem alguns nomes que eu conheço pessoalmente, com quem já toquei junto, que eu sei que têm qualidade musical. [...] As pessoas precisam de um tempo para mostrar a qualidade delas. Quando nós surgimos fazendo sucesso, foi só depois de uns cinco ou seis discos que as pessoas começaram a respeitar a gente. Viram que a gente começou a acertar um sucesso atrás do outro, um disco atrás do outro. Aí começaram a respeitar a gente. Então acho que isso acontece com os artistas que estão há três, quatro anos fazendo sucesso. Precisam de tempo para se firmar. Tem uns que já são realidade para mim. Posso te citar o Gusttavo Lima, que eu tenho certeza absoluta que veio para ficar, pela qualidade, toca bem violão, guitarra, canta, canta muito, tem potencial. O próprio Luan Santana, eu já tive oportunidade de encarar ele assim cara a cara, de meter um tom lá em cima e ele corresponder. Victor & Leo, Paula Fernandes é uma baita de uma artista. Jorge & Mateus conseguiram no meio dessa turma não cair na mesmice, com um repertório bem cuidado. Eu acho que esses nomes aí vão se somar a Zezé Di Camargo & Luciano, a Chitãozinho & Xororó, a Leonardo, a Daniel, que já vêm há muito tempo segurando a peteca."[173]

Diante do auge do sertanejo universitário, poucos resistiram. O cantor Sérgio Reis, que nos anos 1990 tinha se mantido longe das duplas modernas de então, em 2010 considerava os universitários "talentosos, excelentes músicos e cantores". Comparava a música dessa turma com a feita pela Jovem Guarda nos anos 1960: "Acho que o que fazem hoje está mais para um iê-iê-iê em dueto. Se você pegar o sucesso de César Menotti & Fabiano, 'Ciumenta, para de ser tão ciumenta...', vai ver que tem a mesma batida de 'Quando você se separou de mim/ Quase que a minha vida teve fim', do Roberto. E 'Coração de papel' [grande sucesso de Sérgio Reis na Jovem Guarda, em 1967]? Eles regravaram, inclusive [ele se refere à regravação de César Menotti & Fabiano, em 2007]."Mas Sérgio Reis fazia ressalvas: "Só uns dois ou três sabem cantar. De cinco mil duplas, 4.900 não valem nada.[174]

O cantor Leonardo também estava simpático à nova geração quando disse, em 2010: "Acho que foi uma novidade boa porque renovou o nosso segmento. Já pensou que desgraça se a música sertaneja parasse no tempo, se ficasse só com a nossa geração? Seria uma mesmice que ninguém aguentaria [...] Eu sou muito fã de Victor & Leo. Eles têm um estilo próprio que marcou demais, muita personalidade artística. Gosto muito também do João Bosco & Vinícius, Jorge & Mateus, Zé Henrique & Gabriel, João Neto & Frederico, são todos feras."[175]

Por volta dessa época, o escritório de Leonardo, o Talismã, passou a empresariar a carreira de Paula Fernandes. E Leonardo chegou a participar do primeiro CD/DVD da cantora, de 2011.

Chitãozinho também elogiava: "É uma geração que está vindo com uma consciência maravilhosa do que é a música caipira. Eles conseguiram inovar o sertanejo com músicas mais fáceis, o que fez o povo participar mais [...] É um novo modelo, mais acústico, descontraído, no estilo música de barzinho. Essa é a grande diferença. O legal é que eles cantam nossas músicas em seus shows e, consequentemente, o público deles acaba nos conhecendo também."[176]

Empolgados com os universitários, a tradicional dupla gravou então o DVD *Chitãozinho & Xororó 40 anos — Nova geração*, com os muitos sucessos de quarenta anos de carreira e chamou os sertanejos universitários para participar, entre eles Maria Cecília & Rodolfo, Michel Teló, Zé Henrique & Gabriel, Luan Santana, João Neto & Frederico, João Bosco & Vinícius, Guilherme & Santiago, Jorge & Mateus, Fernando & Sorocaba, Hugo Pena & Gabriel e Eduardo Costa. A grande ausência foi Victor & Leo.

Não apenas a geração anterior parecia dar aval aos universitários. A MPB também passou crescentemente a interagir com a renovação do gênero sertanejo.

O sanfoneiro Dominguinhos, por exemplo, participou com sua sanfona da gravação da canção "Kid Lampião" no disco *Retrato — Ao vivo no estúdio*, de César Menotti & Fabiano, de 2010. O herdeiro de Luiz Gonzaga também regravou com Paula Fernandes a canção "Caminhoneiro", no disco *Emoções sertanejas*, do mesmo ano. O *link* do Nordeste com os universitários não era incomum. O paraibano Zé Ramalho, por exemplo, gravou em dueto com Paula Fernandes a canção "Harmonia do amor", no disco da cantora chamado *Meus encantos*, de 2012.

O rock também se aproximou do sertão. Pepeu Gomes participou da regravação de sua composição "Sexy Yemanjá" no DVD de Victor & Leo *Ao vivo em Floripa*, de 2012. O ex-titã Nando Reis e o baterista do Skank, Haroldo Ferretti, também participaram desse disco.

O cantor Jorge Vercillo relançou em 2013 uma canção de sua autoria, "Sensível demais", que era parte do repertório de Chrystian & Ralf, originalmente gravada em 1998. A cantora Preta Gil, filha de Gilberto Gil, gravou a canção "Amor em dobro", no DVD *Ao vivo no morro da Urca*, de César Menotti & Fabiano, em 2012.

Com a aproximação entre artistas da MPB, do rock e do sertanejo universitário, não seria espanto se artistas de gêneros distintos passassem a ter repertórios mais parecidos. Um desses casos foi a canção "Longe", de Arnaldo Antunes e Marcelo Jeneci, gravada pelo próprio Arnaldo e também pelo cantor Leonardo, cuja versão entrou na trilha sonora da novela global *Paraíso* (2009). Seguindo essa linha de aproximação com a música sertaneja, a cantora Luiza Possi cantou "Não aprendi a dizer adeus", clássico de Leandro & Leonardo, em seus shows durante o ano de 2009.[177] César Menotti & Fabiano regravaram "Será", clássico do repertório do Legião Urbana, no DVD *Ao vivo no morro da Urca*, de 2012. O cantor Daniel regravou a canção "Tantinho", de Carlinhos Brown, no seu DVD comemorativo de trinta anos de carreira, de 2013.[178] Brown, por sua vez, não poupava elogios aos sertanejos, em especial a Zezé Di Camargo: "Zezé representa a autenticidade junto da originalidade na música brasileira. Luciano sabe tudo de música [...] Eu tenho a maior honra de ter estes colegas como parceiros."[179]

Vários eram os artistas que travavam contato com a música sertaneja. Caetano Veloso parecia redescobrir o sertanejo universitário em 2012 diante do sucesso mundial de Michel Teló. Em sua coluna no jornal *O Globo* sobre os seus setenta anos, em vez de celebrar a data redonda, Caetano preferiu elogiar o jovem artista mato-grossense: "Posso dizer que sempre fui adolescente. Quinze anos é a minha idade. Talvez quatorze. O resto são marcos exteriores que não me dizem respeito [...] Como adolescente, sinto o gosto das descobertas, tenho medo, tenho imensa alegria, começo a ousar dirigir a palavra a estranhos, não apenas a papai e mamãe. Acho lindo o Cristiano Ronaldo e sua difusão mundial da música de Teló."[180]

As fronteiras entre MPB e sertanejo, sempre muito bem delimitadas, pareciam se tornar mais fluidas. O sucesso do sertanejo universitário parecia recolocar o dilema questionador tropicalista de Caetano novamente à tona. Perguntado sobre a pertinência do termo MPB nos anos 2000, Caetano disse: "Eu não consigo separar MPB de sertanejo universitário ou secundarista, porque MPB é música popular brasileira, eu não sei por que o sertanejo não estaria incluído aí. É um critério meio difícil de justificar. Tudo bem que a imprensa diga que precisa usar rótulos para orientar os leitores, mas eu não posso me submeter a isso. Muitas vezes, esses rótulos mais desorientam do que orientam. Eu não posso entender por que o Luan Santana não é MPB, por que a Daniela Mercury não é MPB. Se isso não é música popular brasileira, então o que é música popular brasileira?"[181]

A desestabilização musical do Brasil foi percebida por alguns tropicalistas, cujo projeto também balançou as gavetas do conhecimento musical nos anos 1960. Simpático a fusões e desestabilizações, Caetano manifestava-se publicamente com mais de uma década de atraso em relação à intensa *antropofagia* que realizavam os sertanejos na seara musical brasileira.

Tom Zé foi ainda mais radical na defesa dos universitários: "Existem pessoas que, mesmo sem a visita de todas as musas, conseguem captar do cotidiano coisas geniais que vivemos, como, por exemplo, 'Ai se eu te pego'. Quantas vezes você não fala isso na rua? 'Ai se eu te pego' é coisa de gênio! Trocaria tudo que eu fiz por 'Ai se eu te pego', pela simplicidade genial da frase."[182]

A reflexão de Caetano e a certeza de Tom Zé, no entanto, não eram compartilhadas por outros tropicalistas.[183] O maestro tropicalista Julio Medaglia, por exemplo, continuou resistente às novidades, como demonstrou em entrevista em 2010: "O Brasil foi vítima durante dez anos das pseudoduplas sertanejas, que não tinham nada de sertanejo e sim de sertanojo... Toda essa música sertaneja que nós ouvimos durante a década de 1990 toda não passou de um bolerão de puteiro de cais do porto de quinta categoria."[184]

Em entrevista, outros dois tropicalistas também rejeitaram o sertanejo universitário: o letrista Capinam e o músico Jards Macalé. Em entrevista para este livro, foi feita a seguinte pergunta a ambos: o tropicalismo nos anos 1960 flertou com a cultura de massa de sua época — a Jovem Guarda de Roberto Carlos. Se o tropicalismo tivesse acontecido nos anos 2000, o movimento lidaria com a cultura de massa atual, ou seja, com o sertanejo universitário? Foi perguntado também se eles conheciam Luan Santana e Michel Teló. Jards Macalé me falou: "Ih, isso é complicado... eu desliguei meu rádio." Capinam também parecia longe do mundo atual quando disse: "Você vai ter que me falar um pouco sobre eles."[185]

Apesar dos refugos de alguns tropicalistas em dialogar com o massivo, as tentativas de se aproximar do sertanejo universitário vinham de todo canto. Até de onde menos se esperava. Lulu Santos, antigo detrator do gênero, fez as pazes com os sertanejos de vez. Em 3 de abril de 2011 Lulu Santos apareceu em flash no programa *Domingão do Faustão* fazendo um comentário sobre o artista do sertanejo universitário mais famoso até então. Lulu comparou Luan Santana a Elvis Presley, por ser interiorano e totalmente dentro da cultura de massa, e se perguntando se esse "meteoro" também viraria um cometa, como o "Rei" americano.[186] Foi um elogio, o tom era esperançoso. Também apareceram no programa Roberto Menescal, Ricardo Cravo Albin e o maestro João Carlos Martins, todos elogiando Luan Santana. Ricardo Cravo Albin ainda defendeu Luan do que julgava "preconceito" em relação ao sertanejo universitário.

O caso de Lulu Santos é paradigmático. O sertanejo universitário consolidou no cantor, compositor e guitarrista carioca uma mudança que vinha se desenvolvendo desde o fim dos anos 1990. De crítico feroz dos sertanejos em 1992, na época do *impeachment* de Collor, Lulu começou a flertar com os antigos inimigos. Depois de participar de um DVD de Chitãozinho & Xororó de 2007, em 2012 Lulu chamou Paula Fernandes para dividir "Apenas mais uma de amor", um clássico do seu repertório, no programa *Altas horas*, da TV Globo. Paula gostou do convite: "Estou muito feliz com o convite dessa pessoa brilhante que amo tanto", declarou a cantora. "O legal é que quando recebi o convite e fiquei sabendo qual era a canção fiquei mais emocionada ainda, porque é a canção que mais amo", afirmou. Lulu retribuiu os afagos: "É inacreditável o que a Paula é capaz de fazer com a voz dela."[187]

Percebendo a aproximação do roqueiro, Bruno & Marrone regravaram "Apenas mais uma de amor" em disco de 2014. Antenados às reformulações de Caetano sobre os sertanejos, a dupla goiana também regravou "Força estranha" no mesmo disco, antiga composição do baiano.

A aproximação de Lulu o fez esquecer as mágoas passadas. Em entrevista ao jornal *O Globo* em 2006 ele botou panos quentes nas antigas disputas. Negou ter dito que "espingarda de cano duplo serve para matar dupla sertaneja", frase que de fato não era dele, mas de Ronaldo Bôscoli, e afirmava que não se podia ignorar a música do campo: "A música caipira encontra eco muito grande no povo brasileiro, inclusive no povo do Estado do Rio. Qualquer discurso de exclusão é muito perigoso."[188]

Em 2013 Lulu explicou em detalhes por que mudou de opinião acerca dos sertanejos. Sua explicação teve a ver com uma reflexão sobre sua própria trajetória: "Você não luta com a eleição popular, contra o sucesso. Vai dizer que Michel Teló não é legítimo? Isso é estúpido. Dizer que o Justin Bieber é ilegítimo? Não. As pessoas que dizem isso perderam o passo de como as coisas são. E não é algo novo. Quando a nossa geração da década de 1980 começou a aparecer, fazer barulho, o pessoal do samba deu uma reclamada, bradava que aquela música não era brasileira e tal. Lembra-se de quando nossos pais diziam: 'isso não é música'? Alguém, acho que a minha mãe, insistia comigo que os discos dos Beatles estavam em 45 RPM, que tocavam em rotação acelerada."[189]

Lulu era mais um entre as várias personalidades que mudaram de opinião sobre o sertanejo. Até alguns caipiras passaram a elogiar o sertanejo universitário. Foi o caso de Renato Teixeira. Se nos anos 1990 o compositor teve muita dificuldade de dialogar com os modernos de então, nos anos 2000 ele foi muito menos resistente. Teixeira participou do DVD *Victor & Leo: A história*, de 2010, no qual elogia, empolgado, a dupla mineira: "Victor & Leo são tão importantes para evolução dessa música como foram Chitãozinho & Xororó naquele momento [anos 1990]." Era o mesmo compositor que nos anos 1990 havia chamado a dupla paranaense de "descartável".[190]

O diálogo de Renato Teixeira com os sertanejos era símbolo das mudanças das relações entre caipiras e sertanejos. Havia mais aceitação de ambos os lados. De modo geral, os universitários se tornavam cada vez mais aceitos, inclusive pela crítica.

Pedro Alexandre Sanches, autor de livros sobre MPB e Jovem Guarda, era um feroz crítico do gênero nos anos 1990. Nos anos 2000 Pedro se reformulou e se justificou: "Me dá muito mais prazer hoje em dia tentar entender e me deixar seduzir por música realmente popular (pagode, sertanejo, *melody* etc.) do que ouvir a mais incrível cantora virtuosa de todos os tempos da última semana (para parodiar os Titãs) ou redescobrir o mais recôndito disco de bossa nova do início dos anos 1960."[191]

O antropólogo e crítico Hermano Vianna, que na década anterior não havia manifestado grande apreço pelo gênero, também se deixou seduzir.[192] Em 2013 ele narrou o que o fez mudar: "Quem diria que o sertanejo iria virar música de balada? Quem diria que Campo Grande, Mato Grosso do Sul, iria se transformar na capital do pop brasileiro? Eu não entendia muito bem o mundo do sertanejo. Até que fui numa festa de fundo de quintal, bem familiar, em Campo Grande. Uma dupla tocava canções que eu nunca ouvira antes e todo mundo fazia coro, com emoção tão explosiva quanto no momento mais animado do bumbódromo de Parintins. Foi minha rendição: gosto de pop fake, mas também não resisto diante da autenticidade. Naquele momento, gostei por motivos antropológicos, o que me encantava era o amor que aquelas pessoas sentiam por aquela música. Estava claro que algo grande iria acontecer dali. Hoje gosto também por motivos musicais."[193]

O jornalista Nelson Motta, que escreveu em sua autobiografia que abandonara o Brasil por desgosto com o auge da música sertaneja nos anos 1990, passou a não ignorar o gênero. Motta começou a considerar a música sertaneja digna de entrar na história do Brasil e pela primeira vez levou o gênero a sério numa coluna de sua autoria no *Jornal da Globo*, em 30 de abril de 2011.[194] No programa, Motta falou das origens da música dos sertanejos universitários, fazendo um elo de tradições.

A jornalista Marília Gabriela, que entrevistou vários universitários em seu programa, deu vazão ao seu lado interiorano quando entrevistou Munhoz & Mariano e disse, confraternizando com a dupla: "Quer saber mesmo? Eu adoro gente caipira! É mais do que o sotaque, é um jeito de ser! Ser caipira é vir do interior, como eu vim também! [Marília é de Campinas, São Paulo.] Eu gosto de gente caipira! Tem um negócio, uma espontaneidade, um jeito bom de contar as coisas ou de enxergar as coisas, eu acho..."[195]

A revista *Veja* deu uma capa aos sertanejos universitários em 30 de janeiro de 2013.[196] Era algo inovador: *Veja* nunca colocara a geração dos anos 1990 numa capa. A revista paulistana sempre se regozijou de chamá-los de "breganejos", acusação que, se não foi abolida das páginas da revista, diminuiu muito. O tom mais moderado e a capa dos universitários sinalizam uma mudança concreta de tom da revista.

Um exemplo das mudanças pelas quais vem passando parte dos jornalistas nas grandes mídias é o que aconteceu com Julio Maria de

O Estado de S. Paulo. No dia 14 de outubro de 2007, o crítico "saiu do armário", como ele mesmo disse, e confessou o apreço por Zezé Di Camargo: "Um dia, a confissão seria inevitável. Abrir o coração sobre certos assuntos no meio de jornalistas críticos de música ou de músicos críticos de jornalistas sempre foi uma questão bem complexa. Vivendo entre xiitas e sunitas por dez anos, afoguei minha opinião como se ela não existisse, como se fosse um desvio de caráter a ser reparado silenciosamente, uma doença a ser curada por si só. Me tornei um covarde para não ser banido das rodas dos músicos e um hipócrita para ser aceito na dos jornalistas. [...] Um mesmo homem não pode ter um diploma de curso superior e se emocionar com Zezé Di Camargo & Luciano. Ou melhor, poder até pode, só não deve sair dizendo isso por aí. [...] Não preciso mais disso. Minha confissão de agora pode inspirar outros a saírem do armário, a revelarem seus sentimentos mais reprimidos. Chega. Eu gosto de Zezé Di Camargo & Luciano!"[197]

Após o advento do sertanejo universitário os armários foram se abrindo cada vez mais. Zezé Di Camargo soube do artigo do jornalista e congratulou-se com ele: "É com apreço que [...] li a crônica assinada pelo Julio Maria. Espero que outros, como ele, jornalistas ou não, 'saiam do armário' e venham conhecer nosso trabalho, ouvindo (de verdade) nossos CDs e indo aos nossos shows. Crítico que se preze escuta música, 'de tudo um pouco', tenha certeza. Livre de preconceito. E não simplesmente sai por aí escrevendo e falando sem justiça de causa."[198]

Não apenas os jornalistas, acadêmicos e críticos se tornaram gradualmente mais simpáticos ao sertanejo após o advento dos universitários. Paula Fernandes, por exemplo, foi elogiada pelas atrizes Marília Pera, Cássia Kiss e Deborah Secco. No caso de Deborah Secco, Paula conseguiu uma fã inesperada. "Eu não gostava de música sertaneja, ouvia MPB, mas gosto da Paula", disse Deborah.[199] A atriz Susana Vieira declarou-se a Victor & Leo: "Fui apresentada ao Victor & Leo pelo meu namorado. Sabe que eu estou impressionada! Pois vocês chegaram sem forçação de barra! Fazem um country novo, um sertanejo novo. Eu sou uma sertaneja agora, gente!"[200]

Com o crescente apoio nas mídias e dos artistas, vieram as condecorações. O Prêmio Multishow, surgido em 1994, é um caso interessante. Essa distinção concedida pela TV paga ignorou completamente os sertanejos dos anos 1990. Para o Prêmio Multishow, o sucesso da música sertaneja dos anos 1990 simplesmente não existiu. Nunca um sertanejo do peso de Zezé

COWBOYS DO ASFALTO

Di Camargo & Luciano, Chitãozinho & Xororó ou Leandro & Leonardo ganhou um Prêmio Multishow. Nem sequer foram indicados. Por cinco anos o canal pago também ignorou os universitários. Em 2010, no entanto, institucionalizou a categoria "melhor artista sertanejo", cujos ganhadores foram Victor & Leo. Em meio a modestas vaias, Victor cutucou aqueles que evitaram durante anos reconhecer a música sertaneja: "Quero parabenizar a todos os indicados ao Prêmio Multishow. [...] Muito mais que uma vitória da dupla Victor & Leo, foi o grande passo dado pela música brasileira, através deste prêmio, que abre espaço e reconhece uma cultura com tanta verdade, raiz e história, como a música sertaneja, que vem do interior do Brasil, especialmente das áreas rurais, e que ganha cada vez mais espaço nos grandes centros. Isso é que precisa ser comemorado e reconhecido."

Quando da incorporação da categoria "artista sertanejo", apenas os universitários foram contemplados. Em 2012 a categoria foi desfeita, mas os sertanejos continuaram sendo contemplados com prêmios de "melhor cantor" ou "melhor show". Nos anos seguintes ganhariam prêmios Luan Santana, Michel Teló e Paula Fernandes.[201] O elo da música sertaneja seguiria avante. Em 2013 foi lançado o DVD de Paula Fernandes chamado *Multishow ao vivo — Um ser amor*, uma parceria com o canal privado.

Menos resistente do que o Multishow, o Prêmio Melhores do Ano da TV Globo premiou pela primeira vez os universitários em 2008. A condecoração era entregue, desde 1995, por Fausto Silva em seu programa dominical. Em 2008 Victor & Leo ganharam o prêmio de "música do ano" por "Tem que ser você". Depois disso a porteira foi aberta e Luan Santana, Michel Teló, Paula Fernandes, Munhoz & Mariano foram contemplados.

O reconhecimento da indústria cultural foi rápido para os universitários. Em 2008 o disco *.com_você*, de César Menotti & Fabiano, ganhou o Grammy Latino de melhor álbum de música romântica. Em 2011 João Bosco e Vinícius ganharam o Grammy de melhor álbum de música sertaneja com um disco homônimo. Em 2012 Michel Teló ganhou o prêmio "melhor canção brasileira" com "Ai se eu te pego" e cantou seu hit no palco da premiação em Las Vegas, nos EUA.

Em 2013 todos os indicados brasileiros ao Grammy eram universitários.[202] Victor & Leo ganharam o Grammy de melhor álbum de música sertaneja com o disco *Ao vivo em Floripa*. Era a aceitação total.

Misturando café com gasolina...

Apesar da "furiosa" fusão de ritmos e da intensa comercialização do gênero, a repulsa à radicalização das misturas e ao mercantilismo indiscriminado gerou e tem gerado certo divisionismo entre os sertanejos universitários. Diante do sucesso mercantil da música sertaneja, alguns artistas do próprio meio levantaram a voz para protestar. Vista como banalização por alguns, a intensa mistura oriunda da popularização cada vez maior do gênero trouxe consigo algumas diferenças que já estavam latentes no meio. Aqueles que se levantaram contra essa radicalização das misturas são sobretudo os universitários da primeira geração, aqueles que ascenderam ao panteão do sucesso logo nos primeiros anos de nascimento do atual sertanejo. Um dos primeiros a protestar foi Jorge, da dupla com Mateus, em 2012: "A gente chegou a uma situação insuportável, e acho que é um momento em que alguém precisa falar algo. O mercado nosso é podre, podre. [...] Há uma briga de bastidores hoje entre os escritórios que só atrapalha. [...] Eu tô com nojo disso. Nojo. São coisas de bastidores. Há uma competição insana entre empresários. Eu não preciso citar nomes para que as pessoas saibam, todo mundo no meio sabe o que acontece, mas isso precisa acabar. [...] Critica-se muito os anos 1990, falam que os 'Amigos' fechavam o mercado, que só três duplas cuidavam sozinha do mercado, mas o que se faz hoje é muito pior. É ridículo. Já pensei em parar, sumir, ir para a roça e ficar lá. Eu não trabalho para viver isso, eu não sou obrigado a passar por isso, viver essas situações. O que nos mantém é que há sim relações de amizade muito firmes, pessoas que você quer muito bem e você sabe que é recíproco. Mas, no geral, fazemos parte de um meio muito podre."[203]

A crítica de Jorge se direcionava ao fato de que o meio sertanejo havia sido tomado pela indústria cultural. O que Jorge denunciava, apesar de sua parcialidade, tinha um quê de verdade. A grande quantidade de artistas gerou aumento da concorrência nas disputas entre os escritórios de artistas sertanejos. A crescente mercantilização do sertanejo e a divulgação massiva tiveram como consequência um determinado estrangulamento do mercado do gênero.

No meio sertanejo é comum que um artista maior leve outros menores consigo para um show fechado. Por isso os escritórios vendem pacotes de shows para os contratantes. Pouco a pouco os espaços ficaram limitados, e a concorrência ficou desumana.

Por volta de 2013, o escritório de Fernando & Sorocaba empresariava as carreiras de Luan Santana, Tania Mara, Marcos & Belutti, Thaeme & Thiago, Lucas Lucco e até o grupo de pagode Inimigos da HP. Nos discos desses artistas é comum a participação de artistas desse mesmo escritório. Os discos de Thaeme & Thiago, por exemplo, já tiveram participações de Luan Santana, Fernando & Sorocaba e Marcos & Belutti. Michel Teló, por exemplo, estava sempre convidando Bruninho & Davi para seus CDs e DVDs, no intuito de alavancar a carreira dos colegas por ele empresariados. Leonardo participou do primeiro DVD de Paula Fernandes, quando esta era contratada de seu escritório Talismã.[204]

Outro ingrediente que alimentava os gargalos do gênero eram os contratantes de shows. Um dos principais na virada da primeira década era a Marcos Mioto Produções Artísticas, empresa que gerenciava os contratos de duplas como Victor & Leo, Chitãozinho & Xororó, Michel Teló, Munhoz & Mariano, Paula Fernandes, Marcos & Belutti, Maria Cecília & Rodolfo, Luan Santana, Jorge & Mateus, João Bosco & Vinícius, Hugo & Tiago, João Carreiro & Capataz, Guilherme & Santiago, Gusttavo Lima e vários outros. Segundo Mioto, a função do contratante era fazer o ponto de ligação entre o artista e o evento. Trata-se daquela pessoa que trabalha pela melhor data, melhor evento, melhor equipe. Basicamente, um intermediário que tenta achar o melhor negócio tanto para a festa quanto para o artista. Marcos Mioto também antevia um determinado estrangulamento do mercado: "Hoje há muita gente disputando o mesmo espaço, e está ficando muito cansativo, há muitos produtos iguais."[205]

Como se vê, as críticas de Jorge não eram de todo infundadas. Diante da manifestação do cantor, vários artistas se declararam contra a "mercantilização" do sertanejo universitário. A dupla Victor & Leo era das mais críticas e, paradoxalmente, uma das principais arrecadadoras de direitos autorais no Brasil: "O sertanejo é a bola da vez. Tem cara que nunca soube o que é sertanejo, nunca pisou na terra, nunca ouviu um Tonico & Tinoco, não sabe uma música do Sérgio Reis ou do Milionário & José Rico e diz que é sertanejo porque o termo está em alta", disse Leo.[206]

Em outro momento, Victor foi mais agressivo. Para ele, a música sertaneja enfrentava um momento caótico em julho de 2012: "A realidade é que, no momento, o sertanejo vai muito mal, completamente em baixa. O momento da música sertaneja é caótico. O termo sertanejo está lá em cima, a música está lá no chão. [...] Pelo que nós sabemos, o conteúdo poético é presente na história da música sertaneja, e hoje ele está praticamente morto. Nós tentamos segurar as pontas, fazer nossa parte, colocar um traço poético nas nossas letras. Só que o mercado está atrás de sucessos extremamente fáceis, e isso está sendo a bola da vez. Nós não embarcamos nesse mercado."[207]

Perguntado se concordava com Jorge, Victor disse: "Eu entendo o que ele quis dizer... de fato, hoje se compra tudo, e sem muito dinheiro você não faz nada. O cara compra a rádio, a festa, a exposição, a música, compra tudo. Só acho que isso não é novidade e é uma realidade da vida, não só do mercado. O capitalismo força a isso, são situações que acabam se tornando naturais. Eu acredito no tempo. O tempo vai mostrar para nós mesmos quem é verdadeiro."[208]

Em 2013 Victor estava ainda mais agressivo: "As músicas atuais chamadas de sertanejo cantam muito lixo e pornografia musical. Qualquer tipo de sentimento pode ser expressado através da arte de forma respeitosa, não é preciso banalizar", disse o compositor.[209]

A tão criticada mercantilização ganhou radicalidade a partir das intensas misturas que se fizeram no gênero com a entrada do arrocha e do funk. Em 2012, Victor e Leo eram irônicos e debochados ao comentar o sucesso imediato dessas misturas:

> VICTOR: O repórter que me perguntou: se misturar o funk com o sertanejo, você acha que pode ficar bom? Eu disse para ele: se você misturar café com gasolina e ficar bom, dê-se por satisfeito. Você pode misturar o que você quiser, se você achar legal, está tudo ótimo, não tem problema nenhum... eu não tenho nada contra, entendeu?
>
> LEO: [...] O que eu acho que falta no mercado de música sertaneja hoje é originalidade.
>
> VICTOR: Criatividade.
>
> LEO: [...] Hoje você escuta dez músicas no rádio e vai conseguir distinguir três músicas. Ficou tudo muito igual. Isso desmoraliza um gênero.

Como se vê, o sucesso da radical mistura e integração do Brasil gerou também críticas internas no meio sertanejo. Chamado para apitar na polêmica em torno da banalização e da mercantilização do gênero, Zezé Di Camargo deu o seguinte veredicto em entrevista à revista *Sexy*: "Eu concordo com o Victor e discordo do Jorge. Acho que o Victor quis dizer no sentido de que a coisa se banalizou. Agora é o sertanejo misturado com arrocha, com funk... 'Ai, se eu te pego' não é sertanejo. Eu sempre digo, sucesso não se discute, mas não pode confundir a coisa. Agora, sobre o Jorge, eu vi a matéria, ele quis dizer que tudo se compra. Ele não pode falar isso porque sabe o que acontece dentro do escritório dele."[210]

Jorge e Victor & Leo contavam com o apoio de outros sertanejos de sua geração. Paula Fernandes também se mostrava incomodada com as misturas que ouvia. Perguntada por que não compunha canções como "Ai se eu te pego" e "Balada", disse que aquele tipo de composição não era "sua verdade" e que buscava "profundidade" nas letras.[211] A cantora mineira repudiava aquilo que Zezé criticou como repetição onomatopaica da música sertaneja: "Já está acabando o abecedário... A música chega na frente do artista. Você conhece a música mas não sabe quem canta. Vira obra de ninguém."[212]

O cantor João Bosco, da dupla com Vinícius, também reclamava: "A gente vê acontecer muito isso, muito artista mais preocupado com o sucesso do outro do que com a própria carreira."[213]

Diante da onda de julgamentos que se avolumava, até artistas frequentemente alvo de críticas, como Gusttavo Lima, partiram para o ataque. Em julho de 2012, durante entrevista coletiva em Orlando, nos Estados Unidos, onde gravou um DVD no Hard Rock Café daquela cidade, o cantor fez o seguinte comentário sobre a música sertaneja: "Tem muita gente brincando de fazer música." Mais um a criticar o novo mercado.[214]

Alguns pegavam mais leve. É o caso de César Menotti: "Eu não critico. Não critico mesmo, porque sei que, de repente, aquela música mudou a vida do cara, mudou a vida da família dele. Muitas vezes o cara cantou durante dez anos músicas boas na noite, decidiu gravar uma bagaceira e fez sucesso. Como eu vou julgar? Por isso não critico. Claro, me preocupa sim o que esse tipo de música pode causar mais para o futuro. Daqui a pouco, a gente vai ouvir alguém dizendo que não gosta de música sertaneja e a gente não vai poder dizer nada. A gente vai dar até razão."[215]

Essa crítica era reproduzida em vários outros setores da música sertaneja universitária. Um dos principais blogs da música sertaneja atual, o blog Uol Universo Sertanejo, escrito pelo jornalista André Piunti, fez o seguinte balanço do ano de 2012, justamente o ano do sucesso mundial de "Ai se eu te pego": "Musicalmente, sem dúvida, foi o pior ano desde que o 'universitário' surgiu e ajudou a formar a cena atual [...]. Gravou-se qualquer coisa, apostou-se em qualquer bobagem, e justamente por isso apenas uma coisa ou outra vingou. [...] Alguns sinais amarelos foram acesos, apesar da situação privilegiada."[216]

Determinados integrantes da indústria cultural também demonstravam cansaço diante da radicalidade das misturas e da banalização da produção. O radialista paulistano Marcelo Machado de Siqueira, que desde 2003 era diretor artístico da Nativa FM, a maior rádio sertaneja do país, era um deles. Em São Paulo, sua audiência variava entre duzentos mil e trezentos mil ouvintes por minuto. No país, eram dezesseis afiliadas. O diretor da rádio se sentia incomodado com os rumos do sertanejo: "Por estarem misturando influências demais e pelo fato de um artista fazer um sucesso e todo mundo sair copiando, a qualidade tem ficado de lado. Essa história de mina, pira, empina, balada... as mesmas palavras distribuídas de formas diferentes, os ritmos iguais, tudo isso prejudica a música sertaneja. Tem muita gente boa, claro, mas tem muita gente ruim se aproveitando do movimento. [...] Isso vai tornando tudo descartável. Sertanejo não é isso."[217]

Sertanejo raiz

Diante do quadro de crescente mercantilização e "furiosa" mescla de gêneros no atual sertanejo, alguns artistas, sobretudo os da primeira geração do sertanejo universitário, voltaram-se sutilmente para as "raízes" da música rural brasileira. Os sertanejos universitários se colocam cada vez mais como descendentes dos caipiras e catalisam a valorização dessas origens.

Diferentemente da geração dos anos 1990, que só depois de passado o auge do movimento começou a desenvolver algum elo com a tradição, os universitários vêm formatando esse elo desde o início do movimento.

César Menotti & Fabiano foram dos primeiros a adotar essa política. Em seu primeiro disco independente, de 2004, a canção "Onde tem som de viola", de autoria da dupla, já buscava o elo com a tradição: "Quem não gosta de viola, também não gosta de mim/ Eu sou carne e ela é unha, é paixão que não tem fim/ Fomos feitos um pro outro, feito a rede e o pescador/ Por ela eu enfrento guerra, por ela eu morro de amor." No ano seguinte, na capa do primeiro disco por uma grande gravadora, o CD *Palavras de amor*, de 2005, César Menotti aparece tocando uma viola caipira.[218]

O discurso de defesa da raiz ganhava partidários cada vez mais radicais. A dupla universitária João Carreiro & Capataz, que se separou em 2014, era uma das mais militantes na aproximação com os caipiras. O próprio nome de um dos integrantes foi inspirado no consagrado violeiro caipira Tião Carreiro, inventor do pagode de viola, um dos consagrados pais da tradição caipira.

Em 2011 eles lançaram o CD duplo *Lado A, lado B*. No primeiro disco, apenas canções caipiras, modas de viola lastreadas na tradição. No lado B, canções sertanejas "comerciais", como os próprios definiram. Entre as canções caipiras havia libelos defendendo a tradição, como "Caipira de fato", "A tradição não morre jamais" e "Não toca em minha vitrola". Nessa última, a dupla era agressiva: "Esquecendo da cultura/ Tão mudando a postura/ Só pra fugir do lugar/ É o sertanejo moderno/ Brinco de argola e terno/ Só canta comercial/ Modinha sem fundamento/ Deixando no esquecimento/ Toda nossa tradição/ Não se fala em boiada/ É só moda bagunçada/ E o assunto é traição." O curioso é que os próprios João Carreiro & Capataz viviam a ambiguidade que tanto criticavam, afinal também gravavam sertanejo "moderno" e "comercial".

João Carreiro & Capataz não estavam sós na postura paradoxal. Vários cantores se colocavam como defensores da tradição. No entanto as canções mais bem-sucedidas eram aquelas nas quais a modernidade era pilar estético. Não obstante, a defesa da raiz era cada vez mais comum, sobretudo discursivamente. Paula Fernandes dizia ser uma cantora de "raízes": "Eu acho que a música não tem fronteiras, sou uma representante da música popular brasileira com muito orgulho e da música raiz."[219]

Para defender a raiz tornou-se cada vez mais comum gravar discos com os ditos "modões", canções tradicionais do campo.

Israel & Rodolffo se aproximaram da tradição quando gravaram o CD *Na terra do pequi*, em 2013, só com modões. O projeto surgiu da vontade da dupla de gravar algo mais tradicional e aproveitar o extenso acervo de composições nessa linha que Juarez Dias, pai de Rodolffo, já escrevera.

A volta à temática caipira se tornava tão hegemônica que vários artistas manifestavam intenção de gravar discos só de canções tradicionais. César Menotti & Fabiano lançaram em 2014 o disco duplo *Memórias anos 80 & 90*. Fazendo jus à tradição, o disco também teve lançamento em LP. Da primeira geração universitária, João Bosco & Vinícius também manifestaram a intenção de gravar "modões".[220] Para os universitários, "modão" significava não apenas as canções caipiras de João Pacífico ou Tonico & Tinoco, da primeira metade do século XX, mas também as canções de "sertanejo raiz" dos anos 1970 a 1990. Tudo era alinhado como parte de uma mesma tradição.

A vontade de se aproximar da música caipira fez César Menotti & Fabiano serem aceitos no tradicional programa *Viola, minha viola*, comandado pela histórica Inezita Barroso na TV Cultura por mais de trinta anos. No domingo de Páscoa de 2013 os irmãos cantaram canções tradicionais ao som da viola.[221] Era cada vez mais legítimo se posicionar ao lado da tradição, o que trazia como benefício se destacar no meio da multidão de sucessos tidos como "descartáveis".

Paradoxalmente, o mercado sertanejo universitário ajudou o mercado musical rural, dos caipiras aos "sertanejos de raiz". O resgate da raiz só era possível pois o mercado tinha se tornado tão diverso que se abriu às estéticas já superadas. Apesar das correntes críticas, o mercado era tão dinâmico que viabilizava a manutenção de nomes de gerações anteriores que não estavam mais no auge. Em 2006 a dupla Matogrosso & Mathias, que começara nos anos 1970, terminara por causa da aposentadoria de Mathias. Mesmo com a saída do parceiro, em 2006, Matogrosso continuou a dupla com seu sobrinho Isaac Jr. e manteve o nome original. Em outros tempos a dupla se extinguiria. Era sinal de que havia mercado para os cantores do passado. Até a cantora Sula Miranda, intitulada "a rainha dos caminhoneiros" nos anos 1990, retornou das cinzas em 2012 com um disco sertanejo intitulado *Prova de amor*, depois de carreira na música gospel.[222] Leo Canhoto & Robertinho também retornaram e em 2006 ganharam uma coletânea da Som Livre com o selo Globo Rural.

O mercado era viável. A indústria cultural tradicional se esbaldou com a reabilitação caipira. A Som Livre, por exemplo, lançou em 2012 uma coletânea de quatro CDs chamada *Moda sertaneja*, totalizando 56 canções. Tratava-se da reunião de canções de todas as gerações até os anos 1990. O sucesso universitário permitiu integrar as gerações modernizadoras dos anos 1970 e 1990 ao panteão caipira. Na coletânea da Som Livre, Zezé Di Camargo aparecia ao lado de Tonico & Tinoco, Milionário & José Rico, no mesmo disco com Rolando Boldrin. A música caipira voltava a ser mercadoria cada vez mais vendável. Tudo isso por causa do sucesso dos sertanejos universitários.

Até fábricas de instrumentos entraram na onda da revalorização da música caipira. A volta do acordeão ao primeiro plano musical estimulou o surgimento de fábricas no país. A mais importante delas é a Leticce, com sede em Campina Grande, na Paraíba. Desde 2003 a empresa vem crescendo ao sabor do forró e do sertanejo universitários. Com uma campanha agressiva de marketing, a empresa paraibana já contou com os sertanejos César Menotti & Fabiano, Jorge & Mateus e Gusttavo Lima para fazer propaganda de seu instrumento.

O mercado de viola caipira não ficou atrás. Em 1996 foi fundada a Rozini, fábrica nacional que vem se destacando na produção de violões, cavaquinhos e sobretudo violas caipiras. A fábrica lançou na virada da primeira década dos anos 2000 três edições especiais de violas. Em 2009 foi lançada uma réplica do modelo usado por Tião Carreiro. Mesmo que Carreiro estivesse morto havia mais de uma década, a Rozini conseguiu a autorização dos herdeiros para que a assinatura do músico viesse estampada no corpo do instrumento. Em 2010 a tradicional dupla Cacique & Pajé assinou seu modelo. Em 2011 Inezita Barroso colocou seu nome em outro modelo.[223] A Rozini, ao entrar no mercado de violas, conseguiu fazer algo que as fábricas brasileiras de violão, como as tradicionais Di Giorgio e Gianini, nunca fizeram: associar a marca a um medalhão da música brasileira.[224]

A apologia da viola passou a ser algo frequente. O retorno do instrumento ao panteão trazia legitimidade "de raiz" a quem o defendia. Os sertanejos universitários João Carreiro & Capataz eram militantes na canção "Tradição não morre jamais", de 2011: "Viola, com você no meu peito/ Me sinto um guerreiro pronto pra missão/ Sou o seu recruta que vive e que luta/ Só para manter essa tradição." César Menotti e Gusttavo Lima também tocavam viola caipira nos palcos pelo Brasil.[225]

Paula Fernandes usou viola e sanfona na gravação de "Céu vermelho" (2012), canção de sua autoria, mas que tinha, segundo a cantora, "cara de música caipira".[226] Outra canção de sua lavra, "Jeito de mato" (2011), foi tocada com o violeiro Almir Sater, marcando o sentido de tradição desejado pela cantora.[227]

É nesse sentido de valorizar a roça e os ares do interior que a viola passou a ser resgatada. Se ela havia sido esquecida nos anos 1990, substituída pela guitarra, no sertanejo universitário o movimento inverso acontecia. E o violeiro Tião Carreiro se tornou um dos mais prestigiados. Tião influenciou violeiros como Almir Sater, caipiras como Zé Mulato e universitários como João Carreiro e César Menotti. Em 15 de outubro de 2013 completaram-se vinte anos da morte do violeiro, e Menotti publicou um texto de sua autoria louvando Tião: "Foi notável sua trajetória nesta terra. Fez da viola muito mais do que seu cartão de visita, fez da viola a cara do Brasil, esse nosso Brasil sertanejo."[228]

Mesmo aqueles que não tocavam viola caipira tinham sua forma de louvar o passado caipira. Regravar a tradição também contava pontos. Michel Teló regravou os clássicos "Telefone mudo" e "Boate azul". A dupla Victor & Leo também regravou o clássico "Telefone mudo", do Trio Parada Dura, e "Sessenta dias apaixonado", de Chitãozinho & Xororó, em seu disco independente lançado em 2005.

Victor & Leo não se contentaram em regravar a tradição. Algumas de suas canções inéditas apelavam diretamente para a ruralidade perdida, estética típica da música caipira. A canção "Vida boa" flerta diretamente com a temática bucólica rural: "Moro num lugar/ Numa casinha inocente no sertão/ De fogo baixo aceso no fogão/ Fogão a lenha/ [...] / Que vida boa/ Sapo caiu na lagoa/ Sou eu no caminho do meu sertão." Em "Deus e eu no sertão", Victor & Leo cantam a idealização do campo. Não à toa, foi abertura da novela global *Paraíso*: "Nunca vi ninguém/ Viver tão feliz/ Como eu no sertão/ Perto de uma mata/ E de um ribeirão/ Deus e eu no sertão."

Diante da louvação da tradição, a história da música sertaneja foi criando novas raízes. Raízes que aparentemente eram sólidas, mas que na verdade só tinham sido resgatadas havia pouco tempo. As gerações que antes eram modernas viraram "de raiz". Nos anos 1980 já se usava o termo "sertanejo de raiz" para se referir às duplas modernas das décadas anteriores que, diante do trem da história, se transformavam em tradição. Nos anos 2000 esse processo de transformar todo o passado em "raiz" formatou uma história simplista, sem atritos, linear. Não obstante, forjou uma identidade comum, um passado e um presente comuns, além de uma proposta de futuro para os sertanejos. E o termo "sertanejo raiz" para designar duplas modernas do passado era vivido como se não fosse em si paradoxal.

Enterrando a tradição para virar raiz

Para se analisar como as diferentes gerações viveram a tradição, é interessante comparar as mortes de quatro importantes nomes caipiras nas últimas décadas.

Em 15 de novembro de 1993 morreu na capital paulista o famoso Tião Carreiro. Tião faleceu exatamente na data de um show de Michael Jackson, que depois de dezenove anos sem vir ao país fez naquela semana duas apresentações históricas na capital paulista.[229] Uma semana antes fora a vez de Madonna vir ao Brasil. Diante dessa concorrência desleal nas manchetes, não foi dada nenhuma nota de falecimento do violeiro nos principais jornais e nas revistas do país.[230]

Era bem possível que Tião não conseguisse manchetes mesmo se não morresse numa data tão concorrida. Fato é que as gerações em evidência nos anos 1990 tinham pouco apego à tradição. Na época a pauta era a modernização. Na segunda década dos anos 2000 o contexto sertanejo de crítica à mercantilização e à profusão de sucessos fez os universitários louvarem-no como um dos pais da tradição, como se Tião tivesse sido reconhecido assim desde sempre.

Como vimos na introdução deste livro, a morte de João Pacífico em 1998 tampouco gerou grandes comoções. Outro caso paradigmático é o da histórica dupla Tonico & Tinoco. Tonico morreu em 1994, um ano depois de Tião Carreiro. Vivia-se então o auge da geração dos anos 1990. Sua morte tampouco despertou grandes manifestações de comoção nacional.

Se Tonico não teve reconhecimento dos sertanejos dos anos 1990, Tinoco ganhou os louros da geração universitária no fim da vida. E, antes de ser celebrado na morte, Tinoco fora louvado em vida.

Com pouca influência na geração sertaneja dos anos 1990, Tinoco passou necessidade depois da morte do parceiro. Das vinte apresentações por mês que fazia antes da morte do irmão, não passava mais de quatro no fim da primeira década do novo milênio. As dívidas eram maiores que os lucros escassos com a música. Em função de gastos com remédios, o dinheiro era apertado todo fim de mês: Tinoco sofria de hipoglicemia, e a mulher, Nadir, foi diagnosticada com câncer em 2008. O músico ganhava apenas R$ 1 mil de aposentadoria como radialista, sua única renda fixa: "As aplicações dos remédios aumentaram para mais de R$ 6 mil. O que nós tínhamos, sítio, terra, foi embora. Até na TV eu fui pedir que me ajudassem com trabalho. Quem quisesse dar dinheiro podia dar, mas eu queria mesmo é trabalho", declarou Tinoco, que, além de sortear violas em shows, vendeu o carro da mulher, um Gol 1998, em rifa.[231] A mulher de Tinoco viria a morrer em 13 de setembro de 2010. Segundo o filho do músico, o pai famoso não vivia em situação de miséria: "O problema é que o cachê de

Tinoco foi reduzido em cerca de 70% após o falecimento do irmão. Além disso, os organizadores de eventos e programas televisivos preferem ceder espaço a artistas mais jovens."[232]

Atentos à tradição, os sertanejos universitários abraçaram Tinoco. Em 2010, quando da gravação do disco e DVD *Emoções sertanejas*, no qual várias duplas sertanejas de diferentes gerações interpretaram canções de Roberto Carlos, o Rei chamou Tinoco ao palco com as seguintes palavras: "Eu tenho a honra e a emoção maior de chamar ao palco esse ícone maravilhoso da música sertaneja: Tinoco!" O artista foi então homenageado e louvado por todas as gerações ao ganhar uma placa pelos seus 75 anos de carreira. Uma placa foi entregue pelo Rei Roberto Carlos a Tinoco, com os seguintes escritos: "Esta é uma placa de *Emoções sertanejas* aos dois artistas pioneiros que ajudaram a criar a música que traduz a verdadeira alma do interior do Brasil e embala os corações da cidade grande." Chitãozinho & Xororó, César Menotti & Fabiano, Paula Fernandes, Almir Sater, Leonardo, Bruno & Marrone, Zezé Di Camargo & Luciano, Victor & Leo, Milionário & José Rico e Sérgio Reis, todos abraçaram Tinoco, louvando-o como "pai" da tradição. A música sertaneja contava sua própria história apagando as fissuras do passado com a música caipira, colocando-se como herdeira da tradição. O sucesso da geração universitária foi em parte positivo mesmo para aqueles que tradicionalmente se opunham ao gênero e defendiam a radicalidade do purismo caipira.

Quando Tinoco morreu, em 4 de maio de 2012, os sertanejos de várias gerações apareceram para louvar sua trajetória, algo que praticamente não aconteceu quando o irmão Tonico morreu, no auge do sertanejo dos anos 1990.

Nem mesmo o cantor Michel Teló, a voz mais cantada em todo o Brasil naquele ano com "Ai se eu te pego", esqueceu-se de Tinoco: "Foi um prazer e uma honra ter conhecido um dos grandes nomes da música sertaneja. Que Deus abençoe e dê muita força à família", disse Teló, carinhoso.

Sorocaba, da dupla Fernando & Sorocaba, também lançou nota na imprensa: A gente ficou bastante triste por tudo o que o Tinoco fez não só pela música sertaneja, mas para a base do sertanejo, que foi a música caipira. [...] A música dele falou do Brasil, da raiz do nosso país, que tem uma vocação agrícola." Os universitários colocavam-se como herdeiros diretos dos caipiras. João Bosco e Vinícius não deixaram de lamentar: "Hoje é um dia muito triste para a música. A dupla Tonico & Tinoco foi uma das nossas grandes referências."

César Menotti, da dupla com Fabiano, também afirmou o elo com a tradição: "Nós lamentamos, porque éramos amigos. Para a música sertaneja, hoje se encerra a história do pioneirismo. Apesar de cantarmos a música sertaneja moderna hoje, nossa música é totalmente influenciada por Tonico & Tinoco. A gente conserva o formato de cantar em dupla, a viola caipira e o tipo de afinação que eles usavam." Luan Santana também se sentiu profundamente tocado: "Acabei de acordar e vi uma notícia que me deixou muito triste... Tinoco, a razão de a música sertaneja ser tão popular, faleceu hoje. [...] Descanse em paz!"

As diversas gerações se uniram na glorificação da tradição caipira representada por Tinoco. O cantor Daniel escreveu em seu perfil no Twitter: "Hoje, infelizmente, é um dia que ficará marcado na história da nossa música sertaneja de verdade! Uma perda irreparável do nosso querido Tinoco. Sertanejo autêntico, de uma capacidade incomparável!! Caboclo dos nossos!!! Muito obrigado pela escola passada ao longo dos anos! Valeu, meu ídolo!!"

Zezé Di Camargo também lamentou: "A viola hoje chora de saudade", escreveu o filho de Francisco. E Luciano levantou a bola da autenticidade: "Ao lado de Tonico, Tinoco foi símbolo de um Brasil chamado de caipira. E, no fundo, a gente é caipira." Bruno, da dupla com Marrone, deixou clara a marca do mito: "Nossos mestres estão partindo para outro plano. Tinoco, vai em paz e obrigado por sua existência. A música brasileira e, principalmente, a sertaneja vão ficar sempre gratas." Chitãozinho & Xororó lamentaram no Twitter: "O Brasil perde, hoje, um ícone da música sertaneja."

Caipiras também lamentavam a perda. O caipira Rolando Boldrin ainda tentou cutucar os sertanejos: "Tonico & Tinoco foi uma das duplas caipiras mais tradicionais, e vai ficar como uma espécie de folclore de um tipo de música que está em extinção." Inezita Barroso demarcou o lugar do artista na história: "Tinoco é tudo. Ele e o irmão foram os grandes nomes da música caipira. As músicas deles encantaram o país inteiro. [...] e fizeram sucesso também na cidade. É uma música verdadeira, que vinha do coração."[233]

A presidente Dilma Rousseff lamentou a morte de Tinoco, dizendo que ele representava a "alma do Brasil rural".[234]

A imprensa seguiu a linha da recaipirização e colocou a nova geração universitária como filhos da tradição caipira, como sintetizou a revista *Veja*: "Intérpretes de clássicos caipiras como 'Tristeza do Jeca', os irmãos de Botucatu [...] influenciaram as atuais parcerias de sucesso, como a de

OS NETOS DE FRANCISCO

Zezé Di Camargo & Luciano. São personagens inseparáveis da cultura interiorana do Brasil."[235]

A recaipirização é um processo complexo. Em parte, envolve algo de distinção no meio sertanejo. Em parte ajuda na institucionalização cíclica do gênero. Tornou-se cada vez mais prática comum entre alguns sertanejos renegar o grande sucesso e a banalização do gênero e defender uma suposta pureza perdida do passado. Parcialmente, isso reflete a hipocrisia de alguns artistas que tanto se beneficiaram do mercado. Afinal nenhum dos sertanejos universitários abdica totalmente do grande sucesso e da modernidade. Trata-se mais de uma prática discursiva do que efetiva. Por outro lado, a louvação de uma origem comum é essencial para a configuração de um movimento cultural, assim como para sua permanência no tempo. Essa política da memória é extremamente eficaz a longo prazo uma vez que forja descendentes "legítimos" de um pai comum.

Ao eleger pais fundadores, clássicos musicais (os chamados "modões") e construir um passado linear, os universitários parecem conscientes das imposições dos enquadramentos da memória. E parecem querer brigar em torno da defesa e manutenção de uma suposta origem comum. Isso não os isenta dos paradoxos existentes em todo movimento. Afinal os sertanejos louvam o passado mas também são adeptos intensos da modernidade. Seja como for, parece estar sendo gerada uma nova síntese do Brasil do século XXI.

Notas

Introdução

1. Ieda de Abreu, *Rolando Boldrin*, p. 129.
2. Faixa "A minha vida", CD *Zezé Di Camargo & Luciano*, Sony, 1997.
3. Rosa Nepomuceno, *Musica caipira*, p. 243.
4. Entrevista à revista *Brasil — Almanaque de Cultura Popular*, ano 13, novembro de 2011.
5. Leonardo e S. Essinger, *Não aprendi dizer adeus*, p. 34.
6. Para as mortes de João Pacífico e Leandro, ver Rosa Nepomuceno, *Musica caipira*, p. 20 e 212.
7. Para as informações da morte de Leandro, ver *Jornal Nacional*, TV Globo, 23-24/06/1998; *Veja*, 01/07/1998, "Um símbolo chamado Leandro".
8. Apenas dissertações e artigos foram escritos. Antes de meu trabalho houve outra tese, publicada fora do país. Escrita pelo americano Alexander Dent e defendida no Departamento de Antropologia da Universidade de Chicago em 2003, a tese intitulada *River of Tears* foi publicada em 2009 nos EUA, em inglês, sem tradução em português. Trata-se de um interessante trabalho etnográfico. Apesar de ter sido publicada quando já existia o sertanejo universitário, a tese de Dent não analisa densamente o novo estilo, confundindo-o com o sertanejo da geração anterior, dificultando a compreensão de sua especificidade. Cf. Alexander Sebastian Dent, *River of Tears*. Para o crescente número de trabalhos acadêmicos sobre a música sertaneja, ver Martha Tupinambá Ulhôa, "Música sertaneja em Uberlândia na década de 1990"; Diogo de Souza Brito, Maria Clara Tomaz Machado, "O guardador de saudades"; Diogo de Souza Brito, *Negociações de um sedutor*; Daniela Oliveira dos Santos, *A música sertaneja é a que eu mais gosto!*.

COWBOYS DO ASFALTO

Parte 1

Capítulo 1

1. Grande parte dos livros escritos pelas duplas ou por *ghost writers* é de divulgação, com pouca ou nenhuma intenção de problematizar as disputas culturais na música rural. Entre eles estão os livros de Deurides Santos sobre a carreira de Leandro & Leonardo (1999), de Ana Lucia Neiva sobre Chitãozinho & Xororó (2002) e de Fernanda Santos sobre Zezé Di Camargo & Luciano (2010). Há também as autobiografias de Tonico & Tinoco, escritas por Élcio Perez (Tinoco) e José Caetano Erba, e de Leonardo, escrita com ajuda do pesquisador Silvio Essinger. Em geral laudatórias, essas obras se prestam pouco ao debate e serão usadas com parcimônia.
2. Rosa Nepomuceno, *Música caipira*, p. 22-23.
3. Sant'Anna, A moda é viola, p. 350. O pesquisador José Luis Ferrete escreveu: "o autêntico ficou totalmente esvaziado como conteúdo." O pesquisador Valter Krausche também seguiu linha parecida: "A separação da *música caipira* da folia, para fins fonográficos, apaga muito do seu significado. Assim, [...] o seu significado é mutilado, o seu destino, através da indústria cultural, não é o sucesso, mas um pálido registro." J. L. Ferrete, *Capitão Furtado*, p. 72. Valter Krausche, *Música popular brasileira*, p. 8.
4. José Hamilton Ribeiro, *Música caipira*, p. 244.
5. Antonio Candido já era bastante conhecido na época, em parte pela publicação de *Formação da literatura brasileira*, cuja primeira edição é de 1959.
6. Segundo o professor, "as modalidades antigas [caipiras] se caracterizavam pela estrutura mais simples, a rusticidade dos recursos estéticos, o cunho coletivo da invenção, a obediência a certas normas religiosas. As atuais [sertanejas] manifestam individualismo e secularização crescentes, desaparecendo inclusive o elemento coreográfico socializador". Antonio Candido, *Os parceiros do Rio Bonito*, p. 9 e 217.
7. Nessa obra Candido deu ao termo "caipira" sentido teórico e, pela primeira vez na academia, utilizou-o de forma sistemática (sem "misturar" com o termo "sertanejo"). A tese que deu origem a *Os parceiros do Rio Bonito* foi defendida na USP em 1954 e publicada como livro em 1964. Fruto de um trabalho de campo no município de Bofete/SP, entre 1948 e 1954, o trabalho buscava compreender a "decomposição da vida caipira e a situação

NOTAS

crítica do trabalhador rural". Para melhor demarcar seu objeto, chamou-o de "caipira". Seu texto criticava o cientista social Emilio Willems, que usava o termo "cultura cabocla", e o jornalista Cornélio Pires, que utilizava variantes como "caipira branco", "caipira preto", "caipira mulato" e "caipira caboclo". Candido questionava também os conceitos raciais de Alberto Rovai, que utilizava o termo "raça caipira". Candido preferiu caipira sem adjetivos para não associá-lo a uma raça, e sim a um modo de vida que estava sendo destruído pelo progresso do capitalismo. A abordagem de Candido era baseada em três pilares: a) industrialização e urbanização detonaram o processo de destruição do homem do campo; b) sujeito histórico do interior, o caipira é um homem em seu estado de camponês "puro"; e c) o modo de vida caipira estava em via de se extinguir, mas sobrevivia devido à bravura resistente do autêntico homem do campo e de sua arte. Antonio Candido, *Os parceiros do Rio Bonito*, p. 22 e 216.

8. Waldenyr Caldas, *Acorde na aurora*, p. 3-4 e 25 [grifo meu]. Ver também: Waldenyr Caldas, *O que é música sertaneja*.
9. Waldenyr Caldas, *Acorde na aurora*, p. 66-67.
10. O trabalho da pesquisadora Martha Ulhôa, embora bastante breve, já demonstra uma mudança sensível em relação ao tema. Ver: Ulhôa, *Musica sertaneja em Uberlândia (relato)*. Ver também: Reily, "Música Sertaneja and Migrant Identity: the Stylistic Development of a Brazilian Genre".
11. Sobre o início da música sertaneja e caipira, as informações foram extraídas do trabalho de Allan Oliveira na tese *Miguilim foi pra cidade ser cantor — Uma antropologia da música sertaneja*, defendida em 2009, um trabalho ambicioso tanto quanto inovador.
12. Essa tese também é compartilhada por Simone Pereira de Sá, *Baiana internacional*, p. 112.
13. Oliveira, *Miguilim foi pra cidade ser cantor*, p. 224-225.
14. É bom lembrar que a divisão regional do Brasil tal como a conhecemos hoje só seria adotada em 1969 pelo Instituto Brasileiro de Geografia e Estatística (IBGE). Não havia a identidade "nordestina" em parte porque a região e identidade não existiam ainda; apenas na primeira metade do século XX essas identidades se constroem da forma como as conhecemos. Ver: Albuquerque Jr., *A invenção do Nordeste e outras artes*.
15. Esse fenômeno também aconteceu, pioneiramente, na literatura e tem a ver com a representação do "caipira" no ideário nacional. Oliveira, *Miguilim foi pra cidade ser cantor*, p. 174 e seguintes.

16. Mugnaini Jr., *Enciclopédia das músicas sertanejas*, p. 16.
17. Oliveira, *Miguilim foi pra cidade ser cantor*, p. 229-230. *Apud* Marcondes, M. (org). *Enciclopédia da música brasileira: popular, erudita e folclórica*. São Paulo: Art Editora/Publifolha, 1977 & 2003. Ver também Máximo, Didier, "Nasce o compositor", *in Noel Rosa: uma biografia*.
18. Ver Naves, *O violão azul*, p. 147-148.
19. Oliveira, *Miguilim foi pra cidade ser cantor*, p. 260.
20. *Ibidem*, p. 275.
21. Para a produção de Luiz Gonzaga em outros gêneros que não o forró/baião, ver: Caldi, *Tem sanfona no choro*.
22. Verbete Dorival Caymmi na *Enciclopédia da música brasileira*, v. 1, p. 180. Para a construção dessa imagem do compositor baiano foram importantes a mediação da cantora Carmen Miranda. Ver: Sá, *Baiana internacional*.
23. Almirante, *No tempo de Noel Rosa*, p. 69, 71-73. *Apud* Naves, *O violão azul*, p. 149.
24. Oliveira, *Miguilim foi pra cidade ser cantor*, p. 236. O sambista Sinhô, que morreu em 1930, também teve canções que tematizavam o sertão, inclusive na dicção, como na música "Capinheiro": "Capinheiro *marvado*/ Não capina capina aí/ O *capinzá* é de meu bem/ Onde canta o juriti."
25. "A ideia de nacional se constrói a partir do Rio de Janeiro, não porque ele é efetivamente o centro político do país — vale lembrar o peso dos regionalismos durante toda a política do Segundo Império e da República Velha —, mas porque ele aparece como ponto em relação ao qual os discursos regionais são construídos." Oliveira, *Miguilim foi pra cidade ser cantor*, p. 201.
26. *Ibidem*, p. 204-205.
27. *Ibidem*, p. 260.
28. A imagem do homem do campo como símbolo do atraso foi bastante influente, e seus reflexos chegam até pelo menos a década de 1960, quando o imaginário *saudosista* e marxista ergueu forças legitimadoras do camponês-caipira através do binômio pureza-revolução.
29. O personagem Jeca Tatu nasceu em 11 de novembro de 1914 na coluna intitulada "Velha praga", no jornal *O Estado de S. Paulo*, que teve enorme repercussão. O personagem seria tematizado novamente no livro *Urupês*, de 1918.
30. Alves Filho, *As metamorfoses do Jeca Tatu*.

31. Lobato, *Urupês*, in *Obras completas*, p. 278/285-286. *Apud* Alves Filho, *As metamorfoses do Jeca Tatu*, p. 58-59.
32. O próprio Monteiro Lobato, na segunda metade dos anos 1940, proporcionaria uma última metamorfose do Jeca Tatu. Não mais doente ou imagem do subdesenvolvimento, o personagem transformou-se no Zé Brasil, símbolo da luta do país pelo petróleo, causa na qual Lobato adentrou no fim da vida. Alves Filho, *As metamorfoses do Jeca Tatu*.
33. Oliveira, *Miguilim foi pra cidade ser cantor*, p. 252. *Apud* Walter Souza traz um levantamento completo dos discos produzidos por Cornélio Pires. Cf. Souza, *Moda inviolada*, p. 85-86.
34. Oliveira, *Miguilim foi pra cidade ser cantor*, p. 214.
35. Pires, *Conversas ao pé do fogo*. Sobre Jeca Tatu e caboclismo, ver carta privada de Monteiro Lobato ao amigo Godofredo Rangel em 20/10/1914. Alves Filho, *As metamorfoses do Jeca Tatu*, p. 58-59.
36. O "caipira" como símbolo de uma região já existia desde a segunda metade do século XVIII. Essa região era aquela colonizada pelos bandeirantes paulistas. Ver Oliveira, *Miguilim foi pra cidade ser cantor*, p. 177.
37. *Ibidem*, p. 295-296.
38. Para a trajetória de Inezita Barroso, cf. Nepomuceno, *Música caipira*, p. 323-335.
39. *Coleção Revista da Música Popular*. Rio de Janeiro: Funarte: Bem-Te-Vi Produções Literárias, 2006.
40. A *Revista da Música Popular* representou a institucionalização parcial de uma determinada elite cultural que saiu "em busca do povo brasileiro". Os intelectuais da revista foram responsáveis pela formalização de conceitos como "época de ouro" e "velha guarda" na música popular.
41. É importante lembrar que a revista teve vida curta, de 1954 a 1956, mas os debates que inaugurou se renovaram na década seguinte, quando a questão do nacional-popular se tornou a ordem do dia, a partir da radicalização pós-golpe de 1964.
42. Wasserman, *Abre as cortinas do passado*, p. 9.
43. Para uma discussão do nacional-popular na intelectualidade brasileira, há uma longa bibliografia: Para um panorama de tais debates, ver: Napolitano, "A invenção da música popular brasileira: um campo de reflexão para a história social"; *idem*, *A síncope das ideias*; Schwarcz, "Complexo do Zé Carioca"; Squeef, "Reflexões sobre um mesmo tema".

44. Vários programas de Almirante no rádio ao longo da década de 1950 tinham essa característica pedagógica explícita. Entre eles *No tempo de Noel Rosa* (1951), *Academia de ritmos* (1952), *Recordações de Noel Rosa* (1953), *Corrija nosso erro* (1953), *A nova história do Rio pela música* (1955) e *Recolhendo o folclore* (1955).
45. Napolitano, *A síncope das ideias*, p. 58-59.
46. Apesar de já ter sido gravada diversas vezes por vários artistas, como Amado Smendel, Antônio Cardoso, Rielinho, entre outros, foi com Cascatinha & Inhana que a canção se tornou um marco da questão da importação de gêneros estrangeiros no Brasil.
47. Embora fuja aos objetivos deste livro, é interessante apontar que Cascatinha & Inhana foram um casal de negros que não se adequavam à representação de sambistas tão associados à raça negra no Brasil, tema raramente abordado pelos pesquisadores. O sucesso da dupla aponta que houve algumas gerações de artistas negros que não se identificavam com o gênero criado no Rio de Janeiro. Outro exemplo foi a cantora bolerista Carmen Silva, popular intérprete dos anos 1970, e o do cantor Wilson Simonal. Para o caso de Carmen Silva, ver: Araújo, *Eu não sou cachorro, não*, p. 319-320. Para o caso de Simonal, ver: Alonso, "O preto-que-ri", in *Simonal: quem não tem swing morre com a boca cheia de formiga.*
48. Nepomuceno, *Música caipira*, p. 317.
49. Oliveira, *Miguilim foi pra cidade ser cantor*, p. 299.
50. Souza, *Tem mais samba*, p. 69-72.
51. Para a influência do bolero na música brasileira, ver: Oliveira, *Miguilim foi pra cidade ser cantor*, p. 300.
52. Sant'Anna, *A moda é viola*, p. 358-9.
53. Nepomuceno, *Música caipira*, p. 162.
54. Depoimento de Mario Zan, ver livro de Nepomuceno, *Música caipira*, p. 162. Para o folclorista José Hamilton Ribeiro, o problema foi que Zan não teria conseguido romper a "máquina do jabá" na música brasileira. Ribeiro, *Música caipira*, p. 248.
55. Nem todos viram com bons olhos essa proposta "tropicalista *avant la lettre*" de nacionalizar o som estrangeiro. O pesquisador J. L. Ferrete repudiou tal experiência. Ver Ferrete, *Capitão Furtado*, p. 121-122.
56. Numa mesma reportagem sobre a música de Tonico & Tinoco, o crítico Tárik de Souza define, em 1970, a música da dupla como "sertaneja", "caipira" e "regionalista". Em reportagem sobre o "som do campo", o articulista chama

NOTAS

a música nordestina hoje conhecida como forró e baião de "sertaneja" e a música do interior das regiões Sudeste e Sul de "caipira". "O novo som que vem do campo", *Veja*, 29/04/1970, p. 25. Alguns críticos reproduzem essa "confusão" até hoje. Ayrton Mugnaini Jr., autor da *Enciclopédia das músicas sertanejas*, de 2001, mistura músicas do Nordeste com caipiras e "breganejos", sem conseguir precisar o tema de seu livro.

57. Segundo o historiador Marcos Napolitano, a ideia de que a década de 1950 foi um período "menor" da música nacional deve ser encarada como uma escuta que privilegiou determinada linha evolutiva da música popular, ignorando o bolero como constitutivo da nacionalidade brasileira. Napolitano, *A síncope das ideias*, p. 65.

58. Não foi sem discussões intensas que o jazz conseguiu adentrar o cenário cultural nacional. Depois de batalhas internas, o gênero americano foi finalmente incorporado ao imaginário da bossa. A *Revista da Música Popular*, de Lúcio Rangel, por exemplo, possuía nos idos da década de 1950 uma coluna sobre o gênero americano. Por outro lado, o historiador José Ramos Tinhorão foi um dos mais ferrenhos opositores da entrada do gênero na música brasileira. Para uma discussão da tradição na MPB, ver Napolitano, *A síncope das ideias*. Para uma análise da obra de Tinhorão, ver Lamarão, *As muitas histórias da MPB*.

59. Expressão usada por Ridenti em seu livro. Cf. Ridenti, *Em busca do povo brasileiro*.

60. Como afirmou o historiador Marcos Napolitano, "o conceito de MPB, em suas variáveis ideológicas e estéticas, é inseparável de uma cultura política marcada pelo chamado 'nacional-popular' de esquerda". Napolitano, "MPB: Totem-tabu da vida musical brasileira".

61. Para o surgimento da MPB como polo de agregação de artistas identificados ao nacional-popular contra a Jovem Guarda de Roberto Carlos e amigos, ver: Araújo, *Roberto Carlos em detalhes*.

62. Esses compositores estavam esquecidos. Cartola, antes de ser redescoberto, trabalhava como lavador de carros. Na década seguinte, ele finalmente gravaria seus primeiros discos. Zé Kéti conseguiu até construir certo sucesso popular e apareceu nas listas dos mais vendidos em 1967. A redescoberta destes artistas deve-se à atuação de intelectuais do Centro Popular de Cultura (CPC) da União Nacional dos Estudantes (UNE), todos associados à ideia folclorista da MPB de então. Vicente, "Segmentação e consumo: a produção fonográfica brasileira — 1965/1999".

63. Nesse LP há a primeira regravação de "Asa branca" por um artista da MPB, Geraldo Vandré. Luiz Gonzaga andava desacreditado na época. Ver: Sá, *O sanfoneiro do Riacho da Brígida*; Echeverria, *Gonzaguinha, Gonzagão*.
64. Quando foi convidado para interpretar a canção de Vandré, Jair Rodrigues refugou sem ouvi-la, pois não via com bons olhos a música "caipira", mas só mudou de opinião depois de ouvir a canção. Essa é a lembrança de Behring Leiros, integrante do Trio Marayá, que, ao lado do Quarteto Novo, se apresentou com Jair Rodrigues. A MPB apenas começava a se aproximar dos sons rurais, razão da resistência de Jair. Para o depoimento de Behring Leiros, ver documentário *O que sou nunca escondi — Um filme sobre Geraldo Vandré* (2009).
65. Entrevista com Heraldo do Monte, São Paulo, 31/01/2014.
66. Na contracapa desse disco de Milton o uso da viola foi elogiado num texto de Geni Marcondes: "[Milton Nascimento tem uma] maneira elegantíssima de usar o ritmo rural da viola, misturando-a ao balanço do samba moderno, mostrando, pela primeira vez no panorama da nossa música, aquilo que eu sempre dizia e não acreditavam: os ritmos rurais, se bem aproveitados e elaborados, podem injetar sangue novo na criação popular do compositor brasileiro. Mas pensaram que era piada."
67. O melhor intérprete do Festival da Canção da Record era sempre agraciado anualmente com o prêmio "Viola de Prata". Em 1966 Jair Rodrigues ganhou o prêmio por sua interpretação de "Disparada". O prêmio à canção ganhadora chamava-se "Viola de Ouro".

Capítulo 2

1. Araújo, *Eu não sou cachorro, não*, p. 19.
2. *Veja*, 07/06/1978, p. 109.
3. Em 1970 Zilo & Zalo gravariam "Adeus papai", "Ciúmes", "Siga com Deus", "Padrinho de casamento", "Amarga decisão" e "Longe dos olhos, perto do coração"; em 1973, eles gravaram "Namoro por passatempo"; e em 1975 eles gravaram "Seu engano".
4. "Caipiras a jato", *Veja*, 20/12/1972, p. 110.
5. *Veja*, 29/04/1970, p. 76.
6. A reportagem não precisa o termo "sertanejo" como modernidade. Trata do sertanejo como sinônimo de música rural. "Música sertaneja: ao som da

NOTAS

guitarra elétrica ou da viola sempre um filão de ouro". *O Globo*, Segundo Caderno, 25/04/1976, p. 3.

7. Entrevista com Milionário. Depoimento em 11/05/2007. Pereira, *No rádio e nas telas*.
8. O epíteto "Dupla Coração do Brasil" foi dado pelo comediante Saracura em 1951.
9. Além de filmes e peças, Tonico & Tinoco encenaram vários números em circos e teatros ao longo da carreira. Alguns exemplos: *A vingança do Chico Mineiro, Tristeza do Jeca, Mão criminosa, A marca da ferradura, Nós e o destino, É crime não saber ler*, dentre várias outras. Cf. Paschoa Júnior, "A imagem do caipira. Filmes sertanejos, música sertaneja, drama no circo e teatro popular", *Revista Filme Cultura*. Embrafilme, 1981, p. 33.
10. Entre elas *Por um punhado de dólares* (1965), *Três homens em conflito* (1966) e *Era uma vez no Oeste* (1968). Ennio Morricone produziu inclusive o disco de Chico Buarque na Itália, durante seu exílio. O LP foi intitulado, não por acaso, *Per un pugno di samba* (1969), isto é, por um punhado de samba, ironia à famosa trilha do maestro.
11. Plínio Marcos, "As murmunhas da falsa música sertaneja", *in Última Hora*, São Paulo, 17/02/1974, p. 20, *Apud* Caldas, *Acorde na aurora*, p. 60.
12. Entrevista de Daniel Filho no quadro "O que vi da vida", *Fantástico*, TV Globo, 16/10/2011.
13. "Caipiras a jato", *Veja*, 20/12/1972, p. 110.
14. Nessa época as AMs estavam associadas a um padrão estético "menor", "cafona" e popularesco, e tinham uma programação voltada para classes mais baixas, enquanto a transmissão em FM, de sinal de melhor qualidade mas alcance limitado (100 km de raio em média), era voltada para um público mais elitizado. Isso levou gradualmente a uma regionalização e estratificação da produção de rádio no Brasil, ficando no passado o tempo em que emissoras como a Rádio Nacional, a Super Rádio Tupi e a Rádio Record transmitiam e influenciavam públicos nacionalmente.
15. "Caipiras a jato", *Veja*, 20/12/1972, p. 110.
16. As referências a Scott & Smith, Ringo Black & Kid Holiday, e Mauro, Marcelo & Paganini devem-se ao texto de Aramis Millarch: "Os nossos caipiras — parte VII", *O Estado do Paraná*, 27/08/1977, p. 4. Para as referências ao trio Tibagi, Miltinho e Meirinho e a Tony & Jerry, ver: Sant'Anna, *A moda é viola*, p. 362.

17. O LP de Ringo Black & Kid Holiday incomodou Walter Silva, radialista paulista famoso por ter lançado a bossa nova no fim dos anos 1950. Na década de 1970 Silva trabalhava na Rádio 9 de Julho, em São Paulo, a mesma do radialista Geraldo Meirelles, que apresentava programas matutinos de música sertaneja. Provavelmente ao ouvir o som veiculado pelo companheiro de trabalho, Walter Silva sentiu-se estimulado a lamentar em sua coluna na *Folha de S.Paulo* em 1974: "Pobre música sertaneja: Já vão longe os tempos em que uma viola, um violão e uma sanfona cantavam as mágoas do caboclo." Texto originalmente publicado no *Folha de S.Paulo*, em 08/09/1974, *in* Silva, *Vou te contar*, p. 132.
18. "Tais influências ou manobras, quer as eslavizantes, quer as ianquizantes ou italianizantes ou germânicas ou francesas, podem descaracterizar em pontos essenciais a cultura brasileira. [...] O mesmo direi da comunicação de massa. [...] Admito que porções do que venho denominando estrangeirices culturais possam ser assimiladas vantajosamente pela cultura brasileira [...]. Assimiladas, porém. Nunca maciças e passivamente imitadas ou engolidas com efeitos descaracterizantes sobre a cultura da gente imitadora." Entrevista de Gilberto Freyre à *Veja*, 10/09/1975, p. 3.
19. Todas as referências sobre o início da carreira de Chitãozinho & Xororó foram extraídas de Neiva, *Chitãozinho & Xororó: nascemos para cantar*; entrevista de Chitãozinho & Xororó à revista *Playboy*, abril de 1990; e do documentário *Nascemos para cantar*, da TV Record, exibido em 24/12/2010.
20. De 1965 a 1976 Silvio Santos foi apresentador dominical da TV Globo. Depois, Silvio foi para a TV Tupi, onde ficou até seu fechamento, em 1980. A partir de então se envolveu na manutenção da regional TVS, núcleo do futuro SBT.
21. Entre os artistas da caravana de Geraldo Meirelles estavam Teddy Lee, Nalva Aguiar, Marcelo Costa, Vilma Bentivegna, Salomé Parisi, Saracura e outros artistas regionais.
22. Documentário *Nascemos para cantar*. TV Record, 24/12/2010. Em várias entrevistas a dupla reafirmou essa questão, ver: Programa *Estrelas*, TV Globo, 16/05/2009; entrevista de Chitãozinho & Xororó a Marília Gabriela, Programa *De frente com Gabi*, SBT, 18/07/2010; entrevista de Chitãozinho & Xororó à revista *Playboy*, abril de 1990, p. 36.
23. Entrevista de Chitãozinho & Xororó à revista *Playboy*, abril de 1990, p. 42.
24. Entrevista com Milionário. Depoimento em 11/05/2007. Pereira, *No rádio e nas telas*.

NOTAS

25. Depoimento de Chitãozinho & Xororó no documentário *Victor & Leo — A história*, Sony, 2010; entrevista de Chitãozinho & Xororó à revista *Playboy*, abril de 1990, p. 36.
26. "Os caipiras voam alto — Chitãozinho e Xororó", *Manchete*, 03/03/1990, p. 65-69.
27. Programa *De frente com Gabi*, entrevista de Chitãozinho & Xororó a Marília Gabriela, SBT, 18/07/2010.
28. "Chitãozinho & Xororó vão gravar no México", *Folha de S.Paulo*, Ilustrada, 28/06/1988, p. 1.
29. Zé do Rancho tornou-se sogro de Xororó anos mais tarde, pai de Noely, mulher do cantor.
30. Para os dados de Tony Campello, entrevista ao autor via telefone em 14/01/2010.
31. "O som jovem das guitarras caipiras", *Jornal do Brasil*, 9/05/1974. Apud Vicente, *Música e disco no Brasil*, p. 108.
32. Texto de Aramis Millarch publicado no jornal *O Estado do Paraná*, 26/09/1976, p. 68.
33. Sobre a carreira de Paulo Sérgio, ver: Araújo, *Eu não sou cachorro, não*.
34. "O novo som que vem do campo", *Veja*, 29/04/1970.
35. *Viola, minha viola*, TV Cultura, 15/05/2011. Disponível em <http://www.youtube.com/watch?v=sDPKpZfYzFI>.
36. Não consegui identificar em qual canal de TV esse programa era apresentado.
37. Curiosamente, nessa canção o cantor Sérgio Reis aparece ao lado dos jovem-guardistas. Fazia sentido, afinal Reis começou sua carreira nas na seara do rock..
38. Em meu livro *Simonal – Quem não tem swing morre com a boca cheia de formiga* mostrei como, mesmo dentro da MPB, houve processos concorrentes do tropicalismo no intuito de "antropofagizar" a música estrangeira, sendo a *Pilantragem*, projeto estético de Wilson Simonal e outros artistas, o maior exemplo.
39. *O Globo*, Segundo Caderno, 25/04/1976, p. 3.
40. A tal ponto a modernidade, a juventude e a guitarra ficaram associadas à música sertaneja que a gravadora Continental lançou, em 1987, uma coletânea com os sucessos da época intitulada *Os grandes sucessos da jovem música sertaneja*. Em 1990 a gravadora Copacabana foi atrás da modernidade e lançou a coletânea *Jovem música sertaneja*, que trazia na capa a imagem de uma guitarra na frente de um violão.

41. Site da Câmara Federal confirma o arquivamento: <http://www.camara.gov.br/proposicoesWeb/fichadetramitacao?idProposicao=175500>.
42. Entrevista por e-mail com o ex-deputado Jorge Paulo Nogueira, 13/08/2014.
43. Milionário & José Rico declararam em programa de televisão da Band nos anos 2000 (sem data definida) que "Cantinho do céu" fora a primeira canção que cantaram. Disponível em: <http://www.youtube.com/watch?v=7p86fP8VzY8&feature=related>.
44. "Milionário & José Rico: O cinema e a cidade descobrem a música sertaneja", *O Globo*, Segundo Caderno, 25/03/1981, p. 29.
45. "Os reis sertanejos", *Veja*, 24/09/1986.
46. Nepomuceno, *A música caipira*, p. 183. Segundo Tárik de Souza, o número atingido foi maior, tendo se aproximado das 500 mil cópias: "A grande noite da viola: Sertanejos desembarcam no Maracanãzinho (*Jornal do Brasil*, 12/06/1981)". Souza, *O som nosso de cada dia*, p. 115.
47. "A moda da terra", *Veja*, 07/06/1978.
48. Tonico & Tinoco, *Da beira da tuia ao Teatro Municipal*.
49. "A música sertaneja quer vencer no Rio", *O Globo*, 20/04/1981, p. 19.
50. "Milionário & José Rico: O cinema e a cidade descobrem a música sertaneja", *O Globo*, Segundo Caderno, 25/03/1981, p. 29.
51. "Tonico & Tinoco: As glórias da dupla caipira e as músicas do homem rural", Texto de Aramis Millarch, *O Estado do Paraná*, 24/11/1985, p. 36.
52. Tárik de Souza, "Sertanejos desembarcam no Maracanãzinho", *Jornal do Brasil*, 12/06/1981, Caderno B, p. 1. A incorporação de sons estrangeiros, sobretudo mexicanos, realmente irritava os críticos. José Luis Ferrete, autor de um livro sobre a música caipira, também atacou o que considerava "importação" de gêneros: "Milionário & José Rico levam a estratégia de misturar sons paraguaios e mexicanos a requintes de alienação total do gênero" — ver Ferrete, *Capitão Furtado*, p. 123. O professor doutor Romildo Sant'Anna explicita essa diferenciação, renegando valor à música sertaneja – ver Sant'Anna, *A moda é viola*, p. 360.
53. Ribeiro, *Música caipira*, p. 246.
54. Inezita Barroso relatou esse desconforto com o sucesso de Milionário & José Rico em vários momentos da carreira. *Veja*, 24/09/1986, p. 153; entrevista no *Programa Roda Viva*, TV Cultura, 16/12/2002.
55. "Os reis sertanejos", *Veja*, 24/09/1986.
56. *Jornal do Brasil*, Caderno B, p. 2, 08/02/1974.

NOTAS

57. Entrevista de Barrerito no *Programa do Ratinho*, sem data precisa, provavelmente 1991 ou 1992: <http://www.youtube.com/watch?v=fNu6ZoGWU-c>.
58. "A vingadora dos "anos de lama"". Coluna de Nelson Motta, *O Globo*, Segundo Caderno, 13/11/1992, p. 6.
59. José Raimundo permaneceu na Rádio Globo até 1983, quando foi para a Rádio Record.
60. "Os reis sertanejos", *Veja*, 24/09/1986.
61. *Estrada da vida* (1981). Direção: Nelson Pereira dos Santos; Roteiro: Francisco de Assis; Produção: Vilafilmes Produções C. Ltda.; Fotografia: Francisco Botelho; Montagem: Carlos Alberto Camuyrano; Música: Dooby Ghizzi; Elenco: Milionário, José Rico, Nádia Lippi, Silvia Leblon, Raimundo Silva, José Raimundo. Cor. 104 minutos.
62. Entrevista da produtora Dora Sverner ao autor, Rio de Janeiro, 10/07/2012.
63. Entrevista de Nelson Pereira dos Santos ao autor, Rio de Janeiro, 19/06/2012.
64. Entrevista do empresário José Raimundo Pereira dos Santos ao autor, Embu-Guaçu (SP), 30/07/2012.
65. "Milionário & José Rico: O cinema e a cidade descobrem a música sertaneja", *O Globo*, Segundo Caderno, 25/03/1981, p. 29.
66. Nelson Pereira dos Santos, TV Cultura, programa *Roda viva*, 15 de março de 1999, 22h.
67. *Estudos avançados*, v. 2, n. 59, São Paulo, jan./abr. 2007.
68. Entrevista de Nelson Pereira dos Santos ao autor, Rio de Janeiro, 19/06/2012.
69. Salem, *Nelson Pereira dos Santos: O sonho possível do cinema brasileiro*, p. 123.
70. A história de vida pessoal de Zé Kéti que emocionou Nelson Pereira seria novamente narrada pelo próprio compositor no musical *Opinião*, realizado em 1965. Faixa "Pisa na fulô", do disco *Opinião*, Nara Leão, Zé Kéti e João do Vale, 1965.
71. Sadlier, *Nelson Pereira dos Santos*.
72. Salem, *Nelson Pereira dos Santos: O sonho possível do cinema brasileiro*, p. 324-326. Apud Sadlier, *Nelson Pereira dos Santos*, p. 96 (tradução minha). Essas ideias de Nelson têm seus pilares num manifesto lançado em 1975 no qual disse: "Uma pessoa nunca para de participar politicamente quando participa culturalmente. A intenção não é abandonar a visão política, mas ter a visão política junto da prática cultural." Sadlier, *Nelson Pereira dos Santos*, p. 96.

73. Ao comentar uma cena de *Tenda dos milagres* na qual o personagem Pedro Arcanjo, ligado ao candomblé, rejeita o discurso de um professor marxista, Nelson Pereira atesta sua própria transição: "[O professor] representa o marxista ortodoxo que ao longo dos anos foi tão colonizado como o não marxista colonizador porque ele não esteve disposto a transferir seu modo de pensar, mas simplesmente transferiu as observações obtidas através do método... Eu estou criticando a mim mesmo porque eu caí nesta armadilha." Sadlier, *Nelson Pereira dos Santos*, p. 96. No cinema brasileiro a busca das raízes afro-brasileiras também inspirou outros diretores. Em 1963, Cacá Diegues abordou a resistência negra do Quilombo dos Palmares na película *Ganga Zumba*. Em 1976 ele mesmo dirigiu o filme *Xica da Silva*, sobre a famosa escrava do Brasil colonial.
74. "*Estrada da vida*, de Nelson Pereira dos Santos", *O Globo*, Cultura, 21/12/1981, p. 20.
75. "Milionário & José Rico: O cinema e a cidade descobrem a música sertaneja", *O Globo*, Segundo Caderno, 25/03/1981, p. 29.
76. Ramos, *Cinema, estado e lutas culturais*, p. 444. Apud Sadlier, *Nelson Pereira dos Santos*, p. 93.
77. Fabris, *Nelson Pereira dos Santos: Um olhar neorrealista*.
78. Simonard, *A geração do Cinema Novo*.
79. Sobre outras obras de Nelson há diversos materiais na Funarte/RJ: cartazes, fotos, artigos, roteiros, repercussão na imprensa, encartes promocionais da época e até ingressos de cinema. Sobre *Estrada da vida* havia apenas um solitário cartaz.
80. "Moda sertaneja: *Estrada da vida* abre novos caminhos", *Veja*, 04/02/1981, p. 82.
81. Sobre *Estrada da vida* e as críticas, ver Salem, *Nelson Pereira dos Santos: O sonho possível do cinema brasileiro*, p. 341-347.
82. Segundo o site do diretor, *O amuleto de Ogum* ganhou o prêmio de "melhor filme" de 1975 do Festival de Cinema Brasileiro de Gramado e o prêmio de "melhor roteiro" dado pelo governo do Estado de São Paulo, no mesmo ano: <http://www.nelsonpereiradossantos.com.br/>.
83. Sadlier, *Nelson Pereira dos Santos*, p. 151.
84. Dados da repercussão e participação em festivais no exterior e no Brasil obtidos na pasta relativa ao filme na Funarte/RJ.
85. Sobre o sucesso do filme na China e o convite à dupla para ir àquele país, ver "Os reis sertanejos", *Veja*, 24/09/1986, p. 152-154.

NOTAS

86. Rouanet definiu as diferenças culturais na mesma entrevista: "Acho que se deveria fazer uma hierarquia, separando as obras segundo suas qualidades intrínsecas das formas como elas são distribuídas. Quase intuitivamente sabemos o que é cultura erudita [...]. Sabemos, também intuitivamente, o que é cultura inferior..." Entrevista de Sérgio Paulo Rouanet à *Veja*, Páginas amarelas, 29/01/1986.
87. Kotscho, *Do golpe ao Planalto*, p. 147-148.
88. Mugnaini Jr., *Enciclopédia das músicas sertanejas*, p. 17.

Capítulo 3

1. Aramis Millarch, "Os nossos caipiras (VII)", *O Estado do Paraná*, 27/08/1977, p. 4.
2. "Entre a paródia e a homenagem sincera ao material musical de 'mau gosto', o tropicalismo musical acabou sendo o portador de uma vontade dessacralizadora, mas que ao mesmo tempo conseguiu valorizar (incluindo o sentido mercantil desta palavra) novos materiais e procedimentos poético-musicais para a música considerada 'séria'." Napolitano, *Seguindo a canção*, p. 250.
3. Mello, *A era dos festivais*, p. 376-377.
4. Entrevista de Rogério Duprat à *Veja*, Páginas amarelas, 09/09/1970, p. 3-5.
5. Entrevista de Rogério Duprat à *Veja*, 09/09/1970, p. 4.
6. Entrevista de Rogério Duprat à *Veja*, 09/09/1970, p. 3-5.
7. *Veja*, n. 110, 14/10/1970, p. 12.
8. "Volta ao ar 'Tom Zé', lado B da tropicália", *Folha de S.Paulo*, Folha Ilustrada, por Pedro Alexandre Sanches, matéria de 2000, sem data precisa. Acessada em janeiro de 2011: <http://www.tomze.com.br/art60.htm>.
9. *Ibidem*.
10. Calado, *A divina comédia dos Mutantes*, p. 149-150.
11. Definitivamente Os Mutantes se empolgaram com a mistura da viola caipira. No mesmo disco, Liminha, na época convidado frequente das gravações do trio paulistano, tocou viola caipira na faixa "Mágica". Alexandre, *Dias de luta*, p. 134.
12. "Este é o Nhô Look, a música sertaneja do maestro Duprat", *Jornal da Tarde*, 28/07/1970, *in* Caldas, *Acorde na aurora*.
13. Entrevista com Nelson Motta, por e-mail, 20/08/2012.
14. "A moda da terra", *Veja*, 07/06/1978, p. 104-112.

15. O sociólogo Waldenyr Caldas chama a atenção para o fato de que os "preconceitos de classe" da burguesia não permitiram a incorporação da música de Duprat. Caldas, *Acorde na aurora*, p. 48-51. O livro de Rosa Nepomuceno apenas reafirma os pontos de vista de Caldas, sem nada acrescentar. E trata o LP *Nhô Look* sem lhe dar importância alguma. Nepomuceno, *Música caipira*, p. 177.
16. Gaúna, *Rogério Duprat: Sonoridades múltiplas*.
17. Barro, *Rogério Duprat: Ecletismo musical*.
18. <http://cliquemusic.uol.com.br/>; <www.dicionariompb.com.br/>.
19. Veloso, 1997; Naves, Duarte (Org.). *Do samba-canção à tropicália*; Naves, Almeida, *'Por que não': Rupturas e continuidades da contracultura*; Naves, *Da bossa nova à tropicália*; Bahiana, *Nada será como antes*; Vilaça, *Polifonia tropical*; Itaú Cultural, *Anos 70: Trajetórias*; Franco, "Política e cultura no Brasil: 1969-1979 (Des)Figurações", in *Perspectivas*.
20. No dossiê de Rogério Duprat pesquisado na Funarte/RJ há apenas uma matéria jornalística sobre a morte dele, que não cita o disco. Ver: "A tropicália perde seu maestro". *O Globo*, 27/10/2006, p. 24.
21. Parte da bibliografia aponta a continuação do espírito vanguardista tropicalista em obras experimentais dos anos 70, sobretudo três discos em especial: os LPs *Cabeça* (1972) e *Ou não* (1973), de Walter Franco, e *Araçá azul* (1972), de Caetano Veloso. São discos estranhos para o grande público, com grunhidos e sons incomuns, que em quase nada dialogavam com a música massiva.
22. A canção "Casa no campo" já tinha ganhado o festival de Juiz de Fora e por isso concorreu automaticamente ao VI Festival Internacional da Canção de 1971.
23. Zé Rodrix só gravou "Casa no campo" no LP *Soy latinoamericano* (1976).
24. As falas de Luiz Carlos Sá foram extraídas de entrevista ao autor, Belo Horizonte, 25/05/2012.
25. Reportagem "Sertão elétrico", *Veja*, 22/03/1972, p. 80.
26. Apesar dos reveses, ainda assim Luiz Carlos Sá vê o projeto do rock rural como uma continuidade do espírito tropicalista: "O rock rural pode ser visto como dentro da antropofagia. Dentro do conceito que se criou de antropofagia a partir do tropicalismo, sim, pois se antropofagia é você digerir influências e arrotar nacionalismo, o rock rural é isso mesmo!..."Entrevista com Luiz Carlos Sá, realizada em Belo Horizonte, em 25/05/2012.
27. Sobre a carreira de Ruy Maurity, ver "Sertão elétrico", *Veja*, 22/03/1972, p. 80; "Tenho um pé no chão e um na poesia". *O Globo*, 01/02/1974, Cultura,

p. 27. Também inspirado na levada pop-rural, Taiguara lançou em 1972 o LP *Taiguara, piano e viola*, no qual misturava os instrumentos do título com guitarra, baixo e bateria. A capa idílica remetia a uma "casa no campo".

28. Reportagem de Tárik de Souza, *Veja*, 12/04/1978.
29. Entrevista de Renato Teixeira à revista *Brasil — Almanaque de Cultura Popular*, ano 13, novembro de 2011.
30. "Agora público". *Veja*, 04/04/1973, p. 82.
31. Já relativamente próximo da música rural, cantou "Moreninha, se eu te pedisse" na série de discos dirigida por Marcus Pereira, no volume *Música do Centro-Oeste e Sudeste*, em 1974. Com os lucros obtidos com os jingles, criou o Grupo Água, em parceria com Sérgio Mineiro. Sem poder se sustentar como músico "caipira", os dois bancavam do próprio bolso as viagens do grupo, que tocava temas rurais. Para os dados pessoais do compositor, ver <www.renatoteixeira.com.br/biografia.asp>. Acessado em 31/05/2010.
32. Para a ascensão desses compositores, ver "Os paulistas", *Veja*, 10/08/1977, p. 118.
33. Entrevista de Renato Teixeira à revista *Brasil — Almanaque de Cultura Popular*, ano 13, novembro de 2011.
34. "Os paulistas", *Veja*, 10/08/1977, p. 118.
35. *Ibidem*.
36. "Fim do anonimato", por Tárik de Souza, *Veja*, 12/04/1978, p. 104-106.
37. Entrevista de Tony Campello ao autor por telefone, janeiro de 2011.
38. Em 1974 a RCA e os produtores ainda tentavam vender a imagem de um cantor da Jovem Guarda, apesar de todos os indícios de que o gênero já havia naufragado. Em outubro daquele ano a gravadora relançou "Coração de papel" em um compacto duplo. A RCA atirava em duas frentes. No mesmo ano, também lançou um compacto simples com os dois únicos sucessos "caipiras" do cantor: "Menino da porteira" e "João de barro".
39. Entrevista de Tony Campello ao autor, janeiro de 2011.
40. Entrevista de Tony Campello ao autor, janeiro de 2011.
41. "Do ié-ié-ié ao êê boi", *Veja*, 10/08/1977, p. 121.
42. "Musica sertaneja: ao som da guitarra elétrica ou da viola sempre um filão de ouro", *O Globo*, Segundo Caderno, 25/04/1976, p.3.
43. "Se eu me aposentar eu morro, eu vou continuar na estrada", *Jornal da Tarde*, 20/07/2009. Disponível em: <http://www.jt.com.br/editorias/2009/07/20/var-1.94.12.20090720.1.1.xml>. Acessado em: 20/11/2014.

44. Ayrton Mugnaini Jr. incorporou essa construção do cantor: "Sérgio Reis é o grande capitão do resgate da música sertaneja para o grande público desde os anos 1970." Verbete Sérgio Reis, in Mugnaini Jr., *Enciclopédia das músicas sertanejas*.

Capítulo 4

1. Discurso de E. G. Médici intitulado "A compreensão do povo", em 30/10/1973. Médici, *A compreensão do povo*, p. 10.
2. Fico, *Reinventando o otimismo*, p. 103.
3. *Ibidem*, p. 101. A Oban foi uma organização inicialmente paraestatal financiada pelo grande capital privado nacional e multinacional para ajudar o Estado brasileiro na repressão à luta armada revolucionária. Logo foi abraçada pelo Estado e oficializada pelo governo Médici sob a denominação DOI/Codi (Destacamento de Operações de Informações — Centro de Operações de Defesa Interna). Era a Oban que forçava o "arrependimento" dos "terroristas" na TV. E também foi a Oban, e não a Aerp, que criou o slogan mais ofensivo do período: "Ame-o ou deixe-o."
4. Para Sergio Buarque de Holanda, em *Raízes do Brasil*, de 1936, o brasileiro era um sujeito ao mesmo tempo afetivo para com os amigos próximos ou mesmo desconhecidos, mas passível de arroubos de ódio e raiva para com aqueles com os quais sentia antipatia. O homem cordial não seria o homem "racional", guiado pela razão, burocrático, comedido e contido, mas o homem "cordial", intempestivo, guiado pelo sentimento de afeição. O brasileiro, para Sergio Buarque, é um ser eminentemente passional: levaria suas emoções à flor da pele, fosse afeto ou repúdio, sem meios-termos. Daí a palavra "cordial", ou seja, relativo ao coração.
5. Claro está que não foi Leo Canhoto quem inventou a ideia de Forças Armadas como legítimos representantes do país. Essa é uma construção que se forjou entre os militares e parte da sociedade brasileira desde a Guerra do Paraguai (1865-1870). É possível notar ecos desse pensamento em vários momentos da história do Brasil desde a proclamação da República (1889), especialmente no movimento tenentista do início do século e na Coluna Prestes (1925-1927), assim como nas tentativas de golpes das Forças Armadas às instituições democráticas (1954-1955-1961-1964).
6. Souza, *Autópsia do medo*.

NOTAS

7. Numa biografia do temido delegado paulista Sergio Paranhos Fleury intitulada *Autópsia do medo*, o jornalista Percival de Souza mostrou a ascensão do delegado de crimes comuns a figura-chave da dita "luta subversiva". O famoso delegado Fleury utilizou-se de técnicas civis para conseguir seu maior trunfo: a morte do guerrilheiro Carlos Marighella. Utilizando técnicas de tortura e morte, Fleury e a polícia civil eram acusados de eliminar bandidos comuns e "terroristas" sem qualquer julgamento legal, em ruptura com os direitos humanos. Nas periferias, contra criminosos comuns, Fleury era um dos delegados que organizaram os "Esquadrões da Morte". Contra a luta armada, repetia a prática de caçar aqueles indesejáveis ao sistema. Para a entrevista de Fleury, ver: "Estratégia para matar o terror", *Veja*, 12/11/1969. Numa entrevista um ano antes de falecer, o ex-presidente Médici relatou que estava ciente da mudança "metodológica" da repressão, que incorporava o desrespeito aos direitos humanos e assumia o "vale-tudo" da guerra política pós-AI-5. Entrevista de Emilio G. Médici, *Veja*, 16/05/1984, p. 14-15.
8. Souza, *Autópsia do medo*, p. 71.
9. "Uma noite com Waldick Soriano no Harém e na Urca", *Zero Hora* (8/4/1973). Apud Araújo, *Eu não sou cachorro, não*, p. 71.
10. Infelizmente não foi possível precisar o dia do ano de 1976 em que isso ocorreu. No entanto, referências a essa cerimônia estão presentes em várias obras e inclusive descrita no *Dicionário Cravo Albin da música popular brasileira*. O site da dupla confirma essa informação.
11. O historiador Alberto Moby chegou a afirmar que, em relação às canções de cunho nacional-ufanistas produzidas durante a ditadura, "o único caso de destaque é o da dupla Dom & Ravel". "Eu te amo meu Brasil" foi também regravada pelo grupo Os Incríveis e pelo Trio Esperança, ambas em 1970. Incorrendo em erro semelhante, Heloísa Buarque de Hollanda descreveu as canções da dupla cearense Dom & Ravel como "inacreditáveis", tamanho o descompasso que a autora via em relação às músicas da resistência. Moby chega a dizer que a ditadura militar foi "unanimemente antipatizada" pelos artistas da MPB, o que não corresponde às evidências dos fatos. Moby, *Sinal fechado*, p. 75; Hollanda, Gonçalves, *Cultura brasileira e participação nos anos 60*, p. 96, apud Araújo, *Eu não sou cachorro, não*, p. 283. Para análise da obra de Dom & Ravel, ver Araújo, *Eu não sou cachorro, não*. Para análise da obra de Wilson Simonal, ver Alonso, *Simonal – Quem não tem swing morre com a boca cheia de formiga*.

12. A expressão "anos de ouro" foi refletida a partir do seguinte texto: Cordeiro, "Anos de chumbo ou anos de ouro? A memória social sobre o governo Médici", in *Estudos Históricos*.
13. A campanha foi inaugurada com a presença do senador Auro de Moura Andrade, presidente do Congresso Nacional, que recebeu de Edmundo Monteiro, diretor-presidente dos Associados Paulistas, a chave do cofre onde seriam colocadas as doações em ouro e dinheiro. Posteriormente estas foram entregues a Castello Branco, primeiro presidente militar. Liderada pelos Diários Associados, a campanha era uma renovação daquela realizada em São Paulo em 1932, durante a revolução constitucionalista contra Getúlio Vargas. "Ouro para o bem do Brasil — São Paulo repete 32", *O Cruzeiro*, 13/06/1964.
14. Para uma análise das passeatas pró-golpe de 1964, ver Presot, *As marchas da família com Deus pela liberdade*. O jornalista Franklin Martins caracteriza as passeatas de 1968 contra o regime como um "movimento de massas". Se cem mil pessoas configuravam um movimento de massa, o que dizer do milhão que apoiou a queda de Goulart? Martins, "Prefácio". in *Viagem à luta armada*, p. 12.
15. A desconhecida dupla Ivan & Radel também gravou uma canção intitulada "Transamazônica", denotando o apoio sertanejo à construção da estrada.
16. Fico, *Reinventando o otimismo*, p. 103.
17. As canções que falavam de caminhões eram de fato comuns no meio sertanejo. Com frequência louvavam o progresso, como "Motorista do progresso", de Tião Carreiro & Pardinho, e "Motorista brasileiro", de Teixeirinha,.
18. Sobre a vinda dos restos mortais de D. Pedro e sua perambulação pelas capitais estaduais, ver *O Globo*, 25/04/1972.
19. Discurso presidencial proferido em 08/09/1970. Médici, *A verdadeira paz*, p. 115.
20. Apesar de serem uma dupla, Dom & Ravel não eram propriamente *sertanejos*. Dom era um compositor egresso dos recantos da Jovem Guarda, e o som da dupla estava próximo à linhagem do rock e do soul.
21. Entrevistado pelo historiador Paulo Cesar de Araújo, Dom manifestou que sua empolgação na época com o Mobral era legítima: "Ao tomar conhecimento mais profundamente daquele projeto de se erradicar o analfabetismo do Brasil resolvi fazer 'Você também é responsável.'". Na época, houve acusações bastante recorrentes, de que Dom & Ravel teriam recebido dinheiro da ditadura para compor e gravar a música. No entanto, não há evidências

disso, como mostrou Paulo Cesar de Araújo. Araújo, *Eu não sou cachorro, não*, p. 229.

22. A introdução de "Pequeno estudante" remete a "Ob-la-di, ob-la-da", dos Beatles, o que já denota as influências dessa dupla.
23. Programa *De frente com Gabi*, entrevista de Chitãozinho & Xororó a Marília Gabriela, SBT, 18/07/2010.
24. A linguagem da canção pode soar ofensiva atualmente, mas estava dentro do espírito da época. É possível que para compor "Crioulinha" Leo Canhoto se tenha inspirado numa canção que Roberto Carlos gravou em 1972, "Negra", de Maurício Duboc e Carlos Colla. Ou talvez a inspiração tenha vindo de "Negro é lindo" (Jorge Ben), ou "Eu queria ser negro" (Marcus Pitter), ou "Se Jesus fosse um homem de cor" (Claudio Fontana), ou ainda "Black is Beautiful" (Marcos e Paulo Sérgio Valle). Era relativamente comum a apologia da mistura das raças na canção nacional no início dos anos 1970.
25. Cardoso, *Capitalismo e escravidão no Brasil meridional*; Fernandes, *A integração do negro na sociedade de classes*, v. 1.
26. Para uma análise da ditadura para além da ideia de período de exceção, ver Reis Filho, "A ditadura faz cinquenta anos", *in A ditadura que mudou o Brasil*.
27. Devo a análise das palavras ao texto de Daniel Aarão Reis Filho, "Ditadura e sociedade: as reconstruções da memória", *in O golpe e a ditadura militar*.
28. Seria possível perguntar se o "povo" estaria na mesma balada de seus compositores. Esse pensamento, no entanto, remete novamente à ideia de que o povo viveu a ditadura como "sonífero", e que a "alienação" era a forma de se "sobreviver" diante de um período de "terror". É o contrário do que se está dizendo aqui.
29. Reis Filho, "O colapso do colapso do populismo ou a propósito de uma herança maldita", *in O populismo e sua história*, p. 362. Ver também: Rollemberg, *Exílio: entre raízes e radares*.
30. Segundo o decreto presidencial, o limite do mar territorial brasileiro passou de 12 a 200 milhas; desse novo limite nenhum barco de pesca estrangeiro poderia avançar, sob pena de ser apreendido pela Marinha do Brasil. O governo dos Estados Unidos não aceitou a medida e autorizou seus pesqueiros a desrespeitá-la, alegando normas do Direito Internacional. O almirante Adalberto Barros Nunes, ministro da Marinha, ameaçou: "O Brasil já entrou em duas guerras mundiais e não desejamos a terceira." Para os relatos sobre

a conquista das 200 milhas e a opinião do almirante, ver Araújo, *Eu não sou cachorro, não*, p. 220-221.

31. Reis Filho, "O colapso do colapso do populismo ou a propósito de uma herança maldita", in *O populismo e sua história*, p. 360.
32. "Teixeirinha não dá dinheiro pra gaviona" — Pato Macho, 21/07/1971, *apud* Cougo Junior, *Canta meu povo*, p. 124-125.
33. Caldas, *Acorde na aurora*, p. 23.
34. Araújo, *Eu não sou cachorro, não*, p. 220.
35. "Sou tricampeão" também foi regravada pelos Golden Boys no mesmo ano.
36. *Idem, ibidem*.
37. Bahiana, *Almanaque anos 70*, p. 70-71.
38. Como se não bastasse a música ser tocada no carnaval daquele ano, em 1972, ano do sesquicentenário, Martinho gravou-a no seu LP, fazendo coro aos festejos ditatoriais.
39. Araújo, *Eu não sou cachorro, não*, p. 220-221.
40. Tratava-se de regravação de um samba-enredo do Império Serrano de 1969. Não era a primeira vez que Jair flertava com o discurso oficial: no LP *Festa para um rei negro*, de 1970, já havia gravado "Terra boa", de Dom & Ravel.
41. A empresa estatal foi criada em 20 de março de 1969, como marco da política integracionista dos ditadores. Representou a homogeneização dos serviços postais por meio da federalização de empresas locais.
42. Mais original, o cantor Marcus Pitter homenageou uma obra faraônica pouco cantada pela música popular: "A ponte Rio-Niterói", obra batizada oficialmente de ponte Presidente Costa e Silva. Em 1970, quatro anos antes de ser inaugurada, Pitter já via com bons olhos a construção: "Vou vivendo a esperar/ Ver um dia terminar certa ponte/ Pra todo dia ver o meu amor."
43. Araújo, *Eu não sou cachorro, não*, p. 220.
44. *Ibidem*, p. 279-284.
45. Fundo Comissão Executiva da Comemoração do Sesquicentenário da Independência. Arquivo Nacional/SDE — Documentos Públicos, código 1J. Pasta 51A. Recorte de jornal: "Roberto Carlos mensageiro da Independência", Jornal não identificado, 28/3/1972. *Apud* Cordeiro, "O cinema do sesquicentenário", in Anais XIII Encontro de História Anpuh-Rio.
46. Cordeiro, *Lembrar o passado, festejar o presente*, p. 116.
47. "Povo cantou o Hino de mãos dadas". *Folha da Tarde*, Porto Alegre — RS, 22/04/1972. *Apud* Cordeiro, *Lembrar o passado, festejar o presente*, p. 122.

NOTAS

48. Recorte de jornal: "Leonino diz que tempo não obscureceu D. Pedro". *O Globo*, data não identificada; Recorte de jornal: "Dez mil visitaram o esquife de D. Pedro I". *O Popular*, 04/08/1972. Apud Cordeiro, *Lembrar o passado, festejar o presente*, p. 72-73.

49. *O Pasquim* passou a chamá-la de Elis *Regente*, e Henfil a enterrou no cemitério dos mortos-vivos do Cabôco Mamadô, personagem através do qual o cartunista "assassinava" todos aqueles que cantavam afinados com o regime. Crítico e patrulheiro, Henfil também havia "enterrado" os ufanistas Roberto Carlos, Pelé, Paulo Gracindo e Marília Pera, que no traço do cartunista apareciam sendo regidos pela Elis *Regente*. Ver *O Pasquim*, n. 147, 25/04 a 01/05/1972, p. 3. Araújo, *Eu não sou cachorro, não*, p. 288.

50. Araújo, *Eu não sou cachorro, não*, p. 223. Na introdução de "Aquarela do Brasil", os Incríveis louvaram a pátria com os seguintes dizeres: "Esta é nossa homenagem, Brasil/ A homenagem dos jovens que mais do que nunca/ Acreditam no teu futuro!/ Vai gigante/ Vai e escreve nas páginas da história/ O teu glorioso nome/ Brasil, meu Brasil brasileiro..." Em 1971 Os Incríveis gravaram o "Hino Nacional Brasileiro" e o "Hino da Independência" com toques de guitarra, teclados e bateria. Em 1974 a marcha "Cem milhões de corações" seria o tema da seleção na Copa da Alemanha. Em 1976 eles gravaram um disco especial da Presidência da República intitulado "Trabalho e paz, de mãos dadas é mais fácil", com quatro canções de propaganda do regime: "Pindorama" e "Marcas do que se foi" (composições de Ruy Murity) e as marchas "Este é meu Brasil" e "Este é um país que vai pra frente" (ambas de Heitor Carrillo). No ano seguinte Os Incríveis lançaram mais duas mensagens de otimismo: "Você precisa acreditar" (Arthur-Galahad) e "O Brasil é feito por nós" (Heitor Carrillo). Em 1978 o conjunto grava "Gôôôôôôl!! Brasil!!!", tema da seleção brasileira na Copa do Mundo da Argentina. Portanto, Os Incríveis atravessaram todo o período do AI-5 gravando canções com mensagens apologético-nacionalistas". Araújo, *Eu não sou cachorro, não*, p. 279.

51. Ver Sá, *Baiana internacional*, 2002, p. 125. Para a censura de Villa-Lobos a "Aquarela do Brasil" por ser "excessivamente cívica", ver Napolitano, *A síncope das ideias*, p. 40.

52. Para a patrulha sobre Ivan Lins, ver Alonso, *Simonal — quem não tem swing morre com a boca cheia de formiga*, 2011, p. 297-307.

53. Anos mais tarde Vandré compôs "Fabiana", uma ode não a uma namorada, mas à Força Aérea Brasileira (FAB): Mello, *A era dos festivais*, p. 302; GloboNews, *Dossiê Geraldo Vandré*, GloboNews, 25/09/2010.
54. Segundo o irmão do maestro, o também músico Régis Duprat, o título original do LP seria *Brasil com Z*, mas a censura teria obrigado o maestro a mudá-lo. Programa biografia sobre Rogério Duprat em Itaú Cultural Stereo Saci, que pôde ser ouvido no site do projeto: <www.novo.itaucultural.org.br/canal-radio/estereo-saci-especial-rogerio-duprat>.
55. *Correio da Manhã*, 04/12/1970, Caderno Anexo, p. 3.
56. O conjunto Os Três Morais deu sua contribuição. Os Três Morais eram um grupo vocal que em meados dos anos 1960 despontou no programa *O fino da bossa*, da TV Record, e acompanhou Chico Buarque na gravação de "Noite dos mascarados" (de 1967, do segundo LP do compositor). Araújo, *Eu não sou cachorro, não*, p. 221-222.
57. *Ibidem*, p. 219.
58. "Caboclinho pede a Médici a emancipação de uma cidade", *A Notícia*, 02/12/1972. *Apud* Araújo, *Eu não sou cachorro, não*, p. 219.
59. *Ibidem*, p. 220. "Sempre Brasil!" pelo grupo Cacique, 1971.
60. *Ibidem*, p. 219
61. Anos mais tarde Leci Brandão tornou-se militante do movimento negro e passou a ver o Brasil como dicotomizado pelas raças, tal como os EUA ou a África do Sul. E "Nada sei de preconceito" caiu no esquecimento. Araújo, *Eu não sou cachorro, não*, p. 222.
62. "Do preconceito de cor", *O Cruzeiro*, 17/10/1969.
63. "Black is Beautiful", Arquivo Público do Estado do Rio de Janeiro (Aperj), Setor de Divisão de Censura e Diversões Públicas, TN 23.3632 (5/11/1970) (destaque meu).
64. Cordeiro, "Anos de chumbo ou anos de ouro?", *in Estudos Históricos*, p. 92.
65. Reis Filho, *Ditadura militar, esquerdas e sociedade*, p. 10.
66. Schwarz, "Remarques sur la Culture et la Politique au Brésil, 1964-1969", *in Les Temps Modernes*.
67. Disponível em: <http://www.martinhodavila.com.br/biografia.htm>. Acessado em: janeiro de 2011.
68. Boal, *Hamlet and the Baker's Son*, p. 291 [tradução minha].
69. Veloso, *Verdade tropical*, p. 455.
70. Vídeo do show *Circuladô ao vivo*, Canecão, 1992. *Apud* Araújo, *op. cit.*, 2003, p. 323.

NOTAS

71. Motta, *As universidades e o regime militar.*
72. Esse raciocínio foi ajudado através da leitura de Gellately, *No solo Hitler.*

Capítulo 5

1. A expressão "anos de ouro" é de Reis Filho, *Ditadura militar, esquerdas e sociedade.* A historiadora Janaina Cordeiro também a utiliza: Cordeiro, "Anos de chumbo ou anos de ouro?", p. 85-104.
2. Rennó (Org.), *Gilberto Gil — Todas as letras,* p. 200.
3. O disco promocional foi distribuído a correntistas e clientes do banco. O sucesso do disco fez com que Marcus Pereira lançasse o disco comercialmente por sua gravadora. Entrevista com Papete (músico), São Luís, 04/07/2013.
4. Para a visualização do material produzido pela Missão Folclórica de Mário de Andrade, ver <http://ww2.sescsp.org.br/sesc/hotsites/missao/; http://www.centrocultural.sp.gov.br/caderneta_missao/index.html>.
5. Sobre as influências de Mario de Andrade, disse o músico Papete: "O mapeamento do Mário de Andrade eu ouvi com o Marcus Pereira! Ele tinha isso em fita cassete! Ele conseguiu uma cópia no MIS de SP. Na época o diretor do MIS, Ruy Ohtake, era amigo dele."
6. Pereira, *A história de O jogral,* p. 12.
7. Entre os discos citados: Quinteto Armorial, LP *Do romance ao galope nordestino,* Marcus Pereira, 1974; Banda de Pífanos de Caruaru, LP *A bandinha vai tocar,* Marcus Pereira, 1980; Elomar, LP *Na quadrada das águas perdidas,* Marcus Pereira, 1979; Renato Teixeira, LP *Álbum de família,* Marcus Pereira, 1971.
8. Cartola, LP *Cartola,* Marcus Pereira, 1974; Cartola, LP *Cartola II,* Marcus Pereira, 1976.
9. Para o músico Papete, Marcus Pereira era um sujeito especial: "O Marcus era um visionário. Tinha um estofo intelectual. Era jornalista, escritor, publicitário, ativista, produtor musical, pesquisador... [...] Ele gostava de viajar muito pelo interior, de conhecer coisas típicas, diferenciadas... Eu achava aquilo lindo." Entrevista com Papete em São Luis, 04/07/2013.
10. Segundo Pereira: "Em 1963, a moda era o iê-iê [sic], tolice importada, dançada e cantada. A totalidade das boates apresentava esse supremo exemplo da decadência mental de países ricos apenas economicamente e que nos impingiam sua cultura empobrecida e neurotizada por conflitos e impasses das sociedades superdesenvolvidas." Pereira, *A história de O jogral,* p. 7-8.

11. *Ibidem*, p. 35.
12. *Ibidem*, p. 5-9
13. *Ibidem*, p. 60. Conforme explicou Marcos Pereira em sua autobiografia.
14. Caldas, *Acorde na aurora*, p. 145-146.
15. "Chico Mineiro" ficou em quinto; "Chalana", em sexto; "Cabocla Tereza", em 28°; "João de barro", em 48°; "Moreninha linda", em 53°; "Rio de lágrimas", em 89°. Para os dados completos das canções, ver Índice de canções.
16. Para o historiador inglês E. P. Thompson, as classes sociais não estão determinadas *a priori*, seja pela dominação por outra classe, seja pela exploração via meios de produção. As classes populares se constroem no decorrer da luta por identidade social. Para o pensador marxista, renovador desse campo, classe social é uma experiência histórica mais do que simplesmente uma categoria econômica. Assim, ao se constituir através de um discurso que as distingue, o proletariado migrante da década de 1970 construiu uma identidade pela estética do amor romântico excessivo. Não estavam simplesmente se alienando, mas se constituindo enquanto classe social, construindo padrões de gosto distinto das classes altas. As teorias que buscam no camponês a "consciência" revolucionária no fundo ignoram a própria sensibilidade diversa manifestada pelas massas trabalhadoras brasileiras. Para as ideias do pensador inglês, ver Thompson, *Costumes em comum*.
17. O romantismo melodramático não foi, obviamente, inventado pelos sertanejos. O que eles fizeram foi radicalizar essa proposta afiando uma identidade de classe afirmativa associada ao excesso. A sintonia que os músicos sertanejos têm com seu público é fruto dessa ligação poética com os desejos e gostos dessa plateia popular. Interpretação semelhante foi formulada por Martha Ulhôa Tupinambá em breve artigo sobre o sertanejo dos anos 1990 no interior mineiro. Ulhôa, "Música sertaneja em Uberlândia na década de 1990", *in Revista ArtCultura*.
18. Segundo Martin-Barbero, "a cultura de massa não aparece de repente, como uma ruptura que permita seu confronto com a cultura popular. O massivo foi gerado lentamente a partir do popular. Só um enorme estrabismo histórico e um potente etnocentrismo de classe que se nega a nomear o popular como cultura puderam ocultar essa relação, a ponto de não enxergar na cultura de massa senão um processo de vulgarização e decadência da cultura culta." Barbero, *Dos meios às mediações*, p. 31.
19. Weffort, *O populismo na política brasileira*.

NOTAS

20. Não se trata de negar que as elites em diversos momentos tenham tentado manipular os trabalhadores. Mas existe uma lacuna entre a intenção e a realização concreta dos desejos maquiavélicos elitistas. Como apontou o historiador Jorge Ferreira, as vertentes teóricas que pensaram o *populismo* têm em comum a maneira de abordar as relações entre Estado e sociedade como uma via de mão única, de cima para baixo, à luz do enfoque opressor-oprimido, o Estado todo-poderoso, violento e ideológico subjugando a sociedade e os trabalhadores em particular. Ferreira (Org.), *O populismo e sua história*, p. 94.

21. Essa canção foi gravada pela primeira vez em 1971 pela dupla Durval & Davi. Representativa da esperança dos artistas sertanejos e seu público, a canção foi regravada em diversos momentos: em 1974, por Zilo & Zalo, e duas vezes por Mizael & Waldery: uma em meados da década de 1970 e outra em 1981.

22. Lei n.º 4.214, de 2 de março de 1963. *Diário Oficial da União*, 22/03/1963.

23. Estatuto da Terra, Lei nº 4.504, de 30 de novembro de 1964.

24. Para uma discussão das leis agrárias brasileiras até 1964, ver Jones, *O mito da legalidade do latifúndio*.

25. Para uma análise desse primeiro momento liberal da ditadura, ver Reis Filho, *Ditadura militar, esquerdas e sociedade*.

26. "Uma distribuição difícil", *Veja*, 16/08/1972, p. 84.

27. *Idem, ibidem*.

28. Discurso intitulado ProTerra, feito perante o Ministério, no Palácio do Planalto, anunciando a instituição do ProTerra, em 06/06/1971.

29. Seguindo as pegadas do sociólogo Max Weber, parece correto pensar que a burocratização estatal trouxe certas mudanças que foram julgadas "positivas" pelos sertanejos. A chegada do Estado ao campo trouxe o acesso a serviços legais e jurídicos aos camponeses, mudando as relações sociais tradicionais da hierarquia rural. Através da burocratização, trâmites técnicos, jurídicos e legais, além dos direitos sociais, passaram a mediar as relações rurais. Weber destaca que o processo de racionalização da atividade econômica também envolve a passagem de uma racionalidade material — na qual a vida econômica está submetida a valores de ordem ética ou política — para uma racionalidade formal, ou seja, na qual a lógica impessoal das atividades econômicas e lucrativas se torna predominante. A capitalização do campo, ao trazer a proletarização do trabalhador, também acenou com a possibilidade da burocratização e racionalização do poder. Ou seja, outra

relação foi instaurada, não mais mediada pura e simplesmente pelos senhores da terra, mas por uma burocracia crescentemente técnica. Weber, *Economia e sociedade*.

30. É de se demarcar que nos anos 1970 vários artistas "cafonas" cantaram o cotidiano sofrido das domésticas, entre eles Waldick Soriano ("Uma empregada vai ser mãe dos meus filhos"), Jean Marcel ("Você não vai ser minha empregada") e Luiz Carlos Magno ("Quarto de empregada"). O artista Odair José ficou conhecido como o "cantor das empregadas" por compor canções como "Deixe essa vergonha de lado", na qual relatava o amor por uma doméstica. Mais do que simplesmente cantar, Odair José se engajou na luta pelos direitos das domésticas e participou de passeatas em defesa dessa demanda, que seriam atendidas pelo presidente Médici, com a inclusão das domésticas na CLT. Ver capítulo "Os sons que vêm da cozinha", *in* Araújo, *Eu não sou cachorro, não*, p. 317-334.

31. Mensagem do presidente Médici aos trabalhadores intitulada "Os anônimos construtores", lida pelo ministro Júlio Barata, do Trabalho e Previdência Social, em 1.º de maio de 1973. Cf. Médici, *Os anônimos construtores*.

32. Há que se considerar que a população brasileira aumentou de cerca de 40 milhões em 1940 para 90 milhões em 1970. Assim, a população rural contemplada com as leis da ditadura militar em 1972 é proporcional e numericamente maior que a urbana contemplada pelas leis varguistas.

33. Discurso "Permanente preocupação" feito por Médici perante o Ministério reunido no Palácio do Planalto, em 6/09/1973. Cf. Médici, *Os anônimos construtores*.

34. Ianni, *Ditadura e agricultura*; idem, *A luta pela terra*.

35. Na única vez em que cita os direitos sociais no campo, Otávio Velho os vê negativamente: "A tentativa de tornar efetiva pela primeira vez a legislação trabalhista no campo [...] [levou à] expulsão definitiva das famílias de moradores pelos proprietários de terras a fim de evitar as obrigações (salário mínimo, limitação de horas de trabalho etc.) da legislação trabalhista." Velho, *Capitalismo autoritário e campesinato, p. 172*.

36. Minc, *A reconquista da terra*.

37 O assunto não é tratado em nenhum dos livros analisados de José de Souza Martins. Para Martins, a concessão de direitos contribui para a desmobilização da luta agrária. Ver Martins, *Reforma agrária: O impossível diálogo*, p. 97. Entre as obras analisadas de Martins, constam *Expropriação e violência, a questão política no campo*; *Capitalismo e tradicionalismo*; e

NOTAS

Os camponeses e a política no Brasil: As lutas sociais no campo e seu lugar no processo político.

38. A primeira tese acadêmica sobre o tema só veio em 1983. Intitulada *Funrural: A previdência vai ao campo*, a dissertação foi defendida na Faculdade de Medicina da Bahia, por José Gilson de Andrade. Apesar da importância do tema para se entender o Brasil atual, a tese não fez escola.
39. Grynszpan, "A questão agrária no Brasil pós-1964 e o MST", *in O Brasil republicano vol. 4: O tempo da ditadura.*
40. Em seu livro, Sonia Mendonça não cita as leis sociais de Médici e apenas em num parágrafo cita o ProTerra. Cf. Mendonça, *O patronato rural no Brasil recente (1964-1993)*, p. 51.
41. João Pedro Stédile nega até que houvesse qualquer debate reformista acerca da questão agrária durante a ditadura: "Os temas da reforma agrária e da questão agrária [permaneceram] adormecidos durante a ditadura". Stedile, Estevam (Org.), *A questão agrária no Brasil*, p.11 e 15.
42. Motta (Org.), *Dicionário da terra.*
43. Recentemente foi defendida uma boa dissertação sobre as negociações no Congresso para a efetivação do ProRural. Muito bem apurado, o trabalho da cientista social Nicole Garcia analisa sobretudo fontes oficiais do Congresso Nacional, além de reportagens da grande imprensa e dos movimentos organizados, como sindicatos rurais e entidades de direitos do trabalhador. Garcia, *ProRural: uma política previdenciária para o campo no Governo Médici (1969-1973).*
44. Discurso "Permanente preocupação" feito por Médici perante o Ministério reunido no Palácio do Planalto, em 6/09/1973. Cf. Médici, *Os anônimos construtores*, p. 68.
45. "Uma vida melhor", mensagem de Médici lida pelo próprio na reunião ministerial no Palácio do Planalto, em 29/03/1971: Médici, *Tarefa de todos nós*, p. 59-60.
46. Discurso intitulado "O grande dia da esperança", pronunciado por Médici através de rede nacional de rádio e televisão, no dia 01/05/1971. Médici, 1971.
47. Essa interpretação dos ditadores é esquemática e se parece, paradoxalmente, com as interpretações teóricas do *populismo*. Ou seja, as relações acontecem de cima para baixo, de Estado para sociedade, de presidente para camponês. Tanto os teóricos do *populismo* quanto os golpistas de 1964 supõem ser a "autêntica" voz do povo e não conseguem perceber certa autonomia nas práticas e discursos dos setores populares.

48. Waldenyr Caldas não conseguiu ver a autonomia dos sertanejos em seu livro *Acorde na aurora*, de 1977. Nas pesquisas que fez para seu livro, entrevistou os compositores Goiá e Lázaro, com o intuito de saber se eles tinham "consciência" da "natureza" do regime e de suas canções. Segundo Caldas, "o resultado foi o seguinte: [...]não há mesmo alternativa: descamba na manipulação. O próprio texto da canção demonstra isso: ele é um dos efeitos causados pelos feitos governamentais". Para o sociólogo da USP, "Por 'lei agrária' pode-se entender uma lei que venha reestruturar o modo de produção agrária de um país, e não apenas outorgar alguns direitos ao homem do campo que, a bem da verdade, só trazem medidas paliativas." Para o sociólogo, direitos sociais eram quase nada. Esse pensamento inconsequente e fora da realidade das classes trabalhadoras alargou o fosso entre acadêmicos e sertanejos. Cf. Caldas, *Acorde na aurora*, p. 125-135.
49. Caldas reproduziu esse ponto de vista quando apontou: "Não há dúvida de que isso reflete visivelmente o caráter ideológico da arte [...]. Um bom exemplo [...] está na ininterrupta exaltação à autoridade governamental, às suas realizações, aos símbolos nacionais, aliados ao caráter místico do 'Senhor Onipotente'." *Ibidem*, p. 131.
50. Sabe-se por Raoul Girardet que "os mitos políticos de nossas sociedades contemporâneas não se diferenciam muito [...] dos grandes mitos sagrados das sociedades tradicionais", visto que as categorias de explicação política ainda envolvem as dicotomias religiosas. Seguindo essa linha de pensamento, Mircea Eliade afirma que a existência profana destituída de experiências religiosas não se encontra em qualquer sociedade, antiga ou contemporânea. Se alguns optam por um vida supostamente ateia ou agnóstica, o comportamento é sempre mediado pelas relações com o sagrado, que nunca é abolido. Distinguindo-se o que é *sagrado* do que é *profano* é que se manifesta a dimensão religiosa no homem, arcaico ou moderno, que busca ordenar o mundo. Girardet, *Mitos e mitologias políticas*, p. 70; Eliade, *O sagrado e o profano*.
51. Ajudou-me muito a pensar essas questões o texto de Jorge Ferreira, "A legalidade traída: Os dias sombrios de agosto e setembro de 1961", *in Imaginário Trabalhista*.
52. Um texto do colega e cientista político Carlos Sávio Teixeira ajudou-me a consolidar esta visão: "Afinal, a religião é um fenômeno irracional? A resposta positiva a esta indagação me parece estar na base de todos os equívocos com relação à religião. Em seu livro *A ética protestante e o espírito do capitalismo*

o sociólogo Max Weber argumentou que o capitalismo está intimamente ligado à ética religiosa, tendo inclusive construído uma forma de racionalidade específica dela derivada! Por causa de razões políticas e intelectuais ligadas ao liberalismo e ao marxismo — que por meios distintos desde sempre elegeram a religião como inimiga —, formou-se em parte das elites culturais do Ocidente moderno uma crença de que religião tem a ver com paixões alucinadas, obscurantismo e atraso. Como se estas características fossem exclusividade da vida religiosa e não de todos os domínios da experiência." E-mail escrito em 29/10/2013.

53. Para Waldenyr Caldas, a canção "Levanta, patrão" é "alienada" pois "instaura o conformismo". Para ele, "qualquer empregado que pretenda algo mais não deveria advertir seu patrão; agiria, simplesmente". Caldas, *Acorde na aurora*, p. 137-140.
54. Moore Jr., *Injustiça: As bases sociais da obediência e da revolta*, p. 247.
55. Pensando com Barrington Moore, as revoltas (e também as possíveis revoluções) são guiadas mais pelas rupturas do senso de justiça popular do que pelos sentimentos de classe. A noção de identidade de classe é, ela própria, também debitária do senso de justiça e injustiça. *Ibidem* p. 313. Para reflexão neste sentido, ver texto de Jorge Ferreira. "Quando os trabalhadores 'querem': Política e cidadania na transição democrática de 1945", *in O imaginário trabalhista*, p. 19-95.
56. Cougo Junior, "Coração de luto", *in Anais: Produzindo história a partir de fontes primárias*.
57. Araújo, *Eu não sou cachorro, não*, p. 333-334.
58. Starling, "Canto do povo de um lugar", *in* Paula, Starling, Guimarães (Org.), *Sentimento de reforma agrária, sentimento de República*.
59. Moreira, Costa (Org.), *Mundo rural e cultura*.
60. "A toada engajada", *Veja*, 17/08/1988, p. 116-117.
61. Para os dados biográficos, programa *No rancho da prosa*, com Duduca e Dalvan, postado no YouTube em 25/01/2013: <http://www.youtube.com/watch?v=ygNLBOyzYiU>.
62. "A toada engajada", *Veja*, 17/08/1988, p. 116-117.
63. Encontro sem data precisa. Referência confirmada em conversa informal com Dalvan via telefone em 26/07/2012. Vídeo postado com o título de "Duduca & Dalvan com o presidente Lula", publicado no YouTube em 14/06/2007: <http://www.youtube.com/watch?v=VEr-vTkdDog&feature=related>.

COWBOYS DO ASFALTO

64. "Teixeirinha quer eleições diretas", *Folha da Tarde*, 17/01/1984. *Apud* Cougo Junior, *Canta meu povo*, 2010, p. 139.
65. "A toada engajada", *Veja*, 17/08/1988, p. 116-117.
66. Quando o Plano Cruzado tabelou os preços para evitar a inflação em 1986, Tião Carreiro & Pardinho gravaram "A coisa ficou bonita" e elogiaram a atitude do então presidente José Sarney: "Caiu do céu um governo trazendo força infinita/ O preço foi congelado, quase ninguém acredita/ O Brasil de ponta a ponta... de alegria pula e grita"
67. "A toada engajada", *Veja*, 17/08/1988, p. 116-117.
68. *Ibidem*.
69. *Ibidem*.

Capítulo 6

1. As misturas de faixas modernas e tradicionais nos mesmos discos diminuíam, mas ainda era possível ouvi-las em algumas coletâneas, vide LP *A grande noite da viola*, gravado ao vivo no Maracanãzinho em 1981, que misturava sertanejos como Milionário & José Rico com Tonico & Tinoco, dentre outros.
2. Tratava-se de uma reformulação da coleção originalmente lançada em 1970.
3. A metáfora da "árvore" é frequentemente usada por pesquisadores para receitar a "correta linha evolutiva" de um gênero. O pesquisador Ricardo Cravo Albin usou essa metáfora para louvar a história de Luiz Gonzaga e desprestigiar o sertanejo, o forró eletrônico e o tecnobrega: "Luiz Gonzaga é o melhor dentre todos os cantores de alma sertaneja, [...] não é só gênio do Nordeste, é gênio da MPB, na mesmíssima dimensão de Ary Barroso, Pixinguinha, Tom Jobim ou Chico Buarque. [...]Mas sem qualquer responsabilidade, é claro, com as ervas daninhas. Essa escória, que sempre infesta o mercado fonográfico, nada tem a ver com a nobreza da árvore e de seus galhos." Texto do site *Dicionário Cravo Albin da música popular brasileira*, acessado em agosto de 2009: <http://www.dicionariompb.com.br/luiz-gonzaga>.
4. "Caipira: Neste disco o registro de um mundo que está acabando", *OESP*, 01/09/1980, p. 16.
5. "Caipira: Neste disco o registro de um mundo que está acabando", *OESP*, 01/09/1980, p. 16.
6. "Música sertaneja: ao som da guitarra elétrica ou da viola sempre um filão de ouro", *O Globo*, Segundo Caderno, 25/04/1976, p. 3.

NOTAS

7. Para as informações sobre o início da carreira de Pena Branca & Xavantinho, ver *Dossiê Funarte*/RJ, Pena Branca & Xavantinho.
8. Renato Teixeira concorreu com "Iluminação", dele próprio, e Diana Pequeno, com "Diverdade" (Chico Maranhão).
9. "Fibra de sertanejo: A vitória do persistente Rolando Boldrin", *IstoÉ*, n. 277, p. 60-61, 14/04/1982.
10. Para a boa recepção de "Onde anda Iolanda" (Rolando Boldrin), ver Mello, *A era dos festivais*, p. 274.
11. Para uma biografia "oficial" de Boldrin, ver Abreu, *Rolando Boldrin: Palco Brasil*.
12. O único filme de que participou, *Doramundo*, de João Batista de Andrade, lhe valeu o prêmio de melhor ator de 1978 pela Associação Paulista dos Críticos de Arte. "Fibra de sertanejo: A vitória do persistente Rolando Boldrin". *IstoÉ*, n. 277, p. 60-61, 14/04/1982.
13. "Rolando Boldrin: padrão caipira de qualidade", por Tárik de Souza, *Jornal do Brasil*, 28/11/1982.
14. Ver verbete do programa no *Dicionário da TV Globo*. Vol 1: Programas de Dramaturgia & Entretenimento./ Projeto Memória das Organizações Globo. Rio de Janeiro: Jorge Zahar Ed., 2003.
15. "O caminho da roça — Com a novela *Paraíso*, a Rede Globo inicia sua mais pesada investida no mercado rural", *Veja*, 01/09/1982, p. 100-101.
16. "Rolando Boldrin: Padrão caipira de qualidade", por Tárik de Souza, *Jornal do Brasil*, 28/11/1982, *in*, Souza, pp. 118-121.
17. *Idem, ibidem*.
18. "Fibra de sertanejo: A vitória do persistente Rolando Boldrin". *IstoÉ*, n. 277, p. 60-61, 14/04/1982.
19. O *Geração 80* era apresentado por Kadu Moliterno e Nadia Lippi. Ia ao ar aos domingos, às 17h, e durou de 09/08/1981 a 29/08/1982.
20. "Rolando Boldrin: padrão caipira de qualidade", por Tárik de Souza, *Jornal do Brasil*, 28/11/1982.
21. "Rolando Boldrin abandona o mais brasileiro dos musicais da TV". *Jornal do Brasil*, Caderno B, 05/06/1984; Abreu, *Rolando Boldrin: Palco Brasil*, p. 129.
22. "Herói do sertão — Boldrin quer o caipira nos salões de luxo", *Veja*, 23/12/1981, p. 92.
23. "O caminho da roça — Com a novela *Paraíso*, a Rede Globo inicia sua mais pesada investida no mercado rural", *Veja*, 01/09/1982, p. 100-101.

24. "Rolando Boldrin: padrão caipira de qualidade", por Tárik de Souza, *Jornal do Brasil*, 28/11/1982.
25. "Herói do sertão — Boldrin quer o caipira nos salões de luxo". *Veja*, 23/12/1981, p. 92.
26. "Rolando Boldrin: Padrão caipira de qualidade", por Tárik de Souza, *Jornal do Brasil*, 28/11/1982.
27. "Os filhos de Boldrin", por Aramis Millarch, publicado originalmente em *O Estado do Paraná*, Caderno Jornal da Música, p. 20, 27/11/1983. Matéria acessada através do site <http://www.millarch.org/artigo/os-filhos-de-boldrin>.
28. "O caminho do sertão", por Rolando Boldrin, *Veja*, Coluna Ponto de Vista, 13/10/1982, p. 162.
29. "Fibra de sertanejo: A vitória do persistente Rolando Boldrin". *IstoÉ*, n. 277, p. 60-61, 14/04/1982.
30. A capa do LP fazia referência ao quadro homônimo de Almeida Junior, de 1899.
31. "O sertanejo chique", *Veja*, 12/08/1981, p. 86-87.
32. Nepomuceno, *Música caipira*, p. 357. "É verdade [que não deixei Sérgio Reis cantar no meu programa usando um chapéu de caubói]. Faço um programa de música brasileira; por que vou deixar entrar um artista vestido de caubói texano? Sempre peço aos convidados para virem com roupas descontraídas, e não caracterizados." "O defensor número 1 da MPB", *O Globo*, Revista da TV, 31/12/1995, p. 6.
33. Em sua autobiografia de 2005, Boldrin continuava com a mesma opinião: "Apresentei a dupla Milionário & José Rico no *Som Brasil*. Nunca tive preconceito contra artista, faço crítica ao trabalho que desempenham." Abreu, *Rolando Boldrin: Palco Brasil*, p. 130-131.
34. Entrevista de José Raimundo ao autor, 30/07/2012, em Embu-Guaçu (SP).
35. Nepomuceno, *Música caipira*, p. 357.
36. "Sertanejos desembarcam no Maracanãzinho", *Jornal do Brasil*, Caderno B, 12/06/1981, p. 1.
37. O crítico José Luis Ferrete chamou Sérgio Reis de "oportunista" em seu livro de 1985, razão pela qual lhe recusou o rótulo de "caipira": "Quando cantores de rock urbano, como Sérgio Reis, debandaram na direção do sertanejo à força de mero acaso que lhes abriu as portas da fortuna, já se começou a pressentir o oportunismo" Ferrete, *Capitão Furtado*, p. 123-124.

NOTAS

38. Ribeiro, *Música caipira*, p. 73.
39. "Rolando Boldrin: Padrão caipira de qualidade", por Tárik de Souza, *Jornal do Brasil*, 28/11/1982.
40. Entrevista de Chico Buarque à revista *Versus*, 08/09/77, lida no site do compositor: <http://www.chicobuarque.com.br/texto/mestre.asp?pg=entrevistas/entre_09_77.htm>.
41. "Nas gravações, o que mais me emocionou foi o Milton Nascimento com Pena Branca e Xavantinho, dupla caipira", *Jornal do Brasil*, 10/11/1986.
42. *O Globo*, 22/11/1987. Matéria lida no Dossiê de Pena Branca & Xavantinho na Funarte/RJ.
43. Jornal *Popular da Tarde*, São Paulo, 29/06/1987. Matéria lida no Dossiê de Pena Branca & Xavantinho na Funarte/RJ.
44. "O bar vai virar sertão", *Última Hora*, 22/07/1987. Matéria lida no Dossiê de Pena Branca & Xavantinho na Funarte/RJ.
45. "Pena Branca & Xavantinho: uma dupla regional sem rótulos", *O Estado*, Florianópolis/SC, 22/09/1987.
46. "Pena Branca & Xavantinho: Uma lição de Brasil", *Folha de Londrina*, Caderno 2, 28/07/1987.
47. "Música Popular", por Antonio O'Lima, *Jornal da Tarde*, São Paulo, 01/08/1987. Matéria lida no Dossiê de Pena Branca & Xavantinho na Funarte/RJ.
48. LP *Renato Teixeira e Pena Branca & Xavantinho: Ao vivo em Tatuí*. Kuarup, 1992.
49. Crítica do disco *Ao vivo Tatuí*, *Veja*, 16/12/1992.
50. "O sertanejo chique", *Veja*, 12/08/1981, p. 86-87.
51. "Dos cocos de Messias à força total Continental", por Aramis Millarch, *O Estado do Paraná*, Suplemento de Música, p. 26, 14/02/1982.
52. O projeto da WEA envolvia, na verdade, quatro selos: Rodeio, voltado para o mercado sertanejo; Padroeira, voltado para a música de cunho religioso; Berrante, de documentação da história sertaneja e dirigido ao público urbano, especialmente universitário; e Arizona, mais popularesco. "A música caipira quer mais espaço". *O Estado de S. Paulo*, 07/09/1980. Vicente, *Música e disco no Brasil*, p. 121.
53. A Funarte entronizava os dois caipiras na tradição musical brasileira com as bênçãos do Estado. Em 1987 foi lançado o LP *Native Brazilian Music* pelo selo da estatal. O nome denotava a vontade de "exportar" uma determinada

imagem do Brasil. Ao lado de canções de Donga, Villa-Lobos, Cartola e de versões de João da Bahiana e Pixinguinha, estava a dupla Jararaca & Ratinho interpretando duas canções gravadas.

54. "Caminho da roça: LP resgata pioneiros da dupla caipira", por Joaquim Ferreira dos Santos, *Veja*, 12/10/1983, p. 126.
55. "Proposta de um letricultor: Descidadizar os desbussolados", *O Globo*, 08/01/1980; José Hamilton Ribeiro, "*Globo Rural*, dois anos com o homem da terra", *O Estado de S. Paulo*, 10/10/1982; site Memória Globo: <http://memoriaglobo.globo.com>.
56. "Bem sertanejo", *Fantástico*, TV Globo, 17/08/2014.
57. Segundo o site oficial Memória Globo *Globo Rural* foi criado para dar vazão a uma demanda de indústrias ligadas à agropecuária e ao aumento da importância do setor rural no Brasil, que revelou o potencial em termos de audiência e anunciantes. Site acessado em janeiro de 2014: <http://memoriaglobo.globo.com/programas/jornalismo/telejornais/globo-rural.htm>.
58. "Rolando Boldrin abandona o mais brasileiro dos musicais da TV", *Jornal do Brasil*, Caderno B, 05/06/1984.
59. Em meados dos anos 1980 a Barclay conseguiu contratar uma série de artistas da música brasileira, entre eles vários nomes da MPB, como Alceu Valença, Chico Buarque, Elba Ramalho, Fátima Guedes, Geraldo Azevedo, Byafra, Jessé, João Bosco, João Penca e Seus Miquinhos Amestrados, Joyce, Leila Pinheiro, Milton Nascimento, Moraes Moreira, Ney Matogrosso, Toquinho, Tunai, Wagner Tiso e Vinicius de Moraes.
60. "Triunfo caipira: Com *Empório*, Boldrin volta ao vídeo e ao sucesso", *Veja*, 12/12/1984.
61. Nepomuceno, *Música caipira*, p. 333.
62. *Ibidem*, p. 331. Inezita apresentou seu programa semanal na TV Cultura até a morte em 2015.
63. "Jornalista prepara biografia de Inezita Barroso", *O Estado de S. Paulo*, Caderno 2, 19/09/2001, p. 1. <http://www.inezitabarroso.com.br/mstimprensa.asp?var=6>.

NOTAS

PARTE 2

Epígrafe

1. Deleuze, Platão e o simulacro, *in Filosofia do sentido*, p. 267.

Capítulo 7

1. O primeiro disco de bossa nova, o famoso LP *Chega de saudade*, de 1958, trazia a classificação de "samba-canção" para a canção-título de Tom Jobim e Vinicius de Moraes cantada por João Gilberto. A partir da constituição da identidade da bossa nova e, posteriormente, da MPB, tornou-se desnecessário especificar as canções. A Jovem Guarda já surgiu sem as definições atreladas na contracapa ou nos selos dos discos. Os campos estavam consolidados e as identidades em disputa eram claras, o que tornava desnecessária a especificação.
2. "Entrevista: Marciano", por André Piunti, 22/09/2010, <http://universosertanejo.blog.uol.com.br/arch2010-09-19_2010-09-25.html>.
3. *Idem, ibidem*.
4. *Idem, ibidem*.
5. Darci Rossi foi agraciado com o título de Cidadão Honorário de Valinhos, SP, em 17/05/2009. Em 2010, depois de 11 anos morando na cidade, foi-lhe concedido também o "Diploma de Mérito Cultural e Artístico Adoniran Barbosa". Para as falas de Chitãozinho & Xororó, ver o vídeo em homenagem a Rossi: <http://www.youtube.com/watch?v=KRugwlI2UZA>, sem data precisa, postado em 14/12/2010.
6. *Idem, ibidem*.
7. Entrevista de Leandro & Leonardo à revista *Playboy*, set./1992, p. 35.
8. Programa de rádio, 1994. Disponível em: <http://www.emnomedoamor.art.br/entrllcd1994.html>.
9. Para as informações sobre Zé Bettio, ver "A explosão sertaneja", por Ricardo Kotscho, *Jornal do Brasil*, Caderno B, 24/04/1987, p. 53; "Zé Bettio: o misterioso artista mais bem pago do país", por Ricardo Kotscho, *Jornal do Brasil*, Caderno B, 24/04/1987, p. 53.
10. Entrevista de Chitãozinho & Xororó à revista *Playboy*, abril de 1990, p. 43.
11. "A explosão sertaneja", por Ricardo Kotscho, *Jornal do Brasil*, Caderno B, 24/04/1987.
12. "Os caipiras voam alto — Chitãozinho & Xororó", *Manchete*, 03/03/1990, p. 65-69.

13. "Chitãozinho & Xororó não descartam cantar", acessado em março de 2011: <http://entretenimento.r7.com/musica/noticias/chitaozinho-xororo-nao-descartam-possibilidade-de-cantar-axe-20091207.html>.
14. Entrevista de Chitãozinho & Xororó à revista *Playboy*, abril de 1990, p. 43.
15. Documentário DVD *Victor & Leo — A história*, Sony, 2010.
16. "Chitãozinho & Xororó", *Jornal de Brasilia*, Caderno 2, 02/02/1988, p. 1; "A meta é conquistar o mundo da música", *Correio Braziliense*, 02/02/1988.
17. "A meta é conquistar o mundo da música", *Correio Braziliense*, 02/02/1988.
18. Programa *De frente com Gabi*, entrevista de Chitãozinho & Xororó a Marília Gabriela, SBT, 18/07/2010. Ver também: Entrevista de Chitãozinho & Xororó à *Playboy*, abril de 1990, p. 36.
19. Leda Nagle entrevista Chitãozinho & Xororó, *Jornal Hoje*, TV Globo, 1988: <http://www.youtube.com/watch?v=QuplVkQvkQQ>.
20. *Idem, ibidem*.
21. "Os caipiras voam alto — Chitãozinho & Xororó", *Manchete*, 03/03/1990, p. 65-69.
22. "Chitãozinho & Xororó", *Jornal de Brasilia*, Caderno 2, 02/02/1988, p. 1: "A meta é conquistar o mundo da música", *Correio Braziliense*, 02/02/1988.
23. Entrevista de Chitãozinho & Xororó a Leda Nagle no *Jornal Hoje*, 1988: <http://www.youtube.com/watch?v=QuplVkQvkQQ>.
24. Nepomuceno, *Música caipira*.
25. "Chitãozinho & Xororó não descartam cantar axé: Em entrevista exclusiva ao R7, dupla sertaneja conta suas inúmeras novidades", 07/12/2009: <http://entretenimento.r7.com/musica/noticias/chitaozinho-xororo-nao-descartam-possibilidade-de-cantar-axe-20091207.html>.
26. *Idem, ibidem*.
27. Neiva, *Chitãozinho & Xororó: Nascemos pra cantar*.
28. "A meta é conquistar o mundo da música", *Correio Braziliense*, 02/02/1988.
29. "Apoteose sertaneja invade o templo do carnaval carioca", *O Globo*, Jornal de Bairro — Tijuca, 22/08/1989, p. 60
30. "A locomotiva do sertão", *O Globo*, Segundo Caderno, 14/11/1989, p. 3.
31. *Idem, ibidem*.
32. "Zé Bettio: o misterioso artista mais bem pago do país", por Ricardo Kotscho, *Jornal do Brasil*, Caderno B, 24/04/1987, p. 53.
33. Vários artistas participaram subindo aos palanques ao lado dos políticos, entre eles o locutor Osmar Santos, conhecido como "o locutor das Diretas", os compositores Chico Buarque, Milton Nascimento, Taiguara, João Nogueira,

NOTAS

João Bosco, Erasmo Carlos, as cantoras Leci Brandão, Simone, Emilinha Borba, Beth Carvalho, Maria Bethânia, as atrizes Zezé Motta, Christiane Torloni, Lucélia Santos, Marieta Severo, Bruna Lombardi, Dina Sfat, Regina Duarte, Maitê Proença, Renata Sorrah, Irene Ravache, Sonia Braga, Débora Bloch, Fernanda Montenegro, os atores Milton Gonçalves, Antonio Pitanga, Raul Cortez, Tony Ramos, Marcos Paulo, Walmor Chagas, Carlos Alberto Riccelli, Denis Carvalho, o comediante Jô Soares, o apresentador Chacrinha, os músicos Moraes Moreira, Alceu Valença, Gilberto Gil, Kleiton & Kledir, entre outros. Até a apresentadora Xuxa e o ex-jogador de futebol Dario participaram de alguns comícios. Para a presença das pessoas citadas, ver as seguintes reportagens sobre as Diretas Já: "A praça pede o voto", *Veja*, 01/02/1984, p. 18; "Novo Colorido", *Veja*, 10/08/1983, p. 126; "Sons do adeus: Com pano de fundo da dor, Fafá e Milton Nascimento", *Veja*, 01/05/1985; "Artistas são candidatos à Constituinte", *Folha de S.Paulo*, Ilustrada, p. 1, 19/01/1986; "Sensual e cívica: Fafá leva ao Canecão a emoção dos palanques", por Luzia Salles, *Veja*, 18/09/1988, p. 128.

34. Apesar de se colocar do lado dos redemocratizadores, nem sempre Vilela foi um democrata. Assim como Ulysses Guimarães e Tancredo Neves, ele apoiara o golpe de 1964 e integrou a Arena, o partido dos ditadores. Ao longo dos anos foi revendo seu posicionamento e construindo uma saída democrática para o Brasil. "Novo Colorido", *Veja*, 10/08/1983, p. 126.

35. Fafá lançou a gravação do Hino Nacional no LP daquele ano, intitulado *Aprendizes da esperança*. A capa trazia a cantora seminua sobre um fundo verde e amarelo que fazia referência à musa das "Diretas". "Sons do adeus: Como pano de fundo da dor, Fafá e Milton Nascimento", *Veja*, 01/05/1985, p. 108.

36. "Sensual e cívica: Fafá leva ao Canecão a emoção dos palanques", por Luzia Salles, *Veja*, 18/09/1988, p. 128. As Diretas Já ganhavam ares de unanimidade e ajudavam a vendagem de vários discos de artistas da MPB. Chico Buarque, por exemplo, conseguiu a segunda maior vendagem de sua discografia com o álbum de 1984, que vendeu 350 mil unidades, só perdendo para o LP *Meus caros amigos*, que em 1978 havia vendido 800 mil cópias. "Chico redescobre a música em *Paratodos*", *Folha de S.Paulo*, Ilustrada, 10/03/1994, p. 1.

37. Medley: "Ovelha desgarrada", "Só pra você", "Não chore não", "O remador", "Bom barqueiro", LP *Aprendizes da esperança*, de 1985. Para a repercussão, ver "Um tango tropical", *Veja*, 17/08/1988, p. 62.

38. No disco seguinte um ano depois Fafá gravaria "Fogaréu", "A carta", "Final de semana" e "Brincar com meu amor" no LP *Atrevida*, de 1986. Em 1987 foi a vez de "Negue", "Ti ti ti", "Só vai dar você", "Cheiro no cangote", "Forró fogoso" no LP *Grandes amores*, de 1987.
39. Araújo, 2007.
40. *Veja*, 18/09/1988, p. 128.
41. *Folha de S.Paulo*, Ilustrada, p. 8, 17/08/1988.
42. Todas as informações sobre os compositores vieram de entrevistas individuais. Com Rezende em Itaboraí, em 04/09/2010; com Debétio no Rio de Janeiro, em 13/09/2010.
43. "Viola endinheirada", *Veja* 16/10/91, p. 106.
44. *Veja*, 24/12/1989, p. 154.
45. *O Globo*, Segundo Caderno, 27/09/1992, p. 1.
46. *Idem, ibidem*.
47. Amado Batista no programa *3 a 1*, da TV Cultura, gravado em 2009 e postado no YouTube em 22/01/2010: <http://www.youtube.com/watch?v=-8I-nv47CuE>.
48. Amado Batista no programa *3 a 1*, TV Cultura, gravado em 2009 e postado no YouTube em 22/01/2010: <http://www.youtube.com/watch?v=1yI8goWWVmk&feature=related>.
49. DM Entrevista — Amado Batista, Jornal *Diário da Manhã*, 11/11/2010: <http://www.youtube.com/watch?v=b8Gr7BxzlcE>.
50. Amado Batista — Entrevista ao programa *Toda Música* em abril de 2000: <http://www.youtube.com/watch?v=xYfmwFXqMFs&tracker=False&NR=1>.
51. Amado Batista — Entrevista ao programa *Toda Música* em abril de 2000: <http://www.youtube.com/watch?v=L1RPsxZjnvM>. Mais tarde a canção foi gravada pela dupla Os Graúnas no LP *Prefiro suportar a saudade*.
52. "A subida do balão", *Veja*, 04/01/1984, p. 72.
53. *Veja*, 20/01/1986, p. 62.
54. "Brega: A balada arrebata o subúrbio", *Folha de S.Paulo*, Ilustrada, 08/09/1982, p. 28.
55. Amado Batista — Entrevista ao programa *Toda Música* em abril de 2000: <http://www.youtube.com/watch?v=xYfmwFXqMFs&tracker=False&NR=1>; "Brega: A balada arrebata o subúrbio", *Folha de S.Paulo*, Ilustrada, 08/09/1982, p. 28.

NOTAS

56. Amado Batista no programa *3 a 1*, TV Cultura, gravado em 2009 e postado no YouTube em 22/01/2010: <http://www.youtube.com/watch?v=-8I-nv47CuE>.
57. "A canção suburbana", *Veja*, 28/01/1981. " "Brega: A balada arrebata o subúrbio". *Folha de S.Paulo*, Ilustrada, 08/09/1982, p. 28.
58. Amado Batista no programa *3 a 1*, TV Cultura, gravado em 2009 e postado no YouTube em 22/01/2010: <http://www.youtube.com/watch?v=-8I-nv47CuE>.
59. *Idem, ibidem.*
60. *Idem, ibidem.*
61. "Mascando chiclete" também conseguiu ser liberada e foi gravada no LP *Um pouco de esperança*, de 1981.
62. Amado Batista no programa *3 a 1*, TV Cultura, gravado em 2009 e postado no YouTube em 22/01/2010: <http://www.youtube.com/watch?v=-8I-nv47CuE>.
63. *Veja*, 20/01/1986, p. 62. Amado Batista não era o único compositor romântico que teve problemas com a ditadura. Segundo a revista *Veja*, o cantor popular Agepê, que se dizia "comunista convicto", foi preso por 52 dias pelo regime militar.
64. Mugnaini Jr., *Enciclopédia das músicas sertanejas*.
65. "Leandro e Xororó fazem tédio com o sertão". Crítica de André Barcinski, *Notícias populares*. *Folha de S.Paulo*, Folha Ilustrada, seção Discos, 27/11/1991, p. 5-6.
66. "O mar virou sertão?", *O Globo*, Segundo Caderno, 27/12/1991, p. 12.
67. Entrevista Leandro & Leonardo à revista *Playboy*, set./1992, p. 30.
68. "O talento brota da terra", *O Globo*, 01/12/1991.
69. Leonardo, Essinger, *Não aprendi dizer adeus*, p. 65.
70. "O filho do Avelino: Leonardo arrasta multidão em Pirenópolis", 24/09/2005, *DM Revista*, de Pirenópolis. No auge da modernização sertaneja Leandro & Leonardo eram agressivos em relação ao passado da música rural: "Não dava para ouvir a antiga música sertaneja. Era muito ruim. Hoje ouvir sertanejo é como escutar Roberto Carlos e Fábio Jr." "Os midas do sertão", *O Globo*, Segundo Caderno, 15/10/1991, p. 1.
71. Em outros relatos autorizados, a parceria com Zazá tampouco é mencionada. Diante do sucesso de *2 filhos de Francisco*, a roteirista do filme, a jornalista Carolina Kotscho, escreveu um livro sobre a mãe de Zezé Di Camargo & Luciano e a carreira de seus filhos famosos que se cala sobre Zazá. Kotscho, *Simplesmente Helena*.
72. Santos (Org.), *Zezé Di Camargo e Luciano: dois corações e uma história*.

73. Cantaram "Erro imortal" no LP *Na boca do forno*, de 1981. E "Força da fé" e "O imigrante" no LP *Movimento jovem sertanejo*, do mesmo ano.
74. Para os processos de Zazá, ver "Ex-parceiro de Zezé Di Camargo perde ação contra músico", 09/04/2010: <http://cinema.terra.com.br/interna/0,OI43731 67-EI1176,00-Exparceiro+de+Zeze+Di+Camargo+perde+acao+contra+musico.html>.
75. Entrevista realizada com o maestro Otavio Basso, em São Paulo, outubro de 2010.
76. Entrevista de Romildo Pereira cedida ao autor, São Paulo, outubro de 2010.
77. Entrevista de Leonardo: <http://www.emnomedoamor.art.br/entrleouniversosertanejo11ag09.html>, s/d.
78. De curta duração no mercado nacional, de 1986 a 1989, a 3M foi uma gravadora que apostou em várias vertentes. Gravou Almir Sater e Renato Teixeira no gênero caipira; Kátia, Jane e Herondy, Gretchen, Agnaldo Timóteo e Gilliard no gênero romântico-popular; a banda Angra no rock metal; Rildo Hora, Arrigo Barnabé, Mart'nália e Sivuca na MPB; Fofão e Sergio Mallandro no infantil; Joel Marques, Zezé Di Camargo, Sula Miranda, Leo Canhoto (em carreira solo) e Leandro & Leonardo no gênero romântico-sertanejo. Talvez a exagerada diversidade mercadológica tenha contribuído para seu fim.
79. Entrevista ao programa *Showcase*, gravada em fevereiro de 1999 nos EUA, CMT, em 23/05/1999: <http://www.emnomedoamor.art.br/entrleoshowcase.html>.
80. Entrevista de César Augusto ao Blognejo, postada em 18/02/2014: <https://www.youtube.com/watch?v=okAR_HEcx5o&index=10&list=PLwu0u55Z EtQIZI8UWx6VJPTcrFZ4MPJ91>.
81. Em verdade esse não é o primeiro álbum da dupla. Houve um primeiro LP de fato, lançado em 1983, com meras quinhentas cópias. Influenciado pela rancheiras e guarânias e pelo pop, o disco é uma mistura do sertanejo romântico com a "tradição" de Milionário & José Rico e o pop de Leo Canhoto & Robertinho. Esse disco se tornou, com o tempo, item de colecionador.
82. Entre os principais sucessos de Alan & Aladin estão: "Parabéns amor" (1984), "Liguei pra dizer que te amo" (1987), "A dois graus" (1987), "Dois passarinhos" (1987) e "Remédio ou veneno" (1991).
83 Entrevista: Zezé Di Camargo ao site Universo Sertanejo, por Andre Piunti, 14/06/2010: <http://universosertanejo.blog.uol.com.br/arch2010-06-13_2010-06-19.html#2010_06-14_09_12_34-140812036-0>.

NOTAS

84. Neiva, *Chitãozinho & Xororó: Nascemos para cantar*, p. 25-26.
85. Leonardo, Essinger, *Não aprendi dizer adeus*, p. 88.
86. Entrevista: Zezé Di Camargo ao *site* Universo Sertanejo, por Andre Piunti, 14/06/2010: <http://universosertanejo.blog.uol.com.br/arch2010-06-13_2010-06-19.html#2010_06-14_09_12_34-140812036-0>.
87. Entrevista de Martinha sobre a Jovem Guarda realizado pelo Itaú Cultural em meio às comemorações dos 50 anos de carreira do rei Roberto Carlos, em 2010: <http://www.itaucultural.org.br/jovemguarda>.
88. Na época Sandrá de Sá ficou famosa com a canção "Solidão", de Chico Roque.
89. Entrevista com Chico Roque, Niterói, em 16/09/2010.
90. Entrevista com Carlos Colla, Rio de Janeiro, em 24/08/2010.
91. Ribeiro, *Música caipira*, p. 98.
92. Entrevista com Elias Muniz, São Paulo, 01/08/2012.
93. Entrevista por e-mail com José Augusto, 11/09/2010.
94. Entrevista de Chrystian & Ralf no programa *Universo sertanejo*, n. 23, Rádio Uol, 16/06/2010: <http://www.radio.uol.com.br/#/programa/universo-sertanejo/edicao/5164912>.
95. Antes da dupla, Chrystian gravou três discos em inglês: *Don't Say Goodbye*, One Way/Top Tape, 1973; *Chrystian*, RGE, 1976; *Chrystian — 10 anos depois*, RGE, 1981. Era comum também a participação destes em trilhas de novelas e outras coletâneas. Ralf gravou participação especial como Don Elliot a canção "My Love for You" no LP *Sucessos de rádio*, GTA, 1976; Como Raf (sem L) gravou "Self Control que apareceu na trilha de *Partido alto*, novela de 1984 da TV Globo; Chrystian gravou as canções "For Better" na trilha sonora da novela global *Carinhoso* (1973); "I Could Never Imagine" na trilha sonora da novela *O bem-amado* (1973); "Don't Say Goodbye" na novela global *Cavalo de aço*, de 1973; "Don't Say Goodbye" no LP *Hits Brasil*, RGE, 1986.
96. Entrevista de Chrystian & Ralf no programa *Universo sertanejo*, n. 23, Rádio Uol, 16/06/2010: <http://www.radio.uol.com.br/#/programa/universo-sertanejo/edicao/5164912>.
97. Programa *De frente com Gabi* — Entrevista Chitãozinho & Xororó, SBT, 28/10/2012.
98. "A locomotiva do sertão", *O Globo*, Segundo Caderno, 14/11/1989, p. 3.
99. "Tiroteio na roça", *Veja*, 14/10/1992, p. 98.

100. Programa *De frente com Gabi* — Entrevista Chitãozinho & Xororó, SBT, 18/07/10.
101. "Chitãozinho & Xororó vão gravar no México", *Folha de S.Paulo*, Ilustrada, 28/06/1988, p. 1.
102. Entrevista de Pinocchio ao site Blognejo, publicada em 04/02/2014: <http://www.youtube.com/watch?v=It5keyTt6EI&list=PLwu0u55ZEtQIZI8UWx6VJPTcrFZ4MPJ91&index=13>.
103. Neiva, *Chitãozinho & Xororó: Nascemos para cantar*, p. 105.
104. A temporada no Palace foi de 29/06 a 03/07/1988. ver *Folha de S.Paulo*, 19/06/1988, p. A-62.
105. *Jornal de Brasília*, Caderno 2, 02/02/1988, p. 1.
106. Ribeiro, *Música caipira*, p. 246.
FALTA A 107?
108. *Veja*, 26/05/1993, p. 66.
109. "Os sertanejos fazem a ponte Barretos-Nashville", *O Globo*, Segundo Caderno, 28/06/1998, p. 4.
110. Neiva, *Chitãozinho & Xororó: Nascemos para cantar*, p. 102.
111. Programa *Esquenta*, TV Globo, 24/06/2012.
112. "Classe média solta o Jeca em noite sertaneja", *Folha de S.Paulo*, Cotidiano, 12/07/1992, p. 6
113. Site IG Último Segundo, acessado às 16h, 21/07/2010: <http://ultimosegundo.ig.com.br/cultura/a+dupla+face+de+zeze+di+camargo+e+luciano/n1237636221360.html>.
114. Entrevista de Leandro & Leonardo à revista *Playboy*, set./1992, p. 28 e 32.
115. Leonardo disse que daria de presente às mulheres de que gosta discos de Amado Batista, Djavan, Ed Motta. Leandro daria fitas e CDs dos Beatles, Lobão, José Augusto e Amado Batista. Revista *Fama*, outubro de 1991, 2ª p.
116. Site IG Último Segundo, acessado às 16h, 21/07/2010: <http://ultimosegundo.ig.com.br/cultura/a+dupla+face+de+zeze+di+camargo+e+luciano/n1237636221360.html>.
117. "Classe média solta o Jeca em noite sertaneja", *Folha de S.Paulo*, Cotidiano, 12/07/1992, p. 6.
118. *Roberto Carlos especial*, TV Globo, transmitido em 30 de dezembro de 1986.
119. Araújo, 2007, p. 290.
120. *Idem, ibidem.*
121. *Veja*, 04/12/1991, p. 112.

NOTAS

122. Para as falas de Zezé Di Camargo e César Augusto, ver "Uma febre rompe o preconceito e toma conta do país", Revista *Hit* n.4, mar/92, p. 8. *Apud* Vicente, *Música e disco no Brasil*, p. 113.
123. Entrevista com Edson Mello, Maricá, 15/09/2010.
124. "Sharp institui o prêmio 'Grammy' brasileiro", *Folha de S.Paulo*, Ilustrada, 26/11/1987, A-36.
125. Entrevista com Edson Mello, Maricá, 15/09/2010. Segundo matéria de jornal, Marina de fato não foi à premiação. "Caetano ganha 3 vezes o Prêmio Sharp", *Folha de S.Paulo*, Ilustrada, 29/05/1992, p. 4.
126. Em 1987, o conselho executivo que dirigia a premiação era composto por Mario Henrique Simonsen, Dorival Caymmi, Paulo Moura, Luiz Gonzaga, Julio Medaglia, Zuza Homem de Mello, José Maurício Machline e Ricardo de Carvalho. O júri era composto por 22 pessoas, entre elas Marília Pera, Rita Lee, Nelson Motta, Diogo Pacheco, Hermínio Bello de Carvalho, Ricardo Cravo Albin, Maurício Kubrusly, Sergio Cabral, Rolando Boldrin, entre outros. "Sharp institui o prêmio 'Grammy' brasileiro", *Folha de S.Paulo*, Ilustrada, 26/11/1987, A-36.
127. Sérgio Reis ganhou como melhor cantor regional em 1988; Sater ganhou o prêmio de melhor música instrumental de 1990, pela canção "Moura", e melhor canção de MPB, por "Tocando em frente"; Boldrin ganhou em 1991 o prêmio de melhor disco regional de 1991 e melhor cantor do mesmo ano. Tonico & Tinoco foram agraciados com o prêmio de melhor dupla regional em 1988, 1989 e 1991; Pena Branca & Xavantinho ganharam com o "melhor disco regional" de 1990 e a melhor música regional do mesmo ano por "Casa de barro". Ganharam ainda, junto com Renato Teixeira, o título de melhor disco do ano de 1992. Em 1995 e 1996 eles foram eleitos a melhor dupla regional; as Irmãs Galvão ganharam como melhor dupla regional em 1992; em 1995 foi a vez de João Mulato & Pardinho serem eleitos a melhor dupla regional. A dupla caipira Zé Mulato & Cassiano foi agraciada com o Prêmio Sharp de melhor dupla regional em 1997, na última edição da festa. A autora Rosa Nepomuceno também considerava Zé Mulato & Cassiano a "melhor dupla caipira da atualidade". Nepomuceno, p. 193.
128. Além dos caipiras, foram louvados em categorias regionais os artistas mais diversos e populares, como Dominguinhos, Chiclete com Banana, Timbalada, Olodum, Daniela Mercury, Alceu Valença, Chico César e Elba Ramalho, entre outros.

129. Segundo a *Folha de S.Paulo*, "os elogios à 'resistência' da música brasileira foram frequentes" pelos eleitos que subiam ao palco para receber o prêmio. "Sharp institui o prêmio 'Grammy' brasileiro", *Folha de S.Paulo*, Ilustrada, 26/11/1987, A-36.

Capítulo 8

1. *Folha de S.Paulo*, 16/08/1992.
2. Dezessete anos depois do ocorrido, Collor fez um balanço, dizendo que a convocação foi um erro grave e tomada de supetão em discurso não planejado. *Dossiê Globo News: Fernando Collor*, Globo News, 06/11/2009.
3. A íntegra do discurso de Collor foi publicada na *Folha de S.Paulo*, 14/08/1992, p. 6.
4. Minissérie da TV Globo, escrita por Gilberto Braga, inspirada nos livros *1968 — O ano que não terminou*, de Zuenir Ventura, e *Os carbonários*, de Alfredo Sirkis. Exibida de 14/07/1992 a 14/08/1992.
5. A crise era de fato geral. Lobão, que havia vendido 406 mil unidades de *Vida bandida* (1987), passou a vender 133 mil de *Cuidado!* (1988) e apenas 117 mil de *Sob o sol de Parador* (1989). O Ultraje a Rigor caiu de 330 mil do LP *Sexo!* (1988) para 200 mil de *Crescendo* (1989); em seguida mais um tropeço nas vendas: 70 mil do LP de *covers* lançado em 1990. O fenômeno independia da popularidade da banda, e também atingia grupos "menores". O Biquíni Cavadão via sua obra vender cada ano menos: de 70 mil unidades de *Cidades* (1986) para 60 mil de *A era da incerteza* (1987) e 40 mil do LP *Zé* (1989). Com o aumento da crise, cabeças começaram a rolar. Grupos como Zero e Plebe Rude tiveram queda nas vendas da ordem de 50% e foram simplesmente demitidos pela gravadora Odeon. Depois de vender apenas 20 mil unidades de *Eletricidade* (1991), o Capital Inicial esfacelou-se a partir da saída do vocalista Dinho Ouro Preto. Sem gravadora, os integrantes restantes lançaram o disco *Rua 47* (1994) de forma independente e sem repercussão. Outros ficariam muito tempo sem gravar. O cantor Leo Jaime foi um dos que foram colocados na geladeira pela Warner. Ele gravou em 1990 o LP *Sexo, drops e rock'n'roll* e depois amargou cinco anos até lançar o disco seguinte, *Todo amor* (1995), ambos sem repercussão alguma. "Adeus à rebeldia", *Veja*, 30/05/1990, p. 81.
6. *Veja*, 14/10/1992, p. 97.
7. *Visão*, n. 10, 08/03/1989.

NOTAS

8. "Rock em queda", *Veja*, 12/08/1992, p. 90.
9. "Sertanejos atacam artigo de Nelson Motta no *Globo*", *O Globo*, Segundo Caderno, 19/11/1992, p. 2
10. "Tiroteio na roça", *Veja*, 14/10/1992, p. 98.
11. "Rock em queda", *Veja*, 12/08/1992, p. 90.
12. *Veja*, 23/09/1992, p. 69.
13. Um dos críticos do rock era o bossa-novista Ronaldo Bôscoli, que o comparou com o sertanejo, tachando ambos de comerciais: "[Música sertaneja] é barato para as gravadoras. Botar essas duplas fazendo sucesso quase não exige produção. Pelo menos a música brasileira está sendo envenenada por alguma coisa que nasceu no próprio país. Música caipira ainda é melhor que rock. Você viu, agora precisam de dois caras para fazer o som de um: Supla e Roger tiveram que se unir para conseguir sair alguma coisa. É ridículo." O sambista Bezerra da Silva também repudiava o modismo do rock e da música sertaneja: "Tenho uma formação musical que me permite garantir: música sertaneja não existe. [...] O que chamam hoje de sertanejo é um monte de duplas cantando em ritmo de funk ou rock qualquer coisa." O crítico musical Carlos Albuquerque tentava ponderar, mas sem mostrar apreço pelos sertanejos: "Não é nem o caso de dizer que o som sertanejo é musicalmente pobre — o rock, em tese, também é 'pobre' graças a Deus. O que irrita é o modismo vazio." O apresentador Fausto Silva também criticava o fato de ambos os gêneros terem se tornado moda: "Não aguento mais. Já houve a ditadura do rock, agora é o sertão. E a música é um reflexo do país. Estamos mal, temos música ruim." "O mar virou sertão?", *O Globo*, Segundo Caderno, 27/12/1991, p. 12.
14. Embora modesta se comparada à bibliografia sobre MPB ou sobre o samba, a bibliografia do rock nacional mantém um tom descritivo e pouco crítico. Quase sempre se trata de louvar e abraçar a geração "heroica" do rock nacional, salvo raras exceções. Para livros sobre rock, ver Ricardo Alexandre, *Dias de luta: o rock e o Brasil dos anos 1980*. São Paulo: DBA. 2002; Maria Estrella, *Rádio Fluminense FM: a porta de entrada do rock brasileiro nos anos 80*. Rio de Janeiro: Outras Letras, 2006; Luiz Antonio Mello, *A onda maldita: como nasceu e quem assassinou a Fluminense FM*. Rio de Janeiro: Xamã, 1999; Paulo Marchetti, *O diário da turma 1976-1986: A história do rock de Brasília*. São Paulo: Conrad, 2001. Eduardo Dúo, *Cazuza*. Coleção Vozes do Brasil. São Paulo: Martin Claret, 1990; Luiz André Alzer, Mariana Claudino, *Almanaque anos 80*. Rio de Janeiro: Ediouro, 2004; Arthur

Dapieve, *BRock: O rock brasileiro dos anos 80*. São Paulo: Editora 34, 1995 (1.ª reimpressão, 2004); Idem *Renato Russo: O trovador solitário*. Rio de Janeiro: Ediouro, 2006; Júlio Vasco, Renato Guima, *Conversações com Renato Russo*. Campo Grande: Letra Livre, 1996.

15. Dapieve, *BRock: O rock brasileiro dos anos 80*, p. 202. O termo BRock foi criado por Dapieve quando escrevia no Segundo Caderno de *O Globo* na década de 1980 para nomear o movimento que surgia. Neste livro não se usará esse termo por discordância da retórica laudatória de Dapieve sobre o movimento. Igualmente, não se usará o termo Rock Brasil, de autoria de Jamari França, que escrevia no *Jornal do Brasil* na mesma década, pelos mesmos motivos. Alternativamente, será usado o termo rock nacional.

16. Motta, *op. cit.*: 2000, p. 425-429. Em entrevista à revista *Playboy* em 1994, Motta já havia exposto este ponto de vista: "Acho que é o momento do país que engendra a sua trilha sonora. Aquela tristeza grandiloquente, exacerbada e vulgar era a trilha sonora da República de Canapi [Canapi (AL) é a cidade interiorana onde nasceu Rosane Collor]. [...] Os critérios para avaliar uma música popular são melodia, letra, ritmo e harmonia. O sertanejo é praticamente zero em todos os quesitos. ." Revista *Playboy*, abril de 1994. Os comentários de Nelson Motta parecem ser críticos para a própria biografia do produtor-compositor-jornalista. Motta sempre foi um artista que dialogou com a cultura de massa. Nos anos 1960, foi um dos primeiros a apoiar o movimento de Caetano e Gil, e a ele é atribuída a disseminação do epíteto tropicalismo. Foi colunista de jornal, dono de boates na Zona Sul carioca, adepto da disco music no fim dos anos 1970, inventor das Frenéticas, apoiador do pop rock nacional e compositor ao lado de Lulu Santos, entre outros de seus múltiplos afazeres. Embora muito comerciais, rock e sertanejo eram consideravelmente diferentes para Motta: "Como gênero tanto o rock como o sertanejo são igualmente 'pobres' musicalmente, concordo. Mas a diferença a favor do rock é o vigor rítmico, a potência da pulsação, o suingue, os solos instrumentais. Neste quesito, evidentemente, os sertanejos são prejudicados. E também nas letras, embora a boçalidade domine, tanto num gênero quanto noutro, as exceções das grandes letras, da grande arte poética pop, estão em Arnaldo Antunes, em Cazuza e Renato Russo, em Raul Seixas e Rita Lee. Então, dentro dos critérios musicais e poéticos razoavelmente estabelecidos, houve sem dúvida um retrocesso na preferência popular destes tempos." "A vingadora dos 'anos de lama'", Coluna de Nelson Motta, *O Globo*, Segundo Caderno, 13/11/1992, p. 6.

NOTAS

17. "Sertanejos atacam artigo de Nelson Motta no *Globo*", *O Globo*, Segundo Caderno, 19/11/1992, p. 2.
18. *Idem, ibidem*. Nem todos viam Daniela Mercury com tanto alento, vide o que disse Maria Bethânia à época: "[Daniela Mercury] é uma moça bonitinha, gostosinha, bem-feitinha, faz essa linha pernoca de fora, tem talento, tem voz, sabe cantar, sabe dançar, sabe fazer tudo. Mas canta uma musiquinha que não é nada." Revista *Playboy*, novembro de 1996.
19. "Uma geração em estado de perplexidade", *Jornal do Brasil*, 09/08/1992, Caderno B, p 6.
20. *Veja*, 14/10/1992, p. 96.
21. Coluna de Bôscoli em *O Dia*, 04/01/1992: *apud* Monteiro, *A bossa do lobo: Ronaldo Bôscoli*, p. 433.
22. Canapi é cidade natal de Rosane Collor. "Sertanejos voltam para trás da porteira", por Antônio Carlos Miguel, 10/01/1993, *O Globo*, Segundo Caderno, p. 14.
23. Nestrovski *et al.* (Org.), *Em branco e preto*, p. 552. O mesmo achava Marcos Augusto Gonçalves da *Folha*: "A indústria se rendeu à chatíssima *miamização* sertaneja sob Collor". *Ibidem*, p. 509.
24. A primeira a discordar foi Rosa Nepomuceno. Não obstante, a escritora ainda culpava a indústria cultural de forma esquemática e simplista: "É bobagem associar o crescimento da música sertaneja à era Collor, isso não existe. O governo Vargas também tinha contato com eles e isso não significou uma explosão do gênero. A indústria escolhe o que vai fazer sucesso. Dita as tendências deste mercado." "Da viola ao *country*", *O Globo*, Segundo Caderno, 03/12/1999, p. 1.
25. Oliveira, *Collor: A falsificação da ira*, p. 60. Em fotos de reportagem da *Folha de S.Paulo*, Collor apareceu no início do seu mandato dentro de um avião supersônico *Mirage 3* da FAB, servindo de copiloto e usando o capacete de comandante supremo das Forças Armadas. *Folha de S.Paulo*, Caderno Especial, 29/09/1992, p. 10.
26. Fonte: Ribeiro, "A política como espetáculo", *in Anos 90: Política e sociedade no Brasil*, p. 36.
27. Entrevista de Chitãozinho & Xororó à revista *Playboy*, abril de 1990, p. 49.
28. *Veja* especulara que o dinheiro sujo usado nos jardins da Casa da Dinda foi da ordem de US$ 2,5 milhões. *Veja*, 09/09/1992, p. 20-21.
29. Segundo a revista, a única exceção a essa regra era o grupo Fundo de Quintal.
30. "Os gogós eleitorais", *Veja*, 09/09/1992, p. 94-95.

31. Reportagem de Clóvis Rossi, *Folha de S.Paulo*, A-18 Política, 13/11/1988.
32. "Os gogós eleitorais", *Veja*, 09/09/1992, p. 94.
33. Amado Batista — Entrevista ao programa *Toda Música* em abril de 2000: <http://www.youtube.com/watch?v=xYfmwFXqMFs&tracker=False& NR=1>.
34. "Os reis sertanejos", *Veja*, 24/09/1986.
35. "Chitãozinho & Xororó vão gravar no México", *Folha de S.Paulo*, Ilustrada, 28/06/1988, p. 1. Aos dois jornais de Brasília a dupla declarou basicamente a mesma coisa: "A meta é conquistar o mundo da música", *Correio Braziliense*, 02/02/1988; "Chitãozinho & Xororó", *Jornal de Brasília*, Caderno 2, p. 1. Curiosamente, e talvez por causa da derrota de Ermírio de Moraes, Chitãozinho dizia que via situação política em 1988 de forma "nublada".
36. Entrevista à *Playboy*, setembro 1992, p. 104.
37. "Os gogós eleitorais", *Veja*, 09/09/1992, p. 94.
38. Coluna de Bôscoli em *O Dia*, sem data mencionada. Monteiro, *A bossa do lobo: Ronaldo Bôscoli*, p. 438-439.
39. Programa *De frente com Gabi*, entrevista de Chitãozinho & Xororó a Marília Gabriela, SBT, 18/07/2010.
40. Entrevista de Chitãozinho & Xororó à revista *Playboy*, abril de 1990, p. 51.
41. Entrevista de José Raimundo ao autor, 30/07/2012, em Embu-Guaçu (SP). Ver também: *Veja*, 15/11/1989.
42. Entrevista de Collor a *Veja*, 25/03/1992; *Veja* 08/04/1992, p. 25.
43. "Onda neojeca expõe face retrógrada do país", *Folha de S.Paulo*, TV Folha, 21/07/1991, p. 6-4. "Parabéns, Eunícia", Coluna de Josias de Sousa, *Folha de S.Paulo*, 08/07/1991, p. 2.
44. "Aniversário no Alvorada tem champanhe, Chanel e cantoria: Primeira-dama dá festa no Palácio e canta música de Chitãozinho & Xororó", por Joyce Pascowitch, *Folha de S.Paulo*, 06/07/1991, p. 6.
45. A Casa da Dinda fora comprada pelo pai do presidente, Arnon Afonso Farias de Mello, em 1964, e seu nome era uma homenagem à avó de dona Leda, mãe de Collor.
46. A Promoart e o *Sabadão Sertanejo* tinham tradição de fazer campanha política. Em 1992, a candidata do PDS à Prefeitura de Ribeirão Pires, Luzia Grunho, participou no palco do programa *Sabadão Sertanejo*, que foi ao ar em julho daquele ano. *Folha de S.Paulo*, Cad. Folha ABCD, 18/07/1992, p. 2.
47. Programa *Sabadão Sertanejo*, SBT, 15/03/1992.

NOTAS

48. Entrevista de Jean ao autor, São Paulo, outubro de 2010.
49. Acerca do tema política e música, Zezé ainda conjecturou sobre seu apoio a Lula em 2012: "Assim que teve a eleição do Lula [em 2002], depois teve o mensalão, o pessoal veio me perguntar: 'Você não acha que errou em votar no Lula?' Eu falei: 'Eu votei nele, votaria de novo'... se tivesse errado eu não teria errado sozinho... teria mais 38 milhões de pessoas que 'errou' [sic] junto comigo..." Programa *Roda viva*, TV Cultura, 21/05/2012.
50. Entrevista com José Raimundo, realizada em Embu-Guaçu (SP), 30/07/2012.
51. "Mandato no balcão", *Veja*, 12/08/1992, p. 20; *Veja*, 19/08/1992, p. 63.
52. Entrevista de Paulo Debétio ao autor, Rio de Janeiro, em 13/09/2010. Essa versão foi confirmada pelo ex-empresário de Milionário & José Rico, José Raimundo, Entrevista realizada em Embu-Guaçu (SP), 30/07/2012.
53. Entrevista de Leandro & Leonardo à *Playboy*, setembro 1992, p. 39 e 104.
54. *Idem*, p. 104.
55. "Chitãozinho & Xororó vão gravar no México", *Folha de S.Paulo*, Ilustrada, 28/06/1988, p. 1.
56. *IstoÉ*, 14/02/1990, p. 8
57. Uma parcela da imprensa optou pela análise ideológica e enxergou no confronto Lula-Collor uma disputa ideologicamente *polarizada*. O colunista Ricardo Noblat, do *Jornal do Brasil*, escreveu: "O confronto com Lula no desfecho da sucessão presidencial vai conferir um grau de ideologização à campanha que poderá ser desconfortável para Collor." Noblat, *Céu dos favoritos: O Brasil de Sarney a Collor*, p. 294. A revista *Veja* também comprava a tese da polarização ideológica e do *populismo collorido*: "Ele [Collor] conseguiu falar alguma coisa que fez sentido ao universo do Brasil dois." "Os dois brasis", *Veja*, 01/11/1989. O jornal *Folha de S.Paulo* também demarcou o conservadorismo popular: "Na reta final, o candidato do PRN partiu para o tudo ou nada, tentando captar o voto desorganizado e explorando uma cultura ingenuamente conservadora e paternalista que povoa os setores mais pobres e marginalizados da sociedade brasileira." *Folha de S.Paulo*, 17/12/1989, p. Diretas-18.
58. Lamounier, *Partidos e utopias*; idem *Depois da transição*.
59. Uma consequência natural do pensamento de Singer é que a educação e a riqueza levam à conscientização de esquerda, o que é bastante questionável. Segundo o pesquisador, entre abril e novembro, o apoio a Collor entre eleitores que haviam chegado à universidade caiu de 37% para 9%. Esse público teria percebido o "caráter aventureiro da candidatura" de Collor.

Em compensação, no mesmo período, subiu de 14% para 33% o apoio a Collor entre os que não haviam ido além do primeiro grau. Singer, "Collor na periferia: A volta por cima do populismo?", in Lamounier, *De Geisel a Collor: O balanço da transição*, p. 136. Singer, *Esquerda e direita no eleitorado do Brasil*, p. 59. Luiz Carlos Bresser-Pereira (ex-ministro da Economia de Sarney e ministro da Administração Federal e Reforma do Estado em todo o primeiro mandato presidencial de FHC) também via em Collor um líder do "populismo": "Collor representa o populismo de direita, cujo modelo foi definido por Jânio nos anos 50. É um populismo baseado na mensagem moralista, no combate à corrupção. O populismo de esquerda é encarnado por Brizola." *Isto É/Senhor*, 06/09/1989.

60. "[A] direita populista[...] não possui as mesmas características da direita conservadora, isto é, não tem um discurso contrário às transformações sociais. Distingue-se da esquerda pelo modo de mudar. [...] Collor, com seus apelos aos 'descamisados', ocupou o espaço dessa direita populista." Singer, *Esquerda e direita no eleitorado do Brasil*, p. 70.

61. Escreveu Singer: "A divisão entre esquerda e direita não era o eixo da disputa política antes de 1964, como de certo modo veio a ser depois de 1989." Essa afirmação denota o desprezo do cientista social por nossa primeira experiência democrática de fato, e não explica os vários golpes que as direitas efetivaram (1954/1955/1961/1964) para tentar interromper a experiência democrática de 1946-1964. Singer, *Esquerda e direita no eleitorado do Brasil*, p. 19. Em Singer, há o apego, comum entre as esquerdas da época, à ideia de se ver como "a verdadeira esquerda", desprezando-se outras culturas políticas e experiências históricas.

62. Retomando as questões analisadas aqui no Capítulo "Jeca Total: A invenção do sertanejo urbanizado", os acadêmicos frequentemente retiram do cidadão comum sua autonomia, atribuindo seu comportamento à "alienação" política quando esse sujeito comum não faz o que se gostaria que fizesse. Segundo essa visão autoritária, Singer afirma: "Tendo-se em conta que há uma forte correlação entre baixa renda e posicionamento à direita, é preciso indagar se, quando um eleitor pobre se coloca à direita do espectro, sabe o que está fazendo. Ou seja, em que medida ele alcança o significado abstrato do seu posicionamento." Singer, *Esquerda e direita no eleitorado do Brasil*, p. 19. A tese de Singer é corroborada por Conti, *Notícias do Planalto*, p. 275.

63. Para a filósofa da USP, a categoria ainda seria válida nos anos 1990, pois o populismo no Brasil poderia ser pensado segundo uma matriz

"teológico-política". Essa tragédia apontada pela filósofa impediria a concretização do ideal liberal-democrático de política no Brasil, baseada nas noções de cidadania e representação. No fim das contas, o populismo impediria a formação do valor socialista da justiça social. Assim, estaríamos ainda presos à matriz renovada do *populismo*, tragédia para os "conscientes" e messianismo para os condenados, pobres e mal-educados. Chaui, "Raízes teológicas do populismo brasileiro", *in Anos 90: Política e sociedade no Brasil*.

64. Sobretudo o capítulo: "A herança do marajá superkitsch", *in* Oliveira, *Collor*: A falsificação da ira, p. 157.

65. Diversos setores, sobretudo a imprensa (mas também a academia, com frequência), regozijam-se em apontar o populismo em todo canto. O filósofo Roberto Romano corroborou a tese de que o populismo é um conceito praticamente a-histórico: "O presidencialismo está repleto de personagens messiânicos que viviam de propaganda: Getúlio Vargas, Jânio Quadros, Fernando Collor e, agora, Luiz Inácio Lula da Silva." *Veja*, 29/09/2010, p. 78. O economista Eduardo Giannetti também seguiu essa linha: "Se o episódio Collor é página virada, o fenômeno que ele tipifica está longe de sê-lo. Colapso do populismo? Não é preciso ir longe. Observe, caro leitor, ao redor: Venezuela, Argentina, Bolívia, Equador... Suspeito que o alerta [...] permanecerá por muito tempo atual." Cf. Giannetti, "Prefácio", *in* Melo, *Collor*: O ator e suas circunstâncias. Ver também: Cervi, "As sete vidas do populismo", *in Revista de Sociologia e Política*, p. 155.

66. Ribeiro, "A política como espetáculo", *in* Dagnino (Org.), *Anos 90: Política e sociedade no Brasil* p. 31-40. *Revista de Sociologia e Política*, n. 17, p. 151-156, nov. 2001. p. 155.

67. Em 1998 a professora Olga Tavares fez um balanço semiótico dos discursos do presidente Collor e proferiu o veredicto: "Fernando Collor veio[...] instaurar um novo populismo, mesclado aos anúncios de modernização com bases neoliberais." Tavares, *Fernando Collor*: O discurso messiânico: o clamor ao sagrado, p. 109. Tanto Olga Tavares quanto André Singer citam Francisco Weffort como referência teórica. *Ibidem*, p. 17; Singer, "Collor na periferia: A volta por cima do populismo?", *in* Lamounier, *De Geisel a Collor*: O balanço da transição p. 150.

68. "Prefácio" de Eduardo Giannetti, *in* Melo, *Collor: o ator e suas circunstâncias.*

69. Melo, *Collor*: o ator e suas circunstâncias, p. 59.

70. A expressão é de Daniel Aarão Reis acerca do legado do "populismo" na história do Brasil. Ver Reis Filho, "O colapso do colapso do populismo ou a

propósito de uma herança maldita", *in* Ferreira, *O populismo e sua história*, p. 353-354.
71. Mais uma vez incorporava-se a tese de que os setores rurais eram conservadores. Não se trata aqui de negar a importância dessas pesquisas, mas de pensar que grupos são passíveis de ser colocados à margem do jogo político com a utilização desse conceito.
72. As cifras no *over* foram transferidas para o Banco Central, sob a alcunha de Depósito Especial Remunerado (DER), o purgatório dos cruzados, onde ficariam por 18 meses, e seriam devolvidas a partir de 16 de setembro de 1991, em 12 parcelas mensais sucessivas, atualizadas monetariamente pela variação do Bônus do Tesouro Nacional Fiscal (BTNF), acrescidas de 6% ao ano. Lourenço, "Vinte anos de plano Collor: Características e lições", *in Análise conjuntural*.
73. Ver "Editorial", *O Estado de S. Paulo*, 16/03/1990; "Carta ao leitor", *Veja* 21/03/1990; "Editorial", *Folha de S.Paulo*, 17/03/1990, p. 2; revista *Manchete*, 31/03/1990, p. 14; "Editorial", *O Globo*, 17/03/1990.
74. Para as opiniões de Cony, ver revista *Manchete*, 31/03/1990, p. 14; para Mauro Rasi, ver *IstoÉ*, 17/01/1990. Nelson Piquet, ver Entrevista Nelson Piquet, *Veja*, 07/04/1993; Antonio Ermírio de Moraes: revista *Manchete*, 14/04/1990, p. 14; Roberto Campos: *Jornal do Brasil*, 17/03/1990, p.1; Delfim Netto: *Veja*, 21/03/1990, p. 62; Bresser-Pereira: Bresser-Pereira, Luiz Carlos. "As incertezas do Plano Collor". *Revista Brasileira de Economia* 45 (especial), janeiro 1991, p. 83-96; Joelmir Beting: *Folha de S.Paulo*, Economia, 23/03/1990, p. 2; Sardenberg: "Um louco contra a burocracia", *Jornal do Brasil*, 30/06/1988, p. 26; José Serra: *Folha de S.Paulo*, Economia, 23/03/1990, p. B-5; Cesar Maia: revista *Manchete*, 31/03/1990, p. 10-11; Saturnino Braga: "Apoiar não significa aderir", *Jornal do Brasil*, 21/03/1990, p. 11; Mercadante: "PT aplaude o programa", *Jornal do Brasil*, 19/03/1990, p. 2; *Veja*, 28/03/1990, p. 37: Maria da Conceição Tavares: "Economistas do PT fazem suas ressalvas mas elogiam medidas", *O Globo*, 18/03/1990, p. 7.
75. *Manchete*, 31/01/1990, p. 10-11.
76. *O Estado de São Paulo*, 17/03/1990.
77. A frase de Fidel Castro foi proferida no dia 19/03. E republicada no *Jornal do Brasil* em 25/03/1990, p. 12.
78. Lamounier, 1991, p. 118.
79. Pesquisa Datafolha, publicada na *Folha de S.Paulo*, 23/03/1990, B-1.

NOTAS

80. *Idem.*
81. Para os comentários de Francisco Galvão e dona Satiko, ver "Painel do leitor", *Folha de S. Paulo*, 17/03/1990, p. 3.
82. Para as opiniões populares, ver http://economia.estadao.com.br/especiais/o-plano-collor-nas-paginas-do-estadao,92880.htm.

Capítulo 9

1. "Rancho eletrônico", *Veja*, 31/01/1990, CC, p.17.
2. "Os caipiras voam alto — Chitãozinho & Xororó", revista *Manchete*, 03/03/1990, p. 65-69.
3. Segundo coluna da revista *Veja*, "Pense em mim" foi a música mais cantada do Brasil em 1991. *Veja*, 01/01/1992, p. 44. Para as vendagens, ver "Adeus à rebeldia", *Veja*, 30/05/1990, p. 80; "O voo veloz do tomate ao estrelato", *Veja*, 11/09/1991.
4. "Os jovens querem MPB". Entrevista de Gilberto Gil à revista *Veja*, Páginas amarelas, 08/09/1993, p. 7-10.
5. Não custa lembrar que foram os tropicalistas os primeiros a chamar a atenção da MPB para a obra de Roberto Carlos, um cantor massivo, visto como comercial, romântico e banal nos anos 1960, assim como os sertanejos na década de 1990. Tomando a bolha de sucesso dos anos 1990 como sintoma pura e exclusivamente da indústria cultural, até os tropicalistas simplificavam o debate.
6. Reportagem sobre Mozart, "O ouro do gênio", *Veja*, 15/05/1991, p. 91. cc. p.13.
7. "O estilo da leoa", *Veja*, 16/09/1992, p. 74.
8. Entrevista de Caetano Veloso a *Veja*, 20/11/1991.
9. Entrevista de Arnaldo Baptista e Sérgio Dias. *Programa Ney Gonçalves Dias*, TV aberta, sem data específica, 1992. Vídeo visto em janeiro de 2011 em: <http://www.youtube.com/watch?v=tR_PQCZKMG8&feature=related>.
10. Colóquio realizado em 24/03/1996. Sant'Anna, *A moda é viola*, p. 369.
11. "Chico redescobre a música em *Paratodos*", por Carlos Calado, *Folha de S.Paulo*, 10/03/94.
12. Dias, *Os donos da voz*, p. 74.
13. Vicente, *Música e disco no Brasil*, p. 87.
14. Como frisa o pesquisador Eduardo Vicente, também os anos 1980 foram marcados pelas fusões: Vicente, *Música e disco no Brasil*, p. 89.
15. Dias, *Os donos da voz*, p. 109.

16. O Ministério da Cultura apurou que em 1994 havia 510 mil pessoas empregadas na produção cultural brasileira, considerando-se todos os seus setores e áreas. Esse contingente era 90% maior do que o empregado pelas atividades de fabricação de equipamentos e material elétrico e eletrônico; 53% superior ao da indústria automobilística, de autopeças e de fabricação de outros veículos; e 78% superior do que o empregado em serviços industriais de utilidade pública (energia elétrica, distribuição de água e esgoto e equipamentos sanitários). Fonte: Vicente, *Música e disco no Brasil*, p. 1-2.
17. *Ibidem*, p. 145.
18. "Uma febre rompe o preconceito e toma conta do país", revista *Hit*, n.4, mar/92, p. 10. *Apud* Vicente, *Música e disco no Brasil*, p. 114.
19. Dias, *Os donos da voz*; Ortiz, *A moderna tradição brasileira*.
20. "O mar já virou sertão?", *O Globo*, Segundo Caderno, 27/12/1991, p. 12.
21. Janotti Jr., "Música popular massiva e comunicação: um universo particular", *in* Revista *Interin*, p. 4-5; Trotta, *Samba e mercado de música nos anos 1990*, p. 44.
22. Entrevista de Paulo Debétio ao autor, Rio de Janeiro, 13/09/2010. Todas as falas de Debétio a seguir foram retiradas dessa entrevista, salvo referências.
23. Os jornais assim noticiaram na época, ver "Chitãozinho & Xororó vão gravar no México", *Folha de S.Paulo*, Ilustrada, 28/06/1988, p. 1.
24. O clipe teve seis chamadas nos intervalos das novelas *Tieta* e *Top model*. "Um rancho milionário", *O Globo*, Segundo Caderno, 27/11/1989, p. 8
25. *Idem, ibidem*.
26. "Festival reúne 'new caipiras' que vendem mais do que Guns N' Roses", *Folha de S.Paulo*, Ilustrada, 23/01/1991, p. E-1.
27. Entrevista ao *Showcase*, gravada em fevereiro/1999 nos EUA — no ar pela CMT em 02 / 09 / 16 e 23/05/1999: <http://www.emnomedoamor.art.br/entrleoshowcase.html>.
28. *Idem, ibidem*. Entrevista de Leandro & Leonardo à *Playboy*, setembro de 1992, p. 38.
29. O sociólogo Pierre Bourdieu já mostrou os perigos da história biográfica construída pelos sujeitos. Bourdieu, "A ilusão biográfica", *in* Amado, Ferreira, *Usos e abusos da história oral*.
30. Leonardo, Essinger, *Não aprendi dizer adeus*, p. 92.
31. Entrevista ao programa *Showcase*, gravada em fevereiro/1999 nos EUA — no ar pela CMT em 02 / 09 / 16 e 23/05/1999: <http://www.emnomedoamor.art.br/entrleoshowcase.html>.

NOTAS

32. Entrevista ao programa *Showcase*, gravada em fevereiro/1999 nos EUA — no ar pela CMT 23/05/1999: <http://www.emnomedoamor.art.br/entrleoshowcase.html>.
33. A canção "Talismã", de Sullivan e Massadas, já havia sido gravada no ano anterior pelo pagodeiro Elson do Forrogode, quando obteve um sucesso regional no Rio de Janeiro. Foi com Leandro & Leonardo que a canção se tornou conhecida em todo o Brasil.
34. "Pense em mim" foi a música mais cantada de 1991 segundo *Veja*, 01/01/1992, p. 44.
35. *Jornal Vicentino*, de São Vicente-SP, 16/03/2009. Site acessado em 08/10/2010: <http://www.jornalvicentino.com.br/home/2009/03/16/mario-soares/>.
36. Os números de 2,5 milhões de discos são afirmados em "O voo veloz do tomate ao estrelato", *Veja*, 11/09/1991. Para se ter uma ideia do que significava isso, Roberto Carlos vendera 1,3 milhão de discos naquele ano. Xuxa, 1,5 milhão e Chitãozinho & Xororó, 1 milhão. Leonardo diz que o LP vendeu 3 milhões: Entrevista ao programa *Showcase*, gravada em fevereiro/1999 nos EUA — no ar pela CMT em 23/05/1999. <http://www.emnomedoamor.art.br/entrleoshowcase.html>.
37. "Não queremos prejudicar ninguém. Só cuidamos do nosso trabalho." Entrevista de Leandro & Leonardo a Carmen Guaresmin, revista *Amiga*, n. 1337, 18/02/1992. Lido em: <http://www.emnomedoamor.art.br/entrllamiga1337.html>.
38. Entrevista de Leandro & Leonardo à revista *Playboy*, setembro de 1992, p. 38.
39. Segundo o compositor: "Essas duplas me deram tudo que tenho. Até hoje [2014] foram 97 músicas gravadas por Leandro & Leonardo e Leonardo em carreira solo, 54 por Zezé Di Camargo & Luciano." Entrevista de César Augusto ao *Blognejo*, postada em 18/02/2014: <https://www.youtube.com/watch?v=okAR_HEcx5o&index=10&list=PLwu0u55ZEtQIZI8UWx6VJPTcrFZ4MPJ91>.
40. *Idem, ibidem.*
41. Entrevista com Edson Mello, Maricá (RJ), 15/09/2010. Todas as citações de Edson Mello referem-se a essa entrevista, salvo referência.
42. Entrevista com Antonio Luiz, São Paulo, outubro de 2010.
43. Santos, *Zezé Di Camargo & Luciano: Dois corações e uma história*, p. 97. Zezé faz referência ao xampu anticaspa famoso na época graças ao comercial que dizia que ele era tão bom que "parece remédio, mas não é".

44. Chrystian em entrevista no vídeo postado no YouTube por "Cesardesouza" em 31/07/2010, programa de TV desconhecido: <http://www.youtube.com/watch?v=ry7iqv1Oiso&feature=related>.
45. Entrevista com Fátima Leão, São Paulo, 10/01/2012.
46. Entrevista com Elias Muniz, São Paulo, 01/08/2012.
47. Entrevista com Edson Mello, Maricá (RJ), 15/09/2010.
48. O CD de Fidel Rueda foi lançado em março de 2007.
49. CD *Con un Mismo Corazón*, Sony Music, 1997. A foto veiculada na capa é do CD *La Reina Canta a México*, BMG, 2006, editado nos EUA.
50. Para os dados da Billboard, ver: <http://www.billboard.com/charts/latin-albums#/album/ana-gabriel/con-un-mismo-corazon/266448>
51. *Idem*.
52. Entrevista de Leandro & Leonardo à revista *Playboy*, setembro de 1992.
53. Entrevista de Romildo Pereira cedida ao autor, outubro de 2010.
54. Santos, *Zezé Di Camargo & Luciano: Dois corações e uma história*.
55. "O mar já virou sertão?", *O Globo*, Segundo Caderno, 27/12/1991, p. 12.
56. Entrevista Páginas amarelas: Francisco Weffort, *Veja*, 02/12/1998.
57. *Idem*.
58. Como exceção temos trabalhos interessantes sobre o axé e o pagode: Trotta, *Samba e mercado de música nos anos 1990*; e Leme, *Que tchan é esse? Indústria e produção musical no Brasil dos anos 90*.
59. Para uma história do pagode, ver: Trotta, *ibidem*. Acerca do axé, ver Leme, *ibidem*. Para a questão dos lucros crescentes das multinacionais com a distribuição, ver: Zan, "Música popular brasileira, indústria cultural e identidade", in *Eccos Revista Científica*.
60. *Folha de S.Paulo*, Agrofolha, 26/11/1991, p. 1.
61. *Folha de S.Paulo*, Caderno Cotidiano, 12/07/1992, p. 6.
62. "O drama de Olacyr", por Leonardo Attuch. Revista *IstoÉ-Dinheiro*, n. 365, 01/09/2004.
63. "Onda neojeca expõe face retrógrada do país", *Folha de S.Paulo*, TV Folha, 21/07/1991, p. 6.
64. Programa *De frente com Gabi*, entrevista de Chitãozinho & Xororó a Marília Gabriela, SBT, 18/07/2010.
65. Em 1993 o músico da vanguarda paulistana Itamar Assumpção lançou a canção "Onda sertaneja", ironizando a moda das duplas do interior: "Essa onda sertaneja eu também quero pegar/ [...] minha moda vou exportar."
66. "Rancho eletrônico", *Veja*, 31/01/1990, p. 96-97.

NOTAS

67. *Idem*. Veja também entrevista de Chitãozinho & Xororó à revista *Playboy*, abril de 1990, p. 36.
68. As informações sobre a marca da atriz foram confirmadas em entrevista com a própria Lúcia Veríssimo, por e-mail, em 03/05/2012.
69. Para informações sobre as grifes sertanejas, ver "Grife sertaneja dá mais lucro que os shows". *Folha de S.Paulo*, Negócios, 03/07/1990, p. F-4; "Rancho eletrônico", *Veja*, 31/01/1990, p. 96-97; "Sertanejo vende mais que MPB", Agrofolha, *Folha de S.Paulo*, 01/01/1991, p. 1; "Cumpriu-se a profecia: as violas invadem o Sambódromo", *Jornal da Tarde*, 27/07/1989.
70. "Leandro/Leonardo", *Amiga*, n. 1323, 12/11/1991.
71. "Leila entrevista", CBS Brasil/SBT (Miami), 1999, sem data precisa. <http://www.youtube.com/watch?v=5qEPQ7wYwjg>; <http://www.youtube.com/watch?v=P4lHWo1QlAI&feature=related>.
72. "Diretor do Palace quer 'abrir o leque' do público da casa", *Folha de S.Paulo*, Ilustrada, 23/06/1988, p. A-35.
73. "Chitãozinho & Xororó vão gravar no México", *Folha de S.Paulo*, Ilustrada, 28/06/1988, p. 1.
74. "Chitãozinho & Xororó estreiam hoje no Olympia", *Folha de S.Paulo*, Ilustrada, 27/07/1989, p. E-7.
75. Neiva, p. 112.
76. "O caipirismo 'contamina' também o Rio", *Folha de S.Paulo*, Agrofolha, 16/07/1991, p. 6.
77. O show dos sertanejos aconteceu numa sexta, 25/08/1989, às 21h. "Apoteose sertaneja invade o templo do carnaval carioca", *O Globo*, Jornal de Bairro: Tijuca, 22/08/1989, p. 60.
78. "O mar já virou sertão?", *O Globo*, Segundo Caderno, 27/12/1991, p. 12.
79. "O sertão conquista o litoral", por Tárik de Souza, *Jornal do Brasil*, Caderno B, 18/10/1991, p. 7.
80. *Folha de S.Paulo*, 17/08/1991, p. 9.
81. "O mar já virou sertão?", *O Globo*, 27/10/1991, Segundo Caderno, p. 12.
82. "O sucesso caipira na Zona Sul", *Jornal do Brasil*, Caderno B, sexta, 18/10/1991, p. 1. Segundo a reportagem, na plateia do show estavam as seguintes personalidades ilustres: a socialite Mirtia Galotti, o ator Jorge Pontual, Benedita da Silva ("Não me obrigue a responder quem é mais popular, o PT ou Leandro & Leonardo", disse a política), Andréa Richa, Isadora Ribeiro, Beto Barbosa, Elymar Santos, Gerson Brenner, Dora Klabin, Karmita Medeiros, Clóvis Bornay, Chico Anysio e Monique Evans.

83. Leonardo, Essinger, *Não aprendi dizer adeus*, p. 115. Em 1995, Leandro & Leonardo foram a primeira dupla a tocar no Metropolitan, da Barra, então recém-inaugurado.
84. Neiva, *Chitãozinho & Xororó: Nascemos para cantar*, p. 100.
85. "Chitãozinho & Xororó", *Jornal de Brasília*, Caderno 2, p. 1; "A meta é conquistar o mundo da música", *Correio Braziliense*, 02/02/1988.
86. "A explosão sertaneja", *Jornal do Brasil*, 24/04/1987.
87. *Musicamp*, Continental, 1987, 1.07.405.355; *Musicamp*, Continental, 1989.
88. "O sertão virou mar... de dinheiro", *O Estado de S. Paulo*, 08/07/1987; Vicente, *Música e disco no Brasil*, p. 143.
89. Cp. "Pagode em Brasília" (Teddy Vieira/Lourival dos Santos)/Casa Branca na serra (Tião Carreiro): 78 RPM, Sertanejo, 1960, PTJ-10.113-a.
90. Em 21 de julho de 2013 ele completou sessenta apresentações no programa, um recorde. Fonte: "Leonardo comemora 60ª apresentação no *Domingão do Faustão*", MSN Entretenimento, 21/07/2013: <http://entretenimento.br.msn.com/famosos/leonardo-comemora-60%C2%AA-apresenta%C3%A7%C3%A3o-no-doming%C3%A3o-do-faust%C3%A3o>.
91. Diga-se de passagem que "Amor clandestino" foi a única canção de João Mineiro & Marciano que entrou na programação global na longa e exitosa carreira da dupla de 1973 a 1992.
92. Mais "limpas", tanto a versão hebraica de "É o amor" ("Ahava"), cantada pelos desconhecidos Gê & Lilaz quanto a de Maria Bethânia são bastante sintomáticas da releitura que a MPB faz da música sertaneja. Os produtores tiraram os "excessos" do canto operístico e vibratos da versão original.
93. Araújo, *Eu não sou cachorro, não*.
94. Não se trata de negar que a Globo tenha sido fundamental à sustentação da ditadura nem que a MPB não tenha sido *resistente*. Apenas aponta-se um paradoxo pouco lembrado pela historiografia em geral: uma instituição apoiadora da ditadura incorporava um gênero que era opositor desse governo.
95. A cantora Marina foi a primeira dessa geração a ser agraciada com a incorporação global com "Nosso estranho amor" (com participação de Caetano Veloso na gravação) na trilha de *Plumas e paetês*(1980). Lulu Santos teve "Tesouros da juventude" incluída em *O amor é nosso* (1981). Em 1982 ele emplacou "Tempos modernos" na novela *Sol de verão*. A Blitz emplacou o hit "Você não soube me amar" neste melodrama. A partir destes, toda a geração do rock entrou de cabeça nas novelas da Globo. A inclusão se deu exatamente no mesmo ano de lançamento dos LPs, o que demonstra que a

Globo não estava simplesmente aproveitando sucessos consolidados, mas ajudando a forjar o rock nacional.
96. Ao mesmo tempo não se pode dizer que a Globo tenha se posicionado ostensivamente contra a música sertaneja, afinal, os sertanejos se apresentaram em programas globais, como *Domingão do Faustão* e *Globo de ouro*, assim como tiveram especiais de fim de ano produzidos pela emissora entre 1990 e 1992.
97. *Folha de S.Paulo*, TV Folha, 24/11/1991, p. 2; Audiências em 17/08/1991, *Folha de S.Paulo*, TV Folha, p. 2. Em 1994 o programa ainda estava entre os cinco mais vistos da emissora: *Folha de S.Paulo*, TV Folha, 02/02/1994, p. 3; *Folha de S.Paulo*, TV Folha, 17/04/1994, p. 3.
98. "Onda neojeca expõe face retrógrada do país", *Folha de S.Paulo*, TV Folha, 21/07/1991, p. 6-4.
99. "Tesouro da garotada", *Veja*, 08/08/1990, p. 82-83.
100. Para os lucros da Promoart, ver "O loiro dos milhões", *Veja*, 28/10/1992, p. 96-97.
101. "O loiro dos milhões", *Veja*, 28/10/1992, p. 96-97. Essa informação foi confirmada em entrevista com o empresário Romildo Pereira, São Paulo, outubro de 2010.
102. Entrevista com Jean realizada em São Paulo, em outubro de 2010.
103. Araújo, *op. cit.*, 2007, p. 320.
104. Segundo o letrista Paulinho: "Luiz Gonzaga e Humberto Teixeira já faziam música ecológica: 'Assum preto', 'Asa branca', 'Riacho do navio'... E a gente não percebia que eles estavam falando de uma coisa que deveria ser a preocupação da humanidade. Quando eu fiz 'Natureza, espelho de Deus' eu já sabia o que queria dizer e por que eu queria dizer. De alguma forma a gente estava à frente do nosso tempo." Entrevista com Paulinho Rezende, Itaboraí (RJ), 04/09/2010. Seguindo essa linha, Leandro & Leonardo gravaram "Herdeiros do futuro" em 1997.
105. Para a opinião de Chitãozinho, ver Revista D, *Folha de S.Paulo*, 24/06/1990, p. 10.
106. Entrevista de Barrerito ao *Programa do Ratinho*, Rede OM, Paraná, 1991. <http://www.youtube.com/watch?v=fOvHeE9y7FY>. O sanfoneiro Mangabinha foi procurado para dar entrevista, mas não conseguiu horário para concedê-la.
107. Na verdade o primeiro disco do Raça Negra é de 1991, mas o sucesso do grupo veio no ano seguinte.

108. A dupla cantava "Um homem quando ama", versão de "Have You Ever Really Loved a Woman?", originalmente gravada pelo canadense Bryan Adams na trilha sonora do filme *Don Juan de Marco*, lançado naquele ano.
109. Essa é a única capa em que Xororó aparece de chapéu em todos os seus discos oficiais até 2014.
110. "Volta à viola", *Veja*, 21/08/1996, p. 102.
111. Entrevista de Zezé Di Camargo em 1999, *Leila entrevista*, CBS Brasil (Miami). http://www.youtube.com/watch?v=5qEPQ7wYwjg; http://www.youtube.com/watch?v=P4lHWo1QlAI&feature=related
112. "Trilha de 'Rei do Gado' deve bater recorde", TV Folha, *Folha de S.Paulo*, 10/11/1996. Esse dado referente ao recorde de vendagem da trilha de *Rei do gado* é confirmada tanto pelo Instituto de Memória Globo quanto pelo Instituto de Memória Roberto Marinho.
113. Entrevista de Maria Bethânia a Pedro Alexandre Sanches, *Folha de S.Paulo*, 27/05/1999.
114. Revista *Bravo!*, n. 16, janeiro 1999.
115. "Bethânia lança disco que vai de Villa-Lobos ao sertanejo Walter Galvão", *Jornal Correio da Paraíba*, 03/03/1999.
116. Tatit, *Todos entoam: Ensaios, conversas e canções*, p. 400. Tatit mudou de opinião num breve período de tempo. Em 2004 ele escrevera que "[a música sertaneja], além de não apresentar qualquer riqueza musical digna de nota [...] ainda desvirtuou os recursos autênticos que havia nos arranjos e nos cantos caipiras". Para o autor, a música sequer poderia ser considerada canção autoral, visto que foi feita para "agradar a um público desprevenido que se relacionava com a canção 'em bloco'". Tatit, *O século da canção*, p. 234-236.
117. "Maria Bethânia não se rende aos modismos", por José Teles. *Jornal do Commercio Online*, Caderno C, Recife, Uol, 01/03/1999.
118. "Zezé & Luciano imitam Chitãozinho & Xororó", *Folha de S. Paulo*, 27/10/1996. A reportagem diz que Zezé Di Camargo & Luciano ganharam R$ 250 mil para fazer o comercial.
119. Entrevista a Pedro Alexandre Sanches, *Folha de S.Paulo*, 27 de maio de 1999.
120. "Não tenho preconceitos. Canto o que me toca", *Jornal do Commercio*, Recife, 28/09/1999.
121. Em 2000 a atriz Marília Pera cantou "Paz na cama" e "Pense em mim" no espetáculo teatral *Estrela tropical*, que encenou no fim do milênio. O musical redundou num disco no qual as duas canções sertanejas foram gravadas.

NOTAS

122. Bethânia voltou a cantar a música em 2009, dessa vez mais provocativamente. No último refrão de "É o amor" ela fez outra inserção surpreendente: repetiu três vezes o famoso verso da dupla sertaneja Bruno & Marrone, "do jeito que você me olha, vai dar namoro" [trecho de "Vai dar namoro"]. "Bethânia canta Zezé di Camargo e Bruno & Marrone em novo show", Portal R7, 17/04/2010: <http://entretenimento.r7.com/musica/noticias/bethania-canta-zeze-di-camargo-e-bruno-marrone-em-novo-show-20100417.html>; "Alguém ainda tem dúvidas de que ela é a maior?", revista *Época*, coluna Mente aberta, 12/12/2009: <http://colunas.revistaepoca.globo.com/menteaberta/tag/maria-bethania/>.
123. "A dupla de 18 milhões de discos vendidos volta a atacar", *Jornal da Tarde*, 07/10/2001.
124. Entrevista de Fátima Leão, São Paulo, 10/01/2012.
125. O discurso de valorização das "raízes gramaticais" não estava presente no auge da onda sertaneja, como deixou claro Chitãozinho em 1988, em entrevista ao jornal *Folha de S.Paulo*: "*Folha de S.Paulo*: Por que você acha que um público aparentemente sofisticado está frequentando shows da dupla Chitãozinho & Xororó? CHITÃOZINHO: Antigamente, as duplas eram muito mal produzidas, falavam português errado. A gente sempre procurou fazer um som mais moderno, mas sem fugir da interpretação mais antiga, de cantar em duas vozes. *Folha de S.Paulo*: Vocês fizeram algum curso de português para evitar falar errado a língua? CHITÃOZINHO: Nós falamos português errado. Todo brasileiro fala... Mas a gente, quando vai gravar o disco, procura estudar bem a letra, corrigir os erros, mas sempre escapa um. Nós falamos uma língua popular, mas a gente procura sempre fazer legal, fazer bem-feito. "Chitãozinho & Xororó vão gravar no México", *Folha de S.Paulo*, Ilustrada, 28/06/1988, p. 1.
126. "Tristeza do Jeca" remete ao personagem de Monteiro Lobato não por acaso também criado em 1918 no livro *Urupês* e descrito em vários artigos do então jovem escritor. "Viola de Tião Carreiro proseia com a academia", por Manuel Alves Filho. *Jornal da Unicamp*, 31/03/2008, p. 12.
127. "'O sertanejo universitário repetiu de ano', dizem Zezé Di Camargo e Luciano", em 06/11/08, <http://g1.globo.com/Noticias/Musica/0,,MUL847946-7085,00-O+SERTANEJO+UNIVERSITARIO+REPETIU+DE+ANO+DIZEM+ZEZE+DI+CAMARGO+E+LUCIANO.html>.
128. Em 1999, ao ser perguntado sobre o que era a música sertaneja, Zezé advogara a modernidade: "Eu diria que é uma *world music*. Nesse show

que a gente fez há um mês no Olympia e há duas semanas no Metropolitan eu canto Caruso, canto 'Yesterday'... o Luciano canta 'A media luz', canta 'Andar com fé'... Não que eu não goste de música sertaneja, afinal é minha origem, mas nós diversificamos o estilo e a maneira de se vestir..." "Programa *Leila entrevista*, CBS/SBT Brasil (Miami), 1999. <http://www.youtube.com/watch?v=5qEPQ7wYwjg>.
129. *Veja Música*, com Sérgio Martins, visto no dia 19/04/2010, gravado em 2009: <http://veja.abril.com.br/musica/zeze-di-camargo-luciano.shtml>.

Capítulo 10

1. "O diretor que faz o Brasil chorar no escuro", *Época*, 08/01/2012, p. 124. Ver também: "Entrevista com Breno Silveira", site Guia da Semana, postado em 28/07/2008: <https://www.youtube.com/watch?v=1x9jIZHVHqE>.
2. "Íntegra da entrevista com Breno Silveira, diretor de *2 filhos de Francisco*", site revista *Época*, 18/11/2005.
3. Para se ter uma ideia da trajetória incomum de *2 filhos de Francisco*, na primeira semana o filme fez 270 mil espectadores nos três primeiros dias de cartaz, média de 924 pagantes em cada uma das 292 salas em que foi lançado. O filme Carandiru (2003), de Hector Babenco, fez 469.986 espectadores no primeiro fim de semana. Lançado em 400 salas, registrou a média de 1.175 espectadores pagantes. "2 filhos de Francisco lidera bilheteria nacional", O Estado de S. Paulo, 22 de agosto de 2005. "*Carandiru* é o novo campeão de bilheteria", *O Estado de S. Paulo*, Caderno 2, 19 de maio de 2003.
4. "Íntegra da entrevista com Breno Silveira, diretor de *2 filhos de Francisco*", site revista *Época*, 18/11/2005.
5. *Idem*.
6. Em 2005 um total de 90.288.067 brasileiros foi aos cinemas. Desses, 11,9% (10.744.280) assistiram a filmes nacionais. Para se ter uma dimensão do sucesso que foi *2 filhos de Francisco*, seus 5.319.677 abocanharam 50% do público do cinema nacional. Cf. Gonçalves Netto, *2 filhos de Francisco*, p. 20.
7. "*2 filhos de Francisco* vem para ganhar o público", *O Estado de S. Paulo*, Caderno 2, 19/08/2005.
8. Breno Silveira, em depoimento retirado do *making-off* do filme. Apud Gonçalves Netto, *2 filhos de Francisco* [grifo meu].
9. *Idem, ibidem*.

NOTAS

10. "2 *filhos de Francisco* emociona em Gramado", *O Estado de S. Paulo*, Caderno 2, 17/08/2005.
11. "2 *filhos de Francisco* vai concorrer a vaga no Oscar", *Folha de S.Paulo*, Folha Ilustrada, 22/09/2005.
12. Entre os jurados do Ministério da Cultura estavam Andréa França, Jaime Biaggio, João Carlos Sampaio, Maria do Rosário Caetano, Paulo Santos Lima, Rubens Ewald Filho e Sérgio Mariconi. "2 *filhos de Francisco* vai concorrer a vaga no Oscar", *Folha de S.Paulo*, Folha Ilustrada, 22/09/2005. Na tarde de 22 de setembro de 2005 o site de *O Estado de S. Paulo* realizou uma rápida enquete para saber a opinião dos internautas sobre qual filme brasileiro deveria concorrer ao Oscar. O público do jornal, tradicionalmente urbano e da capital, votou em massa no filme 2 *filhos de Francisco*, que recebeu 257 votos. "2 *filhos de Francisco* será o filme brasileiro no Oscar", *O Estado de S. Paulo*, 22 de setembro de 2005.
13. "Íntegra da entrevista com Breno Silveira, diretor de 2 *filhos de Francisco*". Site revista *Época*, 18/11/2005: <http://revistaepoca.globo.com/Revista/Epoca/0,EMI52302-15223,00-INTEGRA+DA+ENTREVISTA+COM+BRENO+SILVEIRA+DIRETOR+DE+IDOIS+FILHOS+DE+FRANCIS.html>.
14. Filmes de Breno posteriores se destacam pela pegada sentimental, ver *Era uma vez* (2008), *À beira do caminho* (2012) e *Gonzaga: de pai pra filho* (2012).
15. "Daniel participa de DVD da Xuxa e estreia musical sobre sua vida", blog Uol Universo Sertanejo, 07/11/2012: <http://universosertanejo.blogosfera.uol.com.br/2012/11/07/daniel-participa-de-dvd-da-xuxa-e-estreia-musical-sobre-sua-vida/>.
16. *Especial Leandro & Leonardo*, TV Globo, terças-feiras, às 21h30, mensal, de 14/04/1992 a 22/12/1992, total de oito episódios.
17. "Canção sertaneja na terra do Mickey", *O Globo*, 22/12/1992.
18. Se durante o século XX o arquétipo da malandragem construiu-se como constituinte da identidade brasileira, no início do século XXI há crescente hegemonia da imagem do brasileiro como "guerreiro", alguém que não "desiste nunca", que vem se difundindo com sucesso há algum tempo. A música sertaneja parece refletir esse aspecto maior da sociedade.
19. É claro que ainda há resistências de alguns caipiras à unificação promovida pelos sertanejos, mas esses visivelmente não têm a força que tinham em décadas anteriores para contestar esse fenômeno, e reduzem-se a meios de pouca expressão. Exemplos desses *resistentes* são Inezita Barroso e Rolando

Boldrin, que sempre tiveram muita dificuldade de aceitar a modernidade dos anos 1990 e a dos anos 2000.
20. "Fala Caetano", *O Estado de S. Paulo*, Caderno 2, 11/05/2007.
21. *Idem*.
22. Para os números e as cifras do sertanejo universitário, ver "Lamento sertanejo: Músicos rebatem críticas do futuro secretário estadual de Cultura, Luiz Paulo Conde", *O Globo*, Segundo Caderno, 10/12/2006, p. 1.
23. Tamanha foi a eficácia simbólica do filme de Zezé que se criaram impressões distorcidas acerca da história da música sertaneja. Alguns exageraram na importância da dupla por causa do filme Diante do sucesso da obra de Breno Silveira, criou-se uma impressão em parte da crítica e público de que Zezé & Luciano estariam um degrau acima na importância da música sertaneja de seus amigos de geração, como Leandro & Leonardo e Chitãozinho & Xororó, o que é um equívoco. "Sertanejos: Tá tudo dominado", *Veja* [Vídeo promocional da revista sobre a matéria de capa sobre os sertanejos], 26/01/2013, <http://veja.abril.com.br/multimidia/video/sertanejo-ta-tudo-dominado>.
24. "Religiosos e sertanejos tomam conta do Brasil", *O Globo*, Segundo Caderno, 07/02/2010, p. 2.
25. Documentário Luan Santana do Brasil, *Conexão Repórter*, SBT, 22/08/2013.
26. "Sertanejo sem vergonha — Sertanejo universitário conquista paulistanos", *Veja São Paulo*, 15/10/2010, p. 41.
27. "Sertanejos século XXI", *O Globo*, Segundo Caderno, 29/03/2010, p. 1 e 3.
28. Programa *Estrelas*, TV Globo, 28/11/2009
29. "'Fugidinha', de Michel Teló, foi a faixa mais tocada em shows em 2011", *Veja on line*, 10/04/2012: <http://veja.abril.com.br/noticia/celebridades/fugidinha-de-michel-telo-foi-musica-mais-tocada-em-shows-em-2011>.
30. Entrevista Fernando & Sorocaba, *De frente com Gabi*, SBT, 27/11/2011.
31. "Sorocaba e Victor Chaves seguem no topo da lista de arrecadação de direitos autorais": <http://universosertanejo.blogosfera.uol.com.br/tag/direitos-autorais/>; "Duas notinhas...": <http://universosertanejo.blogosfera.uol.com.br/2013/04/12/duas-notinhas-2/>.
32. "Sertanejos século XXI", *O Globo*, Segundo Caderno, 29/03/2010, p. 1 e 3.
33. "Na estrada com os sertanejos", *Veja*, 30/01/2013; "Ele ainda vai te pegar", *Época*, 02/01/2012.
34. "Have You Heard of Brazilian Country Music Phenomenon Michel Telo Yet? You Will", *Forbes*, 29/12/2011: <http://www.forbes.com/sites/

andersonantunes/2011/12/29/ have-you-heard-of-brazilian-country-music-phenomenon-michel-telo-yet-you-will/>.
35. "Michel Teló alcança primeiro lugar em ranking da *Billboard*", *Veja*, 05/02/2013: <http://veja.abril.com.br/noticia/celebridades/michel-telo-alcanca-primeiro-lugar-em-ranking-da-billboard>.
36. "Google lança mapa de vídeos mais visualizados no YouTube", *Veja on line*, 07/05/2013: <http://veja.abril.com.br/noticia/vida-digital/google-lanca-mapa-de-videos-mais-visualizados-no-youtube>
37. "Michel Teló emplaca a 2ª na Europa: 'Bara bará bere berê'", *Veja*, 16/08/2012, <http://veja.abril.com.br/noticia/celebridades/michel-telo-emplaca-segunda-na-europa-bara-bara-bere-bere 16/08/2012>.
38. "Na estrada com os sertanejos", *Veja*, 30/01/2013.
39. "Sertanejos século XXI", *O Globo*, Segundo Caderno, 29/03/2010, p. 1 e 3.
40. O nome do bloco "Chora me liga" fazia referência à canção homônima (apenas com uma vírgula de diferença) da dupla João Bosco & Vinícius, a mais tocada pelas rádios do país em 2009. "Sertanejos século XXI", *O Globo*, Segundo Caderno, 29/03/2010, p. 1 e 3.
41. "Blocos *flash-mob*", *O Globo*, 02/03/2011, p. 16. Ver também "O sertanejo invade a praia", *Veja Rio Digital*, 24 de janeiro de 2012: <http://vejario.abril.com.br/especial/sertanejo-no-rio-671985.shtml>.
42. "O sertanejo invade a praia", *Veja Rio Digital*, 24 de janeiro de 2012: <http://vejario.abril.com.br/especial/sertanejo-no-rio-671985.shtml; "Cariocas se rendem e música sertaneja invade noite do Rio", *G1*, 04/07/2010: http://g1.globo.com/rio-de-janeiro/noticia/2010/07/cariocas-se-rendem-e-musica-sertaneja-invade-noite-do-rio.html>.
43. O evento era gratuito. Estive nos dois shows e chamou-me atenção o fato de que a recepção de Luan Santana e Jorge & Mateus foi completamente distinta pelo público carioca. O show de Jorge & Mateus aconteceu numa sexta, 20/05/2011, e contou com cerca de 4 mil pessoas na plateia. O público não ocupava nem um quarto do espaço da Quinta da Boa Vista, onde foi realizado o evento. Já o show de Luan Santana, em 22/05, teve lotação máxima, e pessoas se moviam com dificuldade desde a saída do trem na estação mais próxima. Foi divulgado que havia 80 mil presentes, número que me pareceu exagerado. De qualquer forma, fica claro que o Rio de Janeiro ainda consumia de forma distinta os sertanejos. Em outros lugares do Brasil era muito provável que Luan Santana e Jorge & Mateus levassem mais ou menos o mesmo público.

44. "No Rock in Rio não entra música sertaneja", por Leonardo Torres, publicado em 06/05/2011: <http://www.sidneyrezende.com/noticia/130353+no+rock+in+rio+nao+entra+musica+sertaneja>.
45. Poder-se-ia argumentar que o Rock in Rio é um festival de rock, logo a música sertaneja não poderia ser tocada. Mas há muito tempo o Rock in Rio deixou de ser um festival exclusivo do gênero. Desde 2011 há um palco exclusivo para música eletrônica. Aliás, nessa edição, ídolos do axé como Claudia Leitte e Ivete Sangalo, da MPB como Milton Nascimento, e até ídolos americanos como Stevie Wonder foram convidados Na edição de 2013 foram convidados Maria Rita, Mallu Magalhães, Orquestra Imperial, Moraes Moreira, Roberta Sá, Zé Ramalho, Ivo Meirelles, Fernanda Abreu, Lenine e Elba Ramalho. Steve Wonder chegou a ter o momento de auge de seu show cantando versões de "Você abusou" e "Garota de Ipanema", no formato bossa nova. Não causou espanto na mídia e no público que a bossa nova estivesse sendo tocada num festival de rock. "No Rock in Rio, não entra música sertaneja", por Leonardo Torres, Site *SRZD*, em 06/05/2011, <http://www.sidneyrezende.com/noticia/130353+no+rock+in+rio+nao+entra+musica+sertaneja>.
46. Programa *Estrelas*, Globo, 28/11/2009.
47. Os sertanejos rebateram as críticas. Bruno, da dupla com Marrone, disse: "Talvez ele seja tão centrado em seu universo que não tenha tido tempo de perceber o quanto o segmento popular, na concepção exata da palavra, seja importante. O secretário tem por obrigação se preocupar com a cultura do Estado. Espero que ele tenha a humildade de sair de seu acervo pessoal e descubra o acervo do povo. Povo que ele tem a obrigação de servir, gostando ou não do estilo musical." Chitãozinho também se pronunciou: "Quem sempre viveu numa cidade grande provavelmente não conhece essa outra cara do nosso tão rico Brasil, com toda sua diversidade cultural." Sérgio Reis questionou a MPB: "Puseram o rótulo de música popular brasileira em músicos e cantores clássicos como Chico, Djavan, Caetano e Ivan Lins, mas na realidade, [...] não há nada mais popular que a música sertaneja." Por fim, Zezé Di Camargo também rebateu Conde: "Causa-me estranheza que um secretário de Cultura reduza sua compreensão sobre a cultura nacional a três nomes (Chico, Edu Lobo e Tom). Três gênios, é verdade, mas representantes de um gênero único diante de uma gama imensa de cores e ritmos que compõem o cenário nacional. [...] É como alguém que considera que seu próprio gosto, e só ele, seja associado a qualidade. Ora,

NOTAS

se a interferência de estrangeirismos na nossa tão prezada cultura de raízes é maléfica, deveríamos ignorar o que os africanos representam na música e na culinária baiana? [...] Vamos derrubar cada traço francês e inglês na arquitetura? E que tal apagarmos as contribuições do hip hop e do funk aos movimentos sociais?" Fonte: "Lamento sertanejo: Músicos rebatem críticas do futuro secretário estadual de Cultura, Luiz Paulo Conde", *O Globo*, Segundo Caderno, 10/12/2006, p. 1.

48. "Carnaval da Bahia vive invasão sertaneja absoluta", diz Moraes Moreira, Uol, 05/03/2014, <http://carnaval.uol.com.br/2014/recife-e-olinda/noticias/2014/03/05/carnaval-da-bahia-vive-invasao-sertaneja-absoluta-diz-moraes-moreira.htm>. Comentando esse mesmo episódio criticado por Moraes Moreira, Guilherme Arantes escreveu em seu Facebook: "Os espaços públicos são comprados, eis a questão. A música brasileira, no *mainstream*, está morta, só o que conta é a eficiência da música em ser utilitário para a balada." Guilherme Arantes, em sua conta no Facebook, postado em 05/03/2014: <https://www.facebook.com/GuilhermeArantesOficial?fref=ts>.

49. "Alceu Valença denuncia novo jabá e critica multiculturalismo forçado", Uol, 05/03/2014: <http://carnaval.uol.com.br/2014/recife-e-olinda/noticias/2014/03/04/alceu- valenca-denuncia-novo-jaba-e-critica-multi-culturalismo-forcado.htm>.

50. "No Rock in Rio, não entra música sertaneja", por Leonardo Torres, Site *SRZD*, publicado em 06/05/2011: <http://www.sidneyrezende.com/noticia/130353+no+rock+in+rio+nao+entra+musica+sertaneja>.

51. Para a participação de Paula Fernandes no palco Maria Bethânia da Estudantina Musical, ver vídeo da novela *Salve Jorge*:<http://globotv.globo.com/rede-globo/salve-jorge/v/paula-fernandes-e-convidada-especial-da-estudantina-musical/2499265/>.

52. Sertanejo universitário faz escola, Extra, 02/10/2010. <http://extra.globo.com/tv-e-lazer/sertanejo-universitario-sertanejo-faz-escola-363067.html#ixzz1yRtiknL3>.

53. O álbum *Ao vivo no Rio* foi gravado em 11 de dezembro de 2010 no HSBC Arena, na Barra da Tijuca, e lançado comercialmente em 10 de abril de 2011.

54. "No Rock in Rio não entra música sertaneja", por Leonardo Torres, Site *SRZD*, publicado em 06/05/2011: <http://www.sidneyrezende.com/noticia/130353+no+rock+in+rio+nao+entra+musica+sertaneja>.

55. "Sertanejo sem vergonha — Sertanejo universitário conquista paulistanos", *Veja São Paulo*, 15/10/2010, p. 41.

56. Entrevista de César Menotti & Fabiano a Marília Gabriela, *De frente com Gabi*, SBT, 11/10/2012.
57. Entrevista de Charles Bonissoni, Blog Uol Universo Sertanejo, 06/05/2013: <http://universosertanejo.blogosfera.uol.com.br/2013/05/06/bastidores-charles-bonissoni/>.
58. Blog Uol Universo Sertanejo, 21/05/2013 <http://universosertanejo.blogosfera.uol.com.br/20.13/05/21/telo-lanca-novo-dvd-e-fala-de-carreira-internacional-paula-fernandes-e-virada-cultural/>.
59. Para o jornalista André Piunti, grave mesmo foi, por exemplo, a ausência de qualquer homenagem aos vinte anos da morte de Tião Carreiro. Ainda mais considerando que, para horror do jornalista, nessa Virada Cultural de 2013 havia um tributo ao roqueiro Chorão, morto naquele ano. Blog Uol Universo Sertanejo, 16/05/2013: <http://universosertanejo.blogosfera.uol.com.br/2013/05/16/sertanejo-tradicional-tera-pouco-espaco-na-virada-cultural-universitario-fica-de-fora/>.
60. A Virada Cultural de São Paulo de 2014 continuou ignorando os sertanejos. Houve espaço para funk, samba, MPB, MCs, alternativos, bregas, velhas guardas, pagodeiros, internacionais, música instrumental e vários outros estilos. Em outras edições ao menos os caipiras foram lembrados... Dessa vez nem eles. Para a programação, ver: <http://g1.globo.com/sao-paulo/noticia/2014/05/confira-programacao-da-virada-cultural-2014-em-sao-paulo.html>.
61. Entrevista com Pedro Alexandre Sanches, publicada em 06/07/2012: <http://pensenovotv.com.br/inspira/descricao/pedro-alexandre-sanches>.
62. "Um papo franco com Luciano & Zezé", *Diário do Grande ABC*, 21/09/2007.
63. "Isso aí é pegar carona", diz Zezé sobre novos sertanejos, Site Terra, 04/11/2008: <http://musica.terra.com.br/interna/0,OI3305771-EI1267,00-Isso+ai+e+pegar+carona+diz+Zeze+sobre+novos+sertanejos.html>.
64. "'O sertanejo universitário repetiu de ano', dizem Zezé Di Camargo e Luciano", G1, 04/11/08: <http://g1.globo.com/Noticias/Musica/0,MUL847946-7085,00-O+SERTANEJO+UNIVERSITARIO+REPETIU+DE+ANO+DIZEM+ZEZE+DI+CAMARGO+E+LUCIANO.html>. Ver também: "Há 10 anos, Zezé Di Camargo reclamou de preconceito", *Jornal da Tarde*, 12/09/2011.
65. Programa *Fantástico*, TV Globo, 16/11/2008.
66. Para os problemas da voz, ver "Zezé Di Camargo fala da cirurgia que fez nas cordas vocais", G1, 16/11/08: <http://g1.globo.com/Noticias/Musica/0

NOTAS

,MUL864286-7085,00-ZEZE+DI+CAMARGO+FALA+DA+CIRURGIA+QUE+FEZ+NAS+CORDAS+VOCAIS.html>.

67. "Zezé Di Camargo diz que é contra 'mentira marqueteira' da música sertaneja universitária", Uol, 17/07/2009: <http://musica.uol.com.br/ultnot/2009/07/17zeze-di-camargo-diz-que-e-contra-mentira-marqueteira-da-musica-sertaneja-universitaria.jhtm>.

68. Entrevista de Zezé Di Camargo & Luciano, *Roda viva*, TV Cultura: 21/05/2012: <http://www.youtube.com/watch?v=i_ahHHN8IfI>.

69. Os únicos que Milionário & José Rico consideravam capazes de passar no "vestibular" da música sertaneja eram Victor & Leo. "Com 43 anos de carreira, Milionário e José Rico dizem que sertanejo universitário ainda precisa se formar", Uol, 19/03/2013: <http://musica.uol.com.br/noticias/redacao/2013/03/19/com-43-anos-de-carreira-milionario-e-jose-rico-dizem-que-sertanejo-universitario-ainda-precisa-se-formar.htm?cmpid=cfb-musica-news&fb_action_types=og.recommends&fb_source=timeline_og>. Em entrevista, o ex-empresário de Milionário & José Rico, José Raimundo, disse. "'Ai, seu eu te pego' é uma frase! Agora eu quero ver é o talento perdurar a isso aí, como Milionário & José Rico!" Entrevista de José Raimundo ao autor, 30/07/2012.

70. Em referência ao hit mundial "Ai se eu te pego", a revista chamou o sucesso de breganejo. *Veja* se espantava que o vídeo havia então passado dos 90 milhões de acessos no YouTube e tinha imitadores até na Rússia. *Veja*, coluna "Panorama", 04/01/2012, p. 38.

71. Programa *2 chopes com* Fernanda Young, publicado em 17/05/2012: <https://www.youtube.com/watch?v=0j6tS0St-SQ>.

72. "Não faltam talentos no País, faltam ouvidos que saibam ouvir música." Por Darlan Alvarenga, originalmente publicado no site IG. Acessado no site do próprio Zuza Homem de Mello: <http://www.homemdemello.com.br/zuza.html, Acessado em 04/08/2011>.

73. Revista *Cult*, n. 151, 15/10/10. O músico Luiz Carlos Sá, em entrevista ao autor, também criticou os universitários nesse sentido: "Eu acho que a classe C que ascendeu levou seus valores consigo, então os sertanejos tiveram que mudar, que ficar mais arrumadinhos, vestir roupa de grife. Agora musicalmente eu não vejo muitas esperanças não!" Entrevista ao autor, Belo Horizonte, em 25/05/2012. A cantora Paula Lima disse: "Sertanejo, por sinal, eu nunca vou cantar, não tem nada a ver comigo." Revista *Raça Brasil*, n. 142, 2010.

74. "Sertanejo sem vergonha", *Veja São Paulo*, 20/10/2008, p. 34-42, p. 41.
75. Show no Teatro Paulo Machado, São Caetano do Sul, 20/09/2009: <http://www.youtube.com/watch?v=kFX3zitn4oo>.
76. Lido no site de Chico César em 04/01/2012: http://www2.uol.com.br/chicocesar/musica/chitadiscos.htm
77. "Secretário de Cultura Chico César critica 'forró de plástico' e acende polêmica na Paraíba", site *Vírgula Uol*, 19/04/2011: <http://virgula.uol.com.br/ver/noticia/musica/2011/04/19/273723-secretario-de-cultura-chico-cesar-critica-forro-de-plastico-e-acende-polemica-na-paraiba>.
78. Chico César se defendia: "Tem sido distorcida a minha declaração, como secretário de Cultura, de que o Estado não vai contratar nem pagar grupos musicais e artistas cujos estilos nada têm a ver com a herança da tradição musical nordestina, cujo ápice se dá no período junino. Não vai mesmo. Mas nunca nos passou pela cabeça proibir ou sugerir a proibição de quaisquer tendências. Intolerância é excluir da programação do rádio paraibano (concessão pública) durante o ano inteiro artistas como Parrá, Baixinho do Pandeiro, Cátia de França, Zabé da Loca, Escurinho, Beto Brito, Dejinha de Monteiro, Livardo Alves, Pinto do Acordeon, Mestre Fubá, Vital Farias, Biliu de Campina, Fúba de Taperoá, Sandra Belê, e excluí-los de novo na hora em que se deve celebrar a música regional e a cultura popular", *in idem*.
79. "O público é o meu patrão", entrevista de Tom Zé à revista *Brasil — Almanaque de Cultura Popular*, ano 15, n. 176, dezembro 2013.
80. "O abacaxi da cultura", entrevista com Hermano Vianna, *O Estado de S. Paulo*. 11/02/2013: <http://www.estadao.com.br/noticias/impresso-o-abacaxi-da-cultura,995433,0.htm>.
81. "Sobre a classe média", por Artur Xexéo, *Revista O Globo*, 15/4/2012.
82. "Sertanejo universitário por quê?", blog *Estadão*, Coluna de Marcelo Rubens Paiva, 24/02/2013: <http://blogs.estadao.com.br/marcelo-rubens-paiva/sertanejo-universitario-por-que/>.
83. "'É só sertanejo, pagode. O Brasil emburreceu devido à monocultura', diz Guilherme Arantes", 23/04/2013: <http://noticias.bol.uol.com.br/ultimas-noticias/entretenimento/2013/04/23/com-novo-cd-guilherme-arantes-diz-que-brasil-vive-monocultura-e-so-sertanejo-pagode.htm>. O cantor Luan Santana reagiu às declarações de Guilherme Arantes e respondeu: "Eu acho que as pessoas têm um bom gosto e o Brasil é livre. Cada um gosta do que quer." "Quem não gosta de sertanejo vai para outro ritmo", diz Luan Santana sobre declaração de

Arantes. Site Uol, 28/04/2013: <http://musica.uol.com.br/noticias/redacao/2013/04/28/quem-nao-gosta-de-sertanejo-vai-para-outro-ritmo-diz-luan-santana-sobre-declaracao-de-guilherme-arantes.htm>. Menos de um ano depois Guilherme Arantes participou do clipe de sua "Meu mundo e nada mais" tocando piano ao lado do sertanejo Daniel, canção que entrou no DVD deste. "Daniel e Guilherme Arantes: clipe de 'Meu mundo e nada mais'", Sertanejo UOL, 21/04/2012: <http://universosertanejo.blogosfera.uol.com.br/2014/04/21/daniel-e-guilherme-arantes-clipe-de-meu-mundo-e-nada-mais/>.

84. "A carapuça serve em todos", *Revista da Cultura*, edição 32, março de 2010: <http://www.revistadacultura.com.br:8090/revista/rc32/index2.asp?page=capa>.

85. Vídeo do show no Sesc Pinheiros, de São Paulo, 13/07/2012: <http://www.youtube.com/watch?v=X-ZECvH38I4&feature=related>, acessado em 16 de julho de 2012.

86. "Lobão diz que rótulo universitário 'chancela coisas que beiram a demência'", Uol, 05/07/2013: <http://entretenimento.uol.com.br/noticias/redacao/2013/07/05/lobao-diz-que-sertanejo-universitario-chancela-coisas-que-beiram-a-demencia.htm>. "'Sertanejo universitário' é uma demência', diz Lobão", *JB online*, 06/09/2013: <http://www.jb.com.br/cultura/noticias/2011/04/01/sertanejo-universitario-e-uma-demencia-diz-lobao/>. Essa interpretação de Lobão foi mantida no Capítulo 2 de seu livro, intitulado "Um pequeno mergulho no mundo sertanejo universitário (acidentalmente gonzo)". Lobão. *Manifesto do nada na terra do nunca*. Rio de Janeiro: Nova Fronteira, 2013.

87. "Carta aberta a Michel Teló", blog *Instante anterior*, de Bruno Medina, 04/01/2012: http://g1.globo.com/platb/instanteposterior/2012/01/04/carta-aberta-a-michel-telo/. Um dos compositores de "Ai se eu te pego", Sharon Acioly, rebateu Medina: "'Anna Julia' [primeiro sucesso de Los Hermanos, de 1999] tinha muita letra? Era um primor da MPB? Mas todo mundo cantou, da criança ao velhinho." "Autora de 'Ai se eu te pego' responde ao comentário de Bruno Medina", 04/01/2012: http://g1.globo.com/pop-arte/noticia/2012/01/autora-de-ai-se-eu-te-pego-responde-ao-comentario-de-bruno-medina.html

88. Conscientes disso, alguns internautas fizeram um criativo *mash up* das duas canções, "Ai se eu te pego" e "Anna Julia": <http://www.youtube.com/watch?feature=player_embedded&v=S4SCyhZ9vvY#t=22>.

89. "Pedro Bial: 'O Brasil é muito confuso em relação a moral'", site IG, 29/03/2012: <http://ultimosegundo.ig.com.br/cultura/cinema/

pedro-bial-o-brasil-e-muito-confuso-em-relacao-a-moral/n1597725396426. html>.
90. "Inezita, rainha da música caipira, fala de funk, rap, tecnobrega e política", por Pedro Alexandre Sanches, 26/12/2011, site Yahoo Notícias: <http://br.noticias.yahoo.com/blogs/blog-ultrapop/ inezita-rainha-da-m%C3%BAsica-caipira-fala-funk-rap-150938538.html>.
91. Boldrin foi além: "Não consigo nem saber o que é 'sertanejo universitário' [risos]. Nunca fui numa universidade para ver o que eles fazem com a música caipira. Se estudam, se pesquisam. Não conheço nenhum artista desse segmento musical.." In "Guardião da música caipira — Entrevista: Rolando Boldrin", *Diário de Pernambuco*, 04/06/2010: <http://www. diariodepernambuco.com.br/2010/07/04/viver6_0.asp>.
92. "Michel Teló e a marcha do sertanejo rumo ao pop", 4 de março de 2012: <http://www.vermelho.org.br/hiphop/noticia.php?id_noticia=176860&id_ secao=11>.
93. "Os 100 maiores discos da música brasileira", *Rolling Stone Brasil*, n. 13, outubro de 2007; "As 100 vozes da música brasileira", *Rolling Stone Brasil*, n. 73, outubro de 2012; "As 100 maiores músicas brasileiras", n. 37, 2009. "Os 100 maiores artistas da música brasileira", site da *Rolling Stone*: <http://rollingstone. uol.com.br/listas/os-100-maiores-artistas-da-musica-brasileira/>. Ao menos para esse último julgamento a revista disponibilizou os nomes que compuseram o júri: Ademir Correa, Adriana Alves, Alex Antunes, Alex Menotti, Alexandre Matias, Ana Maria Bahiana, André Barcinski, André Maleronka, Anna Butler, Antônio do Amaral Rocha, Antônio Carlos Miguel, Bernardo Araújo, Bruno Maia, Bruno Natal, Bruno Yutaka Saito, Caio Nehring, Carlos Calado, Carlos Messias, Carolina Requena, Christina Fuscaldo, Cristiano Bastos, Dafne Sampaio, Dagoberto Donato, Daniel Benevides, Daniel Vaughan, Edgard Piccoli, Fabio Massari, Fernando Costa Netto, Fernando Luna, Fernando Rosa, Filipe Luna, Gastão Moreira, Hagamenon Brito, Humberto Finatti, José Flávio Junior, José Norberto Flesch, José Julio do Espirito Santo, Lauro Lisboa Garcia, Leo Lichote, Leonardo Dias Pereira, Lúcio Ribeiro, Luis Antônio Giron, Marcelo Ferla, Márcio Cruz, Marcus Preto, Márvio dos Anjos, Mateus Potumati, Mauro Ferreira, Pablo Miyazawa, Patrícia Palumbo, Paulo Cavalcanti, Paulo Terron, Pedro Alexandre Sanches, Ramiro Zwetsch, Regina Echeverria, Ricardo Alexandre, Ricardo Franca Cruz, Ricardo Soares, Richard Kovacs, Rodrigo Carneiro, Rodrigo Faour, Rodrigo Lariú, Rodrigo Piza, Rodrigo Salem,

NOTAS

Sergio Martins, Sérgio Scarpelli, Thiago Ney, Toninho Spessoto, Vladimir Cunha.

94. Entrevista com Ivan Miyazato, Saraiva Conteúdo, 27/02/2012: <http://www.saraivaconteudo.com.br/Videos/Post/44295>.
95. No começo, a gravadora Pantanal se chamava MIT, iniciais de Michel, Ivan e Teófilo. A sigla MIT ainda dá nome a uma distribuidora de discos de Campo Grande.
96. "O japonês que renovou o sertanejo". *Época*, Mente Aberta, 23/05/2013; "Tem *sushi* no breganejo", *Veja*, Celebridades, 14/01/2012: <http://veja.abril.com.br/noticia/celebridades/ivan-myiazato-tem-sushi-no-breganejo>.
97. Entrevista de Pinocchio ao Blognejo, postada em 04/02/2014: <http://www.youtube.com/watch?v=It5keyTt6EI&list=PLwu0u55ZEtQIZI8UWx6VJPTcrFZ4MPJ91&index=13>.
98. Entrevista de Dudu Borges ao Blognejo, postada em 29/07/2010: <http://www.youtube.com/watch?v=Bfw3O3mySF4>.
99. Na época o Fernando da dupla ainda não era Fernando Zorzanello Bonifácio, mas o cantor Fernando Santigo, que foi demitido da banda pelo parceiro, que ficou com o nome da dupla. Antes de Santigo, Sorocaba já tivera outros três Fernandos controlados à mão de ferro por seu tino empresarial.
100. "'Achava que o Luan Santana seria o Felipe Dylon do sertanejo', diz Sorocaba em palestra", blog Uol Universo Sertanejo, 20/07/2012: <http://universosertanejo.blogosfera.uol.com.br/2012/07/20/achava-que-o-luan-santana-seria-o-felipe-dylon-do-sertanejo-diz-sorocaba-em-palestra/>.
101. "Sucesso de Bruno & Marrone supera o das maiores duplas do mercado", *O Globo*, Segundo Caderno, 05/04/2004, p. 2
102. Segundo Bruno: "A pirataria ajudou a nossa carreira. Ela foi horrível para as gravadoras e para a música em geral. Mas para a gente foi uma forma de divulgação em massa. O mercado estava muito restrito para as novas duplas. Só existiam o Zezé Di Camargo e Luciano, Chitãozinho & Xororó e Leonardo. As rádios só tocavam músicas deles. Graças a Deus e à pirataria, conseguimos furar esse bloqueio e estouramos." "A pirataria ajudou a nossa carreira", site IG, 29/01/2011: <http://gente.ig.com.br/bruno+e+marrone+ao+ig+a+pirataria+ajudou+a+nossa+carreira/n1237974399112.html>.
103. Entrevista de César Menotti & Fabiano a Marília Gabriela, *De frente com Gabi*, SBT, 11/10/2012.
104. Entrevista de Munhoz & Mariano a Marília Gabriela, *De frente com Gabi*, SBT, 24/03/2013.

105. Os quatro discos da cantora antes do sucesso são: LP *Paula Fernandes* (1993), independente; CD *Canções do vento sul* (2005), Sonhos e Sons; CD *Dust in the Wind* (2006), Sonhos e Sons; CD *Pássaro de fogo* (2009), Universal Music.
106. "Victor & Leo recebem *Fantástico* em fazenda no interior de Minas Gerais", *Fantástico*, TV Globo, 21/08/2009.
107. "Victor & Leo recebem *Fantástico* em fazenda no interior de Minas Gerais", conteúdo disponível na internet como extras da matéria, *Fantástico*, Canal F, TV Globo, 21/08/2009: <http://www.youtube.com/watch?v=n9LfPTSsDGo>.
108. Para os dados da carreira inicial de Victor & Leo, ver João Doria Jr. entrevista Victor & Leo, *Show Business*, Rede TV, 22/12/2012.
109. Entrevista Victor & Leo a Marília Gabriela, *De frente com Gabi*, SBT, 23/09/2012.
110. "Victor & Leo, a nova cara das velhas duplas", *O Globo*, Segundo Caderno, 24/10/2008, p. 5.
111. Programa *Estrelas*, TV Globo, 28/11/2009.
112. João Doria Jr. entrevista Victor & Leo, *Show Business*, Rede TV, 22/12/2012.
113. "Victor & Leo recebem *Fantástico* em fazenda no interior de Minas Gerais", *Fantástico*, TV Globo, 21/08/2009.
114. "Victor & Leo, a nova cara das velhas duplas", *O Globo*, Segundo Caderno, 24/10/2008, p. 5.
115. Entrevista César Menotti & Fabiano a Marília Gabriela, *De frente com Gabi*, SBT, 11/10/2012.
116. O Facebook também começou nesse mesmo ano, embora só tenha se popularizado no Brasil alguns anos depois.
117. "Sertanejos século XXI". *O Globo*, Segundo Caderno, 29/03/2010, p. 1 e 3.
118. "'Camaro amarelo' bate 'Gangnam Style' e é o vídeo mais visto do YouTube no Brasil em 2012", Uol, 18/12/2012: <http://musica.uol.com.br/noticias/redacao/2012/12/18/camaro-amarelo-bate-gangnam-style-e-e-o-video-mais-visto-no-brasil-no-youtube-em-2012.htm>.
119. O vídeo caseiro *Munhoz e Mariano Camaro amarelo* foi lançado em 28/04/2012 no YouTube (https://www.youtube.com/watch?v=MM_5fR3pOoE). O DVD foi gravado no Parque das Nações Indígenas, em Campo Grande (MS), no dia 6 de maio de 2012. O DVD só foi lançado em 21/05/2012 e foi logo postado no YouTube. Antes de essa prática se disseminar, Luan Santana relatou o desconforto de ter de ensinar as novas canções para o público antes de gravá-la nos *shows* "ao vivo" pelo Brasil. O artista se via obrigado

a parar o show de gravação "ao vivo" para ensinar os fãs a cantar os refrões de forma ao produto final ficar mais cenográfico. Entrevista Luan Santana a Marília Gabriela, *De frente com Gabi*, SBT, 22/08/2010.

120. Nas cidades Oswaldo Cruz (SP), Santa Cruz do Rio Pardo (SP), Paranaguá (PR), Biguaçu (SC) Ituporanga (SC), Londrina (SC), Londrina (PR), Lages (SC), Canoinhas (SC), Camboriú (SC), Franca (SP) e São Roque (SP).

121. *Michel na balada* foi gravado em Wood's Curitiba em 25/09/2011, Wood's São Paulo em 28/09/2011, Wood's Balneário Camboriú em 30/09/2011, Santa Fé Hall Goiânia em 04/10/2011 e Cinema D em Ribeirão Preto em 05/10/2011.

122. Mesmo no caso de um disco de estúdio há meios-termos, como o CD *Retrato — Ao vivo no estúdio*, de César Menotti & Fabiano, de 2010.

123. A novela *América*, de 2005, embora tivesse um disco apenas com canções sertanejas, ainda não abria espaço para os universitários.

124. Em verdade esse primeiro disco também tinha country americano junto com o sertanejo. Mas as trilhas seguintes tinham apenas sertanejo.

125. "Musa de Roberto Carlos, Paula Fernandes lança seu primeiro DVD", *Folha de S.Paulo*, 30/03/2011: <http://www1.folha.uol.com.br/livrariada folha/883412-musa-de-roberto-carlos-paula-fernandes-lanca-seu-primeiro-dvd. shtml>.

126. Desde 2008 a Som Livre contratou, além dos sertanejos, a Banda Calypso, o cantor Pablo (muito conhecido no Nordeste) e muitos outros da seara gospel, como a banda Diante do Trono, e os cantores Ana Paula Valadão, André Valadão, Ana Nóbrega, Alda Célia, Antônio Cirilo, Davi Sacer, Ludmila Ferber e Jamily.

127. "Sertanejo sem vergonha — Sertanejo universitário conquista paulistanos", *Veja São Paulo*, 15/10/2010, p. 41.

128. Em junho de 2011 o site do crítico cultural Pedro Alexandre Sanches compilou listas das cinco canções mais pedidas de nove rádios populares de várias capitais. Chegou a uma lista de trinta cantores e bandas, que tocavam vinte e cinco sucessos. Pagode e, sobretudo, sertanejo eram, de longe, a preferência das paradas das emissoras. As rádios analisadas foram: Rádio Liberal, de Belém; BH FM, de Belo Horizonte; 98 FM, de Curitiba; Jangadeiro FM, de Fortaleza; Cidade FM, de Porto Alegre; Clube FM, de Recife; FM O Dia, do Rio; Itapoan FM, de Salvador; e Tupi FM, de São Paulo. A Rádio Tupi de São Paulo assumiu a liderança na capital paulista em 2008 graças ao sertanejo e lá permaneceu até 2012. O Grupo Bandeirantes, dono da Rádio Nativa FM na

capital paulista, tomou a dianteira nesse ano, com a mesma programação da concorrente, muito baseada no sertanejo. Ver *Documentário Tupi FM — O novo sertanejo*: <http://www.youtube.com/watch?v=-5GCIjkaURM>; "FMs com mais audiência são de música para 'povão'", *Folha de S. Paulo*, 15/05/2012: <http://f5.folha.uol.com.br/televisao/1090630-fms-com-mais-audiencia-sao-de-musica-para-povao-veja-ranking.shtml>.

129. "MPB e *rock*? Viraram músicas de minoria, nas classes A e B", por Luís Antônio Giron, revista *Época*, 01/11/2013: http://epoca.globo.com/vida/noticia/2013/11/o-brasil-be-sertanejob.html
130. Para a negação dos sertanejos atuais ao rótulo "universitário", ver "Beleza interior", por Bruno Torturra Nogueira, revista *Trip*, n. 188, maio de 2010.
131. Entrevista de Gusttavo Lima, *Altas horas*, TV Globo, 21/01/2012.
132. *Programa do Ratinho*, 20/07/2011: <http://www.youtube.com/watch?v=dnHXNVL-0-I&feature=related>.
133. *Programa Amaury Junior*, Rede TV, 29/08/2010.
134. Entrevista Michel Teló a Marília Gabriela, *De frente com Gabi*, SBT, 24/06/2012
135. "O europeu gosta de Chico Buarque e de Michel Teló", por Fernando Vives. *Carta Capital*, 06/01/2012: <http://www.cartacapital.com.br/sociedade/o-europeu-gosta-de-chico-buarque-e-de-michel-telo/>.
136. Mas nem sempre foi assim. Cabe lembrar que as imagens associadas durante muito tempo ao baião, aos xotes e forrós de Luiz Gonzaga foram o "mau gosto", as brigas de faca e a malícia das letras. Do fim dos anos 1950 até o fim dos anos 1960, Luiz Gonzaga ficou praticamente recluso e afastado das grandes mídias, sendo considerado figura cujo ciclo de sucesso já havia terminado. Foi somente com as regravações dos baianos tropicalistas e de Geraldo Vandré que Luiz Gonzaga começou a ser reapresentado ao público da MPB. Cf. Echeverria, *Gonzaguinha, Gonzagão*.
137. "Número de matrículas no ensino superior cresce 81% em dez anos", G1, 31/10/2013: <http://g1.globo.com/educacao/noticia/2013/10/numero-de-matriculas-no-ensino-superior-cresce-81-em-dez-anos.html>.
138. "As *raves* do Jeca Tatu", Sérgio Martins, *Veja*, ed. 2.046, 06/02/2008: <http://veja.abril.com.br/060208/p_102.shtml>. O jornalista se equivoca, no entanto, ao dizer que a guitarra é uma marca do sertanejo universitário.
139. Entrevista Luan Santana a Marília Gabriela, *De frente com Gabi*, SBT, 22/08/2010.

NOTAS

140. "Canções sobre carro, mulher e bebida movem os novos astros da música sertaneja", por Silvio Essinger, *O Globo*, Segundo Caderno, 01/12/2013, p. 1.
141. *Idem.*
142. "Canções sobre carro, mulher e bebida movem os novos astros da música sertaneja"", por Silvio Essinger, *O Globo*, Segundo Caderno, 01/12/2013.
143. Trata-se da pesquisa de mestrado em Letras de Mariana Lioto na Universidade Estadual do Oeste do Paraná (Unioeste), e da especialização em Dependência Química de Francismari Barbin, na Universidade Federal de São Paulo (Unifesp). A dissertação de Barbin não foi encontrada, embora tenha sido citada nesta reportagem: "'Acadêmicos do sertanejo' estudam incentivo a 'bebedeira' em hits atuais", G1, 07/01/2013: <http://g1.globo.com/musica/noticia/2013/01/academicos-do-sertanejo-estudam-incentivo-bebedeira-em-hits-atuais.html>. Mariana Lioto, *Felicidade engarrafada*: bebidas alcoólicas em músicas sertanejas.
144. Documentário *Tupi FM (SP): O novo sertanejo*, visto em 31/08/2013: <http://www.youtube.com/watch?v=-5GCIjkaURM>. Nessa época houve o sucesso momentâneo do que se convencionou chamar de *happy rock*, cuja poética ia na mesma direção: "O emo briga com a namorada e fica triste. A gente rompe o namoro e, beleza, a vida continua", disse PeLu, guitarrista do Restart, a mais evidente destas bandas. "A alegria dos pais", *Veja*, 09/06/2010.
145. "Sertanejos: Tá tudo dominado", *Veja*, [Vídeo promocional da revista sobre a matéria de capa sobre os sertanejos], 26/01/2013: <http://veja.abril.com.br/multimidia/video/sertanejo-ta-tudo-dominado>.
146. Entrevista Luan Santana a Marília Gabriela, *De frente com Gabi*, SBT, 22/08/2010.
147. Programa *Estrelas*, TV Globo, 28/11/2009. "Victor & Leo, a nova cara das velhas duplas", *O Globo*, Segundo Caderno, 24/10/2008, p. 5. Entrevista Victor & Leo a Marília Gabriela, *De frente com Gabi*, SBT, 23/09/2012.
148. Entrevista Fernando & Sorocaba a Marília Gabriela, *De frente com Gabi*, SBT, 27/11/2011.
149. Michel Teló no *Programa do Ratinho*, SBT, vídeo postado em 17/02/2011: <http://www.youtube.com/watch?v=9BIekxpOT70>.
150. Entrevista Michel Teló a Marília Gabriela, *De frente com Gabi*, SBT 24/06/2012.
151. Programa *Tudo é possível*, TV Record, 19/08/2012.
152. Programa *Legendários*, TV Record, 08/12/2012.

153. "Sertanejo universitário: O sertanejo faz escola", site Extra, 02/10/2010: <http://extra.globo.com/tv-e-lazer/sertanejo-universitario-sertanejo-faz-escola-363067.html>.
154. "'Mistura faz sertanejo se espalhar como vírus', defende Luan Santana", Uol, 02/02/2014: <http://musica.uol.com.br/noticias/redacao/2014/02/02/mistura-faz-sertanejo-se-espalhar-como-virus-defende-luan-santana.htm#fotoNav=127>.
155. Entrevista Carlos Eduardo Miranda a Marília Gabriela, *De frente com Gabi*, SBT, 21/11/2012.
156. "Entrevista 'Ai se eu te pego' — Parte I — TV Cangaia", postada em 15/11/2011: <http://www.youtube.com/watch?v=Zx8KnmttjgE>.
157. Entrevista com o compositor da música "Ai se eu te pego": Antonio Dyggs, Bocão NewsTV, publicada em 11/01/2012: <http://www.youtube.com/watch?v=kghbA4dHKw4&list=PLr4zNHMI7cKh45pU7fyiurGY62aqqaHTq>
158. Texto fornecido pelo próprio Antonio Dyggs em seu canal do YouTube: <http://www.youtube.com/watch?v=AcgyhYqX4pU>.
159. André Piunti entrevista Michel Teló, blog Universo Sertanejo, Publicado em 10/12/2012: <http://www.youtube.com/watch?v=EgKgJWmpRUE>.
160. Entrevista Michel Teló a Marília Gabriela, *De Frente com Gabi*, SBT, 24/06/2012.
161. Entrevista com o compositor da música "Ai se eu te pego": Antonio Dyggs, Bocão NewsTV, publicada em 11/01/2012: <http://www.youtube.com/watch?v=kghbA4dHKw4&list=PLr4zNHMI7cKh45pU7fyiurGY62aqqaHTq>.
162. Além de Pablo, destacam-se no arrocha: Nara Costa, Silvano Salles, Márcio Moreno, Asas Livres, Grupo Arrocha, Tayrone Cigano, Beto Botho, Nira Guerreira, Latitude 10, Bonde do Maluco, Trio da Huanna.
163. O arrocha chegou aos ouvidos do Sul e Sudeste em 2010 em grande parte graças à internet. Nesse ano a canção "Minha mulher não deixa não", um arrocha de composição de Reginaldo Alves da Silva, o Reginho, e a banda Surpresa, estourou no YouTube, e teve mais d 7 milhões de visualizações. "Cantor de 'Minha mulher não deixa não' vira ídolo em três meses", *Folha de S.Paulo*, Folha Ilustrada, 16/02/2011.
164. Versões sertanejas de canções do funkeiro carioca Mr. Catra estão em "Adultério", por Pedro Paulo & Alex, e "Sou foda", dos Avassaladores, por Carlos & Jader. A mediação entre os gêneros levou a gravações conjuntas, como "Sou foda 2", com Cacio & Marcos e Avassaladores, ou "Vem cá", com Sandro & Guilherme e Mr. Catra.

165. "Compositor de 'Eu quero tchu' grava clipe e quer encontro com Neymar", G1 Paraíba, 09/04/2012: <http://g1.globo.com/pb/paraiba/noticia/2012/04/compositor-de-eu-quero-tchu-grava-clipe-e-quer-encontro-com-neymar.html>.
166. Entrevista com o compositor da música "Ai se eu te pego": Antonio Dyggs, Bocão NewsTV, publicada em 11/01/2012: <http://www.youtube.com/watch?v=kghbA4dHKw4&list=PLr4zNHMI7cKh45pU7fyiurGY62aqqaHTq>
167. "Batidão sertanejo", *O Globo*, Segundo Caderno, 09/06/2012, p. 1.
168. Entrevista: Zezé Di Camargo, por André Piunti, blog Uol Universo Sertanejo, 14/06/2010: <http://universosertanejo.blog.uol.com.br/arch2010-06-13_2010-06-19.html#2010_06-14_09_12_34-140812036-0>.
169. *Altas horas*, TV Globo, 01/10/11: <http://www.youtube.com/watch?v=ZjQ-RvLwLtQ>.
170. Entrevista Zezé Di Camargo a Marília Gabriela, *De frente com Gabi*, SBT, em 24/07/2011.
171. Estive presente nesse show e pude comprovar a aproximação voluntária de Zezé.
172. "Zezé Di Camargo cai de amores por Gusttavo Lima", R7, 09/03/2013: <http://entretenimento.r7.com/musica/noticias/zeze-di-camargo-cai-de-amores-por-gusttavo-lima-20130309.html>.
173. "Geraldo visita a mansão de Zezé Di Camargo", *Balanço geral*, Record, 16/05/2013: <http://www.youtube.com/watch?v=5_8JH21sQjc>.
174. "Sertanejo universitário: O sertanejo faz escola", Jornal *Extra*, 02/10/2010: <http://extra.globo.com/tv-e-lazer/sertanejo-universitario-sertanejo-faz-escola-363067.html#ixzz1yRtiknL3>.
175. Entrevista de Leonardo ao blog UOL Sertanejo, por André Piunti, sem data, provavelmente 2010: <http://www.emnomedoamor.art.br/entrleouniversosertanejo11ag09.html>.
176. "Sertanejo universitário: O sertanejo faz escola", Jornal *Extra*, 02/10/2010: <http://extra.globo.com/tv-e-lazer/sertanejo-universitario-sertanejo-faz-escola-363067.html#ixzz1yRtiknL3>.
177. Ver show em São Paulo, 19/12/2009. Teatro das Artes, Shopping Eldorado. <http://www.youtube.com/watch?v=8yUOoJrFoQg&feature=related>.
178. Indo pelo mesmo caminho de Brown de aceitar pactos com sertanejos, em 2012 o cantor Léo Maia, filho de Tim Maia, negociava com estes artistas um show com músicas de seu pai: "Meu pai cantou pra elite, teve sua parte da elite, mas era um cantor do povo também[...]. Hoje,

não tem nenhum gênero musical que consegue falar mais a língua do povo como a música sertaneja." Blog Uol Universo Sertanejo, 24/10/2012: <http://universosertanejo.blogosfera.uol.com.br/2012/10/24/filho-de-tim-maia-negocia-com-sertanejos-homenagem-a-seu-pai/>.
179. A cantora paranaense Gaby Amarantos, que regravou "Coração está em pedaços" em seu primeiro disco, *Treme*, de 2012, também louvou os sertanejos: "Antes se tinha um grande preconceito com esse tipo de música, que fala direto ao coração. Eles transformaram, eles transgrediram, fizeram com que a gente tivesse mais coragem de dizer que ama..." Para os testemunhos de Gaby Amarantos e Carlinhos Brown, ver Homenagem a Zezé Di Camargo & Luciano, *Som Brasil*, TV Globo, 25/11/2011.
180. "Idade", coluna de Caetano Veloso, *O Globo*, Segundo Caderno, 24/06/2012, p. 2.
181. "Caetano: se Luan Santana não é MPB, então o que é MPB?", site Terra, 19/02/2011: <http://musica.terra.com.br/caetano-se-luan-santana-nao-e-mpb-entao-o-que-e-mpb,c99cc63c8b15a310VgnCLD200000bbcceb0aRCRD.html>.
182. Revista *O Grito*, 11/01/2013: <http://revistaogrito.ne10.uol.com.br/page/blog/2013/01/11/coberturaentrevista-tom-ze-trocaria-tudo-o-que-fiz-por-ai-s e-eu-te-pego/>. Tom Zé repetiu o discurso pró "Ai se eu te pego" no programa *Esquenta*, de Regina Casé, exibido em 04/05/2014: <http://globotv.globo.com/t/programa/v/tom-ze-fala-sobre-os-novos-sucessos-sertanejos/3323483/>.
183. Fiz a mesma pergunta a Jorge Mautner, que respondeu afirmativamente sobre a necessidade de dialogar com o sertanejo universitário, aproximando-se de Caetano, embora sem precisar como isso seria feito. Pré-lançamento do filme *O filho do holocausto*, de Pedro Bial e Heitor D'Alincourt. XI Arariboia Cine — Festival de Niterói, 20/11/2012.
184. Julio Medaglia, programa *Provocações*, TV Cultura, n. 494, 14/12/2010: <http://www.youtube.com/watch?v=I1mNJvURtxg&feature=related>.
185. Sarau Literário do CCBB/RJ, com Jards Macalé e Capinam, 17/07/2012.
186. O cantor Cauby Peixoto também demonstrou simpatia para com Luan: "Gosto do Luan Santana. Ele se parece comigo na época em que comecei a cantar." *Veja*, Frases da semana, 24/02/2014.
187. Programa *Altas horas*, TV Globo, 22/12/2012. O vídeo da participação de Paula pode ser visto em: <http://tvg.globo.com/programas/altas-horas/O-Programa/noticia/2012/12/lulu-santos-canta-pela-1-vez-com-paula-fernandes-no-altas-horas-12-anos.html>.

NOTAS

188. "Lamento sertanejo: Músicos rebatem críticas do futuro secretário estadual de Cultura, Luiz Paulo Conde", *O Globo*, Segundo Caderno, 10/12/2006, p. 1.
189. "'Música virou trilha sonora de celular', diz Lulu Santos", entrevista com Lulu Santos, *Folha de S.Paulo*, 14/01/2013: <http://www1.folha.uol.com.br/ilustrada/1214420-musica-virou-trilha-sonora-de-celular-diz-lulu-santos.shtml>.
190. DVD *Victor & Leo: A história*. Sobre a "descartabilidade" de Chitãozinho & Xororó, esse foi o testemunho do compositor colhido por Rosa Nepomuceno em seu livro. Nepomuceno, *Música caipira*, p. 215.
191. Entrevista de Pedro Alexandre Sanches publicada em 23/08/2012: <http://www.amusicoteca.com.br/?p=6910>.
192. Nem sempre Hermano Vianna teve essa opinião. Em texto do encarte do CD *O sol de Oslo*, de Gilberto Gil, lançado em 1998, Vianna foi crítico. Ao louvar o novo sertão proposto por Gil no disco, Hermano Vianna deu uma cutucada no comercialismo da música sertaneja: "A lição de Guimarães Rosa passou muito tempo esquecida, ou isolada. O Brasil preferia olhar com vergonha para o sertão e para a variedade estonteante de sua 'música do infinito'. Toda a vastidão do mundo sertanejo foi reduzida a uma determinada fatia do mercado fonográfico, que explora apenas um filão daquilo que um dia foi tão pouco uniforme."
193. "O abacaxi da cultura". *O Estado de S. Paulo*, entrevista com Hermano Vianna, 11/02/2013: <http://www.estadao.com.br/noticias/impresso,o-abacaxi-da-cultura,995433,0.htm>. Em outra coluna Vianna foi ainda mais enfático: "Ainda é preciso combater, o tempo todo, a impressão que o 'resto' do país é um vazio cultural. Desde que Campo Grande, Mato Grosso do Sul, virou (com Michel Teló, Luan Santana e tantos outros ídolos nacionais) uma das capitais do novo pop feito no Brasil, deveríamos prestar ainda mais atenção no que vem 'de fora'." "Vazio Cultural? No Piauí não", O Globo, 01/08/2014.
194. *Jornal da Globo*, TV Globo, Coluna de Nelson Motta, 30/04/2011.
195. Marília Gabriela entrevista Munhoz & Mariano, *De frente com Gabi*, SBT, 24/03/2013: <http://www.youtube.com/watch?v=tqRFvLmM6ic>.
196. Anos antes, *Veja São Paulo* também tinha dado capa aos universitários com as manchetes: "O brega virou *pop*" e "Sertanejo sem vergonha", 20/10/2008, p. 34-42.
197. "É o amor, que mexe com a minha cabeça e me deixa assim", *Jornal da Tarde*, Caderno Variedades, 14/10/2007.

198. "Vamos vestir a camisa dos 'bregas'", *O Estado de S.Paulo*, 28/10/2007: <http://www.estadao.com.br/noticias/arteelazer, vamos-vestir-a-camisa-dos-bregas-,732748,0.htm>.
199. *Domingão do Faustão*, TV Globo, 03/05/2012.
200. "Victor & Leo recebem *Fantástico* em fazenda no interior de Minas Gerais", conteúdo disponível na internet como extras da matéria, *Fantástico*, Canal F, TV Globo, 21/08/2009: <http://www.youtube.com/watch?v=n9LfPTSsDGo>.
201. Em 2011, o disco *Ao vivo no Rio*, de Luan Santana, ganhou o prêmio de "melhor cantor". Paula Fernandes ganhou o prêmio de "melhor cantora" e "artista sertanejo". Em 2012, "Ai se eu te pego", de Michel Teló, ganhou o prêmio "música chiclete" e Paula Fernandes, o de "melhor show". Em 2013 Luan Santana recebeu o de "melhor cantor" e Paula Fernandes, novamente o de "melhor show".
202. Foram indicados ao Grammy de melhor álbum de música sertaneja de 2013: *A festa*, de João Bosco & Vinícius; *A hora é agora — Ao vivo em Jurerê*, de Jorge & Mateus; *Cores*, por Marcos & Belutti; *Sunset*, de Michel Teló; *Ao vivo em Floripa*, por Victor & Leo. O Grammy já havia contemplado os sertanejos da geração anterior desde 2000, quando foram criadas as primeiras premiações específicas para a música sertaneja.
203. "'Nosso meio é podre e eu tenho nojo', diz Jorge sobre o mercado da música sertaneja", entrevista de Jorge ao jornalista e blogueiro André Piunti, 04/07/2012: <http://universosertanejo.blogosfera.uol.com.br/2012/07/04/nosso-meio-e-podre-e-eu-tenho-nojo-diz-jorge-sobre-o-mercado-da-musica-sertaneja/>.
204. Até 2012, Paula Fernandes foi durante quatro anos contratada do Talismã, escritório do cantor Leonardo. A cantora criou sua própria produtora, a Jeito de Mato, e passou a gerir sua carreira.
205. Entrevista de Marcos Mioto a André Piunti, blog Uol Universo Sertanejo, 20/05/2013: <http://universosertanejo.blogosfera.uol.com.br/2013/05/20/bastidores-entrevista-com-marcos-mioto/>.
206. "'Cornos não gostam de música sertaneja', diz Victor, da dupla Victor & Leo", 06/08/2012: <http://blogs.estadao.com.br/musica-sertaneja/cornos-nao-gostam-de-musica-sertaneja-diz-victor-da-dupla-victor-e-leo/>.
207. Victor Chaves: "O momento da música sertaneja é caótico", entrevista a André Piunti, blog Uol Universo Sertanejo, 24/07/2012:

<http://universosertanejo.blogosfera.uol.com.br/2012/07/24/victor-chaves-o-momento-da-musica-sertaneja-e-caotico/>.
208. Victor Chaves: "O momento da música sertaneja é caótico", entrevista a André Piunti, blog Uol Universo sertanejo, 24/07/2012: http://universosertanejo.blogosfera.uol.com.br/2012/07/24/victor-chaves-o-momento-da-musica-sertaneja-e-caotico/.
209. "No Country in Park, Victor diz que não deixaria os filhos ouvirem sertanejo atual", Uol, 01/06/2013: <http://musica.uol.com.br/noticias/redacao/2013/06/01/no-country-park-victor-diz-que-nao-deixaria-os-filhos-ouvirem-sertanejo-atual.htm>.
210. Entrevista com Zezé Di Camargo, revista *Sexy*, novembro de 2012.*Apud* "Zezé Di Camargo rebate críticas de Jorge sobre o mercado sertanejo", blog Uol Universo Sertanejo, 25/10/2012: <http://universosertanejo.blogosfera.uol.com.br/2012/10/25/zeze-di-camargo-rebate-criticas-de-jorge-sobre-o-mercado-sertanejo/>.
211. Entrevista de Paula Fernandes a André Piunti, blog Uol Universo Sertanejo, 24/05/2012: <http://mais.uol.com.br/view/92db81ral8qx/universo-sertanejo-com- paula-fernandes-04028D1B3470C0C12326?types=A&>.
212. Zezé fala isso no vídeo: <https://www.youtube.com/watch?v=-y1lVZOGNGA>.
213. "Artista tem que cuidar do seu próprio umbigo, diz cantor da dupla João Bosco e Vinícius", entrevista a André Piunti, blog Uol Universo Sertanejo, 27/09/2012: <http://musica.uol.com.br/noticias/redacao/2012/09/27/artista-tem-que-cuidar-do-seu-proprio-umbigo-diz-cantor-da-dupla-joao-bosco-e-vinicius.htm>.
214. "Algumas notas", blog Uol Universo Sertanejo, 18/07/2012: <http://universosertanejo.blogosfera.uol.com.br/2012/07/18/sobre-o-falecimento-do-cantor-predileto-da-dupla-preferido-e-predileto/>.
215. "César Menotti & Fabiano falam sobre o novo trabalho, declarações polêmicas e da perda do pai", entrevista a André Piunti, blog Uol Universo Sertanejo, 03/04/2013: <http://universosertanejo.blogosfera.uol.com.br/2013/04/03/cesar-menotti-e-fabiano-falam-sobre-o-novo-trabalho-declaracoes-polemicas-e-da-perda-do-pai/>.
216. "Um balanço de 2012", blog Uol Universo Sertanejo, 31/12/2012: <http://universosertanejo.blogosfera.uol.com.br/2012/12/>.
217. "Bastidores: uma entrevista com Marcelo Siqueira", blog Uol Universo Sertanejo, 29/04/2013: <http://universosertanejo.blogosfera.uol.com.br/2013/04/29/bastidores-marcelo-siqueira/>.

218. O produtor Pinocchio foi um dos que primeiro trabalharam com César Menotti & Fabiano, e mais tarde ele também gravou discos de Jorge & Mateus e Gusttavo Lima. Ele se recorda que para regravar a tradição teve de reeducar os músicos: "Antigamente a galera da bandas [de apoio], todo mundo tocava jazz, pop, bossa nova, tocavam tudo. Mas sertanejo ninguém tocava. [...] Então tinha que formatar todo mundo um pouco. Olha! Guarânia se toca assim, rasqueado assado..." Entrevista de Pinocchio ao Blognejo, 04/02/2014: <http://www.youtube.com/watch?v=It5keyTt6EI&list=PLwu0u55ZEtQIZI8UWx6VJPTcrFZ4MPJ91&index=13>.
219. Entrevista realizada com a cantora Paula Fernandes no dia 01/09/2012 na cidade de Uberlândia, no camarim de um evento em que ela realizou um show. O vídeo da entrevista pode ser visto em <http://www.youtube.com/watch?v=2fw8EXKLNxE>.
220. Explicou João Bosco em 2012: "Estamos gravando um CD de modão, só com clássicos e ao lado dos donos desses clássicos, mas é algo à parte, um projeto especial, é um desejo nosso de muito tempo." Entrevista a Andre Piunti, blog Uol Universo Sertanejo, 27/09/2012: <http://musica.uol.com.br/noticias/redacao/2012/09/27/artista-tem-que-cuidar-do-seu-proprio-umbigo-diz-cantor-da-dupla-joao-bosco-e-vinicius.htm>. Para a afirmação de César Menotti, ver entrevista de César Menotti & Fabiano a Marília Gabriela. No bate-bola, ao responder à indagação "Um sonho?", César Menotti fala: "Um projeto de música caipira." *De frente com Gabi*, SBT, 11/10/2012: <http://www.youtube.com/watch?v=dl6GC8pU7lo>.
221. Os irmãos levaram como convidados Leo Canhoto & Robertinho, Vital & Biro-Biro e Djalma & Nilsinho. O programa ainda contou com a participação de Fábio Lacerda, irmão e empresário da dupla, que foi o primeiro a formar dupla com Fabiano. No programa foram cantadas as seguintes canções tradicionais caipiras. Programa *Viola, minha viola*, TV Cultura, 31/03/2013.
222. Blog Uol Universo Sertanejo, em 30/01/2012: <http://universosertanejo.blogosfera.uol.com.br/2012/01/30/noticias-sobre-musica-sertaneja/>.
223. As informações sobre os modelos Rozini foram obtidas no SAC da própria fábrica.
224. As fábricas de acordeão também tiveram um pequeno renascimento no Brasil em parte graças ao uso intenso do instrumento no sertanejo universitário. Fábricas como Sanzovo, Minuano, Todeschini, Leticce começaram a montar o instrumento, a maior parte com *know-how* estrangeiro.

NOTAS

225. Desde pelo menos 2011 Gusttavo Lima apresenta algumas modas de viola em seus shows, como se pode conferir neste vídeo de um show em Franca: <http://www.youtube.com/watch?feature=player_embedded&v=qIoR7CCK31s>
226. Em entrevista exclusiva ao programa *Universo sertanejo*, da Rádio Uol, a cantora conversa com André Piunti, 25/05/2012: <http://mais.uol.com.br/view/92db81ral8qx/universo-sertanejo-com-paula-fernandes-04028D1B3470C0C12326?types=A&>.
227. Quando cantou sua composição "Jeito de mato" na gravação de seu DVD *Multishow ao vivo — Um ser amor*, de 2013, Paula Fernandes apareceu no palco montada num cavalo de verdade, branco, enorme, tudo para remeter a ruralidade, mesmo que de forma exagerada.
228. "20 anos sem Tião Carreiro", por César Menotti. Blog Uol Universo Sertanejo, 15/10/2013: <http://universosertanejo.blogosfera.uol.com.br/2013/10/15/20-anos-sem-tiao-carreiro-por-cesar-menotti/>.
229. O primeiro show de Michael Jackson no estádio do Morumbi foi exatamente no dia 15 de novembro. O segundo, no dia 17. No dia 13 de outubro de 1993, quando o avião em que viajava aterrissou no Aeroporto Internacional de Guarulhos, na capital paulista, vindo de Buenos Aires, Michael foi recebido num tapete vermelho por três crianças, que entregaram flores. Uma delas era Júnior Lima, da dupla Sandy & Júnior, filhos de Xororó.
230. Segundo a *Folha de S.Paulo*, o show de Michael Jackson provocou "uma mega-histeria" da plateia estimada em 70 mil pessoas. *Folha de S.Paulo*, Caderno Especial Megashows, 16/10/1993, p. 1. Entre 3 e 6 de novembro de 1993 foi a vez de a cantora Madonna vir ao Brasil. Nenhuma nota apareceu para a morte de Tião na *Folha de S.Paulo*, tão preocupada com os shows estrangeiros. Tampouco no *Jornal do Brasil* ou em *O Globo*, ou na *Veja*. Houve exceções ao silêncio em relação ao violeiro. Chrystian & Ralf homenagearam Tião em programa de TV, e Ralf puxou a orelha das outras duplas por esquecer a tradição: "Chrystian & Ralf existem muito graças ao Tião Carreiro. [...] Eu acho muito importante que isso sirva de exemplo para as outras duplas: homenagem a gente faz em vida, não na morte! Para a declaração de Chrystian & Ralf, ver: <http://www.youtube.com/watch?v=NqxNzyAr3t4>.
231. "Tristeza do Jeca", *Diário Catarinense*, 19/02/2009; "Alegria do Jeca", *Folha de S.Paulo*, Ilustrada, E6, 16/03/2009.
232. Para a citação do filhó José Carlos Perez, ver "Uma relíquia esquecida", *Diário da Manhã* (Goiânia). 03/03/2009, p. 2.

233. Grande parte dos universitários se manifestou. Houve declarações de Léo Magalhães, Marcos & Belutti e Thiago, primo e dupla com Pedro Leonardo. Para as declarações acerca do óbito de Tinoco, ver: "'Sertanejo autêntico, de uma capacidade incomparável', diz Daniel", *Veja*, 04/05/2012: <http://veja.abril.com.br/noticia/celebridades/%E2%80%98sertanejo-autentico-de-uma-capacidade-incomparavel%E2%80%99-diz-daniel-de-tinoco>.
234. Para o pronunciamento de Dilma Rousseff, ver *Jornal Nacional*, TV Globo, 04/05/2012.
235. *Veja*, 09/05/2012, p. 64.

Referências

ABREU, I. de. *Rolando Boldrin*: palco Brasil. São Paulo: Imprensa Oficial do Estado de São Paulo, 2005.

ADORNO, T.; HORKHEIMER, M. "A indústria cultural e o iluminismo como mistificação das massas." *In A dialética do esclarecimento*. Rio de Janeiro: Jorge Zahar, 1985.

ADORNO, T. "O fetichismo na música e a regressão da audição." *In Os pensadores*. São Paulo: Abril Cultural, 1978.

ADORNO, T. "Sobre a música popular". *In* COHN, G. (Org.). *Adorno*. São Paulo: Ática, 1994. (Col. Grandes Cientistas Sociais.)

ADORNO, T. *Crítica de la cultura y Sociedad*. Barcelona: Ariel, 1969.

ALBUQUERQUE JR., D. M. *A invenção do Nordeste e outras artes*. 3. ed. Recife: FJN; São Paulo: Cortez, 2006.

ALEM, J. M. *Caipira e country*: a nova ruralidade brasileira. Tese (Doutorado em História) — Departamento de História, Faculdade de Filosofia, Letras e Ciências Humanas, Universidade de São Paulo, São Paulo, 1996.

ALEXANDRE, R. *Dias de luta*: o rock e o Brasil dos anos 80. Porto Alegre: Arquipélago Editorial, 2013.

ALMIRANTE. *No tempo de Noel Rosa*. Rio de Janeiro: Francisco Alves, 1963.

ALONSO, G. Ame-o ou ame-o: música popular e ufanismo durante a ditadura nos anos 70. *Boletim Tempo Presente* (UFRJ), v. 7, 2013

_____. Bob Dylans do sertão: tropicália, MPB e música sertaneja. *REDD — Revista Espaço de Diálogo e Desconexão*, v. 3, p. 222-235, 2011.

_____. Jeca Tatu e Jeca Total: a construção da oposição entre música caipira e música sertaneja na academia paulista (1954-1977). *Contemporânea — Revista de Sociologia da UFSCar*, v. 2, p. 439-463, 2012.

_____. O píer da resistência: contracultura, tropicália e memória no Rio de Janeiro. *Achegas.net*, v. 1, p. 44-71, 2013.

_____. O sertão na televisão: música sertaneja e Rede Globo. *Revista Contemporânea*, v. 1, p. 222-235, 2011.

_____. O sertão vai à faculdade: o sertanejo universitário e o Brasil dos anos 2000. *Revista Perspectiva Histórica*, p. 1-16, julho 2012.

_____. Os caipiras chiques: a relação da música rural e a MPB nos anos 80. *Tempo da Ciência* (Unioeste), v. 20, p. 15-30, 2013.

_____. *Simonal*: quem não tem swing morre com a boca cheia de formiga. Rio de Janeiro: Record, 2011.

_____. O píer da resistência. *Achegas.net*, n. 46, janeiro 2013.

_____. Ame-o ou ame-o: a música popular e as ditaduras brasileiras. *Revista do Mestrado em História da Universidade Severino Sombra (USS)*, v. 13, p. 55-81, 2011.

_____. *Cowboys do asfalto*: música sertaneja e modernização brasileira. Tese (Doutorado em História) — Departamento de História, Programa de Pós-graduação em História, Universidade Federal Fluminense, Niterói, 2011.

_____. Oposição no sertão: a construção da distinção entre música caipira e música sertaneja. *Outros Tempos*, v. 10, p. 122, 2013.

ALVES FILHO, A. *As metamorfoses do Jeca Tatu*: a questão da identidade do brasileiro em Monteiro Lobato. Rio de Janeiro: Inverta, 2003.

ALVES, L. C. *Flores no deserto*: a Legião Urbana em seu próprio tempo. Dissertação (Mestrado em História), Programa de Pós-graduação em História, Universidade Federal de Uberlândia, Uberlândia, 2002.

ALZER, L. A.; MARMO, H. *A vida até parece uma festa*: toda a história dos Titãs. Rio de Janeiro: Record, 2002.

ALZER, L. A.; CLAUDINO, M. *Almanaque anos 80*. Rio de Janeiro: Ediouro, 2004.

AMADO, J. *Navegação de cabotagem*. Rio de Janeiro: Record, 1992.

AMARAL, A.; KEHL, C. Indie ou sertanejo? Apropriações de dois gêneros musicais através do elemento xadrez no aplicativo Instagram. *Revista Temática*, ano IX, n. 5, maio/2013. Disponível em: <http://www.insite.pro.br/2013/Maio/indie_generosmusicais_instagram.pdf>. Acesso em: 12/11/2014.

ANDRADE, J. G. *Funrural*: a previdência vai ao campo. (Mestrado em Medicina), Faculdade de Medicina, Universidade Federal da Bahia, Salvador, 1983.

ARAÚJO, L. *Só as mães são felizes*. São Paulo: Globo, 1997.

ARAÚJO, P. C. de. *Eu não sou cachorro, não*: música popular cafona e ditadura militar. Rio de Janeiro: Record, 2003.

REFERÊNCIAS

_____. Waldick Soriano e o mistério do brega. *Revista USP*, n. 87, set./nov. 2010.

_____. *Roberto Carlos em detalhes*. São Paulo: Planeta, 2007.

ARAÚJO, S. "O fruto do nosso amor". *In* NESTROVSKI, Arthur (Org.). **Lendo música**: 10 ensaios sobre 10 canções. São Paulo: Publifolha, 2007.

BAHIANA, A. M. *Almanaque anos 1970*. Rio de Janeiro: Agir, 2006.

_____. *Nada será como antes*: MPB anos 70 — 30 anos depois. Rio de Janeiro: Editora Senac Rio, 2006.

BARBERO, J. M. *Dos meios às mediações*. Rio de Janeiro: UFRJ, 2004.

BARRO, M. *Rogério Duprat*: ecletismo musical. São Paulo: Imprensa Oficial do Estado de São Paulo, 2009.

BECKER, H. *Outsiders*: Hacia una Sociología de la Desviación. Buenos Aires: Siglo Veinteuno, 2009.

BERMAN, M. "Brindis por la Modernidad". *In El Debate modernidad-posmodernidad*. Buenos Aires: Retórica, 2004.

BOAL, A. *Hamlet and the Baker's Son*: My Life in Theatre and Politics. London: Routledge, 2001.

_____. *Teatro do oprimido e outras poéticas políticas*. Rio de Janeiro: Civilização Brasileira, 2008.

BORGES, M. F. *Heitor Villa-Lobos, o músico educador*. Dissertação (Mestrado em História), Departamento de História, Universidade Federal Fluminense, Niterói, 2008.

BOURDIEU, P. A ilusão biográfica. *In* FERREIRA, M. M.; AMADO, J. (Coord.). *Usos e abusos da história oral*. Rio de Janeiro: Fundação Getulio Vargas, 1996.

_____. *Coisas ditas*. São Paulo: Brasiliense, 2004.

_____. *O poder simbólico*. Rio de Janeiro: Bertrand Brasil, 1989.

BOYER, D. Ostalgie and the Politics of the Future in Eastern Germany. *Public Culture*, Duke University Press, v. 18, n. 2, p. 361-381, 2006.

BRESSER-PEREIRA, L. C. As incertezas do Plano Collor. *Revista Brasileira de Economia*, n. 45 (especial), p. 83-96, jan. 1991.

BRITO, D. de S.; MACHADO, M. C. T. O guardador de saudades: Goiá e a poética sertaneja do interior das Gerais. *In* COSTA, C. B.; MACHADO, M. C. T. *História e literatura*: identidades e fronteiras. Uberlândia: EdUfu, 2006.

_____. *Negociações de um sedutor*: trajetória e obra do compositor Goiá no meio artístico sertanejo. Uberlândia: EdUfu, 2010.

BRYAN, G. *Quem tem um sonho não dança*: cultura jovem brasileira dos anos 80. Rio de Janeiro/São Paulo: Record, 2004.
CALADO, C. *A divina comédia dos mutantes*. Rio de Janeiro: Ed. 34, 1995.
_____. *Tropicália*: a história de uma revolução musical. São Paulo: Ed. 34, 1997.
CALDAS, W. *Acorde na aurora*: música sertaneja e indústria cultural. São Paulo: Companhia Editora Nacional, 1977.
_____. *O que é música sertaneja*. Brasiliense: São Paulo, 1987.
CALDI, M. *Tem sanfona no choro*. Rio de Janeiro: MIS, 2012.
CAMPOS, A. *Balanço da bossa*. São Paulo: Perspectiva, 2003.
CANDIDO, A. *Os parceiros do Rio Bonito*: estudo sobre o caipira paulista e a transformação dos seus meios de vida. 4. ed. São Paulo: Livraria Duas Cidades, 1977.
CAPELATO, M. H. R. "Estado Novo: novas histórias." *In* FREITAS, M. C. de. *Historiografia brasileira em perspectiva*. São Paulo: Contexto, 1998.
CARDOSO, F. H. "A fome e a crença — sobre *Os parceiros do Rio Bonito*." *In* LAFER, C. (Org.). *Esboço de figura*: homenagem a Antonio Candido. São Paulo: Duas Cidades, 1979.
_____. *Capitalismo e escravidão no Brasil meridional*. São Paulo: Difusão Europeia do Livro, 1962.
CASTRO, C.; D'ARAÚJO, M. C.; e D'ARAÚJO, A. A. de A. *Dossiê Geisel*. Rio de Janeiro: Fundação Getulio Vargas, 2002.
CASTRO, R. *Chega de saudade*: a história e as histórias da bossa nova. São Paulo: Companhia das Letras, 1990.
CAVALHO, J. M. de. *Cidadania no Brasil*: o longo caminho. Rio de Janeiro: Civilização Brasileira, 2008.
CERVI, E. U. As sete vidas do populismo. *Revista de Sociologia e Política*, n. 17, p. 151-156, nov. 2001.
CHAUI, M. "Raízes teológicas do populismo brasileiro: teocracia dos dominantes, messianismo dos dominados." *In* DAGNINO, E. (Org.). *Anos 90*: política e sociedade no Brasil. São Paulo: Brasiliense, 1994.
CHEDIAK, A. *Songbook bossa nova*. Rio de Janeiro: Lumiar, 1990.
_____. *Songbook Caetano Veloso*. Rio de Janeiro: Lumiar, 1990. v. 1.
_____. *Songbook Cazuza*. Rio de Janeiro: Lumiar.
_____. *Songbook Gilberto Gil*. Rio de Janeiro: Lumiar, 1991. v. 2.
COLEÇÃO REVISTA DA MÚSICA POPULAR. Rio de Janeiro: Funarte: Bem-Te-Vi Produções Literárias, 2006.

CONTI, M. S. *Notícias do Planalto*: a imprensa e Fernando Collor. São Paulo: Companhia das Letras, 1999.

CORDEIRO, J. "O cinema do sesquicentenário: os casos de 'Independência ou morte' e 'Os inconfidentes'". *In* Anais do XIII ENCONTRO DE HISTÓRIA ANPUH-RIO, 13, 2008.

_____. Anos de chumbo ou anos de ouro? A memória social sobre o governo Médici. *Estudos Históricos,* Rio de Janeiro, v. 22, n. 43, p. 85-104, jan.-jun. 2009.

_____. "Cinema, ditadura e comemorações: do fascínio pela Independência ou morte ao herói subversivo." *In* REIS FILHO, D. A.; ROLLAND, D. (Org.). *Intelectuais e modernidades.* Rio de Janeiro: Fundação Getulio Vargas, 2010.

_____. *Lembrar o passado, festejar o presente*: as comemorações do sesquicentenário da Independência entre consenso e consentimento. Tese (Doutorado em História), Programa de Pós-graduação em História, Universidade Federal Fluminense, Niterói, 2012.

COUGO JUNIOR, F. A. *Canta meu povo*: uma interpretação histórica sobre a produção musical de Teixeirinha (1959-1985). Dissertação (Mestrado em História) — Departamento de História, Instituto de Filosofia e Ciências Humanas, Universidade Federal do Rio Grande do Sul, Porto Alegre, 2010.

COUGO JUNIOR, Francisco Alcides. "Coração de luto: Teixeirinha e o protesto dos esquecidos." *In* MOSTRA DE PESQUISA DO ARQUIVO PÚBLICO DO ESTADO DO RIO GRANDE DO SUL. Porto Alegre 14, 21, 28 de agosto e 4 de setembro de 2010. *Anais: produzindo história a partir de fontes primárias.* Porto Alegre: Companhia Rio-grandense de Artes Gráficas, 2010.

COUTINHO, C. N. "Dois momentos brasileiros da escola de Frankfurt." *In Cultura e sociedade no Brasil: ensaios sobre ideias e formas.* Rio de Janeiro: EP&A Editora, 2000.

DAPIEVE, A. *BRock*: o rock brasileiro dos anos 80. São Paulo: Editora 34, 1995.

_____. *Renato Russo*: o trovador solitário. Rio de Janeiro: Ediouro, 2006.

DELEUZE, G. "Platão e o simulacro". *In Filosofia do sentido.* São Paulo: Perspectiva, 1974.

DENT, A. S. *River of Tears*: Country Music, Memory and Modernity in Brazil. Durham: Duke University Press, 2009.

DI TELLA, T. *Para uma política latino-americana.* Rio de Janeiro: Paz e Terra, 1969.

DIAS, M. T. *Os donos da voz*: indústria fonográfica brasileira e mundialização da cultura. São Paulo: Boitempo, 2008.

DUÓ, E. *Cazuza*. São Paulo: Martin Claret, 1990. (Coleção Vozes do Brasil.)

ECHEVERRIA, R. *Gonzaguinha, Gonzagão*. Rio de Janeiro: Ediouro, 2006.

ECO, U. *Apocalípticos e integrados*. São Paulo: Perspectiva, 1979.

ELIADE, M. *O sagrado e o profano*: a essência das religiões. Lisboa: Edições Livros do Brasil, [s.d.].

ELIAS, N. *O processo civilizador*. Rio de Janeiro: Jorge Zahar, 1994. v. 1: Uma história dos costumes.

ESSINGER, S. *Almanaque anos 90*. Rio de Janeiro: Agir, 2008.

FABRIS, M. *Nelson Pereira dos Santos*: um olhar realista. São Paulo: Edusp, 1994.

FACINA, A. (Org.). *Vou fazer você gostar de mim*: estudos sobre a música brega. Rio de Janeiro: Multifoco, 2011.

FAUSTINO, Jean Carlo. *A moda de viola na era da sua reprodutividade técnica: ou o êxodo rural visto de baixo*, 07/2009. In CONGRESSO BRASILEIRO DE SOCIOLOGIA: CONSENSOS E CONTROVÉRSIAS, 14, julho 2009, UFRJ. Anais... Rio de Janeiro: SBS, 2009. v. 1, p.273-273.FEATHERSTONE, M. *O desmanche da cultura*: globalização, pós-modernismo e identidade. São Paulo: Studio Nobel/Sesc, 1997.

FERNANDES, D. C. *A inteligência da música popular*: a "autenticidade" no samba e no choro. Tese (Doutorado em Sociologia) — Departamento de Sociologia, Faculdade de Filosofia, Letras e Ciências Humanas, Universidade de São Paulo, São Paulo, 2010.

FERNANDES, F. *A integração do negro na sociedade de classes*. São Paulo: Dominus, 1965. v. 1.

FERREIRA, J. (Org.). *O populismo e sua história*: debate e crítica. Rio de Janeiro: Civilização Brasileira, 2001.

_____. "O nome e a coisa: o populismo na política brasileira." *In* FERREIRA, J. (Org.). *O populismo e sua história*: debate e crítica. Rio de Janeiro: Civilização Brasileira, 2001.

_____. *O imaginário trabalhista*: getulismo, PTV e cultura política popular 1945-1964. Rio de Janeiro: Civilização Brasileira, 2005.

FERRETE, J. L. *Capitão Furtado*: viola caipira ou sertaneja? Instituto Nacional de Música, Divisão de Música Popular. Rio de Janeiro: Funarte, 1985.

FICO, C. Prezada Censura: cartas ao regime militar. *Topoi*, Rio de Janeiro, 7Letras, n. 5, set. 2002.

REFERÊNCIAS

_____. *Reinventando o otimismo*: ditadura, propaganda e imaginário social no Brasil. Rio de Janeiro: Fundação Getulio Vargas, 1997.

FIGUEIREDO, A. *Democracia ou reformas?* Alternativas democráticas à crise política. São Paulo: Paz e Terra, 1993.

FIUZA, R. *Bussunda*: a vida do Casseta. Rio de Janeiro: Objetiva, 2010.

FOUCAULT, M. *Histoire de la Sexualité*. Paris: Gallimard, 1976. v. 1: La volonté de savoir.

_____. *Microfísica do poder*. Rio de Janeiro: Graal, 2000.

_____. *Surveiller et Punir*: Naissance de la Prison. Paris: Gallimard, 1975.

FRANÇA, J. *Os Paralamas do Sucesso*: Vamo batê lata. São Paulo: Editora 34, 2003.

FRANCO, R. Política e cultura no Brasil: 1969-1979 — (Des)Figurações. *Perspectivas. Revista de Ciências Sociais da Unesp*. São Paulo, n. 17-18, p. 59-74, 1994-1995.

FRIAS, P. G. L. A. *Almeida Junior*: uma alma brasileira? Dissertação (Mestrado em Arte) — Instituto de Artes, Universidade Estadual de Campinas, Campinas, 2006.

FRITH, S. "Rumo a uma estética da música popular." Trad. Inês Alfano, do original: Towards an Aesthetic of Popular Music. *In* MCCLARY, S.; LEPPERT, R. (Ed.). *Music and society*. Cambridge: Cambridge University Press, 1987.

_____. *Performing Rites*: On the Value of Popular Music. Cambridge, Massachusetts: Harvard University Press, 1996.

GALVÃO, W. N. "MPB: uma análise ideológica." *In Saco de gatos, ensaios críticos*. São Paulo: Duas Cidades, 1976.

GARCIA, L. H. A. *Coisas que ficaram muito tempo por dizer*: O Clube da Esquina como formação cultural. Dissertação (Mestrado em História) — Programa de Pós-graduação em História, Faculdade de Filosofia e Ciências Humanas, Universidade Federal de Minas Gerais, Belo Horizonte, 2000.

GARCIA, N. R. *ProRural*: uma política previdenciária para o campo no Governo Médici (1969-1973). Dissertação (Mestrado em História das Ciências) — Curso de Pós-graduação em História das Ciências e da Saúde, Casa de Oswaldo Cruz — Fiocruz, Rio de Janeiro, 2010.

GAÚNA, R. *Rogério Duprat*: sonoridades múltiplas. São Paulo: Editora da Unesp, 2002.

GELLATELY, R. *No Solo Hitler*: la Alemania Nazi Entre la Coacción y el Consenso. Barcelona: Crítica, 2002.

GERMANI, G. *Política e sociedade em uma época de transição*: da sociedade tradicional à sociedade de massas. São Paulo: Mestre Jou, 1973.

GIRARDET, R. *Mitos e mitologias políticas*. São Paulo: Companhia das Letras, 1987.

GITELMAN, L. *Always Already New*: Media, History and the Data of Culture. Massachusetts: MIT Press, 2008.

GOMES, A. de C. "O populismo e as ciências sociais no Brasil: notas sobre a trajetória de um conceito." In FERREIRA, J. (Org.). *O populismo e sua história*: debate e crítica. Rio de Janeiro: Civilização Brasileira, 2001.

_____. "O populismo e as ciências sociais no Brasil: notas sobre a trajetória de um conceito." *Tempo*, Rio de Janeiro, v. 1, n. 2, p. 31-58, 1996.

_____. "Trabalhismo e democracia: o PTB sem Vargas." In GOMES, A. de C. (Org.). *Vargas e a crise dos anos 50*. Rio de Janeiro: Relume-Dumará/Fundação Getulio Vargas, 1994.

GONÇALVES NETTO, S. L. T. *2 filhos de Francisco*: um fenômeno de público apoiado no enraizamento cultural brasileiro. Dissertação (Mestrado em Comunicação), Programa de Mestrado em Comunicação, Universidade Paulista, São Paulo, 2008.

GONÇALVES, R. P. (Org.). *O tempo e o vento*: 50 anos. Santa Maria: UFSM; Bauru: Edusc, 2000.

GRYNSZPAN, M. "A questão agrária no Brasil pós-1964 e o MST." In FERREIRA, J.; DELGADO, L. de A. N. D. *O Brasil republicano*. Rio de Janeiro: Civilização Brasileira, 2003. v.4: o tempo da ditadura.

GUTEMBERG, J. S. *Entre modas e guarânias*: a produção musical de José Fortuna e seu tempo (1950-1980). Dissertação (Mestrado em História) — Departamento de História, Programa de Pós-graduação em História, Universidade Federal de Uberlândia, Uberlândia, 2013.

HALL, S. *Da diáspora*. Belo Horizonte: Editora UFMG, 2013.

_____. *Identidades culturais na pós-modernidade*. Rio de Janeiro: DP&A, 1997.

HELAL, R.; SOARES, A. J.; LOVISOLO, H. (Org.). *A invenção do país do futebol*: mídia, raça e idolatria. Rio de Janeiro: Mauad, 2001.

HIGA, E. *Os gêneros musicais "polca paraguaya", "guarânia" e "chamamé"*: formas de ocorrência em Campo Grande — Mato Grosso do Sul. Dissertação (Mestrado em Música) — Departamento de Música, Escola de Comunicações e Artes, Universidade de São Paulo, São Paulo, 2005.

HOLANDA, S. B. de. *Raízes do Brasil*. São Paulo: Companhia das Letras, 1995.

REFERÊNCIAS

HOLLANDA, H. B. de; GONÇALVES, M. A. *Cultura brasileira e participação nos anos 60*. São Paulo: Brasiliense, 1982.

IANNI, O. *A luta pela terra*. São Paulo: Cebrap, 1978.

_____. *Ditadura e agricultura*. Rio de Janeiro: Civilização Brasileira, 1979.

_____. *O colapso do populismo no Brasil*. Rio de Janeiro: Civilização Brasileira, 1975.

JANOTTI JR., J. S. À procura da batida perfeita: a importância do gênero musical para a análise da música popular massiva. *Revista Eco-Pós*, Rio de Janeiro. Pós-graduação em Comunicação e Cultura, UFRJ, v. 6, n. 2, p. 31-46, 2003a.

_____. *Aumenta que isso aí é rock and roll*: mídia, gênero musical e identidade. Rio de Janeiro: E-papers, 2003b.

_____. Música popular massiva e comunicação: um universo particular. *Revista Interin*, Curitiba, v. 4. 2007. Disponível em: <http://www.utp.br/interin/revista_interin.htm>. Acessado em: 10/01/2008.

_____. "Mídia, música popular massiva e gêneros musicais: a produção de sentido no formato canção a partir de suas condições de produção e reconhecimento." *In* CONGRESSO DA COMPÓS, Bauru, 2006. GT de Análise do Sentido nas Mídias. Anais... Bauru: Compós, 2006.

JENKINS, H. *Cultura da convergência*. São Paulo: Aleph, 2008.

JONES, Alberto da Silva. *O mito da legalidade do latifúndio*: legalidade e grilagem no processo de ocupação das terras brasileiras. (Do Instituto de Sesmarias ao Estatuto da Terra). Tese (Doutorado), Universidade de São Paulo, São Paulo, 2003.

KOTSCHO, C. *Simplesmente Helena*. São Paulo: Planeta, 2007.

KOTSCHO, R. *Do golpe ao Planalto*. São Paulo: Companhia das Letras, 2006.

KRAUSCHE, V. *Música popular brasileira*. São Paulo: Brasiliense, 1983.

LABORIE, P. *Les Français des Années Troubles*: De la Guerre d'Espagne a la Liberation. Paris: Seuil, 2003.

LAFER, C. (Org.). *Esboço de figura: homenagem a Antonio Candido*. São Paulo: Duas Cidades, 1979.

LAMARÃO, L. *As muitas histórias da MPB*: as ideias de José Ramos Tinhorão. Dissertação (Mestrado em História) — Departamento de História, Programa de Pós-graduação em História, Universidade Federal Fluminense, Niterói, 2008.

LAMOUNIER, B. *Depois da transição*: democracia e eleições no Governo Collor. São Paulo: Loyola, 1991.

_____. *Partidos e utopias*. São Paulo: Loyola, 1989.
LEÃO, D. *Na sala com Danuza*. São Paulo: Companhia de Bolso, 2007.
LEME, M. N. *Que tchan é esse?* Indústria e produção musical no Brasil dos anos 90. São Paulo: Annablume, 2003.
LEMOS, A. "Cidade e mobilidade: telefones celulares, funções pós-massivas e territórios informacionais." *In Matrizes*, São Paulo, n. 1, p. 121-137, out.2007.
_____. *Você está aqui! Mídia locativa e teorias "Materialidade da comunicação" e "Ator-rede"*. In XIX ENCONTRO DA COMPÓS, 19., 2010, Rio de Janeiro. Anais... Rio de Janeiro: PUC-RIO, 2010. GT Comunicação e Sociabilidade.
LEMOS, R.; CASTRO, O. *Tecnobrega*: o Pará reinventando o negócio da música. Rio de Janeiro: Aeroplano, 2008.
LEONARDO; ESSINGER, S. *Não aprendi dizer adeus*. Rio de Janeiro: Casa da Palavra, 2013.
LIMA JR., O. B. *Democracia e instituições políticas no Brasil dos anos 80*. São Paulo: Loyola, 1993.
LOBÃO. *50 anos a mil*. Rio de Janeiro: Nova Fronteira, 2010.
LOBATO, M. *Urupês*. In LOBATO, M. *Obras completas*. São Paulo: Brasiliense, 1959.
LOBO, E. *Songbook Edu Lobo*. Rio de Janeiro: Lumiar, 1992.
LOURENÇO, G. M. Vinte anos de plano Collor: características e lições. *Análise Conjuntural*, v. 32, n. 3-4, mar./abr. 2010.
LOURENÇO, G. M.; MACIEL, L. C. *Geração em transe*: memórias do tempo do tropicalismo. Rio de Janeiro: Nova Fronteira, 1996.
LOURENÇO, G. M.; CHAVES, A. *Eles e eu*: memórias de Ronaldo Bôscoli. Rio de Janeiro: Nova Fronteira, 1994.
MACHADO, M. C. T.; GUTEMBERG, J. S. Cheiro de relva: música sertaneja, desenvolvimentismo e tradição. *Cadernos de pesquisa do CDHIS*, v. 1, n. 41 (22), 2009.
MARCONDES, M. (Org.). *Enciclopédia da música brasileira*: popular, erudita e folclórica. São Paulo: Art Editora/Publifolha, 1977/2003.
MARIANO, R.; PIERUCCI, A. F. O envolvimento dos pentecostais na eleição de Collor. *Revistas Novos Estudos*, n. 34, nov. 1992.
MARTIN-BARBERO, J. *Dos meios às mediações*: comunicação, cultura e hegemonia. Rio de Janeiro: Ed. UFRJ, 2008.

REFERÊNCIAS

MARTINEZ CORRÊA, J. C. *Primeiro ato*: cadernos, depoimentos, entrevistas (1958-1974). Org. A. H. C. de Staal. São Paulo: Ed. 34, 1998.

MARTINS, Fr. Prefácio. *In* PAZ, C. E. *Viagem à luta armada*. Rio de Janeiro: Civilização Brasileira, 1996.

MARTINS, J. C. "Música sertaneja: a dissimulação na linguagem dos humilhados." *In Capitalismo e tradicionalismo*. São Paulo: Pioneira, 1975. p. 103-161.

MARTINS, J. de S. *Reforma agrária*: o impossível diálogo. São Paulo: Edusp, 2004.

_____. *Capitalismo e tradicionalismo*. São Paulo: Livraria Pioneira Editora, 1975.

_____. *Expropriação e violência, a questão política no campo*. São Paulo: Hucitec, 1982.

_____. *Florestan*: sociologia e consciência social no Brasil. São Paulo: Edusp, 1998.

_____. *Os camponeses e a política no Brasil*: as lutas sociais no campo e seu lugar no processo político. Petrópolis: Vozes, 1981.

MARTUSCELLI, D. E. *A crise do governo Collor e a tática do PT*. Dissertação (Mestrado em Ciência Política) — Departamento de Ciência Política, Instituto de Filosofia e Ciências Humanas, Universidade Estadual de Campinas, Campinas, 2005.

MÁXIMO, J.; DIDIER, C. *Noel Rosa*: uma biografia. Brasília: Editora da UnB, 1990.

MAYBURY-LEWIS, B. *The Politics of the Possible*: The Brazilian Rural Workers' trade Union Movement, 1964-1985. Philadelphia: Temple University Press, 1994.

MEDAGLIA, J. *Balanço da bossa*. São Paulo: Perspectiva, 2003.

MÉDICI, E. G. *A verdadeira paz*. Brasília: Imprensa Nacional, 1970.

_____. *Tarefa de todos nós*. Brasília: Imprensa Nacional, 1971.

_____. *Os anônimos construtores*. Brasília: Imprensa Nacional, 1973.

_____. *A compreensão do povo*. Brasília: Imprensa Nacional, 1974.

MELLO, L. A. *A onda maldita*: como nasceu e quem assassinou a Fluminense FM. Rio de Janeiro: Xamã, 1999.

MELLO, Z. H. de. *A era dos festivais*. São Paulo: Editora 34, 2003.

_____. *João Gilberto*. Col. Folha Explica. São Paulo: Publifolha, 2001.

MELO, C. *Collor*: o ator e suas circunstâncias. São Paulo: Novo Conceito, 2007.

MENDES, F. F. B. *Música sertaneja de raiz*: a força por trás de uma tradição. Monografia (Jornalismo) — Departamento de Comunicação Social, Centro de Ciências Humanas, Letras e Artes, Universidade Federal de Viçosa, Viçosa, MG, 2009.

MENDONÇA, S. *O patronato rural no Brasil recente (1964-1993)*. Rio de Janeiro: Editora da UFRJ, 2010.

MINC, C. *A reconquista da terra*: Estatuto da Terra, lutas no campo e reforma agrária. Rio de Janeiro: Zahar, 1985. (Coleção Brasil: os anos de autoritarismo.)

MOBY, Alberto. *Sinal fechado*: a música popular brasileira sob censura (1937-45/1969-78). Rio de Janeiro: Obras Abertas, 1994.

MONTEIRO, D. *A bossa do lobo*: Ronaldo Bôscoli. São Paulo: Leya, 2011.

MOORE JR., B. *Injustiça*: as bases sociais da obediência e da revolta. São Paulo: Brasiliense, 1987.

MORAES, J. G. V. de. Os primeiros historiadores da música popular urbana no Brasil. Revista *ArtCultura*. Uberlândia, v. 8, n. 13, p. 117-133, jul.-dez. 2006.

MOREIRA, R. J.; COSTA, L. Fl. de C. (Org.). *Mundo rural e cultura*. Rio de Janeiro: Mauad, 2002.

MORIN, E. *Cultura de massas no século XX (O espírito do tempo)*. Rio de Janeiro: Forense, 1977.

MOTTA, M. (Org.). *Dicionário da terra*. Rio de Janeiro: Civilização Brasileira, 2003.

MOTTA, N. *Noites tropicais*. Rio de Janeiro: Objetiva, 2000.

MOTTA, R. P. S. *As universidades e o regime militar*. Rio de Janeiro: Zahar. 2014.

MUGNAINI JR., A. *Enciclopédia das músicas sertanejas*. Rio de Janeiro: Letras & Letras, 2001.

NAPOLITANO, M. *Seguindo a canção*: engajamento político e indústria cultural na MPB (1959-1969). São Paulo: Annablume/Fapesp, 2001.

_____. A invenção da música popular brasileira: um campo de reflexão para a história social. *Latin America Music Review*, v. 19, n. 1, p. 92-105, 1998.

_____. *A síncope das idéias*: a questão da tradição na música popular brasileira. São Paulo: Editora Fundação Perseu Abramo, 2007.

_____. MPB: "Totem-tabu da vida musical brasileira." In *Anos 70: trajetórias*. São Paulo: Iluminuras/Itaú Cultural, 2005. p. 125-129.

NAVES, S. C. *Da bossa nova à tropicália*. Rio de Janeiro: Jorge Zahar, 2004.

_____. *O violão azul*: modernismo e música popular. Rio de Janeiro: Fundação Getulio Vargas, 1998.

NAVES, S. C.; ALMEIDA, M. I. M. *'Por que não'*: rupturas e continuidades da contracultura. Rio de Janeiro: 7Letras, 2007.

REFERÊNCIAS

NAVES, S. C.; DUARTE, P. S. (Org.). *Do samba-canção à tropicália*. Rio de Janeiro: Relume-Dumará/Faperj, 2003.

NEGUS, K. *Music Genres and Corporate Cultures*. London/New York: Routledge, 1999.

NEIVA, A. L. *Chitãozinho & Xororó*: nascemos para cantar. São Paulo: Prêmio, 2002.

NEPOMUCENO, R. *Música caipira*: da roça ao rodeio. São Paulo: Editora 34, 1999.

NESTROVSKI, A. *et al*. (Org.). *Em branco e preto*: artes brasileiras na Folha (1990-2003). São Paulo: Publifolha, 2004.

NIETZSCHE, F. *Segunda consideração intempestiva: da utilidade e desvantagem da história para a vida*. Rio de Janeiro: Relume-Dumará, 2003.

NOBLAT, R. *Céu dos favoritos*: o Brasil de Sarney a Collor. Rio de Janeiro: Rio Fundo Editora, 1990.

OLIVEIRA, A. de P. *O tronco da roseira*: uma antropologia da viola caipira. Dissertação (Mestrado em Antropologia Social), Programa de Pós-graduação em Antropologia Social, Universidade Federal de Santa Catarina, Florianópolis, 2004.

_____. *Miguilim foi pra cidade ser cantor*: uma antropologia da música sertaneja. Tese (Doutorado em Antropologia Social), Programa de Pós-graduação em Antropologia Social, Universidade Federal de Santa Catarina, Florianópolis, 2009.

OLIVEIRA, C. *Collor*: a falsificação da ira. Rio de Janeiro: Imago, 1992.

ORTIZ, R. *A moderna tradição brasileira*. São Paulo: Brasiliense, 1989.

PASCHOA JÚNIOR, P. D. A imagem do caipira, filmes sertanejos, música sertaneja, drama no circo e teatro popular. Revista *Filme Cultura*, Embrafilme, 1981.

PEREIRA, M. *A história de O jogral*. Campinas: Hucitec, 1976.

PEREIRA, O. D. *No rádio e nas telas*: o rural da música sertaneja de sucesso e sua versão cinematográfica. Dissertação (Mestrado em) — Programa de Pós-graduação em Ciências Sociais, Faculdade de Filosofia e Ciências, Universidade Estadual Paulista, Marília, 2008.

PIERUCCI, A. F; Lima, M. C. de. A direita que flutua: o voto conservador na eleição de 1990 em São Paulo. *Novos Estudos*, São Paulo, n. 29, p. 10-27, mar. 1991.

PIRES, C. *Conversas ao pé do fogo*. São Paulo: Imesp, 1984.

_____. *Conversas ao pé do fogo*. 1. ed. São Paulo: Tipografia Piratininga, 1921.

POLLACK, M. Memória, esquecimento, silêncio. *Estudos Históricos*, Rio de Janeiro, v. 2, n. 3, p. 3-15, 1989.

_____. Memória e identidade social. *Estudos Históricos*, Rio de Janeiro, v. 5, n. 10, p. 200-212, 1992.

PRESOT, A. A. *As marchas da família com Deus pela liberdade*. Dissertação (Mestrado em História Social), Programa de Pós-graduação em História Social, Universidade Federal do Rio de Janeiro, Rio de Janeiro, 2004.

PUGIALLI, R. *Almanaque da Jovem Guarda*. Rio de Janeiro: Ediouro, 2003.

QUADRAT, S. "El Brock y la Memoria de los Años de Plomo en el Brasil Democrático". *In* JELIN, E.; LONGONI, A. (Org.). *Escrituras, Imágenes e Escenarios ante la Represión*. 1. ed. Madrid: Siglo Veinteuno, 2005.

RAMOS, G. *A crise do poder no Brasil*. Rio de Janeiro: Zahar Editores, 1961.

RAMOS, J. M. O. *Cinema, Estado e lutas culturais*. Rio de Janeiro: Paz & Terra, 1983.

REBELLO, Gilson. *O Brasil de Itamar*. Brasília: HMP, 1995.

REILY, S. A. Música sertaneja and migrant identity: the stylistic development of a brazilian genre. *Popular Music*, v. 11, n. 3, p. 337-358, 1992.

REIS FILHO, D. A. "Ditadura e sociedade: as reconstruções da memória". *In* AARÃO REIS, D.; RIDENTI, M.; MOTTA, R. S. M. (Org.). *O golpe e a ditadura militar*: 40 anos depois (1964-2004), Bauru: Edusc, 2004.

_____. *Ditadura militar, esquerdas e sociedade*. Rio de Janeiro: Jorge Zahar, 2000.

_____. Ditadura militar e revolução socialista no Brasil. Palestra realizada em 18/10/2006. Disponível em http://periodicos.unesc.net/index.php/historia/article/viewFile/213/213.

_____. "O colapso do colapso do populismo ou a propósito de uma herança maldita". *In* FERREIRA, J. (Org.). *O populismo e sua história*. Rio de Janeiro: Civilização Brasileira, 2001.

_____. *A revolução faltou ao encontro*: os comunistas no Brasil. São Paulo: Brasiliense/CNPq, 1990.

_____. A ditadura faz cinquenta anos: história e cultura política nacional-estatista. *In* REIS FILHO, D. A.; RIDENTI, M.; MOTTA, R. P. S. (Org.). *A ditadura que mudou o Brasil*: 50 anos do golpe de 1964. Rio de Janeiro: Zahar, 2014.

REIS FILHO, D. A.; ROLLAND, D. (Org.). *Intelectuais e modernidades*. Rio de Janeiro: Fundação Getulio Vargas, 2010.

REIS FILHO, D. A.; RIDENTI, M.; MOTTA, R. P. S. (Org.). *O golpe e a ditadura militar 40 anos depois (1964-2004)*. São Paulo: Edusp, 2004.

REFERÊNCIAS

RENNÓ, C. (Org.). *Gilberto Gil — Todas as letras*. São Paulo: Companhia das Letras, 2003.

RIBEIRO, J. H. *Música caipira*: as 270 maiores modas de todos os tempos. São Paulo: Globo, 2006.

RIBEIRO, R. J. *A sociedade contra o social*: o alto custo da vida pública no Brasil — ensaios. São Paulo: Companhia das Letras, 2000.

_____. "A política como espetáculo." *In* DAGNINO, E. (Org.). *Anos 90*: política e sociedade no Brasil. São Paulo: Brasiliense, 1994. p. 31-40. RIDENTI, M. "Artistas da revolução brasileira dos anos 1960." *In Intelectuais e modernidades*. Rio de Janeiro: Fundação Getulio Vargas, 2010.

_____. *Em busca do povo brasileiro*: artistas da revolução, do CPC à era da TV. Rio de Janeiro: Record, 2000.

_____. "Canetas e fuzis: intelectuais e artistas brasileiros nos anos 1960/70." *In* REIS, D. A.; ROLLAND, D. *Modernidades alternativas*. Rio de Janeiro: Fundação Getulio Vargas, 2008.

RODRIGUES, I.; LAIGNIER, P.; BARBOSA, M. *Da viola ao teclado*: uma análise da transição da música sertaneja da década de 80 até os dias atuais. *In* CONGRESSO DE CIÊNCIAS DA COMUNICAÇÃO NA REGIÃO SUDESTE, 17., Ouro Preto, 2012. *Anais*... Ouro Preto: Intercom, 2012. Disponível em: <http://www.intercom.org.br/papers/regionais/sudeste2012/resumos/R33-1443-1.pdf>. Acesso em: 12 nov. 2014.

RODRIGUES, N. *A menina sem estrela*: memórias. São Paulo: Companhia das Letras, 1993.

ROLLEMBERG, D. "Esquecimento das memórias." *In* MARTINS FILHO, J. R. (Org.). *O golpe de 1964 e o regime militar*: novas perspectivas. São Carlos: EdUFSCar, 2006.

_____. *Exílio*: entre raízes e radares. Rio de Janeiro: Record, 1999.

SA, L. C. "Rock rural: origens, estrada e destinos." *In Revista USP*, n° 87, set./nov. 2010,

SÁ, S. *O sanfoneiro do Riacho da Brígida*: vida e andanças de Luiz Gonzaga. 4. ed. Fortaleza: Edições A Fortaleza, 1966.

SA, S. P. de (Org.). *Rumos da cultura da música*. Porto Alegre: Sulina, 2010.

_____. *Apropriações* low-tech *no funk carioca*: a batalha do passinho e a música popular de periferia. *In* CONGRESSO BRASILEIRO DE CIÊNCIAS DA COMUNICAÇÃO, 35., Fortaleza, 2012. *Anais*... Fortaleza: Intercom, 2012.

_____. Explorações da noção de materialidade da comunicação. *Contracampo*, UFF, v. 10/11, p. 31-44, 2004.

_____. *Netnografias nas redes digitais*. In PRADO, J. L. A. (Org.). *Crítica das práticas midiáticas*: da sociedade de massa às ciberculturas. São Paulo: Hacker, 2002.

_____. Se você gosta de Madonna também vai gostar de Britney! Ou não? Gêneros, gostos e disputa simbólica nos sistemas de recomendação musical. *E-Compós*, Brasília, v. 12, p.1-18, 2009.

_____. A música na era de suas tecnologias de reprodução. *E-Compós*, Brasília, v. 6, p. 1-15, 2006.

_____. A música na era de suas tecnologias de reprodução. *E-Compós*, Brasília, v. 6, p. 8, 2006.

_____. *Baiana internacional*: as mediações culturais de Carmen Miranda. Rio de Janeiro: MIS Editorial, 2002.

_____. "Netnografias nas redes digitais." In PRADO, J. L. A. (Org.). *Crítica das práticas midiáticas*: da sociedade de massa às ciberculturas. São Paulo: Hacker, 2002.

_____. Tosco, sujo, *low-fi*: nas rotas do MP3, pistas sonoras do *digital trash*. In PEREIRA, V. (Org.). *Cultura digital trash*. Rio de Janeiro: E-Papers, 2007.

SA, S. P. de; HOLZBACH, A. #u2youtube e a performance mediada por computador. *Galáxia* (Online), São Paulo, v. 10, p. 146-160, 2010.

SADLIER, D. J. *Nelson Pereira dos Santos*. Chicago: University of Illinois Press Urbana and Chicago, 2003.

SALDANHA, R. M. *Estudando MPB*: reflexões sobre a MPB, Nova MPB e o que o público entende por isso. Dissertação (Mestrado em Bens Culturais e Projetos), Centro de Pesquisa e Documentação de História Contemporânea do Brasil, 2008.

SALEM, H. *Nelson Pereira dos Santos*: o sonho possível do cinema brasileiro. Rio de Janeiro: Record, 1996.

SANDRONI, C. "Adeus à MPB." In CAVALCANTE, B.; STARLING, H.; EISENBERG, J. M. M., (Org.). *Decantando a República*: inventário histórico e político da canção popular moderna brasileira. Rio de Janeiro: Nova Fronteira; São Paulo: Fundação Perseu Abramo, 2004. v. 1.

SANT'ANNA, R. *A moda é viola*: ensaio do cantar caipira. São Paulo: Arte & Ciência; Marília: Unimar, 2000.

SANTOS JUNIOR, A. I. dos. *Cascatinha e Inhana*: uma história contada às falas e mídia. São Paulo: Annablume, 2010.

REFERÊNCIAS

SANTOS, D. O. dos. *A música sertaneja é a que eu mais gosto!*: um estudo sobre a construção do gosto a partir das relações entre jovens estudantes de Itumbiara-GO e o sertanejo universitário. Dissertação (Mestrado em Artes), Programa de Pós-graduação em Artes, Instituto de Artes, Universidade Federal de Uberlândia, Uberlândia, 2012.

SANTOS, D. *Leandro & Leonardo*: a vida real da querida dupla sertaneja. Petrópolis: Vozes, 1999.

SANTOS, F. (Org.). *Zezé Di Camargo & Luciano*: dois corações e uma história. São Paulo: Abril, 2010.

SANTOS, W. G. dos. *Cidadania e justiça*: a política social na ordem brasileira. São Paulo: Campus, 1979.

_____. *Sessenta e quatro*: anatomia da crise. São Paulo: Vértice, 1986.

SCHOUTEN, A.-K. de M. *Peregrinos do sertão profundo*: uma etnografia da música de Elomar Figueira de Melo. São Paulo: Annablume/ Fapesp, 2010.

SCHWARCZ, L. K. M. Complexo do Zé Carioca: notas sobre a identidade mestiça e malandra. *Revista Brasileira de Ciências Sociais*, Caxambu, ano 10, n. 29, p. 49-63, 1995.

SCHWARTZ, V. & Charney, L. *O cinema e a invenção da vida moderna*. São Paulo: Cosac Naify, 2004.

SCHWARZ, R. Remarques sur la Culture et la Politique au Brésil, 1964-1969. *Les Temps Modernes,* Paris, n. 288, jul. 1970.

SCOVILLE, E. H. M. L. *Na barriga da baleia*: a Rede Globo de Televisão e a música popular brasileira na primeira metade da década de 1970. Tese (Doutorado em História), Departamento de Pós-graduação em História, Setor de Ciências Humanas, Universidade Federal do Paraná, Curitiba, 2008.

SILVA, H. L. *Rock & Rádio FM*: Fluminense Maldita, Cidade Rock e o circuito musical. Niterói: EdUFF, 2013.

SILVA, W. *Vou te contar*: histórias da música popular brasileira. São Paulo: Codex, 2002.

SIMONARD, P. *A geração do Cinema Novo*: para uma antropologia do cinema. Rio de Janeiro: Mauad X, 2006.

SINGER, A. *Esquerda e direita no eleitorado Brasil*: a identificação ideológica nas disputas presidenciais de 1989 e 1994. São Paulo: Edusp, 2002.

_____. "Collor na periferia: A volta por cima do populismo?" *In* LAMOUNIER, B. *De Geisel a Collor*: o balanço da transição. São Paulo: Editora Sumaré, 1990.

SINGER, B. *Melodrama and Modernity*: Early Sensational Cinema and its Contexts. New York: Columbia University Press, 2001.
SIRINELLI, J.-F. Effets d'Âge et Phénomènes de Génération dans le Milieu Intellectuel Français. *Les Cahiers de l'Institut d'Histoire du Temps Present*, "Générations Intellectuelles", n. 6, nov. 1987.
SOSNOWSKI, S.; SCHWARTZ, J. *Brasil*: o trânsito da memória. São Paulo: Edusp, 1994.
SOUZA, J. Gilberto Freyre e a singularidade cultural brasileira. *Tempo Social*, Rev. Sociol., USP, São Paulo, v. 12, n. 1, p. 69-100, maio 2000.
SOUZA, P. de. *Autópsia do medo*: vida e morte do delegado Sérgio Paranhos Fleury. São Paulo: Globo, 2000.
SOUZA, T. de. *Tem mais samba*: das raízes à eletrônica. São Paulo: Editora 34, 2003.
_____. *et al.* (Org.). *300 discos importantes da música brasileira*. São Paulo: Paz e Terra, 2008.
SOUZA, W. de. *Moda inviolada*: uma história da música caipira. São Paulo: Quíron Livros, 2005.
SQUEEF, E. "Reflexões sobre um mesmo tema." *In* SQUEEF, E.; WISNIK, J. M. *Música*. Série "O Nacional e o Popular na Cultura Brasileira". São Paulo: Brasiliense, 1982.
STARLING, H. M. M. "Canto do povo de um lugar." *In* PAULA, Delsy Gonçalves de; STARLING, H. M. M.; GUIMARÃES, J. R. (Org.). *Sentimento de reforma agrária, sentimento de República*. Belo Horizonte: Editora UFMG, 2006.
STEDILE, J. P.; ESTEVAM, D. (Org.). *A questão agrária no Brasil*: programas de reforma agrária 1946-2003. São Paulo: Expressão Popular, 2005.
STRAW, W. Systems of Articulation, Logics of Change: Scenes and Communities in Popular Music. *Cultural Studies*, v. 5, n. 3, p. 361-375, Oct. 1991.
TATIT, L. *O século da canção*. Cotia: Ateliê Editorial, 2004.
TATIT, L. *Todos entoam*: ensaios, conversas e canções. São Paulo: Publifolha, 2007.
TAVARES, O. *Fernando Collor*: o discurso messiânico: o clamor ao sagrado. São Paulo: Annablume, 1998.
TÁVOLA, A. da. *Bossa nova*. Rio de Janeiro: Toca do Vinícius, 2002.
THOMPSON, E. P. *Costumes em comum*. São Paulo: Companhia das Letras, 1998.
_____. *Formação da classe operária inglesa*. Rio de Janeiro: Paz & Terra, 2002. 3 v.

REFERÊNCIAS

_____. *The Soundscape of Modernity*: Architectural Acoustics and the Culture of Listening in America, 1900-1933. Cambridge Mass; London, England: MIT Press, 2004.

TONICO & TINOCO. *Da beira da tuia ao Teatro Municipal.* São Paulo: Ática, 1984.

TROTTA, F. *Samba e mercado de música nos anos 1990.* Tese (Doutorado em Comunicação), Programa de Pós-graduação em Comunicação e Cultura, Escola de Comunicação, Universidade Federal do Rio de Janeiro, Rio de Janeiro, 2006.

ULHÔA, M. T. *Música sertaneja em Uberlândia (relato).* In ENCONTRO ANUAL DA ASSOCIAÇÃO NACIONAL DE PESQUISA E PÓS-GRADUAÇÃO EM MÚSICA, 8., João Pessoa, UFPB, 18 a 22 de setembro de 1995. Anais... João Pessoa: ANPPoM, 1996.

_____. Música sertaneja em Uberlândia na década de 1990. *Revista ArtCultura*, Uberlândia, Edufu, n. 9, 2004.

VASCO, J.; GUIMA, R. *Conversações com Renato Russo.* Campo Grande: Letra Livre, 1996.

VELHO, O. G. *Capitalismo autoritário e campesinato.* [1. ed. 1979]. Rio de Janeiro: Biblioteca Virtual de Ciências Humanas do Centro Edelstein de Pesquisas Sociais, 2009.

VELOSO, C. *Verdade tropical.* São Paulo: Companhia das Letras, 1997.

VERISSIMO, L. F.; VENTURA, Z. *Luis Fernando Verissimo & Zuenir Ventura*: conversa sobre o tempo com Arthur Dapieve. Rio de Janeiro: Agir, 2010.

VIANNA, H. *O mistério do samba.* Rio de Janeiro: Ed. UFRJ, 1996.

VICENTE, E. Chantecler: uma gravadora paulista. *In* CONGRESSO BRASILEIRO DE CIÊNCIAS DA COMUNICAÇÃO, 33., 2 a 6 de setembro de 2010, UCS, Caxias do Sul. Anais... Caxias do Sul: Intercom, 2010.

_____. Segmentação e consumo: a produção fonográfica brasileira — 1965/1999. *ArtCultura*, Uberlândia, v. 10, n. 16, p. 103-121, jan.-jun. 2008.

_____. *Música e disco no Brasil*: a trajetória da indústria nas décadas de 80 e 90. Tese (Doutorado em Ciências da Comunicação), Escola Comunicação e Artes, Universidade de São Paulo, São Paulo, 2002.

VILAÇA, M. M. *Polifonia tropical*: experimentalismo e engajamento na música popular (Brasil e Cuba, 1967-1972). São Paulo: Humanitas/FFLCH/USP, 2004.

WASSERMAN, M. C. *Abre as cortinas do passado*: o pensamento folclorista e a revista de música popular. Dissertação (Mestrado em História), Programa de Pós-graduação em História, Universidade Federal do Paraná, Curitiba, 2002.

WEBER, M. *Economia e sociedade*. Brasília: UnB, 2004.

_____. *A ética protestante e o "espírito" do capitalismo*. São Paulo: Companhia das Letras, 2004.

WEFFORT, F. *O populismo na política brasileira*. Rio de Janeiro: Paz e Terra, 1980.

ZAN, J. R. Z. (Des)territorialização e novos hibridismos na música sertaneja. *Revista Sonora*, Campinas, Editora da Unicamp, v. 1, n. 2 (1), 2008.

_____. *Música popular brasileira, indústria cultural e identidade*. Grupo de Trabalho no XIII Encontro da ANPPOM. *Eccos Revista Científica*, São Paulo, Uninove, n. 1, v. 3, ano 001, 2001.

ZAPPA, R. *Chico Buarque*. Rio de Janeiro: Relume-Dumará, 1999. (Coleção Perfis do Rio.)

Artistas entrevistados

Antonio Luiz, Caetano Veloso, Carlos Colla, Chico Roque, Dalvan, Dora Sverner, Edson Mello, Gilberto (da dupla Gilberto & Gilmar), Heraldo do Monte, Jean (de Jean & Marcos), Jorge Paulo Nogueira, José Augusto, José Raimundo, Luiz Carlos Sá, Lucia Veríssimo, Marcio Bonesso, Nelson Motta, Nelson Pereira dos Santos, Nil Bernardes, Otavio Basso, Paulinho Rezende, Paulo Debétio, Rhael, Romildo Pereira, Tivas, Tony Campello, Papete.

Instituições pesquisadas

Museu da Imagem e do Som, Funarte (RJ), Associação Brasileira de Imprensa ABI, Biblioteca Nacional (RJ), Arquivo Nacional de Brasília, Arquivo Público do Estado de São Paulo, Arquivo Público do Estado do Rio de Janeiro.

Jornais pesquisados

Correio Braziliense (DF), *Diário Catarinense* (SC), *Diário da Manhã* (Goiânia-GO), *DM Revista* (Pirenópolis-GO), *O Estado do Paraná* (PR), *Folha de*

REFERÊNCIAS

S.Paulo, Jornal da Tarde, Jornal de Brasília, Jornal Diário da Manhã, Jornal do Brasil (RJ), Jornal do Commercio (Recife-PE), O Estado de S. Paulo, O Globo (RJ), Última Hora (SP), Última Hora (RJ).

Revistas pesquisadas

Bravo!, Bundas, Brasil — Almanaque de Cultura Popular, IstoÉ, Manchete, O Cruzeiro, O Pasquim, Playboy, Amiga, Fama, Hit, Moda e Viola, MTV, Versus, Superinteressante, Veja, Visão.

Índice

2 filhos de Francisco 75, 224, 225, 348, 349, 351-355, 357, 358, 369
3M (gravadora) 227, 228, 229, 231, 287, 299
A favorita 338, 387, 388,
"A grande noite da viola" 65
A história de Ana Raio e Zé Trovão 309, 319, 388
Abril Music (gravadora) 380
Acordeon 104
Adauto Santos 15, 180, 181, 191,
Agricultura 153, 158, 165, 303,
Agronegócio 303, 304, 371, 372,
Alan & Aladim 202, 207, 208, 222, 223, 230, 299, 312, 337,
Alceu Valença 210, 362, 405,
Alcione 212, 215, 233, 261,
Aldir Blanc 100, 257,
Aliança Renovadora Nacional (Arena) 154
Alienação/alienados 25, 70, 79, 120, 123, 149, 150, 160, 161, 162, 270, 271, 301, 324,
Almir Sater 24, 44, 185, 188, 191, 192, 193, 194, 245, 246, 248, 319, 335, 338, 342, 347, 348, 405, 430, 433,
Almirante (pesquisador musical) 33, 34,

Alvarenga & Ranchinho 31, 96, 180, 184, 186, 187, 307, 447,
Amado Batista 216, 217, 218, 219, 220, 221, 222, 223, 226, 227, 230, 232, 260, 294, 295, 480, 484,
Amigos (programa de TV) 313, 336, 337,
Anacleto Rosas Junior 31,
André Singer 269, 493
Angelino de Oliveira 24, 31, 32, 348
Ângelo Antônio 352, 354
Antônio Candido 24, 181, 438, 439
Antônio Carlos Miguel 257, 488
Antônio Dyggs 407, 409, 411, 521, 522
Antônio Ermírio de Moraes 260, 262, 272, 494
Antropofagia 60, 278, 417, 452
Arena (ver Aliança Renovadora Nacional) 98, 136, 154, 183, 364
Areovaldo Batista da Silva (Zazá) 224
Armando Pittigliani 285
Arnaldo Antunes 248, 416
Arrocha 389, 406, 410, 411, 425, 426
Arthur Dapieve 255
Ary Barroso 27, 33, 34, 37, 129, 179, 208, 315
As Marcianas 210, 231, 236, 300, 330
Athos Campos 31, 53, 217
Augusto Boal 136

Axé (gênero musical) 19, 243, 259, 282, 295, 302, 322, 328, 334, 340, 362, 364, 373, 406, 407, 409
Ayrton Mugnaini Jr. 222

Baião 27, 28, 342
Baixo (instrumento musical) 17, 38, 39, 47, 55, 91, 98, 206, 379
Barrerito 68, 168, 332, 333, 334
Barretos (SP) 73, 359, 411
Bateria (instrumento musical) 17, 18, 39, 47, 49, 55, 98, 104, 173, 187, 206, 217, 238, 379, 404, 407, 408
Beatles 18, 39, 55, 88, 90, 97, 220, 223, 237, 240, 241, 419
Belchior 98, 100, 210
Belmonte & Miltinho 113, 161, 165
Benedito Ruy Barbosa 105, 194, 338
Beth Carvalho 41
Billy Ray Cyrus 239, 240
Boiadeiro 41, 42, 49, 101, 103, 105, 170, 194
Boate Wood's 366
Bolero 18, 35, 36-40, 55, 63, 67-70, 97, 102, 111, 181, 199, 224, 231, 235, 246, 257
Bolinha (apresentador) 289, 290, 291
Bossa nova 19, 39, 40, 41, 44, 69, 70, 88, 96, 99, 101, 183, 235, 256, 257, 297, 308, 361, 392, 405, 420
Brasília (DF) 18, 62, 80, 81, 82, 111, 115, 205, 220, 251, 256, 259, 263, 265, 313
Brega 19, 67, 69, 148, 206, 212, 213, 219, 220, 222, 226, 227, 229, 230, 233, 236, 242, 244, 245, 254, 257, 258, 259, 272, 275, 278, 308, 309, 318, 342, 345, 349, 366, 371, 372, 394, 398, 410
Breno Silveira 348, 351-355, 357
Brinquinho & Brioso 31
Brizola 176, 211

Bruno & Marrone 216, 228, 233, 235, 292, 363, 369, 379, 380, 385, 387, 404, 418, 433

Caboclo/caboclismo 15, 29, 30, 40, 75, 100, 108, 113, 114, 151, 161, 162, 164, 165, 167, 434
Cacique & Pajé 65, 430
Caçula & Marinheiro 63, 103
Caetano Veloso 43, 46, 60, 65, 88, 93, 97, 137, 138, 189, 190, 191, 209, 278, 319, 341, 348, 357, 363, 365, 416
Cafona 39, 59, 60, 69, 125, 148, 169, 170, 219, 222, 275, 309, 318, 394
Caipira 15, 17-19, 21, 23-26, 27, 29, 30-33, 35-44, 48-50, 52, 54, 60, 61, 65, 67, 68, 74, 75, 79, 82, 89-93, 95, 96, 98-101, 104, 105, 116, 121, 140, 142-148, 166, 177, 179-196, 203, 204, 206, 212, 223, 234, 239, 246-249, 254, 256, 257, 263, 279, 310, 313, 316, 319, 334-342, 345, 346, 347, 348, 349, 350, 355, 356, 357, 358, 362, 366, 367, 368, 372, 375, 376, 392, 406, 415, 419, 420, 427, 428, 429, 430, 431, 433, 434
Calcinha Preta (banda) 233, 394, 409
Campo 18, 19, 24, 26, 28, 30-34, 38, 40-43, 46, 47, 53, 59, 61, 65, 75, 81-85, 87, 89, 93, 95, 97-101, 105, 109-111, 118, 136, 140, 147, 148-156, 158-163, 165, 171, 172, 176, 177, 179-183, 185, 190, 191, 192, 194, 203, 223, 227, 246, 247, 249, 267, 273, 276, 283, 291, 302, 303, 316, 318, 319, 337, 347, 349, 371, 382, 419, 428, 431
Campo Grande (MS) 191, 192, 365, 366, 377, 378, 381, 386, 390, 420
Camponês 24, 25, 28, 29, 39-42, 46, 66, 67, 71, 85, 94, 110, 120, 142, 143,

ÍNDICE

148-152, 155, 156, 158-163, 170, 189, 271, 356
Canapi (AL) 258, 309
Canções de protesto 172, 175, 177, 274
Canecão 17, 207, 307-311, 363
Cangaia de Jegue 407, 408
Capitalismo 75, 123, 153, 155, 158, 163, 176, 177, 425
Capitão Furtado 31, 180
Carolina Kotscho 352
Carlos Colla 212, 233, 234, 297
Carlos Eduardo Miranda 406
Carlos Moreno 309
Casa da Dinda 18, 256, 258, 259, 262-265
Cascatinha & Inhana 19, 31, 35, 36, 96, 368
Cassio Sampaio 409
Cateretê 26, 27, 97, 180, 187, 372
Catira 142, 372
Catulo da Paixão Cearense 26, 172, 315, 341
CBS (gravadora) 223, 280
Celso Furtado 82-85
Censura 72, 112, 119, 120, 133, 134, 135, 220-222, 361
César Augusto 226, 227, 229, 230, 245, 290, 292, 293
César Menotti & Fabiano 21, 24, 236, 246, 363, 364, 368, 369, 378, 384, 385, 388, 389, 396, 401, 404, 409, 415, 416, 422, 427-430, 433
Chacina da Candelária 325
Chamamé 18, 35, 36, 227, 229, 231, 372, 405, 407
Chantecler (gravadora) 56, 57, 63, 64, 102, 204, 225, 227, 229, 238, 280, 282, 283, 286, 287, 289, 298, 299, 312, 321
Charles Bonissoni 366
Chico Buarque 43, 63, 172, 180, 182, 183, 189, 190, 208, 209, 219, 220, 279, 280, 309, 319, 325, 343, 344, 362

Chico César 372, 373, 408
Chico Rey & Paraná 176, 177, 211, 308
Chico Roque 212, 233, 234, 236, 297
China 81, 82, 84, 85
Chitãozinho & Xororó 118-120, 132, 147, 149, 168, 169, 171, 180, 185, 188, 191, 199, 200, 202-210, 212-216, 228, 229, 233, 234, 236-239, 242-248, 254, 256, 257, 259, 260, 263, 264, 265, 277, 278, 283-286, 297-301, 303, 305-308, 310-317, 319, 322-324, 327, 332, 334-339, 344, 346-348, 350, 355, 356, 361, 362, 368, 387, 390, 395, 405, 411, 414, 415, 418, 422, 424, 431, 433, 434
Choro (gênero musical) 27-28
Chororó (gravadora) 217, 218
Chrystian & Ralf 216, 236, 237, 240, 243, 244, 245, 246, 248, 285, 312, 313, 314, 317, 335, 337, 338, 339, 390, 404, 416
Chumbo quente 46, 50
Cinema 36, 50, 51, 52, 71-81, 183, 225, 258, 346, 351-354, 357, 358
Classe média 17, 52, 98, 105, 108, 135, 150, 242, 253, 256, 278, 337, 373, 378
Classes populares 148, 307
Comunista 81, 133, 134, 326, 477
Conservadorismo 42, 154, 164, 278, 304
Consolidação das Leis do Trabalho (CLT) 156
Continental (gravadora) 56, 57, 64, 65, 67, 84, 188, 204, 209, 218, 227, 229, 280, 282, 283, 286, 287, 289, 299, 312, 321, 322, 330, 380
Contracultura 94
Copacabana (gravadora) 57, 64, 188, 203, 204, 208, 209, 214, 216, 227, 228, 229, 230, 280, 282-286, 299, 300, 301, 312, 322, 323, 327, 330

Cornélio Pires 24, 29-32, 180, 358,
Corrido (gênero musical) 36, 199, 200, 204
Country 17, 18, 68, 76, 87, 89, 188, 208, 237-240, 243-245, 254, 290, 303, 305, 307, 320, 330, 335, 356, 360, 366, 405, 421
Cristiano Araújo 366, 389, 399, 410
Cultura erudita 83, 84
Cultura de massa 30, 76, 77, 83, 130, 147, 279, 418
Cultura popular 78, 83, 148, 283, 366

Dalvan 172-175, 211, 265, 308, 312
Daniel (cantor) 171, 202, 207, 235, 236, 239, 246, 291, 317, 335, 337, 337, 340, 355, 368, 372, 387, 405, 414, 416, 434
Daniel Aarão Reis 7, 122, 123, 135
Daniel Filho 51
Darci Rossi 200, 201, 300
"Democracia racial" 119, 120, 126, 132, 133
Desenvolvimentismo 170
Dia Sertanejo 61, 62
Diana Pequeno 182, 187, 188, 192
Dino Franco 31, 114
Direita (política) 19, 149, 162, 193, 269
Direitos previdenciários 151, 152, 155, 156
Diretas Já 175, 176, 210, 211, 260
Ditadura 19, 40, 42, 44, 71, 91, 107-116, 119-125, 128-130, 133-138, 140, 150, 151, 153-156, 158-160, 162, 164, 166, 167, 169, 172, 173, 175, 219, 221, 252, 265, 266, 275, 303, 318
Dom & Ravel 111, 118
Domingão do Faustão 252, 254, 418
Dominguinhos 183, 246, 338, 339, 416
Dora Sverner 72, 73, 76, 81

Dorgival Dantas 409
Douglas Maio 290
Dudu Borges 379
Duduca & Dalvan 172, 173, 211, 312

Edson Mello 247, 248, 294-297
Eduardo Araújo 131, 259, 382
Elba Ramalho 183, 210, 246, 337
Eldorado (gravadora) 180, 181
Eleições 175, 211, 252, 259, 260, 268, 269, 345
Elias Muniz 234, 235, 296
Elis Regina 40, 88, 97, 100, 128, 129, 133, 134, 142, 209, 214, 317, 365
Elite 25, 33, 60, 67, 69, 70, 76, 83, 139, 166, 207, 215, 219, 233, 269, 307, 308, 341, 352
Embrafilme 73, 81, 136
Emerson Fittipaldi 326
Emilio Garrastazu Médici 107, 123, 154, 160
Empregadas domésticas 83, 156, 170
Era Collor 17, 18, 44, 216, 249, 251, 254, 255, 258, 276
Erasmo Carlos 129, 212, 217, 243
Ernesto Geisel 111
Especial sertanejo 312, 321
Esquerda (política) 19, 33, 39, 40, 46, 82, 83, 95, 96, 114, 116, 122, 135, 136, 143, 144, 149, 150, 162, 193, 253, 256, 268, 269, 272, 275, 317, 318, 345
Estatuto da Terra 152, 158
Estatuto do Trabalhador Rural 151
Estrada da vida 45, 54, 64 66, 71-81, 85, 262
Evencio Raña Martinez 201
Exílio 46, 60, 89, 129, 137, 138
Êxodo rural 77, 85, 149, 158, 171, 217

ÍNDICE

Fafá de Belém 183, 208, 210, 211, 214-216, 233, 244, 245, 292, 300, 314, 315, 337
Fagner 183, 210, 314, 315, 335
Fátima Leão 227, 228, 235, 296, 300, 346
Fausto Silva (Faustão) 390, 422
Fernando & Sorocaba 21, 358, 365, 377, 378, 380, 389, 396, 402, 415, 424, 433
Fernando Collor de Mello 251, 263, 266
Fernando Henrique Cardoso 16, 120, 301
Festival da Música Popular Brasileira 99
Festival Internacional da Canção 95, 183
Fidel Rueda 296, 297
Folclore 34, 77, 100, 141, 196, 335, 434
Folha de S.Paulo 219, 238, 240, 242, 253, 256, 258, 260, 263, 267, 271, 272, 279, 280, 286, 303, 304, 307, 308, 320, 343, 344,
Folk 87, 89, 98, 315, 362
Forró 104, 210, 235, 260, 296, 342, 364, 372, 373, 375, 393, 394, 399, 406, 407, 408, 409, 411, 430
Francisco Weffort 149, 271, 301, 302
Franco Scornavacca 260, 294
Fundação Nacional de Arte (Funarte) 80, 94, 136, 193
Funk 364, 373, 374, 398, 405, 406, 407, 409-411, 425, 426

Gabriel Valim 398-400
Geraldo Meirelles 53-55, 61
Geraldo Vandré 41, 42, 46, 88, 90, 96, 129, 173, 183
Getúlio Vargas 124, 156, 158
Gian & Giovani 16, 236, 237, 239, 317, 337, 379,
Gilberto & Gilmar 52, 149, 229, 239, 312, 332, 337

Gilberto Barros 16, 300
Gilberto Freyre 52, 120, 134
Gilberto Gil 46, 60, 88, 92, 130, 139, 140, 155, 172, 179, 183, 191, 253, 277
Gilliard 212, 226, 231, 236, 237, 287, 318,
Globo de ouro 207
Globo rural 193, 196, 312, 429
Goiânia (GO) 16, 48, 129, 217, 223, 225, 261, 287, 325, 364 - 366, 380
Goioerê (PR) 408
Golpe de 1964 113, 116, 151, 154
Gonzaguinha 65, 325, 344
Grupo de Caxangá 26
Guarabira 44
Guarânia 18, 35, 36, 38, 39, 55, 62, 63, 68-70, 181, 199- 201, 213, 224, 229, 231, 246, 247, 372, 407
Guerrilha 110, 135, 380
Gugu Liberato 262-266, 320-322, 336, 390
Guilherme & Santiago 339, 359, 361, 402, 415, 424
Guitarra 17, 18, 38, 39, 47-49, 55, 58, 60-62, 87-89, 91, 98, 103, 104, 130, 187, 195, 240, 241, 295, 335, 347, 358, 394, 403, 404, 410, 414, 430
Gusttavo Lima 359, 360, 362, 365, 366, 389, 392, 397-399, 409, 410, 413, 414, 424, 426, 430
Guto & Halley 299, 300

Hekel Tavares 31, 32, 100
Heloisa Starling 171
Heraldo do Monte 41, 96
Hermano Vianna 373, 411, 420
Hugo & Tiago 390, 391, 424
Humberto & Ronaldo 363, 399, 410

Impeachment 18, 251-253, 258-260, 418
Imprensa 52, 60, 84, 117, 128, 186, 222, 233, 244, 258, 264, 270, 285, 289, 308, 312, 354, 359, 393, 417, 433, 434
Índios 29, 38, 119, 120, 141
Indústria cultural 18, 20, 22, 24, 25, 30, 57, 67, 71, 77, 78, 81, 83, 94, 101, 144, 147, 148, 229, 248, 249, 277-280, 283, 284, 288, 298, 301-303, 309, 311, 322, 327-331, 336, 339, 340, 342, 372, 377, 384-387, 389-391, 422, 423, 427, 429
Indústria fonográfica 30, 76, 253, 254, 280-283, 289, 298, 299, 301-303, 334, 385, 406
Inezita Barroso 24, 31-35, 44, 67, 103, 143, 188, 195, 196, 210, 348, 368, 375, 376, 429, 430, 434
Injustiça social 165
Integração nacional 17, 115, 130
Intelectuais 23, 33, 34, 39, 77, 83, 139, 148, 220, 271, 370
Interior do Brasil 28, 29, 43, 51, 52, 141, 200, 260, 371, 330, 353, 422, 433
Invasão sertaneja 308, 362
Irmãos Coragem 51
Irmãs Galvão 31, 248
Ivan Miyazato 378
Ivan Vilela 376

Jacó & Jacozinho 52, 58- 60, 113, 150, 153, 160, 162, 164-168, 171, 172
Jair Rodrigues 40, 41, 88, 103, 126, 132, 133, 144, 183, 208-210, 212, 216, 238, 311
Jararaca & Ratinho 187, 193
Jean & Marcos 236, 265, 300, 322-324, 327, 329, 330, 390

Jeca 29, 30, 51, 54, 70, 74, 88, 99, 139-141, 143, 145, 147, 149, 151, 153, 155, 157, 159, 161, 163, 165, 167, 169, 171, 173, 175, 177, 242, 263, 301, 304, 320, 348, 349, 391, 394, 434
Joanna 222, 233, 249, 292
João Bosco & Vinícius 21, 366, 378, 379, 385, 396, 401, 404, 415, 422, 424, 428, 433
João Carlos Martins 25, 418
João Carreiro & Capataz 366, 389, 400, 424, 428, 430
João do Vale 40
João Figueiredo 83
João Gilberto 39, 99, 101, 172, 279, 371
João Goulart 82, 151
João Lucas & Marcelo 364, 397, 410
João Mineiro & Marciano 18, 168, 180, 185, 200, 202, 203, 207, 217, 239, 247, 286, 299, 311-314, 317, 330, 332
João Mulato & Pardinho 248
João Neto & Frederico 400, 415
João Nogueira 126
João Pacífico 15, 23, 24, 31, 32, 143, 145, 180, 187, 193, 376, 429, 432
João Paulo & Daniel 202, 207, 236, 317, 335, 338, 368, 405
Joel Marques 17, 228, 286, 297, 319, 347
Jogral (casa de espetáculos em São Paulo) 143, 144, 209
Jorge & Mateus 21, 216, 361, 366, 379, 381, 387, 389, 392, 396, 402, 404, 409, 414, 415, 424, 430
Jorge Ben 130, 131, 134, 143, 194
Jorge Vercillo 416
José Asunción Flores 35, 70
José Augusto 58, 102, 209, 212, 222, 223, 226, 231, 234, 236, 249, 286, 292, 318
José Fortuna 31, 35, 36

ÍNDICE

José Hamilton Ribeiro 24, 67, 145, 188, 234, 239, 356
José Homero Bettio 64, 200, 202, 203, 204, 228
José Maurício Machline 247
José Mendes 122, 123, 126
José Murilo de Carvalho 160
José Raimundo 71-73, 82, 84, 85, 187, 262, 265
José Rielli 31
José Sarney 82, 173, 203, 221
José Serra 273, 411
José y Durval 297
Jovem Guarda 39, 40, 46-49, 56, 58, 59, 61, 63, 87, 101-104, 188, 203, 214, 217, 220, 226, 228, 233, 241, 415, 418, 419
Jujuba 399
Júlio Iglesias 204, 237, 238
Júlio Medaglia 91, 417
Juscelino Kubitschek 115, 484
Justin Bieber 359, 376, 419

Kelly Key 402
Kitsch 272, 275, 492 (superkitsch)

Latifúndio 153, 154, 466
Lavrador 109, 110, 111, 114, 149, 151, 153, 154, 171, 216, 358
Leandro & Leonardo 18, 24, 36, 66, 75, 149, 201, 202, 207, 210, 216, 222, 223, 226- 228, 230-233, 238, 241, 242, 243, 244, 245, 247, 248, 256, 257, 259, 260, 261, 263-266, 277-279, 283, 287-292, 294-301, 305, 308-317, 322, 323, 335, 336-338, 350, 355, 356, 368, 379, 395, 405, 416, 422
Lei Agrária (canção) 150, 160, 161
Leo Canhoto & Robertinho 18, 24, 25, 39, 45-53, 55-58, 60, 64, 66, 93, 102, 111-113, 125, 132, 139, 148, 172, 180, 185, 195, 199, 200, 229, 331, 335, 429
Leonardo 16, 23, 171, 202, 223, 227, 229, 232, 236, 241, 246, 264, 266, 267, 287-289, 291-293, 306, 310, 355, 372, 404, 414, 415, 416, 424, 433
Leonel Brizola 176
liberdade 7, 118, 121, 123, 126, 173, 185, 268, 285, 343
Lima Duarte 194, 195, 306, 313, 352
Lobão 241, 253, 274, 374
Los Hermanos 374
Lourival dos Santos 31
Luan Santana 21, 358, 359, 361, 363, 365, 371, 375- 378, 381, 382, 386, 389, 392, 395, 397, 399, 400, 401, 405, 406, 410, 412, 414, 415, 417, 418, 422, 424, 434
Lucas Lucco 424
Lucho Gatica 37, 63
Lúcia Veríssimo 305, 306
Lucio Rangel 33
Luis Carlos Paraná 143, 144
Luiz Carlos Villas Boas 72
Luiz Gonzaga 27, 28, 31, 92, 144, 180, 183, 244, 365, 372, 393, 394, 416
Luiz Paulo Conde 180, 362
Luiz Tatit 341
Luizinho & Limeira 31
Luka 403
Lula (Luiz Inácio Lula da Silva) 175, 211, 252, 256, 268, 269, 270-272, 345, 346
Lulu Santos 252, 254, 255, 256, 257, 318, 347, 418
Lupicínio Rodrigues 32, 37, 129, 144, 309, 341
luta armada 95, 108, 110, 114, 122, 124, 135, 138, 175

Manuel Ortiz Guerrero 35, 70
Marcelo Costa 312
Marcelo Jeneci 416
Marcelo Machado de Siqueira 427
Marcelo Rubens Paiva 373
Marchinha 26, 27, 361
Marciano 18, 168, 180, 185, 200-203, 207, 217, 223, 230, 239, 247, 286, 299, 311-314, 317, 330, 332
Marcos & Belutti 389, 410, 424
Marcos Mioto 424
Marcus Pereira 100, 140-143
Marcus Viana 190, 319
Maria Bethânia 214, 218, 219, 233, 317, 319, 341, 342, 343, 344, 348, 365
Maria Cecília & Rodolfo 21, 366, 378, 389, 399, 401, 406, 413, 415, 424
Mariachi 37, 64, 67, 200, 297
Marilena Chaui 269, 271
Marília Gabriela 262, 304, 392, 393, 395, 412, 413, 420
Marília Pera 128, 421
Mário de Andrade 33, 141
Mario Soares 290, 293
Mario Zan 31, 32, 38, 104, 105, 145
Mariozinho Rocha 214, 215, 284, 285, 286, 343
Marisa Monte 257, 278
Martinha 102, 226, 233
Martinho da Vila 90, 125, 133, 136, 144, 218
Marxismo 52, 150
Mary Terezinha 175, 176, 211
Matogrosso & Mathias 18, 24, 180, 185, 202, 209, 228, 229, 247, 285, 308, 312, 317, 324, 331, 429
Maurício & Mauri 237, 265, 330, 331
Mauro Ferreira 222, 300
maxixe (gênero musical) 26, 27, 28

meeiro 151, 223, 266
melodrama 144, 147, 177, 230
Menudo 233, 321, 322, 323
Mercantilização musical 65
Metallica 237, 405
mexicanização e paraguaização 38
Miami 259, 321
Michael Jackson 322, 432
Michael Sullivan 212, 214, 284, 290, 323
Michel Teló 19, 24, 171, 246, 358-360, 362, 365, 367, 371, 373-379, 382, 389, 392, 393, 397, 399-402, 404, 405, 407, 408, 410, 415, 416, 418, 419, 422, 424, 431, 433,
Migrante 40, 63, 71, 81, 83, 142, 147-150, 161, 162, 170, 174, 202, 238, 271
Miguel Aceves Mejía 37, 38, 63, 64, 68
Miguel Gustavo 117, 128
milagre econômico 108, 116, 119, 128, 136
Milionário & José Rico 16, 18, 24, 25, 39, 45, 54, 55, 62-69, 71-80, 82-85, 93, 139, 146, 165, 171, 172, 180, 185- 188, 193-195, 199, 200, 203, 224, 228, 229, 231, 246, 262, 308, 312, 331, 347, 355, 390, 395, 424, 429, 433
Militares 110, 125, 126, 129, 136, 170
Milton Nascimento 41, 43, 65, 100, 125, 172, 181, 182, 189, 190, 191, 205, 211, 317, 348, 350, 374, 405
Mineiro & Manduzinho 180, 181, 185, 187
Ministério da Cultura 82, 83, 84, 354, 492, 501
Moacyr Franco 53, 203
Moacyr dos Santos 31
Mobral 117, 118, 126, 127, 151

ÍNDICE

Moda de viola 41, 42, 97, 98, 279
Modão 79, 428
Monteiro Lobato 29, 30, 140
Moreno & Moreninho 113, 119, 166
MPB 17, 19, 20, 39-44, 59, 60, 63, 70, 87-90, 92, 94, 95, 99, 100, 101, 112, 124, 125, 129, 132, 136, 138-140, 142-144, 172, 173, 180-183, 188-191, 195, 196, 207, 208, 210, 212, 214, 216, 218, 221, 222, 242-244, 246-248, 252, 253, 256, 257, 259, 277-279, 284, 286, 307, 308, 315, 317-319, 325, 326, 335, 337, 338, 340, 341, 344, 345, 347, 348, 350, 357, 361, 363, 371, 391, 392, 394, 404, 405, 415-417, 419, 421
MTV 242, 307, 308, 404
Mullet 239, 240
Multishow 364, 421, 422
Musicamp 312
Mutantes 60, 87, 88, 91, 92, 278

Nara Leão 40, 142, 183
Nashville 76, 239, 356
Nativa FM 427
Nelson Cavaquinho 15, 40
Nelson Gonçalves 37, 64, 203, 209, 218
Nelson Motta 70, 93, 256, 257, 363, 420
Nelson Pereira dos Santos 71-81, 85
Nenete & Dorinho 38
neocaipirismo 304, 320
neoliberalismo 18, 19
Ney Matogrosso 194, 205, 322, 335, 348, 357, 363
Ney Santanna 73, 85
Nhô Pai 31, 180
Nil Bernardes 323
Nilton Lamas 288
Noel Guarani 142, 188
Noel Rosa 15, 27, 32-34, 172, 220, 375

Nono Basílio 38, 104, 105
Nordestino 26, 31, 40, 41, 82, 170, 193, 210, 232, 406, 409
Nostalgia 20, 21, 95, 278

Odair José 16, 46, 58, 59, 102, 170, 221, 290, 309, 318
Odeon (gravadora) 56, 98, 102, 280
Okky de Souza 186
Olacyr de Moraes 303, 304
oligopolização da indústria fonográfica 301
Olympia 17, 307, 367
Ópera 90, 237, 308, 339, 370
Operação Bandeirante (Oban) 108
Operário 109, 110, 161, 163, 173, 176
Orquestra Sinfônica de Pequim 82
Otavio Basso 226, 227, 294, 295

Palace (casa de show) 207, 238, 307
Palácio da Alvorada 263
Palmeira & Biá 25, 31, 37
Palmeira & Piraci 31
Pandeiro 27, 43, 296, 372, 409
Pantanal 305, 306, 319, 320, 338, 378, 388
Papete 141, 142, 192
Paraíso 119, 126, 193, 194, 323, 338, 388
Paralamas do Sucesso 241, 254
Partido Comunista Chinês (PCC) 81
Partido Comunista Paraguaio (PCP) 70
Patativa do Assaré 185, 186, 190
Paula Fernandes 246, 348, 359, 363-365, 376, 377, 382, 388, 389, 396, 399, 404, 405, 413-416, 418, 421, 422, 424, 426, 428, 430, 433
Paulinho Rezende 213-216, 323, 327
Paulo Borges 315
Paulo Cesar de Araújo 125, 129, 169, 170, 219, 220, 318, 326
Paulo César Farias 251, 265

Paulo Debétio 251, 265
Paulo Massadas 212, 290, 323
Paulo Salim Maluf 259, 303
Paulo Sérgio 40, 43, 46, 58-60, 125, 133, 236, 237, 286, 318, 323
Paulo Sérgio Valle 40, 43, 125, 133, 236, 286
Paulo Vanzolini 142, 143, 172, 190
Pecuária 153, 165, 176
Pedro Alexandre Sanches 343, 368, 375, 376, 419
Pedro Bento & Zé da Estrada 31, 37, 47, 62, 69, 170, 185, 224
Pelé (Edson Arantes do Nascimento) 128, 166, 325, 326
Pena Branca & Xavantinho 24, 181, 182, 188, 189, 190, 191, 248, 308, 337, 345, 350
Peninha 259, 337
Pepeu Gomes 130, 349, 416
Periferia 21, 52, 65, 66, 76, 148, 172, 175, 205, 223, 269, 328, 367
Philips (gravadora) 91, 93, 208
Pinocchio 237, 379
Pirilampo & Saracura 338
Pixinguinha 26, 33, 34, 143
Plano Collor 268, 272-274, 276
Plano Cruzado 176, 281
Polca 27, 36, 142, 199, 203, 227, 231, 246, 247, 372
Polegar 7, 263, 321-323
Polícia 16, 45, 46, 73, 110, 111, 174, 325
Polygram 208, 209, 214, 216, 265, 283-286, 299, 322
populismo 148-150, 268-271
Prêmio Multishow 421, 422
Prêmio Roquette-Pinto 32
Prêmio Sharp 247, 248
Priminho & Maninho 59
Promoart 263, 321-323, 327, 328

Propaganda 108, 121, 129, 150, 238, 260, 286, 309, 343, 430
ProRural 151, 155, 156, 158, 159
Prostituição 168
ProTerra 153

Quarteto Novo 41

Racismo 119, 132, 169
Rádio 21, 34, 35, 37, 38, 42, 48, 52, 53, 56, 59, 61, 64, 71, 72, 75, 83, 90, 102, 159, 183, 186, 188, 191, 201-204, 206, 208, 223, 228, 230, 236, 238, 243, 254, 256, 259, 265, 275, 278, 284, 294, 295, 298, 307, 309, 310, 319, 325, 359, 360, 364, 365, 370, 380, 382-384, 386, 389, 391, 418, 425, 427
Rancheira 18, 36- 39, 47, 62, 63, 66, 68-70, 85, 142, 199- 201, 224, 229, 231, 247, 297
Rasqueado 35-37, 199, 213, 216, 218, 229, 372
Raul Torres & Florêncio 31, 187
Raul Torres & Serrinha 145
RCA 48, 52, 56, 57, 102, 104, 188, 203
Recaipirização 334, 348, 350, 355, 357, 434, 435
Rede Globo 16, 51, 95, 182, 193, 207, 210, 211, 286, 313, 314, 316, 318, 338, 352, 389
Redemocratização 62, 82, 135, 136, 138, 172, 175, 184, 210, 211, 270
reforma agrária 40, 151- 154, 158, 159, 166, 174, 176, 177, 266, 267
Reginaldo Rossi 46, 233
Reginaldo Sodré 217
Rei do gado 338, 387
Renascer 102, 338

ÍNDICE

Renato Janine Ribeiro 270
Renato Teixeira 15, 24, 44, 99, 100, 101, 142, 180, 182, 183, 185, 188, 190-192, 248, 341, 342, 348, 355, 367, 405, 419
resistência à ditadura 135, 136, 138, 170, 318
Revista da Música Popular 33, 34
Revista Rolling Stone 376
revolução/revolucionário 41-43, 93, 94, 113, 122, 126, 135, 150, 156, 160, 163, 164, 167, 221, 273
Rhael & Romário 236, 294, 295
Ricardo Cravo Albin 348, 418
Ricardo Kotscho 84
Rick & Renner 235, 317
Rick & Ricardo 361
Ringo Black & Kid Holiday 52
Rita Lee 65, 91, 92, 172, 236, 372
Robert Altman 76
Roberta Miranda 208-210, 233, 237, 245, 246, 248, 257, 287, 300, 308, 312, 314-316, 323, 336, 338, 348, 400
Roberto Campos 152, 273
Roberto Carlos 40, 46-48, 58, 59, 60, 64, 67, 95, 99, 128, 204, 205, 212, 216-219, 221, 223, 233, 236, 237, 240, 242- 246, 290, 296, 300, 309, 326, 327, 365, 371, 389, 405, 411, 418, 433
Roberto Marinho 313, 314, 317, 318, 387
Roberto Schwarz 135
Roça 23, 32, 47, 53, 85, 104, 110, 193, 216, 217, 223, 229, 241, 347, 355, 364, 423, 430
Rock 17-19, 39, 40, 46-50, 52, 53, 56, 58-60, 62, 69, 70, 87-89, 91, 94-98, 101-103, 105, 185, 205, 208, 229, 233, 235, 237, 240-243, 248, 252, 253-257, 259, 318, 319, 357, 361, 363, 372, 374, 391, 404, 406, 409, 416, 426

Rock rural 95, 97, 98, 105
Roda viva 74, 99, 264, 370
Rodeio 23, 32, 170, 202, 227, 234, 239, 304, 319, 356, 359, 371, 372, 411
Rodrigo Patto Sá Motta 138
Rogério Duprat 87, 88, 91, 94, 95, 105, 130, 142, 348
Rolando Boldrin 15, 24, 44, 179, 182-184, 186-188, 190- 192, 194-196, 206, 234, 248, 313, 376, 429, 434
Romantismo 98, 148, 219, 221, 230, 231, 234, 237, 290, 345, 403
Romildo Pereira 222, 223, 226, 227, 229, 230, 231, 299, 322
Ronaldo Bôscoli 257, 261, 419
Rosa Nepomuceno 23, 24, 32
Rosane Collor 262, 263
Rozini 430
Ruy Castro 308
Ruy Maurity 87, 98, 209

Sá & Guarabyra 97, 319
Sabadão Sertanejo 262, 263, 309, 320-322, 327, 328, 390
Salvador (BA) 137, 269, 340, 360, 362, 406, 407
Samba 17, 26-30, 33, 34, 37, 63, 65, 69, 70, 77, 78, 90, 99, 101, 125-128, 131, 136, 142, 183, 195, 209, 214, 220, 233, 279, 280, 295, 308, 309, 334, 341, 361, 364, 373, 394, 419
Sandra de Sá 212, 233, 249
sanfona 203, 206, 234, 372, 379, 386, 407, 409, 411, 416, 430
saudosismo 23
Sazón 342, 343
SBT 195, 207, 208, 262, 265, 266, 278, 309, 311, 312, 313, 320, 321, 336, 339, 390
Sentimentalismo 70, 343
Sérgio Cabral 362

Sergio Martins 349, 350, 394
Sérgio Paulo Rouanet 83-85
Sérgio Reis 15, 48, 87, 98, 99, 101-105, 171, 187, 188, 194, 245, 246, 248, 287, 300, 305, 306, 311, 319, 323, 334, 335, 338, 348, 367, 405, 414, 415, 424, 433
Sérgio Ricardo 96, 143
sertanejo raiz 427, 429, 431
sertanejo universitário 20, 21, 246, 335, 340, 350, 351, 355, 358-362, 364, 366-370, 372-379, 384, 427, 429, 430
sertanojo 17, 417
sertão de plástico 222
Sertão jovem 61
Sesquicentenário 117, 126, 128, 129, 151
Sharon Acioly 407
Shylton Fernandes 411
Sidney Miller 43
Silveira & Barrinha 216, 217
Silveira & Silveirinha 31
Silvio Santos 53, 63, 266, 311, 312, 320
Simon & Garfunkel 89, 98, 237, 309, 405
Som Brasil 182-189, 192-196, 313, 316
Som Livre 186, 188, 195, 280, 337, 360, 382, 389, 406, 429
Sony 283, 301, 328, 360, 384, 389, 406
Sudeste 17, 26, 65, 70, 83, 141, 142, 157, 253, 258, 307, 308, 337, 353, 394, 410
Sula Miranda 254, 263, 287, 305, 321, 330, 362, 400, 429
Sulino & Marrueiro 31

Talismã 290, 293, 309, 415, 424
Tancredo Neves 173, 210, 211
Tárik de Souza 67, 101, 184, 186, 188, 309, 371
tchê music 406, 407
Teatro Guaíra 17, 307

Teclado 18, 39, 206, 217, 335, 372, 379, 404, 410
Tecnobrega 364, 394, 411
Teddy Vieira 31, 32, 103, 104, 105, 145, 180, 313
Teixeirinha 103, 115, 116, 118, 124, 131, 132, 134, 161, 166, 175, 218
Televisão 21, 51, 59, 140, 159, 171, 183, 184, 202, 207, 219, 223, 232, 243, 255, 256, 259, 265, 289, 290, 291, 311, 312, 318, 320, 322, 324, 325, 338, 342, 388
Teodoro & Sampaio 311, 390
Thaeme & Thiago 363, 389, 402, 10, 424
Theo de Barros 41, 142
Theodor Adorno 283, 329
Tião Carreiro & Pardinho 47, 107, 110, 123, 145, 163, 165, 176, 211, 216, 237, 350
Tim Maia 132-134, 233, 363
Titãs 191, 237, 241, 243, 254, 278, 358, 420
Tivas 235
Toada 26, 27, 32, 67, 100, 104, 115, 142, 180, 187, 309, 348, 372
Tom Jobim 39, 99, 101, 129, 172, 209, 268, 309, 344, 362, 373
Tom Zé 60, 87, 91, 92, 279, 373, 417
Tonico & Tinoco 24, 31, 42, 49, 50, 65, 67, 68, 88, 90-92, 103-105, 114-118, 121, 145, 163, 177, 180, 181, 187, 188, 210, 248, 257, 300, 323, 350, 424, 429, 432, 433, 434
Tony Campello 56, 57, 102, 103, 104
Tortura 110, 121, 134, 136
Tradição 20, 24, 32-35, 38, 40, 42, 44, 50, 59, 62, 63, 92, 101, 104, 105, 116, 142, 179, 180, 181, 183, 187, 190, 192-195, 203, 210, 221, 224, 234, 235, 257, 284, 297, 300, 316, 329, 334-337, 339, 340, 346, 348- 350,

ÍNDICE

355-358, 360, 382, 393, 394, 407, 410, 427-434
Transamazônica 108, 114, 117, 122, 127, 128, 141
Trio Los Panchos 37
Trio Parada Dura 18, 21, 24, 67-69, 147, 165, 168, 169, 172, 180, 185, 199, 203, 224, 236, 248, 260, 311, 317, 331, 334, 390, 431
Tropicália 60, 87-91, 94, 95, 130

Ufanismo 125, 135, 150, 162, 170
Ulysses Guimarães 211, 260
Universal 211, 283, 354, 360, 379, 380, 381, 389, 406
Urbanização 140, 141, 144, 149

Valderi & Mizael 201, 311
Revista Veja 48, 52, 80, 81, 91, 191, 192, 212, 215, 239, 242, 244, 262, 272, 278, 335, 360, 371, 420, 434
velho oeste 45, 49, 50-52, 55, 56, 144
Victor & Leo 21, 246, 355, 359, 362, 363, 365, 369, 382, 384, 387, 389, 396, 401, 404, 405, 412-416, 419, 421, 422, 424, 425, 426, 431, 433
Victor Chaves 359, 369
Vieira & Vieirinha 31, 47
Villa Country 366
Viola 23, 24, 26-28, 33, 41-43, 54, 59, 65, 66, 68, 88, 90-93, 96-99, 103, 104, 115, 125, 143, 145, 157, 180- 183, 186, 190- 192, 194- 196, 206, 234, 241, 279, 310, 355, 337, 347, 348, 350, 358, 427-432, 434
Viola, minha viola 7, 195, 196, 429
Violão 20, 21, 41, 43, 47, 59, 63, 68, 87, 90, 96, 180, 181, 185, 192, 243, 323, 355, 347, 350, 379, 382, 403, 404, 407, 408, 414, 430

Violeiro 43, 103, 181, 183, 187, 191, 192, 194, 376, 428, 430, 432
Violino 66, 103, 104, 181, 203, 297

Waldenyr Caldas 25, 94, 124, 144
Waldick Soriano 170, 318
Wanderley Guilherme dos Santos 160
Wando 215, 222, 226, 233, 284, 318
Warner Music 283
western spaghetti 50, 51
Wigberto Tartuce 265
Willie Nelson 87, 240, 315, 356, 405
Wilson Simonal 43, 111, 130

Xote 32, 98, 407-409

Zazá & Zezé 224-226
Zé Bettio 64, 182, 188, 202, 203, 204, 223, 285
Zé Carreiro 31
Zé do Rancho 31, 56, 57
Zé Fortuna 59, 105, 186
Zé Henrique & Gabriel 412, 415
Zé Kéti 40, 77, 125, 143
Zé Ramalho 183, 210, 338, 347, 405, 416
Zé Rodrix 95, 97
Zeca Baleiro 374
Zezé Di Camargo & Luciano 16, 24, 75, 98, 148, 149, 216, 222, 224, 225, 228, 233, 234, 236, 242, 245- 248, 256, 259, 260, 264, 283, 292, 295, 297, 299-301, 307, 311, 315- 317, 322, 324, 327, 335-338, 342, 344, 345, 348- 353, 356, 357, 368, 369, 372, 395, 405, 414, 421, 433, 435
Zico & Zeca 47, 58, 350,
Zilo & Zalo 47, 107
Zuza Homem de Mello 90, 371

*O texto deste livro foi composto em
Sabon LT Std, corpo 10,5/14.*

*A impressão se deu sobre papel off-white
pelo Sistema Cameron da Divisão Gráfica
da Distribuidora Record.*